Wirtschaft-, Sozial- und Umweltgeschichte (WSU)

Band 12

Herausgegeben von
Christian Rohr,
Historisches Institut der Universität Bern

Roman Rossfeld (Hg.)

Mehr!

Wirtschaftswachstum und Wachstumskritik in der Schweiz seit 1945

Schwabe Verlag

Publiziert mit freundlicher Unterstützung des Schweizerischen Sozialarchivs, Forschung Ellen Rifkin Hill, sowie der Schweizerischen Akademie der Geistes- und Sozialwissenschaften (SAGW).

Unterstützt durch die Schweizerische Akademie
der Geistes- und Sozialwissenschaften
www.sagw.ch

Schweizerisches
Sozialarchiv

Bibliografische Information der Deutschen Nationalbibliothek
Die Deutsche Nationalbibliothek verzeichnet diese Publikation in der Deutschen Nationalbibliografie; detaillierte bibliografische Daten sind im Internet über http://dnb.dnb.de abrufbar.

Abbildung Umschlag: Das Bild zeigt die noch im Bau befindliche, bis heute bestehende Erdölraffinerie in Cressier im Kanton Neuenburg, 14. April 1966. Comet Photo AG (Zürich), ETH-Bibliothek Zürich, Bildarchiv / Com_F66-07328.tif
Korrektorat: Julia Müller, Leipzig
Gestaltungskonzept: icona basel gmbh, Basel
Cover: STROH Design, Kathrin Strohschneider, Oldenburg
Satz: 3w+p, Rimpar
Druck: CPI Books GmbH, Leck
Printed in Germany
Herstellerinformation: Schwabe Verlag, Schwabe Verlagsgruppe AG,
Grellingerstrasse 21, CH-4052 Basel, info@schwabeverlag.ch
Verantwortliche Person gem. Art. 16 GPSR: Schwabe Verlag GmbH,
Marienstraße 28, D-10117 Berlin, info@schwabeverlag.de
ISBN Printausgabe 978-3-7965-5290-8
ISBN eBook (PDF) 978-3-7965-5291-5
DOI 10.24894/978-3-7965-5291-5
Das eBook ist seitenidentisch mit der gedruckten Ausgabe und erlaubt Volltextsuche.
Zudem sind Inhaltsverzeichnis und Überschriften verlinkt.

rights@schwabe.ch
www.schwabe.ch

Inhalt

Höher, schneller, weiter – mehr?

Zur Einführung

Roman Rossfeld

Kein anderes Paradigma hat die Schweizer Wirtschaft und Wirtschaftspolitik seit dem Zweiten Weltkrieg so stark geprägt wie das Wachstumsparadigma. Der Ökonom Birger Priddat hat Wachstum vor einigen Jahren als «heaven on earth»-Narrativ und säkulares Erlösungsversprechen des Kapitalismus beschrieben.[1] Mit hohen Wachstumsraten war im 20. Jahrhundert aber nicht nur der Wunsch nach «Wohlstand für alle» verbunden. In Krisenzeiten galt Wachstum auch als Heilmittel für die Überwindung wirtschaftlicher Konjunktureinbrüche und Depressionsphasen. Sei es durch eine (national ausgerichtete) Austeritätspolitik, die Stärkung der Marktkräfte oder eine keynesianisch inspirierte Politik der «Konjunkturankurbelung»: angestrebt wurde von allen Parteien immer eine Rückkehr auf den Wachstumspfad. Angesichts der bis heute hohen wirtschaftlichen und gesellschaftlichen Wertschätzung von Wachstum ist es erstaunlich, dass der Begriff in der schweizerischen Bundesverfassung – im Gegensatz zu Begriffen wie «Innovation», «Wohlfahrt» oder «Wettbewerb» – kein einziges Mal genannt wird und Wachstum bis heute kein in der Verfassung verankertes wirtschaftspolitisches Ziel ist. Die Abwesenheit des Begriffes in der Verfassung dürfte dabei kein Zufall sein, sondern ist vielmehr Ausdruck der vielschichtigen, wechselvollen und bis heute immer auch umstrittenen Bedeutung dieses Begriffes und der damit verbundenen Wirtschafts- und Wachstumspolitik.

Erstaunlich abwesend war der Begriff – und das damit verbundene Forschungsfeld – lange auch in der Geschichtswissenschaft. Das vorliegende Buch möchte deshalb einen Beitrag dazu leisten, die Geschichte des Wirtschaftswachstums und der Wachstumskritik sowie die vielschichtige historische Semantik dieses Begriffes besser zu verstehen. Im Folgenden sollen zunächst einige grundlegende Ausführungen zu drei Themenfeldern gemacht werden, die diesen Band auch als Ganzes strukturieren. Skizziert werden *erstens* die Etablierung von Wachstum als gesellschaftlichem Leitbild und Partizipationsversprechen in den Nachkriegsjahren, *zweitens* das Aufkommen einer zum Teil harschen (sowohl ökologischen als auch sozio-ökonomischen) Wachstumskritik seit den 1970er Jahren sowie *drittens* die Adaptationen und Transformationen dieser Kritik bis zur Stagnation der 1990er Jahre. Daran anschliessend folgen einige Ausführungen zum Forschungsstand, den diesem Buch zugrunde liegenden Forschungsfra-

1 Vgl. dazu Priddat 2013 und Deutschmann 2001.

gen und -perspektiven sowie einige Überlegungen zur Aktualität und Dringlichkeit einer besseren Erforschung der Geschichte des Wirtschaftswachstums und der Wachstumskritik angesichts der sich weiter akzentuierenden Klimakrise.

«Wohlstand für alle»: Wachstum als gesellschaftliches Leitbild und Partizipationsversprechen in den Nachkriegsjahren

Vom Ende des Zweiten Weltkrieges bis zur Mitte der 1970er Jahre erlebte die Schweiz eine langjährige Phase mit «Vollbeschäftigung» und hohen, seither nicht mehr erreichten Wachstumsraten, in der sich das Bruttosozialprodukt des Landes mehr als verdreifachte. Matthias Schmelzer hat die Entstehung eines hegemonialen Wachstumsparadigmas (innerhalb der OECD) bis zu den 1970er Jahren ausführlich dargestellt.[2] Die Wachstumseuphorie der 1950er und 1960er Jahre war eng mit der Entwicklung eines Lebensstils verbunden, der nicht mehr von Knappheit und Zurückhaltung, sondern von einer fortschreitenden Demokratisierung des Konsums und der Durchsetzung einer Massenkonsum- und Wegwerfgesellschaft geprägt war. Dieser noch jungen Geschichte einer «Gesellschaft im Überfluss»[3] steht eine wesentlich ältere Geschichte der Knappheit von Gütern gegenüber, welche die bis heute anhaltende Attraktivität des Wachstumsparadigmas erst verständlich macht. Grössere und komfortablere Wohnungen (mit Zentralheizungen), ein eigenes Auto, modischere Bekleidung und eine vielfältigere Ernährung (mit mehr Fleisch) waren der sichtbare Ausdruck dieser Entwicklung.[4] «Wohlstand für alle»[5] bedeutete in den 1950er Jahren aber nicht nur die Überwindung von Mangel oder die Ausstattung der Haushalte mit langlebigen Konsumgütern (wie Kühlschränken, Fernsehgeräten oder Waschmaschinen). Das starke Wachstum bildete auch die Grundlage für den Ausbau des Sozialstaates und die Erhöhung der sozialen Sicherheit in den Nachkriegsjahren. Gemäss Pietro Morandi basierte der Aufbau des Sozialstaates in der Schweiz von Anfang an auf dem «doppelten Fundament der sozialen Idee der Gerechtigkeit und der ökonomischen Idee des entfesselten Wachstums» und war eng mit der staatlichen Konjunktur- und Vollbeschäftigungspolitik verbunden. Das Vermeiden von Wachstumsschwächen wurde schon in den 1930er Jahren «zu den Bedingungen der Möglichkeit von Sozialpolitik» erklärt. Zugleich lieferten der soziale Fortschritt und der Ausbau des Sozialstaates einen kaum zu überbietenden Anreiz, «zur Steigerung volkswirtschaftlicher Leistungs-

2 Vgl. dazu Schmelzer 2016 sowie Schmelzer 2015.

3 Vgl. dazu Galbraith 1958; König 2013 sowie Kaelble 1992.

4 Vgl. dazu Tanner 2015: 329–338; Auderset, Moser 2023: 35–38; Furter, Schoeck-Ritschard 2013; Buomberger, Pfrunder 2012a; Brändli 2000 oder Tanner 1999.

5 Erhard 1957. Vgl. dazu auch Scholtyseck 2012.

kraft beizutragen».[6] In seinem Bestseller *Wohlstand für Alle* hatte der deutsche Wirtschaftsminister und spätere Bundeskanzler Ludwig Erhard bereits 1957 festgehalten: «Es ist viel leichter, jedem einzelnen aus einem immer grösser werdenden Kuchen ein grösseres Stück zu gewähren als einen Gewinn aus einer Auseinandersetzung um die Verteilung eines kleinen Kuchens ziehen zu wollen».[7] Wachstum wurde deshalb von allen Parteien – inklusive der Gewerkschaften – begrüsst. Seit den 1960er Jahren wurde stetiges Wachstum auch in der Schweiz zu einer Wirtschaft und Politik prägenden Leitidee; und die sozialpolitischen Ansprüche der Gesellschaft sind bis heute starke Wachstumstreiber geblieben. Jens Beckert hat erst kürzlich noch einmal darauf hingewiesen, dass «die Befriedung von Verteilungskonflikten in modernen Gesellschaften ganz wesentlich auf der Erwirtschaftung von Wohlstandszuwächsen»[8] beruhe.

Bereits ein Jahr nach der Einführung der AHV hatte die *Schweizerische Arbeitgeber-Zeitung* mit einer gewissen Verwunderung festgehalten, das Volk nehme es «anscheinend in Kauf», dass trotz der gestiegenen Steuereinnahmen und der herrschenden Vollbeschäftigung ebenso viel oder noch mehr Geld «für soziale Zwecke» ausgegeben werde, wie «in der Zeit der schlimmsten Krise».[9] Zwanzig Jahre später kritisierte die Zeitung, der gesteigerte Wohlstand habe den sozialpolitischen Rahmen – entgegen den Erwartungen – «nicht verkleinert», sondern «von den Existenz- auf die Wohlstandsrisiken ausgedehnt»: Als Ziel der Sozialpolitik werde heute «unumwunden nicht mehr ‹die Befreiung von Not› verstanden, sondern die Erhaltung eines angemessenen Lebensstandards und dessen Steigerung im Rahmen der wachsenden Wirtschaft».[10] Ein Jahr später bezeichnete der spätere Chefredaktor der *Schweizerischen Handelszeitung*, Martin Ungerer, die Pensionskassen als die «stillen Wachstumsträger» der Industriegesellschaft und ein Wachstumsbeispiel par excellence.[11] Systeme der sozialen Sicherheit wurden zunehmend als Elemente einer prosperierenden Wirtschaft verstanden. Zugleich sollten Wachstum und der Ausbau des Sozialstaates während des Kalten Krieges auch die sozialpolitische Überlegenheit im «Wettbewerb der

---

6 Morandi 1998: 226 und 246–247. Zur Bedeutung des Wirtschaftswachstums für den Ausbau der sozialen Sicherheit in den Nachkriegsjahren vgl. auch Allenspach 1977: 26–27.

7 Erhard 1957: 10.

8 Beckert 2024: 139. Ulrich Brand hat quantitatives ökonomisches Wachstum bereits vor einigen Jahren als «verteilungspolitische Versöhnungsformel» moderner kapitalistischer Gesellschaften bezeichnet. Brand 2007: 2.

9 Die Expansion der öffentlichen Verwaltung, in: Schweizerische Arbeitgeber-Zeitung (SAZ), Nr. 3, 16.01.1948: 30–32, hier 31.

10 Derron, Leonhard: Arbeitgeberpolitik in sich wandelnder Umwelt, in: SAZ, Nr. 30/31, 25.07.1968: 569–575, hier 573.

11 Vgl. dazu Ungerer 1969.

Systeme» deutlich machen.[12] Für den Bundesrat war Wirtschaftswachstum im machtpolitischen «Ringen zwischen West, Ost und Fernost» am Ende der 1960er Jahre zum «zentralen Ziel der Machtblöcke» geworden.[13]

Ein wichtiger Treibstoff für die Etablierung einer Wachstumsgesellschaft in den Nachkriegsjahren war der seit dem Zweiten Weltkrieg massiv steigende Erdölverbrauch.[14] Für die französischen Historiker Jean-Baptiste Fressoz und Christophe Bonneuil ist das Wirtschaftswachstum nach dem Zweiten Weltkrieg «just another name for the petrolization of the world».[15] Das welthistorisch einzigartige Absinken der «relativen Energiepreise»[16] seit den 1950er Jahren und die in der Schweiz bis 1970 fast vollständige Verdrängung von Kohle durch Öl können für das Wachstum in den Nachkriegsjahren kaum überschätzt werden. Bereits 1957 hatte die sozialdemokratische Tageszeitung *Volksrecht* einen direkten Zusammenhang zwischen der Höhe des Energieverbrauchs und dem allgemeinen Lebensstandard hergestellt: «Je höher der Energiekonsum pro Kopf der Bevölkerung eines Landes ist, umso fortgeschrittener ist dessen ökonomisch-technische Entwicklung, und umso höher liegt der Durchschnitt des Lebensstandards.»[17] Während «billige Nahrung» für Raj Patel und Jason W. Moore «das bevorzugte Instrument des Kapitalismus ist, um Lohnkosten zu senken», ist «billige Energie» für sie «der entscheidende Hebel, um die Arbeitsproduktivität zu steigern».[18] Auch in der Schweiz führte der günstige, relativ zu anderen Konsumgütern sinkende Ölpreis verbunden mit der fortschreitenden Mechanisierung von Landwirtschaft und Industrie, der zunehmenden Installation von Ölheizungen und der Durchsetzung des motorisierten Individualverkehrs seit den 1950er und 1960er Jahren zu einem dramatischen Anstieg des Ölverbrauchs, der Etablierung eines «Erdölregimes» und einem bis heute anhaltenden, «erdölintensiven Le-

12 Das «goldene Zeitalter des Wachstums» von den 1950er bis zu den 1970er Jahren betraf Ost und West fast gleichermassen. Parallel zur Gründung der OEEC (der späteren OECD) kam es im Osten zur Schaffung des Rates für gegenseitige Wirtschaftshilfe (RGW). Vgl. dazu Wolfrum 2017: 308–314 sowie exemplarisch: Wirtschaftliches Wachstum in Ost und West, in: SAZ, Nr. 50, 14.12.1961: 913–914.

13 Bericht des Bundesrates an die Bundesversammlung über die Richtlinien der Regierungspolitik in der Legislaturperiode 1968–1971 (vom 15. Mai 1968). In: Bundesblatt 120 (1968): 1204–1248, hier 1224.

14 Zur Bedeutung von Öl bzw. billiger Energie vgl. Fressoz 2024; Patel, Moore 2018: 211–235; Beitin, Klose, Steininger 2021; Smil 2018; Glässer 2019; Held 2012 sowie Karlsch, Stokes 2003.

15 Fressoz 2017: 60.

16 Pfister 1995: 84.

17 Volksrecht, 11.12.1957, zit. nach Wyss 2014: 203.

18 Patel 2018: 216. Vgl. dazu auch die Ausführungen über «Big Oil» in Beckert 2024: 46–65.

bensstil»[19]. Diesen Aufschwung konnte man in den ersten Nachkriegsjahrzehnten nicht nur hören, sondern auch riechen. Der Aufschwung der Wirtschaftswunderjahre roch nach Benzin.[20] Sichtbarer Ausdruck dieser Entwicklung war nicht nur der Bau grosser Erdölraffinerien in Collombey (seit 1963) und Cressier (seit 1964) oder die Entwicklung einer komplexen Infrastruktur für den Handel und Verkauf von Erdölprodukten. Damit verbunden war auch die Herstellung einer ganzen Palette neuer, petrochemischer Güter wie «Kunstdünger» für die Landwirtschaft, «Kunstfasern» für die Textilindustrie oder «Kunststoffe» (beziehungsweise Plastik) für die Verpackung von Waren. Seit den 1960er Jahren wurde der massenhafte Verbrauch von Plastikprodukten rasch zu einem Synonym für die neu entstehende Massenkonsum- und Wegwerfgesellschaft.[21] Für den ehemaligen Generalsekretär der CVP-Schweiz und späteren Generaldirektor der SBB, Hans Peter Fagagnini, bewegte sich die Schweizer Politik vom Zweiten Weltkrieg bis in die 1970er Jahre «unbestrittenermassen in den Bahnen des wirtschaftlichen Wachstums, der technischen Entwicklung, der Schaffung materieller Sicherheit und der Sorge um Vollbeschäftigung». Es handelte sich um eine Ordnung, «bei der alle Gruppen am wirtschaftlichen Wachstumsprozess interessiert waren. Die einen, weil sich so grössere Einkommensmöglichkeiten realisieren liessen, andere, weil das Netz der kollektiven sozialen Sicherheit ausgebaut werden konnte, Dritte, weil sie sich davon uneingeschränkte Vollbeschäftigung versprachen und endlich der Staat, weil er über wirtschaftliches Wachstum leichter zu einer Balancierung von Gruppenforderungen gelangen konnte.»[22]

«Grenzen des Wachstums»: Variationen der Wachstumskritik seit den 1970er Jahren

Spätestens zu Beginn der 1970er Jahre wurde die «Kehrseite» der expandierenden Massenkonsum- und Wegwerfgesellschaft immer sichtbarer, und die Doppelbewegung einer wachsenden und zugleich extraktiven Wirtschaft wurde zu-

---

19 Kupper, Pallua 2016: 55. Für die Entwicklung in der Schweiz vgl. Gisler 2021; Gisler 2020; Gisler 2011; Hänggi 2011; Ammann 2010 sowie Neu 1995. Zur Erdölsuche (in der Schweiz) vgl. Gisler 2014; Gisler, Haller 2014 sowie Gisler, Zbinden 2013.

20 Relativ zu den steigenden Löhnen und den Preisen anderer Konsumgüter wurde Benzin seit den 1950er Jahren (immer) billiger. Anteil an dieser Entwicklung hatte auch die 1954 von der Migros gegründete und bis heute bestehende «Migrol AG», die mit einer aggressiven Preispolitik – einem eigentlichen «Benzinkrieg» – Druck auf die Heizöl- und Benzinpreise machte, um die Verfügbarkeit billiger Energie weiter zu erhöhen. Zur Migrol vgl. Riess 2011: 359–370. Zur Kritik an der Migros als energieverschleissendem «Umweltsünder» vgl. Mahler 2003.

21 Vgl. dazu exemplarisch Eggimann 2017; Correia 2023 oder Gabrys 2013.

22 Fagagnini 1981: 85.

nehmend kritisiert.[23] Bereits im November 1970 hatte FDP-Bundesrat Nello Celio über die «zerstörerische Seite des Fortschritts» kritisch festgehalten, die Wachstumswirtschaft sei inzwischen «zu einem die Vorstellungen beherrschenden Mythos» geworden, der eine «kontinuierliche, aber bescheidene Expansion zum geschäftlichen Misserfolg» degradiere.[24] Nur wenige Monate später, im Juni 1971, wurde der Verfassungsartikel zum «Schutz des Menschen und seiner natürlichen Umwelt» von der Stimmbevölkerung mit einem aussergewöhnlich hohen Jastimmenanteil von fast 93 Prozent in die Bundesverfassung aufgenommen; ein Stimmungsumschwung, der auch institutionell sichtbar wurde: Noch im selben Jahr wurde nicht nur das Bundesamt für Umweltschutz (BUS), sondern auch die Schweizerische Gesellschaft für Umweltschutz (SGU) gegründet. Kurz darauf zum Bundespräsidenten gewählt, stellte Celio in seiner Neujahrsansprache im Januar 1972 fest, die «übermässige Beanspruchung der natürlichen Lebensgrundlagen und eine durch Unwissenheit, Sorglosigkeit und egoistische Rücksichtslosigkeit verschuldete Verschmutzung und Verseuchung» der Umwelt würden «das Leben von Pflanzen, Tieren und Menschen auf der ganzen Erde» bedrohen. Dem «ungeheuren Angebot an Annehmlichkeiten» stehe «das Gefühl innerer Leere» gegenüber, und in einer «begrenzten Welt» seien auch «dem Wachstum Grenzen gesetzt, die nicht ungestraft überschritten werden» dürften.[25]

Wenig später löste der Bericht des Club of Rome zu den *Grenzen des Wachstums*[26] auch in der Schweiz eine kontroverse Debatte über (endliche) Rohstoffreserven und die zunehmende Umweltverschmutzung aus. Im Frühling 1972 sprach die *Gewerkschaftliche Rundschau* in einem Artikel über die «Schattenseiten der Wohlstandsgesellschaft» von einer «Denaturierung der Marktwirtschaft» durch die «Vergötterung des Wohlstandes» und hielt fest: «Der Götze Wohlstand entfesselt eine krankhafte Raffgier, und so müssen Umsatzziffern, der Reingewinn, die Produktionskapazität und die Zahl der Mitarbeiter, der Marktanteil und die Wachstumsraten unaufhörlich steigen. Es entstehen die Sucht nach Mehr und Mehr, die Unersättlichkeit der Raffgier, des Erwerbstriebes und des Gewinnstrebens. […] Rücksichtsloser Wettbewerb […] führt zur Auffressung der Kleinen durch die Grossen, zur Ausbeutung der wirtschaftlich Schwachen, zur Macht- und Vermögenskonzentration, zu einem Leistungsdruck, der

23 Vgl. dazu exemplarisch Aufdermauer 2024; Köster 2023; Länzlinger, Schärer 2023 sowie König 2019.

24 Die unheimliche Maschine des Fortschritts. Bundesrat Celio am Ustertag zur konjunkturpolitischen Lage, in: NZZ, Montag, 23.11.1970: 13.

25 https://www.admin.ch/gov/de/start/dokumentation/reden/neujahrsansprachen/1972.html, abgerufen am 19.12.2024. Vgl. dazu auch NZZ, Nr. 2, Montag, 03.01.1972 sowie Celio, Nello: Wirtschaft und Politik in der Schweiz, in: SAZ, Nr. 46, 16.11.1972: 797–801.

26 Meadows 1972.

den Menschen überfordert, immer mehr auspumpt und das Familienleben zugrunde richtet.»[27] Wenige Wochen später verkündete das Blatt das «Ende der unbegrenzten Möglichkeiten» und forderte ein «Wachstum mit neuem Inhalt», das nun auch «an den externen Folgen» – der wachsenden Umweltverschmutzung und dem steigenden Rohstoffverbrauch – gemessen werden sollte.[28] Zeitgleich stellte auch der Bundesrat im März 1972 in seinem Bericht an die Bundesversammlung über die Richtlinien der Regierungspolitik in der Legislaturperiode 1971–1975 besorgt fest: «Mit dem Fortschreiten der industriell-technischen Entwicklung nehmen die Gefährdungen des Einzelnen und der Gemeinschaft ständig zu. Geht diese Expansion unkontrolliert weiter, so werden die Folgen unübersehbar sein. Der Staat muss deshalb der technischen und wirtschaftlichen Expansion im Allgemeininteresse notwendige Schranken setzen. Es gilt das wirtschaftliche Wachstum auf das menschliche Mass und die allgemeine Wohlfahrt auszurichten».[29]

Angesprochen war damit auch ein weniger verschwenderischer Umgang mit billiger Energie. Mit einem direkten Verweis auf den Bericht des Club of Rome und die immer deutlicher werdenden «Schatten der Entwicklung» forderte der Aargauer FDP-Nationalrat Hans Letsch den Bundesrat schon im Juni 1972 dazu auf, in Verbindung mit der bereits in Angriff genommenen «Gesamtverkehrskonzeption» auch eine «Gesamtenergiekonzeption» (GEK) auszuarbeiten. Im Gegensatz zu den 1950er und 1960er Jahren wurde jetzt nicht mehr eine Steigerung, sondern eine Drosselung des Energieverbrauchs angestrebt. Für Letsch wurde wirtschaftliches Wachstum inzwischen vielfach mit dem ungebührlichen «Profitstreben einiger weniger Industriekapitäne gleichgesetzt». Habe sich vor relativ kurzer Zeit noch «die Aufgabe der Krisenbekämpfung» gestellt, sei nun «die Bewältigung des Wohlstandes» das zentrale Anliegen; und es stelle sich die Frage, «welches Verhalten des Einzelnen» und «welche wirtschaftspolitischen Massnahmen des Staates» geeignet sein könnten, «den Übergang vom stark quantitativen zum vorwiegend qualitativen Wachstumsdenken zu erleichtern».[30] Der Bundesrat betrachtete die Ausarbeitung einer Gesamtenergiekonzeption, durch die «der Verbrauch an Energieträgern möglichst niedrig gehalten» und «der Einsatz möglichst umweltfreundlicher Energieträger gefördert» werden könne, zwar als «notwendig und dringlich». Zugleich verwies er aber auch darauf, dass verfassungsmässige Grundlagen für eine nationale Energiepolitik und eine sparsame Energieverwendung «nur sehr beschränkt» beste-

27 Magri 1972: 91–92.

28 Umrath 1972: 140–141.

29 Bericht des Bundesrates an die Bundesversammlung über die Richtlinien der Regierungspolitik in der Legislaturperiode 1971–1975 (vom 13. März 1972). In: Bundesblatt 124 (1972): 1025–1088, hier 1033.

30 Postulat Letsch: Gesamtenergiekonzeption. In: Amtliches Bulletin der Bundesversammlung, Band IV, 1972: 1800–1802, hier 1800–1801.

hen und Erdölprodukte inzwischen 80 Prozent zur Deckung des gesamten Energiebedarfs beitragen würden.[31]

Nur ein Jahr später machte die erste Ölpreiskrise im Herbst 1973 dann deutlich, dass billige Rohstoffe und weiteres, auf Öl basierendes Wachstum keine Selbstverständlichkeit mehr waren. Die drei autofreien Sonntage im November und Dezember 1973 waren für die Schweizer Bevölkerung auch deshalb ein so einschneidendes Erlebnis, weil damit zentrale Elemente der Wachstumspolitik der 1950er und 1960er Jahre – der Autobahnbau und die zunehmende Massenmotorisierung – buchstäblich ausgebremst wurden.[32] Am 1. Januar 1974 warnte Bundespräsident Ernst Brugger in seiner Neujahrsansprache, «die Zeiten des Überflusses und der Vergeudung» dürften nun «vorbei sein» und man habe sich auf eine «weltweite Verknappung der Energieversorgung» einzustellen.[33] Bereits 1976 – in der schwersten Wirtschaftskrise seit dem Zweiten Weltkrieg – folgte die Gründung der bis heute bestehenden Schweizerischen Energie-Stiftung (SES) zur Förderung einer nachhaltigen Energiepolitik; aber schon 1978, nach mehreren wirtschaftlich schwierigen Jahren, erreichte der Erdölverbrauch wieder den Höchststand von 1973. Im selben Jahr sprach sich auch der aus einem interdisziplinären, vom Schweizerischen Nationalfonds finanzierten Forschungsprojekt hervorgehende «NAWU-Report» für eine neue «Politik des Sparens» und der «Energieverbrauchsstabilisierung»[34] aus. Für die Autoren hatte der «Zustrom reichlicher und billiger Energie» in der Vergangenheit «das Ausmass und die Art der Investitionen in der Gesamtwirtschaft und damit das Ausmass und die Art des Wirtschaftswachstums entscheidend mitbestimmt»: «Die Energie ist es, die die Räder der Maschinen antreibt, *sie* schafft zur Hauptsache das Sozialprodukt.»[35] Die «Strategie der billigen Energie» sollte deshalb aufgegeben werden und durch «eine Politik des langsamen Anhebens der Energiepreise» ersetzt werden, welche «die fortgesetzte Substitution von Arbeit durch Energie mit dem damit verbundenen Wachstumszwang»[36] vermeiden würde.

---

31 Ebd.: 1801–1802. Zur Geschichte der Gesamtenergiekonzeption vgl. auch Nydegger 2010 sowie Mauch 1978.

32 Zur erneut aktuellen Diskussion um autofreie Sonntage vgl. Meier, Daniel: Am siebten Tage soll es ruhen, in: NZZ am Sonntag, 12.06.2022: 18. Zum Autobahnbau, der Massenmotorisierung und dem Durchbruch eines «automobilzentrierten Lebensstils» vgl. Sieber 2022: 93–108; Buomberger, 2012b; Kopper 2010 sowie Heller, Volk 1999.

33 https://www.admin.ch/gov/de/start/dokumentation/reden/neujahrsansprachen/1974.html, Neujahrsansprache von Bundespräsident Ernst Brugger vom 01.01.1974, abgerufen am 19.12.2024. Zur Frage der Energiesicherheit nach der Ölpreiskrise vgl. auch Türk 2023.

34 Binswanger 1978: 186–187. Vgl. dazu auch Binswanger, Bonus, Timmermann 1981.

35 Binswanger 1978: 142–143.

36 Ebd.: 143–144.

«Nach dem Boom»? Adaptationen und Transformationen der Wachstumskritik bis zur Stagnation der 1990er Jahre

In neueren geschichtswissenschaftlichen Debatten werden die 1970er Jahre als ein Epochenbruch diskutiert, bei dem das fordistische, von industrieller Massenproduktion geprägte Wachstum der Nachkriegsjahre durch die Ära «nach dem Boom» und den Aufstieg einer (weniger ressourcenintensiven) Dienstleistungsgesellschaft abgelöst worden sei.[37] Das über eine hohe Güternachfrage, billige Energie, Produktivitätssteigerungen im ersten und zweiten Sektor sowie die Zuwanderung ausländischer Arbeitskräfte erzielte Wachstum der «Trente Glorieuses» konnte seit den 1970er Jahren nicht mehr aufrecht erhalten werden.[38] Aus der Perspektive einer Geschichte des Wirtschaftswachstums und der Wachstumskritik muss die These eines Strukturbruchs «nach dem Boom» jedoch in zweifacher Hinsicht relativiert werden: *Erstens* ist es wichtig, die «Trente Glorieuses» nicht nur als Jahre rascher wirtschaftlicher Entwicklung und hoher, seither nicht mehr erreichter Wachstumsraten zu verstehen. Kritische Stimmen zur starken Gewässerverschmutzung, der hohen Lärmbelastung oder einem zunehmenden Unbehagen im Wohlstand reichen bis in die 1950er und 1960er Jahre zurück.[39] Wachstum war bereits in den Nachkriegsjahren auch mit Kritik an seinen nicht intendierten Handlungsfolgen verbunden.

Zweitens ging das Wachstum nach der Krise der 1970er Jahre mit der Durchsetzung neoliberaler Positionen, der fortschreitenden Globalisierung und zunehmenden Wettbewerbsorientierung auch in den folgenden Jahrzehnten weiter. Mit dem Übergang zu einer (weniger produktiven) Dienstleistungsgesellschaft und angesichts mehrerer Überfremdungsinitiativen, die den Zuzug ausländischer Arbeitskräfte erschwerten, lagen die Wachstumsraten in der Schweiz im Vergleich zu den 1950er und 1960er Jahren zwar deutlich tiefer. Von den Unternehmen und der Politik wurde – gerade im Kontext der Krise – aber weiteres Wachstum angestrebt; und mit Blick auf den Konsum hat Frank Trentmann festgehalten, dass sich das wachsende Umweltbewusstsein seit den 1970er Jahren kaum in einer Veränderung der Konsumpraktiken niederschlug.[40] Bis heute sind unsere Kaufentscheidungen weitgehend von der Produktion getrennt, und die Einfachheit des Konsums spiegelt die Komplexität der – häufig umwelt-

37 Vgl. dazu Doering-Manteuffel, Raphael 2016; Bösch 2016; Doering-Manteuffel, Raphael 2011; Jarausch 2008 sowie zeitgenössisch Kneschaurek 1980.

38 Zur Verlangsamung des Wachstums der Arbeitsproduktivität in der Schweiz seit den 1990er Jahren vgl. Staatssekretariat für Wirtschaft 2019: 6–8 sowie Staatssekretariat für Wirtschaft 2015: 5.

39 Differenzierend zum Strukturbruch der 1970er Jahre vgl. Voigt 2021; Pessis, Topçu, Bonneuil 2013 sowie zur frühen Umweltschutzdiskussion in der Schweiz Salvisberg 2020 und Eisner 2003.

40 Vgl. dazu Trentmann 2016.

belastenden oder ins Ausland verlagerten – industriellen Güterproduktion nicht einmal im Ansatz wider.[41]

Zugleich setzte rasch eine Kritik der Wachstumskritik ein: Die *Schweizerische Arbeitgeber-Zeitung* hatte sich bereits 1973 – mitten in der Debatte über die «Grenzen des Wachstums» – gegen die zunehmende «Verketzerung des Wirtschaftswachstums» ausgesprochen und «Strömungen» kritisiert, die das Wachstum verdammten, «die Ergebnisse dieses Wachstums aber gleich zwei- oder dreifach verteilen» wollten. Für die wirtschaftsliberale Positionen vertretende Zeitung verdichtete sich der Eindruck, «Gesellschaft und Politik kümmerten sich nur um die Verteilung der Erträge des wirtschaftlichen Wachstums», nicht aber um die Anstrengungen, die notwendig seien, «um diese Werte überhaupt erst zu schaffen».[42] Zehn Jahre später – nach der tiefen Krise der 1970er Jahre – monierte der FDP-Nationalrat und langjährige Direktor des Zentralverbandes Schweizerischer Arbeitgeber-Organisationen (ZSAO), Heinz Allenspach, «die ständige Propagierung des Nullwachstums, die Diskreditierung eines normalen Leistungs- und Konsumverhaltens oder die bewusst und oft penetrant vorgetragene Kritik an ökonomischen Zusammenhängen und Gesetzmässigkeiten» habe «eine fühlbare Mentalitätsänderung» herbeigeführt: «Wenn man der Bevölkerung lange genug einredet, Wachstum sei unmoralisch, ökonomisches Denken sei nackter Materialismus und Wohlstand sei Egoismus und Ausbeutung, dann sinken Leistungswille und Leistungsbereitschaft, dann erlahmt eine wesentliche Triebkraft des wirtschaftlichen Wachstums.» Der steigende Wohlstand hatte für ihn zu einer «überwuchernden Verteilungs- und Sozialbürokratie» geführt, welche die Notwendigkeit einer «Neuorientierung»[43] mitbegründete. Für Allenspach gab es in einer Marktwirtschaft «kein Recht auf Erhaltung des sozialen Status» und «keinerlei Besitzstandsgarantien».[44]

Auch für die Zürcher Privatbank Julius Bär war «quantitatives Wachstum» Mitte der 1980er Jahre zu Unrecht zu einem «Schimpfwort» geworden. Spürbar genervt von der Kritik am «materialistischen Zeitalter» betonte die Bank in ihrem «Wochenbericht» im März 1986, die Behauptung, «der Konsum von Waren stehe im Gegensatz zur Lebensqualität», sei «völlig falsch» – und führte weiter aus: «Die Vorstellung, Lebensqualität und Kultur begännen erst dort, wo man nicht mehr Auto fahre, nur noch Rohkost esse und Bratsche spiele», sei

41 Vgl. dazu Wiegandt 2013: 67–74.

42 Verketzerung des Wirtschaftswachstums. In: SAZ, Nr. 28/29, 12.07.1973: 508–509, hier 508.

43 Allenspach, Heinz: Zwischen Wachstum und Konsolidierung. Das Ende der Wachstumsperiode verlangt Neuorientierung. In: SAZ, Nr. 3, 20.01.1983: 39–41, hier 39.

44 Ebd.: 41.

«abwegig».[45] Die Zitate stehen stellvertretend für eine nach der Krise in den 1970er Jahren insbesondere in wirtschaftsliberalen Kreisen wieder wachstumsfreundlichere Haltung. Stärker als von einem Strukturbruch in den 1970er Jahren ist von Adaptationen und Transformationen, einer Anpassung des Wachstums an die Wachstumskritik und einer Nutzbarmachung dieser Kritik für weiteres Wirtschaftswachstum auszugehen. Unabhängig davon, ob seit den 1970er Jahren «qualitatives», «nachhaltiges» oder «grünes» Wachstum eingefordert wurde; gemeinsam ist allen diesen Perspektiven, dass sie weiteres Wachstum anstreben, das vielfach mit einem dem Kapitalismus inhärenten (nicht hintergehbaren) «Wachstumszwang»[46] begründet wird.

In der Schweiz war diese Entwicklung spätestens seit der Stagnation der 1990er Jahre, in denen das Land zu den wachstumsschwächsten OECD-Ländern gehörte, mit der Durchsetzung einer stärker angebotsorientierten Wachstumspolitik verbunden. Sichtbar wurde diese nicht nur im Weissbuch *Mut zum Aufbruch*[47] von 1995, sondern auch im *Wachstumsbericht* des Bundes von 2002, der die «Determinanten des Schweizer Wirtschaftswachstums» analysierte und «Ansatzpunkte für eine wachstumsorientierte Wirtschaftspolitik» formulierte.[48] Nach dem «Wachstumspaket»[49] des Bundesrates von 2004 wurden vom Bund regelmässig weitere Berichte publiziert, die neben «Analysen zur Wirtschaftsleistung und Wachstumspolitik» auch verschiedene «Massnahmen zur weiteren Stärkung des Schweizer Wirtschaftswachstums» umfassten.[50] In seinem Bericht *Grundlagen für die Neue Wachstumspolitik* sprach sich das Eidgenössische Departement für Wirtschaft, Bildung und Forschung (WBF) im Januar 2015 schliesslich für «eine nachhaltige und langfristig orientierte» sowie «wettbewerbsfreundliche Wachstumspolitik» aus, die «primär auf die Erhöhung des Wachstums der Arbeitsproduktivität ausgerichtet»[51] sein sollte. Fast zeitgleich zum Weissbuch *Mut zum Aufbruch* war 1997 auch die erste *Strategie «Nachhal-*

45 Lebensqualität und Wachstum. In: Bank Julius Bär & Co. AG: Wochenbericht Nr. 11, 20.03.1986: 3–4.

46 Vgl. dazu exemplarisch Binswanger 2019; Richters, Siemoneit 2020; Richters, Siemoneit 2019; Lessenich 2019 oder Richters, Siemoneit 2017.

47 De Pury 1995.

48 Vgl. dazu Eidgenössisches Volkswirtschaftsdepartement 2002.

49 Zur Umsetzung des Wachstumsberichtes von 2002 vgl. Staatssekretariat für Wirtschaft 2003; Staatssekretariat für Wirtschaft 2004 oder Brunetti 2005.

50 Vgl. dazu für die Entwicklung bis 2015 Eidgenössisches Departement für Wirtschaft, Bildung und Forschung 2016; Der Bundesrat 2012; Staatssekretariat für Wirtschaft 2008b sowie Staatssekretariat für Wirtschaft 2008a.

51 Eidgenössisches Departement für Wirtschaft, Bildung und Forschung 2015: 4–5. Vgl. dazu auch Der Bundesrat 2016 sowie Eidgenössisches Departement für Wirtschaft, Bildung und Forschung 2019.

tige Entwicklung in der Schweiz» des Bundesrates erschienen.[52] Nach der Konferenz für Umwelt und Entwicklung der UNO in Rio de Janeiro 1992 hatte der Bund zur Umsetzung des in Rio verabschiedeten Aktionsprogramms «Agenda 21» bereits im März 1993 den Interdepartementalen Ausschuss Rio (IDARio) geschaffen, der 1996 einen ersten Bericht vorlegte. Ein Jahr später folgte die *Strategie «Nachhaltige Entwicklung in der Schweiz»*, die elf «umsetzbare» politische Massnahmen – darunter auch eine bis heute nicht realisierte «ökologische Steuerreform» – enthielt und im Dezember 1997 im Parlament kontrovers diskutiert wurde.[53] Während Jürg Scherrer von der Freiheits-Partei (der früheren Auto-Partei) vor einem «internationalen Umweltismus» warnte, kritisierte SP-Nationalrätin und Umweltpolitikerin Silva Semadeni, die «Diskrepanz» zwischen Zielen und Umsetzungsstrategie sei «unübersehbar».[54] Seither sind parallel zur Publikation verschiedener Wachstumsberichte in den Jahren 2002, 2008, 2012 und 2016 mehrere revidierte und zunehmend ambitionierte Nachhaltigkeitsstrategien des Bundes erschienen.[55] Als «übergeordnete Leitidee» und (unverbindlicher) «Orientierungsrahmen» betrifft die «Strategie Nachhaltige Entwicklung» heute sämtliche Politikbereiche auf Bundesebene;[56] und im Gegensatz zum Wirtschaftswachstum ist die Förderung der nachhaltigen Entwicklung seit der Totalrevision der Bundesverfassung 1999 auch auf Verfassungsebene verankert.

Ein Forschungsstand mit viel Wachstumspotential

International sind im Gegensatz zur Schweiz in den letzten Jahren verschiedene wegweisende Arbeiten zur Geschichte des Wirtschaftswachstums und der Wachstumskritik erschienen.[57] Neben der Durchsetzung des Bruttoinlandproduktes (BIP) als zentraler, aber auch umstrittener Messgrösse für die quantitative Entwicklung

52 Strategie Nachhaltige Entwicklung 1997.

53 Nachhaltige Entwicklung in der Schweiz. In: Amtliches Bulletin der Bundesversammlung, Band 5, 1997: 2390–2410. Zur ökologischen Steuerreform vgl. auch Mauch 1995.

54 Ebd.: 2397–2398.

55 Für die Jahre vor der Weltklimakonferenz in Paris 2015 vgl. Schweizerischer Bundesrat 2012; Schweizerischer Bundesrat 2008; Interdepartementaler Ausschuss 2007; Schweizerischer Bundesrat 2002 sowie Mauch Consulting 2001. Um die Fortschritte in der Umsetzung beobachten zu können, besteht für das Monitoring bereits seit 2003 das Indikatorsystem MONET. Vgl. dazu https://www.monet.admin.ch.

56 Schweizerischer Bundesrat 2016: 5. Zur Entwicklung im Anschluss an die Weltklimakonferenz in Paris 2015 sowie die Verabschiedung der «Agenda 2030» vgl. Schweizerischer Bundesrat 2021b; Schweizerischer Bundesrat 2021a; Staatssekretariat für Wirtschaft 2021 sowie Eidgenössisches Departement 2018.

57 Als einführende Literatur – auch für die Entwicklung auf dem europäischen Kontinent in den Nachkriegsjahren – vgl. Crafts, O'Rourke 2014; Spree 2006; Collins 2000; Crafts 2000; Crafts, Toniolo 1996; Crafts 1995 sowie Kaelble 1992.

des Wachstums (in den Nachkriegsjahren),[58] wurden in den letzten Jahren auch das Wachstumsparadigma (der OECD),[59] die Geschichte der Wachstumskritik[60] oder Fragen der Beschleunigung, Automatisierung und Rationalisierung[61] breiter untersucht. Zu nennen sind hier auch das «Wachstum des Obsoleten», die Geschichte wachsender Müllberge und der Abfallentsorgung,[62] die Geschichte der Nachhaltigkeit[63] sowie die in den letzten Jahren zunehmend an Bedeutung gewinnende Postwachstumsdebatte, um hier nur einige zentrale neuere Forschungsfelder zu benennen.[64] Für die Schweiz ist der Forschungsstand trotz der Bedeutung dieses Themenfeldes – sei es für den Ausbau des Sozialstaates in den Nachkriegsjahren oder die sich akzentuierende Klimakrise – äusserst bescheiden. Nach wie vor ist nur wenig bekannt über die gesellschaftliche und politische Konstruktion des (im Wesentlichen) bis heute herrschenden Wachstums- und Wohlstandsmodells sowie die damit verbundenen Normen und Praktiken. Gut untersucht – und deshalb bewusst nicht Gegenstand dieses Buches – ist bisher hauptsächlich die (vor 1945) auf retrospektiven Schätzungen basierende Entwicklung des Bruttoinlandproduktes (BIP) in der Schweiz im 19. und 20. Jahrhundert.[65] Für dieses Themenfeld liegt inzwischen sowohl international als auch für die Schweiz eine ganze Reihe von Studien vor, die sich mit der Entwicklung, Durchsetzung und bis heute grossen wirtschaftspolitischen Bedeutung des BIP als Wachstumsindikator und -generator beschäftigt haben. Heute eine Selbstverständlichkeit, ist es aus historischer Sicht allerdings unklar, ab wann und in welchem Ausmass das BIP (oder früher: BSP) überhaupt ein wichtiger Bezugs- oder Orientierungspunkt für die schweizerische

---

58 Vgl. dazu exemplarisch Speich 2013 oder Lepenies 2013. Kritisch zur Bedeutung des BIP vgl. Lepenies 2019; Hoekstra 2019; Stiglitz, Fitoussi, Durand 2018; Fioramonti 2013; Diefenbacher, Zieschank 2011 sowie Stiglitz, Sen, Fitoussi 2010.

59 Vgl. dazu Schmelzer 2016 sowie Schmelzer 2015.

60 Vgl. dazu Macekura 2020.

61 Vgl. dazu Saldern 2012; Hachtmann 2015; Mokyr 2005 oder Borscheid 2004.

62 Vgl. dazu Köster 2023; Bergquist, Lindmark, Petrusenko 2023; Köster 2021; König 2019 oder Strasser 2000.

63 Vgl. dazu Caradonna 2018; Seefried 2022; Victor, Dolter 2017; Macekura 2015; Borowy, Schmelzer 2017; Seefried 2015 sowie Borowy 2014.

64 Vgl. dazu Parrique 2024; Hickel 2023; Schmelzer, Vansintjan, Vetter 2022; Kallis, Paulson, D'Alisa, Demaria 2020; Schmelzer, Vetter 2019; Hickel 2018 sowie D'Alisa, Demaria, Kallis 2015.

65 Zur Entwicklung des BIP liegen inzwischen verschiedene Arbeiten und Schätzungen zum 19. und 20. Jahrhundert vor. Vgl. dazu Ronca 2020; Woitek, Wüthrich 2019; Ritzmann, David 2012. Für eine Übersicht zu älteren Forschungsprojekten und zu methodischen Fragen der Erfassung des BIP und damit verbundenen unterschiedlichen Bewertungen des Wachstums oder der Wirtschaftspolitik seit dem Beginn des 19. Jahrhunderts vgl. Stohr 2019. Für das 19. Jahrhundert vgl. das von Januar 2019 bis Dezember 2022 von Ulrich Woitek an der Universität Zürich geleitete SNF-Projekt «Measuring Economic Growth and Welfare in 19th Century Switzerland».

Wirtschaft und die Wirtschaftspolitik war. Ausserdem ermöglicht das BIP keinen regional differenzierten, einzelne Sektoren, Branchen oder Unternehmen voneinander unterscheidenden Blick auf die wirtschaftliche Entwicklung. Dennoch bilden diese Daten auch für das vorliegende Buch eine wichtige quantitative Grundlage für ein besseres Verständnis der Entwicklung des Wirtschaftswachstums in der Schweiz seit 1945.

Der Berner Wirtschafts- und Umwelthistoriker Christian Pfister hat den verschwenderischen Umgang mit billigen Rohstoffen als Rückgrat der seit den 1950er Jahren entstehenden Massenkonsum- und Wegwerfgesellschaft bereits in den 1990er Jahren in mehreren, bis heute wichtigen Beiträgen als «1950er Syndrom» beschrieben: «Von den fünfziger Jahren an erfuhren der Energieverbrauch, das Bruttoinlandprodukt, der Flächenbedarf von Siedlungen, das Abfallvolumen und die Schadstoffbelastung von Luft, Wasser und Boden den für die heutige Situation entscheidenden Wachstumsschub.»[66] Pfister beschreibt diese Entwicklung als Übergang vom *Masshalten* (im Umgang mit knappen Gütern) zur *Masslosigkeit* (in der Verschwendung scheinbar unbeschränkt zur Verfügung stehender Ressourcen) und als Wertewandel von einem Ideal der Bescheidenheit und Sparsamkeit in einer Industrie- und Arbeitsgesellschaft zum demonstrativen Konsum und dem Aufstieg einer genussorientierten Massenkonsum- und Wegwerfgesellschaft.[67]

Exemplarisch sichtbar wird dies am massiven Ausbau der Verkehrsinfrastruktur, der Massenmotorisierung sowie dem dramatischen Anstieg des Verkehrs seit den 1950er Jahren, für die inzwischen auch für die Schweiz verschiedene Studien vorliegen.[68] Gemäss Pfister setzte die Finanzierung des Autobahn- und Strassenbaus über einen zweckgebundenen «Treibstoffzoll» auf Benzin einen Prozess der «Autofinanzierung» im doppelten Wortsinn in Gang: «Je höher der Benzinverbrauch stieg, desto mehr Mittel standen für den Strassenbau zur Verfügung. Je besser das Netz ausgebaut wurde, desto grössere Fahrdistanzen konnten bei gleichem Zeitaufwand zurückgelegt werden, was wiederum den Treibstoffverbrauch ankurbelte.»[69] Trotz stark steigender Investitionen in den öffentlichen Verkehr nach der Umweltwende in den 1970er Jahren wurde und wird der Verkehr in der Schweiz bis heute klar vom Auto dominiert.[70] In den letzten Jahren hat sich für diese von Pfister insgesamt als «1950er Syndrom» beschriebene Entwicklung in der internationalen Forschung der Begriff der «great

66 Pfister 1995: 23. Vgl. dazu auch Pfister 2010; Pfister 2003 sowie das Kapitel «Sparsamkeit kontra Zurschaustellung von Konsum» in Shiller 2020: 197–222.

67 Vgl. dazu Pfister 1995: 25–26.

68 Vgl. dazu Sieber 2022; Haefeli 2022; Haefeli 2012; Merki 2008; Hürlimann 2007 oder – mit Blick auf kritische Stimmen – Gutknecht 1994.

69 Pfister 1995: 31. Vgl. dazu auch Merki 1995.

70 Vgl. dazu Haefeli 2012: 734–738.

acceleration» oder «grossen Beschleunigung» eingebürgert, mit dem die globalen Auswirkungen menschlichen Handels auf die Ökosysteme der Erde (seit den 1950er Jahren) deutlich gemacht werden.[71]

Abgesehen von den frühen Arbeiten von Pfister liegen bis heute nur wenige weitere Publikationen zur Geschichte des Wirtschaftswachstums und der Wachstumskritik in der Schweiz vor. Neben den Arbeiten von Rudolf Jaun und Matthieu Leimgruber zum Taylorismus und der Verwissenschaftlichung, Amerikanisierung und Rationalisierung der Arbeitsverhältnisse in der Schweiz bis in die 1950er Jahre[72] ist hier auch auf die – quantitativ ausgerichteten – Ausführungen im Kapitel «Wohlstand, Wachstum und Konjunktur» in der 2012 erschienenen *Wirtschaftsgeschichte der Schweiz im 20. Jahrhundert*[73] hinzuweisen. Dazu kommt die soeben erschienene Dissertation von Marion Ronca zur Entstehung und Institutionalisierung der Konjunkturbeobachtung als wissenschaftlich-politischer «Streit- und Sinngebungspraxis» in der Schweiz von 1932–1980.[74] Schliesslich sind hier auch noch drei neuere (aus dem politisch linken Spektrum stammende) Publikationen zur Postwachstumsdebatte aus den Jahren 2021–2024 zu erwähnen[75] sowie die – für die historische Forschung kaum relevanten – wachstumskritischen Beiträge der Wirtschaftsjournalisten Hanspeter Guggenbühl und Urs P. Gasche aus den Jahren 2004 und 2010.[76]

«Der Aufschwung beginnt im Kopf»: Fragestellungen und Forschungsperspektiven

Geht man über die traditionelle quantitative Definition von Wirtschaftswachstum als (stetigem) Ansteigen des inflationsbereinigten Bruttoinlandproduktes (BIP) hinaus, erweist sich der Begriff rasch als ein schwierig zu erfassender Forschungsgegenstand. Wer sich mit der Geschichte des Wirtschaftswachstums und der Wachstumskritik beschäftigt, wird mit einer Vielzahl verschiedener Themen von der Arbeitsmarktpolitik und der Anwerbung (ausländischer) Arbeitskräfte über die technologische Entwicklung und den internationalen Standortwettbewerb bis zur Beschaffung von Rohstoffen und der Bedeutung billiger Energie oder «mentaler Infrastrukturen»[77] konfrontiert. Über die traditionelle quantitative Definition hinausgehend, strebt dieses Buch einen breiteren Wachstumsbegriff und ein vielfältigeres an Diskursen und Praktiken, gesellschaftlichen Aushand-

71 Vgl. dazu Bonneuil, Fressoz 2017 oder Steffen 2015.

72 Vgl. dazu Leimgruber 2001 sowie Jaun 1986. Für Deutschland vgl. Kleinschmidt 2002.

73 Vgl. dazu Woitek, Müller, Hiestand 2012.

74 Vgl. dazu Ronca 2024; Ronca 2016 sowie Birchler 1979.

75 Vgl. dazu Saner, Lindt 2024; Klebs u. a. 2024 sowie Franzini u. a. 2021.

76 Vgl. dazu Gasche, Guggenbühl 2010 sowie Gasche, Guggenbühl 2004.

77 Zum Begriff der mentalen Infrastrukturen vgl. Welzer 2011 und Welzer 2013.

lungsprozessen und konfligierenden Deutungsmustern orientiertes Verständnis von Wachstumsprozessen an. Unsere Perspektive ist nicht durch einen *retrospektiven* (quantitativen) Blick auf die Entwicklung des BIP, sondern durch einen *prospektiven* (qualitativen) Blick auf die (transnationale) Gestaltung des Wachstums durch gesellschaftspolitische Diskurse und Praktiken, dominante Narrative oder Leitbilder geprägt. Wir alle kennen das «Leben im Komparativ», die Etablierung von Konkurrenzkulturen und die hohe gesellschaftliche Wertschätzung von Leistung und Wettbewerb,[78] die als gesellschaftliche Leitbilder grundlegend für unser Verständnis von Wachstum als einem grenzenlosen «Prozess verselbständigter Steigerungsdynamiken»[79] sind. Die Vorstellung eines lebenslang lernenden, nie fertigen, sich immer weiter entwickelnden, progressiven Menschen mit einer «energiegeladenen vita activa» ist Ausdruck dieser Mentalität.[80] In den Fokus der Forschung geraten damit die narrativen Strukturen und Diskursstrategien sowie das Verhältnis von Wissen und Wachstum. Methodisch schliesst das Buch damit an Überlegungen zu einer «narrativen Wirtschaft» an, wie sie vom amerikanischen Ökonomen und Nobelpreisträger Robert J. Shiller kürzlich formuliert worden sind.[81]

Gegenstand dieses Sammelbandes sind nicht nur das dynamische Wirtschaftswachstum in den 1950er und 1960er Jahren oder das wirtschaftspolitische Engagement der Verbände und Gewerkschaften von der Krise der 1970er Jahre bis zur Durchsetzung einer stärker angebotsorientierten Wachstumspolitik während der Stagnation der 1990er Jahre. Thematisiert werden auch die zunehmende Wachstumskritik sowie die damit verbundenen Forderungen nach einem stärker «qualitativen», «nachhaltigen» oder «grünen» Wachstum im selben Zeitraum. Ausgehend von den beschriebenen Defiziten der Forschung fragt dieses Buch danach, wie und ab wann (stetiges) Wachstum in den Nachkriegsjahren auch in der Schweiz zu einer Wirtschaft und Politik prägenden Leitidee und einem breit akzeptierten Massstab für Fortschritt und Wohlstand wurde. Wie veränderte sich das Wissen über Wachstum in politischen oder wissenschaftlichen Debatten beispielsweise über die Arbeitsmarktpolitik, die Bedeutung technologischer Innovationen oder das Verhältnis von Konjunkturforschung und Wachstumstheorie? Wie reagierten Wirtschaft und Politik auf die schon in den 1950er Jahren einsetzende «Überkonjunktur» und die steigende Inflation; und wann wurden auch in der Schweiz – wie in den USA – erste kritische Stimmen zur Überflussgesellschaft oder der zunehmenden Gewässerverschmutzung laut? Was für eine Rolle als Wachstumstreiber spielten die Prognosen, Strategien und

78 Vgl. dazu Verheyen 2018 sowie die Kapitel «Die Software in unseren Köpfen» und «Das Wachstum in unseren Seelen» in: Nicoll 2016: 49–63 und 175–185.

79 Schmelzer 2019: 43.

80 Zu den sozialpsychologischen Grundlagen und Voraussetzungen einer Wachstumsgesellschaft vgl. Welzer 2013: 39–51.

81 Shiller 2020. Vgl. dazu auch Sahner 2024.

Ziele des Bundes, der Gewerkschaften und wichtiger Wirtschaftsverbände wie des Schweizerischen Handels- und Industrievereins (SHIV oder «Vorort»), des Zentralverbands Schweizerischer Arbeitgeberorganisationen (ZSAO) oder der seit 1943 bestehenden Gesellschaft zur Förderung der schweizerischen Wirtschaft (kurz: «Wirtschaftsförderung»)? Was für Auswirkungen hatten die Krise der 1970er Jahre und der damit verbundene Strukturwandel auf die Wachstumsziele und -erwartungen «nach dem Boom»? Wie haben sich die schweizerische Energiepolitik und der politische und mediale Diskurs um das Energiesparen – im Sinne eines bewussteren Umgangs mit knappen Ressourcen – seit den 1970er Jahren verändert; und wie kann die gemäss Shiller «epidemische»[82] Ausbreitung von Begriffen wie «schlanker Staat» oder «Steuerwettbewerb» seit den 1980er Jahren erklärt werden? Was für eine Rolle spielte die steigende Zahl erwerbstätiger Frauen für das Wachstum der Wirtschaft; und wie lassen sich «die umweltpolitische Wende der siebziger Jahre»[83], die zunehmende Kritik am «Raubbau» von Rohstoffen und der bis heute anhaltende Aufstieg des Begriffes der «Nachhaltigen Entwicklung» mit dem Übergang zu einer angebotsorientierten Wirtschafts- und Wachstumspolitik (beziehungsweise Deregulierung, Liberalisierung und Privatisierung) sowie einem globalen «Turbokapitalismus» seit den 1990er Jahren zusammendenken?[84]

Zur Aktualität und Dringlichkeit einer (Post-)Wachstumsdebatte

Die Frage nach den Grenzen des Wachstums und unserem Umgang mit natürlichen Ressourcen stellt sich heute eindringlicher als je zuvor. Dass die «schöpferische Zerstörung» zumindest teilweise zu einer «Zerstörung der Schöpfung» geführt hat, wird inzwischen selbst von Vertretern eines ungebremsten Wirtschaftswachstums kaum noch bestritten.[85] Das vorliegende Buch versteht sich als ein historischer Beitrag zu einer insbesondere seit der globalen Finanzkrise von 2008/2009 in verschiedenen Disziplinen sichtbarer werdenden Debatte über die Chancen und Risiken von weiterem Wirtschaftswachstum. Ähnlich wie zur «Umweltwende» in den krisenhaften 1970er Jahren ist unter den Stichworten «Degrowth», «Decroissance» oder «Postwachstum» in den letzten Jahren eine grosse Zahl neuer wachstumskritischer Publikationen erschienen. International bekannte Namen wie Ulrich Brand, Jason Hickel, Tim Jackson, Giorgos Kallis, Serge Latouche, Niko Paech, Timothée Parrique, Matthias Schmelzer oder Irmi

82 Vgl. dazu Shiller 2020: 84–90.

83 Vgl. dazu insbesondere Kupper 2005; Kupper 1998 sowie Walter 1996: 162–206.

84 Vgl. dazu De Pury 1995.

85 Vgl. dazu explizit auf Schumpeter Bezug nehmend Würgler 1991.

Seidl seien hier stellvertretend für eine ganze Reihe weiterer Autor*innen genannt.[86] Nachdem die Europäische Kommission mit dem «European Green Deal»[87] bereits Ende 2019 eine «grüne» Wachstumsstrategie präsentiert hat, ist die (Post-)Wachstumsdebatte mit der «Beyond Growth Conference»[88], die im Mai 2023 im Europäischen Parlament in Brüssel stattgefunden hat, inzwischen auch auf politischem Topniveau angelangt.

Die seit Jahrzehnten verfolgte «Durchbrecherstrategie» als Versuch der «technologischen Überwindung natürlicher Wachstumsgrenzen»[89] funktioniert bis heute nur in Ansätzen. Der Wirtschaftsanthropologe Jason Hickel argumentiert, die technologische Entwicklung und der Übergang von Industrie- zu Dienstleistungsgesellschaften (seit den 1970er Jahren) hätten nicht zu einer «Dematerialisierung», sondern im Gegenteil zu einer «Rematerialisierung»[90] in postfordistischen Massenkonsumgesellschaften geführt. Das Charakteristische am Kapitalismus ist für Hickel nicht, «dass es Märkte gibt, sondern, dass er um ewiges Wachstum herum organisiert ist»[91]. Wachstumsorientierte Firmen würden neue, effizientere Technologien nicht zum Spass einsetzen: «Sie setzen sie ein, um Wachstum zu ermöglichen.»[92] Für eine rasche Reduktion des «ökologischen Fussabdrucks»[93] werden technologiegetriebene Effizienzsteigerungen nicht ausreichen. Wer heute von einem Ende des fossilen Zeitalters spricht, sollte sich bewusst machen, wie tiefgreifend der Verbrauch von Erdöl und die damit verbundene Petrochemie nicht nur die Produktion von Gütern, sondern auch unseren Konsum bis heute prägen. Die Abhängigkeit von zahllosen «Energiesklaven» zeigt sich in unserer aktuellen Angst vor Engpässen in der Energieversorgung oder der politischen Debatte über die Kosten und Finanzierbarkeit der «Energiewende». Die Herausforderung, Produktion und Konsum nachhaltig(er) zu gestalten, betrifft den Kern unseres energie- und ressourcenintensiven, expansiven und extraktiven Lebensstils und die damit verbundene, tief verinnerlichte Mentalität des «höher, schneller, weiter, mehr».[94]

---

86 Vgl. dazu exemplarisch Parrique 2024; Hickel 2023; Schmelzer, Vetter 2019; Kallis 2018; Brand, Wissen 2017; Jackson 2017; Latouche 2015; Paech 2012 oder Seidl 2010.

87 Vgl. dazu Europäische Kommission 2019. Mit Blick auf die Schweiz vgl. Schweizerische Eidgenossenschaft 2016.

88 Vgl. dazu https://www.beyond-growth-2023.eu, abgerufen am 19.12.2024; Jensen u.a. 2023 sowie OECD 2020.

89 Vgl. dazu Linder 1995: 302; Mauch 2007: 8 sowie Binswanger 1978: 46–52.

90 Hickel 2023: 175. Vgl. dazu auch Hickel 2023: 125 sowie die Überlegungen zum Wandel von Industrie- zu Dienstleistungsgesellschaften in Bätzing 2023: 305–323.

91 Hickel 2023: 56.

92 Ebd.: 179.

93 Zum Konzept des ökologischen Fussabdrucks und der Entwicklung in der Schweiz vgl. Wackernagel 2016 sowie Bundesamt für Umwelt 2018.

94 Vgl. dazu ausführlicher Fressoz 2024 sowie Smil 2023: 23–63.

Der Politikwissenschaftler Ingolfur Blühdorn spricht in seiner «umweltsoziologischen Gegenwartsdiagnose» von einer nachhaltigen Nicht-Nachhaltigkeit, die er an einem konsumbasierten Modus der Selbstverwirklichung und Identitätskonstruktion sowie einem «Berechtigungsbewusstsein» festmacht, das sich im Namen entgrenzter individueller Freiheiten gegen Regulierungen und Verbote richtet.[95] An die Stelle der sozial-ökologischen Transformation trete eine «Politik der Resilienz»[96] – das sich Arrangieren mit den bestehenden Verhältnissen. 2019 hat der Vorstand der Schweizerischen Akademie der Geistes- und Sozialwissenschaften (SAGW) in Empfehlungen für eine wirksame Förderung der Geistes- und Sozialwissenschaften festgehalten: «Da nicht länger von einer linearen Modernisierung und einer allgemein geteilten Fortschrittsgewissheit ausgegangen werden darf, bedarf die sich permanent wandelnde Gesellschaft zunehmend Zielwissen, Systemwissen und Transformationswissen».[97] Vor dem Hintergrund der aktuellen Debatten über «grünes Wachstum», «Postwachstum», die sich akzentuierende Klimakrise oder eine Dekarbonisierung der Wirtschaft möchte dieses Buch einen vertiefenden Beitrag zur Erarbeitung dieses Transformationswissens aus historischer Perspektive leisten.[98] Angestrebt wird damit nicht nur ein besseres Verständnis des bis heute weitgehend hegemonialen Wachstumsparadigmas, sondern auch ein Beitrag zur Weiterführung einer aktuellen gesellschaftspolitischen Debatte über Fragen des Wirtschaftswachstums und der Wachstumskritik und der damit verbundenen sozial-ökologischen Transformation: Wer heute vom Klima spricht, darf über Wachstum nicht schweigen!

Gedruckte Quellen

Allenspach, Heinz: 25 Jahre Wirtschaftswachstum: Nur eine negative Bilanz? In: Schweizer Monatshefte 57/1 (1977): 23–29.

Bericht des Bundesrates an die Bundesversammlung über die Richtlinien der Regierungspolitik in der Legislaturperiode 1968–1971 (vom 15. Mai 1968). In: Bundesblatt 120 (1968): 1204–1248.

Bericht des Bundesrates an die Bundesversammlung über die Richtlinien der Regierungspolitik in der Legislaturperiode 1971–1975 (vom 13. März 1972). In: Bundesblatt 124 (1972): 1025–1088.

---

95 Blühdorn 2020: 118 und 126–127. Vgl. dazu auch Beckert 2024: 83.

96 Blühdorn 2020: 141.

97 Empfehlungen für eine wirksame Förderung der Geistes- und Sozialwissenschaften zuhanden der Träger und Organe des BFI-Bereichs. Verabschiedet vom Vorstand der Schweizerischen Akademie der Geistes- und Sozialwissenschaften an seiner Sitzung vom 29.03.2019: 5–6.

98 Vgl. dazu auch das 2016 initiierte und 2023 abgeschlossene – nicht historisch ausgerichtete – Nationale Forschungsprogramm «Nachhaltige Wirtschaft: ressourcenschonend, zukunftsfähig und innovativ», https://www.nfp73.ch, sowie zur thematischen Übersicht mit zahlreichen Politikempfehlungen: Leitungsgruppe 2023.

Binswanger, Hans Christoph; Geissberger, Werner; Ginsburg, Theo (Hg.): Der NAWU-Report. Wege aus der Wohlstandsfalle: Strategien gegen Arbeitslosigkeit und Umweltkrise. Frankfurt a. M. 1978.

Binswanger, Hans Christoph; Bonus, Holger; Timmermann, Manfred: Wirtschaft und Umwelt. Möglichkeiten einer ökologieverträglichen Wirtschaftspolitik. Stuttgart 1981.

Bundesamt für Umwelt BAFU: Umwelt-Fussabdrücke der Schweiz. Zeitlicher Verlauf 1996–2015. Bern 2018.

De Pury, David; Hauser, Heinz; Schmid, Beat: Mut zum Aufbruch. Eine wirtschaftspolitische Agenda für die Schweiz. Zürich 1995.

Der Bundesrat: Neue Wachstumspolitik 2016–2019. Bericht des Bundesrates vom 22.6.2016. Bern 2016.

Der Bundesrat: Wachstumspolitik 2012–2015. Bericht des Bundesrates. Bern 2012.

Eidgenössisches Departement für auswärtige Angelegenheiten EDA (Hg.): Die Umsetzung der Agenda 2030 für nachhaltige Entwicklung durch die Schweiz. Länderbericht der Schweiz 2018. Bern 2018.

Eidgenössisches Departement für Wirtschaft, Bildung und Forschung WBF: Grundlagen für die neue Wachstumspolitik. Analyse der bisherigen und Ausblick auf die zukünftige Strategie. Bericht des WBF vom 21. Januar 2015 (Grundlagen der Wirtschaftspolitik, Nr. 23D). Bern 2015.

Eidgenössisches Departement für Wirtschaft, Bildung und Forschung WBF: Schlussbericht des WBF über den Umsetzungsstand der Wachstumspolitik 2012–2015. Bern 2016.

Eidgenössisches Departement für Wirtschaft, Bildung und Forschung WBF: Schlussbericht des WBF zum Umsetzungsstand der Neuen Wachstumspolitik 2016–2019. Bern 2019.

Eidgenössisches Volkswirtschaftsdepartement: Der Wachstumsbericht: Determinanten des Schweizer Wirtschaftswachstums und Ansatzpunkte für eine wachstumsorientierte Wirtschaftspolitik (Grundlagen der Wirtschaftspolitik, Nr. 3D). Bern 2002.

Erhard, Ludwig: Wohlstand für Alle. Düsseldorf 1957.

Europäische Kommission: Der europäische Grüne Deal. Brüssel 2019.

Fagagnini, Hans Peter: Die Parteien vor dem Problem des Umweltschutzes. In: Schweizerisches Jahrbuch für Politische Wissenschaft 21 (1981): 79–98.

Galbraith, John Kenneth: Gesellschaft im Überfluss. München 1958.

Interdepartementaler Ausschuss Nachhaltige Entwicklung (IDANE): Strategie Nachhaltige Entwicklung 2002 – Bilanz und Empfehlungen für die Erneuerung. Bern 2007.

Magri, Jules: Schattenseiten der Wohlstandsgesellschaft. In: Gewerkschaftliche Rundschau 64/3 (1972): 87–95.

Mauch, Samuel u. a.: Jenseits der Sachzwänge: Ein Beitrag der Umweltorganisationen zur schweizerischen Gesamtenergiekonzeption. Basel 1978.

Mauch, Samuel u. a.: Ökologische Steuerreform: Wettbewerbsfähigkeit, Beschäftigung und Umwelt. Zürich 1995.

Mauch Consulting; INFRAS; Ernst Basler und Partner AG: Politik der nachhaltigen Entwicklung in der Schweiz: Standortbestimmung und Perspektiven. Hauptbericht. Zürich 2001.

Meadows, Dennis u. a.: Die Grenzen des Wachstums. Bericht des Club of Rome zur Lage der Menschheit. Stuttgart 1972.

Schweizerische Eidgenossenschaft: Grüne Wirtschaft. Massnahmen des Bundes für eine ressourcenschonende, zukunftsfähige Schweiz. Bericht an den Bundesrat. Bern 2016.

Schweizerischer Bundesrat: Aktionsplan 2021–2023 zur Strategie Nachhaltige Entwicklung 2030. Bern 2021. (= Schweizerischer Bundesrat 2021a)

Schweizerischer Bundesrat: Strategie Nachhaltige Entwicklung 2002. Bern 2002.
Schweizerischer Bundesrat: Strategie Nachhaltige Entwicklung: Leitlinien und Aktionsplan 2008–2011. Bern 2008.
Schweizerischer Bundesrat: Strategie Nachhaltige Entwicklung 2012–2015. Bern 2012.
Schweizerischer Bundesrat: Strategie Nachhaltige Entwicklung 2016–2019. Bern 2016.
Schweizerischer Bundesrat: Strategie Nachhaltige Entwicklung 2030. Bern 2021. (= Schweizerischer Bundesrat 2021b)
Staatssekretariat für Wirtschaft (Hg.): Massnahmen für eine wachstumsorientierte Wirtschaftspolitik / Interdepartementale Arbeitsgruppe «Wachstum». Bericht in Erfüllung des Auftrages gemäss Bundesratsbeschluss vom 8. März 2002 (Grundlagen der Wirtschaftspolitik, Nr. 8D). Bern 2003.
Staatssekretariat für Wirtschaft (Hg.): Das Wachstumspaket des Bundesrates: Detaillierte Beschreibung und Stand der Umsetzung Ende 2004 (Grundlagen der Wirtschaftspolitik, Nr. 9D). Bern 2004.
Staatssekretariat für Wirtschaft (Hg.): Wachstumsbericht 2008: Analysen zur Wirtschaftsleistung und Wachstumspolitik der Schweiz (Grundlagen der Wirtschaftspolitik, Nr. 14D). Bern 2008. (= Staatssekretariat für Wirtschaft 2008a)
Staatssekretariat für Wirtschaft (Hg.): Wachstumspolitik 2008–2011: Massnahmen zur weiteren Stärkung des Schweizer Wirtschaftswachstums (Grundlagen der Wirtschaftspolitik, Nr. 15D). Bern 2008. (= Staatssekretariat für Wirtschaft 2008b)
Staatssekretariat für Wirtschaft SECO (Hg.): Der Zusammenhang zwischen dem technischen Fortschritt, der Investitionstätigkeit und der Produktivitätsentwicklung (Strukturberichterstattung, Nr. 54/4). Bern 2015.
Staatssekretariat für Wirtschaft SECO (Hg.): Entwicklung der Arbeitsproduktivität 2008–2018 (Grundlagen für die Wirtschaftspolitik, Nr. 5). Bern 2019.
Staatssekretariat für Wirtschaft SECO (Hg.): Beurteilungsraster zur Bewertung von Nachhaltigkeitsstrategien und -zielen (Grundlagen für die Wirtschaftspolitik, Nr. 16). Bern 2021.
Strategie «Nachhaltige Entwicklung in der Schweiz». Bericht des Bundesrates vom 9. April 1997. In: Bundesblatt 149 (1997), Band III: 1045–1057.
Umrath, Heinz: Grenzen des Wachstums? In: Gewerkschaftliche Rundschau 64/5 (1972): 139–145.
Ungerer, Martin: Geld in neuen Taschen. Reichtum ist für alle da. Bern 1969.

Sekundärliteratur

Ammann, Daniel: King of Oil: Marc Rich – vom mächtigsten Rohstoffhändler der Welt zum Gejagten der USA. Zürich 2010.
Auderset, Juri; Moser, Peter: Geschichte des Fleisches und des Fleischkonsums in der Schweiz seit dem 19. Jahrhundert. Ein Forschungsbericht (AfA-Working Paper Nr. 08). Bern 2023.
Aufdermauer, Claudia: Vergiftete Schweiz. Eine andere Geschichte der Industrialisierung. Zürich 2024.
Bätzing, Werner: Homo Destructor. Eine Mensch-Umwelt-Geschichte. Von der Entstehung des Menschen zur Zerstörung der Welt. München 2023.
Beckert, Jens: Verkaufte Zukunft. Warum der Kampf gegen den Klimawandel zu scheitern droht. Berlin 2024.

Beitin, Andreas; Klose, Alexander; Steininger, Benjamin (Hg.): Oil. Schönheit und Schrecken des Erdölzeitalters. Köln 2021.

Bergquist, Ann-Kristin; Lindmark, Magnus; Petrusenko, Nadezda: Creating Value Out of Waste: The Transformation of the Swedish Waste and Recycling Sector, 1970s–2010s. In: Business History Review 97 (2023): 3–31.

Binswanger, Mathias: Der Wachstumszwang. Warum die Volkswirtschaft immer weiterwachsen muss, selbst wenn wir genug haben. Weinheim 2019.

Birchler, Urs: Die Konjunkturpolitik in der Schweiz von 1950–1975. Unter besonderer Berücksichtigung der wirtschaftspolitischen Träger. Diessenhofen 1979.

Blühdorn, Ingolfur: Die Gesellschaft der Nicht-Nachhaltigkeit. Skizze einer umweltsoziologischen Gegenwartsdiagnose. In: Blühdorn, Ingolfur: Nachhaltige Nicht-Nachhaltigkeit. Warum die ökologische Transformation der Gesellschaft nicht stattfindet. 2., aktualisierte Auflage. Bielefeld 2020: 65–142.

Bonneuil, Christophe; Fressoz, Jean-Baptiste: The Shock of the Anthropocene: the Earth, History, and Us. London 2017.

Borowy, Iris: Defining Sustainable Development for Our Common Future: A History of the World Commission on Environment and Development. Routledge 2014.

Borowy, Iris; Schmelzer, Matthias (Hg.): History of the Future of Economic Growth: Historical Roots of current Debates on Sustainable Degrowth. London 2017.

Borscheid, Peter: Das Tempo-Virus. Eine Kulturgeschichte der Beschleunigung. Frankfurt a. M. 2004.

Brand, Ulrich: Wie «grün» muss die Linke sein? Zur Frage der Gerechtigkeit: Verkürzungen der aktuellen Klimadebatte und herrschender Nachhaltigkeit. In: rls standpunkte 6 (2007): 1–8.

Brand, Ulrich; Wissen, Markus: Imperiale Lebensweise: Zur Ausbeutung von Mensch und Natur in Zeiten des globalen Kapitalismus. München 2017.

Brändli, Sibylle: Der Supermarkt im Kopf: Konsumkultur und Wohlstand in der Schweiz nach 1945. Wien 2000.

Brunetti, Aymo: Gute statt gut gemeinte Schweizer Wachstumspolitik. In: Steinmann, Lukas; Rentsch, Hans (Hg.): Diagnose: Wachstumsschwäche. Die Debatte über die fehlende Dynamik der schweizerischen Volkswirtschaft. Zürich 2005: 151–171.

Buomberger, Thomas; Pfrunder, Peter (Hg.): Schöner leben, mehr haben. Die 50er Jahre in der Schweiz im Geiste des Konsums. Zürich 2012. (= Buomberger 2012a)

Buomberger, Thomas: Traumreisen und Alpträume. Wie Auto und Strassenbau in den 50er Jahren zu einer Selbstverständlichkeit wurden. In: Buomberger, Thomas; Pfrunder, Peter (Hg.), Schöner leben, mehr haben. Die 50er Jahre in der Schweiz im Geiste des Konsums. Zürich 2012: 41–68. (= Buomberger 2012b)

Caradonna, Jeremy (Hg.): Routledge Handbook of the History of Sustainability. Routledge 2018.

Collins, Robert M.: More. The Politics of Economic Growth in Postwar America. Oxford 2000.

Correia, Mickaël: Die Plastikmacher. In: Geschröpfter Planet: Der menschliche Ressourcenhunger und seine Folgen (Le Monde diplomatique, Edition No. 34). Berlin 2023: 78–81.

Crafts, Nicholas: The Golden Age of Economic Growth in Western Europe, 1950–1973. In: The Economic History Review 48 (1995): 429–447.

Crafts, Nicholas; Toniolo, Gianni: Postwar growth: an overview. In: Crafts, Nicholas; Toniolo, Gianni (Hg.): Economic Growth in Europe since 1945. Cambridge 1996: 1–37.

Crafts, Nicholas: Globalization and Growth in the Twentieth Century. Washington 2000.

Crafts, Nicholas; O'Rourke, Kevin Hjortshoj: Twentieth Century Growth. In: Aghion, Philippe; Durlauf, Steven N. (Hg.): Handbook of Economic Growth, vol. 2 A. Amsterdam 2014: 263–346.

D'Alisa, Giacomo; Demaria, Federico; Kallis, Giorgos (Hg.): Degrowth: Handbuch für eine neue Ära. München 2015.

Deutschmann, Christoph: Die Verheissung des absoluten Reichtums. Zur religiösen Natur des Kapitalismus. Zweite, überarbeitete Auflage. Frankfurt a.M. 2001.

Diefenbacher, Hans; Zieschank, Roland: Woran sich Wohlstand wirklich messen lässt. Alternativen zum Bruttoinlandprodukt. München 2011.

Eggimann, Franziska: Künstliche Stoffe: Die synthetische Umformung der Welt (Ferrum: Nachrichten aus der Eisenbibliothek, Nr. 89). Weinfelden 2017.

Eisner, Manuel: «Wenn Fische und Bäche stimmen könnten ...». Die Gewässerschutzdiskussion von 1958 bis 1972. In: Eisner, Manuel; Graf, Nicole; Moser, Peter: Risikodiskurse: Die Dynamik öffentlicher Debatten über Umwelt- und Risikoprobleme in der Schweiz. Zürich 2003: 92–124.

Fioramonti, Lorenzo: Gross Domestic Problem: The Politics behind the World's most Powerful Number. London 2013.

Franzini, Luzian; Herzog, Roland; Rutz, Simon; Ryser, Franziska; Ziltener, Kathrin; Zwicky, Pascal (Hg.): Postwachstum? Aktuelle Auseinandersetzungen um einen grundlegenden gesellschaftlichen Wandel (Denknetz Jahrbuch 2021). Zürich 2021.

Fressoz, Jean-Baptiste; Bonneuil, Christophe: Growth unlimited: the idea of infinite growth from fossil capitalism to green capitalism. In: Borowy, Iris; Schmelzer, Matthias (Hg.): History of the Future of Economic Growth: Historical Roots of current Debates on Sustainable Degrowth. London 2017: 52–68.

Fressoz, Jean-Baptiste: More and More and More: An All-Consuming History of Energy. London 2024.

Furter, Fabian; Schoeck-Ritschard, Patrick: Göhner Wohnen. Wachstumseuphorie und Plattenbau. Baden 2013.

Gabrys, Jennifer u.a. (Hg.): Accumulation: the material politics of plastic. London 2013.

Gasche, Urs P.; Guggenbühl, Hanspeter: Das Geschwätz vom Wachstum. Zürich 2004.

Gasche, Urs P.; Guggenbühl, Hanspeter: Schluss mit dem Wachstumswahn. Plädoyer für eine Umkehr. Glarus 2010.

Gisler, Monika: Erdöl in der Schweiz. Eine kleine Kulturgeschichte (Verein für wirtschaftshistorische Studien). Zürich 2011.

Gisler, Monika; Zbinden, Anne-Sophie: «Das Schweizer Erdöl den Schweizern!» Erdölsuche in der Schweiz im goldenen Zeitalter der 1950er Jahre. In: Traverse. Zeitschrift für Geschichte 20/3 (2013): 99–111.

Gisler, Monika; Haller, Lea: Lösung für das Knappheitsproblem oder geopolitisches Risiko? Auf Erdölsuche in der Schweiz. In: BWG 37 (2014): 41–59.

Gisler, Monika: «Swiss Gang» – Pioniere der Erdölexploration (Schweizer Pioniere der Wirtschaft und Technik). Zürich 2014.

Gisler, Monika: Die schweizerische Gasindustrie. Zürich 2020.

Gisler, Monika: Energie (Schriftenreihe der Vontobel-Stiftung, Nr. 2390). Zürich 2021.

Glässer, Wiebke: Marktmacht und Politik. Das internationale Kartell der Ölgesellschaften 1960–1975. Berlin 2019.

Gutknecht, Bernard: Proteste gegen den Nationalstrassenbau 1957–1990. Von punktueller Opposition zu grundsätzlichem Widerstand. In: Altermatt, Urs; Furrer, Markus; Gutknecht,

Bernard: Rechte und linke Fundamentalopposition. Studien zur Schweizer Politik, 1965–1990. Basel 1994: 62–94.
Hachtmann, Rüdiger: Rationalisierung, Automatisierung, Digitalisierung. Arbeit im Wandel. In: Bösch, Frank (Hg.): Geteilte Geschichte. Ost- und Westdeutschland 1970–2000. Göttingen 2015: 195–238.
Haefeli, Ueli: Umwelt, Raum, Verkehr. In: Halbeisen, Patrick; Müller, Margrit; Veyrassat, Béatrice (Hg.): Wirtschaftsgeschichte der Schweiz im 20. Jahrhundert. Basel 2012: 703–752.
Haefeli, Ueli: Unterwegs sein können, wollen und müssen. Mobilität im Alltag in der Schweiz seit dem 19. Jahrhundert. Zürich 2022.
Hänggi, Marcel: Ausgepowert. Das Ende des Ölzeitalters als Chance. Herausgegeben von der schweizerischen Energiestiftung. Zürich 2011.
Held, Martin: Öl als fossiler Treiber der Beschleunigung. Peak Oil und die Grosse Transformation zu postfossilen Zeiten. In: Fischer, Ernst Peter; Wiegandt, Klaus (Hg.): Dimensionen der Zeit. Die Entschleunigung unseres Lebens. Frankfurt a. M. 2012: 269–290.
Heller, Martin; Volk, Andreas: Die Schweizer Autobahn. Zürich 1999.
Hickel, Jason: Die Tyrannei des Wachstums. Wie globale Ungleichheit die Welt spaltet und was dagegen zu tun ist. München 2018.
Hickel, Jason: Weniger ist mehr. Warum der Kapitalismus den Planeten zerstört und wir ohne Wachstum glücklicher sind. München 2023.
Hoekstra, Rutger: Replacing GDP by 2030: Towards a Common Language for the Well-being and Sustainability Community. Cambridge 2019.
Hürlimann, Gisela: Die Eisenbahn der Zukunft. Automatisierung, Schnellverkehr und Modernisierung bei den SBB 1955 bis 2005. Zürich 2007.
Jackson, Tim: Wohlstand ohne Wachstum – das Update. Grundlagen für eine zukunftsfähige Wirtschaft. München 2017.
Jaun, Rudolf: Management und Arbeiterschaft. Verwissenschaftlichung, Amerikanisierung und Rationalisierung der Arbeitsverhältnisse in der Schweiz 1873–1959. Zürich 1986.
Jensen, Liselotte u. a.: Beyond growth: Pathways towards sustainable prosperity in the EU (European Parliamentary Research Service). Brussels 2023.
Kaelble, Hartmut (Hg.): Der Boom 1948–1973: Gesellschaftliche und wirtschaftliche Folgen in der Bundesrepublik Deutschland und in Europa. Opladen 1992.
Kallis, Giorgos: Degrowth. Newcastle 2018.
Kallis, Giorgos; Paulson, Susan; D'Alisa, Giacomo; Demaria, Federico: The case for degrowth. Cambridge 2020.
Karlsch, Rainer; Stokes, Raymond G.: Faktor Öl. Die Mineralölwirtschaft in Deutschland 1859–1974. München 2003.
Klebs, Julia; Flury, Regula; Wüthrich, Therese; Caduff, Nicola (Hg.): Postwachstum – Leben über den Verhältnissen? (Widerspruch. Beiträge zu sozialistischer Politik, Band 82). Zürich 2024.
Kleinschmidt, Christian: Der produktive Blick. Wahrnehmung amerikanischer und japanischer Management- und Produktionsmethoden durch deutsche Unternehmer 1950–1985. Berlin 2002.
König, Wolfgang: Kleine Geschichte der Konsumgesellschaft. Konsum als Lebensform der Moderne. Zweite, überarbeitete Auflage. Stuttgart 2013.
König, Wolfgang: Geschichte der Wegwerfgesellschaft. Die Kehrseite des Konsums. Stuttgart 2019.

Kopper, Christopher: Der Durchbruch des PKW zum Massenkonsumgut 1950–1964. In: Jahrbuch für Wirtschaftsgeschichte 51/1 (2010): 19–36.
Köster, Roman: Abfall und Konsum. In: Kleinschmidt, Christian; Logemann, Jan (Hg.): Konsum im 19. und 20. Jahrhundert. Berlin 2021: 515–532.
Köster, Roman: Müll. Eine schmutzige Geschichte der Menschheit. München 2023.
Kupper, Patrick: Kein blinder Widerstand gegen den Fortschritt, aber Widerstand gegen einen blinden Fortschritt. In: König, Mario u. a. (Hg.): Dynamisierung und Umbau. Die Schweiz in den 60er und 70er Jahren. Zürich 1998: 227–249.
Kupper, Patrick: Gestalten statt Bewahren. Die umweltpolitische Wende der siebziger Jahre am Beispiel des Atomenergiediskurses im Schweizer Naturschutz. In: Brüggemeier, Franz-Josef; Engels, Jens Ivo (Hg.): Natur- und Umweltschutz nach 1945. Konzepte, Konflikte, Kompetenzen. Frankfurt a. M. 2005: 145–161.
Kupper, Patrick; Pallua, Irene: Energieregime in der Schweiz seit 1800. Bern 2016.
Länzlinger, Stefan; Schärer, Thomas: Gifttod, Betonwüsten, strahlende Zukunft: Umweltbewegungen und bewegte Bilder in der Schweiz, 1940–1990, 2. überarbeitete Auflage (Berner Studien zur Geschichte, Reihe 4: Visual Environmental History, Band 1). Bern 2023.
Latouche, Serge: Es reicht! Abrechnung mit dem Wachstumswahn. Mit einem Vorwort von Niko Paech. München 2015.
Leimgruber, Matthieu: Taylorisme et management en Suisse romande, 1917–1950. Lausanne 2001.
Leitungsgruppe des Nationalen Forschungsprogramms NFP 73 (Hg.): Nachhaltige Wirtschaft: Politikempfehlungen. White Paper. Schlusssynthese des Nationalen Forschungsprogramms «Nachhaltige Wirtschaft» (NFP 73), Schweizerischer Nationalfonds. Bern 2023.
Lepenies, Philipp: Die Macht der einen Zahl. Eine politische Geschichte des Bruttoinlandsprodukts. Frankfurt a. M. 2013.
Lepenies, Philipp: Transforming by Metrics that Matter – Progress, Participation and the National Initiatives of Fixing Well-Being Indicators. In: Historical Social Research 44 (2019): 288–312.
Lessenich, Stephan: Zwanghafte Selbstverhältnisse. Die Wachstumsgesellschaft und ihr Subjekt. In: Freie Assoziation. Zeitschrift für psychoanalytische Sozialpsychologie 22 (2019): 14–28.
Linder, Wolf: Die fünfziger Jahre: Die Verarbeitung ökonomischer Modernisierung durch die politischen Institutionen in der Schweiz. In: Pfister, Christian (Hg.): Das 1950er Syndrom: Der Weg in die Konsumgesellschaft. Bern 1995: 295–309.
Macekura, Stephen: Of Limits and Growth: The Rise of Global Sustainable Development in the Twentieth Century. Cambridge 2015.
Macekura, Stephen: The Mismeasure of Progress: Economic Growth and its Critics. Chicago 2020.
Mahler, Beat: «Vom Migrosaurier zum menschlichen Mass»: Disput um eine «alternative» Migros Ende der 1970er Jahre. In: Girschik, Katja u. a. (Hg.): Der Migros-Kosmos. Zur Geschichte eines aussergewöhnlichen Schweizer Unternehmens. Baden 2003: 220–237.
Mauch, Samuel; Iten, Rolf (Hg.): Wachstum und nachhaltige Entwicklung. Dreissig Jahre nach dem NAWU-Report «Wege aus der Wohlstandsfalle». Zürich 2007.
Merki, Christoph Maria: Der Treibstoffzoll aus historischer Sicht: Von der Finanzquelle des Bundes zum Motor des Strassenbaus. In: Pfister, Christian (Hg.): Das 1950er Syndrom: Der Weg in die Konsumgesellschaft. Bern 1995: 311–332.
Merki, Christoph Maria: Verkehrsgeschichte und Mobilität (UTB-Profile). Stuttgart 2008.

Mokyr, Joel: Long-Term Economic Growth and the History of Technology. In: Aghion, Philippe; Durlauf, Steven N. (Hg.): Handbook of Economic Growth, vol. 1B. Amsterdam 2005: 1113–1180.

Morandi, Pietro: Die Entstehung eines neuen wirtschafts- und sozial-politischen Leitbildes in der Schweiz der 1930er Jahre und die ordnungspolitische Debatte der Wirtschaftsartikel in der Bundesverfassung. In: Arlettaz, Silvia; Kellerhans-Maeder, Andreas: Werkstatt Bundesverfassung. Kommentare und Inventar der Quellen zur Geschichte der Schweizerischen Bundesverfassung 1848–1998. Bern 1998: 197–248.

Neu, Axel D.: Die Entfaltung der internationalen Erdölwirtschaft seit 1950. In: Pfister, Christian (Hg.): Das 1950er Syndrom: Der Weg in die Konsumgesellschaft. Bern 1995: 179–200.

Nicoll, Norbert: Adieu, Wachstum! Das Ende einer Erfolgsgeschichte. Marburg 2016.

Nydegger, Sandro: Von der Technokratie zur Gesellschaftspolitik: Der Wandel der schweizerischen Energiepolitik in den 1970er Jahren am Beispiel der Kommission für die Gesamtenergiekonzeption GEK (unveröffentlichte Lizentiatsarbeit, Historisches Institut der Universität Bern). Bern 2010.

OECD: New Approaches to Economic Challenges: Beyond Growth: Towards a New Economic Approach. Paris 2020.

Paech, Niko: Befreiung vom Überfluss. Auf dem Weg in die Postwachstumsökonomie. München 2012.

Parrique, Timothée: Wachstum bremsen oder untergehen. Wie wir mit Degrowth die Welt retten. Frankfurt a. M. 2024.

Patel, Raj; Jason W. Moore: Entwertung. Eine Geschichte der Welt in sieben billigen Dingen. Berlin 2018.

Pessis, Céline; Topçu, Sezin; Bonneuil, Christophe (Hg.): Une autre histoire des «Trente Glorieuses»: modernisation, contestations et pollutions dans la France d'après-guerre. Paris 2013.

Pfister, Christian u. a.: Das 1950er Syndrom: Zusammenfassung und Synthese. In: Pfister, Christian (Hg.): Das 1950er Syndrom: Der Weg in die Konsumgesellschaft. Bern 1995: 21–47.

Pfister, Christian: Energiepreis und Umweltbelastung. Zum Stand der Diskussion über das «1950er Syndrom». In: Siemann, Wolfram (Hg.): Umweltgeschichte. Themen und Perspektiven. München 2003: 61–86.

Pfister, Christian: The «1950s Syndrome» and the Transition from a Slow-Going to a Rapid Loss of Global Sustainability. In: Uekoetter, Frank (Hg.): The Turning Points of Environmental History. Pittsburgh 2010: 90–118.

Priddat, Birger P.: Benign Order und Heaven on Earth – Kapitalismus als Religion? Über theologische Ressourcen in der Entwicklung der modernen Ökonomie. In: Seele, Peter; Pfleiderer, Georg (Hg.): Kapitalismus – eine Religion in der Krise. Zürich 2013: 25–136.

Richters, Oliver; Siemoneit, Andreas: Wachstumszwänge: Ressourcenverbrauch und Akkumulation als Wettbewerbsverzerrungen. In: Adler, Frank; Schachtschneider, Ulrich (Hg.): Postwachstumspolitiken: Wege zur wachstumsunabhängigen Gesellschaft. München 2017: 169–182.

Richters, Oliver; Siemoneit, Andreas: Wachstumszwang – eine Übersicht (ZOE Discussion Papers, Nr. 4). Bonn 2019.

Richters, Oliver; Siemoneit, Andreas: System change, not climate change? Marktwirtschaft zwischen Utopie und Wachstumszwang (ZOE Discussion Papers, No. 5). Bonn 2020.

Riess, Curt: Gottlieb Duttweiler – eine Biographie. Zürich 2011.

Ritzmann, Heiner; David, Thomas: Schätzung des Bruttoinlandprodukts nach Branchen und Kantonen 1890–1960. In: Halbeisen, Patrick; Müller, Margrit; Veyrassat, Béatrice (Hg.): Wirtschaftsgeschichte der Schweiz im 20. Jahrhundert. Zürich 2012: 1185–1209.

Ronca, Marion: Streitpunkt Konjunktur. Die Verhandlung der Stabilisierungspolitik zwischen Bund und Wirtschaftsverbänden (1946–1957). In: Hürlimann, Gisela; Mach, André; Rathmann-Lutz, Anja; Schaufelbuehl, Janick Marina (Hg.): Lobbying. Die Vorräume der Macht (Schweizerisches Jahrbuch für Wirtschafts- und Sozialgeschichte, Band 31). Zürich 2016: 93–107.

Ronca, Marion: Die unsichtbare Volkswirtschaft. Die Verhandlungen um eine Schweizer Produktionsstatistik 1920–1982. In: Kouli, Yaman u. a. (Hg.): Wissensökonomie und Digitalisierung. Geschichte und Perspektiven der wissensbasierten Wirtschaft. Berlin 2020: 53–78.

Ronca, Marion: Im Bann der Konjunktur. Entstehung und Institutionalisierung der Konjunkturbeobachtung in der Schweiz, 1932–1980. Basel 2024.

Sahner, Simon; Stähr, Daniel: Die Sprache des Kapitalismus. Frankfurt a. M. 2024.

Saldern, Adelheid von: «Alles ist möglich»: Fordismus – ein visionäres Ordnungsmodell des 20. Jahrhunderts. In: Raphael, Lutz (Hg.): Theorien und Experimente der Moderne. Europas Gesellschaften im 20. Jahrhundert. Köln 2012: 155–192.

Salvisberg, Melanie: Wasser: Wie der Hochwasserschutz die junge Schweiz zusammenrücken liess und wie der Gewässerschutz mit einem erfolgreichen Schulterschluss von Politik und Wissenschaft gemeistert wurde. In: Mieg, Harald A.; Haefeli, Ueli (Hg.): Umweltpolitik in der Schweiz. Von der Forstpolizei zur Ökobilanzierung. Basel 2020: 54–71.

Saner, Fabian; Lindt, Angela (Hg.): Postwachstum: Ausweg aus Klimakrise und Armut? (Almanach Entwicklungspolitik 2025). Luzern 2024.

Schmelzer, Matthias: «Expandiere oder stirb». Das Wachstumsparadigma, die OECD und die Steigerungslogik wirtschaftlicher Expansion. In: Geschichte und Gesellschaft 41 (2015): 1–39.

Schmelzer, Matthias: The Hegemony of Growth: The OECD and the Making of the Economic Growth Paradigm. Cambridge 2016.

Schmelzer, Matthias; Vetter, Andrea: Degrowth / Postwachstum zur Einführung. Hamburg 2019.

Schmelzer, Matthias; Vansintjan, Aaron; Vetter, Andrea: The Future is Degrowth: A Guide to a World Beyond Capitalism. New York 2022.

Scholtyseck, Joachim: Ludwig Erhards Soziale Marktwirtschaft als radikale Ordnungsinnovation und die Realität des bundesrepublikanischen «Wirtschaftswunders». In: Plumpe, Werner; Scholtyseck, Joachim (Hg.): Der Staat und die Ordnung der Wirtschaft. Vom Kaiserreich bis zur Berliner Republik. Stuttgart 2012: 101–118.

Seefried, Elke: Rethinking Progress. On the Origin of the Modern Sustainability Discourse, 1970–2000. In: Journal of Modern European History 13 (2015): 377–399.

Seefried, Elke: Developing Europe: The Formation of Sustainability Concepts and Activities. In: Wöbse, Anna-Katharina; Kupper, Patrick (Hg.): Greening Europe. Environmental Protection in the Long Twentieth Century. A Handbook. Berlin 2022: 381–408.

Seidl, Irmi; Zahrnt, Angelika (Hg.): Postwachstumsgesellschaft. Konzepte für die Zukunft. Marburg 2010.

Shiller, Robert J.: Narrative Wirtschaft. Wie Geschichten die Wirtschaft beeinflussen – ein revolutionärer Erklärungsansatz. Kulmbach 2020.

Sieber, Markus: Schneller, weiter, billiger, mehr? Mobilität und Verkehr in der Schweiz seit 1918. Zürich 2022.

Smil, Vaclav: Energy and Civilization: a History. Cambridge 2018.

Smil, Vaclav: Wie die Welt wirklich funktioniert. Die fossilen Grundlagen unserer Zivilisation und die Zukunft der Menschheit. München 2023.

Speich Chassé, Daniel: Die Erfindung des Bruttosozialprodukts. Globale Ungleichheit in der Wissensgeschichte der Ökonomie. Göttingen 2013.

Spree, Reinhard: Wachstum. In: Ambrosius, Gerold u.a. (Hg.): Moderne Wirtschaftsgeschichte. Eine Einführung für Historiker und Ökonomen, 2. Auflage. München 2006: 155–183.

Steffen, W. u.a.: The trajectory of the Anthropocene: The Great Acceleration. In: The Anthropocene Review 2 (2015): 81–98.

Stiglitz, Joseph; Sen, Amartya; Fitoussi, Jean-Paul: Mis-measuring Our Lives: Why GDP Doesn't Add Up. New York 2010.

Stiglitz, Joseph; Durand, Martine; Fitoussi, Jean-Paul (Hg.): For Good Measure: Advancing Research on Well-being Metrics Beyond GDP. New York 2018.

Stohr, Christian: Das Schweizer Bruttoinlandprodukt. Methoden, Daten und internationale Vergleiche. In: Zendejas, Juan Flores u.a. (Hg.): Texte und Zahlen. Der Platz quantitativer Ansätze in der Wirtschafts- und Sozialgeschichte. Zürich 2019: 41–68.

Strasser, Susan: Waste and Want. A Social History of Trash. New York 2000.

Tanner, Jakob: Lebensstandard, Konsumkultur und American Way of Life seit 1945. In: Leimgruber, Walter; Fischer, Werner (Hg.): «Goldene Jahre»: Zur Geschichte der Schweiz seit 1945. Zürich 1999: 101–131.

Tanner, Jakob: Geschichte der Schweiz im 20. Jahrhundert. München 2015.

Trentmann, Frank: Unstoppable: The Resilience and Renewal of Consumption after the Boom. In: Doering-Manteuffel, Anselm u.a. (Hg.): Vorgeschichte der Gegenwart. Dimensionen des Strukturbruchs nach dem Boom. Göttingen 2016: 293–308.

Türk, Henning: Energiesicherheit nach der Ölkrise. Die Internationale Energieagentur 1974–1985. Göttingen 2023.

Verheyen, Nina: Die Erfindung der Leistung. Berlin 2018.

Victor, Peter A.; Dolter, Brett (Hg.): Handbook on Growth and Sustainability. Cheltenham 2017.

Voigt, Sebastian (Hg.): Since the Boom. Continuity and Change in the Western Industrialized World after 1970. Toronto 2021.

Wackernagel, Mathis; Beyers, Bert: Footprint. Die Welt neu vermessen. Zweite vollständig überarbeitete und aktualisierte Auflage. Hamburg 2016

Walter, François: Die Erfindung der Umwelt (fünfziger bis achtziger Jahre). In: Walter, François: Bedrohliche und bedrohte Natur. Umweltgeschichte der Schweiz seit 1800. Zürich 1996: 162–206.

Welzer, Harald: Mentale Infrastrukturen. Wie das Wachstum in die Welt und in die Seelen kam. Berlin 2011.

Welzer, Harald: Der Abschied vom Wachstum als zivilisatorisches Projekt. In: Welzer, Harald; Wiegandt, Klaus (Hg.): Wege aus der Wachstumsgesellschaft. Frankfurt a.M. 2013: 35–59.

Wiegandt, Klaus: Hindernisse auf dem Weg zu einer nachhaltigen Entwicklung. In: Welzer, Harald; Wiegandt, Klaus (Hg.): Wege aus der Wachstumsgesellschaft. Frankfurt a.M. 2013: 60–89.

Woitek, Ulrich; Wüthrich, Gabriela: Switzerland. In: Rosés, Joan Ramon; Wolf, Nikolaus: The Economic Development of Europe's Regions: A Quantitative History since 1900. Routledge 2019: 310–329.

Woitek, Ulrich; Müller, Margrit; Hiestand, Manuel: Wohlstand, Wachstum und Konjunktur. In: Halbeisen, Patrick; Müller, Margrit; Veyrassat, Béatrice (Hg.): Wirtschaftsgeschichte der Schweiz im 20. Jahrhundert. Basel 2012: 91–222.

Wolfrum, Edgar: Welt im Zwiespalt. Eine andere Geschichte des 20. Jahrhunderts. Stuttgart 2017.

Würgler, Hans: Schöpferische Zerstörung – Zerstörung der Schöpfung? Ein Versuch. In: Holzhey, Helmut; Jauch, Ursula Pia; Würgler, Hans (Hg.): Forschungsfreiheit. Ein ethisches und politisches Problem der modernen Wissenschaft. Zürich 1991: 239–250.

Wyss, Oliver: Sozialismus ohne Wachstum und Technologie? Die Linke in der Schweiz und die Umweltfrage 1968–1990. Bern 2014.

1. Teil: «Wohlstand für alle»: Wachstum als gesellschaftliches Leitbild und Partizipationsversprechen in den Nachkriegsjahren

Rohstoff des «Golden Age»

Erdöl und Wirtschaftswachstum in der Schweiz im transnationalen Kontext

Monika Gisler

Abstract

After 1945, oil became the most important source of energy, both globally and in Switzerland, making it an economic as well as a political and military factor. However, this was not inevitable, but was driven by specific economic and political decisions. In what follows I will argue that for Switzerland, as for other countries, several factors were decisive in ushering in a new energy era. The foundations were created in the first half of the 20th century when the demand for energy increased. Post-war societies then built on this infrastructure. It is undisputed that after 1945 the economy went through a phase of economic boom with growth rates that were historically unprecedented. It is argued here that the ten years between 1945 and 1955 were decisive for the high consumption of oil in Switzerland. During this period, the relevant course was set that led to the rapid transition away from coal. Finally, I will look at the players, political frameworks, infrastructures and regulations that ensured the constant availability of oil, with the result that our modern lifestyle is based on dependence on fossil fuels.

Erdöl schmiert die Welt: Der Rohstoff wurde schon früh zur Abdichtung von Booten und als Mörtel beim Gebäudebau verwendet, kam aber auch bei der Präparierung von Mumien oder etwas profaner als Karrensalbe zum Einsatz.[1] Während der beiden Weltkriege hatte strategische Vorteile, wer über Erdöl verfügte. Wie folgenreich das Gut allerdings den Lebensstil der westlichen Gesellschaften verändern sollte, zeigte sich erst im Nachkriegsgeschehen. Erdöl entwickelte sich sowohl auf globaler Ebene als auch im Schweizer Kontext zum wichtigsten Energieträger und wurde dadurch zu einem wirtschaftlichen, aber auch politischen und militärischen Machtfaktor. Der Rohstoff gilt entsprechend als «Leitenergieträger» des 20. Jahrhunderts. Dies ist jedoch nur zum Teil korrekt: In der ersten Hälfte des Jahrhunderts überwog quantitativ die Kohle, erst mit der nach 1945 gestiegenen Energienachfrage wurde Erdöl dann zum alles dominierenden Energielieferanten.

Dass diese Entwicklung mit dem Wirtschaftsaufschwung nach dem Zweiten Weltkrieg, mit den Jahren des «Golden Age» (Eric Hobsbawm) oder der «Trente Glorieuses» (Jean Fourastié) zu tun hatte, steht ausser Frage. Die Nachfrage nach Öl war denn auch darauf zurückzuführen, dass sich die westlichen Staaten nach dem Krieg wirtschaftlich rasch erholten und sich ein neuer Lebensstil verbreitete, der mit neuen Konsumgütern auch eine neue Wertekonstellation

1 Mein Dank geht an alle, die diesen Text in der einen oder anderen Form kommentiert haben, vor allem Roman Rossfeld, Rolf Tanner und Ueli Haefeli.

versprach, und der vor allem sehr viel mehr Energie benötigte, als dies in den Jahrzehnten zuvor der Fall gewesen war. Erst mit der globalen Erdölpreiskrise von 1973 und der darauffolgenden weltweiten Rezession[2] wurde ein grundlegender Strukturwandel mit längerfristigen Auswirkungen angestossen.[3] Die Schweiz befand sich damals auf dem Zenit ihrer Abhängigkeit von diesem Rohstoff – gegen 80 Prozent der gesamten Energienachfrage wurde durch Erdölprodukte abgedeckt. Dennoch vollzog sich die Durchsetzung von Erdöl nicht mit Naturnotwendigkeit, sondern wurde durch konkrete wirtschaftliche und politische Entscheidungen gelenkt.[4] Welche Voraussetzungen also, welche Parameter machten das Erdöl zum alles dominierenden Energieträger des 20. Jahrhunderts; wer waren hierbei die relevanten Akteure, und hätte es Alternativen gegeben?

Der Berner Umwelthistoriker Christian Pfister hat sich bereits Mitte der 1990er Jahre in einem viel beachteten Aufsatz mit diesen Fragen beschäftigt. Darin vertritt er die These von einem «1950er Syndrom»,[5] das die Entwicklung der westlichen Welt hin zu einer Konsumgesellschaft mit der Korrelation von tiefen Preisen und hohen Löhnen erklärt – mit allen Konsequenzen für die dadurch übermässig belastete Umwelt, den Klimawandel und den Verlust der Biodiversität, mit denen wir uns heute zu beschäftigen haben.

Werde der globale Energieverbrauch über das gesamte 20. Jahrhundert hinweg betrachtet, so Pfister, liessen sich zwei Zeitabschnitte voneinander unterscheiden, die nicht die gleichen Wachstumsdynamiken aufwiesen und deren Scharnier die 1950er Jahre bildeten. Ganz gleich ob Bruttoinlandsprodukt oder Energieverbrauch, ob Flächenbedarf von Siedlungen oder der Bestand an Personenkraftwagen, ob Abfallaufkommen und Schadstoffbelastung der Biosphäre, vor allem aber die Treibhausgaskonzentration in der Atmosphäre: alle diese Auswirkungen seien auf den nach dem Zweiten Weltkrieg einsetzenden und für die heutige Situation verantwortlichen Wachstumsschub zurückzuführen.

Die Jahre ab 1950 bildeten gemäss Pfister also diejenige Schwellenzeit, in der sich die westliche Welt von der Industrie- zur Konsumgesellschaft entwickelt

2 Die Rezession 1974/75 wurde allerdings nicht, wie oft kolportiert, durch die Erdölpreiskrise ausgelöst, sondern lediglich verstärkt. Für den Ökonomen Knut Borchardt sind die Entwertung des Dollars und die Aufhebung von Bretton Woods ausschlaggebender für die Wirtschaftsflaute als der gestiegene Erdölpreis (Borchardt 1985).

3 Doering-Manteuffel, Raphael 2008; Ambrosius, Kaelble 1992; Borchardt 1985.

4 Graf 2014: 22.

5 Der Begriff des Syndroms ist der Medizin entlehnt, Pfister meinte damit ein Krankheitsbild mit einer Gruppe von Symptomen; den Ausdruck «1950er Syndrom» wiederum hat der Berner Geograf Heinz Wanner mit Blick auf die Schadstoffbelastung der Luft und das CO_2-Problem geprägt. Pfister dehnte diesen dann auf den ökonomischen und sozialen Bereich aus: Pfister 1995: 58; siehe auch Pfister 2010. Kupper 2003: 327–328 wandte dagegen ein, dass in der zeitgenössischen Wahrnehmung wohl kaum jemand die 1950er Jahre als «krankhafte» Zeit gelesen hätte.

habe. Die sinkenden Preise für fossile Brennstoffe (sowohl real als auch relativ zu anderen Preisen) in Verbindung mit steigenden Löhnen sowie der Ersatz von Arbeitskraft durch nichterneuerbare Energieträger hätten den verschwenderischen Umgang mit Rohstoffen und Energie überhaupt erst möglich gemacht.[6]

Die umweltrelevanten Aspekte in Pfisters Argumentation bleiben unbestritten. Waren aber tatsächlich nur tiefe Preise und hohe Löhne für den Siegeszug des Erdöls verantwortlich? In seinem Beitrag zum 2012 erschienenen Grundlagenwerk *Wirtschaftsgeschichte der Schweiz im 20. Jahrhundert* beschäftigte sich der Umwelthistoriker Ueli Haefeli mit der Frage, ob günstiges Erdöl effektiv der zentrale Faktor für den starken Wirtschaftsboom nach 1950 war und ob billige Energie generell eine Voraussetzung für Wirtschaftswachstum sei, wie dies die Entwicklung der westlichen Konsumgesellschaften nahelege.[7] Anders gefragt: Ist das im Nachkriegsboom herausgebildete Paradigma, dass wirtschaftliches Wachstum nur auf der Basis einer preiswerten und gleichermassen wachsenden Energiebasis möglich sei, unumstösslich? Das Beispiel Japans verdeutliche vielmehr, so Haefeli, dass auch hohe Energiepreise mit hohem Wirtschaftswachstum – bei vergleichsweise tiefem Energieverbrauch im Bereich der Produktion – einhergehen könnten[8] und in der Folge eine Entkoppelung von relativ günstiger Energie und Wirtschaftswachstum denkbar sei. Jüngere Studien bestätigen dies: Seit zirka dem Jahr 2000 ist in einzelnen Ländern eine leichte Entkoppelung von Wirtschaftsleistung und Energieverbrauch zu beobachten,[9] auch wenn der Ressourcenverbrauch im Moment insgesamt noch steigt und die dreissig Jahre nach dem Zweiten Weltkrieg eine andere Sprache sprechen.

John A. Hassan and Alan Duncan[10] wiederum nennen verschiedene Faktoren, die zum Wirtschaftsboom nach 1945 geführt haben sollen, allen voran das enorme Wachstum im hochproduktiven Bereich des verarbeitenden Gewerbes. Die Wachstumstreiber der westeuropäischen Wirtschaft hätten sich dabei als äusserst energieintensiv erwiesen, so die Autoren, wobei die Nachfrage auf einen ab den 1950er Jahren stark wettbewerbsgesteuerten Energiemarkt mit fallenden Preisen und einer ständigen Verfügbarkeit von Erdöl (und Erdgas) getroffen sei.

6 Pfister 2010; Pfister 1995. Die in diesen Texten konstatierte «Preisanomalie» ist allerdings nur auf den ersten Blick eine: nach 1945 kam es zu einem Überhang an Erdöl, das ausschliesslich aus dem Ausland importiert wurde. Das Angebot auf dem Weltmarkt übertraf (bis 1970) die Nachfrage, obwohl letztere ständig stieg.

7 Haefeli 2012: 716–717.

8 In Japan entschied die Regierung erst 1959/1960, die Wirtschaft von der teuren einheimischen Kohle auf das billigere Importöl umzustellen, was dann neue Wachstumsschübe auslöste: Graf 2014: 22.

9 Zum Beispiel Ritchie 2021; Mohler u. a. 2012: 46–47.

10 Hassan, Duncan 1989. Der Aufsatz ist eines der raren Beispiele, in denen der Energiekonsum grundlegend untersucht und in Zusammenhang mit dem einmaligen Wirtschaftswachstum nach 1945 gebracht wird.

Weitere Vorteile sehen sie in der Substitution traditioneller Energieträger durch Erdöl und in dessen höherer Energieintensität pro Masse, was den Bedarf von Arbeitskräften und Kapitalressourcen verringerte und in bestimmten Bereichen zu technologischem Fortschritt und zu innovativen Produktionsprozessen geführt habe.

Dass der stark gestiegene Erdölverbrauch ab den 1950er Jahren nicht allein auf den günstigen Erdölpreis zurückzuführen sei, betonen auch Patrick Kupper und Irene Pallua.[11] Vielmehr waren auch gut ausgebaute und sichere Erdölvertriebskanäle sowie entsprechende technologische Voraussetzungen und eine Infrastruktur aus früheren Jahrzehnten dafür verantwortlich.

Im Folgenden soll gezeigt werden, dass für die Schweiz wie auch für andere Länder mehrere Faktoren für das Einläuten eines neuen Energiezeitalters ausschlaggebend waren. Das Auswerten quantitativer Datenreihen reicht hierbei nicht als Erklärungsansatz: Die Beziehungen zwischen den Ursachen, den Begleiterscheinungen und den Folgen dieser «Wende» hin zum Erdöl waren komplex und vielschichtig. Sie können in der Folge nicht ohne eine differenzierte Betrachtung sozialer, politischer und gesellschaftlicher Aspekte erfasst werden, und manches kann ebenso als Ursache wie als Folge interpretiert werden. Die Kommerzialisierung neuer energieliefernder Infrastrukturen erweist sich als langwieriger Prozess, der von politischen und ökonomischen Veränderungen begleitet war; neue Energieformen ersetzen alte nie vollständig, Ursachen und Effekte von Transitionen sind weitreichend – mit grundlegenden, oftmals unerwarteten Konsequenzen für die betroffenen Gesellschaften. In anderen Worten: Der Aufstieg des Öls wurde neben ökonomischen und technischen Faktoren auch von kulturellen Praktiken, sozialen Institutionen, politischen Vorstellungen und aussenpolitischen Interessen befeuert.

Die Voraussetzungen dafür waren, wie schon Kupper und Pallua erwähnt haben und im ersten Teil dieses Beitrags gezeigt werden soll, bereits in der ersten Hälfte des 20. Jahrhunderts geschaffen worden, als die Energienachfrage, wenn auch moderat, stieg. Hatte sich das Volumen des Erdölverbrauchs statistisch zunächst noch unbedeutend erhöht, machte der fossile Rohstoff in den besagten Jahrzehnten einen immer grösseren Teil des Energiehaushalts der westlichen Welt aus, auf dessen Verfügbarkeit die Nachkriegsgesellschaft bauen konnte. Der Kohleverbrauch blieb während dieser Zeit stabil, was darauf hinweist, dass die Energienachfrage generell zunahm und auch gedeckt werden konnte – in der Schweiz neben dem Erdöl auch von der auf Wasserkraft basierenden Elektrizität, die nach 1880 eingeführt und nach dem Kohlemangel im Ersten Weltkrieg stark ausgebaut worden war.[12]

---

11 Kupper, Pallua 2016: 55.

12 Gisler 2021; Kupper, Pallua 2016; Kander u. a. 2013.

Auf diese gut ausgebaute Infrastruktur konnten die Nachkriegsgesellschaften also zurückgreifen. Denn es ist unbestritten, dass nach 1945 die Wirtschaft eine Phase der Hochkonjunktur mit Wachstumsraten durchlief, die historisch einmalig waren. Darauf wird im zweiten Teil des Beitrags näher eingegangen. Entsprechend stieg nach 1945 auch die Nachfrage nach immer mehr Energie vor allem auf Erdölbasis stark an. Während Pfister diesen Aufschwung in der zweiten Hälfte der 1950er Jahre verortet,[13] wird hier die Auffassung vertreten, dass – zumal für die Schweiz – die zehn Jahre zwischen 1945 und 1955 ausschlaggebend waren für den steigenden Verbrauch von Erdöl und Energie im Allgemeinen. In besagtem Zeitabschnitt wurden die relevanten Weichen gestellt, die zur raschen Ablösung von Kohle durch Öl führten.

Im letzten Teil des Beitrags ist schliesslich der Frage nachzugehen, wer für diese beispiellose Aufwärtsspirale des fossilen Brennstoffs verantwortlich war. Welche Akteure haben von der erhöhten Verfügbarkeit von Energie profitieren können – und wo blieb eigentlich der Staat in all diesen Jahren? Wie erwähnt vollzog sich der Durchbruch des Erdöls nicht im luftleeren Raum; vielmehr waren bestimmte politische Rahmenbedingungen, eine ausgebaute Infrastruktur und ein Regelwerk nötig, das die Verfügbarkeit dieses Energieträgers jederzeit gewährleistete. Diese Voraussetzungen erlaubten fortlaufend das Ausschöpfen neuer Handlungsspielräume für das Abdecken zahlreicher Konsument*innenwünsche. Dass der verschwenderische Umgang mit dem kostbaren Rohstoff Öl dazu führte, dass sich mit der «Erwärmung des Schlafzimmers dereinst die Welt überhaupt erwärmen» würde,[14] wie dies der Wirtschaftshistoriker Hansjörg Siegenthaler so treffend formuliert hat, wurde erst viel später erkannt.

Facts und Figures

In den drei Dekaden nach 1945 bis zum Konjunktureinbruch Mitte der 1970er Jahre sind Wachstumsschübe auf allen Ebenen zu verzeichnen: beim staatlichen Bruttoinlandsprodukt, beim Flächenbedarf von Siedlungen oder bei den wirtschaftlichen Aktivitäten. Hierzu ein paar Zahlen: Die Weltbevölkerung stieg nach 1950 rasant an, und eine neue Form der Verstädterung beziehungsweise das weite Ausgreifen der Kernstädte in ihr Umland setzte ein. Damit einher gingen ein höherer Energieverbrauch, eine vermehrte Abfallproduktion sowie stärkere Schadstoffbelastungen von Boden, Wasser und Luft. In der Landwirtschaft kam Kunstdünger zum Einsatz, und die Produktion von Kunststoffen vervielfachte sich. Die Zahl der Autos stieg in den USA von 45 Millionen 1949 auf 119 Millionen 1972; im Rest der Welt vervielfachte sich die Anzahl der Motor-

13 Pfister 1995.

14 Siegenthaler 1995: 103.

fahrzeuge im gleichen Zeitraum von knapp 19 auf 161 Millionen.[15] Will Steffen, John McNeill, Paul Crutzen und andere haben dafür den Begriff der Grossen Beschleunigung (*Great Acceleration*) geprägt.[16] Dieser steht für die komplexen Prozesse, die das Erdsystem als Ganzes grundlegend und zum Teil irreversibel verändert haben. Den Kipppunkt verorten die Autoren – wie Christian Pfister, aber ohne dessen Arbeit gekannt zu haben – in den 1950er Jahren, da seither eine dramatische, historisch beispiellose Zunahme von menschlicher Aktivität zu nicht intendierten globalen und zum Teil irreversiblen Umweltveränderungen geführt habe. Sie forderten in der Konsequenz, von einem neuen Zeitalter, dem Anthropozän, zu sprechen.[17]

Auch in der Schweiz zeichnete sich dieser Trend ab. Die Bevölkerungszahl nahm im untersuchten Zeitraum zwischen 1945 und 1975 von 4,4 auf 6,3 Millionen zu.[18] Der Gesamtenergieverbrauch schnellte in jenen Jahren jedoch in einem Ausmass in die Höhe, das in keiner Relation zur demografischen Entwicklung stand. Der Energieverbrauch stieg ab den 1950er Jahren also exponentiell an, die Energienachfrage verdreifachte sich allein im Jahrzehnt nach 1960.[19] Das Volumen der im Laufe der ersten Hälfte des 20. Jahrhunderts aufgekommenen Energieträger, Wasserkraft (für Elektrizität) und Erdöl (für flüssige Brenn- und Treibstoffe), vergrösserte sich markant, wobei Letzterer später alle anderen dominierte. Sicherlich hatte dies auch mit steigenden Löhnen und fallenden Energiepreisen zu tun, wie Pfister argumentiert hat. Die Anfänge des ausserordentlichen Aufschwungs von Erdöl nach 1945 sind allerdings in den Jahren davor zu suchen, als die notwendige Infrastruktur aufgebaut wurde, die einen nie gesehenen Wandel herbeiführte.

Der Rohstoff Erdöl etabliert sich (1900–1945)

Kaum eine Neuerung fällt auf unfruchtbaren Boden. In aller Regel baut sie auf bereits Bestehendem auf und entwickelt es weiter. Erdöl kam schon seit Jahrhunderten zum Einsatz, sei es als Brennstoff oder zur Abdichtung von Baumaterialien. Eine eigentliche Erdölindustrie etablierte sich ab Mitte des 19. Jahrhunderts, als erste Ölquellen kommerziell genutzt werden konnten und neue Technologien

15 Blas, Farchy 2021; Smil 2008: 7; Yergin 2008: 542; Statista: Empowering people with data, https://de.statista.com/statistik/daten/studie/1716/umfrage/entwicklung-der-weltbevoelkerung/, abgerufen am 18.10.2023.

16 McNeill, Engelke 2014.

17 McNeill, Engelke 2014: 1–6.

18 Bundesamt für Statistik: Historische Tabellen, https://bfs.admin.ch/bfs/de/home/statistiken/katalog.assetdetail.32229364.html, abgerufen am 28.2.2025.

19 BFE 1981; Gehr 1981: 136–141.

deren Verwertung möglich machten.[20] Als in Titusville, Pennsylvania, das erste Erdölfeld der USA kommerziell ausgebeutet wurde, revolutionierte dies die Welt. Gewinnerinnen dieses ersten Booms[21] waren die USA aufgrund ihres flexiblen Finanzsystems in Bezug auf Angebot und Nachfrage sowie der Verfügbarkeit von ausreichend Kapitalressourcen für Investitionen. Aber auch in Europa hatte die Erdölförderung früh begonnen: Die erste überhaupt erfolgte in Norddeutschland, in den 1870er Jahren wurde dann in Galizien, Rumänien und in Baku am Kaspischen Meer Erdöl gefunden. Die Schweden Robert und Ludwig Nobel, Brüder des späteren Nobelpreis-Stifters Alfred Nobel, stiegen Ende des 19. Jahrhunderts ins Erdölgeschäft in Baku ein; die Region entwickelte sich anschliessend zum Zentrum der noch jungen europäischen Erdölindustrie. Um 1900 überstieg die Produktion bereits die Nachfrage, entsprechend begann ein harter Wettbewerb um Marktanteile. Ab 1910 weitete sich das Geschäft mit dem fossilen Energieträger geografisch immer mehr aus und gestaltete sich entsprechend auch multinationaler.

Zeitgleich entwickelten die deutschen Konstrukteure Gottlieb Daimler und Karl Benz den ersten Motorwagen, indem sie ihre Petroleummotoren ab 1886 in Kutschen und fahrradähnliche Gebilde einbauten. Die Motorisierung nahm ihren Anfang kurz vor der Jahrhundertwende, als in Paris der Personenwagen als Sport- und Repräsentationsfahrzeug eingeführt wurde.[22] Aber erst Henry Ford machte das Autofahren Anfang des 20. Jahrhunderts für alle erschwinglich. Ab 1908 liess er den Ford T in standardisierter Massenproduktion am Fliessband herstellen, was die Produktionskosten deutlich senkte. Gleichzeitig stärkte der Automobilhersteller durch Lohnerhöhungen die Kaufkraft seiner Arbeiter*innen, damit diese sich das von ihnen selbst hergestellte Produkt auch leisten konnten. Das Automobil war fortan also nicht mehr den reichen Bevölkerungsschichten vorbehalten und wurde in den USA entsprechend massentauglich. Das fordistische Geschäftsmodell wurde dabei gesellschaftsprägend. Auch in Europa hielt das Motorfahrzeug nun Einzug, wenn auch auf tieferem Niveau. Als Massenkonsumgut setzte es sich erst in den 1950er Jahren durch.[23]

Mit der zunehmenden Verbreitung der Kraftfahrzeuge stieg entsprechend die Nachfrage nach Erdöl. Die erdölfördernden Länder verfügten allerdings noch nicht über die Technologie und das Knowhow, um den fossilen Energieträger auch aus den Ölfeldern fördern zu können. Diese Ausgangslage führte dazu, dass sich westliche Unternehmen früh für wenig Geld die Rechte an der Ölexplorati-

20 Zum Folgenden Yergin 2008.

21 Der stark ökonomisch geprägte Begriff des Booms bringt, im Gegensatz zu Rezession, Depression oder Krise, eine Einmaligkeit von Aufschwung, Hochkonjunktur und Blütezeit zum Ausdruck.

22 Merki 2011.

23 Pfister 1995: passim.

on und -förderung sicherten und bis in die 1960er Jahre hinein den Erdölmarkt dominierten. Die Majors, oder «Seven Sisters»,[24] teilten die Erdölgewinnung unter sich auf und schlossen sich zunehmend in kartellähnlichen Strukturen zusammen. Dabei handelte es sich um sogenannte integrierte Unternehmen, die das gesamte Upstream- und Downstream-Geschäft abdeckten. Dazu gehörten Standard Oil of New Jersey und Standard Oil of New York (heute in ExxonMobil vereinigt), Standard Oil of California, Texaco und Gulf Oil (heute in Chevron vereinigt) sowie Royal Dutch/Shell (die seit 2022 wieder als eigenständige Unternehmen auftreten) und die Anglo-Persian Oil Company (APOC bis 1935, danach Anglo Iranian Oil Co. AIOC, seit 1954 BP). Dazu gezählt wird gelegentlich auch das französische Unternehmen Elf Aquitaine. Alle haben ihren Sitz in Verbraucherländern der 1961 gegründeten Organisation für wirtschaftliche Zusammenarbeit und Entwicklung (OECD). Ende der 1940er Jahre kontrollierten diese Firmen 90 Prozent der globalen Erdölproduktion.[25] Bereits ab Beginn des 20. Jahrhunderts standen sie im Wettbewerb um Konzessionsvergaben und Absatzmärkte. Letztere lagen zumeist – mit Ausnahme der USA – in Nichtmitgliedstaaten der OECD. Die Regierungen der Produzentenländer erteilten den Unternehmen unter bestimmten Bedingungen und gegen Entgelt Konzessionen[26] und verzichteten dadurch in aller Regel auf die Besitzrechte am gewonnenen Erdöl, über das die fördernden Unternehmen frei verfügen konnten. Nur gelegentlich wurden die Förderländer als Beteiligungspartner akzeptiert, was unter anderem dazu führte, dass ab den 1950er Jahren Verstaatlichungen erstritten wurden. Die Ölproduktion aus den Golfstaaten erreichte im Laufe des 20. Jahrhunderts einen Anteil von über 60 Prozent an der weltweiten Versorgung.

Mit dem Ausbruch des Ersten Weltkriegs zeigte sich die Bedeutung des Rohstoffs dann in seiner ganzen Dimension. Im Vorfeld des Kriegs kam es zu einem See-Wettrüsten, im Zuge dessen die Supermächte der Welt ihre Schiffe modernisierten und vergrösserten. Bereits ab 1900 war die britische Kriegsflotte sukzessive von Kohle auf Erdöl umgerüstet worden, und 1911 beschloss der damalige Innenminister und Erste Lord der Admiralität, Winston Churchill, diese

24 Dass sich das integrierte Geschäft am meisten lohnt, hatte bereits John D. Rockefeller verstanden, der 1870 mit der Standard Oil Company die erste integrierte Erdölgesellschaft gegründet hatte und sich lange Zeit eine Monopolstellung sichern konnte. – Der Begriff «Seven Sisters» deutet auf die enge Verstrickung beziehungsweise auf die Absprachen zwischen den Unternehmen hin. Das Kartell wurde ab Mitte der 1970er Jahre aufgebrochen, nachdem immer mehr unabhängige Rohstoffhändler respektive Rohstoffunternehmen – nicht selten mit Sitz in der Schweiz – auf den Markt drängten; s. Blas, Farchy 2021.

25 Painter 2009: 161.

26 Staaten konnten nach Vergabe der Konzession einen Förderzins, die sogenannten Royalties, erheben, zudem Steuern, wobei Erstere immer erhoben werden können, Zweitere sind hingegen diskretionär. Eine Ausnahme stellen die USA dar; hier gehört der Rohstoff den jeweiligen Landbesitzer*innen, entsprechend werden keine Royalties ausgeschüttet.

definitiv mit Öl zu betreiben. Der Rohstoff war dadurch zu einem strategischen Instrument nationaler Politik geworden, eine gute Versorgung der Staaten mit Öl erwies sich als ein zentraler Kriegsvorteil. Nationale Souveränitätsansprüche, der einfache Zugriff auf Ressourcen und die Sicherung von Importen gewannen entsprechend rasch an Bedeutung.[27]

Die Schweiz war von Anfang an in diese politischen und wirtschaftlichen Entwicklungen involviert. Die notwendigen Transformationsprozesse im Bereich Infrastruktur, Energiebeschaffung und -abgabe zwecks Förderung des Erdöls erfolgten auf privatwirtschaftlicher Basis, wie dies auch bei der Kohle der Fall gewesen war: Der Handel wurde den privatwirtschaftlichen Akteuren überlassen und nur geregelt, wenn es um Auslandsbeziehungen, gesamtschweizerische Interessen (wie die Eisenbahn) oder die öffentliche Sicherheit (wie die Vermeidung von Explosionen) ging. Einzig die Verteilung des auf Kohle basierenden Stadtgases wurde auf kommunaler Ebene geregelt.[28]

Bezüglich des Erdöls waren es die Tochtergesellschaften internationaler Konzerne, die sich früh für die Schweiz interessierten: Standard Oil hatte bereits 1893 eine Niederlassung gegründet: die Esso Schweiz. Hinzu kam die Royal Dutch/Shell-Gruppe, deren Produkte über die Lumina SA (Société Suisse pour le commerce des huiles minerales) vertrieben wurden.[29] Letztere war 1906 in Genf gegründet worden, 1920 übernahm sie die Generalvertretung von Shell in der Schweiz und 1949 auch deren Namen, Shell (Switzerland).[30]

Das Land bezog von diesen Niederlassungen ihre Erdölprodukte, zunächst hauptsächlich für die Automobile, die in der Schweiz Ende des 19. Jahrhunderts eingeführt worden waren und anlässlich der Landesausstellung 1896 erstmals bestaunt werden konnten. Zu Beginn des 20. Jahrhunderts folgten dann Lastwagen sowie Personenwagen. Allerdings regte sich gelegentlich auch Widerstand gegen die Mobilfahrzeuge. Die sozialen Kosten durch den Lärm der Motoren und Hupen, durch den Staub, die Schäden auf den Schotterstrassen und die erhöhte Unfallgefahr wogen manchenorts schwerer als die Neugierde auf das neuartige Fortbewegungsmittel. Die ersten Autos waren denn auch so teuer, dass sie ausschliesslich als exklusive Spielzeuge für Industrielle, Kaufleute, Hoteliers oder Bankiers Absatz fanden.[31] Aber bereits Anfang der 1920er Jahre wurden die Automobile günstiger und waren nun auch für die obere Mittelschicht erschwinglich, die Käufe schnellten entsprechend in die Höhe. Waren es 1910 gerade einmal gut 2000 eingelöste Personenwagen, so wurden 1925 bereits zehnmal so viele und 1930 sogar dreissigmal so viele Autos registriert. Erst die Wirtschafts-

27 Glässer 2019: 23–26.

28 Kupper, Pallua 2016: 35; Kiener 2003: 38.

29 Gisler 2011: 25.

30 Tabertshofer 1981.

31 Tribelhorn 2020.

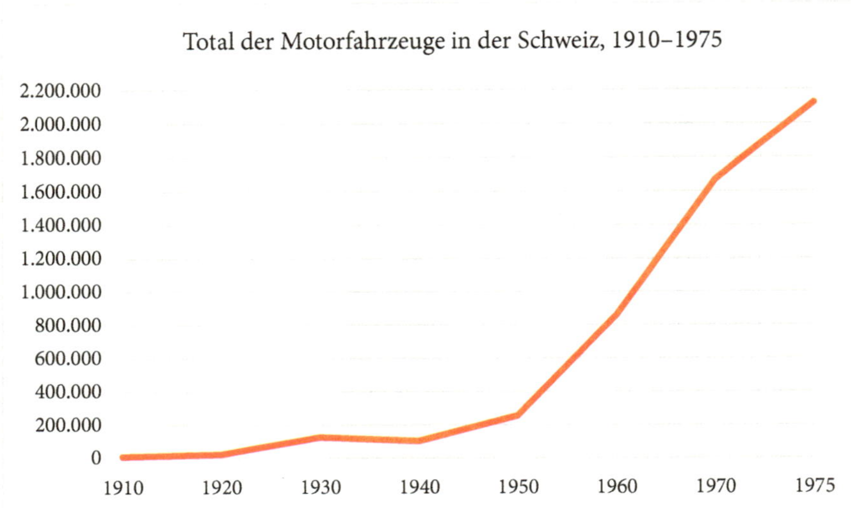

Grafik 1: Total der Motorfahrzeuge in der Schweiz, 1910–1975. Quelle: Bundesamt für Statistik: Historische Tabellen, https://www.bfs.admin.ch/bfs/de/home/statistiken/katalog.assetdetail.33827604.html, abgerufen am 28. 2. 2025.

krise der 1930er Jahre verteuerte das Autofahren wieder, sodass die Zahl der Fahrzeuge in besagtem Zeitraum stagnierte. Durch den Zweiten Weltkrieg (beziehungsweise Requisitionen und Benzinrationierungen) brach das Automobilgeschäft schliesslich ein und erfuhr erst mit dem Konjunkturaufschwung in den 1950er Jahren ein Revival.[32]

Die stetig wachsende Anzahl von Motorfahrzeugen erforderte auch auf Ebene der Infrastruktur weitere Anpassungen. Dazu gehörten die aus den USA stammenden Benzinpumpen in Zapfsäulenform, die sich zu Beginn der 1920er Jahre überall in Westeuropa verbreiteten und das Tanken bequemer, sauberer und weniger feuergefährlich machten. 1931 gab es in der Schweiz bereits 7000 solcher auch «Eiserne Jungfrau» genannte Zapfsäulen; sie standen vor Gasthöfen, Geschäften oder Werkstätten.[33] Aber auch die im 19. Jahrhundert erbauten Strassen genügten den Ansprüchen der motorisierten Zeitgenossen bald nicht mehr. Das massenhafte Anfallen von Teer als Abfallprodukt der Steinkohlevergasung und von Bitumen als Nebenerzeugnis der Erdöldestillation ermöglichten die Asphaltierung grosser Flächen. Dem von den Autos aufgewirbelten Staub wurde nun mit der Teerung der Strassen begegnet. Die Mittel dafür standen den

32 Gisler-Jauch 2015.

33 Tribelhorn 2020.

Kantonen ab den 1910er Jahren über kantonale und ab 1921 über eidgenössische Automobilgebühren zur Verfügung.[34]

Hier also griffen Bund und Kantone in die ansonsten privatwirtschaftlich organisierte Erdölwirtschaft ein. Hinzu kamen die staatlichen Regulierungsregimes, die im Zuge der Kohlekrisen vor und während des Ersten Weltkrieges eingeführt worden waren. Diese Regulierungsansätze waren im Hinblick auf die Kohlebeschaffung ausgearbeitet worden, bezogen aber auch bereits den Erdölsektor mit ein.[35] Denn in den besagten Jahren wurde auch das Erdöl knapp. Während der ersten beiden Kriegsjahre konnte zwar noch amerikanisches Erdöl von Standard Oil importiert werden, 1916 sah sich der Bund aber gezwungen, die Einfuhr von Petroleum und Benzin unter ein staatliches Monopol zu stellen und die Preise zu regulieren. Auf der versorgungspolitischen Ebene entschieden sich Bund und Kantone für die Schaffung sogenannter Brennstoffämter, welche um die Sicherstellung der Landesversorgung mit geeigneten Energieträgern besorgt waren. Später wurden dann zweckdienliche Pflichtlager eingeführt.[36]

Aber auch die Privatwirtschaft ergriff Massnahmen. Die prekäre Versorgungslage der Schweiz während der Kriegsjahre von 1914 bis 1918 veranlasste zwei Vertreter der Maschinenindustrie, die Schaffhauser Eisen- und Stahlwerke Georg Fischer und die Winterthurer Sulzer AG, beim Geologen Arnold Heim eine Studie zu etwaigem Erdölvorkommen in der Schweiz in Auftrag zu geben – in der Hoffnung, so die Auslandsabhängigkeit reduzieren zu können. Der Erdölgeologe Heim hatte bereits in den 1910er Jahren in den Ostschweizer und Vorarlberger Alpen erstmals geologische Untersuchungen durchgeführt. Nun nahm er sich der «petrolführenden Molasse der Schweiz» zwischen Genf und dem Aargau an, verkalkulierte sich allerdings bei seinen positiven Einschätzungen. Ab 1912 wurden Bohrungen auf Schweizer Boden abgeteuft – allerdings ohne Erfolg.[37] Ähnliche Unternehmungen wurden in den 1950er und 1960er Jahren erneut forciert und führten wiederholt zu politischen Diskussionen. Darauf ist weiter unten noch zurückzukommen.

Die Erfahrungen aus dem Ersten Weltkrieg, als die Schweiz aufgrund ungenügender Vorbereitungen unmittelbar nach Ausbruch des Kriegs chaotische Zustände erlebte und die Kriegswirtschaft improvisiert aufgebaut werden musste, liessen die Behörden am Vorabend des Zweiten Weltkriegs überlegter handeln: Bereits im September 1939 trat die kriegswirtschaftliche Organisation in Kraft. Die Schweiz hatte in den Kriegsjahren mit einer einschneidenden Treibstoffknappheit zu kämpfen. Der internationale Erdölhandel stagnierte, und die Konsequenzen für die Konsument*innen waren beträchtlich. 1944, ein Jahr vor

34 Schiedt, Herzig 2015.
35 Kupper, Pallua 2016; Hohl 1939.
36 Gisler 2011.
37 Haller, Gisler 2014; Zbinden, Gisler 2013; Gisler 2011.

Abb. 1: Holzgasgenerator in Zeiten des Benzinmangels, Zürich im Mai 1940. Quelle: ATP Bilderdienst, Zürich, StAAG/RBA.

Kriegsende, machte der Anteil des Erdöls am Gesamtenergieverbrauch nur noch gut zwei Prozent aus, was einem Fünftel der Vorkriegszeit entsprach. Die reduzierten Importmengen zwangen Bund und Kantone dazu, den Verbrauch von Brenn- und Treibstoffen mittels eines Rationierungssystems zu regeln und dem Mangel mithilfe teilweise drastischer Massnahmen entgegenzuwirken: Lastwagen wurden mit Holzvergasern ausgerüstet, um Treibstoff zu sparen; Benzin vermischte man mit aus Holz gewonnenem Alkohol oder ersetzte es mit Gemischen; Private erhielten kaum mehr Benzin.

Unter der Leitung der Eidgenössischen Zentralstelle für Kriegswirtschaft und der Kommission für Kriegswirtschaft nahmen in der Folge sieben Ämter ihre Tätigkeit auf. Dazu gehörte das Kriegs-Industrie- und -Arbeits-Amt (KI-AA), das um die Beschaffung von Rohstoffen besorgt war und sich mit der Produktion in Industrie und Gewerbe zu beschäftigen hatte. Ihm oblag die Sicherstellung von Import, Lagerung, Rationierung und Distribution sämtlicher flüssiger Kraft- und Brennstoffe. Oberstes Ziel war eine möglichst vollständige Erfassung und Verteilung dieser Güter unter besonderer Berücksichtigung von Armee und Kriegswirtschaft. Eine langfristige und gesicherte Zuteilung hatte oberste Priorität, weshalb der freie Markt ausser Kraft gesetzt wurde: Man rationierte die Erdölprodukte, lenkte den Verbrauch, sicherte die Lagerhaltung und bemühte sich, das dazu erforderliche Warenverteilungsnetz aufrechtzuerhalten. Dennoch waren die Vorschriften für die Vorratshaltung bei Ausbruch des Kriegs trotz bereits bestehender Infrastruktur nur rudimentär umgesetzt, und dies, obwohl der Bund vor dem Hintergrund der wirtschaftlichen Landesversorgung dafür bereits 1932 die Carbura ins Leben gerufen hatte. Diese hatte den Auftrag, die Errichtung von Erdöl-Pflichtlagern in die Wege zu leiten, um die Versorgung der Bevölkerung sicherzustellen. 1937 wurde die Pflichtlagerhaltung von Brenn- und Treibstoffen gesetzlich verankert.[38]

Mit der Niederlassung ausländischer Erdölkonzerne in der Schweiz, welche die Versorgungssicherheit und die Verteilung des Erdöls garantierten, dem Ausbau der Infrastruktur in Form von asphaltierten Strassen und ersten Tankstellen sowie der Sicherung der Nachschubkanäle während der Weltkriege und im Zuge von Prospektionen nach Erdöl im eigenen Land bahnte sich eine wirtschaftliche Erfolgsgeschichte an, die nach dem Krieg rasch ihre gesamte Wirkmächtigkeit entfalten konnte.

Transitionen (1945–1955)

Auf diesen Eckpfeilern ökonomischer Prosperität konnte die Nachkriegsgesellschaft aufbauen. Innert weniger Jahre erholte sich (zumal das westliche) Europa wirtschaftlich von den Kriegen. Die Hochkonjunktur setzte zum Teil direkt nach 1945 ein, etwa in den skandinavischen Ländern, aber auch in der Schweiz. Das wirtschaftliche Vorkriegsniveau wurde verschiedentlich bereits 1951 wieder erreicht, das jährliche Wachstum des Bruttoinlandsprodukts je Einwohner*in betrug in Westeuropa zwischen 1950 und 1973 durchschnittlich vier Prozent, was allerdings auch auf die bescheidene Performance der Ökonomien direkt nach dem Zweiten Weltkrieg zurückzuführen war, die nun hohe Wachstumsraten erlaubte.[39] Für die erste Aufschwungsphase war entscheidend, dass in der Schweiz trotz der Kriegsfolgen eine intakte Industrie und ausreichend qualifizierte Arbeitskräfte zur Verfügung standen. So bildeten sich ähnlich wie in anderen Industrieländern in diesen Jahren auch in der Schweiz in steter Interaktion mit anderen Wirtschaftsregionen konsumgesellschaftliche Strukturen heraus. Da die Produktionsanlagen weitgehend unzerstört und Kapitalreserven in grossem Umfang vorhanden waren, konnte das Land rasch wieder produzieren und investieren. Bald nach dem Krieg herrschte Vollbeschäftigung, und eine – von verschiedenen Ökonomen prophezeite – Nachkriegskrise blieb aus. Der wirtschaftliche

38 Gisler 2011: 15.

39 Pfister 2010: 99; Crafts 1999; auch Gross u.a. 2023 bezeichnen die zehn Jahre zwischen 1948 und 1958 als entscheidend für den Aufbau einer europäischen Petrokultur. Dabei spielten der Marshall-Plan ebenso wie die OEEC (die Vorläuferin der OECD) zentrale Rollen.

Wiederaufstieg der westeuropäischen Staaten, besonders der BRD, hatte vielmehr eine zunehmende Nachfrage nach Schweizer Exportprodukten und Kapital zur Folge.[40] Die Schweizer Exportwirtschaft profitierte aber auch von der Liberalisierung des Welthandels und des Kapitalverkehrs, die den raschen Aufschwung dank der Etablierung eines adäquaten globalpolitischen Rahmens begünstigte. Dazu gehörten das im GATT-Vertrag von 1947 beschlossene Zoll- und Handelsabkommen, die Etablierung der Europäischen Wirtschaftsgemeinschaft EWG 1957 und der Europäischen Freihandelsassoziation EFTA 1960. Bereits nach der globalen Rezession Anfang der 1930er Jahre sorgten zudem starke Gewerkschaften und spätestens seit dem Zweiten Weltkrieg auch hohe progressive Steuern für eine Verringerung der Einkommensungleichheit. Diese Entwicklung hielt in den Nachkriegsjahren an. Hinzu kamen Investitionen in die wissenschaftliche Forschung, das Gemeinwohl wurde gestärkt und die Bildung vorangetrieben. Bereits ab 1947/1948 stiegen entsprechend Produktion und Konsum in der Schweiz wieder an.[41]

Zum europäischen Aufschwung nach dem Krieg beigetragen hat aber auch das European Recovery Program, der sogenannte Marshall-Plan, den US-Präsident Harry S. Truman und Aussenminister George C. Marshall initiiert hatten. Von 1948 bis 1951 wurden den westeuropäischen Ländern insgesamt 13 Milliarden Dollar an Wirtschaftshilfen gewährt.[42] Diese ermöglichten auch erste Schritte zur Expansion der Erdölwirtschaft in Westeuropa: Zehn Prozent der Finanzmittel, so lautete die Vorgabe, sollten für Erdöl ausgegeben werden, mehr als für irgendein anderes Gut. Die Gelder finanzierten entsprechend mehr als die Hälfte des von US-amerikanischen Firmen zwischen 1948 und 1951 an Marshall-Plan-Länder gelieferten Erdöls, wodurch sich die amerikanische Erdölindustrie ein wichtiges Marktsegment sichern konnte.[43] Die Schweiz beteiligte sich an der 1948 im Rahmen des Marshall-Plans gegründeten Organisation für europäische wirtschaftliche Zusammenarbeit (OEEC), um sich den Zugang zu Absatzmärkten und Rohstoffquellen zu sichern und die aussenpolitische Isolierung zu durchbrechen.[44] Materielle Hilfe durch das Programm beanspruchte sie allerdings nicht, einen Einfluss auf die Erdölwirtschaft der Schweiz hatte das Programm also vor allem indirekt.[45]

40 Haefeli u. a. 2012: 633.

41 Pfister 2010; Degen 2009.

42 Tanner, Studer 2012: 651. Gross u. a. 2023 sprechen von 11,6 Milliarden US Dollar.

43 Painter 2009: 164. – Noch weiter gehen Gross und Kollegen. Sie argumentieren, dass das European Recovery Program von der Idee her Demokratie, Frieden und Wirtschaftswachstum sichern wollte, dabei aber vor allem die Voraussetzungen für einen Übergang zur Erdölnachfrage in Europa schuf; s. Gross u. a. 2023.

44 Degen 2009.

45 Schweizerisches Bundesarchiv: Bericht des Schweizerischen Bundesrates an die Bundesversammlung über seine Geschäftsführung im Jahre 1949: 69.

Trotz dieser Kanalisierung der Energienachfrage in Richtung Erdöl gingen die Staaten zunächst davon aus, dass nach 1945 weiterhin die Kohle wichtigster Rohstoff bleiben würde. Im Frühjahr 1947 wurde auch in der Schweiz deren Kontingentierung aufgehoben. Im Zuge des nun einsetzenden Wirtschaftswachstums stieg der Gasverbrauch vorübergehend an, wenn auch nur um wenige Prozente. Mit Kohle allein konnte der enorme Zuwachs des Energiebedarfs allerdings bald nicht mehr gedeckt werden, und die europäische Kohlekrise Ende der 1950er Jahre verschärfte die Situation noch. Die Kohleminen konnten mit dem günstiger werdenden Erdöl, dessen Preis real und vor allem im Vergleich zur Kohle abnahm, nicht mehr konkurrieren.[46] Einzelne stark von der Kohleförderung abhängige Regierungen in Europa, etwa jene Grossbritanniens, der BRD und Frankreichs, begannen nun, Massnahmen zur Stärkung der Minen und zum Schutz der lokalen Produktion zu treffen.[47]

Der Aufschwung des Erdöls schritt zu besagtem Zeitpunkt allerdings bereits unaufhaltsam voran. Die Gründe dafür sind zunächst beim Rohstoff selbst zu suchen und gelten insofern für alle Länder gleichermassen: Zwar erweist sich die Exploration des fossilen Brennstoffs als sehr teure Angelegenheit, ist ein Feld jedoch einmal gefunden und eröffnet, lohnt sich dessen vollständige Ausbeutung. Zudem stellt Erdöl pro Gewichtseinheit fast anderthalbmal so viel Verbrennungsenergie bereit wie Kohle, weist also eine grössere Energieintensität pro Masse aus. Aufgrund seines flüssigen Aggregatzustandes ist es darüber hinaus wesentlich leichter zu fördern und zu transportieren. Das Lagern von Kohle wiederum ist zwar unkompliziert, der Transport aber mit viel mehr Energieaufwand verbunden, sodass der Rohstoff sich nie als global gehandelter Energieträger etablieren konnte. Zudem wurde Kohle bald einmal als viel schmutziger wahrgenommen als Erdöl, da sie bei der Verbrennung Russ produzierte und Asche hinterliess.[48] Erdöl hingegen ist vielfältig einsetzbar: Neben der bekannten Verwendung als Brenn- und Treibstoff findet der Energieträger auch in der Agrarwirtschaft, der Pharmazie und der Petrochemie sowie in der Industrie ganz allgemein Verwendung. Die Allgegenwärtigkeit des Öls kann jedoch nicht als blosse Folge seiner physikalischen Eigenschaften verstanden werden. Dazu führten vielmehr sich gegenseitig verstärkende politische, kulturelle, technische und wirtschaftliche Prozesse.

Und natürlich kann der Vormarsch des Erdöls auch auf den Preis zurückgeführt werden, wie dies Pfister akzentuierte. Dieser Preisrückgang hatte bereits nach 1945 eingesetzt: Im Vergleich zur Kohle war das Heizöl unter Berücksichti-

---

46 Pfister 2010: 103; Neu 1995; Hassan, Duncan 1989: 481–484; Borchardt 1985: 209.

47 Türk 2021: 41–63; Pfister 2010; Borchardt 1985: 209.

48 Noch keine Rolle spielten die Treibhausgas-Emissionen, die beim Erdöl zwar immer noch hoch sind, im Vergleich zur Kohle aber eine etwas bessere Bilanz aufweisen; McNeill, Engelke 2014.

gung des Heizwertes schon nach 1945 etwas günstiger, 1965 war das Heizen mit Kohle bereits mehr als doppelt so teuer wie die Heizölfeuerung. Ursache für diese Verbilligung des Öls waren die weltpolitischen und -wirtschaftlichen Machtverhältnisse. Die grossen Ölfunde ab den 1920er Jahren führten dazu, dass der Erdölhandel bis 1970 angebotsgesteuert war: Mit der Entdeckung grosser Erdölfelder in der Region des Persischen Golfs in den 1920er, 1930er Jahren und dann nochmals zu Beginn der 1950er Jahre, verbunden mit relativ geringen Förderkosten, konnte die steigende Nachfrage problemlos gedeckt werden.[49] Entsprechend sanken die Preise, nachdem sie zwischen 1860 und 1940 in Abhängigkeit von internationalen Ereignissen stark geschwankt hatten und während der beiden Weltkriege angestiegen waren. Bereits zu Beginn der 1950er Jahre fielen die Preise für Heizöl und Benzin, sie stabilisierten sich mit der Suezkrise von 1956, aber erst durch die Erdölpreiskrise von 1973 erfolgte eine eigentliche Umkehr.[50] Der Bau von Supertankern trug ebenso zur Senkung der Transportkosten bei wie die Konzessionsverträge der Majors mit den erdölproduzierenden Ländern, die keine Beschränkung der Fördermengen vorsahen und eine Politik der kurzfristigen Gewinnmaximierung möglich machten. Damit einher gingen aggressive Marketing-Strategien der multinationalen Erdölunternehmen, aber auch technologische Fortschritte trugen das Ihre dazu bei.[51]

Der Erdölmarkt zeichnete sich also durch ein beachtliches Überangebot aus, das zu einer raschen Zunahme des Verbrauchs – einige sprechen von einem «Erdölrausch» – führte. Reichten nach dem Zweiten Weltkrieg sechs Millionen Fass pro Tag, betrug die Nachfrage 1960 bereits 20 Millionen und 1970 über 40 Millionen Fass. Dennoch verharrte das Angebot deutlich über der Nachfrage. Erst um 1970 wendete sich das Blatt: Nun überstieg die Nachfrage das Angebot, vor allem, weil die USA in diesen Jahren vom Produzenten zum Käufer auf dem globalen Erdölmarkt wurden.

Die Schweiz setzte aus weiteren Gründen auf Erdöl: Was die fossilen Energieträger anbetrifft, war das Land seit Jahrzehnten vollständig vom Ausland abhängig. Nun galt es, neue Handelswege und Handelspartner zu finden; im Un-

49 Höök u.a. 2009.

50 Zu den entscheidenden Momenten gehörten die beiden globalen Krisen der 1950er Jahre, der Umsturz im Iran 1953 sowie der Koreakrieg 1953. Die Erdölpreiskrise von 1973 fand bereits 1970 ihren Anfang, als die 1960 gegründete OPEC die Preise für Rohöl anzuziehen begann, gefolgt von der Aufgabe des internationalen Währungssystems von Bretton Woods 1971. Sie verschärfte sich im Oktober 1973 während des Jom-Kippur-Krieges, als die arabischen Länder der OPEC, die OAPEC, ein Embargo gegenüber denjenigen Ländern verhängten, die Israel im Krieg unterstützten. Die iranische Revolution 1979 und der iranisch-irakische Krieg 1980 lösten eine weitere Krise aus, in deren Folge sich – nun tatsächlich aufgrund einer Verknappung des Rohstoffes – die Preise verdoppelten; s. Gisler 2023; Gisler 2021: 67–77; Graf 2014; Painter 2014.

51 Hassan, Duncan 1989: 481–484.

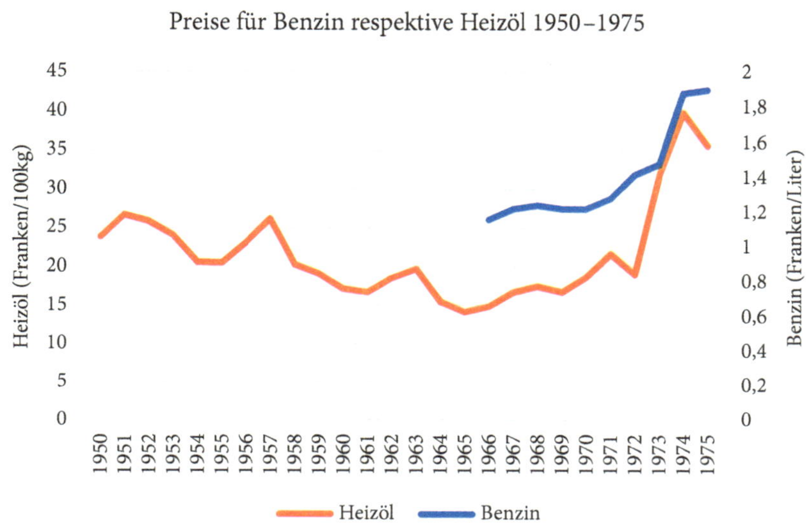

Grafik 2: Preise für Benzin respektive Heizöl in der Schweiz (Franken/Liter resp. Franken/100 kg), 1950–1975. Quelle: Bundesamt für Statistik: Historische Tabellen, https://www.bfs.admin.ch/bfs/de/home/statistiken/katalog.assetdetail.160322.html, abgerufen am 28.2.2025.

terschied zu Ländern wie beispielsweise Grossbritannien oder Deutschland bedeutete dies jedoch nicht, sich auf eine neue Importwirtschaft einzustellen. Der Übergang zum Erdöl hing aber auch damit zusammen, dass die Eisenbahn im Gegensatz zu anderen Ländern bereits nach dem Ersten Weltkrieg innert kurzer Zeit praktisch vollständig elektrifiziert worden war und dadurch eine wichtige Kohlekonsumentin wegfiel.[52] Vor allem aber setzte nach 1945 – auch durch die Migration ausländischer Arbeitskräfte – ein noch nicht gekannter Bauboom ein: In den Neubauten wurden überwiegend Ölheizungen installiert, in Altbauten Öfen mehr und mehr auf Ölbetrieb umgestellt. Die oftmals schlechte Gebäudeisolierung trug das Ihre dazu bei, dass viel Öl verbrannt wurde. Insofern unterscheidet sich die Schweiz von anderen Ländern, in denen die Massenmotorisierung als Haupttreiberin für den starken Erdölanstieg nach 1945 verantwortlich war. Zwar stiegen der Individual- und der Gewebeverkehr auch hier an, dennoch war es das Heizöl, das quantitativ obenaus schwang, zeitweise übertraf es die Treibstoffe (Benzin, Diesel und Petrol) um das Dreifache.[53]

Diese Dynamiken verstanden auch unabhängige Importeure, die nach 1950 auf den Markt drängten – nicht nur in der Schweiz, sondern auch global – und

52 Pally 2008.

53 Bundesamt für Energiewirtschaft 1981: 74–97.

sich hauptsächlich im Bereich der Brennstoffimporte eine Nische suchten, um neben den Tochtergesellschaften multinationaler Konzerne, die das Treibstoffsegment dominierten, bestehen zu können. Im Gegensatz zu den Konzerntöchtern hatten die freien Importeure bei angespannter Versorgungslage aber keine Möglichkeit, auf ihre Mutterfirmen zurückzugreifen.[54] Der Prominenteste unter den unabhängigen Importeuren war der Migros-Gründer Gottlieb Duttweiler, der sich ab 1954 mit der Migrol ins Tankstellengeschäft einmischte und als LdU-Nationalrat seine Interessen auch im Parlament durchzusetzen versuchte.[55] Diese neue Konkurrenz unabhängiger Rohstoffhändler auf dem Markt machte die Schaffung einer neuen und umfassenden Branchenorganisation notwendig. 1961 schloss sich die Erdölwirtschaft in der Erdöl-Vereinigung zusammen, um ihre politischen Interessen durchzusetzen. Sie war damit die jüngste der Branchenorganisationen der drei grossen Energieträger Erdöl, Strom und Erdgas. Frühere Branchenorganisationen der Schweizer Erdölwirtschaft waren privatwirtschaftlich organisiert gewesen und vertraten die Interessen der Brenn- und Treibstoffhändler getrennt (wie die Benzin-Union oder verschiedene Heizölkonventionen), oder aber sie verfolgten staatliche Massnahmenziele – wie die oben genannte Carbura.[56]

So kam es, dass das Erdöl die Kohle zunächst ergänzte, bis Letztere Ende der 1950er Jahre rasch an Bedeutung verlor und schliesslich verschwand. Dies im Gegensatz zur globalen Entwicklung, die zwar auch einen Rückgang der Kohleförderung verzeichnete, jedoch nur relativ zum Erdöl, das global ebenfalls zum Hauptenergieträger wurde. In den Jahren nach dem Zweiten Weltkrieg sank der Anteil der Kohle an der gesamten Energieerzeugung in Westeuropa von etwa 75 auf 20 Prozent, während derjenige des Öls im gleichen Zeitraum auf 60 Prozent stieg. Die Kohle wurde jedoch, anders als in der Schweiz, nicht vollständig vom Markt verdrängt.

54 Sowohl die freien Importeure als auch die Konzerntöchter kauften ihre Produkte bis mindestens 1980 am Spot-Markt ein (anschliessend auch über sogenannte *futures contracts*). Auf diesen war Vertragsabschluss und Lieferung eine Sache von Tagen, sodass die Unternehmen von kurzfristigen Preisbewegungen profitierten. Im Gegensatz dazu wurde bei Termingeschäften die festgelegte Menge einer bestimmten Ware in einer bestimmten Qualität für einen bestimmten Preis an einem bestimmten Termin gekauft oder verkauft, was Kaufende und Verkaufende absicherte. Da meist mit Dollars bezahlt wurde, waren die Preise vom entsprechenden Kurs abhängig; Bundesamt für Energiewirtschaft 1981: 86.

55 Gisler 2011: 27; Lüönd 2000.

56 Bundesamt für Energiewirtschaft 1981: 196–197.

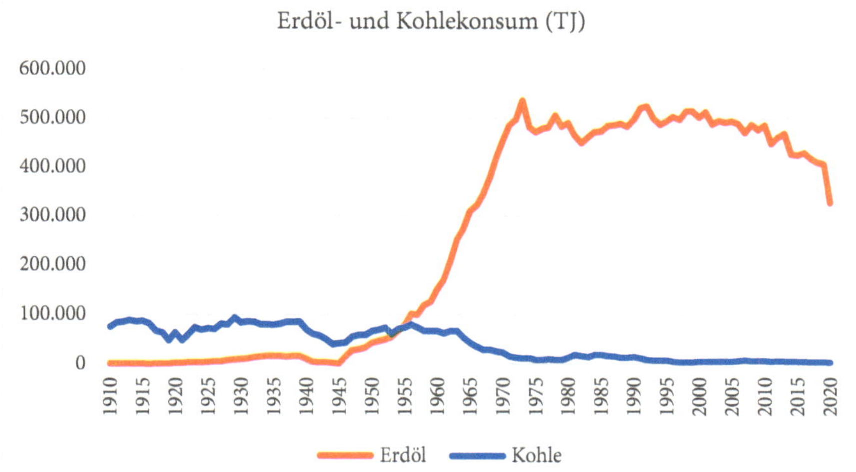

Grafik 3: Entwicklung des Kohle- und Erdölprodukteverbrauchs in der Schweiz, 1910–2020 (Angaben in Terrajoules). Quelle: BFE 2022.

Schmiermittel des Lifestyles (1955–1975)

Die Nachkriegszeit zeichnete sich also durch eine Periode ungewöhnlichen Wirtschaftswachstums und eines hohen Einkommenszuwachses bis zur Erdölpreiskrise 1973 aus. Auf die Entbehrungen der Krisen- und Kriegsjahre folgte der einmalige Aufschwung einer Konsumkultur, die mit einer rasanten Steigerung des Energieverbrauchs einherging. Die prosperierende Wirtschaft sowie die tiefe Arbeitslosigkeit vermittelten den Menschen ein Gefühl von Sicherheit, gleichzeitig bauten die Regierungen die Sozialleistungen aus. Die veränderten Produktions- und Lebensweisen eröffneten Handlungsspielräume, die es immer breiteren Bevölkerungsschichten erlaubten, ihren Lebensstandard zu verbessern, wobei Europa hier nachholte, was in den USA bereits in den 1920er Jahren eingesetzt hatte. Alles, was man sich zehn, fünfzehn Jahre zuvor in den kühnsten Träumen noch kaum vorzustellen wagte, wurde für weite Teile der Gesellschaft nun erschwinglich. Blieb das Konsumverhalten in der Zwischenkriegszeit noch stark dem Sparsamkeitsprinzip und damit den in den vorindustriellen Gesellschaften verankerten Grunderfahrungen des Mangels verpflichtet, verschoben sich nun die Prioritäten von der Arbeit auf die Freizeit und von der Produktion auf den Konsum.[57]

57 Dies rechtfertigt es auch, den Schwerpunkt im Folgenden auf den privaten Konsum, inklusive den Verkehr, und nicht auf Industrie und Landwirtschaft zu legen. Natürlich war die

Nie zuvor hatten so gut wie alle Schichten so viel Einkommen, so viele mobile Freiheiten und Freiräume zur Gestaltung ihres Daseins zur Verfügung. Mehr und mehr Haushalte hatten warmes Wasser in Küche und Bad, Kühlschränke, Waschmaschinen, Fernseher; die früher das Budget stark belastenden Faktoren Ernährung, Wohnung und Kleidung fielen immer weniger ins Gewicht, immer mehr Geld konnte für Freizeitvergnügen ausgegeben werden. Vor allem nach 1960 stiegen die Ausgaben von Erwerbstätigen für den Verkehr respektive das Reisen – nun auch mittels Flugzeugen – deutlich an. Nun ging es um individuelle Lebensführung und Unabhängigkeit, um Lifestyle und persönliche Präferenzen.[58]

Den deutlichsten Ausdruck fand dieser Boom in der sich rasch durchsetzenden Massenmotorisierung und dem Zubau an privaten Wohnungen, wofür die Schweiz ein gutes Beispiel ist. Die Einführung von mit Erdöl befeuerten Zentralheizungen bei gleichzeitig sinkender Anzahl Bewohner*innen pro Haushalt und einer Zunahme der Wohnfläche pro Kopf erhöhte den Energieverbrauch im sogenannten Hausbrand erheblich. Bis 1970 gehörte die Zentralheizung bei rund 70 Prozent aller Haushalte zur üblichen Ausstattung, wobei die schlechte Gebäudeisolierung den Brennstoffbedarf zusätzlich intensivierte.[59]

Das Automobil wiederum – das Symbol des *American Way of Life* schlechthin – wurde für immer breitere Schichten erschwinglich, überall fanden sich nun Garagen und Tankstellen. Zwischen 1945 und 1960 wuchs der Bestand an Motorfahrzeugen von gut 18'000 auf über zwei Millionen, begleitet von einer markanten Zunahme des Benzinverbrauchs.[60] Dabei war ein Liter Benzin in der Schweiz noch um die Mitte des Jahrhunderts mit 62 Rappen um 20 Prozent teu-

---

Nachfrage nach Energie in der Industrie gross, darüber hinaus war die Petrochemie für die Herstellung von Gebrauchs- und Wegwerfgütern aus Plastik auf den fossilen Energieträger angewiesen, der aber auch als Reinigungsmittel und Kunstdünger Verwendung fand. Die Landwirtschaft wiederum, die nach 1950 eine deutliche Abkehr von der traditionellen Landwirtschaft früherer Jahrzehnte und Jahrhunderte vollzogen hatte, fragte zunehmend nach schweren, motorisierten, arbeitssparenden Maschinen, die in Kombination mit flächensparenden Techniken wie Hochertragssorten eingeführt wurden und einen massiven Einsatz von Energie, aber auch von Düngemitteln und Pestiziden erforderten. Die Gesamtenergiestatistik des Bundesamts für Energie macht jedoch deutlich, dass beim Endverbrauch nach Verbrauchergruppen (Haushalte, Industrie, Dienstleistungen, Landwirtschaft, Verkehr) die Bereiche Haushalt und Verkehr bei weitem überwiegen. Sie machen ab dem Jahr 1980 (frühere Jahre wurden nicht erhoben) je einen Drittel gegenüber einem Drittel bei Industrie, Dienstleistungen und Landwirtschaft zusammengezogen aus. Vgl. dazu Pfister 2010: 109–112 sowie Gesamtenergiestatistik des Bundesamts für Energie 2023: 27–31.

58 Brassel-Moser 2017; Tanner, Studer 2012: 648, 657; Tanner 1999.

59 Marek 2020; Bundesamt für Energiewirtschaft 1981: 84.

60 Historische Statistik der Schweiz, https://hsso.ch/de/2012/n/12, Tabelle N. 12, abgerufen am 26. 3. 2025.

rer als ein Kilo Schwarzbrot, das 51 Rappen kostete. Ein Facharbeiter konnte sich 1950 mit seinem Stundenlohn gut vier Liter Benzin kaufen, 1990 waren es dann bereits zwanzig Liter. Der Benzinpreis erhöhte sich zwar über die Jahrzehnte, wurde aber relativ zu den Löhnen und zu anderen Konsumgütern immer günstiger.[61]

Und auch der Strassenbau kam voran: 1955 eröffnete die erste Autobahnstrecke zwischen Luzern und Horw, 1958 wurde die Vorlage über den Ausbau der Nationalstrassen ungewöhnlich deutlich angenommen; und die erste interkantonale Autobahnstrecke zwischen Genf und Lausanne wurde 1964 fertiggestellt.[62] Gleichzeitig führte der Mehrbedarf an Wohnraum zu einer verstärkten Entflechtung von Wohn- und Arbeitsplatz, was wiederum den Verkehr ankurbelte und den Strassenbau zusätzlich vorantrieb. Autobahnbefürworter*innen verstanden es dabei, ihre Interessen durchzusetzen. Mit Blick auf die Situation in den Nachbarländern forderten sie einen raschen Ausbau, um nicht in Rückstand zu geraten. Dass die bislang im Strassenbau federführenden Kantone dieses grosse Infrastrukturwerk nicht allein würden erstellen können, war den involvierten Akteur*innen von Beginn weg klar. Nun musste der Bund aktiv werden.[63]

Finanziert wurde der Strassenbau, wie schon vor 1945, durch die Treibstoffzölle.[64] Auch diese waren zunächst kantonal geregelt gewesen, gingen aber bereits 1921 an den Bund über, der die Verteilung der Finanzen 1928 durch einen Bundesbeschluss regelte.[65] Ein Teil dieser Gelder floss zurück an die Kantone, der Rest blieb beim Bund und wurde ab 1960 bevorzugt in den Bau der Nationalstrassen investiert.[66] Die Treibstoffzölle gehörten zu den höchsten Fiskalabgaben überhaupt; aufgrund ihrer Zweckbindung galten sie als ordnungspolitischer Sündenfall und gaben entsprechend regelmässig Anlass zu Diskussionen in Parlament und Bundesrat. Eine solche Debatte entbrannte, als es mit der Installation der ersten Raffinerie in der Schweiz Anfang der 1960er Jahre darum ging, die Zollbestimmungen anzupassen, um eine Gleichbehandlung der im Inland hergestellten Treibmittel mit den importierten Fertigprodukten herzustellen.[67] Bereits

61 Pfister 1995.

62 Gisler-Jauch 2015.

63 Haefeli 2012: 727.

64 Merki 1995.

65 Schweizerisches Bundesarchiv: Bundesbeschluss betreffend die Ausrichtung von Bundesbeiträgen an die Kantone für die Automobilstrassen vom 21. September 1928.

66 Schweizerisches Bundesarchiv: Bericht des Schweizerischen Bundesrates an die Bundesversammlung über seine Geschäftsführung 1928 und folgende Jahre.

67 U.a. Schweizerisches Bundesarchiv: Protokoll der 36. Sitzung des Schweizerischen Bundesrates vom 18. Mai 1951; Abgaben insgesamt: Zolleinnahmen des Bundes auf die Einfuhr von Treibstoffen, Abgaben auf Import von Motorfahrzeugen, kantonale Verkehrssteuern; Schweizerisches Bundesarchiv: Bericht des Bundesrates an die Bundesversammlung betreffend

1923 hatte auch der Verband der Lastwagenfahrer gegen eine Verdoppelung der Zollgebühren protestiert.[68] Und als der Bund Mitte 1936 die Benzinpreise erhöhte und die Beimischung von Alkohol gesetzlich erzwingen wollte, demonstrierte die Via Vita, die Schweizerische Zentralstelle für Erhebungen und Studien zur Förderung und Rationalisierung des Strassenverkehrs, und organisierte am 5. Juli 1936 die «Stilllegung des Motorfahrzeugverkehrs» in Form eines autofreien Sonntags.[69] Auch die 1961 gegründete Erdölvereinigung monierte regelmässig die hohen Treibstoffabgaben, die sie im Vergleich zu den Zöllen auf andere Energieträger als überhöht taxierten. Die Ölwirtschaft stelle geradezu die «Tresorerie des Bundes» dar, so der Tenor. Offene Kritik übte man dennoch nicht, flossen die Gelder doch zu einem guten Teil in eben jene Infrastruktur, die ihrer Klientel direkt oder indirekt wieder zugutekam.[70]

Regulierung und Infrastruktur

Dass der Aufschwung des fossilen Brennstoffs nicht einer zwingenden Logik folgte, sondern auch auf wirtschaftliche und politische Lenkungsmassnahmen zurückzuführen war, ist evident. In der Nachkriegszeit konnte direkt an die vor und während des Kriegs etablierten Grundlagen angeschlossen werden. Dazu gehörte die Bereitstellung einer funktionierenden Infrastruktur wie auch die Schaffung der notwendigen regulatorischen Rahmenbedingungen. Auch wenn die Erdölindustrie ein primär privatwirtschaftliches und durch das Kartellgesetz organisiertes Geschäft war, bestanden vonseiten des Bundes durchaus Gründe, gewisse Teilbereiche zu regeln. Dabei handelte es sich keinesfalls um Restriktionen; vielmehr zeigt sich daran, dass der Bund alles daransetzte, die Erdölversorgung auf Dauer zu sichern.

Nach dem Zweiten Weltkrieg war es zunächst zu einer Liberalisierung auf dem Schweizer Erdölmarkt gekommen: 1946 wurden die Benzinrationierung sowie weitere quotenmässigen Beschränkungen auf dem Gebiet der Benzineinfuhr aufgehoben. Ein Jahr später wurde das kriegswirtschaftliche Syndikat für die Einfuhr der flüssigen Treibstoffe aufgelöst; und 1953 wurde zudem die Preiskontrolle abgeschafft und so ein Konkurrenzkampf auf dem Benzinmarkt losgetreten.[71] Zu besagtem Zeitpunkt kannte die Schweiz noch keine eigentliche Energiepolitik im Sinne einer Steuerung der Produktion und des Verbrauchs aller

---

die Erhöhung des Einfuhrzolles auf Benzin und Benzol zu motorischen Zwecken vom 17. Dezember 1923; vgl. Merki 1995; Catalan 1959.

68 Merki 1995: 317.

69 Gisler 2011: 13.

70 Erdöl-Vereinigung, Geschäftsberichte 1967 und folgende.

71 Eidgenössische Zentralstelle für Kriegswirtschaft 1950; Gisler 2011: 26.

Energieträger. Der Aufstieg der Kohle zum wichtigsten Brennstoff der Schweiz und die Anfänge der modernen Wasserkraftnutzung nach 1850 hatten sich ohne staatliche Intervention abgespielt. Die Bundesverfassung kannte lediglich vier Artikel, welche die Energieversorgung regelten, drei davon betrafen die Elektrizität. Einzig die Bestimmungen über die Rohrleitungsanlagen zur Beförderung flüssiger respektive gasförmiger Brenn- oder Treibstoffe fanden Eingang in die Verfassung.[72] Die Schaffung einer verfassungsrechtlichen Regelung der Prospektion und Ausbeutung von Erdöl auf Schweizer Boden erlitt hingegen nach langen Diskussionen Schiffbruch. Der Aufbau und Betrieb von Raffinerien war in der Schweiz grundsätzlich eine Angelegenheit privater Unternehmen, Bund und Kantone waren aber auch hier involviert. Dies soll im Folgenden genauer ausgeführt werden.

Die Diskussion um eine bundeshoheitliche Regelung der Rohrleitungsanlagen nahm zu Beginn der 1960er Jahre ihren Anfang, als die staatliche italienische Ölgesellschaft ENI von Genua aus eine Rohölleitung durch die Schweiz nach Ingolstadt in Bayern zu bauen beabsichtigte. Eine solche Leitung führte zu neuen Formen der internationalen Verflechtung, wofür die Kompetenzen aufseiten der Kantone nicht mehr ausreichten. Dabei wurde nicht nur an Erdöl-, sondern auch bereits an Erdgasleitungen gedacht. Pipelines galten im Vergleich zu anderen Infrastrukturen des Öltransports als günstiger, sofern das zu transportierende flüssige oder gasförmige Produkt in grossen Mengen und kontinuierlich anfiel. Auch deshalb wurden Pipelines vorwiegend als Gemeinschaftswerke mehrerer Erdölgesellschaften gebaut. Der Bund erhielt 1963 mit dem Bundesgesetz über Rohrleitungsanlagen zur Beförderung flüssiger oder gasförmiger Brenn- respektive Treibstoffe die Kompetenzhoheit über die Regelung dieser Infrastruktur.[73]

Die relativ zügige Behandlung des Geschäfts war darauf zurückzuführen, dass die Pipelinethematik bereits im Rahmen des in den 1950er Jahren diskutierten Verfassungsartikels über Erdölschürfung und -ausbeutung auf Bundesebene gelöst werden sollte. Dieser Artikel hatte eine längere, zeitweise intensiv geführte Diskussion nach sich gezogen und war schliesslich abgelehnt worden. Ausschlaggebend dafür war, dass ab Anfang der 1950er Jahre neben Schweizer Interessenten auch zahlreiche ausländische Firmen begonnen hatten, sich bei den Kantonen um Konzessionen für die Erdölförderung in der Schweiz zu bemühen, und auf baldige, kommerziell verwertbare Erdölfunde hofften. Der Bund reagierte auf die Zunahme der ausländischen Interessen mit einer 1952 versandten

72 Bundesamt für Energiewirtschaft 1981: 169–187.

73 Schweizerisches Bundesarchiv: Protokoll der 55. Sitzung des Schweizerischen Bundesrates vom 18. September 1959; Schweizerisches Bundesarchiv: Bericht des Schweizerischen Bundesrates an die Bundesversammlung über seine Geschäftsführung im Jahre 1960; Kupper, Pallua 2016: 66; Rieder 1998: 197–199.

Empfehlung an die Kantone, den Bundesrat im Zeichen der nationalen Sicherheit und der Neutralität zu den Konzessionsgesuchen Stellung nehmen zu lassen. Zudem wurde nahegelegt, ausländischen Staaten sowie Gesellschaften mit ausländischer Mehrheitsbeteiligung keine Bewilligungen zu erteilen. Die Erdölsuche sollte auf diese Weise als «nationales Unternehmen» etabliert werden. Hintergrund dieser für die Beteiligung finanzkräftiger ausländischer Unternehmen wenig förderlichen Stellungnahme war die Befürchtung eines «Ausverkauf[s] der Heimat und ihrer Ressourcen» sowie einer Zunahme imperialer Interessen an der Schweiz.[74] Ein allfälliges Vorkommen von Erdöl und Erdgas sollte in der Folge auf Wunsch des Bundes raschestmöglich abgeklärt werden.

1958 schickte der Bundesrat den Entwurf für einen Verfassungsartikel in die Vernehmlassung, der in Anlehnung an das Wasserwirtschaftsgesetz verfasst wurde, das auf die föderalistische Struktur des politischen Systems der Schweiz Rücksicht nahm. Im Falle von Erdöl und Erdgas sollten Schürfung, Abbau und Export dieser einheimischen Rohstoffe auf Bundesebene geregelt werden, ebenso der Export der aus ihnen erzeugten Produkte. Die Gewinne aus den Konzessionsvergaben würden aber weiterhin in die Kassen der Kantone fliessen. Letztere lehnten das Ansinnen zwar ab, einigten sich 1960 aber auf gemeinsame Richtlinien für die Konzessionsvergabe und insbesondere für die Unterbindung einer zu starken ausländischen Einmischung.[75] Insgesamt wurden zwischen 1956 und 1992 rund 314 Millionen Franken in die Erdöl- und Erdgasexploration investiert, der Grossteil davon vonseiten ausländischer Gesellschaften. Der Bund beteiligte sich ab 1983 mit 5,3 Millionen Franken.[76] Die Ergebnisse waren jedoch ernüchternd.[77]

Noch weiter zurück reichen die ersten Diskussionen um den Aufbau eigener Raffinerien. Wie bereits erwähnt, waren diese grundsätzlich in privatwirtschaftlicher Hand, Bund und Kantone konnten jedoch nie ganz aussen vor gelassen werden. Bereits 1948 hatte in Rotkreuz die erste Raffinerie ihren Betrieb aufgenommen; sie war eine Antwort auf den Ruf nach autarkeren Strukturen während des Zweiten Weltkriegs. Die Betreiberfirma Industrie petrolifère SA (IPSA) war bereits 1939 gegründet worden und hatte das Werk während des Kriegs instand gesetzt. Der Bundesrat sicherte diesem während des Kriegs ein Einfuhrkontingent des damals rationierten Erdöls zu. Gleichzeitig verpflichtete er den Verwaltungsrat in einer Erklärung darauf, keinerlei Unterstützung aus öffentlichen Mitteln einzufordern.[78] Offensichtlich sah der Bundesrat zu diesem

74 Haller, Gisler 2014: 56.

75 Bundesamt für Energiewirtschaft 1981: 94–95.

76 Lahusen 1992: 708.

77 Zbinden, Gisler 2013.

78 Schweizerisches Bundesarchiv: Protokoll der 36. Sitzung des Schweizerischen Bundesrates vom 18. Mai 1951.

Abb. 2: Erdöl-Bohrturm beim Weiler Limberg auf dem Küsnachterberg (Kanton Zürich), 07. 04. 1960. Quelle: ETH Bildarchiv: Com_L09-0076-0005; Fotograf Hans Gerber.

Zeitpunkt für Raffinerien noch keinen Markt; und tatsächlich stellte das Unternehmen seinen Betrieb bereits 1954 wieder ein und wurde 1959 liquidiert. Der Bund kaufte die Anlage 1961 und errichtete darauf ein Grosstanklager.[79]

Vergeblich um eine staatliche Unterstützung bemüht hatte sich auch die Société Financière Italo-Suisse in Genf.[80] Diese plante im tessinischen Stabio, im Grenzgebiet zu Italien, eine Erdölraffinerie mit einer die kleine Anlage in Rotkreuz weit überschreitenden Verarbeitungskapazität. Für die Zufuhr des Erdöls wollte die Gesellschaft zudem den Bau einer direkten Pipeline aus Genua nach Stabio vorantreiben. Der Bund lehnte allerdings sämtliche Gesuche um Zollvergünstigungen ab und begründete dies mit einem zu geringen volkswirtschaftlichen Nutzen (bei der Bereitstellung von Arbeitsplätzen). Das Projekt musste schliesslich aufgegeben werden.

Der massiv steigende Absatz von Erdölprodukten hatte in den 1960er Jahren aber weitere Unternehmen dazu veranlasst, die Errichtung von Erdölraffine-

79 Schweizerisches Bundesarchiv: Protokoll der 87. Sitzung des Schweizerischen Bundesrates vom 13. Dezember 1958; Industriegeschichte Zug. Die Ipsa Raffinerie in Rotkreuz, https://www.industriegeschichte-zug.ch/page/de/angdetail/225.die-ipsa-raffinerie-in-rotkreuz, abgerufen am 18. 10. 2023.

80 Schweizerisches Bundesarchiv: Protokoll der 87. Sitzung des Schweizerischen Bundesrates vom 13. Dezember 1958.

rien in Erwägung zu ziehen, nun gekoppelt mit direkten Anschlüssen an Pipelines.[81] Auch hier galt es, die Bundes- und Kantonsbehörden vom Vorhaben zu überzeugen, aber auch diesmal scheiterten bereits erste Versuche: Die Raffinerie du Rhône (später Raffinerie du Sud-Ouest) hatte eine Anlage in Aigle im Kanton Waadt geplant. Zunächst durfte das Unternehmen darauf zählen, dass der Bund keine Bewilligung oder Konzession verlangte;[82] von Staates wegen war also nicht (mehr) mit Einschränkungen bezüglich der Einrichtung solch grosser Infrastrukturprojekte zu rechnen. Auf kantonaler Ebene sah die Sache hingegen anders aus: Der Grosse Rat des Kantons Bern erteilte das notwendige Enteignungsrecht zum Bau einer durch seinen Kanton verlaufenden Leitung nicht. Die Raffinerie wurde schliesslich in der Gemeinde Collombey im Kanton Wallis erstellt und 1963 eröffnet. Eine weitere Raffinerie war von der im selben Jahr gegründeten Compagnie de Raffinage Shell im neuenburgischen Cressier geplant worden und wurde 1966 in Betrieb genommen. Noch im selben Jahr konnte die Pipeline Oléoduc du Jura, das schweizerische Teilstück der Jura-Rohöl-Pipeline von Besançon nach Cressier, eingeweiht werden. Weitere Erdölgesellschaften planten den Bau einer Raffinerie im Mittelland, was aber ebenfalls scheiterte. Da bald ein Überangebot an Raffineriekapazitäten in Europa bestand und der Anteil des Erdöls an der Energieversorgung reduziert werden sollte, liess man spätere Pläne für einen weiteren Ausbau des Raffinerienetzes in der Schweiz fallen.[83]

Mit diesen Infrastrukturprojekten sowie neuen Regelwerken setzte sich in den 1950er und 1960er Jahren das durch, was in den Jahrzehnten zuvor bereits vorbereitet worden war: die stetige Verfügbarkeit des eigentlich kostbaren Energieträgers dank freiem (Durch-)Fluss. Diese Entwicklung hatte mit fallenden Preisen, aber auch mit technologischen Pfadabhängigkeiten zu tun und führte dazu, dass das Land mehr denn je nach dem Rohstoff verlangte.[84] Um 1970 betrug der Anteil von Erdöl am Gesamtenergiemix in der Schweiz schliesslich ge-

---

81 Im Folgenden Bundesamt für Energiewirtschaft 1981: 87–94.

82 Schweizerisches Bundesarchiv: Protokoll der 50. Sitzung des Schweizerischen Bundesrates vom 17. Juli 1959.

83 Entsprechend wurden bis zur Fertigstellung der ersten inländischen Erdölraffinerien Erdölprodukte importiert. Ab 1960 stammte der Grossteil des eingeführten Handelsvolumens aus Westeuropa. Der Import von Rohöl setzte erst nach dem Bau der Raffinerien ein, stammte bis Ende der 1930er Jahre wie im restlichen Europa zum Grossteil aus den Vereinigten Staaten und kam später aus verschiedenen Regionen: den USA, der Karibik, Osteuropa und der Golfregion, in den 1980er Jahren vor allem aus Nordafrika und wiederum den Golfstaaten. Bundesamt für Energiewirtschaft 1981.

84 In der Konsequenz wurde 1960 das dreissig Jahre zuvor gegründete Eidgenössische Amt für Elektrizitätswirtschaft in Bundesamt für Energiewirtschaft (heute Bundesamt für Energie) umbenannt, das sich fortan auch mit weiteren Energieträgern zu beschäftigen hatte; Bundesamt für Energiewirtschaft 1981: 235.

gen 80 Prozent.[85] Dies sollte sich erst mit der Erdölpreiskrise im Herbst 1973 ändern. Zwar hatten bereits Ende der 1950er Jahre erste umweltpolitische Diskussionen eingesetzt, und die Gewässer- und Luftverschmutzung wurde nun in einen Zusammenhang mit dem steigenden Erdölverbrauch gebracht.[86] Um 1970 war es ausserdem zu einer Verschiebung auf dem internationalen Erdölmarkt gekommen: Die Nachfrage überstieg erstmals seit fast hundert Jahren das Angebot, unter anderem deshalb, weil die konventionell ausgebeuteten Erdölfelder in den USA ihr Fördermaximum erreicht hatten und das Land zum Käufer auf dem globalen Erdölmarkt wurde. Zeitgleich zog die Organisation erdölexportierender Länder OPEC die Preisschraube für Exporte an.

Die Schweizer Politik war sich dieser neuen Ausgangssituation bewusst; im Parlament fanden 1972 erste Debatten dazu statt und ein Gesamtenergiekonzept wurde gefordert.[87] Dennoch empfanden die westlichen Staaten und mit ihnen die Schweiz den durch die Organisation der arabischen Erdöl exportierenden Staaten (OAPEC) angedrohten Rückgang der Erdöllieferungen in Kombination mit dem von der OPEC rasch erhöhten Preis als unerträglichen Affront. Man sprach von Erpressung und dem Einsatz der «Ölwaffe». Die Medien schworen das Lesepublikum auf harte Zeiten ein und wetterten über die unzuverlässigen Ölscheichs im Nahen Osten. Dabei machten die Ereignisse vor allem eines klar: die einseitige Abhängigkeit erdölnachfragender Staaten von Regionen, die so unbekannt wie unberechenbar waren. Und sie verdeutlichten die Problematik der begrenzten Verfügbarkeit eines kostbaren Guts. Die Sicherung wirtschaftlicher und gesellschaftlicher Stabilität war in den vergangenen drei Dezennien auf die Versorgung mit dem preisgünstigen und scheinbar unbegrenzt verfügbaren Erdöl angewiesen gewesen. Nun ging es um eine Rückgewinnung staatlicher Souveränität, um die Reduktion von Abhängigkeiten sowie das Aufbrechen der innerhalb der Erdölwirtschaft vorherrschenden Machtstrukturen. Und es ging um die Frage, wie der Endlichkeit des fossilen Rohstoffs begegnet werden sollte.[88]

85 Gisler 2021.

86 Walter 1996.

87 Vgl. dazu etwa Schweizerisches Bundesarchiv: Amtliches Bulletin der Bundesversammlung I/08, 1972, # 11147 – Postulat Reimann. Energieversorgung/Approvisionnement en énergie vom 17. Dezember 1971; Schweizerisches Bundesarchiv: Amtliches Bulletin der Bundesversammlung IV/13, 1972, # 11340 – Postulat Letsch. Gesamtenergiekonzeption/Politique énergétique vom 6. Juni 1972.

88 Gisler 2023; Gisler 2021. Daran knüpfte auch die 1974 ins Leben gerufene Eidgenössische Kommission für die Gesamtenergiekonzeption an. Sie hatte die energiepolitische Richtung sowie die zur Erreichung der Zielsetzung notwendigen Massnahmen aufzuzeigen und zudem zu untersuchen, ob ein Energieartikel zur Ausweitung der Bundeskompetenzen erforderlich sei. Dieser wurde schliesslich ausgearbeitet, allerdings erst 1990 nach langem Ringen und zähen Verhandlungen angenommen. 1999 traten darauf basierend Energiegesetz und Verordnung in Kraft; Bundesamt für Energiewirtschaft 1981: 157–161; Rieder 1998: 197.

Fazit

«Es kann kein Zweifel darüber bestehen, dass die Entwicklung seit den fünfziger Jahren anders verlaufen wäre, wenn die Preise für fossile Energieträger mit dem Preis der meisten anderen Güter Schritt gehalten hätten», hielt Christian Pfister in seinem Aufsatz von 1995 fest.[89] Bei einer Verteuerung fossiler Energien hätte man vielleicht eher auf die Entwicklung von energie- und ressourcensparenden Verfahren gesetzt, wären verbrauchsarme Autos möglicherweise früher auf den Markt gekommen und alternative Energieträger preislich rascher mit dem Erdöl konkurrenzfähig geworden. Oder wäre eine Ablösung vom Kohleregime ohne fallende Preise gar nicht möglich gewesen, hätte sich Erdöl als dominierender Energieträger also gar nicht durchgesetzt?

Es ist anzunehmen, dass das Erdöl seinen Siegeszug so oder so angetreten hätte, wenngleich wohl langsamer. Die Voraussetzungen für den quantitativen Anstieg des Erdölverbrauchs nach 1950 wurden bereits in der ersten Hälfte des 20. Jahrhunderts geschaffen, als die Nachfrage nach Erdöl zwar moderat, aber stetig anstieg. Der Kohleverbrauch blieb zunächst stabil, was darauf hinweist, dass die Energienachfrage generell zunahm und auch gedeckt werden konnte, neben dem Erdöl ab 1880 auch von der auf Wasserkraft basierenden Elektrizität. Gleichzeitig wurde die dafür notwendige Infrastruktur aufgebaut, und erste politische Diskussionen wurden lanciert, welche die positiven Effekte einer langfristigen Erdölstrategie hervorhoben.

Darauf baute die Nachkriegsgesellschaft auf. Nach 1945 wurde eine neue Weltordnung errichtet, die mehr Sicherheit versprach und mehr Raum für individuelle Konsumgewohnheiten schaffte. Es kam – in Pfisters Worten – zu einer Verschiebung von der Industrie- zur Konsumkultur.[90] Die Wechselwirkungen zwischen Energieversorgung, Industrialisierung und Technologisierung sowie der Wille vieler, sich ein besseres Leben aufzubauen, trieben das Wirtschaftswachstum in den ersten drei Jahrzehnten nach dem Zweiten Weltkrieg in ungeahnte Höhen. Der steigende Wohlstand breiter Bevölkerungsschichten führte zu einem weiteren Anstieg des Energieverbrauchs. Die Erdölwirtschaft wurde von diesem Wandel angetrieben und setzte gleichzeitig die genannten gesellschaftlichen Veränderungen in Gang, indem sie den fossilen Energieträger einfach, günstig und scheinbar unerschöpflich zur Verfügung stellte. Für die Konsument*innen eröffneten sich dadurch neue Handlungsspielräume und Möglichkeiten der Bedürfnisbefriedigung. Gleichzeitig orchestrierten die Erdölprodukte in erheblichem Masse, wie diese Konsumkultur auszusehen hatte.[91]

89 Pfister 1995: 94.

90 Pfister 1995; s. auch Borchardt 1985.

91 Graf 2014: 22.

Die sinkenden Preise spielten dabei nur partiell eine Rolle. Am Ende der 1950er Jahre waren die Gesellschaften längst von den steten Lieferungen des fossilen Energieträgers abhängig und entsprechend bereit, einen höheren Preis für das wertvolle Gut zu bezahlen. Die einseitige Abhängigkeit von anderen Ländern wurde ebenso ausgeblendet wie das Wissen um die Endlichkeit des Rohstoffs. Alternativen standen zwar zur Debatte, wurden aber nicht im gleichen Masse ausgeschöpft, nicht einmal die zu hitzigen Diskussionen führende Kernenergie. Anders gesagt: Energie wurde in der öffentlichen Wahrnehmung in den 1950er und 1960er Jahren noch nicht zur ökonomischen und politischen Kategorie, wie dies nach der Erdölpreiskrise der Fall war.

Man kann also mit guten Gründen argumentieren, dass der Verbrauch von fossilen Energieträgern und die damit einhergehende Freisetzung von Emissionen als Folge des Wirtschaftswachstums auch ohne die massive relative Verbilligung des Rohstoffs gestiegen wären. Nur – und dies ist der springende Punkt – hätten sie kaum das heutige Ausmass erreicht und wären nicht zum bedrohlichen Krankheitsbild, zum Syndrom, geworden. Die globale Erdölnachfrage nach dem Zweiten Weltkrieg war also stark von der konjunkturellen Entwicklung in den Industrieländern beeinflusst. War der Rohstoff aber, so ist im Umkehrschluss zu fragen, auch Treiber dieses einmaligen Booms?

Tatsächlich kam es nach 1945 – vorgespurt durch die technologischen Entwicklungen und den Aufbau einer Infrastruktur in den ersten Dekaden des 20. Jahrhundert – zu einem fast idealen Zusammenspiel von Angebot und Nachfrage beim Erdöl. Angetrieben durch eine immer intensiver betriebene Rohstoffproduktion übertraf das Angebot die Nachfrage bis 1970, was den Preis drückte. Die zunehmende Zusammenarbeit zwischen den westeuropäischen Ländern, eingeleitet durch den Marshall-Plan und die Gründung der OEEC, förderte ein Wirtschaftswachstum, das auf einer Steigerung des Energieverbrauchs, hauptsächlich Erdöl, beruhte.[92] Industrialisierung, Urbanisierung, Massenmotorisierung und veränderte Konsumgewohnheiten waren die Antworten darauf.

Nach dem Zweiten Weltkrieg stand aber nicht nur ausreichend Erdöl zur Verfügung. Gleichzeitig stiegen die Löhne und es zeichneten sich Lockerungen bei den Budgetrestriktionen ab, die rasch eine Erweiterung der persönlichen Handlungsspielräume erlaubten, sodass sich das Konsumverhalten der Menschen grundlegend veränderte.[93] Dies alles hatte Konsequenzen: Unser moderner Lebensstil baut mittlerweile auf der Abhängigkeit von stets verfügbaren und kostengünstigen fossilen Energien auf. Nicht nur die materielle Basis des modernen Konsums, sondern auch die Werte und Überzeugungen, Ideologien und politischen Ordnungen wurden und werden von den Potenzialen dieses Energieträgers beeinflusst.

92 Gross u. a. 2023.

93 Siegenthaler 1995.

Von dieser Kultur wollen sich heute viele verabschieden, um autarkere Versorgungsstrukturen aufzubauen, selbstredend auch aufgrund der Klimakrise. Die Geschwindigkeit, mit der diese Transformation vollzogen werden kann, wird aber überschätzt. So hat der kanadische Doyen der Energieforschung, Vaclav Smil, bereits vor geraumer Zeit prophezeit, dass sich diese über Generationen hinziehen werde.[94] Die schiere Masse an notwendiger Infrastruktur zur Erzeugung und Verteilung fossiler Energien hat neue Pfadabhängigkeiten geschaffen, indem sie praktisch alle Lebensbereiche mit Erdölprodukten durchdrang. Dies verleiht dem System eine immense Trägheit. Aber auch die gesellschaftlichen und kulturellen Widerstände dürfen nicht unterschätzt werden. Mit dem fossilen Energieregime hat sich – zumindest in der westlichen Welt – auch ein Verständnis von Freiheit im Sinne von Unabhängigkeit entwickelt, das die meisten nicht mehr ohne Weiteres aufzugeben bereit sind. Die Anspruchshaltung bezüglich der einfachen Verfügbarkeit von Energie geht denn auch weit über das Thema Energiekonsum hinaus.

Dank einer Entlassung aus dem Joch körperlicher Arbeit hat Energie es uns erlaubt, uns zu entwickeln, angenehmer zu leben, weniger zu arbeiten und uns mit uns selbst zu beschäftigen. Die Steigerung energetischer Effizienz wurde zum wichtigen Merkmal kultureller Entwicklung; der Wohlstand wuchs. Oder anders gesagt: Würden wir ohne fossile Energien so leben wollen, wie wir heute leben, müssten wir Dutzende von Personen haben, die für uns arbeiteten. Die Steigerung der Produktivität wurde durch den Verbrauch begrenzter Ressourcen erkauft. Kartoffeln basieren nicht länger auf Sonnenenergie, sondern auf Erdöl in Form von Düngern, der fortschreitenden Mechanisierung der Landwirtschaft und dem Einsatz von Pestiziden. Die Kehrseite davon waren und sind die Auswirkungen auf die Umwelt, der Verlust der Biodiversität und das sich stetig aufheizende Klima.

Der Versuch, aus dieser Petrokultur auszusteigen, bedeutet nichts weniger, als die Moderne neu zu denken. Es geht um die Verabschiedung von einer Vielzahl als alternativlos angesehener technologisch-zivilisatorischer Rahmenbedingungen. Darüber nachzudenken heisst, über rein technische und reglementarische Veränderungsprozesse hinauszugehen. Es geht darum, eine Energiezukunft mit fundamental neuen materiellen Bedingungen und sozialen Strukturen zu perspektivieren. Eine postfossile Moderne anzustreben heisst, neue Handlungsoptionen auszuloten und immaterielle Voraussetzungen dafür zu schaffen. All dies muss weder bedrohlich noch einschneidend sein, sondern kann mit jenen Freiheiten einhergehen, nach denen wir streben. Haben wir dies erst einmal erkannt, bedeutet das Loslassen von Gewohnheiten nicht mehr zwangsläufig Limitation, sondern vielmehr das Eröffnen einer Vielfalt neuer Denk- und Handlungs-

94 Smil 2010: viii.

spielräume. Es geht dann nicht mehr um Utopien, sondern um Selbstbestimmung in Anbetracht des Erarbeitens und Erprobens einer alternativen Energiezukunft.[95]

Gedruckte Quellen

Catalan, L[ouis Jean]: Die Erdölindustrie im Dienste der Wirtschaft. Zürich 1959.

Eidgenössische Zentralstelle für Kriegswirtschaft: Die Schweizerische Kriegswirtschaft 1939/1948, Bericht des Eidgenössischen Volkswirtschaftsdepartements. Bern 1950.

Erdölvereinigung: Geschäftsberichte 1967–1973. Zürich.

Gehr, Baptist: Energieträger unserer Zeit. Zürich 1981.

Hohl, Robert: Die schweizerische Energiewirtschaft während des Weltkrieges 1914–1918. In: Allgemeine schweizerische Militärzeitung 85 (1939): 311–361.

Tabertshofer, Lothar: Shell (Switzerland) – 75. Geburtstag. Zürich 1981.

Sekundärliteratur

Ambrosius, Gerold; Kaelble, Hartmut: Einleitung. In: Kaelble, Hartmut (Hg.): Der Boom 1948–1973. Gesellschaftliche und wirtschaftliche Folgen in der Bundesrepublik Deutschland und in Europa. Opladen 1992: 7–32.

Blas, Javier; Farchy, Jack: The World for Sale. Money, Power and the Traders Who Barter the Earth's Resources. Dublin 2021.

Borchardt, Knut: Die wirtschaftliche Entwicklung der Bundesrepublik nach dem «Wirtschaftswunder». In: Schneider, Franz (Hg.): Der Weg der Bundesrepublik: Von 1945 bis zur Gegenwart. München 1985: 193–216.

Brassel-Moser, Ruedi: Grüne Parteien. In: Historisches Lexikon der Schweiz (HLS). Bern 2017; https://hls-dhs-dss.ch/de/articles/017413/2017-03-20/, abgerufen am 18.10.2023.

Bundesamt für Energie: Schweizerische Gesamtenergiestatistik 2022 / Statistique Globale Suisse de l'Energie 2022. Bern 2023.

Bundesamt für Energiewirtschaft: Die schweizerische Energiewirtschaft / Economie énergétique suisse 1930–1980. Bern 1981.

Crafts, Nicholas F. R.: The Great Boom: 1950–73. In: Schulze, Max-Stephan (Hg.). Western Europe, Economic, and Social Change since 1945. London 1999: 42–62.

Degen, Bernard: Organisation für wirtschaftliche Zusammenarbeit und Entwicklung (OECD). In: Historisches Lexikon der Schweiz (HLS). Bern 2009; https://hls-dhs-dss.ch/de/articles/013814/2009-10-27/, abgerufen am 21.10.2023.

Doering-Manteuffel, Anselm; Raphael, Lutz: Nach dem Boom. Perspektiven auf die Zeitgeschichte seit 1970. Göttingen 2008.

Gisler-Jauch, Rolf: Automobil. In: Historisches Lexikon der Schweiz (HLS). Bern 2015; https://hls-dhs-dss.ch/de/articles/013901/2015-01-21/, abgerufen am 16.10.2023.

Gisler, Monika: Der Erdölschock von 1973 – oder die Energiekrise, die keine war. In: NZZ am Sonntag, 01.01.2023.

Gisler, Monika: Energie (Schriftenreihe der Vontobel-Stiftung, Nr. 2390). Zürich 2021.

95 Gisler 2021; Szeman 2019.

Gisler, Monika: Erdöl in der Schweiz. Eine kleine Kulturgeschichte. Zürich 2011.
Glaesser, Wiebke: Marktmacht und Politik (Schriftenreihe zur Zeitschrift für Unternehmensgeschichte 32). Berlin, Boston 2019.
Graf, Rüdiger: Öl und Souveränität. Petroknowledge und Energiepolitik in den USA und Westeuropa in den 1970er Jahren. Berlin 2014.
Gross, Robert; Melsted, Odinn; Chachereau, Nicolas: Creating the conditions for Western European petroculture: The Marshall Plan, the politics of the OEEC, and the transition from coal to oil. In: Journal of Energy History/Revue d'Histoire de l'Énergie 10 (2023); ener gyhistory.eu/en/node/345, abgerufen am 23.8.2024.
Haefeli, Ueli; Müller, Margrit; Studer, Brigitte; Tanner, Jakob: Einleitung. In: Halbeisen, Patrick; Müller, Margrit; Veyrassat, Béatrice (Hg.): Wirtschaftsgeschichte der Schweiz im 20. Jahrhundert. Basel 2012: 631–636.
Haefeli, Ueli: Umwelt, Raum, Verkehr. In: Halbeisen, Patrick; Müller, Margrit; Veyrassat, Béatrice (Hg.): Wirtschaftsgeschichte der Schweiz im 20. Jahrhundert. Basel 2012: 703–752.
Haller, Lea; Gisler, Monika: Lösung für das Knappheitsproblem oder geopolitisches Risiko? Auf Erdölsuche in der Schweiz. In: Berichte zur Wissenschaftsgeschichte 37 (2014): 41–59, DOI: 10.1002/bewi. 201400000.
Hassan, John A.; Duncan, Alan: The Role of Energy Supplies during Western Europe's Golden Ag, 1950–1972. In: Journal of European Economic History 18 (1989): 479–508.
Höök, Mikael; Söderbergh, Bengt; Jakobsson, Kristofer; Aleklett, Kjell: The Evolution of Giant Oil Field Production Behavior. In: Natural Resources Research 18/1 (2009): 39–56.
Kander, Astrid; Malanima, Paolo; Warde, Paul: Power to the People. Energy in Europe over the Last Five Centuries. Princeton 2013.
Kiener, Eduard: Schweizerische Energiepolitik 1980–2000. Bern 2003.
Kupper, Patrick: Die «1970er Diagnose». Grundsätzliche Überlegungen zu einem Wendepunkt der Umweltgeschichte. In: Archiv für Sozialgeschichte 43 (2003): 325–348.
Kupper, Patrick; Pallua, Irene: Energieregime in der Schweiz seit 1800. Bern 2016.
Lahusen, Patrick: Hydrocarbon Exploration in the Swiss Molasse Basin. In: Eclogae Geologicae Helvetiae 85 (1992): 707–714.
Lüönd, Karl: Gottlieb Duttweiler (1888–1962). Eine Idee mit Zukunft. Zürich 2000.
Marek, Daniel: Erdöl. In: Historisches Lexikon der Schweiz (HLS). Bern 2020; https://hls-dhs-dss.ch/de/articles/014049/2020-12-11/, abgerufen am 24.04.2024.
McNeill, John R.; Engelke, Peter: The Great Acceleration. An Environmental History of the Anthropocene since 1945. Cambridge MA, London 2014.
Merki, Christoph Maria: Der Treibstoffzoll aus historischer Sicht: Von der Finanzquelle des Bundes zum Motor des Strassenbaus. In: Pfister, Christian (Hg.): Das 1950er Syndrom: Der Weg in die Konsumgesellschaft. Bern 1995: 311–332.
Merki, Christoph Maria: Motorisierung. In: Historisches Lexikon der Schweiz (HLS). Bern 2011; https://hls-dhs-dss.ch/de/articles/013846/2011-05-10/, abgerufen am 16.10.2023.
Mohler, Lukas; Koch, Patrick; Deininger, Sebastian: Die Energiestrategie des Bundesrates: Auswirkungen auf Energiemix, Versorgungssicherheit und Energiekosten der Wirtschaft. Basel 2012.
Neu, Axel D.: Die Entfaltung der internationalen Erdölwirtschaft seit 1950. In: Pfister, Christian (Hg.): Das 1950er Syndrom: Der Weg in die Konsumgesellschaft. Bern 1995: 179–200.

Painter, David S.: Oil and Geopolitics: The Oil Crises of the 1970s and the Cold War. In: Historical Social Research – Special Issue: The Energy Crises of the 1970s. Anticipations and Reactions in the Industrialized World 2014: 186–208.

Painter, David S.: The Marshall Plan and oil. In: Cold War History 9/2 (2009): 159–175, DOI 10.1080/14682740902871851.

Pally, Martin: Die Elektrifizierung der Bahn als «nationales Ziel». Die Maschinenfabrik Oerlikon im Ersten Weltkrieg. In: Rossfeld, Roman; Straumann, Tobias (Hg.): Der vergessene Wirtschaftskrieg. Schweizer Unternehmen im Ersten Weltkrieg. Zürich 2008: 117–147.

Pfister, Christian: The «1950s Syndrome» and the Transition from a Slow-Going to a Rapid Loss of Global Sustainability. In: Uekötter, Frank; Hohensee, Jens (Hg.): Wird Kassandra heiser? Die Geschichte falscher Ökoalarme. Stuttgart 2010: 90–118.

Pfister, Christian: Das «1950er Syndrom»: Die umweltgeschichtliche Epochenschwelle zwischen Industriegesellschaft und Konsumgesellschaft. In: Pfister, Christian (Hg.): Das 1950er Syndrom. Der Weg in die Konsumgesellschaft. Bern, Stuttgart, Wien 1995: 51–95.

Rieder, Stefan: Regieren und Reagieren in der Energiepolitik. Die Strategien Dänemarks, Schleswig-Holsteins und der Schweiz im Vergleich. Bern 1998.

Ritchie, Hannah: Many countries have decoupled economic growth from CO2 emissions, even if we take offshored production into account. In: OurWorldInData.org 2021; https://ourworldindata.org/co2-gdp-decoupling, abgerufen am 17.10.2023.

Schiedt, Hans-Ulrich; Herzig, Heinz: Strassen. In: Historisches Lexikon der Schweiz (HLS). Bern 2015; https://hls-dhs-dss.ch/de/articles/007959/2015-02-10/, abgerufen am 18.10.2023.

Siegenthaler, Hansjörg: Zur These des «1950er Syndroms»: Die wirtschaftliche Entwicklung der Schweiz nach 1945 und die Bewegung relativer Energiepreise. In: Pfister, Christian (Hg.): Das 1950er Syndrom. Der Weg in die Konsumgesellschaft. Bern, Stuttgart, Wien 1995: 97–104.

Smil, Vaclav: Oil. A Beginner's Guide. Oxford 2008.

Smil, Vaclav: Energy Transitions. History, Requirement, Prospects. Santa Barbara 2010.

Szeman, Imre: On Petrocultures. Globalization, Culture, and Energy. Morgantown 2019.

Tanner, Jakob; Studer, Brigitte: Konsum und Distribution. In: Halbeisen, Patrick; Müller, Margrit; Veyrassat, Béatrice (Hg.): Wirtschaftsgeschichte der Schweiz im 20. Jahrhundert. Basel 2012: 637–702.

Tanner, Jakob: Lebensstandard, Konsumkultur und American Way of Life seit 1945. In: Leimgruber, Walter; Fischer, Werner (Hg.): Goldene Jahre. Zur Geschichte der Schweiz seit 1945. Zürich 1999: 101–132.

Tribelhorn, Marc: Tempo, Dreck, Lärm – und Ärger. Nachhaltige Antriebskonzepte. Ein Blick in den Rückspiegel, In: Blog Avenir Suisse. Zürich 2020; https://www.avenir-suisse.ch/tempo-dreck-laerm-und-aerger/, abgerufen am 02.05.2024.

Türk, Henning: Treibstoff der Systeme. Kohle, Erdöl und Atomkraft im geteilten Deutschland. Berlin 2021.

Walter, François: Bedrohliche und bedrohte Natur. Umweltgeschichte der Schweiz seit 1800. Zürich 1996.

Yergin, Daniel: The Prize. The Epic Quest for Oil, Money & Power. London 2008.

Zbinden, Anne-Sophie, Gisler, Monika: «Das Schweizer Erdöl den Schweizern!» Erdölsuche in der Schweiz im goldenen Zeitalter der 1950er Jahre. In: Traverse. Zeitschrift für Geschichte 20/3 (2013): 99–111.

Arbeit für alle

Vollbeschäftigung, «Wachstumstaumel» und Dämpfung der «Überkonjunktur» in den Nachkriegsjahren

Roman Rossfeld

Abstract

After the trauma of mass unemployment in the 1930s, «full employment» became an important goal of (international) economic policy; and a high – and preferably rising – employment rate is still seen today as an expression of a prosperous economy and a meritocracy geared towards growth. From the Second World War to the early 1990s, Switzerland enjoyed uninterrupted full employment and an extremely low unemployment rate of less than one per cent. This article first traces the controversial debate on full employment in the 1940s, then looks at «overemployment» and the (unsuccessful) policy of curbing economic activity in the 1950s and 60s, and finally deals with the unexpected return of unemployment in the 1970s. It examines what expectations have been associated with the concept of full employment since the 1940s and how labour market and employment policy has changed as a result of the boom in the post-war years and the deep crisis of the 1970s.

1949 hielt der Ökonom und Nationalrat der Katholischen Volkspartei Basel-Stadt, Theodor Brogle, in einem Referat über «Wirtschaftliche Möglichkeiten der Vollbeschäftigung» in den Nachkriegsjahren fest: «Der Drang nach Beherrschung der Krisen, nach Bekämpfung der Arbeitslosigkeit, nach Erreichung eines möglichst dauernden Zustandes wirtschaftlicher Vollbeschäftigung ist in den letzten Jahren um so leidenschaftlicher geworden, je mehr man in allen Ländern erkannt hat, dass Massen-Arbeitslosigkeit ein nationales Übel darstellt, das in seiner Schwere nur mit den mehr oder weniger periodisch auftretenden Hungerjahren früherer Jahrhunderte zu vergleichen ist.»[1] Der Begriff «Full employment» war 1936 von John Maynard Keynes eingeführt worden und 1944 durch die Arbeit von William Beveridge *Full employment in a free society*[2] weiter popu-

---

1 Brogle 1949: 8. Die Zitate aus diversen Zeitungen entstammen Zeitungsabschnittssammlungen zum Thema Wachstum aus dem Schweizerischen Wirtschaftsarchiv in Basel (SWA), Vo H I 1 und Vo M 78, sowie dem Archiv für Zeitgeschichte in Zürich (AfZ), PA Syst Sammlung / 932 und 933 sowie IB wf-Archiv II 5.4.5, 1880–1883. Für Hinweise und kritische Bemerkungen danke ich Juri Auderset, Pascal Germann, Martin Lüpold, Christian Rohr und Marion Ronca.

2 Beveridge hatte 1942 im Auftrag der britischen Regierung zunächst den «Beveridge Report» zum Aufbau steuerfinanzierter sozialer Sicherungssysteme verfasst und war anschliessend von der britischen Regierung mit der Erarbeitung einer Studie zum Thema Vollbeschäftigung beauftragt worden. Vgl. dazu Beveridge 1944; Beveridge 1942 sowie Keynes 1936.

larisiert worden. Seit Mitte der 1940er Jahre wurde der Begriff auch in der Schweiz breiter rezipiert und rasch popularisiert.[3] Nicht nur die *Neue Zürcher Zeitung* (NZZ), sondern auch die *Gewerkschaftliche Rundschau* oder die sozialistische Monatsschrift *Rote Revue* beschäftigten sich aus unterschiedlichen Perspektiven mit der «Vollbeschäftigungslehre von Lord Keynes» und der damit verbundenen Debatte.[4]

Verstanden als weitgehende Abwesenheit von Arbeitslosigkeit ist bis heute in vielen Ländern von Vollbeschäftigung die Rede, wenn die Arbeitslosenquote weniger als drei oder höchstens vier Prozent der unselbständig Erwerbstätigen beträgt. Seit seiner Einführung ein ebenso umstrittener wie unscharf definierter Begriff wurden auch in der Schweiz von verschiedenen Autoren unterschiedliche Zahlen zur Definition des Begriffs Vollbeschäftigung genannt.[5] Einig war man sich seit der Weltwirtschaftskrise jedoch im wirtschaftspolitischen Ziel, möglichst viele Menschen in Arbeit zu bringen. Zugleich betonte der Bundesrat noch 1950, wirtschaftlicher Fortschritt verlange «Wechsel», und keine Wirtschaft mit freiem Arbeitsmarkt könne die «Reibungen», die durch die Anpassung an diesen Wechsel entständen, vollkommen verhindern.[6] Angesprochen war damit nicht nur die durch Stellenwechsel bedingte «Fluktuationsarbeitslosigkeit», sondern auch die durch betriebliche Umstrukturierungen oder Marktanpassungen nicht zu verhindernde «strukturelle» oder *mismatch*-Arbeitslosigkeit. Ausserdem entsteht durch den technischen Fortschritt, die wachsende Produktivität, zunehmende Mechanisierung, Rationalisierung und Automatisierung immer wieder neue «technologische Arbeitslosigkeit».[7] Vollbeschäftigung kann deshalb nur durch die Schaffung zusätzlicher Arbeitsplätze – beziehungsweise weiteres Wirtschaftswachstum – aufrecht erhalten werden. Wachstum ermöglicht, wie der Ökonom Mathias Binswanger es formuliert hat, «die Kombination von zwei Zielen, die zunächst diametral entgegengesetzt zu sein scheinen: die Kombination von arbeitssparendem technischem Fortschritt mit dem Ziel der Vollbeschäfti-

3 Zur Debatte über Vollbeschäftigung und den Beveridge-Plan in der Schweiz vgl. Monachon 2002. Zeitgenössisch vgl. dazu Beveridge 1946; Rimensberger 1943; Cole 1943; Vollbeschäftigung 1943 oder Der Beveridge-Plan und die Schweiz. In: Neue Zürcher Zeitung (NZZ), Nr. 752, 10. 05. 1943.

4 Vgl. dazu Stöckli 1946; Rings 1946; Walter 1944–1945; Mussard 1944–1945; Rimensberger 1944 sowie Bericht von Sir William Beveridge über die volle Arbeitsbeschäftigung. In: NZZ, Nr. 1945, 14. 11. 1944, o. S.

5 Zur umstrittenen Definition des Begriffs Vollbeschäftigung vgl. Zwischenbericht des Bundesrates 1950: 84–88.

6 Ebd.: 84.

7 Zur Automatisierungsangst und dem Narrativ der technologischen Arbeitslosigkeit, das in der Weltwirtschaftskrise rasch an Bedeutung gewann, vgl. ausführlicher Shiller 2020: 247–294; Köster 2016; Suntum 2005: 129–137 sowie – zeitgenössisch – Reiner 1955.

gung»[8]. Die Angst vor technologischer Arbeitslosigkeit und der Wunsch nach einer tiefen Arbeitslosenrate sind bis heute starke Wachstumstreiber geblieben.

International war die UNO seit den 1940er Jahren einer der Haupttreiber für die Umsetzung wirtschaftspolitischer Massnahmen zur Erlangung von Vollbeschäftigung. 1949 hatte eine Expertenkommission einen ersten Bericht vorgelegt;[9] in der Schweiz war man aus einer wirtschaftsliberalen Position heraus gegenüber den von der UNO seit Beginn der 1950er Jahre eingeforderten Berichten zur Umsetzung dieser Massnahmen aber skeptisch[10] – und hatte auch Schwierigkeiten, die von der UNO nachgefragten Zahlen fristgerecht zur Verfügung zu stellen.[11] Spürbar genervt hielt der Delegierte für Arbeitsbeschaffung Otto Zipfel im Februar 1951 in einem Schreiben an das Bundesamt für Industrie, Gewerbe und Arbeit (BIGA) fest, in der Schweiz würden andere Bedingungen als in «planwirtschaftlich orientierten Staaten» herrschen, und die Verwaltung sei deshalb nicht in der Lage die «schwierigsten Berichte nebenbei innert kürzester Frist zu erstellen».[12] Während sich die UNO-Mitglieder 1949 zu einer Politik der Vollbeschäftigung verpflichteten, verlief die Debatte in der Schweiz angesichts einer stark wirtschaftsliberalen Tradition und der faktisch bereits seit Kriegsende herrschenden Vollbeschäftigung kontrovers. Der folgende Beitrag fragt in drei aufeinander aufbauenden Abschnitten danach, was für Erwartungen mit dem Begriff Vollbeschäftigung seit den 1940er Jahren verbunden waren, wie sich die Arbeitsmarkt- und Beschäftigungspolitik durch die «Überkonjunktur» in den Nachkriegsjahren verändert hat und was für Folgen die unerwartete Rückkehr der Arbeitslosigkeit in der Krise der 1970er Jahre für das keynesianische Konzept der Vollbeschäftigung hatte.

8 Binswanger 2006: 160.

9 Vgl. dazu United Nations 1949b.

10 Vgl. dazu United Nations1949a sowie United Nations 1950. Zur Rezeption des Expertenberichts der UNO in der Schweiz vgl. Oettli 1950.

11 Zu einem Memorandum der UNO vom 17.02.1950 und weiteren von der UNO in den 1950er Jahren eingeforderten Berichten über die Massnahmen zur Verwirklichung der Vollbeschäftigung und einer ausgeglichenen Zahlungsbilanz vgl. ausführlicher Schweizerisches Bundesarchiv (BAR), E6100B#1971/110#64*, E7170B#1970/98#18*, E7170B#1970/98#19* sowie E7170B#1970/98#20*.

12 BAR, E7170B#1970/98#18*, Schreiben von Otto Zipfel über «Massnahmen zur Verwirklichung der Vollbeschäftigung» an den Direktor des Bundesamtes für Industrie, Gewerbe und Arbeit (BIGA) vom 02.02.1951: 2.

«Aufwärts durch Arbeit»: (Voll-)Beschäftigung als wirtschaftspolitisches Ziel nach der Weltwirtschaftskrise

Die Erfahrung rasch steigender Arbeitslosigkeit während der Weltwirtschaftskrise in den 1930er Jahren hatte auch in der Schweiz tiefe Spuren hinterlassen. Die Beschäftigungspolitik der Kriegs- und Nachkriegsjahre war von der Erfahrung des schweizerischen Landesstreiks vom November 1918, der Nachkriegskrise von 1921–1923 und der Weltwirtschaftskrise geprägt. Nach der Massenarbeitslosigkeit in den 1930er Jahren hiess die zentrale wirtschaftspolitische Forderung zunächst nicht *Wohlstand für alle*, sondern *Arbeit für alle.* Im Zentrum der Beschäftigungspolitik standen der Kampf gegen die Arbeitslosigkeit, die damit verbundene Frage der Arbeitsbeschaffung und der Ausbau der noch schwach ausgebildeten, erst seit 1977 obligatorischen Arbeitslosenversicherung.[13] Das Ziel einer möglichst tiefen Arbeitslosigkeit wurde dabei von allen politischen Parteien geteilt; der Weg zum Ziel und die damit verbundene Beschäftigungspolitik waren zwischen Liberalen und Interventionisten allerdings äusserst umstritten.

Der in der Schweiz vermutlich am breitesten wahrgenommene Kritiker einer staatlich gelenkten Vollbeschäftigungspolitik war der deutsche Nationalökonom und Professor für internationale Wirtschaftsfragen in Genf, Wilhelm Röpke. Nach dem Krieg Mitbegründer der neoliberalen Mont Pèlerin Society schrieb Röpke seit Anfang der 1940er Jahre in mehreren Beiträgen in der NZZ und den wirtschaftsliberalen *Schweizer Monatsheften* gegen die Vollbeschäftigung als «Irrweg zu einem selbstverständlichen Ziele» an.[14] Von der sozialdemokratischen Tageszeitung *Volksrecht* als «freisinniger Hoftheoretiker»[15] verspottet, kritisierte Röpke insbesondere die mit der Vollbeschäftigungspolitik verbundene Idee einer langfristig stabilen wirtschaftlichen Entwicklung. Auch für ihn war das «Massentrauma der Arbeitslosigkeit» aus den 1930er Jahren der «heutigen Generation unvergesslich in die Seele eingebrannt». Der von Keynes eingeführte Begriff der Vollbeschäftigung war für Röpke inzwischen «zu einem Schlagwort breitester Schichten» geworden, mit dessen Popularisierung eine «gefährliche Vergröberung der Vorstellungen»[16] einher gehe. Aus einer liberalen Perspektive betonte er, in einer arbeitsteiligen Gesellschaft müsse «immer wieder aufs neue

---

13 Zu den frühen Arbeitsbeschaffungsmassnahmen und der Entwicklung der Arbeitslosenversicherung seit der Weltwirtschaftskrise vgl. Tabin 2013; Zimmermann 2009; Togni 2009; Zipfel 1945; Delegierter für Arbeitsbeschaffung 1944 sowie Staat und Wirtschaft 1943.

14 Röpke 1943–1944: 8 sowie Röpke, Wilhelm: Das Problem der amerikanischen «Vollbeschäftigung». In: NZZ, Nr. 1377 und 1379, 01.09.1942, o. S.

15 Über Vollbeschäftigung und – industrielle Reservearmee. In: Volksrecht. Sozialdemokratisches Tagblatt, Nr. 270, 16.11.1944.

16 Röpke, Wilhelm: Vollbeschäftigung: Ein verwickeltes Problem auf einfacher Grundlage. In: NZZ, Nr. 1242, 10.08.1943, Nr. 1245 und 1248, 11.08.1943, Nr. 1251 und 1253, 12.08.1943, o. S.

eine Anpassung an veränderte Gleichgewichtsbedingungen» stattfinden, und «eine befriedigende Stabilisierung der Wirtschaftsverhältnisse» sei «nur auf dem Wege über eine fortgesetzte und geschmeidige Anpassung der Produktion an die sich dauernd ändernden Wirtschaftsbedingungen zu erreichen».[17] Ein ständiger, in seiner Zusammensetzung aber wechselnder «Bodensatz an Arbeitslosigkeit» war für Röpke die «notwendige Vorbedingung für die Elastizität der Volkswirtschaft» – und Vollbeschäftigung für ihn deshalb «ein demagogisches Wort».[18] Der Begriff verspreche nichts anderes als «die Erlösung von etwas Unbequemem», von den «Schwankungen und Umrangierungen in der Beschäftigung und von der Notwendigkeit, ihnen durch Umstellungen und Anpassungen Rechnung zu tragen». Eine fortgesetzte «aktive Konjunkturpolitik» des Staates, die sich für ihn lähmend auf die privaten Investitionen auswirkte, bezeichnete Röpke als «kollektivistisch» oder – noch schlimmer – «morphinistisch».[19]

Aber nicht nur Röpke äusserte sich kritisch zu einer «Verewigung der Hochkonjunktur» und einer Politik, die «ein Defizit an Nachfrage» mit neu geschaffenem Geld in «ein Defizit des Staatshaushalts» verwandeln würde.[20] Aus einer liberalen Perspektive zeigten sich auch andere Autoren skeptisch gegenüber einer «obrigkeitlich organisierten Gesellschaft» und hielten es für unverantwortlich, die freiheitliche Ordnung der Wirtschaft einer planwirtschaftlichen Vollbeschäftigungspolitik zu opfern.[21] Der österreichische Ökonom Ludwig von Mises – wie Röpke Mitbegründer der neoliberalen Mont Pèlerin Society – hielt in den *Schweizer Monatsheften* noch 1957 fest: «Es gibt nur ein Mittel zur Beseitigung von Arbeitslosigkeit, die als Dauer- und Massenerscheinung auftritt, nämlich die Wiederherstellung der Freiheit des Arbeitsmarkts.»[22] Eine wichtige Rolle spielten in dieser Debatte auch die internationale wirtschaftliche Entwicklung, die Bedeutung des Exportes und die Ausgestaltung der internationalen Wirtschaftsbeziehungen. Mit Blick auf die Exportorientiertheit der schweizerischen Volkswirtschaft hatte die NZZ bereits im August 1944 festgehalten, es sei «nicht zu bestreiten und nicht zu übersehen», dass «der Aussenhandel die ent-

17 Ebd., Nr. 1242, 10.08.1943. Vgl. zu dieser Argumentation auch Röpke, Wilhelm: Grundlagen und Folgen der «Vollbeschäftigung». In: NZZ, Nr. 138, 26.01.1946 und Nr. 147, 27.01.1946, o. S.

18 Ebd., Nr. 1248, 11.08.1943.

19 Röpke 1943–1944: 9 und 15–16.

20 Röpke, Wilhelm: Der internationale Streit um die «Vollbeschäftigung». In: NZZ, Nr. 321, 24.02.1946, o. S. Vgl. dazu auch Röpke 1951.

21 Zur liberalen Perspektive auf die Vollbeschäftigung vgl. ausführlicher Schupp 1958; Hunold 1951; Kellenberger 1951; Rakowski 1946; Cassel, Gustav: Das Problem der Vollbeschäftigung. In: Schweizerische Arbeitgeber-Zeitung (SAZ), Nr. 6, 05.02.1943: 106–109 oder Hayek, F. A.: Vollbeschäftigung. Ein Vortrag von Prof. F. A. Hayek, London. In: NZZ, Nr. 1543, 14.10.1945, o. S.

22 Mises 1957: 748.

scheidende Ursache der Vollbeschäftigung» für die Schweiz bilde. Eine «unmittelbare Vollbeschäftigungspolitik» werde deshalb nur im Fall einer «im Ausland festzustellenden Schrumpfung des Wirtschaftsvolumens aktuell werden»; und sollte das Volumen in den grossen Zentren der Weltwirtschaft «zu schrumpfen beginnen», werde die Schweiz angesichts ihrer Abhängigkeit von der internationalen Konjunktur «vor kaum lösbare Probleme gestellt» werden.[23]

Die Linke hatte demgegenüber bereits in den 1930er Jahren eine aktive Krisenpolitik eingefordert, mit der Konjunkturschwankungen durch staatliche Steuerungsmassnahmen gemildert werden sollten. In ihrem neuen Parteiprogramm forderte die SP im Januar 1935 nicht nur eine «planmässige Arbeitsbeschaffung» und «die Überwindung der Arbeitslosigkeit als Voraussetzung eines neuen und dauernden Aufstieges des lohnarbeitenden Volkes». Mit dem «Plan der Arbeit» legte sie auch eine ganze Reihe von Massnahmen für eine stark zentralisierte Umgestaltung der Schweiz vor.[24] Auch die Ende 1934 von verschiedenen Gewerkschaften und Angestelltenorganisationen eingereichte «Kriseninitiative» forderte vom Bund «umfassende Massnahmen zur Bekämpfung der Wirtschaftskrise», wurde im Juni 1935 von der Stimmbevölkerung aber deutlich verworfen. Von bürgerlicher Seite war der Abstimmungskampf gegen die Kriseninitiative als Abwehrschlacht gegen Staatssozialismus und bolschewistische Wirtschaftsdiktatur geführt worden.[25] 1942 strebte die SP mit ihrem Reformprogramm «Die neue Schweiz» eine Neuordnung der Wirtschaft durch eine demokratische Wirtschaftsplanung und eine «genossenschaftliche Selbstverwaltung der Wirtschaft durch das Volk» an.[26] Umgesetzt werden sollte dieses Programm mit der im September 1943 eingereichten Volksinitiative «Wirtschaftsreform und Rechte der Arbeit», die zur Verhütung von Arbeitslosigkeit auch ein «Recht auf Arbeit» einforderte. Die Initiative griff damit auf eine tief verwurzelte, bis ins 19. Jahrhundert zurückreichende Debatte über das «Recht auf Arbeit»[27] zurück. Im Mai 1947 wurde sie (auch angesichts der unerwartet guten Nachkriegskonjunktur) von der Stimmbevölkerung aber ebenfalls deutlich verworfen.[28] Für die *Rote Revue* waren alle Krisen Erscheinungen des «anarchischen Wirtschaftssystems», einer «Planlosigkeit in der Produktion», und die

23 Vollbeschäftigung und Aussenhandel. In: NZZ, Nr. 1316, 04.08.1944, o. S. Vgl. dazu auch Seiler 1944.

24 Programm der Sozialdemokratischen Partei der Schweiz. Angenommen durch den Parteitag vom 26. und 27. Januar 1935 in Luzern: 8 und 17. Zur Bedeutung von Rationalisierung und Wirtschaftsplanung (bis zum Ende der 1940er Jahre) vgl. ausführlicher Degen 1998; Müller, Tanner 1988: 340–346 sowie Scheiben 1987: 109–120 und 173–187.

25 Vgl. dazu Müller 2010: 570–600; Morandi 1995; Schweizerischer Gewerkschaftsbund 1935; Schweizerisches Aktionskomitee 1935 sowie Eidgenössisches Aktionskomitee 1935.

26 Vgl. dazu: Die neue Schweiz 1942 sowie Oprecht 1943.

27 Vgl. dazu Reichesberg 1907 sowie Mutasoff 1897.

28 Vgl. dazu Zimmermann: 70–71 und Togni: 105.

Ausführungen Röpkes ein Beleg dafür, wie die «herrschende Klasse» versuche, ihre Positionen zu halten.[29] Das Zürcher *Volksrecht* verglich Arbeitslosigkeit im November 1944 mit Obdachlosigkeit und hielt in einem Beitrag fest, niemand, «auch nicht Röpke», versteige sich auf dem Wohnungsmarkt zur Forderung, «es müsse eine ständige Reservearmee von Obdachlosen erhalten bleiben, damit jeder Hausbesitzer die Gewissheit habe, jederzeit für jede freiwerdende oder neue Wohnung einen ihm passenden Mieter zu finden».[30]

In seinem Buch *Vollbeschäftigung: Der andere Weg* hatte sich Fritz Marbach, Professor für Nationalökonomie an der Universität Bern, zur Bekämpfung von Arbeitslosigkeit bereits 1943 für eine Stimulierung der Nachfrage ausgesprochen. Als langjähriges Mitglied und seit 1940 Präsident der Preisbildungskommission verwies der ehemalige SP-Nationalrat – wie Röpke – zunächst auf den «Schrecken» der Massenarbeitslosigkeit während der Weltwirtschaftskrise, die sich nie wiederholen dürfe.[31] Marbach sprach angesichts kaum zu beeinflussender saisonaler Arbeitsmarktschwankungen, ungenügend qualifizierten Personals oder Schwankungen im Export konsequent von «annähernder» oder «tendenzieller» Vollbeschäftigung».[32] Massnahmen gegen steigende Arbeitslosenzahlen sollten erst bei einer über die konstante «Fluktuationsarbeitslosigkeit» hinausgehenden Arbeitslosenquote ergriffen werden.[33] Zur Bekämpfung «moderner Überproduktions- bzw. Unterkonsumationskrisen» setzte Marbach nicht beim Angebot, sondern bei der Nachfrage an. Gegen die Theorie der «Investitionsförderung» gerichtet forderte er, die Krisenbekämpfung müsse am «anderen Ende» beginnen.[34] Zur «Absatzsicherung»[35] müsse mit zusätzlicher Kaufkraft dafür gesorgt werden, dass die (massenhaft) produzierten Konsumgüter auch verkauft werden könnten. Von ihren Kritikern wurde die seit der Weltwirtschaftskrise von der Linken vertretene Kaufkrafttheorie aber als (international) nicht umsetzbare «Verbrauchslenkung» oder «Kaufkraftbevormundung»[36] abgelehnt.

Im Juni 1944 folgte an der Jahrestagung der Schweizerischen Gesellschaft für Statistik und Volkswirtschaft – dem «Parlament» der Volkswirtschaftler und

29 Teuscher 1943–1944: 168–169 und 173.

30 Über Vollbeschäftigung und – industrielle Reservearmee. In: Volksrecht. Sozialdemokratisches Tagblatt, Nr. 270, 16.11.1944.

31 Marbach 1943: 8.

32 Ebd.: 13–14.

33 Ebd.: 17. Konkret war Vollbeschäftigung für Marbach in der Schweiz erreicht, wenn «in den saisonmässig begünstigteren Monaten nicht wesentlich mehr als ein Prozent der ordentlicherweise Erwerbstätigen beschäftigungslos» sei. Ebd.: 18.

34 Ebd.: 37–38.

35 Ebd.: 65.

36 Vgl. dazu die kritische Besprechung des Buches von Marbach in: Vaterland, Nr. 78, 01.04.1944, o. S. oder Bachmann 1944: 201–205.

Abb. 1: «Aufwärts durch Arbeit. Wählt Gewerkschafter & Sozialdemokraten». Plakat des Schweizer Grafikers Charles Kuhn für die Sozialdemokratische Partei der Stadt Zürich von 1938. Quelle: Schweizerisches Sozialarchiv, F Pe-1643.

Statistiker – eine mehrstündige, thematisch breit angelegte Debatte zum «Problem der Vollbeschäftigung». Für die kritisch eingestellte NZZ beherrschte das «Verlangen nach Vollbeschäftigung» inzwischen die internationale wirtschaftspolitische Diskussion. Kein Land werde «eine Vollbeschäftigungspolitik umgehen können», spiegle sich darin doch der «brennende Wunsch» und das «legitime Bedürfnis nach sozialer Sicherheit».[37] Ausgangspunkt für die Debatte an der Jahrestagung in Frauenfeld bildeten drei einführende, unterschiedliche Positionen widerspiegelnde Referate der in konjunktur- und sozialpolitischen Fragen etablierten Wirtschaftsprofessoren Eugen Böhler (1893–1977), Jacob Lorenz (1883–1946) und Fritz Marbach (1892–1974). Vor 1900 geboren, hatten alle den schweizerischen Landesstreik vom November 1918, die Weltwirtschaftskrise und die Folgen von Massenarbeitslosigkeit in den 1930er Jahren noch selbst erlebt. Während Marbach erneut für eine «Mehrbeschäftigung durch Mehrkonsum»[38] votierte, kritisierte Lorenz, Professor für Soziologie und Wirtschaftskunde an der Universität Freiburg, die Vollbeschäftigungspolitik als reine «Symptombekämpfung»[39], die nicht bei den tiefer liegenden Ursachen von Wirtschaftskrisen ansetze. Für Lorenz führte die «überbordende Produktion» von «gänzlich unnützem oder minderwertigem Massenzeug» zu einer «Deroutierung» der Nachfrage durch das Angebot. Gegen Marbach gerichtet, betrachtete er nicht die fehlende Kaufkraft, sondern «Marktüberschätzungen» und die «Unwirtschaftlichkeit»[40] des Konsums als zentrale Ursachen für Wirtschaftskrisen.

Eugen Böhler, Professor für Nationalökonomie an der Eidgenössischen Technischen Hochschule in Zürich, hatte die verschiedenen Positionen zum «Problem der Vollbeschäftigung» bereits einige Wochen zuvor in einem umfangreichen «Sonderbericht» der Konjunkturforschungsstelle der ETH Zürich zusammengefasst. Für den Gründer der schweizerischen Gesellschaft für Konjunkturforschung und langjährigen Leiter des Instituts für Wirtschaftsforschung an der ETH Zürich sollten «Wirtschaftsstörungen» durch eine «weitsichtige» und «aktive» staatliche Konjunkturpolitik – «eine Planung, aber keine Planwirtschaft»[41] – gemildert werden, in deren Mittelpunkt Arbeitsbeschaffungsmassnahmen (durch öffentliche Aufträge) stehen sollten. Böhler ging davon aus, dass der Übergang von der Kriegs- zur Friedenswirtschaft «ein ganzes Netz von Gleichgewichtsstörungen mit sich bringen» werde.[42] Die Vorstellung, dass ein

37 Zur Problematik einer Politik der Vollbeschäftigung. In: NZZ, Nr. 1208, 16.07.1944, o. S. sowie Vollbeschäftigung und Aussenhandel. In: NZZ, Nr. 1316, 04.08.1944, o. S.

38 Vgl. dazu ausführlicher Marbach 1944.

39 Lorenz 1944: 334.

40 Ebd.: 334–336.

41 Das Problem der Vollbeschäftigung 1944: 16.

42 Böhler 1944: 312.

marktwirtschaftliches System sich minutiös auf beliebige Schwankungen der Nachfrage einstellen könne, kritisierte er als reine «Utopie»[43] und «Wunderglaube»[44]. Reinigungskrisen waren für ihn nichts anderes als «die Pferdekur, welche die Verfechter einer unvollständigen Markttheorie der modernen Produktionsstruktur zumuten» würden.[45]

Wenige Monate nach Kriegsende publizierten Gottlieb Duttweiler und Hans Munz schliesslich eine Denkschrift zuhanden des Bundesrates und der eidgenössischen Räte, in der sie die – aus ihrer Sicht – wichtigsten Mittel einer «aktiven staatlichen Konjunkturpolitik» zusammenstellten.[46] Unter dem programmatischen Titel *Vollbeschäftigung und Recht auf Arbeit in einer freien Wirtschaft*, der die zentralen Schlagworte aus der Debatte aufgriff, wollte die Denkschrift aus einer sozial-liberalen Perspektive nachweisen, dass eine staatliche Vollbeschäftigungspolitik in einer freien Wirtschaft möglich sei. Die «Unternehmerinitiative» wurde hier als die «beste Arbeitsbeschafferin» beschrieben und betont, dass die «ganze demokratische Staatsverfassung» auf dem Spiel stehe, wenn das «Problem der Vollbeschäftigung» nicht gelöst werde.[47] Duttweiler, der Gründer der *Migros* und des sozial-liberalen «Landesrings der Unabhängigen» (LdU), war 1943 auch federführend bei der vom LdU lancierten Volksinitiative für das «Recht auf Arbeit» gewesen, mit der die Sicherung und Erhaltung einer dauernden Vollbeschäftigung eingefordert wurde, die im Dezember 1946 von der Stimmbevölkerung aber klar abgelehnt wurde. Bereits im März 1946 hatte Hans Munz, LdU-Nationalrat und späterer Präsident des Migros-Genossenschaftsbundes, Röpkes «verbissenen Kampf» gegen die Vollbeschäftigung, die ihm zum «eigentlichen Menetekel für den Untergang von Freiheit und Menschlichkeit» geworden sei, scharf kritisiert. In einem offenen Brief in der von Duttweiler gegründeten Tageszeitung *Die Tat*[48] bezeichnete Munz die überlieferten Konjunkturtheorien «als ein Tummelfeld eigentlicher geistiger Hochstaplerei», die nur zur «Rechtfertigung und Beschönigung der periodischen Krisen mit ihrer Massenarbeitslosigkeit» gedient hätten.

Röpkes Argumentation und die Idee notwendiger «Reinigungskrisen» wurden aber nicht nur von links und aus der politischen Mitte kritisiert. Im Februar 1946 widersprach auch Walter Adolf Jöhr, ehemaliger Frontist, Professor für Nationalökonomie und späterer Rektor der Hochschule St. Gallen (HSG), in ei-

43 Ebd.: 303.

44 Das Problem der Vollbeschäftigung 1944: 18.

45 Böhler 1944: 304.

46 Vgl. dazu Duttweiler, Munz 1945. Zu einer mittleren, Interessengegensätze ausgleichenden Position bekannte sich nach dem Krieg auch der seit 1940 bestehende «Gotthardbund». Vgl. dazu Vollbeschäftigung in freiheitlicher Ordnung 1945 sowie Gasser 1945.

47 Duttweiler, Munz 1945: 4 und 12.

48 Munz, Hans: Offener Brief an Prof. Wilhelm Röpke. In: Die Tat, Nr. 67, 09.03.1946, o. S.

ner Replik in der NZZ der Argumentation Röpkes.[49] 1933 mit einer Arbeit zur Arbeitslosenfürsorge an der Universität Zürich promoviert worden, erachtete es Jöhr als «fraglich, ob die Marktwirtschaft eine neue Depression mit grosser Massenarbeitslosigkeit zu überleben vermöchte» und sprach sich deshalb für eine «systemgerechte» Vollbeschäftigungspolitik in Form staatlicher Arbeitsbeschaffungsprogramme aus. Die von Röpke – etwas überspitzt formuliert – befürwortete «konjunkturpolitische Abstinenz» erachtete er als ebenso gefährlich wie das von Röpke als «morphinistisch» bezeichnete «Programm des konstanten Inflationsdruckes». Für Jöhr bestand der eigentliche Zweck einer Politik der Vollbeschäftigung darin, «sich selbst überflüssig zu machen». Röpkes Vorwurf, die Vollbeschäftigungspolitik lähme die Konjunktur und führe «zu einer fortgesetzten Ausdehnung der staatlichen oder staatlich finanzierten Wirtschaft», betreffe «eine systemgerechte Konjunkturpolitik» in keiner Weise.[50] Insgesamt war Röpkes Argumentation eine scharf kritisierte Aussenseiterposition. Was von der Debatte in der ersten Hälfte der 1940er Jahre neben der – langfristig bedeutenden – Popularisierung des Begriffs Vollbeschäftigung schliesslich blieb, war eine breite politische Akzeptanz kurzfristig und gezielt eingesetzter staatlicher «Arbeitsbeschaffungsprogramme als Terrain für Kompromisse»[51]. Umgesetzt werden sollten Arbeitsbeschaffungsmassnahmen insbesondere im Bausektor, wo in Krisenzeiten nicht nur ein grosser Prozentsatz der Arbeitslosen zu verzeichnen war, sondern die Wirtschaft stabilisierende Infrastrukturprojekte durch die Freigabe zurückgestellter Arbeiten auch gut eingeplant werden konnten.

«Arbeit um jeden Preis»? Überbeschäftigung und Konjunkturdämpfung in den 1950er und 1960er Jahren

Im Juli 1947 ging das wirtschaftspolitische Ziel der Verhütung von Wirtschaftskrisen und der Bekämpfung von Arbeitslosigkeit in die revidierten Wirtschaftsartikel der Bundesverfassung ein. Am selben Wochenende, an dem sich die Stimmbürger auch für die Einführung der Alters- und Hinterbliebenenversicherung (AHV) aussprachen, wurden mit der Annahme der neuen Wirtschaftsartikel die verfassungsmässigen Grundlagen für die Schweizer Wirtschaftspolitik in den Nachkriegsjahren gelegt. Die Debatte über die Revision der Wirtschaftsartikel reichte aber bis in die von Notrecht geprägten 1930er Jahre zurück.[52] Dem weitgespannten Interventionismus der Zwischenkriegszeit sollte nun ein Ende

49 Jöhr, Walter Adolf: Die Politik der Vollbeschäftigung. In: NZZ, Nr. 278, 17.02.1946, o. S.

50 Ebd.

51 Morandi 1995: 282. Vgl. dazu auch die Ausführungen zu «Beschäftigungspolitik und Gesellschaftsform» in: Zwischenbericht des Bundesrates 1950: 93–95.

52 Zu den revidierten Wirtschaftsartikeln von 1947 vgl. ausführlicher Huber 1976 sowie die detaillierten Unterlagen im Archiv für Zeitgeschichte (AfZ), IB Vorort-Archiv, 50.4.1–50.4.5.

gesetzt werden. Neben einer Stärkung der Handels- und Gewerbefreiheit strebten die revidierten Wirtschaftsartikel aber auch konjunkturelle Stabilität sowie eine «Mehrung der Wohlfahrt des Volkes» an. 1954 wurden die neuen Wirtschaftsartikel durch das – auf konjunkturelle Rückschläge fokussierte – «Bundesgesetz über die Vorbereitung der Krisenbekämpfung und Arbeitsbeschaffung» weiter konkretisiert. Der Streit um die Vollbeschäftigung, der retrospektiv auf den Erfahrungen der 1930er Jahre basierte, erwies sich prospektiv allerdings rasch als eine Scheindebatte.

Nach dem Zweiten Weltkrieg kam es in der Schweiz weder zu einem «zweiten 1918»[53], noch zu einer Nachkriegskrise mit steigenden Arbeitslosenzahlen. Bereits in den Kriegsjahren waren diese Zahlen ausgesprochen tief gewesen und sanken danach weiter.[54] War es in den 1930er Jahren vor dem Hintergrund der Weltwirtschaftskrise noch das zentrale Thema gewesen, die Menschen in Arbeit zu bringen, war das wirtschaftspolitische Thema der Stunde bereits in der zweiten Hälfte der 1940er Jahre nicht mehr die Arbeitsbeschaffung, sondern die Frage der «Überkonjunktur».[55] Durch den Nachholbedarf in den vom Krieg zerstörten Ländern entwickelte sich die Vollbeschäftigung rasch in Richtung einer «Überbeschäftigung» mit einer Arbeitslosenquote von unter einem Prozent.[56] Die Produktion konnte mit der Nachfrage nicht Schritt halten; und der ausgetrocknete Arbeitsmarkt und der weiterhin bestehende Druck der Gewerkschaften auf Arbeitszeitverkürzungen trieben das Wachstum weiter voran.[57] Das Wachstum verlief so stürmisch, dass bald Angst vor einer «Überhitzung» der Konjunktur und einem anschliessenden Konjunktureinbruch aufkam. Sowohl für die Wirtschaft als auch die Wirtschaftspolitik war die Erfahrung einer anhaltenden, sich in eine «Überkonjunktur» entwickelnden Wachstumsphase neu; und es war auch umstritten, wie lange diese Phase anhalten würde. Es stellte sich

53 Zur Angst vor einem «zweiten 1918» nach dem Zweiten Weltkrieg vgl. ausführlicher Artho 2024: 345–352.

54 Bis zur Einführung einer obligatorischen Arbeitslosenversicherung 1977 ist die Datenlage zum Beschäftigungsstand und insbesondere zur Frauenerwerbsquote in der Schweiz allerdings sehr unsicher. Zur Entwicklung der Zahl der Arbeitslosen in den Nachkriegsjahren vgl. Togni 2009: 105.

55 Zur Deutung der Nachkriegskonjunktur als zeitlich befristeter «Überkonjunktur» vgl. ausführlicher Ronca 2024: 115–127.

56 Vgl. dazu Ronca 2024: 115–127. Zum Nachkriegsaufschwung und der «Überbeschäftigung» vgl. auch Peter, Adolf: Wachstum und Konjunkturbewegung in der Nachkriegszeit. In: SAZ, Nr. 42, 17.10.1963: 759–763 und Nr. 43, 24.10.1963: 781–783; Ins 1956 sowie La Roche 1946.

57 Zur Arbeitszeitverkürzung als «Produktivitätspeitsche» vgl. Hermann 2008: 85. Zu den Arbeitszeitverkürzungen in den Nachkriegsjahren vgl. den Bericht des Bundesrates 1957: 1108–1109.

nun die Frage der Anpassung an einen Wachstumstrend beziehungsweise «das Problem der Konjunkturstabilisierung unter Wachstumsbedingungen».[58]

Bereits 1947 war zwischen den Wirtschaftsverbänden mit Unterstützung des Bundes das sogenannte «Stabilisierungsabkommen» zur freiwilligen Disziplinierung der Wirtschaft abgeschlossen worden, das 1948 noch einmal um ein Jahr verlängert wurde. Im «paritätischen Stabilisierungsausschuss» für die Erhaltung der Kaufkraft sollten die Sozialpartner zusammen mit dem Bund Stabilisierungsmassnahmen für Preise und Löhne umsetzen.[59] Die Durchsetzung einer «gemeinsamen Erklärung» zur Bekämpfung der Inflation und der «wechselseitigen Überwälzungstendenz»[60] von Lohnerhöhungen in Preiserhöhungen – oder umgekehrt – erwies sich allerdings als schwierig. Eingriffe in die Wirtschaftsfreiheit waren gerade in den Nachkriegsjahren verpönt; und der neue Wirtschaftsartikel zielte nur auf die Depressionsbekämpfung, den «Kampf gegen die Unterkonjunktur», enthielt aber keine Massnahmen gegen eine Überkonjunktur. Der revidierte Wirtschaftsartikel wurde deshalb bald der «hinkende»[61] genannt: An eine überhitzte Wirtschaft mit einem preistreibenden Nachfrageüberhang hatte man in den 1940er Jahren nicht gedacht.

Der von Ökonomen befürchtete Konjunktureinbruch blieb auch in den folgenden Jahren aus. Im März 1957 appellierte Bundespräsident Hans Streuli angesichts der «Überbeanspruchung» der Wirtschaft – ohne merklichen Erfolg – an das freiwillige «Masshalten» der öffentlichen Hand und der privaten Wirtschaft und warnte vor einer gefährlichen «Konjunktur- und Preisschere im Vergleich zum Ausland».[62] Zur Stabilisierung der Konjunktur setzte der Bundesrat im Mai 1957 unter dem Vorsitz von Eugen Böhler den paritätisch besetzten «beratenden Ausschuss für Konjunkturfragen»[63] ein. Böhler beschrieb die herr-

58 Prader 1981: 206.

59 Zur Konjunkturpolitik des Bundes in der Hochkonjunktur vgl. Ronca 2016 sowie Halbeisen, Straumann 2012: 1044–1051. Zeitgenössisch vgl. dazu Schmidt, Ernst: Stabilisierung von Preisen und Löhnen. In: SAZ, Nr. 39, 24.09.1948: 715–717; Böhler, Eugen: Die Stabilisierung der Kaufkraft und die Tätigkeit des paritätischen Ausschusses der Spitzenverbände. In: SAZ, Nr. 23, 04.06.1948: 430–433 oder Zum Inkrafttreten des Stabilisierungsabkommens. In: SAZ, Nr. 7, 13.02.1948: 122–124.

60 Zur Interpretation des Stabilisierungsabkommens. In: SAZ, Nr. 20, 14.05.1948: 381.

61 Saladin, Peter: Gleichgewichtssicherung als Staatsaufgabe. In: NZZ, Nr. 195, Samstag/Sonntag, 21./22.08.1976: 34. Vgl. dazu auch Ronca 2016: 98–99 sowie Christen 1970: 314–319.

62 Rede von Bundespräsident Streuli zur Wirtschafts- und Finanzlage der Schweiz, zit. nach SAZ, Nr. 13, 29.03.1957: 225–226. Zum Thema der Inflation bei Vollbeschäftigung und der Bedeutung der Lohn-Preis-Spirale in den Nachkriegsjahren vgl. auch Shiller 2020: 353–364 sowie Wagner 1954.

63 Vgl. dazu ausführlicher Ronca 2024: 145–153. Zur Frage der «Überkonjunktur» vgl. auch die Diskussion an der Jahresversammlung der schweizerischen Gesellschaft für Statistik

schende Wirtschaftslage als «Fieberzustand»[64] der Volkswirtschaft, konnte die Privatwirtschaft angesichts der weiterhin guten Konjunktur aber nicht von einem neuen Stillhalteabkommen überzeugen. Nur wenige Wochen später hielt der langjährige Präsident des Zentralverbandes Schweizerischer Arbeitgeber-Organisationen (ZSAO), Albert Dubois, in einer Rede über wirtschaftliche und soziale Gegenwartsprobleme warnend fest: «Wir waren in den letzten Jahren Zeugen einer beispiellosen Prosperität. [...] Es überrascht nicht, dass sich nach einer Periode rapiden Wachstums gewisse Anzeichen mangelnden Gleichgewichts einstellen. Die Maschine ist überlastet, sie keucht; in einzelnen Organen beginnt es zu knirschen. Sollen schwerwiegende Störungen vermieden werden, so muss jetzt eine langsamere Gangart eingeschaltet werden.»[65] Die Vollbeschäftigung – die inzwischen «fast ein Dogma» geworden sei – bezeichnete Dubois nun spöttisch als «Arbeit um jeden Preis». Mit Blick auf die steigende Inflation und die zu treffenden Massnahmen fuhr er fort: «Im Prinzip ist es nicht schwer, das auf unsere Krankheit passende Heilmittel zu beschreiben. Sind die Anzeichen eines überlasteten Magens eindeutig, so schaltet man eine kurze Fastenperiode ein und ist in Zukunft vorsichtiger.» Angesichts der herrschenden «Überbeschäftigung» galt es für Dubois nun, «eine überbordende wirtschaftliche Expansion zu zügeln» und «die Investitionen auf das dringend Notwendige zu beschränken».[66]

Im Herbst 1958 richtete sich auch die seit 1943 bestehende Gesellschaft zur Förderung der schweizerischen Wirtschaft – kurz: «Wirtschaftsförderung» – gegen die bestehende Neigung, die Vollbeschäftigung «zu verabsolutieren» und hielt kategorisch fest: «In einer Marktwirtschaft kann der Staat keine Vollbeschäftigung gewährleisten oder bewirken.» Für die Wirtschaftsförderung konnte «eine gewisse Rückbildung» im Arbeitsmarkt nach einem langen Konjunkturaufschwung «auch eine reinigende Funktion ausüben und die Erkenntnis schärfen, dass der Absatz keine Selbstverständlichkeit» sei. Priorität hatte für die Wirtschaftsförderung die «Erleichterung des privatwirtschaftlichen Konjunkturausgleichs».[67] Im April 1959 fasste die *Schweizerische Arbeitgeber-Zeitung* (SAZ) die vorherrschende Dynamik nach mehr als einem Jahrzehnt Vollbeschäftigung wie folgt zusammen: «Beide Gruppen, Gewerkschaften und Unternehmer, sind

---

und Volkswirtschaft. In: Schweizerische Zeitschrift für Volkswirtschaft und Statistik 93 (1957): 341–400.

64 Ronca 2024: 147.

65 Wirtschaftliche und soziale Gegenwartsprobleme. Ansprache des Präsidenten des Zentralverbandes schweizerischer Arbeitgeber-Organisationen, Albert Dubois, anlässlich der Delegiertenversammlung vom 27.06.1957, zit. nach SAZ, Nr. 27, 05.07.1957: 479–481 und Nr. 28/29, 12.07.1957: 500–502, hier 479.

66 Ebd.: 501–502. Zur Frage der Überbeschäftigung vgl. einige Jahre später auch Borner 1969.

67 Vollbeschäftigung, Wirtschaftsförderung Artikeldienst Nr. 66, 20.10.1958: 1–2.

in gewissem Sinne ‹Gefangene des Systems› oder *Opfer der Verhältnisse*, eben der Vollbeschäftigung. [...] Die Gewerkschaftspolitik ist stets darauf ausgerichtet, die Vollbeschäftigung aufrecht zu erhalten: Expansive Kredit- und Konjunkturpolitik, Einkommensumschichtung zugunsten der unteren Schichten; reichliche Sozialversicherungsmassnahmen werden von ihnen unterstützt, niemals aber das Anziehen der Kredit- und Steuerschraube, um den Geldwert stabil zu erhalten. Aber auch die Unternehmer haben aus begreiflichen Gründen Sympathien und Interesse an der Vollbeschäftigung. Preiserhöhungen sind für sie sehr viel erwünschter als Preissenkungen. Damit stehen wir einer – gewiss unbewussten – *Interessenkoalition* gegenüber, so dass die Verfechter einer stabilen Kaufkraft des Geldes ziemlich einflusslos erscheinen. Es will niemand gegen den Strom schwimmen.»[68]

Als in Paris zur Förderung von Vollbeschäftigung und weiterem Wirtschaftswachstum im September 1961 die OECD gegründet wurde und hohe Wachstumsraten in den folgenden Jahren zu einer hegemonialen Leitidee wurden,[69] blickte man in der Schweiz bereits auf zwei Jahrzehnte Vollbeschäftigung zurück. Zu Beginn der 1960er Jahre war die wirtschaftliche Expansion für die SAZ «so stark, dass weniger deren Stimulierung notwendig» war, «sondern eher das Errichten von Dämmen, um ein Überborden der Entwicklung zu hemmen».[70] Die Zeitung warnte nun eindringlich vor den Gefahren einer fiebrigen «Schnellwüchsigkeit», sprach von einem «Wachstumstaumel»[71] und einem «unrealistischen Wachstumsdenken, das die Grenzen harmonischer Entwicklung missachtet» habe, und appellierte an das Verantwortungsbewusstsein der Unternehmer, «weiteren Fehlentwicklungen der Konjunktur nicht tatenlos zuzusehen».[72] Angesichts des zunehmenden Personalmangels wurde nun der Übergang von einem *extensiven*, produktionsorientierten zu einem *intensiven*, produktivitätsorientierten Wachstum empfohlen.[73] Reine Erweiterungsinvestitionen sollten durch arbeitssparende Rationalisierungsinvestitionen ersetzt werden, die den angespannten Arbeitsmarkt entlasten sollten.[74]

Bereits in den 1950er Jahren hatte die hohe Nachfrage nach Arbeitskräften nur noch durch die Rekrutierung ausländischer «Fremdarbeiter» gedeckt wer-

---

68 Gewerkschaften und Inflation. In: SAZ, Nr. 17, 24.04.1959: 302–303.

69 Zum Wachstumsparadigma der OECD in den 1960er und 1970er Jahren vgl. ausführlicher Schmelzer, 2016 sowie Schmelzer 2015.

70 SAZ, Nr. 47, 23.11.1961: 848.

71 Wirtschaftliches Wachstum in Ost und West. In: SAZ, Nr. 50, 14.12.1961: 914. Vgl. dazu auch Kneschaurek 1963.

72 SAZ, Nr. 5, 01.02.1962: 99.

73 Wirtschaftliches Wachstum. In: SAZ, Nr. 18, 03.05.1962: 366–367.

74 Zur Rationalisierung der Arbeitsverhältnisse in der Schweiz bis in die 1950er Jahre vgl. Leimgruber 2001 und Jaun 1986.

den können.[75] Albert Dubois betrachtete das Heranziehen ausländischer Arbeitskräfte 1960 als eine «absolut unausweichliche Entwicklung»[76]. Zu Beginn der 1960er Jahre betrug der Anteil der bei den Arbeitsämtern als arbeitslos gemeldeten Personen im Verhältnis zur Gesamtzahl der Arbeitnehmenden «ein Bruchteil eines Promilles».[77] Den Delegierten für Arbeitsbeschaffung des Bundes (DAB) nannte man damals scherzhaft «den einzigen Arbeitslosen»[78] der Schweiz. Als Leitlinie der Fremdarbeiterpolitik galt bis in die 1960er Jahre, «die Einwanderung von ausländischen Arbeitnehmern zu maximieren, ihre dauerhafte soziale Integration hingegen zu minimieren»[79]. Das bereits seit 1931 bestehende «Saisonnierstatut» zur Regulierung der Zuwanderung entwickelte sich in den Nachkriegsjahren zu einem politisch umkämpften Steuerungsinstrument für die Konjunktur. Die ausländischen Arbeitskräfte wurden nun als «Konjunkturpuffer» verwendet; mit der insbesondere in der ersten Hälfte der 1960er Jahre stark steigenden Zahl von «Fremdarbeitern» verbunden waren aber auch ein Überfremdungsdiskurs und seit Mitte der 1960er Jahre mehrere Volksinitiativen, die sich mit Fragen der Arbeitsmigration und der Integration oder Ausgrenzung von «Fremdarbeitern» beschäftigten.[80] Der Überfremdungsinitiative des Zürcher Nationalrates der Nationalen Aktion gegen die Überfremdung von Volk und Heimat (NA) und ehemaligen Frontisten James Schwarzenbach warf die SAZ noch Ende der 1960er Jahre eine starke «Industriefeindlichkeit» vor. Gegen die Initiative gerichtet stellte man die Grundsatzfrage, ob die Schweiz «sich zur Dynamik der modernen Zeit, zum wirtschaftlichen Wachstum und zur allgemeinen Wohlstandssteigerung bekennen» oder lieber zusehen wolle, wie andere Länder sie bezüglich des Wohlstands, des technischen und wirtschaftlichen Fortschritts

75 Zur Bedeutung der «Fremdarbeiter», der Förderung der Ausländerzulassung in den 1950er Jahren sowie der Zahl der ausländischen Arbeitskräfte vgl. ausführlicher Sheldon 2004; Kreis 1999; Doleschal 1977; Prader 1981: 145–146, 161–166 und 225–226 sowie zeitgenössisch Wehrli 1962–1963; Winterberger 1961–1962; Lademann, John: Die Bedeutung der Fremdarbeiter für die Leistungsfähigkeit unserer Wirtschaft. In: SAZ, Nr. 11, 16.03.1961: 197–198 oder: Ausländische Arbeitskräfte in der Schweiz. In: SAZ, Nr. 12/13, 23.03.1961: 225–226.

76 Arbeitgeberpolitik 1960. Ansprache des Präsidenten des Zentralverbandes schweizerischer Arbeitgeber-Organisationen, A. Dubois, Arbon, anlässlich der Delegiertenversammlung vom 28.06.1960. In: SAZ, Nr. 28/29, 08.07.1960: 510–515, hier 512. Vgl. dazu auch Kneschaurek, Francesco: Entwicklungstendenzen auf dem europäischen Arbeitsmarkt. In: SAZ, Nr. 30/31, 27.07.1961: 521–524 sowie den Beitrag: Der Arbeitsmarkt. In: SAZ, Nr. 47, 18.11. 1960: 858–860.

77 Vollbeschäftigung – Überbeschäftigung. In: SAZ, Nr. 33/34, 16.08.1962: 643.

78 Schelbert 1995: 201.

79 Schmidt 1985: 54.

80 Zur «Fremdarbeiterfrage» vgl. Schulz 2022; La Barba, Stohr, Oris, Cattacin 2013; Buomberger 2004; Halter 2003 oder Haug 1980.

«überholen» würden.[81] Trotz verschiedenen «Fremdarbeiterbeschlüssen» wuchs die Zahl ausländischer Arbeitskräfte in den 1960er Jahren aber so stark, dass der Bundesrat – kurz vor der Abstimmung zur Schwarzenbach-Initiative – im März 1970 schliesslich eine Plafonierung des Bestandes ausländischer Arbeitskräfte in der Schweiz erliess.[82]

Sorgen bereitete neben dem angespannten Arbeitsmarkt auch die steigende Inflation. Da ein privatwirtschaftlicher «Konjunkturappell» zur Eindämmung der Konjunktur im Januar 1962 nur wenig Wirkung gezeigt hatte – Prader spricht von einer «missglückten Selbstdisziplinierungsaktion»[83] –, entschloss sich der Bundesrat im Dezember 1962 dazu, erneut «Konjunkturgespräche» mit den Arbeitnehmer- und Arbeitgeberorganisationen sowie der Landwirtschaft zu führen, um «eine weitere Erhitzung der Konjunktur zu dämpfen» und die «Lohn-Preis-Spirale zu bremsen».[84] Nach einer kontroversen, von gegenseitigen Schuldzuweisungen geprägten Debatte zur «Bekämpfung der Inflation»[85] im Nationalrat im März 1963 folgten nach langem politischem Seilziehen schliesslich einschneidende, aber zeitlich begrenzte Massnahmen gegen die Teuerung, die eine Begrenzung der Kreditmenge, eine Kontingentierung der Bautätigkeit sowie eine betriebliche Beschränkung bei der Zulassung ausländischer Arbeitskräfte umfassten.[86] Der Bundesrat strebte mit diesen dringlichen «Konjunkturdämpfungsbeschlüssen» von 1963 und 1964 ein ruhiges Wachstum «im Gleichgewicht»[87] an. Die «Entgiftung des Wirtschaftskörpers vom Bazillus der Inflation»[88] erwies sich allerdings als langwierig und schwierig, wobei die Ursachen für die steigende Inflation von verschiedenen Akteuren in Wirtschaft und Politik sehr unterschiedlich eingeschätzt wurden.

---

81 Industriefeindlichkeit. In: SAZ, Nr. 8, 20.02.1969: 141. Vgl. dazu auch Reck, Oscar: Ist die Schweiz überfremdet? In: SAZ, Nr. 47, 20.11.1969: 886–888.

82 Zum Bundesratsbeschluss über die Begrenzung der Zahl der erwerbstätigen Ausländer vom 16.3.1970 vgl. Golder 1999: 31–32. Für eine Übersicht zu den verschiedenen Fremdarbeiterbeschlüssen in den 1960er Jahren vgl. Prader 1981: 236.

83 Prader 1981: 229.

84 Zur konjunkturpolitischen Situation. In: SAZ, Nr. 49, 06.12.1962: 997. Vgl. dazu auch Ronca 2024: 187–188.

85 Vgl. dazu Amtliches Bulletin 1963.

86 Vgl. dazu Lutz 1967 sowie zeitgenössisch Neue Phase der Konjunkturpolitik. In: SAZ, Nr. 51/52, 19.12.1963: 966–968 oder Werner 1963. Zur Beschränkung der Zulassung ausländischer Arbeitskräfte vgl. SAZ, Nr. 10, 07.03.1963: 183–184 und Nr. 12, 21.03.1963: 217–220 oder Wehrli 1962–1963.

87 Die konjunkturpolitischen Anträge des Bundesrates. In: SAZ, Nr. 5, 30.01.1964: 81. Zur Einschätzung der konjunkturellen Entwicklung und den Beschlüssen des Bundesrates vgl. auch die Botschaft des Bundesrates 1964.

88 Fontanellaz, Rudolf: Der Kreditbeschluss des Konjunkturprogramms. In: SAZ, Nr. 5, 04.02.1965: 85–87, hier 86.

Die SAZ hielt mit Blick auf die vergangene Legislatur der eidgenössischen Räte im Oktober 1963 fest, der herrschende Wohlstand schaffe «eine eigenartige politische und parlamentarische Atmosphäre», die dadurch gekennzeichnet sei, dass «die Begehrlichkeiten nicht etwa eingedämmt, sondern im Gegenteil gesteigert» würden, und es erweise sich als ausserordentlich schwierig, «im Taumel des allgemeinen Aufschwungs und Wachstums die Besinnung auf die wirtschaftlichen Realitäten wachzuhalten».[89] Nationalrat und SPS-Parteipräsident Fritz Grütter hielt in einer Rede zu den bevorstehenden Nationalratswahlen im Mai 1967 demgegenüber fest, die «Jagd nach Profit» habe in den letzten Jahren zu einer «explosiven Ausweitung der Wirtschaft in die Breite geführt» und «hektische Formen» angenommen. Die Gewinne der Unternehmen seien «gewaltig» gestiegen; in den Kreisen der Unternehmer habe man sich aber «keinen Deut» darum gekümmert, «welche Rückwirkungen ein planloses, nur auf die rasche Erzielung von möglichst grossen Gewinnen ausgerichtetes Wirtschaften für die öffentliche Hand haben könnte».[90] Angesprochen waren damit die auf die wirtschaftliche Expansion folgenden, sekundären Infrastrukturinvestitionen, die in den 1950er und 1960er Jahren ebenfalls stark stiegen.[91] Dass die SP weiteres Wachstum jahrelang mitgetragen hatte und im Parteiprogramm von 1959 nicht nur «die Sicherung und Förderung des Wohlstandes für alle», sondern auch «Vollbeschäftigung», eine «Steigerung der Produktivität» und «Stetigkeit der wirtschaftlichen Entwicklung» eingefordert hatte, verschwieg Grütter hier.[92] Deutlich ausgewogener argumentierte schliesslich der Ökonom und konjunkturpolitische Berater des Bundesrates, Eugen Böhler, der mit Blick auf die aus seiner Sicht trügerische Hochkonjunktur im Sommer 1964 von einer «Kollektivschuld» sprach, da sich «alle Kreise» in den letzten Jahren «einer ungehemmten Expansion» verschrieben hätten.[93]

Eine «harmonische» wirtschaftliche Entwicklung stellte sich auch in den folgenden Jahren nicht ein. Im Januar 1970 hielt die SAZ zwar fest, an die Stelle des «Breitenwachstums» sei inzwischen ein «ausgesprochenes Tiefenwachstum» getreten, das der Stärkung der Konkurrenzfähigkeit gedient und damit «einen verzögernden Einfluss auf die Inflationsentwicklung» ausgeübt habe. Der Weg

---

89 Die Bundesversammlung in der Hochkonjunktur. In: SAZ, Nr. 40, 03.10.1963: 719. Vgl. dazu auch Inflation und Wirtschaftswachstum. In: SAZ, Nr. 44, 31.10.1968: 838–842.

90 Schweizerisches Sozialarchiv, Ar 1.116.7, Referat von Fritz Grütter zum Wahlprogramm von 1967. In: Sozialdemokratische Partei der Schweiz: Ausserordentlicher Parteitag vom 21.05. 1967 in Zürich: 59–80, hier 69.

91 Zum Infrastrukturausbau als Investition in die Zukunft vgl. ausführlicher Ronca 2024: 219–222.

92 Zur wirtschaftspolitischen Position der SP zur Wachstumsfrage seit dem Zweiten Weltkrieg vgl. ausführlicher Rossfeld 2024: 122.

93 Böhler, Eugen: Das Konjunkturdämpfungsprogramm der Schweiz – Rückblick und Ausblick. In: SAZ, Nr. 27, 02.07.1964: 507–512, hier 507.

der «Produktivitätssteigerung»[94] müsse weiterverfolgt werden; faktisch folgten 1971 und 1972 angesichts der erneut steigenden Inflation – wieder auf extrakonstitutionellem Weg – aber weitere dringliche Bundesbeschlüsse zur «Dämpfung» der Konjunktur. Wie in anderen Industrieländern erwies es sich auch in der Schweiz als schwierig, verschiedene sich zum Teil widersprechende wirtschaftspolitische Ziele aufeinander abzustimmen. Das in der zeitgenössischen nationalökonomischen Debatte gängige «magische Dreieck» oder «magische Viereck»[95] – Vollbeschäftigung, aussenwirtschaftliches Gleichgewicht, Preisstabilität und Wirtschaftswachstum – wurde deshalb als «magisch» bezeichnet, weil die damit verfolgten wirtschaftspolitischen Ziele nur durch Magie miteinander in Einklang zu bringen gewesen wären.[96]

Hohe Erwartungen – und die unerwartete Rückkehr der Arbeitslosigkeit seit den 1970er Jahren

Ungeachtet der Massnahmen zur Konjunkturdämpfung gerann Wachstum in den 1960er Jahren «mehr und mehr zu einer Art Selbstverständlichkeit»[97]. Auch international waren die frühen 1960er Jahre der Höhepunkt von dem, was Kritiker bereits damals als «growthmanship»[98] bezeichnet haben. Mit dem weiter steigenden Bruttosozialprodukt stiegen auch die Erwartungen an die nun längerfristig ausgerichteten Wachstumsperspektiven. Für Francesco Kneschaurek, seit 1960 Professor für Volkswirtschaftslehre an der Hochschule St. Gallen (HSG), war die «Schubkraft des gegenwärtigen Wachstumsprozesses» 1962 so gross, dass sie der wirtschaftlichen Entwicklung «weiteren entscheidenden Auftrieb» verleihen werde und das «Wachstumsphänomen» das Denken und Handeln

94 Hugentobler, Eugen: Rückblick und Ausblick der schweizerischen Wirtschaft. In: SAZ, Nr. 1/2, 08.01.1970: 1–6, hier 2.

95 Für die SAZ bestand das «Hauptproblem» am Ende der 1960er Jahre darin, «ein regelmässiges wirtschaftliches Wachstum zu erreichen unter Wahrung der Vollbeschäftigung, der Preisstabilität, des Gleichgewichts des Staatshaushaltes und der Zahlungsbilanz und einer gerechten Verteilung des Sozialproduktes». Grundsätze der Finanz- und Steuerpolitik. In: SAZ, Nr. 41, 10.10.1968: 770. Vgl. dazu auch Gerber 1976 sowie Armingeon 1999: 726.

96 Zum «magischen Viereck» vgl. auch das 1967 in Deutschland verabschiedete Gesetz zur Förderung der Stabilität und des Wachstums der Wirtschaft. Vgl. dazu Nützenadel 2005: 307–321; Bossmann 1995: 61–65; Schiller 1968; Pohle 1968 sowie Baumgarten, Mückl 1968.

97 Bossmann 1995: 59. Zum Wandel vom «Konjunkturbewusstsein» zum «Entwicklungsbewusstsein» und der Fokussierung auf ein langfristig anhaltendes Wachstum in den 1960er Jahren vgl. ausführlicher Ronca 2024: 166–173 und 216–240.

98 Schmelzer 2015: 18.

«auch während der nächsten Jahrzehnte beherrschen»[99] werde. Durch die «russische Herausforderung» und die «ungeheure Beschleunigung des technischen Fortschrittes» betrachtete er es als «zwingende Notwendigkeit, wachstumsbewusst zu denken und zu handeln» und als «Pionier» an der vordersten Front des technischen Fortschrittes «mit der Entwicklung Schritt zu halten»[100]. Gegen die zeitgenössische Konjunktur(dämpfungs)politik gerichtet, sprach sich Kneschaurek dafür aus, «die Volkswirtschaft durch produktivitätsfördernde Massnahmen langfristig zu stärken, anstatt sie kurzfristig zu schwächen». Aus einer wirtschaftsliberalen Perspektive und mit pathologischer Metaphorik warnte er davor, eine «Therapie der allgemeinen Nachfrage- und Investitionsdrosselung würde zwangsläufig zu einem ständigen Herummanipulieren und Experimentieren am überaus sensiblen Wirtschaftskörper führen und diesen zu einer Kur verurteilen, die auf eine nie mehr endende Folge von Kalt- und Heisswassermassagen, Bluttransfusionen und Aderlässen, Beruhigungs- und Aufpeitschungsmitteln hinausliefe und damit einer Institutionalisierung des staatlichen Dirigismus den besten Vorschub leisten würde». Sich für eine «Stärkungstherapie» in Form von Produktivitätssteigerungen und Rationalisierungsmassnahmen aussprechend, führte er weiter aus: «Es ist sicher sinnvoller, den nun einmal wachsenden Wirtschaftskörper zu stärken, um es ihm zu ermöglichen, die Sturm-und-Drang-Periode, in der er sich gerade befindet, ohne dauerhafte organische Schäden oder Kreislaufstörungen zu überstehen.»[101] Ausgesprochen optimistisch blickte 1964 auch der bereits zitierte Walter Adolf Jöhr in die Zukunft. In einem Festvortrag anlässlich der Jahrhundertfeier der Schweizerischen Gesellschaft für Statistik und Volkswirtschaft blickte er nicht zurück, sondern nach vorne, und machte sich «Gedanken über die Wirtschaft in hundert Jahren». Wie Kneschaurek hielt auch Jöhr in seiner «Trendextrapolation» eine jährliche Wachstumsrate von 3 bis 4 Prozent für «wahrscheinlich», was zugleich bedeutete, dass sich das Sozialprodukt in hundert Jahren «auf das 19- bis 51fache erhöhen» würde.[102] Engpässe beim stark steigenden Energieverbrauch oder den Rohstoffvorkommen hielt er hingegen für «unwahrscheinlich». Zugleich ging Jöhr mit Blick auf die Nachfrage davon aus, dass ein erheblicher Teil des zusätzlichen Einkommens «zweifellos» für den Kauf dauerhafter Konsumgüter – «von der Farbfernseh-Wand bis zum Privatflugzeug» – verwendet werden würde.[103]

99 Kneschaurek, Francesco: Struktur- und Entwicklungsprobleme der schweizerischen Volkswirtschaft. In: SAZ, Nr. 26, 28.06.1962: 521–525 und Nr. 27, 05.07.1962: 545–548, hier 522.

100 Ebd.: 548.

101 Ebd.: 546. Vgl. dazu auch Kneschaurek 1970 sowie Kneschaurek 1962.

102 Jöhr 1964: 383.

103 Ebd.: 391–392.

Zu Beginn der 1970er Jahre war wirtschaftliches Wachstum für den Schweizer Ökonomen und Professor für Volkswirtschaftslehre Josua Werner «als Zielvorstellung aus der wirtschaftspolitischen Diskussion nicht mehr wegzudenken».[104] Hohe Erwartungen hatten sich in diesen Jahren aber auch mit Blick auf die tiefe Arbeitslosigkeit gebildet. 1973 zum Delegierten des Bundesrates für Konjunkturfragen ernannt, hielt Francesco Kneschaurek 1975 fest, nach mehr als zwei Jahrzehnten Vollbeschäftigung tendiere man nun dazu, «das Ziel der Beschäftigungssicherung als absolut vorrangig zu betrachten».[105] In einem Beitrag in den *Wirtschaftspolitischen Mitteilungen* führte er weiter aus: «Während man sich noch vor 20 Jahren keineswegs am Gedanken einer im Interesse eines flexiblen Arbeitsmarktes und einer anpassungsfähigen Volkswirtschaft erwünschten Arbeitslosigkeit von 2 bis 3 Prozent der erwerbswilligen Bevölkerung stiess, ist heute in unserem Land die Bereitschaft, Arbeitslosigkeit zu akzeptieren, praktisch gleich null.»[106] Hatte Marbach in den 1940er Jahren noch von «tendenzieller» Vollbeschäftigung gesprochen, lag die Arbeitslosenquote in den folgenden Jahrzehnten weit unter einem Prozent.

Wie bereits in den Nachkriegsjahren, als verschiedene Ökonomen mit einer Nachkriegskrise gerechnet hatten, erwiesen sich aber auch die Erwartungen eines anhaltenden Wirtschaftswachstums und «immerwährender Prosperität»[107] rasch als falsch. Mit dem Bericht an den Club of Rome zu den «Grenzen des Wachstums» von 1972, der Ölpreiskrise von 1973/74, dem Zusammenbruch des internationalen Währungssystems von Bretton Woods und der weltweiten wirtschaftlichen Rezession Mitte der 1970er Jahre änderten sich die Verhältnisse dramatisch. Das von der OECD, dem «Wachstumstempel der Industrieländer», 1970 verabschiedete Wachstumsziel von 65 Prozent für die 1970er Jahre entpuppte sich auch für die Schweiz als illusorisch.[108] Mit dem Zusammenbruch der Bauwirtschaft, schweren Krisen in der Uhren- und Textilindustrie sowie dem Verlust von insgesamt rund 340'000 Arbeitsplätzen stiegen die Arbeitslosenzahlen innerhalb weniger Jahre auf den höchsten Wert seit der Weltwirtschaftskrise in den 1930er Jahren und erreichten seither nie mehr die Tiefstwerte der 1950er und 1960er Jahre. Die bisherige «Überbeschäftigung» kippte in eine ebenso anhaltende «Unterbeschäftigung»[109] mit einer bleibenden, von der konjunkturellen Entwicklung unabhängigeren «chronischen Arbeitslosigkeit» oder «Sockelarbeitslosigkeit»[110]. Nur

104 Werner 1971–1972: 401.

105 Kneschaurek 1975: 2.

106 Ebd.: 3.

107 Vgl. dazu Lutz 1989.

108 Schmelzer 2015: 3 und 18.

109 Vgl. dazu Matthes 1989: 55–74. Zur Entwicklung der Arbeitslosigkeit in Deutschland seit den 1970er Jahren vgl. exemplarisch Wiede 2023 sowie Hennig 2017.

110 Zum Begriff und der Entstehung von Sockelarbeitslosigkeit vgl. Suntum 2005: 132–137 und 321–327.

durch die gezielte Verwendung von Fremdarbeitern als «Konjunkturpuffer» konnte verhindert werden, dass die Arbeitslosigkeit in der Schweiz breiter sichtbar wurde und der starke Rückgang der Zahl der Beschäftigten nicht zu einer wesentlich höheren Arbeitslosenquote führte. Zwischen 1974 und 1977 mussten fast 280'000 «Saisonniers» und «Jahresaufenthalter» das Land verlassen beziehungsweise erhielten für ihre Wiedereinreise in die Schweiz keine neuen Aufenthaltsbewilligungen mehr. Durch den «Export der Arbeitslosigkeit»[111] und den Rückzug vieler Frauen aus der Erwerbsarbeit in die «stille Arbeitsmarktreserve»[112] sank die Zahl der Stellensuchenden so stark, dass das Land auch während der Krise in den 1970er Jahren eine Arbeitslosenquote von unter einem Prozent aufwies und – rein statistisch – bis zu Beginn der 1990er Jahre weiterhin Vollbeschäftigung herrschte. Die Zuverlässigkeit dieser Statistik ist vor der Einführung einer obligatorischen Arbeitslosenversicherung 1977 – und der damit verbundenen besseren Erfassung der Arbeitssuchenden – allerdings stark zu relativieren.[113]

Neben dem «Export der Arbeitslosigkeit» reagierte der Bund mit einer ganzen Reihe weiterer Massnahmen auf die tiefe Krise: 1975/76 wurden drei «vorsichtig dosierte Konjunkturspritzen» beziehungsweise Investitions- und Arbeitsbeschaffungsprogramme auf den Weg gebracht;[114] und mit einem neuen, von allen Bundesratsparteien mitgetragenen Konjunkturartikel sollte dem Bund nun ein wirkungsvolles Instrumentarium zur Verfügung gestellt werden, mit dem staatliche Interventionen sowohl zur Bekämpfung einer *Unter*konjunktur als auch einer *Über*konjunktur erleichtert und die Voraussetzungen für eine wirksame Stabilisierungspolitik geschaffen werden sollten.[115] Im März 1975 von der Stimmbevölkerung zunächst abgelehnt, wurde eine abgeschwächte, weniger interventionistische Neufassung der Konjunkturartikelvorlage im Februar 1978 schliesslich deutlich angenommen. Bereits 1977 war eine obligatorische Arbeitslosenversicherung eingeführt worden,[116] der 1979 die Errichtung des Bundesamtes für Konjunkturfragen folgte; und im Juni 1980 wurde – zur Verbesserung der Datenlage – schliesslich das Bundesgesetz über Konjunkturbeobachtung und Konjunkturerhebungen erlassen, das den Weg zur Einführung einer seit Jahrzehnten fehlenden Produk-

111 Zur Entwicklung der Arbeitslosenquoten, dem Abbau ausländischer Arbeitskräfte und dem «prioritären Schutz der einheimischen Arbeitskräfte» in den 1970er Jahren vgl. Armingeon 1999: 747–748, Prader 1981: 355–357 sowie Schmidt 1985: 19–61.

112 Vgl. dazu Schmidt 1985: 63 und 71–72.

113 Zu den Schwierigkeiten und statistischen Ungenauigkeiten bei der Erfassung der Arbeitslosenzahlen in der Schweiz vgl. ausführlicher Schmid, Füglistaler, Hohl 1993: 8–12.

114 Vgl. dazu Schmidt 1985: 91–94 sowie Bundesamt für Konjunktur 1980.

115 Vgl. dazu auch das Kapitel «Konjunkturpolitik – eine ordnungspolitische Notwendigkeit». In: Öffentliche Träger der schweizerischen Wirtschaftspolitik. Verfasst von der Wirtschaftsredaktion der NZZ (NZZ-Schriften zur Zeit 39). Zürich 1978: 28–33.

116 Zur Geschichte und Kritik der Arbeitslosenversicherungspolitik in den 1970er Jahren vgl. Zahn 2021: 139–178; Tabin 2013 sowie Schmidt 1985: 112–116.

tionsstatistik ebnete.[117] Trotz dieser Massnahmen machte der massive Konjunktureinbruch aber deutlich, dass eine keynesianische Konjunkturpolitik der «Globalsteuerung» auch kein Rezept für ein krisenfreies Wirtschaftswachstum hatte.[118] Für Pietro Morandi bildete die knappe Ablehnung der von allen Bundesratsparteien mitgetragenen Konjunkturartikelvorlage im März 1975 rückblickend den «Auftakt zu einem umfassenden ordnungspolitischen Klimawechsel».[119] Für den Bund zeigte sich in der Ablehnung eine zunehmende Skepsis gegenüber einem «möglichen zentralistischen Trend» und einer «allzu starken Einschränkung der Wirtschaftsfreiheit».[120] Damit verlor auch der eng mit einer keynesianischen Wirtschaftspolitik verbundene Begriff der Vollbeschäftigung zunehmend an Bedeutung. Seit den 1980er Jahren wurde zwar weiterhin viel über Beschäftigung, aber weniger über Vollbeschäftigung diskutiert. Zwei zentrale, aus einer wachstumskritischen beziehungsweise -befürwortenden Perspektive heraus argumentierende Positionen sollen hier abschliessend noch angesprochen werden:

Erstens veränderte sich die Debatte über weiteres Wachstum durch die aufkommende Wachstumskritik, den Begriff der «Lebensqualität» und den Aufstieg des Umweltschutzes zu einem neuen «politischen und medialen Leitthema»[121] zu Beginn der 1970er Jahre grundlegend. Der explizit an den Bericht zu den «Grenzen des Wachstums» anschliessende NAWU-Report forderte 1978 nicht nur eine «Umweltstabilisierung» und eine stärker an der «Verbesserung der Lebensqualität»[122] orientierte Entwicklung, sondern auch eine «Neuformulierung des magischen Dreiecks» als «Zielfeld der staatlichen Wirtschaftspolitik». Neu sollte eine «Harmonisierung der Umweltpolitik mit der Preisstabilisierungspolitik und der Beschäftigungspolitik» angestrebt und dem «Wachstumszwang des bisherigen Systems»[123] entgegengewirkt werden. Investitionen sollten jetzt nicht mehr «dem *Ver*brauch und der Zerstörung der Ressourcen, sondern ihrem sparsamen *Ge*brauch und ihrer Wiederverwertung dienen»[124]. Auch im neuen Parteiprogramm der SPS von 1982 wurden das «ausgeprägte Profitdenken» und die

---

117 Zum Bundesgesetz über Konjunkturbeobachtung und Konjunkturerhebungen und der (späten) Einführung einer Produktionsstatistik vgl. Ronca 2024: 263–269 sowie Ronca 2020.

118 Morandi 1998: 246. Zeitgenössisch vgl. dazu auch Kleinewefers 1984.

119 Morandi 1998: 245.

120 Botschaft über einen Konjunkturartikel 1976: 697 sowie Bundesbeschluss über den Konjunkturartikel 1977: 251–252. Zu einer stärker interventionistischen Konjunkturpolitik vgl. auch Saladin, Peter: Gleichgewichtssicherung als Staatsaufgabe. In: NZZ, Nr. 195, Samstag/Sonntag, 21./22.08.1976: 34.

121 Zum Gesinnungswandel gegenüber dem Umweltschutz zu Beginn der 1970er Jahre vgl. Kupper 2021: 171–185 sowie Kupper 2003: 334.

122 Binswanger, Geissberger, Ginsburg 1978: 129 und 133.

123 Ebd.: 124–125.

124 Ebd.: 135.

«Zerstörung der Umwelt» durch die «masslose Expansion der Wirtschaft»[125] nun kritisiert. Aus einem unkontrollierten sollte ein stärker kontrolliertes Wachstum werden, und Produktivitätssteigerungen sollten den Beschäftigten in Zukunft «vor allem durch kürzere Arbeitszeiten zugute kommen».[126] «Arbeitszeitpolitik» war für die Partei nun «eines der wichtigsten Mittel, die zukünftigen Früchte des Wachstums und des technologischen Fortschritts in den Dienst des Menschen zu stellen».[127] Nicht zuletzt sollte damit auch eine gerechtere Verteilung der Arbeit ermöglicht werden. Zwei Jahre später, im August 1984, reichte der Schweizerische Gewerkschaftsbund (SGB) die 40-Stunden-Woche-Initiative ein, die eine stufenweise Herabsetzung der Arbeitszeit forderte, im Dezember 1988 von der Stimmbevölkerung aber mit rund 65 Prozent Nein-Stimmen abgelehnt wurde. Bereits 1986 hatte sich auch der Ökonom und Zentralsekretär der einflussreichen Gewerkschaft Bau und Holz (GBH), Hans Baumann, für eine Vollbeschäftigung «neuen Typs», ein «Recht auf sinnvolle Arbeit» und eine «gerechtere Verteilung der Arbeit auf alle durch eine Verkürzung der Normalarbeitszeit»[128] ausgesprochen. Kurz: Diskutiert wurde seit den 1970er Jahren nicht nur über die «Grenzen des Wachstums», sondern auch über die «Grenzen der Arbeit» und die Frage, ob zur Befriedigung der «wirklichen Bedürfnisse» Vollbeschäftigung überhaupt notwendig sei.[129]

Zweitens verlor der mit einer keynesianischen Wirtschaftspolitik verbundene Begriff der Vollbeschäftigung seit den 1970er Jahren auch angesichts der zunehmenden Durchsetzung neoliberaler Ansichten an Bedeutung. Im Zentrum ökonomischer und wirtschaftspolitischer Debatten stand seither weniger die Vollbeschäftigung (um jeden Preis) als vielmehr die Inflationsbekämpfung und die Schaffung günstiger (angebotsorientierter) Rahmenbedingungen für die unternehmerische Tätigkeit.[130] Friedrich August von Hayek, der sich bereits in den 1940er Jahren kritisch zur Vollbeschäftigung geäussert hatte, sprach sich nun dafür aus, auf das Vollbeschäftigungsziel zu verzichten.[131] Gerade in der Schweiz waren staatliche Eingriffe zur Aufrechterhaltung der Vollbeschäftigung durch die grosse Bedeutung der Exportindustrie und die starke Abhängigkeit des Landes von der internationalen konjunkturellen Entwicklung wenig Erfolg versprechend. Etwas mehr als ein Jahr nach der Annahme des revidierten, weniger interventionistischen Konjunkturartikels im Februar 1978 trat die FDP im Okto-

125 SPS 1982: 6.

126 Ebd.: 13.

127 Ebd.: 26. Zur Forderung nach einer Neuverteilung der Arbeit und der Arbeitszeitverkürzung als Mittel der Beschäftigungspolitik in den 1980er Jahren vgl. ausführlicher Zahn 2021: 227–231; Binswanger 1988: 150–186; Promberger 2009 sowie Kutsch, Vilmar 1983.

128 Baumann 1986: 62.

129 Vgl. dazu ausführlicher Kaltenbrunner 1979 oder Gorz 1980.

130 Vgl. dazu ausführlicher Rothschild 1986.

131 Vgl. dazu Hayek 1975.

ber 1979 mit dem Slogan «Mehr Freiheit, weniger Staat» zu den Nationalratswahlen an.[132] Kurt Wild vom Schweizerischen Handels- und Industrieverein (SHIV) oder «Vorort» stellte in den *Schweizer Monatsheften* nun die rhetorische Frage, «ob nicht manche Beschäftigungsschwierigkeiten gerade von der Denaturierung, ja Vergewaltigung der Marktwirtschaft durch die Politik» herrühren würden und nicht von einem «Marktversagen», sondern von einem «Politikversagen» zu reden sei.[133] Für den Freiburger Ökonomen und Professor für schweizerische Wirtschaftspolitik, Walter Wittmann, hatte der Staat der Vollbeschäftigung bis zu Beginn der 1970er Jahre «absolute Priorität» eingeräumt. Die Arbeitnehmer hätten sich im Laufe der «blühenden Wachstumsperiode der Nachkriegszeit» bis 1973 an eine «permanente Vollbeschäftigung gewöhnt»[134], und die Politik der Erhaltung der Arbeitsplätze habe inzwischen den «Charakter einer heiligen Kuh»[135] erlangt. Auch Wittmann sprach sich nun für eine «Erneuerung der Marktwirtschaft» aus und richtete sich gegen den – aus seiner Sicht – zunehmenden staatlichen Protektionismus und Interventionismus und schloss damit an die lauter werdenden Forderungen nach einer stärkeren Liberalisierung und Flexibilisierung des Arbeitsmarktes an.[136]

Für weiteres Wachstum wichtiger wurde nun eine Erhöhung der Erwerbsquote – und damit auch der stärkere Einbezug von Frauen in die Erwerbsarbeit. Waren Frauen in den Zwischenkriegsjahren zunächst durch den «Doppelverdienerdiskurs»[137] aus der Erwerbstätigkeit verdrängt worden, war es nach dem Zweiten Weltkrieg das «Alleinernährerkonzept»[138] mit seiner geschlechtsspezifischen Arbeitsteilung, das die Frauen zumindest teilweise von der Erwerbsarbeit ausgrenzte und weibliche Erwerbstätigkeit als bloss subsidiär deutete. Christoph Hermann hat zu Recht angemerkt, dass das Erreichen der Vollbeschäftigung in den Nachkriegsjahrzehnten nur möglich gewesen war, «weil Frauen vor die Wahl zwischen Beruf und Familie gestellt» und damit zum grossen Teil «aus dem Arbeitsmarkt hinausgedrängt» worden waren.[139] Damit kommen noch ein-

132 Vgl. dazu Kergomard 2018.

133 Wild 1979: 522 und 532. Ähnlich argumentierend vgl. dazu auch Ruchti, Erwin: Die grosse Illusion: Das Recht auf Arbeit. In: Der Bund, Nr. 132, 09.06.1979.

134 Wittmann 1984: 7 und 40.

135 Wittmann, Walter: Die – unbekannten – Kosten der Vollbeschäftigung. In: Bündner Zeitung, Nr. 164, 17.07.1982.

136 Zur Arbeitsmarktpolitik in den 1980er und 1990er Jahren vgl. ausführlicher Ruoss 2018; De Pury, Hauser, Schmid 1995: 34–35 und 69–73; Schmid 1995 sowie Erwerbstätigkeit und Arbeitslosigkeit 1995. Zum Widerstand gegen den «Sozialabbau» und eine aktivierende Arbeitsmarktpolitik in den 1990er Jahren vgl. Zahn 2021: 179–210.

137 Zum Doppelverdienerdiskurs vgl. Schoeni 2012; Studer 2001 sowie Ziegler 1996. Zur Entwicklung in Deutschland vgl. Rouette 1993.

138 Zum Alleinernährerkonzept vgl. Magnin 2002 sowie Merz 2020.

139 Hermann 2008: 89.

mal der *Begriff* Vollbeschäftigung sowie die statistische Erfassung der Erwerbstätigen und ihrer Arbeitsleistung in den Blick. Zwar hat die Frauenerwerbsarbeit wie überall in Europa auch in der Schweiz bereits seit dem Zweiten Weltkrieg zugenommen.[140] Stärker gewachsen ist sie – parallel zum Aufstieg der Dienstleistungsgesellschaft und dem damit verbundenen Strukturwandel – aber erst seit den 1980er Jahren, als die Gleichstellungsforderungen der Neuen Frauenbewegung mit einer aktivierenden (neoliberalen) Arbeitsmarktpolitik korrelierten. Thomas Schlemmer hat darauf hingewiesen, dass «die fordistische Hausfrau, die ihrem Ehemann, dem klassischen Industriearbeiter, den Rücken freihielt, [...] nach 1975 einen langsamen Tod starb».[141] Zugleich nahm aber auch die feministische Kritik an der wachsenden Doppelbelastung, der schlechten Vereinbarkeit von Beruf und Familie sowie der fehlenden Wertschätzung der (privaten) Care-Arbeit zu. Mit der internationalen Kampagne «Lohn für Hausarbeit»[142] war bereits in den 1970er Jahren auf die diskriminierende Trennung von bezahlter Erwerbsarbeit und (weitgehend) unbezahlter Care-Arbeit hingewiesen worden. Aus feministischer Perspektive wird bis heute kritisiert, dass die «unbezahlte Reproduktionsarbeit», welche «die kontinuierliche kostenlose Basis kapitalistischer Produktion» bilde, nicht nur ungerecht verteilt sei, sondern im BIP auch nicht erfasst und damit – rein statistisch – auch nicht als Teil des Wirtschaftswachstums sichtbar werde.[143]

Fazit: Vom «Wohlstand für alle» zum «Zeitwohlstand» für alle?

«Arbeit für alle» als ein zentrales Element der Arbeitsmarktpolitik einzufordern, basierte in den Nachkriegsjahren auf der Erfahrung hoher und rasch steigender Arbeitslosenzahlen während der Weltwirtschaftskrise. Die Forderung nach Vollbeschäftigung und der mit dem Wirtschaftswachstum verbundene Ausbau des Sozialstaates befriedigten ein Sicherheitsbedürfnis angesichts der traumatischen Erfahrung von Massenarbeitslosigkeit in den 1930er Jahren. Die von der UNO und der OECD seit den 1950er und 1960er Jahren geförderte Vollbeschäftigungs- und Wachstumspolitik basierte auf einem internationalen Konsens, dass Massenarbeitslosigkeit verhindert und eine möglichst hohe Beschäftigungsquote angestrebt werden sollte. In der Schweiz erwies sich die in den 1940er Jahren

140 Zur Entwicklung in Deutschland vgl. Schlemmer 2016; Mattes 2008 oder Schwartz 2008.

141 Schlemmer 2016: 82. Zur steigenden Zahl erwerbstätiger Frauen seit den 1980er Jahren vgl. Woitek, Müller, Hiestand 2012: 118–119; Sheldon 2005 sowie Schmid 1998: 34–35.

142 Isler 2015; Toupin 2014 sowie Ruoss, Ludi 2020.

143 Schmelzer, Vetter 2019: 113–115. Zur feministischen Wachstumskritik und der Bedeutung der Care-Arbeit vgl. ausführlicher Winker 2021; Hagedorn 2019; Bauhardt, Çağlar, Riegraf 2017; Winker 2015 oder Madörin 2013.

kontrovers geführte Debatte um Vollbeschäftigung allerdings rasch als gegenstandslos: Konträr zu der von vielen Ökonomen erwarteten Nachkriegskrise, bestand die wirtschaftspolitische Aufgabe bereits in den 1950er Jahren nicht mehr darin, Vollbeschäftigung zu erzielen, sondern die «Überbeschäftigung», den damit verbundenen Arbeitskräftemangel und die steigende Inflation zu bewältigen. Hohe Wachstumsraten, steigender Wohlstand und eine bis heute unerreicht tiefe Arbeitslosigkeit wurden zu einem konstituierenden Element der Arbeitsgesellschaft der «Trente Glorieuses». Als verschiedene Ökonomen in den 1960er Jahren schliesslich ein langfristig anhaltendes Wirtschaftswachstum mit weiterhin hohen Wachstumsraten prognostizierten, lagen sie erneut falsch. Die tiefe Rezession und die unerwartete Rückkehr der Arbeitslosigkeit in den 1970er Jahren wirkten wie ein Schock und führten zu einem wirtschaftspolitischen Paradigmenwechsel.

Die Schaffung von Arbeitsplätzen und die Erhöhung der Erwerbsquote sind angesichts der Angst vor technologischer Arbeitslosigkeit bis heute ein zentraler Faktor für weiteres Wachstum, steigenden Wohlstand und soziale Sicherheit. Vollbeschäftigung erweist sich bei genauerem Hinsehen aber als ein opaker, schwierig zu bestimmender Begriff. Was genau darunter zu verstehen sei, blieb seit der Einführung des Begriffes in den 1930er Jahren unscharf definiert; und seit der Krise der 1970er Jahre und dem damit verbundenen Niedergang des Keynesianismus geriet der Begriff sowohl bei Wachstumsbefürwortern als auch -kritikern zunehmend unter Druck. Mit der langfristigen Durchsetzung einer stärker wettbewerbsorientierten neoliberalen Wachstumspolitik stieg die Erwerbsquote und hier insbesondere der Anteil von Frauen an der Erwerbsarbeit seit den 1980er Jahren zwar noch einmal deutlich an. Zugleich haben sich aber auch die Debatten um Arbeitszeitverkürzungen, die Demokratisierung und Humanisierung der Arbeit, das «Tätigsein» in der Postwachstumsgesellschaft oder mehr «Zeitwohlstand»[144] intensiviert. Irmi Seidl und Angelika Zahrnt haben erst kürzlich darauf hingewiesen, dass wir die Bedeutung der Erwerbsarbeit relativieren und ein Verständnis von «Tätigsein» entwickeln sollten, das auch die «Eigen-, Freiwilligen-, Care- oder Gemeinschaftsarbeit und andere Arbeitsformen» einschliesst, um uns aus der Abhängigkeit vom Wachstum lösen und innerhalb der planetaren Grenzen wirtschaften zu können.[145] Diese Kritik an einer Politik des «mehr» reicht dabei weit zurück. Bereits 1957 hatte sich der deutsche Wirtschaftsminister und spätere Bundeskanzler Ludwig Erhard in seinem Beststeller *Wohlstand für alle* nicht nur für eine «Wohlstandsmehrung durch Expansion» ausgesprochen und den «Willen zum Verbrauch» als Motor für die Produktion

144 Vgl. dazu ausführlicher Bader 2020; Rodenhäuser 2019; Madörin 2019; Diefenbacher, Held, Rodenhäuser 2017; Knöpfel 2017; Schor 2016; Littig 2016; Konzeptwerk Neue Ökonomie 2013 oder Massarrat 2009.

145 Seidl, Zahrnt 2019: 9.

beschrieben, sondern auch festgehalten: «Wir werden [...] mit Sicherheit dahin gelangen, dass zu Recht die Frage gestellt wird, ob es noch immer nützlich und richtig ist, mehr Güter, mehr materiellen Wohlstand zu erzeugen, oder ob es nicht sinnvoller ist, unter Verzichtsleistung auf diesen ‹Fortschritt›, mehr Freizeit, mehr Besinnung, mehr Musse und mehr Erholung zu gewinnen.»[146]

Gedruckte Quellen

Amtliches Bulletin der Bundesversammlung: Bekämpfung der Inflation, 21.03.1963: 228–259.

Bachmann, Herbert: Wege zur Vollbeschäftigung. In: Gewerkschaftliche Rundschau für die Schweiz 36/5 (1944): 201–205.

Baumann, Hans: Vollbeschäftigung – ein alter Hut? Überlegungen zu einer gewerkschaftlichen Neudefinition der Beschäftigungspolitik. In: Widerspruch: Beiträge zu sozialistischer Politik 6/11 (1986): 59–66.

Bericht des Bundesrates an die Bundesversammlung über das Volksbegehren für die 44 Stundenwoche (Arbeitszeitverkürzung) vom 18. Dezember 1957. In: Bundesblatt 51 (1957): 1101–1134.

Beveridge, William Henry: Social insurance and allied services: report presented to Parliament by command of His Majesty. London 1942.

Beveridge, William Henry: Full employment in a free society. London 1944.

Beveridge, William Henry: Soziale Sicherheit und Vollbeschäftigung (Kieler Veröffentlichungen, Heft 1). Hamburg 1946.

Binswanger, Hans Christoph; Geissberger, Werner; Ginsburg, Theo (Hg.): Der NAWU-Report. Wege aus der Wohlstandsfalle: Strategien gegen Arbeitslosigkeit und Umweltkrise. Frankfurt a.M. 1978.

Böhler, Eugen: Vollbeschäftigung und Wirtschaftssystem: Vortrag an der Jahresversammlung der Schweizerischen Gesellschaft für Statistik und Volkswirtschaft am 23. Juni 1944 in Frauenfeld. In: Zeitschrift für schweizerische Statistik und Volkswirtschaft 80/4 (1944): 297–317.

Borner, Silvio: Die Überbeschäftigung. Ansätze zu einer theoretischen Klärung. Zürich 1969.

Botschaft des Bundesrates an die Bundesversammlung (vom 24. Januar 1964). In: Bundesblatt, Nr. 5, 06.02.1964: 181–232.

Botschaft über einen Konjunkturartikel in der Bundesverfassung vom 27. September 1976. In: Bundesblatt, Band 3 (1976): 677–716.

Brogle, Theodor: Wirtschaftliche Möglichkeiten der Vollbeschäftigung. Referat von Prof. Dr. Theo Brogle, Nationalrat, Direktor der Schweizerischen Mustermesse Basel. Zürich 1949.

Bundesamt für Konjunktur: Die Arbeitsbeschaffungsprogramme 1975/76: Schlussbericht des Bundesamtes für Konjunkturfragen (Studien des Bundesamtes für Konjunkturfragen, Nr. 3). Bern 1980.

Bundesbeschluss über den Konjunkturartikel der Bundesverfassung (vom 7. Oktober 1977). In: Bundesblatt, Band 3 (1977): 251–252.

146 Erhard 1957: 233.

Cole, George D. H.: Der Beveridge-Plan: sein Inhalt und seine Bedeutung. Mit einem Vorwort von Gottlieb Duttweiler (Landesring der Unabhängigen, Schriftenreihe Nr. 23). Zürich 1943.

Das Problem der Vollbeschäftigung. Sonderberichte der Konjunkturforschungsstelle (Gesellschaft für Wirtschaftsforschung), Nr. 71. Herausgegeben von Prof. Dr. E. Böhler. Zürich 1944.

De Pury, David; Hauser, Heinz; Schmid, Beat: Mut zum Aufbruch. Eine wirtschaftspolitische Agenda für die Schweiz. Zürich 1995.

Delegierter für Arbeitsbeschaffung (Hg.): Das Programm der öffentlichen Arbeiten. Zweiter Zwischenbericht des Delegierten für Arbeitsbeschaffung (Schriftenreihe zur Frage der Arbeitsbeschaffung, Nr. 6). Zürich 1944.

Die neue Schweiz. Die Sozialdemokratische Partei an das Schweizervolk! Zürich 1942.

Duttweiler, Gottlieb; Munz, Hans: Vollbeschäftigung und Recht auf Arbeit in einer freien Wirtschaft. Denkschrift, den Mitgliedern des Bundesrates und der eidgenössischen Räte überreicht durch Nationalrat G. Duttweiler, Nationalrat Dr. oec. publ. H. Munz, 30. August 1945 (Schriftenreihe des Landesrings der Unabhängigen 36). Zürich 1945.

Eidgenössisches Aktionskomitee gegen die Krisen-Initiative: Die Katastrophen-Initiative: Referenten-Leitfaden zur Eidgenössischen Volksabstimmung vom 2. Juni 1935. O. O. 1935.

Erhard, Ludwig: Wohlstand für alle. Düsseldorf 1957.

Erwerbstätigkeit und Arbeitslosigkeit: Bestimmungsgründe – Perspektive – Empfehlungen. Mitteilungen der Kommission für Konjunkturfragen, Nr. 353. Bern 1995.

Gasser, Christian: Vollbeschäftigung in freiheitlicher Ordnung: eine wirtschaftspolitische Betrachtung in 44 Punkten (Bundessekretariat des Gotthard-Bundes). Zürich 1945.

Gorz, André: Das Ende der Politik der Vollbeschäftigung. In: Duve, Freimut (Hg.): Leben ohne Vollbeschäftigung? (Die Zukunft der Arbeit, Band 3). Reinbek bei Hamburg 1980: 8–28.

Hayek, Friedrich August von: Full employment at any price? London 1975.

Hunold, Albert (Hg.): Vollbeschäftigung, Inflation und Planwirtschaft. Zürich 1951.

Ins, German von: Das Problem der Überbeschäftigung in der Nachkriegszeit. Grosshöchstetten 1956.

Jöhr, Walter Adolf: Gedanken über die Wirtschaft in hundert Jahren. In: Schweizerische Zeitschrift für Volkswirtschaft und Statistik 100 (1964): 369–398.

Kaltenbrunner, Gerd-Klaus (Hg.): Auf der Suche nach einer neuen Vollbeschäftigung. Die Mutation der Arbeit. München 1979.

Kellenberger, Eduard: Sparen, Krisen und Vollbeschäftigung. Bern 1951.

Keynes, John Maynard: The general theory of employment interest and money. New York 1936.

Kleinewefers, Henner: Die schweizerische Wirtschaftspolitik von der Wirtschaftskrise 1974/76 bis 1983. In: Wirtschaftspolitische Mitteilungen 40/1 (1984). Zürich 1984.

Kneschaurek, Francesco: Wachstumsprobleme der schweizerischen Volkswirtschaft. Zürich 1962.

Kneschaurek, Francesco: Wirtschaftliches Wachstum in Ost und West: ein Vergleich. In: Aussenwirtschaft – Zeitschrift für internationale Wirtschaftsbeziehungen 18 (1963): 119–148.

Kneschaurek, Francesco: Die Schweiz und die Wachstumsperspektiven ihrer Wirtschaft. St. Gallen 1970.

Kneschaurek, Francesco: Über Ziele, Möglichkeiten und Grenzen der schweizerischen Konjunkturpolitik. In: Wirtschaftspolitische Mitteilungen 31 (1975), Nr. 9, Zürich 1975.

La Roche, Charles: Aktuelle Probleme der Überbeschäftigung. In: Zeitschrift für schweizerische Statistik und Volkswirtschaft 82/3 (1946): 260–267.
Lorenz, Jacob: Sozialwirtschaftliche Betrachtungen zur Frage der Vollbeschäftigung. In: Zeitschrift für schweizerische Statistik und Volkswirtschaft 80/4 (1944): 327–336.
Marbach, Fritz: Vollbeschäftigung: Der andere Weg. Bern 1943.
Marbach, Fritz: Mehrbeschäftigung durch Mehrkonsum. In: Zeitschrift für schweizerische Statistik und Volkswirtschaft 80/4 (1944): 318–326.
Mises, Ludwig von: Vollbeschäftigung und Währungspolitik. In: Schweizer Monatshefte 37/10 (1957): 745–751.
Mussard, Jean: Vollbeschäftigung, Vollernährung usw. In: Rote Revue 24/3 (1944–1945): 94–100.
Mutasoff, Christo: Zur Geschichte des Rechts auf Arbeit mit besonderer Rücksicht auf Charles Fourier (Berner Beiträge zur Geschichte der Nationalökonomie, Nr. 10). Bern 1897.
Oettli, Mascha: Massnahmen zur Sicherung der Vollbeschäftigung. In: Rote Revue 29/5 (1950): 173–185.
Oprecht, Hans: Die neue Schweiz. Was will die Sozialdemokratische Partei mit ihrem Manifest an das Schweizervolk zur Neuordnung von Staat und Wirtschaft? In: Rote Revue. Sozialistische Monatsschrift 22/8 (1943): 273–280.
Rakowski, Janusz: Die «Vollbeschäftigung» im Kreuzfeuer: eine dogmenkritische Untersuchung. Bern 1946.
Reichesberg, Naum: Das Recht auf Arbeit in der Schweiz. Bern 1907.
Reiner, Christof: Rationalisierung, Arbeitslosigkeit, Vollbeschäftigung. Basel 1955.
Rimensberger, Emil Friedrich: Was ist der Beveridge Plan? Olten 1943.
Rimensberger, Emil Friedrich: Diskussion um die Vollbeschäftigung. In: Gewerkschaftliche Rundschau für die Schweiz: Monatsschrift des Schweizerischen Gewerkschaftsbundes 36/5 (1944): 197–200.
Rings, Werner: Vollbeschäftigung in einer Gesellschaft freier Menschen. In: Rote Revue 25/4 (1946): 126–135.
Röpke, Wilhelm: «Vollbeschäftigung»: Ein Irrweg zu einem selbstverständlichen Ziele. In: Schweizer Monatshefte: Zeitschrift für Politik, Wirtschaft, Kultur 23/1 (1943–1944): 8–19.
Röpke, Wilhelm: Das Kernproblem der Vollbeschäftigung. In: Neumark, Fritz; Sauermann, Heinz (Hg.): Beiträge zur Geld- und Finanztheorie. Wilhelm Gerloff zum 70. Geburtstag. Tübingen 1951: 85–91.
Schmid, Hans: Arbeitslosigkeit und Arbeitslosenversicherung aus ökonomischer Sicht. Bern 1995 sowie Erwerbstätigkeit und Arbeitslosigkeit: Bestimmungsgründe – Perspektive – Empfehlungen. Mitteilungen der Kommission für Konjunkturfragen, Nr. 353. Bern 1995.
Schupp, Werner: Die Sicherung der Vollbeschäftigung nach der neoliberalen Theorie. Winterthur 1958.
Schweizerischer Gewerkschaftsbund: Für die Kriseninitiative. Bern 1935; Schweizerisches Aktionskomitee zur Bekämpfung der Wirtschaftskrise (Hg.): Überwindung der Krise durch die Kriseninitiative. Bern 1935.
Seiler, Eduard: Vollbeschäftigung – national oder international? Einsiedeln 1944.
SPS: Parteiprogramm, verabschiedet vom ordentlichen Parteitag 12.–14.11.1982. Lugano 1982.

Staat und Wirtschaft im Kampf gegen die Arbeitslosigkeit: 25 Referate, gehalten an der ETH-Tagung für Arbeitsbeschaffung am 15./16. April 1943. 2 Bände (Schriftenreihe zur Frage der Arbeitsbeschaffung, Nr. 3/4). Zürich 1943.

Stöckli, Arnold: Die Vollbeschäftigungslehre von Lord Keynes. In: Rote Revue: sozialistische Monatsschrift 25/7 (1946): 209–215.

Teuscher, L.: Professor Röpkes «Vollbeschäftigung». In: Rote Revue: sozialistische Monatsschrift 23 (1943–1944): 168–174.

United Nations: Maintenance of full employment. New York 1949. (= United Nations 1949a)

United Nations: National and international measures for full employment: report by a group of experts. New York 1949. (= United Nations 1949b)

United Nations: Implementation of full employment policies. Report No. 1: Measures taken in the second half of 1949 by various countries for the purpose of achieving full employment. New York 1950.

Vollbeschäftigung in freiheitlicher Ordnung. Gotthard-Brief, Nr. 102, Zürich, 13.06.1945.

Vollbeschäftigung: Ziel, Weg, Gefahren. Eine Artikelfolge des englischen «Economist». Mit einem Vorwort von Dr. Hans Munz (Landesring der Unabhängigen, Schriftenreihe Nr. 21). Zürich 1943.

Wagner, Valentin Fritz: Preise und Löhne bei Vollbeschäftigung. In: Schweizerische Zeitschrift für Volkswirtschaft und Statistik 90/4 (1954): 451–462.

Walter, Emil J.: Probleme der Wirtschaftspolitik der Vollbeschäftigung. In: Rote Revue 24/6 (1944–1945): 216–220.

Wehrli, Bernhard: Die Fremdarbeiterfrage im Lichte der wirtschaftlichen Überexpansion. In: Schweizer Monatshefte. Zeitschrift für Politik, Wirtschaft, Kultur 42/3 (1962–1963): 240–246.

Werner, Josua: Das Instrumentarium der schweizerischen Konjunkturpolitik und die aktuelle Konjunkturlage. In: Jahrbuch für Sozialwissenschaften 14/1 (1963): 37–55.

Werner, Josua: Wachstumspolitik – Inhalt und Ansatzpunkte. In: Schweizer Monatshefte: Zeitschrift für Politik, Wirtschaft, Kultur 51/6 (1971–1972): 399–409.

Wild, Kurt: Wege und Irrwege der Vollbeschäftigungspolitik. In: Schweizer Monatshefte: Zeitschrift für Politik, Wirtschaft, Kultur 59/7 (1979): 521–533.

Winterberger, Gerhard: Das Problem der Fremdarbeiter in der Schweiz. In: Schweizer Monatshefte. Zeitschrift für Politik, Wirtschaft, Kultur 41/2 (1961–1962): 120–133.

Wittmann, Walter: Wider die organisierte Verantwortungslosigkeit. Ein Plädoyer für die soziale Marktwirtschaft. Frauenfeld 1984.

Zipfel, Otto: Arbeitsbeschaffung in der Kriegs- und Nachkriegszeit: Zwischenbericht des Delegierten für Arbeitsbeschaffung. Zürich 1945.

Zwischenbericht des Bundesrates an die Bundesversammlung über Massnahmen der Arbeitsbeschaffung vom 12. Juni 1950. In: Bundesblatt Nr. 24, 15.06.1950, Band 2: 82–172.

Sekundärliteratur

Armingeon, Klaus: Wirtschafts- und Finanzpolitik der Schweiz. In: Klöti, Ulrich; Knoepfel, Peter; Kriesi, Hanspeter; Linder, Wolf; Papadopoulos, Yannis (Hg.): Handbuch der Schweizer Politik. Zürich 1999: 725–766.

Artho, Daniel: «Schandfleck» oder «Ruhmesblatt»? Der schweizerische Landessstreik in der Erinnerungskultur, 1918–1968. Zürich 2024.

Bader, Christoph u. a.: Weniger ist Mehr – Der dreifache Gewinn einer Reduktion der Erwerbsarbeitszeit. Weniger arbeiten als Transformationsstrategie für eine ökologischere, gerechtere und zufriedenere Gesellschaft – Implikationen für die Schweiz (CDE Working Paper 6). Bern 2020.

Bauhardt, Christine; Çağlar, Gülay; Riegraf, Birgit (Hg.): Ökonomie jenseits des Wachstums – feministische Perspektiven auf die (Post)Wachstumsgesellschaft (Feministische Studien 35/2). Berlin, Boston 2017.

Baumgarten, Peter; Mückl, Wolfgang J.: Die mögliche Inkompatibilität wirtschaftspolitischer Zielsetzungen insbesondere der Ziele Preisstabilität, Vollbeschäftigung, Zahlungsbilanzausgleich, stetiges und angemessenes Wachstum sowie sozialgerechte Einkommensverteilung. Tübingen 1968.

Binswanger, Hans Christoph u. a.: Arbeit ohne Umweltzerstörung: Strategien für eine neue Wirtschaftspolitik. Frankfurt a. M. 1988.

Binswanger, Mathias: Ewiges Wachstum statt ewiges Leben – die neue Heilsbotschaft der heutigen Wirtschaft? In: Knoflacher, Hermann; Woltron, Klaus; Rosik-Kölbl, Agnieszka (Hg.): Weltreligionen und Kapitalismus: Kapitalismus gezähmt? Wien 2006: 153–168.

Bossmann, Jürgen: «Arrested Development»? Obsessionen im Wachstumsdenken. In: Jeismann, Michael (Hg.): Obsessionen. Beherrschende Gedanken im wissenschaftlichen Zeitalter. Frankfurt a. M. 1995: 26–77.

Buomberger, Thomas: Kampf gegen unerwünschte Fremde: von James Schwarzenbach bis Christoph Blocher. Zürich 2004.

Christen, Heinz Peter: Die Wirtschaftsverfassung des Interventionismus. Zürich 1970.

Degen, Bernard: Genossenschaft, Verstaatlichung, Staatsintervention oder freier Markt. Vorstellungen der schweizerischen Arbeiterbewegung zur künftigen Organisation der Arbeit im 19. und 20. Jahrhundert. In: Geiser, Thomas; Schmid, Hans; Walter-Busch, Emil (Hg.): Arbeit in der Schweiz des 20. Jahrhunderts: wirtschaftliche, rechtliche und soziale Perspektiven. Bern 1998: 511–534.

Diefenbacher, Hans; Held, Benjamin; Rodenhäuser, Dorothee (Hg.): Ende des Wachstums – Arbeit ohne Ende? Arbeiten in einer Postwachstumsgesellschaft (Die Wirtschaft der Gesellschaft, Band 3). Marburg 2017.

Doleschal, Josef: Das Problem der ausländischen Arbeitskräfte in der schweizerischen Arbeitgeberpolitik der Nachkriegszeit unter besonderer Berücksichtigung der Jahre 1962 bis 1970. Bern 1977.

Gerber, Beat: Stabilitätspolitik: Vollbeschäftigung, Preisniveaustabilität und Zahlungsbilanzgleichgewicht im wirtschaftspolitischen Spannungsfeld (Beiträge zur Wirtschaftspolitik 28). Bern 1976.

Golder, Stefan M.: Migration und Arbeitsmarkt: eine empirische Analyse der Performance von Ausländern in der Schweiz (Schriften zur Wirtschaftstheorie und Wirtschaftspolitik, Bd. 11). Frankfurt a. M. 1999.

Hagedorn, Jonas: Formelle und informelle Sorgearbeit. In: Seidl, Irmi; Zahrnt, Angelika (Hg.): Tätigsein in der Postwachstumsgesellschaft. Marburg 2019: 141-160.

Halbeisen, Patrick; Straumann, Tobias: Die Wirtschaftspolitik im internationalen Kontext. In: Halbeisen, Patrick; Müller, Margrit; Veyrassat, Béatrice (Hg.): Wirtschaftsgeschichte der Schweiz im 20. Jahrhundert. Basel 2012: 983-1076.

Halter, Ernst (Hg.): Das Jahrhundert der Italiener in der Schweiz. Zürich 2003.

Haug, Werner: «... und es kamen Menschen»: Ausländerpolitik und Fremdarbeit in der Schweiz 1914-1980. Basel 1980.

Hennig, Alexander: Abschied von der Vollbeschäftigung. Arbeitslosigkeit in Westdeutschland in den 1970er Jahren. Hamburg 2017.

Hermann, Christoph: Kampf um die Arbeitszeit. Ein Überblick. In: PROKLA: Zeitschrift für kritische Sozialwissenschaft 38 (2008): 83-102.

Huber, Hans: Rückblick auf die «neuen» Wirtschaftsartikel der Bundesverfassung. In: Tuchtfeldt, Egon (Hg.): Schweizerische Wirtschaftspolitik zwischen Gestern und Morgen. Festgabe zum 65. Geburtstag von Hugo Sieber. Bern 1976: 57-72.

Isler, Simona: Lohn für Hausarbeit? Befreiungsperspektiven der Frauenbewegung in den 1970er Jahren. In: Bernet, Brigitta; Tanner, Jakob (Hg.): Ausser Betrieb: Metamorphosen der Arbeit in der Schweiz. Zürich 2015: 216-236.

Jaun, Rudolf: Management und Arbeiterschaft. Verwissenschaftlichung, Amerikanisierung und Rationalisierung der Arbeitsverhältnisse in der Schweiz 1873-1959. Zürich 1986.

Kergomard, Zoé: «Mehr Freiheit, weniger Staat». Zum Neoliberalismus als Patentrezept gegen die Krise der Schweizer Parteien um 1980. In: Ludi, Regula; Ruoss, Matthias; Schmitter, Leena (Hg.): Zwang zur Freiheit. Krise und Neoliberalismus in der Schweiz. Zürich 2018: 111-136.

Knöpfel, Carlo: Wohin entwickelt sich die Arbeitsgesellschaft Schweiz? In: Caritas Schweiz (Hg.): Recht auf Arbeit (Sozialalmanach 2017). Luzern 2017: 67–80.

Konzeptwerk Neue Ökonomie (Hg.): Zeitwohlstand: Wie wir anders arbeiten, nachhaltig wirtschaften und besser leben. München 2013.

Köster, Roman: Technologische Arbeitslosigkeit. In: Merkur. Deutsche Zeitschrift für europäisches Denken 70 (2016), Nr. 808: 81–87.

Kreis, Georg: Die Schweiz wird zum Einwanderungsland. In: Leimgruber, Walter; Fischer, Werner (Hg.): «Goldene Jahre»: Zur Geschichte der Schweiz seit 1945. Zürich 1999: 33-58.

Kupper, Patrick: Die 1970er Diagnose. Grundsätzliche Überlegungen zu einem Wendepunkt in der Umweltgeschichte. In: Archiv für Sozialgeschichte 43 (2003): 325-348.

Kupper, Patrick: Umweltgeschichte. Göttingen 2021.

Kutsch, Thomas; Vilmar, Fritz (Hg.): Arbeitszeitverkürzung - ein Weg zur Vollbeschäftigung? Wiesbaden 1983.

La Barba, Morena; Stohr, Christian; Oris, Michel; Cattacin, Sandro (Hg.): La migration italienne dans la Suisse d'après-guerre. Lausanne 2013.

Leimgruber, Matthieu: Taylorisme et management en Suisse romande, 1917-1950. Lausanne 2001.

Littig, Beate: Nachhaltige Zukünfte von Arbeit? Geschlechterpolitische Betrachtungen. In: Barth, Thomas; Jochum, Georg; Littig, Beate (Hg.): Nachhaltige Arbeit. Soziologische Beiträge zur Neubestimmung der gesellschaftlichen Naturverhältnisse. Frankfurt a. M. 2016: 77-100.

Lutz, Burkart: Der kurze Traum immerwährender Prosperität. Frankfurt a. M. 1989.

Madörin, Mascha: Die Logik der Care-Arbeit. Annäherungen einer Ökonomin. In: Gurny, Ruth; Tecklenburg, Ueli (Hg.): Arbeit ohne Knechtschaft. Bestandesaufnahmen und Forderungen rund um das Thema Arbeit. Zürich 2013: 128–145.
Madörin, Mascha: Zählen, was zählt. Sorge- und Versorgungswirtschaft als Teil der Gesamtwirtschaft. In: Knobloch, Ulrike (Hg.): Ökonomie des Versorgens. Feministisch-kritische Wirtschaftstheorien im deutschsprachigen Raum. Weinheim 2019: 89–119.
Magnin, Chantal: Der Alleinernährer. Eine Rekonstruktion der Ordnung der Geschlechter im Kontext der sozialpolitischen Diskussion von 1945 bis 1960 in der Schweiz. In: Gilomen, Hans-Jörg; Guex, Sébastien; Studer, Brigitte (Hg.): De l'assistance à l'assurance sociale. Ruptures et continuités du Moyen Age au XXe siècle. Zürich 2002: 387–400.
Massarrat, Mohssen: Vollbeschäftigungskapitalismus: Plädoyer für einen Systemwechsel. In: Widerspruch: Beiträge zu sozialistischer Politik 29 (2009): 141–153.
Mattes, Monika: Ambivalente Aufbrüche. Frauen, Familie und Arbeitsmarkt zwischen Konjunktur und Krise. In: Jarausch, Konrad (Hg.): Das Ende der Zuversicht? Die siebziger Jahre als Geschichte. Göttingen 2008: 215–228.
Matthes, Heinrich: Unterbeschäftigung als gemeinsames Problem der Industrieländer. In: Scherf, Harald (Hg.): Beschäftigungsprobleme hochentwickelter Volkswirtschaften. Berlin 1989: 55–74.
Merz, Franziska: Die Perpetuierung des Ernährer-Hausfrau-Modells in den eidgenössischen Volkszählungen 1941–1970 (unveröffentlichte Masterarbeit, Departement für Zeitgeschichte der Universität Freiburg i. Ü.). Freiburg i. Ü. 2020.
Monachon, Jean-Jacques: Le plan Beveridge et les débats sur la sécurité sociale en Suisse entre 1942 et 1945. In: Gilomen, Hans-Jörg; Guex, Sébastien; Studer, Brigitte (Hg.): De l'assistance à l'assurance sociale. Ruptures et continuités du Moyen Age au XXe siècle. Zürich 2002: 321–329.
Morandi, Pietro: Die Entstehung eines neuen wirtschafts- und sozial-politischen Leitbildes in der Schweiz der 1930er Jahre und die ordnungspolitische Debatte der Wirtschaftsartikel in der Bundesverfassung. In: Arlettaz, Silvia; Kellerhans-Maeder, Andreas: Werkstatt Bundesverfassung. Kommentare und Inventar der Quellen zur Geschichte der Schweizerischen Bundesverfassung 1848–1998. Bern 1998: 197–248.
Morandi, Pietro: Krise und Verständigung. Die Richtlinienbewegung und die Entstehung der Konkordanzdemokratie 1933–1939. Zürich 1995.
Müller, Felix; Tanner, Jakob: «… im hoffnungsvollen Licht einer besseren Zukunft»: Zur Geschichte der Fortschrittsidee in der schweizerischen Arbeiterbewegung. In: Lang, Karl; Hablützel, Peter (Hg.): Solidarität, Widerspruch, Bewegung. 100 Jahre Sozialdemokratische Partei der Schweiz. Zürich 1988: 325–367.
Müller, Philipp: La Suisse en crise (1929–1936). Les politiques monétaire, financière, économique et sociale de la Confédération helvétique. Lausanne 2010: 570–600.
Nützenadel, Alexander: Stunde der Ökonomen. Wissenschaft, Expertenkultur und Politik in der Bundesrepublik 1949–1974. Göttingen 2005.
Pohle, Wolfgang: Die deutsche Stabilisierungsgesetzgebung. In: Schweizerisches Institut für Auslandforschung (Hg.): Europäische Probleme aus Wirtschaft und Politik. Erlenbach-Zürich 1968: 79–106.
Prader, Gaudenz: 50 Jahre schweizerische Stabilisierungspolitik: Lernprozesse in Theorie und Politik am Beispiel der Finanz- und Beschäftigungspolitik des Bundes. Zürich 1981.

Promberger, Markus: Das Beschäftigungsmotiv in der Arbeitszeitpolitik. In: Raithel, Thomas; Schlemmer, Thomas (Hg.): Die Rückkehr der Arbeitslosigkeit: Die Bundesrepublik Deutschland im europäischen Kontext 1973 bis 1989. Berlin 2009: 161–173.

Rodenhäuser, Dorothee: Arbeiten in einer Postwachstumsgesellschaft. In: Christ, Michaela; Sommer, Bernd; Stumpf, Klara (Hg.): Transformationsgesellschaften: Zum Wandel gesellschaftlicher Naturverhältnisse. Marburg 2019: 163–181.

Ronca, Marion: Streitpunkt Konjunktur. Die Verhandlung der Stabilisierungspolitik zwischen Bund und Wirtschaftsverbänden (1946–1957). In: Hürlimann, Gisela; Mach, André; Rathmann-Lutz, Anja; Schaufelbuehl, Janick Marina (Hg.): Lobbying. Die Vorräume der Macht (Schweizerisches Jahrbuch für Wirtschafts- und Sozialgeschichte, Band 31). Zürich 2016: 93–107.

Ronca, Marion: Die unsichtbare Volkswirtschaft. Die Verhandlungen um eine Schweizer Produktionsstatistik 1920–1982. In: Kouli, Yaman; Pawlowsky, Peter; Hertwig, Markus (Hg.): Wissensökonomie und Digitalisierung. Geschichte und Perspektiven der wissensbasierten Wirtschaft. Berlin 2020: 53–78.

Ronca, Marion: Im Bann der Konjunktur. Entstehung und Institutionalisierung der Konjunkturbeobachtung in der Schweiz, 1932–1980. Basel 2024.

Rossfeld, Roman: Die SP zwischen Fortschrittseuphorie und Wachstumskritik: Ein Blick zurück und nach vorne. In: Widerspruch. Beiträge zu sozialistischer Politik 82 (2024): 121–132.

Rothschild, Kurt W.: Der Wechsel vom keynesianischen zum neoklassischen Paradigma in der neueren Wirtschaftspolitik. Versuch einer soziologisch-historischen Einordnung. In: Krupp, Hans-Jürgen; Rohwer, Bernd; Rothschild, Kurt W. (Hg.): Wege zur Vollbeschäftigung. Konzepte einer aktiven Bekämpfung der Arbeitslosigkeit. Freiburg i. Br. 1986: 107–123.

Rouette, Susanne: Sozialpolitik als Geschlechterpolitik: Die Regulierung der Frauenarbeit nach dem Ersten Weltkrieg. Frankfurt a. M. 1993.

Ruoss, Matthias: Selbstsorge statt gesellschaftliche Solidarität. Die Neuverhandlung der sozialen Verantwortung in der «Krise des Sozialstaats». In: Ludi, Regula; Ruoss, Matthias; Schmitter, Leena (Hg.): Zwang zur Freiheit. Krise und Neoliberalismus in der Schweiz. Zürich 2018: 189–214.

Ruoss, Matthias; Ludi, Regula: Umdeuten und aneignen. Feministische Neucodierung der Freiwilligkeit in den 1970er- und 1980er-Jahren. In: Bürgi, Lisia; Keller, Eva (Hg.): Ausgeschlossen einflussreich. Handlungsspielräume an den Rändern etablierter Machtstrukturen. Basel 2020: 35–50.

Scheiben, Oskar: Krise und Integration. Wandlungen in den politischen Konzeptionen der Sozialdemokratischen Partei der Schweiz 1928–1936. Ein Beitrag zur Reformismusdebatte. Zürich 1987.

Schelbert, Heidi: Schweizerische Wirtschaftsentwicklung seit 1950. In: Pfister, Christian (Hg.): Das 1950er Syndrom: Der Weg in die Konsumgesellschaft. Bern 1995: 201–217.

Schiller, Karl: Stabilität und Wachstum als wirtschaftspolitische Aufgabe. In: Schweizerisches Institut für Auslandforschung (Hg.): Europäische Probleme aus Wirtschaft und Politik. Erlenbach-Zürich 1968: 45–62.

Schlemmer, Thomas: Befreiung oder Kolonialisierung? Frauenarbeit und Frauenerwerbstätigkeit am Ende der Industriemoderne. In: Doering-Manteuffel, Anselm; Raphael, Lutz; Schlemmer, Thomas (Hg.): Vorgeschichte der Gegenwart. Dimensionen des Strukturbruchs nach dem Boom. Göttingen 2016: 79–108.

Schmelzer, Matthias: «Expandiere oder stirb». Das Wachstumsparadigma, die OECD und die Steigerungslogik wirtschaftlicher Expansion. In: Geschichte und Gesellschaft 41 (2015): 1–39.

Schmelzer, Matthias: The Hegemony of Growth: The OECD and the Making of the Economic Growth Paradigm. Cambridge 2016.

Schmelzer, Matthias; Vetter, Andrea: Degrowth / Postwachstum zur Einführung. Hamburg 2019.

Schmid, Hans; Füglistaler, Peter; Hohl, Marcela: Vollbeschäftigungspolitik: der Wille zum Erfolg. Ein Ländervergleich der Schweiz, Deutschlands, Österreichs, Schwedens und Japans. Bern 1993.

Schmid, Hans: Arbeitslosigkeit in der Schweiz des 20. Jahrhunderts. In: Geiser, Thomas; Schmid, Hans; Walter-Busch, Emil (Hg.): Arbeit in der Schweiz des 20. Jahrhunderts. Wirtschaftliche, rechtliche und soziale Perspektiven. Bern 1998: 29–70.

Schmidt, Manfred G.: Der schweizerische Weg zur Vollbeschäftigung. Eine Bilanz der Beschäftigung, der Arbeitslosigkeit und der Arbeitsmarktpolitik. Frankfurt a. M. 1985.

Schoeni, Céline: Travail féminin: Retour à l'ordre. L'offensive contre le travail des femmes durant la crise économique des années 1930. Lausanne 2012.

Schor, Juliet: *Wahrer Wohlstand. Mit weniger Arbeit besser leben.* München 2016.

Schulz, Kristina: «Le séjour saisonnier ne doit ni en fait, ni en droit, devenir permanent». Zumutungen der «Gastarbeit» in der Schweiz der «Trente glorieuses». In: Traverse. Zeitschrift für Geschichte 29/3: 41–55.

Schwartz, Michael: Frauen und Reformen im doppelten Deutschland. Zusammenhänge zwischen Frauenerwerbsarbeit, Abtreibungsrecht und Bevölkerungspolitik um 1970. In: Jarausch, Konrad (Hg.): Das Ende der Zuversicht? Die siebziger Jahre als Geschichte. Göttingen 2008: 196–214.

Seidl, Irmi; Zahrnt Angelika: Erwerbsarbeit, Tätigsein und Postwachstum. In: Seidl, Irmi; Zahrnt, Angelika (Hg.): Tätigsein in der Postwachstumsgesellschaft. Marburg 2019: 9–24.

Sheldon, George: Die Auswirkung der Ausländerbeschäftigung auf die Löhne und das Wirtschaftswachstum in der Schweiz. In: Wicker, Hans-Rudolf; Fibbi, Rosita; Haug, Werner (Hg.): Migration und die Schweiz. Ergebnisse des Nationalen Forschungsprogramms «Migration und interkulturelle Beziehungen», 2. Auflage. Zürich 2004: 335–369.

Sheldon, George: Der berufsstrukturelle Wandel der Beschäftigung in der Schweiz, 1970–2000. Neuchâtel 2005.

Shiller, Robert J.: Narrative Wirtschaft. Wie Geschichten die Wirtschaft beeinflussen – ein revolutionärer Erklärungsansatz. Kulmbach 2020: 247–294.

Studer, Brigitte: Neue Grenzziehungen zwischen Frauenarbeit und Männerarbeit in den dreissiger Jahren und während des Zweiten Weltkriegs. Die Kampagne gegen das «Doppelverdienertum». In: Wecker, Regina; Studer, Brigitte; Sutter, Gaby: Die «schutzbedürftige Frau». Zur Konstruktion von Geschlecht durch Mutterschaftsversicherung, Nachtarbeitsverbot und Sonderschutzgesetzgebung. Zürich 2001: 83–106.

Suntum, Ulrich van: Die unsichtbare Hand. Ökonomisches Denken gestern und heute. Dritte, verbesserte Auflage. Berlin 2005.

Tabin, Jean-Pierre; Carola Togni: L'assurance chômage en Suisse: Une sociohistoire (1924–1982). Lausanne 2013.

Togni, Carola: Arbeitslosenversicherung. Der soziale Kompromiss für die Nachkriegszeit. In: Leimgruber, Matthieu; Lengwiler, Martin (Hg.): Umbruch an der «inneren Front». Krieg und Sozialpolitik in der Schweiz, 1938–1948. Zürich 2009: 101–124.

Toupin, Louise: Le salaire au travail ménager: Chronique d'une lutte féministe internationale (1972–1977). Montréal 2014.

Wiede, Wiebke: Das arbeitslose Subjekt. Genealogie einer Sozialfigur in Großbritannien und der Bundesrepublik Deutschland nach dem Boom. Göttingen 2023.

Winker, Gabriele: Care Revolution: Schritte in eine solidarische Gesellschaft. Bielefeld 2015.

Winker, Gabriele: Solidarische Care-Ökonomie. Revolutionäre Realpolitik für Care und Klima. Bielefeld 2021.

Woitek, Ulrich; Müller, Margrit; Hiestand, Manuel: Wohlstand, Wachstum und Konjunktur. In: Halbeisen, Patrick; Müller, Margrit; Veyrassat, Béatrice (Hg.): Wirtschaftsgeschichte der Schweiz im 20. Jahrhundert. Basel 2012: 91–222.

Zahn, Anina: Wider die Verunsicherung: Arbeitslosenkomitees in der Schweiz, 1975–2002. Zürich 2021.

Ziegler, Béatrice: «Kampf dem Doppelverdienertum»: Die Bewegung gegen die Qualifizierung weiblicher Erwerbsarbeit in der Zwischenkriegszeit in der Schweiz. In: Pfister, Ulrich; Studer, Brigitte; Tanner, Jakob (Hg.): Arbeit im Wandel. Zürich 1996: 85–104.

Zimmermann, Adrian: «Tätigkeit … nicht müssige Stempelei»: Arbeitsbeschaffung, kollektives Arbeitsrecht und Lohnpolitik. In: Leimgruber, Matthieu; Lengwiler, Martin (Hg.): Umbruch an der «inneren Front». Krieg und Sozialpolitik in der Schweiz, 1938–1948. Zürich 2009: 47–73.

Ein Wachstumsforscher als Delegierter für Konjunkturfragen

Zur Integration der Wachstumsidee in den liberalen Staat, 1942–1985

Marion Ronca

Abstract

Economic growth is regarded as a legitimate political goal for securing and expanding prosperity, although the consequences of continuous growth have been criticised since the 1960s. But how was economic growth nevertheless able to establish itself as an idée fixe? Using the example of Switzerland as a small open economy with a pronounced liberal economic tradition, which was hardly predestined for the reception of the growth concept, this article examines how the idea of growth found its way into the state and was able to establish itself as a permanent economic policy imperative. The delegates for job creation played a central role in this integration process. Actually entrusted with coordinating economic policy, they anticipated and defended central considerations of the growth idea. However, as a result of the economic crisis in the mid-1970s, which put an end to post-war growth, the idea became established not primarily as an economic policy objective, but as a framework for considering the performance of the Swiss economy in international competition.

Wirtschaftswachstum erscheint heute als politische Zielsetzung so selbstverständlich wie eine tiefe Arbeitslosenquote oder Preisstabilität. So ist den Strategiepapieren des Staatsekretariat für Wirtschaft (SECO) der letzten zwanzig Jahren gemein, dass sie Wirtschaftswachstum als Voraussetzung für die Sicherung des Wohlstandes des Landes fordern, ohne Alternativen zu diskutieren.[1] Dabei wird das Wachstum systematisch relational, in Bezug auf das Wachstum anderer Volkswirtschaften betrachtet – eine wachsende Wirtschaft ist eine, die sich kompetitiv durchzusetzen versteht. Auch wenn ein stetes Wirtschaftswachstum heute als politische Zielsetzung weit verbreitet ist und zur wirtschaftspolitischen Strategie der meisten Länder der Welt zählt, existieren seit dem Ende der 1960er Jahre gewichtige Argumente dagegen.[2] Die Knappheit der Ressourcen und allem voran die Schäden an der Umwelt werden seither als externalisierte Kosten, als «Gren-

1 Der Bundesrat 2016: 2, 3, 6, 8, 10. Eidgenössisches Departement für Wirtschaft, Bildung und Forschung WB 2013: 16. Eidgenössisches Volkswirtschaftsdepartement: Der Wachstumsbericht 2002: 5.

2 Einer der frühesten Beiträge zur Kritik der Wachstumsidee ist der Bericht «The Limits to Growth», der zu Beginn der 1970er Jahre vom Club of Rome in Auftrag gegeben wurde und international auf sehr grosse Resonanz stiess. Meadows, Meadows, Zahn u. a. 1972; Peccei 1973: 47–52.

zen des Wachstums» problematisiert, die nicht nur eine weitere Ausdehnung des Wachstums verhindern, sondern auch Wohlstand und Wohlergehen der Menschen gefährden.[3] Dennoch blieb die «Wachstumsidee», die Vorstellung also, dass Volkwirtschaften sich notwendigerweise ausdehnen müssen, um den Wohlstand zu sichern, als politische Zielsetzung bestehen. Auch der Klimawandel, als die vielleicht dramatischste Folge des globalen Wirtschaftswachstums, konnte der Wachstumsidee bislang wenig anhaben. Dies wird insbesondere im Konzept eines *Green New Deal* deutlich, wie ihn unter anderem die US-Demokraten anstreben und der für eine ökologische Wende zur Bekämpfung der Klimaerwärmung steht, bei der das Wirtschaftswachstum als Zielsetzung jedoch unangetastet bleibt.[4] Einiges spricht also dafür, dass sich die Wachstumsidee seit ihrem Aufkommen zu einer *idée fixe* verwandelt hat, die sich trotz substanzieller Kritik dauerhaft festsetzen konnte.

Um zu verstehen, wie sich die Wachstumsidee als dauerhafte politische Zielsetzung etablieren konnte, gilt es zunächst die Kontingenz ihrer Entstehung zu beleuchten, also die historisch spezifischen Kontexte und Faktoren, die zu ihrer Herausbildung führten. Dann erfordert die Fragestellung eine Untersuchung, wie diese Idee zirkulierte, rezipiert und schliesslich als politische Zielsetzung implementiert wurde und welche Rolle dabei den nationalen und supranationalen Institutionen und Akteur*innen zukam. Die Wachstumsidee setzt zum einen die Vorstellung voraus, dass die Zukunft eines Landes durch seine wirtschaftliche Entwicklung weitgehend determiniert ist und aus dem Jetzt-Zustand abgeleitet werden kann. Sie impliziert also eine Prognostizierbarkeit des Wirtschaftsverlaufs. Dann setzt die Wachstumsidee eine Vergleichbarkeit und einen fortlaufenden Vergleich zwischen Volkswirtschaften und deren Leistungsfähigkeit voraus sowie einen Staat, der willens und kompetent ist, die Wirtschaft im ihrem Werden zu beobachten und zu gestalten. Diese Voraussetzungen waren in den meisten OECD-Ländern frühestens ab der Mitte des 20. Jahrhunderts gegeben, zum einen, weil erst zu diesem Zeitpunkt die dazu erforderlichen wirtschaftswissenschaftlichen Konzepte und Statistiken vorlagen, zum anderen weil sich erst zu diesem Zeitpunkt ein wirtschaftspolitischer Systemwettbewerb zwischen Kommunismus und Kapitalismus herausbildete, in dessen Kern die volkswirtschaftliche Leistungsfähigkeit stand.

Das Fortbestehen der Wachstumsidee und ihre Verfestigung zu einem permanenten wirtschaftspolitischen Imperativ wiederum impliziert die Anpassung von Institutionen, die ursprünglich auf andere wirtschaftspolitische Zielsetzun-

3 Der Begriff der «Grenzen des Wachstums» geht auf den Bericht des Club of Rome von 1972 zurück, in welchem die Forscher Donella H. Meadows, Dennis L. Meadows, Jørgen Randers und William W. Behrens anhand einer Computersimulation die Folgen eines fortgesetzten, globalen Wirtschaftswachstums aufzeigten. Meadows, Meadows, Zahn u. a. 1972.

4 Chohan 2019: 4.

gen und Werte ausgerichtet waren. Es stellt sich also die Frage, wie sich die Wachstumsidee von einem momentanen Strohfeuer hin zu einem zentralen Fluchtpunkt des nationalstaatlichen Handelns etablieren konnte. Anders als beispielsweise Frankreich oder Grossbritannien, die bereits in den frühen 1950er Jahren eine staatliche Wachstumspolitik *avant la lettre* verfolgten und auch nicht vor planerischen Eingriffen zurückschreckten,[5] pflegte die Schweiz insgesamt eine pragmatische, im Wesentlichen liberale Wirtschaftspolitik.[6] Dies lag nicht zuletzt an der starken Stellung der Wirtschaftsverbände, die dem Staat kaum wirtschaftlichen Gestaltungswillen zugestanden und jede Initiative zu einem solchen erfolgreich zu bekämpfen wussten.[7] Dennoch übernahm auch der Schweizer Staat die Wachstumsidee nach und nach und integrierte sie in seine Wirtschaftspolitik, ohne sich jedoch in einem Gesetzestext formell zu ihr zu bekennen. Vielmehr fand die Wachstumsidee nur sehr allmählich Eingang in den wirtschaftspolitischen Diskurs der Regierung, ehe dem Bundesamt für Konjunkturfragen Ende der 1970er Jahre wachstumspolitische Aufgaben zugeteilt wurden.

Der Rezeptions- und Implementationsprozess der Wachstumsidee in der Schweiz legt nahe, dass diese zunächst hauptsächlich von Beamten der Bundesverwaltung aufgenommen wurde, die sich ihr gegenüber offen zeigten. Darüber hinaus lässt das Schweizer Beispiel den Schluss zu, dass die Wachstumsidee nicht primär als konkrete politische Zielsetzung dauerhaft übernommen wurde. Vielmehr bot sie einen Reflexionsraum über die volkswirtschaftliche Zukunft und Leistungsfähigkeit des Landes. Der nachhaltige Erfolg der Wachstumsidee lässt sich also – so die These des vorliegenden Beitrags – nur vordergründig mit der konkreten Planung beziehungsweise Gestaltung der zukünftigen volkswirtschaftlichen Leistung erklären. Bei der Rezeption und Implementation dieser Idee waren viel mehr der komparative und der prognostische Aspekt zentral, welche die Idee mit sich brachte. Die Erfassung und die Voraussicht des Wirtschaftswachstums bezweckten primär einen kompetitiven und temporalen Vergleich der Leistungsfähigkeit. Ein volkswirtschaftliches Wachstumsziel bildete einen Fixpunkt in einer Welt, deren dynamisierte politische und wirtschaftliche Verhältnisse immer schwerer einzuschätzen waren.

---

5 Alphandéry, Aujac, Fourquet 1980; Colli 2022; Terray 2017; O'Hara 2007 sowie Saunders 1964.

6 Eine Ausnahme bildeten die Massnahmen der Regierung zur Sicherstellung der Preisstabilität in der Nachkriegszeit, zu deren Durchsetzung sie jedoch bis zu Beginn der 1960er Jahre auf die freiwillige Mitwirkung der Wirtschaft angewiesen war. Vgl. dazu Ronca 2016.

7 Der Widerstand der Wirtschaft gegen staatliche Eingriffe zeigte sich exemplarisch an der Schweizer Produktionsstatistik, deren Einführung sie über 50 Jahre hinweg zu verhindern wusste. Das zentrale Argument gegen eine solche bildete die Behauptung, dass eine Produktionsstatistik planerischen Eingriffen durch den Staat Vorschub leisten würde. Vgl. dazu Ronca 2020.

Die Wachstumsidee und ihre historischen Bedingungen

Die Wachstumsidee ist vergleichsweise jung. Noch in den 1940er Jahren des 20. Jahrhunderts existierte kein wirtschaftswissenschaftliches Wachstumskonzept.[8] Prosperitätsphasen von mehreren Jahren waren seit dem 19. Jahrhundert zwar Gegenstand wissenschaftlicher Forschung, sie wurden jedoch primär als Teil eines Konjunkturzyklus gesehen, in dem sie nach wenigen Jahren durch eine Depression abgelöst wurden. Der Fokus der Wissenschaft lag deshalb nicht auf den Bedingungen der wirtschaftlichen Expansion, sondern auf der Wiederkehr von Wirtschaftskrisen.[9] Nicht zuletzt die Weltwirtschaftskrise der 1930er Jahre gab der Krisenforschung neuen Auftrieb und begünstigte die Entwicklung und Rezeption von John Maynard Keynes' Allgemeiner Theorie der Beschäftigung, des Zinses und des Geldes.[10] Keynes erachtete eine ungleichgewichtige Wirtschaft, die sich durch einen Nachfragemangel oder -überschuss auszeichnet, anders als die Klassische Theorie nicht als Ausnahme, sondern als Normalfall. Seine Vorstellung einer ungleichgewichtigen Wirtschaft prägte die Wirtschaftspolitik der Nachkriegszeit stark und erhöhte die Akzeptanz von staatlichen Eingriffen zur Regulierung der Nachfrage in vielen Ländern.[11]

Parallel zur Verbreitung und Rezeption von Keynes' Idee einer ungleichgewichtigen Wirtschaft, die einer permanenten Beobachtung und Regulierung bedurfte, bildete sich zu Beginn der 1950er Jahre die Wachstumsidee heraus, und zwar sowohl als wirtschaftswissenschaftliche Theorie als auch als politische Zielsetzung. Besonders deutlich kam der doppelte Charakter der Wachstumsidee im Buch des amerikanischen Ökonomen und Wirtschaftshistorikers Walt Whitman Rostow *Stages of Economic Growth. A Non-Communist Manifesto* von 1960 zum Ausdruck. In diesem beschrieb Rostow ein Entwicklungsschema, das Volkwirtschaften unterschiedslos durchliefen, ehe sie sich zu reifen Konsumgesellschaften entwickeln würden. Rostow argumentierte in seinem Buch implizit gegen die Notwendigkeit planerischer Interventionen in die Wirtschaft, wie sie der Kommunismus vorsah, und plädierte stattdessen für eine freie Entfaltung der Wirtschaft.[12]

Wirtschaftswachstum war für Rostow sowohl ein gesetzmässiger als auch ein historisch spezifischer Prozess, den die jeweiligen Länder in der sogenannten «*Take off*»-Phase durchliefen, und in dem sie sich von traditionellen zu modernen Gesellschaften entwickelten. Für die Erreichung der *Take-off*-Phase entscheidend waren ihm zufolge neben technischen Neuerungen, die eine Erhö-

8 Halsmayer, Hoover 2016.

9 Mitchell 1913.

10 Laidler 2011.

11 Hall 1989.

12 Rostow 1960: 93.

hung der Produktivität ermöglichten, auch gesellschaftliche und politische Veränderungen sowie das Aufkommen unternehmerisch handelnder Menschen, die bereit waren, Erspartes zu investieren und Risiken einzugehen.[13] Wirtschaftswachstum war seinem Verständnis entsprechend ein Entwicklungsschritt, der durch politische Institutionen verhindert oder begünstigt werden konnte. So sah er die Handelsfreiheit und den Wettbewerb innerhalb eines Landes und die Entstehung eines Weltmarktes als wichtigen Wachstumstreiber an.[14]

Rostows Begriff von Wirtschaftswachstum und der *Take-off*-Phase war nur vordergründig kontingent. Tatsächlich verstand er ihn als einen für das Wohl der Menschen notwendigen, durch die Industrialisierung und kapitalistische Akkumulation angetriebenen Entwicklungsprozess. Sein Wachstumsbegriff war durchweg politisch und entsprach jenem der USA und der meisten OECD-Länder, die sich ab Mitte der 1950er Jahre das Ziel setzten, mit Wirtschaftswachstum die westliche Hegemonie zu sichern.[15] Die OECD formulierte erstmals 1961 konkrete Wachstumsziele, wohl in Reaktion auf die Verkündung der Sowjetunion von 1959, ihre Produktion innerhalb von zehn Jahren um 150 Prozent und innerhalb von 20 Jahren um 500 Prozent steigern zu wollen. Das Wachstumsziel der OECD von 1961 sah eine Steigerung des BIP um 50 Prozent innerhalb von neun Jahren vor und war damit zwar um einiges bescheidener als das sowjetische, aber immer noch sehr ambitioniert, hatte doch keines der OEEC-Länder in der zweiten Hälfte der 1950er Jahre ein vergleichbares Wachstum verzeichnet.[16]

Zugleich bildete sich die Wachstumsidee auch vor dem Hintergrund der Wachstumstheorie heraus. Namentlich Robert Solow hatte dem Forschungsfeld, das sich zu Beginn der 1950er Jahre zu formieren begann, mit seinem Wachstumsmodell entscheidende Impulse gegeben. Die Entstehung der Wachstumsidee lässt sich aber nicht alleine auf die Wachstumstheorie zurückführen. Wie Matthias Schmelzer in seinem Buch *The Hegemony of Growth* argumentiert hat, muss sie auch im Kontext des Wiederaufbaus Europas nach dem Krieg und vor allem vor dem Hintergrund der aufkeimenden Systemkonkurrenz zwischen Kapitalismus und Kommunismus gesehen werden. Sie war also Ausdruck eines weltpolitischen Wettbewerbs, der nicht zuletzt auf der Ebene der wirtschaftlichen Leistungsfähigkeit ausgetragen wurde.[17]

---

13 Ebd.: 7.

14 Ebd.: 6.

15 Bereits 1951 hatte die OEEC, die Organisation für europäische wirtschaftliche Zusammenarbeit ihr Expansionsziel als Reaktion auf die neue Aufrüstungswelle und den Ausbruch des Korea-Kriegs formuliert. Bei diesem handelte es sich jedoch noch nicht um ein Wachstumsziel im Sinne einer Zunahme der volkswirtschaftlichen Gesamtproduktion, sondern lediglich um den Plan einer sektoralen Steigerung von Produktion und Produktivität von 25 Prozent innerhalb von fünf Jahren. Schmelzer 2016: 122–125.

16 Ebd.: 164, 165 und 179.

17 Ebd.

Die Rezeption der Wachstumsidee in der Schweiz

Anders als ihre europäischen Nachbarn war die Schweiz nach dem Zweiten Weltkrieg weniger disponiert, die Wachstumsidee als wirtschaftspolitische Zielsetzung zu übernehmen. Das lag zum einen daran, dass ihre Infrastruktur und die Produktionsstätten der Wirtschaft unversehrt geblieben waren. Zum anderen blickte das Land auf eine weitgehend liberale Wirtschaftspolitik zurück. Zwar hatte der Staat während der Weltwirtschaftskrise einzelne in Not geratene Branchen mit protektionistischen Massnahmen unterstützt,[18] insgesamt aber galt die Handels- und Gewerbefreiheit als oberstes Gebot und wurde von den Wirtschaftsverbänden entsprechend verteidigt. Nach dem Krieg erweiterte die Schweiz die wirtschaftspolitischen Kompetenzen der Bundesregierung, als diese mit dem sogenannten Krisenartikel der neuen Wirtschaftsartikel von 1947 die Kompetenz erhielt, bereits eingetretene oder drohende Wirtschaftskrisen zu bekämpfen.[19] Das auf dem Krisenartikel aufbauende Bundesgesetz über die Vorbereitung der Krisenbekämpfung und Arbeitsbeschaffung sah die Schaffung von Arbeitsreserven für den Fall einer Wirtschaftskrise vor, nicht aber die Planung des volkswirtschaftlichen Outputs in «normalen» Zeiten.[20] Darüber hinaus brachte das Gesetz dennoch eine Neuerung, die für die Wirtschaftspolitik der Schweiz bemerkenswert war: Es verankerte die seit den frühen 1940er Jahren bestehende Funktion eines Delegierten für Arbeitsbeschaffung (DAB) institutionell und signalisierte damit, dass die Wirtschaft einer permanenten Überwachung in Bezug auf ihre Krisenanfälligkeit bedurfte.

Für die Schweiz bedeutete die Institutionalisierung des DAB einen Schritt weg von der insgesamt liberalen und sehr pragmatisch gestalteten Wirtschaftspolitik, und sie stellte auch einen ersten Schritt in Richtung einer Verwissenschaftlichung der Regierungspolitik dar. Zwar existierten bereits seit den 1920er Jahren verschiedene wirtschaftspolitische Bundeskommissionen mit Vertretern der Wirtschaft, der Bundesverwaltung und der Wissenschaft, die eine wissenschaftlich-politische Beratung der Wirtschaftspolitik zum Zweck hatten. Doch hatten diese, wenn überhaupt, nur wenig Einfluss. Insbesondere die 1932 gegründete Kommission für Konjunkturbeobachtung (KbK) blieb in den ersten zwei Jahrzehnten ihres Bestehens im Unklaren, inwiefern das ihr zugestandene Recht zur wirtschaftspolitischen Beratung tatsächlich erwünscht war.[21] Mit der Institutionalisierung des DAB wurde diesem die Aufgabe erteilt, eine «fortlau-

---

18 Zum Schutz der Schweizer Schuhindustrie vor der ausländischen, in der Schweiz produzierenden Konkurrenz verbot der Bundesrat 1934 die Eröffnung von neuen und die Erweiterung von bestehenden Betrieben. Vgl. dazu Wild 2019: 284–286.

19 Ronca 2024: 127.

20 Bundesblatt 1954: 466–471.

21 Ronca 2024: 76–87.

fende Überwachung aller Möglichkeiten der Krisenverhütung und der Koordination entsprechender Massnahmen» zu leisten.[22] Dem Delegierten kam damit eine Rolle zu, die sowohl politisch-administratives Sachverständnis als auch ein wissenschaftliches Urteilsvermögen erforderte, waren die politischen Massnahmen zur Krisenverhütung doch eng mit den sich im Verlauf des 20. Jahrhunderts stark wandelnden Konjunkturtheorien und der sich allmählich herausbildendenden Makroökonomie verknüpft.

Die Funktion des DAB als konjunkturpolitischer Beobachtungs- und Koordinationsinstanz gewann nach dem Zweiten Weltkrieg stark an Bedeutung, als sich die wirtschaftlichen Verhältnisse durch die unerwartet hohe Nachfrage stark dynamisierten und insbesondere der Preisauftrieb Interventionen des Bundesrats erforderlich machte. Vor allem in kommunikativer Hinsicht erwies sich der DAB als strategisch sehr bedeutsam, weshalb er ab 1945 ein «Mitteilungsblatt» erhielt und die Funktion 1949 vom Eidgenössischen Militärdepartement (EMD) ins Eidgenössische Volkswirtschaftsdepartment (EVD) übergesiedelt wurde:[23] Der Bundesrat bedurfte nun einer Instanz, die seine konjunkturpolitischen Erwägungen innerhalb der Bundesverwaltung koordinierte und öffentlich zu einem kohärenten Diskurs formte. Zwar war der DAB nicht die einzige Instanz innerhalb der Bundesverwaltung, welche die wirtschaftspolitischen Handlungsmöglichkeiten vor dem Hintergrund der wirtschaftspolitischen Institutionen und Praktiken beurteilte. Im Gegensatz zu den wirtschaftspolitischen Kommissionen wie insbesondere der KbK des Bundes war er jedoch stärker in die Verwaltungsprozesse und Regierungsgeschäfte eingebunden und dadurch in einer besseren Position, die zirkulierenden krisenpolitischen Ideen, Konzepte und Sichtweisen zu überblicken und zu einem möglichst kohärenten und widerspruchsfreien Diskurs zu konsolidieren.[24]

Durch die unerwartete Hochkonjunktur, die in der Schweiz vom Kriegsende bis zur Wirtschaftskrise von 1975 quasi ohne Unterbruch andauerte, rückten nach 1945 weit weniger Fragen zur Krisenbekämpfung als solche der Nachfragedämpfung und Inflationsbekämpfung in den Mittelpunkt der wirtschaftspolitischen Debatte. Dabei dominierte die Frage, ob es sich bei der unerwarteten Hochkonjunktur um eine befristete und potenziell gefährliche Überhitzungserscheinung handelte oder um einen nachhaltigen Expansionsprozess, der noch Jahre, wenn nicht Jahrzehnte andauern könnte. Die verschiedenen Beamten der Bundesverwaltung, die im Zeitraum von 1942 bis 1979 das Amt des DAB innehatten, kamen deshalb früh in Kontakt mit der Wachstumsidee und spielten eine zentrale Rolle bei ihrer Rezeption und Integration in die Bundesverwaltung. Dabei lassen sich grob drei Phasen unterscheiden: die «Wachstumskonzepte *avant*

22 Bundesblatt 1954: 470.

23 Ronca 2024: 133.

24 Ebd.: 141–144.

la lettre» in den 1940er und 1950er Jahren, die «Hochkonjunktur der Wachstumsidee» in den 1960er Jahren bis zur Wirtschaftskrise von 1975 sowie die Phase «Ende des Wachstums und der Durchbruch der Wachstumsidee» in den späten 1970er und frühen 1980er Jahren. Während dieser drei Phasen trugen die jeweils amtierenden DAB durch verschiedene Initiativen oder Kontroversen massgeblich zur Rezeption der Wachstumsidee und ihrer Integration in den liberalen Staat bei. Dabei handelte es sich aber nicht um einen kontinuierlichen Gewöhnungsprozess, sondern um eine Folge von disruptiven Ereignissen, bei welchen die Wirtschaftslage, ihre mutmassliche Entwicklung und der wirtschaftspolitische Handlungs- und Gestaltungsspielraum der Regierung immer wieder neu interpretiert und auf aufeinander bezogen werden mussten.

Vom Blick zurück zum Blick nach vorn

Die Rolle des DAB war bereits bei ihrer institutionellen Einrichtung durch den bundesrätlichen Beschluss vom 29. Juli 1942 als mittel- bis langfristige wirtschaftspolitische Planungsinstanz gedacht worden. Wie der erste DAB, Otto Zipfel, in einem Vortrag erklärte, war die neu geschaffene Stelle eine Vorrichtung zur «sinnvollen und geordneten Vorbereitung auf kommende Zeiten» und damit notwendigerweise zukunftsorientiert.[25] In seinem Vortrag schreckte Zipfel nicht davor zurück, das bei der Wirtschaft unbeliebte Wort der «Planung» in den Mund zu nehmen und damit die Befürchtung einer staatlichen Kontrolle zu schüren.[26] Zipfel nannte zwar keinen konkreten temporalen Rahmen der beabsichtigten Planung der Arbeitsbeschaffung; die von ihm aufgeführten Beispiele zur Bildung von Arbeitsreserven – Strassenbau, die Erstellung neuer Kraftwerke, Flusskorrektionen oder Aufforstungen[27] – legen aber nahe, dass ihm ein Planungshorizont von bis zu zwei Dekaden vorschwebte.[28] Dieser Zeitraum übertraf die herkömmliche Dauer eines klassischen Konjunkturzyklus von 5–11 Jahren deutlich.[29]

Der längerfristige Planungshorizont der Arbeitsbeschaffung basierte vermutlich auf der staatlichen Nachfrage, die zu einem wesentlichen Teil aus öffentlichen Investitionsprojekten bestand. Diese unterschieden sich von Wirtschafts-

25 Zipfel, Otto: Die Grundzüge des schweizerischen Arbeitsbeschaffungsprogrammes, Vortrag No. 2, ETH Hochschularchiv, Biographisches Dossier Otto Zipfel: 1.

26 Ebd.: 1.

27 Die Korrektion von Flüssen, wie sie ab dem 18. Jahrhundert in der Schweiz vorgenommen wurde, nahm manchmal mehrere Jahrzehnte in Anspruch. So dauerte die Korrektur des Alpenrheins von 1860 bis 1890, diejenige der Linth von 1807 bis 1823 und jene vom Tessin von 1888 bis 1912. Vgl. dazu Vischer 2006.

28 Ebd.: 2.

29 Röpke 1936: 19.

krisen nicht nur hinsichtlich der Dauer, sondern auch bezüglich ihrer Absehbarkeit. Die Arbeitsbeschaffung baute also auf Projekte, die Krisen mutmasslich überdauerten und sich aufgrund der Vorlaufzeit, die zu ihrer Umsetzung erforderlich war, nicht rasch als Beschäftigungsersatz umfunktionieren liessen. Stand die Arbeitsbeschaffung aufgrund ihres temporalen Planungshorizonts in Widerspruch mit der Natur von Wirtschaftskrisen, schuf sie zugleich ideale Voraussetzungen für die Rezeption der Wachstumsidee. Sie eröffnete einen neuen, insbesondere für die Schweizer Wirtschaftspolitik ungewohnt langen Zeitraum von bis zu zwei Jahrzehnten und rückte die Bedeutung von Investitionsprojekten zur Förderung der Wirtschaftstätigkeit in den Fokus der wirtschaftspolitischen Debatte. Damit antizipierte sie zwei zentrale Aspekte der Wachstumsidee: eine langfristige Perspektive auf den Wandel der Wirtschaft und die Schaffung von Infrastrukturen für ihr Gedeihen.[30]

Das Amt des DAB war 1942 noch als Teil des kriegswirtschaftlichen Programms geschaffen worden, da man erwartete, dass die Umstellung von der Kriegs- auf die Friedenswirtschaft eine Deflation mit hoher Arbeitslosigkeit zur Folge haben würde,[31] wie jene, die kurz nach dem Ende des Ersten Weltkrieg eingetreten war.[32] Die Arbeitsbeschaffung für die Nachkriegszeit sollte deshalb sorgfältig geplant werden, und so beschloss der Bundesrat bei Kriegsende, den Vorstoss der KbK zur Einführung einer Produktionsstatistik mit einem Bundesbeschluss zu konkretisieren.[33] Die Einführung einer Produktionsstatistik war in den 1920er und 1930er Jahren bereits mehrmals am Widerstand der Wirtschaft gescheitert, die darin hauptsächlich ein staatliches Kontrollinstrument der Wirtschaft sah.[34] Die KbK, die seit 1945 zusammen mit dem Bundesamt für Industrie, Gewerbe und Arbeit (BIGA) bei diesem Vorhaben federführend war, beschloss deshalb, die statistischen Erfordernisse für die Arbeitsbeschaffung und das prognostische Potenzial einer Produktionsstatistik zu unterstreichen. Entsprechend waren das BIGA und die KbK bei der Vernehmlassung der Botschaft auf die Mitarbeit des DAB angewiesen. Wie sich in der Folge zeigen sollte, war der amtierende DAB Otto Zipfel zwar kooperativ, durch seine abweichende Bewertung des Nutzens einer Produktionsstatistik für die Arbeitsbeschaffung schwächte er das Vorhaben aber.

30 Der Ausbau und der effiziente Unterhalt von Infrastrukturen zählt auch heute noch zu den Prioritäten der Wachstumspolitik des Bundes. So sah die 2013 vorgenommene Überprüfung der Wachstumspolitik des Bundes die Erarbeitung einer langfristigen Infrastrukturstrategie vor, der eine grosse Bedeutung für das Wirtschaftswachstum beigemessen wurde. Eidgenössisches Departement für Wirtschaft, Bildung und Forschung WB 2013: 189.

31 Ronca 2024: 115–120.

32 Fahrni 1977.

33 Protokoll über die Sitzung der Kommission für Konjunkturbeobachtung vom 6. April 1945, SNB Bibliothek, Signatur: ZD 28: 1.

34 Ronca 2020.

Otto Zipfel hatte anders als die anderen am Vorhaben Beteiligten keinen akademischen Hintergrund. Seine wirtschaftswissenschaftliche Bildung hatte er im Rahmen verschiedener beruflicher Stationen als Spitzenbeamter der Bundesverwaltung und als Verwaltungsrat in privatwirtschaftlichen Unternehmen sowie im Selbststudium erworben.[35] Zipfel orientierte sich bei der Beurteilung der Möglichkeiten der Krisenbekämpfung durch die Arbeitsbeschaffung deshalb vielleicht weniger an der Meinung von Schweizer Ökonomen als an derjenigen von ausländischen Kollegen. Namentlich berief sich Zipfel in der Diskussion zur Ausgestaltung der Schweizer Arbeitsbeschaffung auf das englische Weissbuch *Employment Policy* von 1944, das für eine Politik der Vollbeschäftigung und Nachfragesteuerung stand, wie sie in der Schweiz aufgrund der wirtschaftsliberalen Tradition nicht umsetzbar gewesen wäre.[36] Auch bei der beabsichtigten Einführung einer Produktionsstatistik scherte Zipfel aus und vertrat die Position, dass die Planung der Arbeitsbeschaffung zwar einer Auftragsstatistik, aber nicht zwingendermassen einer umfassenden Produktionsstatistik bedürfe.

Die Ansicht, dass eine Auftragsstatistik für die Zwecke der Arbeitsbeschaffung ausreiche, war auch innerhalb der Wirtschaft verbreitet und stand für die grundsätzliche erkenntnistheoretische Frage, woraus sich der künftige Verlauf der Wirtschaft ableiten lasse – aus den gemachten Erfahrungen oder aus den gegenwärtigen Dispositionen.[37] Die KbK, welche die Produktionsstatistik vor allem für die Konjunkturbeobachtung anstrebte, hielt an ihrem Vorhaben fest. Zipfel setzte jedoch durch, dass im zweiten Botschaftsentwurf neben der Einführung einer Produktionsstatistik auch eine Auftragsstatistik gefordert wurde, und trug damit dazu bei, dass der Vorstoss die Wirtschaft nicht zu überzeugen vermochte, offenbarte die doppelte Forderung doch Uneinigkeit innerhalb der Bundesverwaltung und machte sie angreifbar.[38]

Die Frage, welche Statistiken für die Planung der Arbeitsbeschaffung erforderlich seien, war für die spätere Rezeption der Wachstumsidee von Bedeutung, denn eine Auftragsstatistik orientierte sich an der Gegenwart und implizierte, dass sich die Zukunft grundsätzlich von der Vergangenheit unterschied. Die Forderung nach einer Auftragsstatistik brachte einen Wechsel der Blickrichtung mit sich. Staat und Wirtschaft sollten nicht mehr primär auf die Vergangenheit schauen, sondern auf die Zukunft als Möglichkeitsraum der Gegenwart. Für die

35 Joye-Cagnard 2023.

36 Protokoll über die Sitzung der Kommission für Konjunkturbeobachtung vom 09.11. 1944, SNB Bibliothek, Signatur: ZD 28: 5.

37 Namentlich der Schweizerische Handels- und Industrieverein (SHIV oder «Vorort») zeigte sich gegenüber der Behauptung, die Produktionsstatistik sei für die Arbeitsbeschaffung unerlässlich, kritisch. Notiz für Herrn Dr. Homberger: Betr. Eventuelle Schaffung einer schweizerischen Produktionsstatistik, 01.12.1945, AfZ, IB Vorort-Archiv, 240.3.2: 2.

38 Ronca 2024: 114–115.

spätere Rezeption der Wachstumsidee war dieser Blickwechsel deshalb von Bedeutung, weil die wirtschaftliche Zukunft nun als Folge von Erwartungen und Entscheidungen der Gegenwart gesehen wurde und nicht mehr als Variation der Vergangenheit.[39]

Zipfel schuf durch seine Tätigkeit als DAB noch eine zweite wichtige Voraussetzung für die Rezeption der Wachstumsidee, indem er sich in den 1940er Jahren mit einer «Aktion zur Förderung zusätzlicher Forschungen» für mehr Investitionen in die wissenschaftliche Forschung einsetzte.[40] Wie er in einem Aufsatz von 1949 argumentierte, war der technische Vorsprung als kompetitiver Vorteil von grösserer Bedeutung als die Qualität der Arbeit – gerade für die Schweiz mit ihrem hohen Preisniveau. Für Zipfel ermöglichte der technische Fortschritt eine höhere Leistungsfähigkeit und erlaubte dadurch Einsparungen bei der Arbeitskraft.[41] Zipfel nahm damit einen zentralen Punkt der neoklassischen Wachstumstheorie vorweg: der technische Fortschritt als wichtiger Faktor für das Wachstum und die volkswirtschaftliche Wettbewerbsfähigkeit.

Mitte der 1950er Jahre ergänzte sein Nachfolger Fritz Hummler den Arbeitsbereich des DAB um die Förderung des wissenschaftlichen und technischen Nachwuchses und deklarierte diese zur «Aufgabe der langfristigen Arbeitsbeschaffung».[42] In einem Aufsatz von 1955 machte er darauf aufmerksam, dass der herrschende Mangel an Ingenieuren nicht nur durch die konjunkturbedingt erhöhte Nachfrage nach diesen verursacht worden sei, sondern auch dadurch, dass die Studierendenzahl an der Eidgenössischen Technischen Hochschule (ETH) trotz des Bevölkerungswachstums zwischen 1950 und 1953 zurückgegangen sei. Hummler mutmasste, diese Entwicklung hänge damit zusammen, dass sich «manch junger Mann [sage], dass es besser sei, die Früchte der Wirtschaftskonjunktur gleich zu pflücken, statt sich auf eine jahrelange akademische Ausbildung einzulassen».[43] Mit seiner Initiative zur Förderung des akademischen Nachwuchses sollte der zukünftige Bedarf an Ingenieuren sichergestellt werden. Hummler ging davon aus, dass die nach Kriegsende ungewöhnlich starke Nachfrage weiter andauern werde und hatte damit gewissermassen ein Wachstumsmodell im Kopf, das von einer langfristig erhöhten Nachfrage nach Ingenieuren ausging. Beziehungsweise sah er das Angebot an wissenschaftlich ausgebildeten

39 Die Auftragsstatistik unterschied sich als prognostischer Indikator insbesondere von der sogenannten Harvard-Methode der drei Märkte, die auf der Annahme aufbaute, dass sich die Vergangenheit in Zukunft in leicht veränderter Form wiederholen würde. Der Statistiker Warren Persons, der die Methode entwickelt hatte, versuchte deshalb nicht die kausalen Zusammenhänge zwischen den Märkten zu verstehen, sondern er suchte lediglich nach historischen Analogien in den Daten. Friedman 2014: 139–140.

40 Zipfel 1949: 16.

41 Ebd.: 13.

42 Hummler 1959: 6.

43 Hummler 1955: 58.

Personen als kritischen Faktor für die Entwicklung des Landes. Mit dieser Sichtweise stellte er dem konjunkturellen Denken der Zeit einen alternativen wirtschaftspolitischen Reflexionsraum gegenüber, der den Grundüberlegungen der Wachstumsidee schon sehr nahekam.

Vom Konjunkturbewusstsein zum Entwicklungsbewusstsein

Interessanterweise berief sich Fritz Hummler in seinem Plädoyer für eine langfristige Förderung der wissenschaftlichen Forschung und des akademischen Nachwuchses nicht auf die Mitte der 1950er Jahre in den USA immer prominentere Wachstumsforschung. Insbesondere das neoklassische Wachstumsmodell von Robert Solow, das dieser erstmals in seinem Aufsatz von 1956 *A Contribution to the Theory of Economic Growth* vorgestellt hatte, gab dem Forschungsfeld einen wichtigen Impuls und rückte die Bedeutung des technologischen Fortschritts für die Entwicklung der Volkswirtschaft ins Zentrum der wissenschaftlichen und wirtschaftspolitischen Debatte.[44] Während Solows Modell und allgemein die Wachstumsforschung im angelsächsischen Raum Mitte der 1950er Jahre rapide an Bedeutung gewann, wurde sie in der Schweiz zunächst nur von einzelnen Ökonomen zur Kenntnis genommen. Zu diesen zählte der junge Ökonom Francesco Kneschaurek, der 1960 als Professor für Nationalökonomie an der Handelshochschule St. Gallen berufen werden sollte.[45] In seiner Dissertation hatte sich Kneschaurek mit dem kurz- und mittelfristigen Wandel der Schweizer Wirtschaft beschäftigt; ab Mitte der 1950er Jahre verlagerte sich sein Forschungsinteresse aber immer stärker auf die Auswirkungen struktureller Faktoren auf die Volkswirtschaft und auf die Bedingungen ihrer langfristigen Entwicklung.[46] In zwei Artikeln von 1956 forderte er deshalb ein Umdenken in der Sichtweise auf den Wirtschaftswandel.[47] Ausgehend von einer Analyse der demografischen Entwicklung stellte er eine Verlangsamung des Zuwachses der erwerbstätigen Bevölkerung und damit verbunden eine Abnahme der Produktivität und des Wohlstandes in Aussicht.[48] Kneschaurek plädierte deshalb

44 Anders als die Pioniere der Wachstumstheorie Roy F. Harrod und Evsey D. Domar, die in den 1940er Jahren zu den langfristigen Bedingungen einer gleichgewichtigen Wirtschaft geforscht hatten, führte Solow langfristiges Wirtschaftswachstum nicht ausschliesslich auf Investitionen zurück, sondern auch auf den technologischen Fortschritt. Halsmayer 2014 und Halsmayer 2016.

45 Schweizerische Handels-Zeitung, 18.05.1961.

46 Kneschaurek 1955.

47 Kneschaurek 1956a; Kneschaurek 1956b.

48 Kneschaurek 1956b: 3.

für langfristige Investitionen in die Wirtschaft und riet eindringlich zu einer Abkehr vom dominierenden, ausschliesslich kurzfristigen Konjunkturdenken.[49]

Kneschaureks Kritik zielte unmissverständlich auf die Konjunkturpolitik des Bundes, weshalb auch der DAB Fritz Hummler sie zur Kenntnis nahm und in einer 12-seitigen Replik auf Kneschaureks Thesen antwortete. Hummler versuchte Kneschaureks langfristige Prognose eines Produktivitätsschwunds vor allem mit dem Einwand zu entkräften, dass es sich beim genannten demografischen Wandel nur um «eine unter verschiedenen Entwicklungsmöglichkeiten» handeln würde. Kneschaurek sah sich dadurch zu einer Duplik veranlasst.[50] In seinem Aufsatz *Langfristige Wirtschaftsentwicklung und Konjunkturpolitik* von Dezember 1956 versuchte er sein Kernargument – das Erfordernis einer stärkeren Berücksichtigung der «langfristigen Entwicklungstendenzen» – mit der Unterscheidung zwischen «Konjunktur» und «Wachstum» deutlich zu machen. Er argumentierte, «Wachstum» sei eine eigenständige Erscheinung der Wirtschaft, die eine gesonderte Betrachtung erfordere.[51] Kneschaureks Forderung zielte nicht zuletzt darauf ab, die Erwartung eines konjunkturellen Rückschlages, der die gute Geschäftslage der Nachkriegszeit beenden würde, zu entkräften und die Möglichkeit einer andauernd hohen Nachfrage zu plausibilisieren.[52] Dabei ging es ihm nicht nur darum, eine langfristig ausgerichtete Wirtschaftspolitik anzuregen, sondern auch um eine Neudeutung der Nachkriegskonjunktur. Seine Forderung für ein neues «Entwicklungsbewusstsein» stand entsprechend für die Schaffung eines neuen Erwartungs- und Reflexionsraums, in dem die Fortdauer der wirtschaftlichen Expansion eine plausible Möglichkeit darstellte. Hummlers Replik auf Kneschaureks Thesen trug zweifellos zur Verbreitung dieser bei. Dabei spielte weniger eine Rolle, wer in der Debatte die besseren Argumente hatte, als dass die Debatte über das Verhältnis von Konjunktur- und Wachstumspolitik stattfand und die unterschiedlichen Positionen mit Engagement vertreten wurden.

«Perspektivstudien» zur langfristigen Entwicklung des Landes

Die Sichtweise, dass es sich beim seit Kriegsende bestehenden Nachfrageüberhang um einen Wachstumsprozess handle, setzte sich in der Schweiz zu Beginn der 1960er Jahre allmählich durch. Vor allem die Wirtschaft zog diese Neudeutung vor, denn anders als diejenige einer «Überkonjunktur» zeitigte sie keine

49 Ebd.: 5.
50 Kneschaurek 1956c.
51 Ebd.: 1.
52 Ebd.: 4.

Aufforderung zur Zurückhaltung bei Investitionen. Selbst ein Preisauftrieb erschien nicht mehr besorgniserregend, sondern wurde nun als unerfreulicher, aber insgesamt ungefährlicher Nebeneffekt des Wachstums gesehen.[53] Für die Neudeutung der Nachkriegsprosperität waren jüngere Ökonomen, allen voran Francesco Kneschaurek und der Basler Professor für Volkwirtschaft, Gottfried Bombach, massgeblich verantwortlich. Immer öfter traten sie mit der Neudeutung der Wirtschaftslage öffentlich in Erscheinung und rückten die langfristigen Folgen des Nachfrageüberhangs verstärkt in den Fokus. Mit dem Wachstumsbegriff etablierte sich die «Langfristigkeit» in der wirtschaftspolitischen Debatte und griff allmählich auch auf die Finanzpolitik und die Planung der öffentlichen Infrastruktur über.

1965 stimmte das Parlament schliesslich der Motion des freisinnigen Genfer Ständerates Alfred Borel zur Erstellung von Studien zur langfristigen Entwicklung des Landes zu, die eine bessere Planung der langfristigen Investitionspolitik des Bundes erlauben sollten. Obschon die Motion zunächst eine Erforschung der langfristigen Entwicklung aller relevanten Gesellschaftsbereiche vorsah, darunter das «Nationalstrassennetz, Hilfe an die Universitäten, Gewässerschutz, Entwicklung der Atomenergie»[54], verengte das EVD, das mit der Umsetzung der Motion beauftragt wurde, den Fokus der Studien auf die Wirtschaft und ihre Entwicklung. Ausserwirtschaftliche Faktoren sollten nur insofern berücksichtigt werden, als sie für das Wirtschaftswachstum von Bedeutung waren.[55] Federführend bei diesem Entscheid war der junge, promovierte Ökonom Hugo Allemann, der Fritz Hummler 1965 als DAB abgelöst hatte und eine stärkere Ausrichtung der Konjunkturpolitik des Bundes an der Wissenschaft anstrebte.[56] Mit dem personellen Wechsel hatten sich 1965 auch Titel und Aufgaben des DAB verändert. Neu lautete die Funktion «Delegierter für Konjunkturfragen und Arbeitsbeschaffung» (DKF) und umfasste die Koordination der Konjunkturpolitik des Bundes mit der Wachstumsfrage. Die Arbeitsbeschaffung wurde damit definitiv von der Kriegsvorsorge getrennt, weshalb der Bundesrat zusätzlich zum DKF auch die Rolle eines «Delegierten für wirtschaftliche Kriegsvorsorge» schuf.[57] In der neuen Rolle des DAB zeigte sich zum einen die veränderte Erwartung bezüglich der Entwicklung der Wirtschaftslage und zum anderen der neue Anspruch, die kurz- bis mittelfristige Konjunkturpolitik vor

53 Ronca 2024: 184–190.

54 Motion Borel vom 18.12.1964, BAR E1070#1974/32#1080*.

55 Bericht und Antrag über das weitere Vorgehen i. S. Motion Borel von Hugo Allemann an den Bundesrat vom 29.12.1967: 5, BAR E4110B#1986/81#248*.

56 Hugo Allemanns Bestreben, die Konjunkturpolitik des Bundes auf eine wissenschaftliche Grundlage zu stellen, kam insbesondere im internen Bericht zum sogenannten Anschlussprogramm zum Ausdruck. Allemann, Hugo: Institutionalisierung der Konjunkturpolitik, 05.01.1965, BAR E7296 A#1994/333#245*: 3.

57 Geschäftsberichte des Bundesrates 1965: 287, 289.

dem Hintergrund des strukturellen Wandels und wachstumspolitischer Fragen zu denken. Der DKF war damit beauftragt, die zwei vor allem temporal unterschiedlichen Betrachtungsweisen des wirtschaftlichen Wandels – Konjunktur und Wachstum – und die damit verbundenen politischen Handlungsimperative aufeinander abzustimmen.

Mit der Entscheidung, einen Wachstumsforscher mit der Erstellung von Studien zur langfristigen Entwicklung des Landes zu beauftragen, trug Hugo Allemann massgeblich dazu bei, die Vorstellung eines durch das Wirtschaftswachstum angetriebenen Wandels sowohl innerhalb der Bundesverwaltung als auch in der Öffentlichkeit weiter zu verbreiten. Die aus dem Forschungsauftrag resultierenden «Perspektivstudien» wurden zu Beginn der 1970er Jahre im Rahmen einer Medienkonferenz öffentlich gemacht und stiessen auf eine ausgesprochen grosse Resonanz. Zum einen, weil sie einen Rückgang der Produktivitätszunahme in Aussicht stellten, der teilweise als Wohlstandsverlust missverstanden wurde; zum anderen weil sie ein Novum für die Schweiz waren: Zum ersten Mal überhaupt in der Geschichte des Landes trat die Bundesverwaltung mit Wirtschaftsprognosen öffentlich auf und bekannte sich zu politischen Zielsetzungen, die von einem Wirtschaftswissenschaftler vorskizziert worden waren.[58]

Die Perspektivstudien bauten stark auf Kneschaureks Wachstumsforschung auf und stellten Wirtschaftswachstum als eine der Wirtschaft innewohnende Entwicklungsmöglichkeit dar, die zu ihrer vollen Entfaltung eines politischen Willens bedurfte. Kneschaurek skizzierte dabei eine wirtschaftliche Entwicklung für die Schweiz der Zukunft, wie sie die USA bereits durchlaufen hatten. Voraussetzung für diese Entwicklung war gemäss Kneschaurek, dass das Land die Gefahr eines sich verlangsamenden Produktivitätswachstums erkannte und bekämpfte. Der Wachstumsforscher nährte mit seiner Prognose zum zukünftigen Wachstum der Schweizer Volkswirtschaft nicht nur die Vorstellung, dass sich die wirtschaftliche Expansion der Wirtschaft grundsätzlich fortsetzen würde, sondern auch jene, dass sich Volkswirtschaften grundsätzlich gleich, aber unterschiedlich schnell entwickelten. Wirtschaftswachstum war dem entsprechend eine Leistung, die Länder in Abhängigkeit von ihrer Politik erbrachten und die sie gegenüber anderen Ländern besser oder schlechter stellte. So war die zentrale Botschaft der Perspektivstudie zur gesamtwirtschaftlichen Entwicklung der

58 Der Bundesrat stützte seine Krisen- und Konjunkturpolitik seit den 1930er Jahren zwar immer wieder auf die Autorität von Wirtschaftswissenschaftlern. Dies geschah aber meistens unter Ausschluss der Öffentlichkeit im Rahmen von Ausschüssen und Konferenzen. Gegenüber Wirtschaftsprognosen zeigten sich Bundesrat und Bundesverwaltung sehr zurückhaltend und beriefen sich bis zum Ende der 1960er Jahre kaum je auf die ohnehin schon sehr vorsichtig formulierten Tendenzbestimmungen der KbK. Ronca 2024: 99.

Schweiz, dass das Land gut daran täte, den USA in ihrer wirtschaftlichen Entwicklung nachzueifern, wollte es nicht abgehängt werden.[59]

Hugo Allemann spielte bei der Integration der Wachstumsidee in die Bundesverwaltung eine zentrale Rolle. Bereits 1965, bei Amtseintritt hatte Allemann begonnen, die Konjunkturpolitik des Bundes an langfristigen Wachstumsüberlegungen auszurichten.[60] Damit ging Allemann weiter als nur konjunktur- und wachstumspolitische Überlegungen und Zielsetzungen aufeinander abzustimmen. Konjunkturpolitik hatte nicht mehr das Ziel, Krisen zu vermeiden und Inflation zu bekämpfen, sondern wurde nun zu einer Massnahme zur Sicherung eines nachhaltigen Wirtschaftswachstums neu konzeptualisiert. So formulierte Allemann in seinem internen Bericht zu einem konjunkturpolitischen «Anschlussprogramm» an die dringlichen Bundesbeschlüsse zur Konjunkturdämpfung von 1963 und 1964 als übergeordnetes volkswirtschaftliches Ziel der Konjunkturpolitik «ein langfristig optimales Wirtschaftswachstum».[61] Allemann ordnete auf diese Weise die Konjunkturpolitik der Wachstumspolitik unter, und dies obschon der Bundesrat sich bestenfalls am Rande seiner konjunkturpolitischen Mitteilungen halbherzig zu einer solchen bekannte.[62]

Ein Wachstumsforscher als Delegierter für Konjunkturfragen

Mit der Berufung Hugo Allemanns zum ausserordentlichen Professor für Volkswirtschaftslehre an der Universität Zürich wurde die Funktion des DKF 1973 wieder frei. An seine Stelle sollte nicht erneut ein Spitzenbeamter der Bundesverwaltung treten, sondern ein Hochschullehrer und Forscher: Francesco Kneschaurek. Diese personelle Entscheidung wurde vom Bundesrat und der Bundesverwaltung zwar nicht begründet, es scheint aber naheliegend, dass die enge Zusammenarbeit Kneschaureks mit den Bundesbehörden im Rahmen der Erstel-

59 Ronca 2020: 93.

60 Mitte der 1960er Jahre forderten mehrere parlamentarische Vorstösse eine langfristige Ausrichtung der Konjunkturpolitik des Bundes und eine stärkere institutionelle Verankerung derselben. Mit der Ankündigung eines «Anschlussprogramms» an die dringlichen Bundesbeschlüsse von 1963 und 1964 versuchte der Bund diesen Forderungen nachzukommen. Das Anschlussprogramm als solches wurde jedoch nie der Öffentlichkeit vorgestellt, sondern immer nur durch den DKF in Aussicht gestellt. Mit dem parlamentarischen Beschluss eines Konjunkturartikels, welcher der Regierung zusätzliche konjunkturpolitische Kompetenzen namentlich zur Bekämpfung des Preisauftriebs geben sollte, erübrigte sich das Anschlussprogramm dann. Ronca 2024: 246–247.

61 Anschlussprogramm [Undatierter Entwurf eines internen Dokuments], BAR E7296 A#1994/333#245*

62 Bundesblatt 24.01.1964: 197.

lung der Perspektivstudien und das Erfordernis, die Konjunkturpolitik des Bundes langfristig auszurichten, zu seiner Wahl beitrugen. Dennoch warf die Personalie auch Fragen auf. So schrieb die Basler *National-Zeitung*, Kneschaurek würde als Wachstumsforscher zwar «tiefer liegende Strukturwandlungen» aufzeigen können, welche die Konjunkturentwicklung mitbestimmen würden. Es sei jedoch unklar, inwieweit «seine langfristig ausgerichteten Wirtschaftsperspektiven der Landesregierung helfen [würden], einen kurzfristig ausgerichteten Konjunkturentscheid zu treffen».[63] Mit dieser Bemerkung umriss die Zeitung nicht nur wissenschaftliche, sondern auch politische Kompetenzfragen, denn sowohl für eine kurzfristig ausgerichtete Konjunkturpolitik als auch für eine langfristige Struktur- oder Wachstumspolitik fehlten 1973 gesetzliche Grundlagen.

Die Wahl eines Wachstumsforschers zum DKF hatte aber mehr einen symbolischen als praktischen Charakter, durch die der Bundesrat das doppelte Erfordernis einer Stabilisierungspolitik und einer Wachstumspolitik sowie seine wachsende Überforderung zum Ausdruck brachte. Diese Zwangslage brachte der Vorsteher des EVD, Bundesrat Ernst Brugger, im Frühjahr 1973 in einem Referat mit dem Titel *Weiterentwicklung in Selbstbeschränkung* zum Ausdruck.[64] Brugger verwies hier auf die verschiedenen politischen Handlungsimperative, die mit dem wirtschaftlichen Wandel einhergingen: die Stabilisierung des Preisniveaus, das Entwicklungsgebot beziehungsweise der Wachstumszwang sowie die ökologischen Folgen von Letzterem. Brugger forderte eine «Verschnaufpause», um das aus dem Gleichgewicht geratene «Verhältnis von Mensch-Natur-Wirtschaft» neu zu ordnen, äusserte damit aber vor allem die Ratlosigkeit der Regierung angesichts der zunehmend komplexen Anforderungen und Ansprüche an die Wirtschaftspolitik.

Hatte sich die weltwirtschaftliche Lage bereits zu Beginn der 1970er Jahre verdüstert, brachte spätestens die Wirtschaftskrise von 1975 das schon länger befürchtete Ende der «immerwährenden Prosperität»[65]. Die Krise traf die Schweizer Wirtschaft besonders hart. Mit einem Rückgang des BIP von rund 7 Prozent verzeichnete das Land die stärkste Rezession innerhalb der OECD.[66] Besonders ausgeprägt war der Nachfrageeinbruch innerhalb des Bausektors, weshalb dieser auch am empfindlichsten auf Kneschaureks Interpretation der Krise als «Strukturbereinigung» reagierte.[67] Kneschaurek verfolgte mit seiner Einschätzung kon-

63 National-Zeitung, 31.08.1973, SWA Biogr Kneschaurek.

64 Neue Bündner Zeitung, 09.02.1973, SWA VW H|3 1972–1973 sowie NZZ, 27.02.1973, SWA VW H|3 1972–1973.

65 Zur Erwartung und dem Begriff der «immerwährenden Prosperität» siehe: Lutz 1989.

66 Müller, Woitek 2012: 133, 158.

67 Die Tat, 20.01.1975, SWA VW H|3 Zeitungen 1974–1975; Basler Nachrichten, 14.02.1975, SWA VW H|3 Zeitungen 1974–1975; Schaffhauser Nachrichten, 01.03.1975, SWA VW H|3 Zeitungen 1974–1975; Schweizerische Handels-Zeitung 23.01.1975, SWA VW H|3 Zeitungen 1974–1975.

sequent eine langfristige Perspektive auf den Wirtschaftswandel und weigerte sich, den Nachfrageeinbruch als konjunkturelle Erscheinung zu deuten und entsprechende Massnahmen zu empfehlen. Damit beherzigte er seinen Vorsatz, den er bei Amtsantritt angekündigt hatte, nicht «als oberster Feuerwehrmann in Sachen Konjunktur» zu fungieren, sondern «eine kohärente, zukunftsgerichtete Wirtschaftspolitik» zu betreiben. Für Kneschaurek war der Ruf nach konjunkturpolitischen Massnahmen Ausdruck einer verpassten Strukturpolitik,[68] weshalb er Letztere auch in der Krise zu priorisieren versuchte.

Für die Baubranche war Kneschaureks Behauptung, ihre Lage sei selbstverschuldet, weil sie «den gefährlichen Fehler begangen [habe], die Zuwachsrate der letzten Jahre weiter zu extrapolieren» und die Aufforderung «gesund zu schrumpfen» blanker Hohn.[69] In ihrem Verständnis trug vielmehr *er* die Schuld für die falsche Einschätzung der Wirtschaftslage, habe er die Wirtschaft mit seinen langfristigen Prognosen doch zu Fehlinvestitionen verleitet. Die Entrüstung gegenüber Kneschaureks Kriseninterpretation war schliesslich so gross, dass Exponenten der Branche dem Ökonomen unterstellten, das Land mit der Prognose einer 10-Millionen-Schweiz bis zum Jahr 2000 in die Irre geführt zu haben.[70] Kneschaurek hatte in den Perspektivstudien aber stets von einer Schweiz von 7,54 Millionen Einwohner*innen bis zum Jahr 2000 gesprochen, was leicht hätte überprüft werden können. Dennoch hielt sich die Falschbehauptung hartnäckig[71] und veranlasste Bundesrat Ernst Brugger schliesslich zu einer Richtigstellung.[72] In der Episode einer 10-Millionen-Schweiz kam indessen nicht nur die Frustration und Angst der Baubranche vor einer technokratisch regierten Schweiz zum Ausdruck. In ihr spiegelte sich auch der enttäuschte Glauben an ein spontanes und müheloses Wirtschaftswachstum, das mit der Krise ein plötzliches Ende genommen hatte und die Schweiz fassungslos zurückliess.

Das Ende des Wachstums und der Durchbruch der Wachstumsidee

Die Wirtschaftskrise, die der seit 1946 quasi ohne Unterbruch andauernden Expansion der volkswirtschaftlichen Leistung ein Ende setzte, dämpfte die Wachstumseuphorie der 1960er Jahre; sie begrub aber nicht die Wachstumsidee. Im Gegenteil: Es spricht einiges dafür, dass erst das Ende der wirtschaftlichen Expansion der Wachstumsidee dazu verhalf, sich dauerhaft zu etablieren. Anders

68 Kneschaurek 1971: 58.
69 Der Bund, 27.05.1975: 4.
70 Walliser Volksfreund, 06.03.1975: 13.
71 Arbeitsgruppe Perspektivstudien 1969: 59.
72 Brugger 1975: 656.

als noch in den 1960er Jahren wurde Wirtschaftswachstum nicht mehr als eine grundsätzlich gegebene Entwicklungsdynamik gesehen, auf welche das Land sich einzustellen hatte. Dieser Wandel des Wachstumsverständnisses zeigte sich exemplarisch am Bedeutungsverlust der Perspektivstudien. Diese wurden zwar weiterhin von Kneschaurek erstellt, die Bundesverwaltung verzichtete jedoch darauf, ihre Ergebnisse öffentlich zu machen und nutzte sie auch nicht wie vorgesehen zur Planung der Richtlinienpolitik.[73]

Auch personell zeigte sich der Wandel des Wachstumsbegriffs. Das Amt des DKF, das Kneschaurek 1976 aufgab, wurde nicht mehr mit einem Wachstumsforscher besetzt, sondern mit dem vormaligen Sekretär des Schweizerischen Gewerkschaftsbundes (SGB), Waldemar Jucker. Dieser verfügte wie seinerzeit Otto Zipfel und Fritz Hummler über einige Erfahrung mit der Bundesverwaltung, hatte den SGB in der Kommission für Konjunkturfragen (vormals KbK) vertreten und als Wirtschaftspolitiker in anderen Kommissionen und Gremien des Bundes mitgewirkt.[74] Auch wenn Jucker an der London School of Economics promoviert worden war, glich er als Delegierter den DAB Zipfel und Hummler, die sich stärker durch ihre Kenntnisse der institutionellen Prozesse und Gepflogenheiten der Bundesverwaltung als durch wirtschaftswissenschaftliches Expertenwissen ausgezeichnet hatten. Wie diese verfügte auch Jucker über ein gutes Gespür für den wirtschaftspolitischen Zeitgeist. Als DKF profilierte er sich vor allem dadurch, dass er entgegen seiner Nähe zu den Gewerkschaften in den 1980er Jahren den marktliberalen Kurs des Bundesrates glaubhaft verteidigte.

Der Wandel des Wachstumsbegriffs zeigte sich schliesslich auch institutionell mit der Erweiterung des Pflichtenheftes des DKF, das ab 1977 offiziell auch die Vorbereitung, Koordination und den Vollzug von struktur- und wachstumspolitischen Massnahmen vorsah.[75] Das 1979 gegründete Bundesamt für Konjunkturfragen hatte dann primär die Anpassung der Wirtschaft an technologische Entwicklungen und die Förderung der Wettbewerbsfähigkeit zum Ziel.[76] So wurden unter anderem zusätzliche Mittel in der Forschungsförderung gesprochen sowie ein «Gesprächsforum für Baufragen» eingerichtet. Letzteres, das infolge der Polemik rund um die «Fehlprognosen» von Kneschaureks Perspektivstudien gegründet worden war, bezweckte eine «weitgehende Übereinstim-

73 Pfister 1974: 238.

74 Kübler 2013.

75 Der Schweizer Arbeitnehmer, 24.02.1977: 3.

76 Mit dem «Bundesbeschluss zur Milderung der wirtschaftlichen Schwierigkeiten» vom 13. Dezember 1978 wurde es möglich, sowohl stabilitäts- als auch strukturpolitische Aufgaben für das Bundesamt für Konjunkturfragen zu formulieren und entsprechende Massnahmen zu ergreifen. Geschäftsberichte des Bundesrates 1979: 259.

mung» zwischen Bauwirtschaft und Bundesverwaltung in der Beurteilung der sektoriellen Wirtschaftslage und ihrer kurz- und mittelfristigen Aussichten.[77]

Die strukturpolitischen Massnahmen des Bundesamts für Konjunkturfragen sollten das Wirtschaftswachstum fördern, waren jedoch ausschliesslich angebotsseitig angelegt. Sie boten also lediglich Wachstumsanreize. Anstatt die Gesamtnachfrage durch staatliche Investitionen zu erhöhen, wie es der Keynesianismus gebot, sollte die Wirtschaft zum Wachsen angeregt werden. Entsprechend formulierte es der Bundesrat in seiner Botschaft zum «Bundesbeschluss zur Milderung der wirtschaftlichen Schwierigkeiten» im November 1978: Da «das Gedeihen unserer Volkswirtschaft letztlich von der unternehmerischen Initiative und Erneuerungsfähigkeit abhängt, können die vorgeschlagenen Vorkehren nur den Sinn einer Hilfe zur Selbsthilfe haben».[78] Mit der Beauftragung des Bundesamts für Konjunkturfragen mit strukturpolitischen Aufgaben bekannte sich der Bundesrat nun erstmals explizit zu einer Wachstumspolitik. Durch Eigeninitiative und ein wettbewerbsorientiertes Wirtschaftswachstum sollte die Wirtschaft nicht nur gegenüber Krisen widerstandsfähig gemacht werden, sondern sich auch innerhalb der Weltwirtschaft behaupten. Die Wachstumsidee erfuhr auf diese Weise nicht nur eine Integration in den Staat, sondern sie wurde auch zu einem Imperativ, der sich an alle richtete, die über wirtschaftliche Gestaltungsmacht verfügten.

Fazit

Die Wachstumsidee wurde in der Schweiz im internationalen Vergleich nicht nur spät, sondern auch nur schrittweise, in einem diskontinuierlichen Prozess in den Staat integriert. Die fünf im Zeitraum von 1942 bis 1985 amtierenden Delegierten für Arbeitsbeschaffung beziehungsweise Delegierten für Konjunkturfragen und Arbeitsbeschaffung spielten in diesem Prozess eine zentrale Rolle. Als Schaltstelle zwischen den verschiedenen mit wirtschaftspolitischen Fragen betrauten Bundesämtern verfügten sie über eine einzigartige Koordinations- und Kommunikationskompetenz innerhalb der Bundesverwaltung. Diese erlaubte es ihnen nicht nur, die unterschiedlichen Ideen und Initiativen zur Gestaltung der Konjunkturpolitik des Bundes zu einem kohärenten Diskurs zu formen, sondern auch eigene konjunktur- und wachstumspolitische Überzeugungen in Zirkulation zu bringen.

Die Rezeption der «Wachstumsidee» erfolgte in drei Phasen, in denen schrittweise eine Wissensgrundlage für die dauerhafte Integration der Wachstumsidee entstand. Diese ermöglichte zu Beginn der 1980er Jahre eine auf staat-

77 Ebd.: 261.

78 Bundesblatt, 14.11.1978: 1381.

liche Anreize bauende, wettbewerbsorientierte Wachstumspolitik. Die durch den DAB beziehungsweise DKF ausgelösten Debatten spielten dabei eine zentrale Rolle bei der Rezeption und schrittweisen Akzeptanz der Idee, da sie das entsprechende Wissen in Zirkulation brachten und einer grösseren Öffentlichkeit bekannt machten. Die Verknüpfung der Wachstumsidee mit der Vorstellung einer künftigen Schweiz, die nicht imstande sei, mit der volkwirtschaftlichen Entwicklung anderer Länder Schritt zu halten, prägte den Rezeptionsprozess massgeblich und erhöhte die Bereitschaft, auf wissenschaftliches Wissen zurückzugreifen. Die Wachstumsidee stand dabei weniger für konkrete Wachstumsziele als für die Möglichkeit, die langfristige volkswirtschaftliche Wettbewerbsfähigkeit eines Landes zu imaginieren.

Die Polemik rund um die Perspektivstudien im Kontext der Wirtschaftskrise von 1975 schuf zwar eine wirtschaftspolitische Stimmung, die der Akzeptanz einer staatlich initiierten Wachstumspolitik entgegenzuwirken schien. Sie liess Wachstumsprognosen allgemein als irreführend erscheinen und schwächte die Autorität der Wissenschaft und des Staates, welche die Krise nicht vorausgesehen hatten und ihr über mehrere Jahre hinweg hilflos gegenüberstanden. Tatsächlich aber schuf die Krise mit dem Ende des Nachkriegswachstums erst die Voraussetzung für die dauerhafte Integration der Wachstumsidee in den Staat. Es brauchte das faktische Ende des Nachfrageüberhangs und den Zweifel an der Prognostizierbarkeit der wirtschaftlichen Zukunft, um die Wachstumsidee in den liberalen Staat zu integrieren und Wachstum als politische Zielsetzung als unverzichtbar erscheinen zu lassen. Entscheidend war dabei die Krise als Moment der Desorientierung, welche die Möglichkeit einer langfristigen Voraussicht der wirtschaftlichen Entwicklung in ein neues Licht stellte.

Gedruckte Quellen

Aktuelle Probleme der schweizerischen Volkswirtschaft. Vortrag von Bundesrat Brugger in Basel. In: Neue Zürcher Zeitung, 27.02.1973, Schweizerisches Wirtschaftsarchiv (SWA), VW H|3 1972–1973.

Arbeitsgruppe Perspektivstudien: Bevölkerung und Erwerbstätigkeit. Teil I (Entwicklungsperspektiven der Schweizerischen Volkswirtschaft bis zum Jahre 2000). St. Gallen 1969.

Bauwirtschaft soll gesundschrumpfen. In: Basler Nachrichten, 14.02.1975.

Bericht des Schweizerischen Bundesrats über seine Geschäftsführung im Jahr 1965. In: Geschäftsberichte des Bundesrates 109 (1965): 1–416.

Bericht über die Geschäftsführung des Bundesrates, des Bundesgerichts und des Eidgenössischen Versicherungsgerichts im Jahr 1979 (Geschäftsberichte des Bundesrates 117). Bern 1979: 1–337.

Botschaft des Bundesrates an die Bundesversammlung über Massnahmen auf dem Gebiete des Geld- und Kapitalmarktes und des Kreditwesens sowie über konjunkturpolitische Massnahmen auf dem Gebiete der Bauwirtschaft. In: Bundesblatt 1 (5), 24.01.1964: 181–232.

Botschaft über Massnahmen zur Milderung der wirtschaftlichen Schwierigkeiten vom 23. Oktober 1978. In: Bundesblatt 2 (46), 14.11.1978: 1373–1433.

Brugger, Ernst: Zur aktuellen konjunkturellen Lage, insbesondere auf dem Bausektor. In: Schweizerische Bauzeitung 93/42 (1975): 654–658.

Bundesgesetz über die Vorbereitung der Krisenbekämpfung und Arbeitsbeschaffung, in: Bundesblatt 2 (39), 30.09.1954: 466–471.

Der Bundesrat: Neue Wachstumspolitik 2016–2019. Bern 22.06.2016.

Eidgenössisches Departement für Wirtschaft, Bildung und Forschung WB: Grundlagen für die Neue Wachstumspolitik. Analyse der bisherigen und Ausblick auf die zukünftige Strategie. Bern, 27.11.2013.

Eidgenössisches Volkswirtschaftsdepartement: Der Wachstumsbericht. Determinanten des Schweizer Wirtschaftswachstums und Ansatzpunkte für eine wachstumsorientierte Wirtschaftspolitik. Bern 2002.

Hummler, Fritz: Bemerkungen zum Problem des wissenschaftlichen und technischen Nachwuchses. In: Mitteilungsblatt des Delegierten für Arbeitsbeschaffung 11/3 (1955): 55–61.

Hummler, Fritz: Schlussbericht des Arbeitsausschusses zur Förderung des wissenschaftlichen und technischen Nachwuchses, in: Mitteilungsblatt des Delegierten für Arbeitsbeschaffung Sonderdruck (1), 1959.

Kneschaurek, Francesco: Bevölkerungsprognose, Wirtschaftsentwicklung und Konjunkturpolitik. In: Industrielle Organisation 25 (1956): 365–377. (= Kneschaurek 1956a)

Kneschaurek, Francesco: Branchenmässige Entwicklungsperspektiven, Teil III, Bd. 1/2 (Entwicklungsperspektiven der Schweizerischen Volkswirtschaft bis zum Jahre 2000). St. Gallen 1971.

Kneschaurek, Francesco: Die Bevölkerungsentwicklung in der Schweiz und ihre wirtschaftlichen Auswirkungen, in: Gotthard-Brief 30 (229/230), 02.1956: 1–5. (= Kneschaurek 1956b)

Kneschaurek, Francesco: Die Konjunkturanfälligkeit der schweizerischen Volkswirtschaft. In: Gotthard-Brief 15 (225), 08.1955, AfZ wf-Archiv I 1.4.3.1.2: 1–4.

Kneschaurek, Francesco: Langfristige Wirtschaftsentwicklung und Konjunkturpolitik, in: Gotthard-Brief 16 (239), 12.1956, IB wf-Archiv I 1.4.3.1.5. (= Kneschaurek 1956c)

Kneschaurek, Francesco: Schweiz muss Durststrecke durchstehen. In: Die Tat, 20.01.1975, SWA VW H|3 Zeitungen 1974–1975.

«Miserable Auftragslage». Eingabe an den Bundesrat: «Die Bauwirtschaft in der Rezession». In: Der Bund, 27.05.1975: 4.

Prof. Kneschaurek analysiert die Wirtschaftslage. In: Schaffhauser Nachrichten, 01.03.1975, SWA VW H|3 Zeitungen 1974–1975.

Röpke, Wilhelm: Crises & Cycles, London 1936.

Rostow, Walt Whitman: The stages of economic growth: a non-communist manifesto. Cambridge 1960.

Saunders, C. T.: The Development and Problems of Economic Planning in Great Britain. In: Weltwirtschaftliches Archiv 92 (1964): 57–93.

Stösst unsere Wirtschaft an Wachstumsgrenzen? In: Basler Nachrichten, 08.02.1961, SWA VW H|3 Zeitungsartikel 1959–61.

Stranner, Henri: Kein Hofnarr. In: National-Zeitung, 31.08.1973, SWA Biogr Kneschaurek.

Vom Wachstum der Wirtschaft. In: Berner Tagwacht, 21.04.1961, SWA VW H|3 Zeitungsartikel 1959–61.

Vor einer Phase der Neuorientierung. In: Schweizerische Handels-Zeitung, 23.01.1975, SWA VW H|3 Zeitungen 1974–1975.
Wahl Waldemar Juckers zum neuen Delegierten für Konjunkturfragen. In: Der Schweizer Arbeitnehmer 59 (4), 24.02.1977.
Wirtschaft im ständigen Wachstum, in: Schweizerische Handels-Zeitung, 18.05.1961, SWA VW H|3 Zeitungsartikel 1959–61.
Wirtschaftswachstum ohne Inflation? In: Basler Nachrichten, 16.05.1961, SWA VW H|3 Zeitungsartikel 1959–61.
Wohlfahrt für alle. In: Neue Bündner Zeitung, 09.02.1973, SWA VW H|3 1972–1973.
Zipfel, Otto: Wissenschaftliche Forschung – die Grundlage sinnvoller Arbeitsbeschaffung. In: Mitteilungsblatt des Delegierten für Arbeitsbeschaffung 5 (2), 07.1949: 13–20.
Zu viel Bern – zu viel Verwaltung. In: Walliser Volksfreund, 06.03.1975.

Sekundärliteratur

Alphandéry, Claude; Aujac, Henri; Fourquet, François: Les Comptes de la Puissance : histoire de la comptabilité nationale et du plan. Paris 1980.
Chohan, Usman W.: A Green New Deal: Discursive Review and Appraisal. Notes on the 21st Century (CBRI), March 3, 2019.
Colli, Andrea: State Capitalism in Western Europe. In: Wright, Mike u. a. (Hg.): The Oxford Handbook of State Capitalism and the Firm. Oxford 2022.
Fahrni, Dieter: Die Nachkriegskrise von 1920–1923 in der Schweiz und ihre Bekämpfung. Unveröffentlichte Lizenziatsarbeit. Basel 1977.
Friedman, Walter A.: Fortune Tellers. The Story of America's First Economic Forecasters. Princeton, Oxfordshire 2014.
Haberler, Gottfried: Prosperity and Depression. A theoretical Analysis of Cyclical Movements. New Brunswick, London 2011.
Hall, Peter A.: The Political Power of Economic Ideas: Keynesianism Across Nations. Princeton 1989.
Halsmayer, Verena; Hoover, Kevin D.: Solow's Harrod: Transforming Macroeconomic Dynamics into a Model of long-run Growth. In: The European Journal of the History of Economic Thought 23/4 (2016): 561–596.
Halsmayer, Verena: From Exploratory Modeling to Technical Expertise: Solow's Growth Model as a Multipurpose Design. In: History of Political Economy 46/suppl 1 (2014): 229–251.
Joye-Cagnard, Frédéric: Otto Zipfel. In: Historisches Lexikon der Schweiz, 01.12.2014; https://hls-dhs-dss.ch/de/articles/020844/2014-12-01/, Version vom 01.12.2014, abgerufen am 20.01.2025.
Kübler, Markus: Waldemar Jucker. In: Historisches Lexikon der Schweiz, 17.10.2013; https://hls-dhs-dss.ch/de/articles/023005/2013-10-17/, Version vom 17.10.2013, abgerufen am 20.01.2025.
Laidler, David E. W.: Fabricating the Keynesian Revolution: Studies of the inter-war Literature on Money, the Cycle, and Unemployment (Historical Perspectives on Modern Economics). Cambridge 1999.
Lutz, Burkart: Der kurze Traum immerwährender Prosperität. Frankfurt a. M., New York 1989.

Meadows, Dennis; Meadows, Donella; Zahn, Erich u. a.: Die Grenzen des Wachstums. Bericht des Club of Rome zur Lage der Menschheit. Stuttgart 1972.

Mitchell, Wesley C.: Business Cycles. Berkley 1913.

Müller, Margrit; Woitek, Ulrich: Wohlstand, Wachstum und Konjunktur. In: Halbeisen, Patrick; Müller, Margrit; Veyrassat, Béatrice (Hg.): Wirtschaftsgeschichte der Schweiz im 20. Jahrhundert. Basel 2012: 91–222.

O'Hara, Glen: From Dreams to Disillusionment. Economic and Social Planning in 1960s Britain. Basingstoke 2007.

Peccei, Aurelio: Die Notwendigkeit und Brisanz der «Club of Rome»-Studie. In: Systemorientiertes Management (Führung und Organisation der Unternehmung, Band 18). Bern, Stuttgart 1973: 47–52.

Pfister, Walter E.: Regierungsprogramm und Richtlinien der Politik. Bern 1974.

Ronca, Marion: Streitpunkt Konjunktur. Die Verhandlung der Stabilisierungspolitik zwischen Bund und Wirtschaftsverbänden (1946–1957). In: Hürlimann, Gisela; Mach, André; Rathmann-Lutz, Anja u. a. (Hg.): Lobbying: die Vorräume der Macht. Zürich 2016: 93–107.

Ronca, Marion: The Economist as Futurologist: The Making and the Public Reception of the Perspektivstudien in Switzerland, 1964–1975. In: Fritsche, Ulrich; Köster, Roman; Lenel, Laetitia (Hg.): Futures Past. Economic Forecasting in the 20th and 21st Century. Berlin 2020.

Ronca, Marion: Die unsichtbare Volkswirtschaft. Die Verhandlungen um eine Schweizer Produktionsstatistik 1920–1982. In: Kouli, Yaman; Pawlowsky, Peter; Hertwig, Markus (Hg.): Wissensökonomie und Digitalisierung. Geschichte und Perspektiven der wissensbasierten Wirtschaft. Berlin 2020: 53–78.

Ronca, Marion: Im Bann der Konjunktur. Entstehung und Institutionalisierung der Konjunkturbeobachtung in der Schweiz, 1932–1980. Basel 2024.

Saunders, C. T.: The Development and Problems of Economic Planning in Great Britain. In: Weltwirtschaftliches Archiv 92 (1964): 57–93.

Schmelzer, Matthias: The Hegemony of Growth: The OECD and the Making of the Economic Growth Paradigm. Cambridge 2016.

Terray, Aude: Des francs-tireurs aux experts. L'organisation de la prévision économique au ministère des Finances, 1948–1968. Paris 2017.

Vischer, Daniel: Gewässerkorrektionen, in: Historisches Lexikon der Schweiz, Version vom 11.12.2006, https://hls-dhs-dss.ch/de/articles/007850/2006-12-11/, abgerufen am 31.01. 20025.

Wild, Roman: Auf Schritt und Tritt. Der schweizerische Schuhmarkt 1918–1948. Zürich 2019.

Das Wohnbau- und Eigentumsförderungsgesetz (WEG) von 1974

Ein Gesetz der Hochkonjunktur

Florian Müller

Abstract

This article examines housing construction and housing policy in Switzerland from the Second World War to the mid-1970s, with a particular focus on federal housing subsidies and the 1974 «Wohnbau- und Eigentumsförderungsgesetz» (Housing Construction and Property Promotion Act). During the period of strong economic growth from 1945 to the economic crisis of the 1970s, Switzerland witnessed a significant housing construction boom. While the population grew by about half, the housing stock doubled. Housing is emblematic of two developments associated with economic growth: on the one hand, housing conditions improved for large parts of the population in the Global North; on the other hand, the housing sector contributed significantly to resource and energy consumption. The article demonstrates how the growth euphoria of the 1960s is reflected in the WEG, exemplifying the belief in perpetual economic growth.

Das Bauen gehört zu den ressourcenintensivsten Bereichen der Wirtschaft.[1] Studien gehen davon aus, dass der Bau- und Gebäudesektor heute bis zu rund 40 Prozent der weltweiten CO_2-Emissionen verursacht.[2] Die stetige Ausdehnung der Siedlungs-, Industrie- und Gewerbeflächen sowie der Infrastruktur für die Mobilität und die Freizeit führt zu einem steigenden Druck auf die Umwelt und die Landschaft. Zusätzlicher Flächenverbrauch, die Transformation bestehender Siedlungsstrukturen, der Verlust von Natur- und Kulturland sowie der Biodiversität oder die Versiegelung des Bodens sind nur einige der ökologischen und sozialen Herausforderungen, die mit der Siedlungsentwicklung einhergehen.[3] Zudem benötigt der Betrieb von Gebäuden und Infrastruktur einen hohen Energie- und Ressourcenverbrauch und beeinflusst das Mobilitätsverhalten. Schätzungen gehen davon aus, dass in der Schweiz 2018 rund ein Viertel der verursachten Umweltbelastungen auf den Bereich des Wohnens entfielen.[4]

In der Postwachstumsdebatte haben die Bereiche Bauen, Raumplanung und Wohnen erstaunlicherweise dennoch lange wenig Beachtung gefunden. Erst in den letzten Jahren ist ein wachsendes Interesse der Planungs- und Architektur-

---

1 Vgl. zur Schweiz Schweizerischer Bundesrat 2022: 54. Der vorliegende Beitrag beruht massgeblich auf den Ergebnissen meiner Dissertation. Vgl. Müller 2022a.

2 Vgl. United Nations Environment Programme 2024.

3 Vgl. Haefeli 2012.

4 Bundesamt für Umwelt 2022: 4.

kreise an diesem Konzept[5] zu beobachten. Gleichzeitig sind die Themen Wohnen und Raumplanung stärker in den Fokus der Postwachstumsforschung gerückt.[6] Die bisherige Auseinandersetzung erfolgte jedoch aus einer sehr gegenwartsbezogenen Perspektive. Zwar zeichnet sich die einschlägige Forschungsliteratur durch interdisziplinäre Ansätze aus, historische bzw. geschichtswissenschaftliche Perspektiven fehlen bislang aber weitgehend. Diese späte und spärliche Auseinandersetzung mit dem Thema Wohnen ist erstaunlich, denn die Raumplanung gilt gemeinhin als stark vom «Wachstumsparadigma» geprägt,[7] und die Wohnungsversorgung spiegelt in mehrfacher Hinsicht geradezu sinnbildlich die Entwicklungen der Wachstumsgesellschaft wider. Die Versorgung mit Wohnraum ist für einen erheblichen Teil des weltweiten Ressourcen- und Energieverbrauchs verantwortlich, gleichzeitig stellt die Wohnung eines der zentralen Güter der Demokratisierung und der Steigerung des Wohlstands im globalen Norden dar.[8] Die Wohnsituation hat sich im Laufe des 20. Jahrhunderts für breite Teile der Bevölkerung in den Industrieländern deutlich verbessert.

Wie Zeitzeugenberichte und Wohnungs-Enquêten um die Wende zum 20. Jahrhundert für viele europäische Länder detailliert dokumentieren, waren die ländlichen und städtischen Wohnverhältnisse am Ende des 19. Jahrhunderts für breite Bevölkerungsschichten karg und desolat. Die rasant wachsenden Städte waren durch prekäre Unterschichtsquartiere und hohe soziale Ungleichheit gekennzeichnet.[9] Auch in der Schweiz waren die Zustände vielfach prekär, wie die Beschreibung des Spalen-Quartiers in der wegweisenden Basler Wohnungs-Enquête von 1889 exemplarisch zum Ausdruck bringt: «Der Zustand der Gebäude kann nur etwa in 1/3 der von mir aufgenommenen Gebäude als ein guter bezeichnet werden [...]. Von Luft ist da wenig oder gar keine Rede. In vielen Häusern können ohne sehr grosse Kosten keine richtigen Abtritte erstellt werden. Das Küchenwasser wird zum Theil in offenen Rinnen nach der Cisterne geleitet [...].»[10] Bis zur Mitte des 20. Jahrhunderts verbesserte sich die Wohnsituation in der Schweiz dann deutlich. Die meisten Wohnungen verfügten nun über einen Wasseranschluss, eine eigene Toilette und elektrisches Licht. In Neubauwohnungen gehörten eigene Küchen, Bäder und Toiletten zum Standard und

5 Vgl. z. B. Bund Deutscher Architektinnen und Architekten 2019 oder die Tagung «Raumplanung und die Grenzen des Wachstums, die 2023 von EspaceSuisse organisiert wurde: www.espacesuisse.ch/de/news/raumplanung-und-die-grenzen-des-wachstums, abgerufen am 30.09.2024.

6 Vgl. Nelson 2018; Lange u. a. 2020; Brokow-Loga, Eckardt 2020; Savini, Ferreira, Schönfeld 2022.

7 Vgl. Akademie für Raumentwicklung in der Leibniz-Gemeinschaft 2023.

8 Zur Demokratisierung des Wohlstands als einem wichtigen Aspekt und impliziten Vertrag der Wachstumsgesellschaft siehe Schmelzer, Vetter, Vansintjan 2022.

9 Vgl. u. a. Pooley 1992.

10 Bücher 1891: 253. Vgl. auch Koller 1995.

mehrheitlich wurden in den neuen Wohnbauten elektrische Herde und Zentralheizungen verbaut. Die Altstädte und ländlichen Gebiete zeugten jedoch weiterhin von prekären Wohnverhältnissen breiter Bevölkerungsschichten. Viele der «schlechten Kleinbauernwohnungen auf dem Lande und die ebenso schlechten Altstadt- und Außenquartiergebiete in den Städten» bedurften einer Sanierung, wie es der sozialdemokratische Berner Nationalrat Ernst Reinhard 1943 in einer Motion ausdrückte, in der er einen Wohnbaufonds forderte, um den Wohnungsbau zu fördern, «wenn der private und spekulative Wohnungsbau die Aufgabe der Schaffung guter und billiger Familienwohnungen nicht erfüllen»[11] könne.

In den 1950er und 1960er Jahren wurden die Wohnungen schliesslich komfortabler und die Raumbelegung nahm ab. Elektrische Haushalts- und Küchengeräte hielten Einzug in die schweizerischen Haushalte und mit der Massenmotorisierung kam das Auto in die Garage.[12] Das eigene Häuschen in den Vororten oder die neu entstehenden Mehrfamilienhaus- und Grosssiedlungen mit neuem Komfort für die Facharbeiter wurden in vielen Ländern zum Inbegriff und Symbol der Entstehung einer Massenkonsumgesellschaft. Entsprechend stark war die Wohnversorgung politisiert. In der Phase des Wiederaufbaus und der wachsenden Wirtschaft nach dem Zweiten Weltkrieg wurden die Regierungen in den westlichen Industriestaaten stark daran gemessen, wie sie die Rekonstruktion und die steigenden Ansprüche in der Wohnversorgung der Bevölkerung organisieren und bewältigen konnten. Auch in der Schweiz war die Wohnungsfrage ein Politikum ersten Ranges, denn trotz reger Neubautätigkeit war die Nachkriegszeit durch eine anhaltende Wohnungsnot geprägt.

Der vorliegende Beitrag befasst sich mit der Wohnungsversorgung und der Wohnungspolitik während der Nachkriegszeit in der Schweiz und insbesondere mit der Neukonzeption der Wohnbauförderung durch den Bund am Ende der 1960er und Anfang der 1970er Jahre. Die Verankerung der bundesstaatlichen Wohnbauförderung in der Bundesverfassung 1972 und die Verabschiedung des daran anschliessenden Wohnbau- und Eigentumsförderungsgesetzes (WEG) von 1974 markieren den Kulminationspunkt und Abschluss des Wohnbaubooms der Nachkriegszeit, der während der Ölpreiskrise Mitte der 1970er Jahre endete. In den dreissig Jahren nach dem Zweiten Weltkrieg stieg die Wohnbautätigkeit in der Schweiz in schwindelerregende Höhen und erreichte – gemessen an der Zahl der neu erstellten Wohnungen – zu Beginn der 1970er Jahre Rekordwerte, die seither nie mehr erreicht wurden.[13] Die Debatten und die Ausge-

11 Für eine Bundesanleihe: 43.

12 Vgl. Eidgenössisches Statistisches Amt 1974; Studer, Tanner 2012.

13 Allerdings weisen Wohnungen in den 2000er Jahren höhere durchschnittliche Wohnungsflächen auf als noch in der Nachkriegszeit. Vgl. Bundesamt für Statistik. Gebäude- und

staltung der Wohnungspolitik in den späten 1960er und frühen 1970er Jahren sind aus der Perspektive einer Geschichte des Wirtschaftswachstums und der Wachstumskritik äusserst interessant. Das WEG von 1974 zeigt geradezu exemplarisch, wie tief der Glaube an ewiges Wirtschaftswachstum zu dieser Zeit verankert war. Wenn mehr und billiger gebaut werde, könne das Wohnungsproblem gelöst werden, so die vorherrschende Meinung. Aus dieser Perspektive musste vor allem mehr und effizienter produziert werden; eine Sichtweise, die auch in der heutigen politischen Diskussion noch stark vertreten ist, von verschiedenen Seiten aber auch zunehmend kritisiert wird.[14]

Im Zentrum des folgenden Beitrags steht die Wohnbauförderung des Bundes und insbesondere das WEG von 1974 als ein Gesetz der Hochkonjunktur. Auf das zweite wichtige Standbein der Wohnungspolitik des Bundes, die Mietpreiskontrolle, aber auch die lokalen Wohnungspolitiken insbesondere der «Wohlfahrtsstädte»[15] sowie auf die Raumplanung und andere mit dem Wohnungswesen verbundenen Sektoralpolitiken wird hingegen nur am Rande eingegangen.[16] Im Folgenden werde ich zunächst auf den Wohnbauboom der Nachkriegszeit und seine Schattenseiten eingehen. Darauf folgt ein kurzer Überblick über die Wohnbauförderung des Bundes seit den 1950er Jahren, die 1972 durch ihre Verankerung in der Verfassung verstetigt wurde. Abschliessend wird die Wohnbauförderung des Bundes im Rahmen des WEG näher dargestellt – und danach gefragt, wie und inwieweit sich im Wohnbau- und Eigentumsförderungsgesetz von 1974 auch die Wachstumseuphorie der 1960er Jahre widerspiegelt hat.

Der Umbau der Schweiz in der Nachkriegszeit: Dilemmata des Wohlstandsgewinns

In den drei Jahrzehnten zwischen dem Ende des Zweiten Weltkriegs und der Wirtschafts- und Ölpreiskrise Mitte der 1970er Jahre erlebte die Schweiz einen beispiellosen Wohnbauboom. Es kann nicht genug betont werden, wie aussergewöhnlich und prägend diese Hochkonjunkturperiode für die Wohnraumversorgung allein schon in quantitativer Hinsicht war. In den Jahren der Hochkonjunktur warfen die Bauunternehmen – nur unterbrochen von kurzen Krisen – Jahr für Jahr mehr Wohnungen auf den Markt. Im Rekordjahr 1973 wurden mit

Wohnungsstatistik. URL: www.bfs.admin.ch/bfs/de/home/statistiken/bau-wohnungswesen/wohnungen/groesse.html, abgerufen am 22.12.2024.

14 Vgl. zur Kritik beispielsweise die Vereinigung Countdown 2030, https://countdown2030.ch/de, abgerufen am 30.09.2024.

15 Vgl. zur Rolle der Städte in der Sozialpolitik Studer 2012.

16 Für eine ausführlichere Darstellung dieser Politiken sei auf Müller 2022a verwiesen.

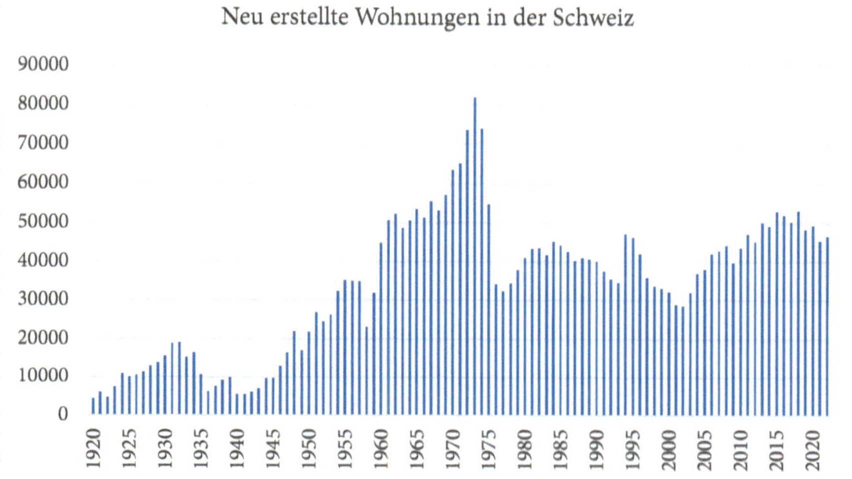

Grafik 1: Neu erstellte Wohnungen in der Schweiz, 1920–2022. Erfasst wurden 1920–1925 die Gemeinden mit über 2000 Einwohner*innen, 1926–1966 die Gemeinden mit über 1000 Einwohner*innen und ab 1967 alle Gemeinden. Quellen: Bundesamt für Statistik: Tabelle je-d-09.04.02.03; Statistisches Jahrbuch der Schweiz 1970: 164; Statistisches Jahrbuch der Schweiz 1990: 185; Christen 1964: 122 sowie Fischer 1955: 625.

rund 81'900 Wohnungen fast neunmal so viele Neubauwohnungen erstellt wie noch 1945. Das waren rund viermal so viele wie 1932, dem Höhepunkt des spekulativen Baubooms Ende der 1920er und Anfang der 1930er Jahre.[17] Bis heute wurde der Rekordwert von 1973 nie wieder auch nur annähernd erreicht.

Während die Wohnbevölkerung bis Mitte der 1970er Jahre um knapp die Hälfte zunahm, verdoppelte sich die überbaute Fläche und der Wohnungsbestand in der Schweiz innerhalb von drei Jahrzehnten Hochkonjunktur.[18] Der Boom führte zu einer eigentlichen Um- und Neugestaltung der schweizerischen Siedlungslandschaft. Der Siedlungsraum dehnte sich immer weiter aus, nahm immer mehr Kulturlandschaft in Anspruch und veränderte das Erscheinungsbild der Städte, Agglomerationen, Dörfer und Landschaften. Diese Entwicklung war eng mit Wohlstandsgewinnen und dem sozialen Aufstieg breiter Bevölkerungsschichten verbunden – von denen allerdings nicht alle gleichermassen profitierten.

Mit dem wirtschaftlichen Aufschwung, dem «Babyboom» und dem Zuzug von ausländischen Arbeitskräften und «Saisonniers» stieg der Bedarf an Wohn-

17 Vgl. zum Wohnbauboom während der grossen Depression ebd.; Müller 2010: 29–109.
18 Vgl. Angelini, Gurtner 1978: 14 und 56; Koch 1992: 197.

Abb. 1: Luftbild von Bern-Bümpliz mit der Siedlung Tscharnergut in der Mitte, Aufnahme von Werner Friedli vom 03.07.1969. Quelle: ETH-Bibliothek Zürich, Bildarchiv, LBS_H1-028381.

raum,[19] und der zunehmende Wohlstand erhöhte die Ansprüche an die Wohnungen. Die Bewohner*innen verlangten nach mehr Raum und der Komfort der durchschnittlichen Wohnung nahm zu. Viele Annehmlichkeiten, die 1950 für breite Bevölkerungsschichten noch einen Luxus dargestellt hatten, gehörten 20 Jahre später zum Standard: ein eigenes Bad, eine Zentralheizung, Warmwasser oder elektrische Haushaltsgeräte.[20] Sinnbild und Symbol des Baubooms und der Technik- und Planungseuphorie jener Jahre waren neue Überbauungen wie das Tscharnergut (1958–1965) in Bern-Bümpliz, die Cité du Lignon (1962–1971) im Genfer Vorort Vernier oder die Siedlung Sunnebüel (1965–1972) im zürcherischen Volketswil: standardisierte Grosssiedlungen an den Rändern der Städte und in der Agglomeration, mit denen man die Wohnungsnot zu bekämpfen versuchte.

Das Bevölkerungswachstum, der zunehmende Flächen- und Ressourcenverbrauch und die komfortableren Wohnungen hatten jedoch ihren Preis. Die Wohnungsfrage wurde zu einem brennenden gesellschaftlichen Thema; der frei-

19 Vgl. zur demographischen Entwicklung in der Schweiz Lorenzetti 2012.

20 Vgl. Eidgenössisches Statistisches Amt 1970: 215.

Abb. 2: Das Sunnebüel war die erste industriell vorgefertigte Grossüberbauung der Ernst Göhner AG mit über 1100 Wohnungen. Sie entstand ab 1965 in Volketswil. Aufnahme von 1969. Quelle: ETH-Bibliothek Zürich, Bildarchiv, Com_F69-16438.

sinnige Bundesrat Ernst Brugger sprach 1970 vom «Politikum Nr. 1»[21], das die Probleme des wirtschaftlichen Aufschwungs deutlich vor Augen führte. Trotz der stürmischen Neubautätigkeit fehlte es weiterhin an Wohnungen. Die Mieten stiegen Jahr für Jahr stark an und viele finanzschwache Haushalte fanden auf den angespannten Wohnungsmärkten kaum noch ein Dach über dem Kopf. Boden- und Baupreise erreichten neue Rekordhöhen, durch Abrisse für Neubauten, durch Verkehrserschliessungen und den Umbau der Innenstädte veränderte sich das Gesicht der Städte und Quartiere, und zahlreiche Bewohner*innen und Gewerbetreibende wurden aus ihren Vierteln verdrängt. Darüber hinaus führte die Bautätigkeit in die Breite zur Fragmentierung und zum Verlust von Kultur- und Landwirtschaftsland, von traditionellen Dorfbildern, von Naturräumen und der Biodiversität. Diese Entwicklungen trugen zum breiten latenten gesellschaftlichen «Unbehagen»[22] bei, das sich in der zweiten Hälfte der 1960er Jahre verstärkte und schliesslich um 1970 zum explosiven Krisenmoment verdichtete, der

21 Vgl. BAR [Schweizerisches Bundesarchiv], 7295B#2016/90#1183* Protokolle (1958–1975), Eidg. Wohnbaukommission. Protokoll der 31. Plenarsitzung vom 26. und 27. November 1970: 5.

22 Tanner 2015: 381.

seinen deutlichen Ausdruck unter anderem in den neuen sozialen Bewegungen, der Umweltbewegung und einem breiten transnationalen Krisendiskurs fand.[23] Verschiedene, sich überlappende Problematisierungen überlagerten zunehmend den Fortschritts- und Planungsglauben der «Trente Glorieuses», wie die lange Wachstumsphase nach dem Zweiten Weltkrieg etwas verklärend umschrieben worden ist.[24] Auch am Wohnungsbau entzündete sich heftige Kritik. Sozioökonomische, ökologische, raumplanerische, politisch-ideologische und ästhetische Kritik vermischten sich Anfang der 1970er Jahre zu einer heftigen und vielstimmigen Anklage. Das Missbehagen über die Schattenseiten des Baubooms erfasste breite Kreise von links bis rechts. Vom Heimatschutz über die Umwelt- bis zur Jugendbewegung, von Architekt*innen über Planer*innen bis zu Mieter*innen ertönte Kritik. Anfang der 1970er Jahre war der Unmut allgegenwärtig und zeigte sich nicht nur in den transnational rezipierten Kritiken an der «Verschandelung der Landschaft», an der «autogerechten» Verkehrsplanung oder der baulichen «Umweltzerstörung», sondern auch an der «Stadtkritik», der Kritik an der Spekulation mit Immobilien und Landwirtschaftsland oder an Mieter*innenprotesten.[25] Es erstaunt daher nicht, dass die Wohnungsnot und die Wohnbauförderung auch die Politik beschäftigten.

Eine zurückhaltende Wohnungspolitik des Bundes

Die Erhöhung der Neubautätigkeit und die Erstellung von preisgünstigem Wohnraum war in der Nachkriegszeit ein wichtiges Postulat. Im Vergleich zu den meisten anderen europäischen Regierungen spielte der Bund in der Nachkriegszeit aber eine relativ zurückhaltende Rolle in der Wohnbauförderung. Die Bundespolitik war stark durch einen «selektiven Interventionismus» geprägt, wie ihn die Forschung auch für andere Bereiche der Bundespolitik herausgearbeitet hat.[26] Der Bund verwies immer wieder vehement auf zwei zentrale Prinzipien, die bis heute Gültigkeit haben: Der Wohnungsbau sei primär eine privatwirtschaftliche Aufgabe und die Wohnungspolitik primär eine Aufgabe der Kantone und Gemeinden.[27] Während die Zentralregierungen der meisten Industrieländer nach dem Zweiten Weltkrieg massiv in die Wohnungsmärkte eingriffen und entweder den sozialen Wohnungsbau oder die Wohneigentumsbildung stark förderten, wurde die wohnungspolitische Rolle des Bundes bereits um 1950 stark zurückgedrängt. Nicht zuletzt auch deshalb entwickelte sich die Schweiz in

23 Vgl. u.a. Kupper 2003; Walter 1990; Skenderovic, Späti 2012.
24 Die Bezeichnung geht auf Jean Fourastié zurück. Vgl. Fourastié 1979.
25 Vgl. Führer 2015; Schnell 2013; Stahel 2006; Zberg 2019.
26 Vgl. u.a. Müller 2010; Longchamp 2014.
27 Vgl. z.B. den Aktionsplan Wohnungsknappheit. Runder Tisch vom 13. Februar 2024. https://www.newsd.admin.ch/newsd/message/attachments/86057.pdf, abgerufen am 30.09.2024.

diesen Jahren zu einem ausgeprägten Mieter*innenland mit der – bis heute – tiefsten Wohneigentumsquote Europas und einem renditeorientierten Mietmarkt für die Mehrheit der Bevölkerung.[28] Zwischen 1950 und 1970 sank die Wohneigentumsquote von 37,2 Prozent auf 28,1 Prozent, während der Anteil des nicht-profitorientierten Mietwohnungsmarktes (von kommunalen, genossenschaftlichen und weiteren nicht renditeorientierten Träger*innen) bei unter 10 Prozent verblieb.[29]

Im Rahmen der Kriegswirtschaft des Zweiten Weltkriegs hatte der Bund wie die übrigen europäischen Länder zwar stark in die Wohnungsmärkte eingegriffen, die Baumaterialen rationiert sowie Mietpreisregulierungen und ein Wohnbauförderprogramm eingeführt. Zwischen 1942 und 1949 waren über 60 Prozent der neu erstellten Wohnungen mit *à fonds perdu*-Beiträgen bis zu rund 45 Prozent der Erstellungskosten gefördert worden.[30] Im Vergleich zu anderen europäischen Ländern leitete der Bundesrat aber schon früh wieder eine partielle Rückkehr zum traditionell ausgesprochen liberalen Wohnregime ein. Nach Kriegsende stiessen die Interventionen des Bundes auf heftigen Widerstand der privaten Wohnungswirtschaft, und auch innerhalb der Bundesverwaltung gab es starke Bestrebungen, die Kriegs- und Kriseninterventionen wieder zurückzufahren.[31] Zwar zog sich die Deregulierung der Mietpreiskontrolle bis Ende der 1960er Jahre hin. Ab 1954 waren Neubauten aber von der Mietpreiskontrolle befreit,[32] und bereits 1950 hatte das Stimmvolk in einer aufgeheizten, von einem Stadt-Land-Gefälle geprägten Referendums-Abstimmung die Weiterführung der eidgenössischen Wohnbauförderung abgelehnt.[33] Verschiedene Kantone und Gemeinden führten aber auch ohne Bundesbeiträge Förderungsprogramme weiter. So wurde beispielsweise im Kanton Genf in den 1950er Jah-

28 Vgl. hierzu im Detail Müller 2022a.

29 Die nationalen Durchschnittswerte verschleiern freilich die grossen regionalen Unterschiede. So stellte in städtischen Gebieten das Wohnen zur Miete, vorwiegend in Liegenschaften renditeorientierter Anbieter*innen, die Regel dar, während in ländlich geprägten Kantonen eine Mehrheit in den eigenen vier Wänden wohnte. Vgl. Eidgenössisches Statistisches Amt 1974: 110–114. Zur Entwicklung der Wohneigentumsquoten und des nicht-profitorientierten Wohnungsbaus in einer internationalen Perspektive vgl. Kohl 2017; Kholodilin, Kohl, Müller 2022.

30 Die Bedingungen, der Anteil der subventionierten Wohnungen und die Höhe der Beiträge variierten im Laufe der drei Wohnbauaktionen des Bundes. Der Bund beteiligte sich mit rund einem Drittel der Kosten an den Subventionen, die restlichen Beträge wurden von den Kantonen und den Gemeinden sowie zu einem kleinen Teil von Dritten finanziert. Vgl. Eidg. Zentralstelle für Arbeitsbeschaffung 1950; Eidg. Bureau für Wohnungsbau 1950.

31 Vgl. Müller 2021: 103–109.

32 Vgl. Angelini, Gurtner 1978: 46.

33 Vgl. Bundeskanzlei; https://www.bk.admin.ch/ch/d/pore/va/19500129/index.html, abgerufen am 30.09.2024.

ren ein umfassendes Wohnbauförderungsprogramm eingeführt;[34] insgesamt wurde diese Förderung aber stark zurückgefahren. Und wie die einflussreiche Eidgenössische Preiskontrollkommission (EPK) 1956 in einem wegweisenden Bericht zur «Förderung des sozialen Wohnungsbaus» rückblickend bilanzierte, stellten nach dem Ende der Bundesaktionen abgesehen von wenigen Ausnahmen «auch die Kantone und Gemeinden ihre Hilfe ein».[35] Der Anteil der unterstützten Neubauten sank ohne Bundeshilfen unter den Stand der 1940er Jahre.

Angesichts der anhaltenden Wohnungsnot förderte der Bund den sozialen Wohnungsbau auf Empfehlung der EPK ab 1958 zwar wieder mit bescheidenen Mitteln, doch blieb diese Unterstützung im Rahmen eines vom Bundesrat als «Überbrückungsaktion»[36] bezeichneten Förderungsprogramms subsidiär. Anders als in den 1940er Jahren gewährte der Bund keine *à fonds perdu*-Beiträge mehr, sondern leistete nur noch zeitlich befristete Kapitalzinszuschüsse. Zudem zielte die Förderung nicht mehr auf den allgemeinen Wohnungsbau, sondern auf der Grundlage des Familienschutzartikels nur noch auf die Unterstützung von einkommensschwachen Familien ab,[37] die als besonders schutzbedürftig verstanden wurden. So hielt der Bundesrat in Bezug auf die Förderung des sozialen Wohnungsbaus 1957 fest, dass der Mangel an Wohnungen zu Mietpreisen, die auch für Familien mit bescheidenem Einkommen tragbar seien, «in den Jahren der grössten wirtschaftlichen Blüte unseres Landes mehr und mehr zu einem sozialen Problem erster Ordnung geworden»[38] sei. Das Gros der Neubautätigkeit folgte wieder weitgehend privatwirtschaftlichen Logiken und mangels adäquater raumplanerischer Grundlagen prägten private Investor*innen als «inoffizielle Planer»[39] die Siedlungsentwicklung. Dominierend war dabei der Mehrfamilienhausbau, der stark auf den renditeorientierten Mietmarkt ausgerichtet war.

Eine zweite wichtige Massnahme, die im Anschluss an den Bericht der EPK umgesetzt wurde, war die Einsetzung der Eidgenössischen Wohnbaukommission (EWK) 1958, eine mit hochdotierten Expert*innen und Interessensvertreter*innen besetzte Kommission, der in den folgenden Jahren eine zentrale wohnungspolitische Rolle zukam. In der EWK wurden in der vorparlamentarischen Phase die Grundlagen für die Massnahmen der nächsten Förderungsprogramme ausgearbeitet und die wohnungspolitische Ausrichtung des Bundes stark geprägt. Als sich die Wohnungsnot Anfang der 1960er Jahre trotz rekordhoher Neubautätigkeit weiter verschärfte, beauftragte der freisinnige Bundesrat Hans Schaffner

34 Vgl. Balmer 1996: 108–116; Lescaze, Hiler, Frei 1994: 302–314.

35 Eidgenössische Preiskontrollkommission 1956: 6.

36 Schweizerischer Bundesrat 1957: 118.

37 Vgl. Bundesbeschluss über Massnahmen zur Förderung des sozialen Wohnungsbaues vom 31. Januar 1958. In: Bundesblatt 1958 I: 331–337.

38 Schweizerischer Bundesrat 1957: 124.

39 Koll-Schretzenmayr 2008: 43.

die EWK mit der Ausarbeitung eines Berichts und von Massnahmen zur «Normalisierung» des Wohnungsmarktes.[40] 1963 legte eine Subkommission der EWK unter dem Vorsitz von Eugen Böhler, Professor für Nationalökonomie an der ETH Zürich und eine der prägenden Persönlichkeiten der schweizerischen Wirtschafts- und Sozialpolitik in den 1950er und 1960er Jahren, einen viel beachteten Bericht vor, in dem sie ein «Gesamtprogramm für die Rückkehr zu einem freien Wohnungsmarkt» skizzierte.[41] Der Bericht stellte die Grundlage für ein neues Wohnbauförderungsgesetz dar, das 1965 verabschiedet wurde. Im Zentrum standen marktkonforme Massnahmen, welche die Rahmenbedingungen verbessern und die Anreize für die Privatwirtschaft setzten sollten, preisgünstigen Wohnraum zu erstellen. In Anbetracht der Wohnungsnot wurden aber auch die direkten Bundeshilfen erhöht. Mit einem angestrebten Anteil von 10 Prozent an der Neubautätigkeit sollten in Zukunft rund doppelt so viele Sozialwohnungen mit Kapitalzinszuschüssen unterstützt werden wie noch unter dem Bundesbeschluss von 1958.[42] Die zeitlich befristete Wohnbauaktion sollte es ermöglichen, bis Ende der 1960er Jahre sowohl die Mietpreiskontrolle als auch die Wohnbauförderung aufzuheben und die Rückkehr zu einem liberalen Wohnungsregime einleiten zu können.

Die Neukonzeption der Wohnbauförderung

Eine Lösung des Wohnungsproblems war jedoch nicht in Sicht. Bereits 1967, das Wohnbaugesetz von 1965 war gerade erst in Kraft getreten, beauftragte die EWK einen Arbeitsausschuss, um erneut eine Neukonzeption der bundestaatlichen Wohnbauförderung auszuarbeiten. Die Ausrichtung war massgeblich durch die Zusammensetzung des Ausschusses geprägt, der aus einem kleinen Kreis einflussreicher Männer bestand.[43] Betrachtet man diesen Kreis, so zeigt sich, dass einige wenige Interessenvertreter, die Mitarbeiter eines Lehrstuhles an der Hochschule St. Gallen (HSG) und ein Berner Netzwerk aus dem Bauwesen die Ausrichtung des neuen Förderprogramms vorbereitet haben. Der Vorsitz wurde dem Präsidenten der EWK, Alfred Nydegger, Professor für Volkswirtschaftslehre an der HSG, übertragen. Die weiteren Mitglieder waren der Gewerkschaftsfunktionär Waldemar Jucker, der spätere Direktor des Bundesamtes für Konjunkturfragen, der freisinnige Nationalrat und Zentralsekretär des Schweizerischen Hausei-

40 Vgl. BAR, E7295B#2016/90#1183*, Protokolle. EWK, Protokoll der Sitzung vom 29. August 1961: 3.

41 Eidg. Volkswirtschaftsdepartement 1963: 58.

42 Vgl. Bundesgesetz über Massnahmen zur Förderung des Wohnungsbaues. (Vom 19. März 1965). In: Bundesblatt 1965 I: 777–786.

43 Vgl. zur Arbeit des Ausschusses BAR, J1.219#1991/215#21*, Eidgenössische Wohnbaukommission 1.

gentümerverbands Walter Raissig, der eidgenössische Delegierte für Wohnungsbau und Mitgründer des Berner Ingenieurunternehmens *Emch und Berger AG*, Fritz Berger, sowie der Berner Architekt, sozialdemokratische Lokalpolitiker und Genossenschafter Hans Reinhard. Reinhard war an der Realisierung zahlreicher Genossenschaftssiedlungen beteiligt, so auch an der Grossüberbauung Tscharnergut in Bern-Bümpliz, bei der Berger ebenfalls eine wichtige Rolle spielte. Im Laufe der Beratungen wurden ausserdem der Planer Hans Aregger, seit 1967 verantwortlich für die Gesamtplanung der Stadt Bern, und die beiden wissenschaftlichen Mitarbeiter von Alfred Nydegger an der HSG, Peter Gurtner und Terenzio Angelini für die Erarbeitung von Berichten beigezogen. Gurtner sollte 1995 zum Direktor des Bundesamts für Wohnungswesen aufsteigen, während Angelini ab 1979 als Leiter der Finanzverwaltung des Kantons St. Gallen tätig war. Schliesslich wurde auch Andreas Brunner, freisinniger Zuger Nationalrat und Mitglied der Konzernleitung des Technologiekonzerns Landis & Gyr, in die Arbeiten mit einbezogen.

Der Ausschuss arbeitete drei Jahre im Hintergrund, bevor er die Neukonzeption der Wohnbauförderung erstmals öffentlich vorstellte. Zwei Merkmale sind besonders hervorzuheben: Erstens war es in der Arbeitsgruppe relativ unbestritten, dass mit der Neuausrichtung der Übergang zu einem liberalen Wohnungsmarkt ohne starke Mietpreisregulierung vollzogen werden sollte. Angestrebt wurde eine marktkonforme Lösung des Wohnungsproblems. Er wünsche, führte Berger in der ersten Sitzung aus, «die Verbesserung der Marktverhältnisse, um mit möglichst wenig Subventionen auszukommen».[44] Wohnraum sollte grundsätzlich über den Markt bereitgestellt werden, während die Rolle des Bundes vor allem in der Verbesserung der Rahmenbedingungen gesehen wurde.

Zweitens war das Wohnungsproblem in den Augen der Arbeitsgruppe stark zu einem Mietpreisproblem geworden. Knappes und teures Bauland, hohe Baukosten und die Kapitalbeschaffung gehörten aus dieser Sicht zu den grössten Herausforderungen. Diese sollten nicht wie in den 1940er Jahren durch Subventionen, sondern in erster Linie durch raumplanerische Massnahmen, eine höhere Produktivität des Baugewerbes und baurechtliche Anpassungen überwunden werden. Zur Lösung der Wohnungsnot hatte der Arbeitsausschuss zweifellos auch Grosssiedlungen auf der grünen Wiese vor Augen, die zu diesem Zeitpunkt prominent propagiert wurden. Der industrielle beziehungsweise vorfabrizierte Siedlungsbau war bereits in jenen Jahren umstritten, galt zahlreichen Akteuren aus der Politik, der Bauwirtschaft und der Planung aber als Ausweg angesichts der Wohnungsnot und der raumplanerischen Herausforderungen.[45] Als Vorbild dienten neue Grossüberbauungen wie das bereits erwähnte Tscharnergut oder

44 BAR, J1.219#1991/215#21*, Eidgenössische Wohnbaukommission 1. Protokoll der 1. Sitzung des Arbeitsausschusses der Eidg. Wohnbaukommission vom 07.08.1967: 4.

45 Vgl. Eisinger 2004: 254; Furter 2023.

industriell vorgefertigte Grosssiedlungen, wie sie der profitorientierte Unternehmer und Pionier der industriellen Fertigbauweise Ernst Göhner seit 1965 baute.[46] Durch standardisierte Bauweise, Skaleneffekte und billiges Bauland sollten die Kosten gesenkt und die dringend benötigten preisgünstigen Wohnungen in neuen Überbauungen in den Grüngürteln der Agglomerationen seriell erstellt werden.

Vorgeschlagen wurde von der Arbeitsgruppe schliesslich ein Bündel von indirekten und direkten Fördermassnahmen, die auch Bezug nahmen auf Massnahmen, wie sie bereits im Bericht der Eidgenössischen Wohnbaukommission von 1963[47] sowie in zwei vielbeachteten «Landeskonferenzen für Wohnungsbau» in Bern im September 1965 und im März 1966[48] formuliert worden waren. Einerseits sollten die Rahmenbedingungen durch die Unterstützung der Bau- und Marktforschung sowie der Raumplanung und der Baugesetzgebung verbessert werden. Andererseits sollten die Baulanderschliessung und die Wohnbaufinanzierung gefördert werden. Kernstück der letztgenannten Massnahme bildete ein neues System der Objektförderung, das auf einen Vorschlag Reinhards zurückging, aber von Gurtner und Angelini an der HSG ausgearbeitet wurde. Mit dem neuen Fördersystem sollte die Zahl der unterstützten Wohnungen nochmals verdoppelt werden; gleichzeitig war aber eine vollständige und verzinsliche Rückzahlung der Bundesbeiträge vorgesehen, um den Bundeshaushalt zu entlasten.[49]

Der Vorschlag, den der Arbeitsausschuss der EWK und den Kantonen im Juli 1970 unterbreitete, stiess auf starke Vorbehalte.[50] Die Massnahmen und die gesetzliche Grundlage wurden in Frage gestellt und – trotz ihrer liberalen Grundausrichtung – als zentralistisch kritisiert. Während sich die Arbeitsgruppe umgehend an die Überarbeitung der Neukonzeption machte, spitzte sich die wohnungspolitische Diskussion auf nationaler Ebene weiter zu. Bereits im August desselben Jahres kündigte der Bundesrat an, die Wohnbauförderung ausbauen zu wollen,[51] und rund einen Monat später begann die Vernehmlassung zum Vorschlag der Verankerung der Wohnbau- und Eigentumsförderung in der Verfassung.[52] Das Vorpreschen des Bundesrates im Sommer 1970 – weniger als

46 Vgl. zum Unternehmer Ernst Göhner Furter, Schoeck-Ritschard 2013.

47 Vgl. Eidg. Volkswirtschaftsdepartement 1963.

48 Vgl. Landeskonferenz für Wohnungsbau 1966.

49 Vgl. BAR, J1.219#1991/215#22*, Eidgenössische Wohnbaukommission 2. EWK, Arbeitsausschuss, Bericht Grundzüge der langfristigen Konzeption des Bundes zur Förderung des Wohnungsbaus (Vorschläge), 26.5.1970. Siehe auch Gurtner 1973.

50 Vgl. BAR, E7295B#2016/90#1183*, Protokolle. EWK, Plenarsitzung vom 22.6.1970.

51 Vgl. Schweizerischer Bundesrat 1970.

52 Zu den Stellungnahmen der Kantone, Parteien und Verbände vgl. BAR, J1.298#2003/36#334*, Kommission Wohnbauförderung: Verfassungsartikel (Vorlage 10940): Stellungnahme der Kantone und Parteien; BAR, J1.298#2003/36#333*, Kommission Wohnbauförderung:

ein Jahr nachdem bereits die Raumplanung als Bundesaufgabe in der Verfassung verankert worden war[53] – ist vor dem Hintergrund der angespannten Lage auf dem Wohnungsmarkt, einer breiten und lauter werdenden Kritik an den negativen Begleiterscheinungen des Wohnbaubooms und einer wohnungspolitisch heissen Phase zu sehen. Insbesondere die im September 1970 zur Abstimmung anstehende Volksinitiative «Recht auf Wohnung und Ausbau des Familienschutzes» des *Mouvement populaire des familles*, die das Recht auf eine angemessene und erschwingliche Wohnung und den Schutz der Mieter*innen in der Verfassung verankern wollte, setzte den Bundesrat unter Druck. Die Initiative, die bis weit ins bürgerliche Lager hinein Sympathien genoss, wurde an der Urne mit 48,9 Prozent Ja-Stimmen nur knapp abgelehnt.[54]

Angesichts der heftigen Debatten erstaunt es nicht, dass der freisinnige Bundesrat Ernst Brugger die EWK als eine «der wichtigsten eidg. Kommission[en]»[55] bezeichnete, als der Arbeitsausschuss im November 1970 die überarbeitete Neukonzeption zur Diskussion stellte. Dem Ausschuss gelang es nun, einen Kompromiss vorzulegen, der den Spagat zwischen den verschiedenen Interessen schaffte. Präsentiert wurde eine marktkonforme Lösung, mit der eine dauerhafte Wohnbauförderung des Bundes im Rahmen seiner restriktiven Budgetpolitik und der bestehenden liberal-korporatistischen Wirtschaftsordnung realisierbar war. Die Gesetzesänderungen konnten in der Folge auf eine breite Zustimmung zählen. Am 5. März 1972 befürworteten die Stimmbürger*innen schliesslich zwei neue wohnungspolitische Verfassungszusätze. Mit 58,5 Prozent Ja-Stimmen wurde die Wohnbau- und Wohneigentumsförderung zur Verfassungsaufgabe des Bundes erhoben. Damit verlor die Wohnbauförderung erstmals in der Geschichte des Bundesstaates den Charakter einer temporären Krisenpolitik. Etwas mehr als ein Jahr nach dem Ende der Mietpreisregulierungen stimmten die Schweizer Bürger*innen zudem mit einem überwältigenden Ja-Stimmen-Anteil von 85,4 Prozent für die Wiedereinführung einer moderaten und marktkonformen Mietschutzbestimmung, welche die Gesetzgebung bis heute prägt.[56]

Verfassungsartikel (Vorlage 10940): Stellungnahme der Dachwirtschaftsverbände und der an Wohnungsfragen interessierten Organisationen und anderer Vereinigungen.

53 Vgl. Koll-Schretzenmayr: 72.

54 Vgl. zu den Debatten Année politique Suisse, Rubrik Boden- und Wohnwirtschaft, 1967–1970.

55 BAR, 7295B#2016/90#1183*, Protokolle (1958–1975). Eidg. Wohnbaukommission, Protokoll der 31. Plenarsitzung vom 26. und 27. 11. 1970: 5.

56 Vgl. Bundeskanzlei, https://www.bk.admin.ch/ch/d/pore/va/19720305/index.html, abgerufen am 30. 09. 2024. Zur Entwicklung des Mietrechts vgl. Hausmann 2016.

Das Wohnbau- und Eigentumsförderungsgesetz (WEG) von 1974

Ein Jahr später legte der Bundesrat den Entwurf eines Ausführungsgesetzes zu Artikel 34^{sexies} der Bundesverfassung vor, auf dessen Grundlage das eidgenössische Parlament im Oktober 1974 das Wohnbau- und Eigentumsförderungsgesetz (WEG) verabschiedete. Das zu diesem Zeitpunkt kaum mehr umstrittene Gesetz trat am 1. Januar 1975 in Kraft. Das WEG lehnte sich eng an die Neukonzeption der EWK an. Das noch stark auf die Erfordernisse der Rationalisierung und der Grosssiedlungen im Grünen, die Monumente der Wachstumsgesellschaft, zugeschnittene Gesetz enthielt eine Reihe von Massnahmen, wie indirekte Förderungen der Baurationalisierung oder Darlehen für die Erschliessung und den Erwerb von Bauland, auf die ich hier nicht näher eingehen möchte. Vielmehr soll im Folgenden gezeigt werden, dass das Kernstück des Gesetzes, die Wohnbauförderung, nur unter der Voraussetzung des unbedingten Glaubens an ein unbegrenztes Wirtschaftswachstum mit steigendem Wohlstand für die breite Bevölkerung denkbar war.

Im Vordergrund der neuen Wohnbauförderung standen marktkonforme Lösungen, die sich in die bestehende wirtschaftliche und politische Ordnung einfügten. Wie Terenzio Angelini und Peter Gurtner rückblickend resümierten, sollte am Grundsatz des Wohnungsbaus als einer «Aufgabe der Privatwirtschaft» und am Ziel, die «Aufwendungen des Bundes [...] möglichst tief» zu halten, nicht gerüttelt werden. Zudem sollte die Hypothekenvergabe «im Rahmen des bestehenden Bankensystems»[57] erfolgen. Das ausgeklügelte System, das der Ausschuss ausgearbeitet hatte, kam damit allen Interessenvertreter*innen weit genug entgegen, um Zustimmung zu finden. Die Kreise der Linken, der Mieter*innen und des gemeinnützigen Wohnungsbaus erreichten das lange verfolgte Ziel einer dauerhaften Wohnbauförderung des Bundes. Wirtschaftskreisen und Hauseigentümer*innen wurde die Rückkehr zum liberalen Wohnungsmarkt versprochen. Den Banken sicherte der Bund zu, ihr Hypothekargeschäft nicht zu konkurrenzieren; und der Bund selbst konnte mit dem neuen Fördersystem seine Kosten tief halten. Der Vorschlag fand dann auch breite Unterstützung. Selbst der Schweizerische Hauseigentümerverband, der zu den schärfsten Gegnern von Interventionen gehörte, lobte im Vorfeld der Abstimmung über den Verfassungsartikel, dass dieser «liberale, den Bedürfnissen der freien Wohnwirtschaft entsprechende Entwurf»[58] «unnötige staatliche Eingriffe»[59] vermeide.

57 Angelini, Gurtner 1978: 126.

58 Schweizerisches Wirtschaftsarchiv (CH SWA), Bv H 29, HEV Schweiz. Hauseigentümerverband, Dokumentensammlung. HEV, Die Wohnwirtschaft im Jahre 1972: 13–14.

59 Ebd. 14.

Die Objektförderung des WEG war ein durchaus attraktives und bestechendes, aber relativ kompliziertes Fördersystem, das die Finanzierung erleichtern und die Anfangsmieten senken sollte. Dahinter stand die Überzeugung, dass das Mietproblem vor allem die neu auf den Markt kommenden Neubauwohnungen betraf. Aufgrund der stark steigenden Bau- und Grundstückskosten lagen die Mieten für Neubauwohnungen weit über den Bestandsmieten älterer Wohnungen, von denen nur wenige leer standen und zur Vermietung ausgeschrieben waren. Besonders problematisch war diese «Malaise» in den Augen des Gesetzgebers für junge Familien, die dringend eine Wohnung benötigten und deren Haushaltsvorstand und Ernährer noch am Anfang seiner beruflichen Laufbahn stand und nur über ein geringes Einkommen verfügte.[60]

Um diese Herausforderungen zu überwinden, verbürgte und gewährte der Bund unter dem WEG erstens Hypotheken bis zu 90 Prozent der Anlagekosten, um die Finanzierung des Wohnungsbaus zu erleichtern. Auf dem freien Markt waren in der Regel Hypotheken bis zu 80 Prozent der Anlagekosten üblich, wobei teilweise auch höhere Belehnungen vergeben wurden. Zweitens wurden zeitlich befristete Zuschüsse gewährt, um die Anfangsmieten zu senken. Der eigentliche Clou des Gesetzes bestand jedoch darin, dass nicht mehr wie im alten Förderprogramm feste Kapitalzinszuschüsse über 20 Jahre vorgesehen waren. Stattdessen wurde ein dynamisches System mit steigenden Mieten eingeführt. Im ersten Jahr wurden die Mieten um rund 20 Prozent verbilligt und unter die kostendeckende Rendite gesenkt. Die Zuschüsse deckten zu Beginn die Verluste der Vermieter*innen. Danach wurden die Mieten über einen Zeitraum von 25 Jahren jährlich um 3 Prozent erhöht. Sobald die Mieteinnahmen dadurch über den kostendeckenden Bruttorenditen lagen, mussten die Überschüsse zur Rückzahlung der verzinslichen Zuschüsse und zur Tilgung der Hypothekardarlehen verwendet werden (wobei eine Amortisation von 30 Prozent der Anlagekosten vorgesehen war). Nach 25 Jahren gingen die Wohnungen in den selbsttragenden Markt über.

Die Hilfen konnten sowohl für Mehrfamilienhäuser als auch für selbstgenutztes Wohneigentum beantragt werden. Letzteres war ein Zugeständnis an das Postulat der Wohneigentumsförderung, das in den 1970er Jahren zu einer wichtigen politischen Forderung geworden war.[61] Darüber hinaus gewährte oder verbürgte der Bund gemeinnützigen Bauträger*innen Hypotheken bis zu 95 Prozent der Anlagekosten und verbilligte Darlehen. Für Wohnungen, die für einkommensschwache Haushalte sowie für Betagte, Invalide und Personen in Ausbildung bestimmt waren, konnten zudem zusätzliche Verbilligungen in

60 Vgl. Angelini, Gurtner 1978: 41.
61 Vgl. Müller 2022b: 148–150.

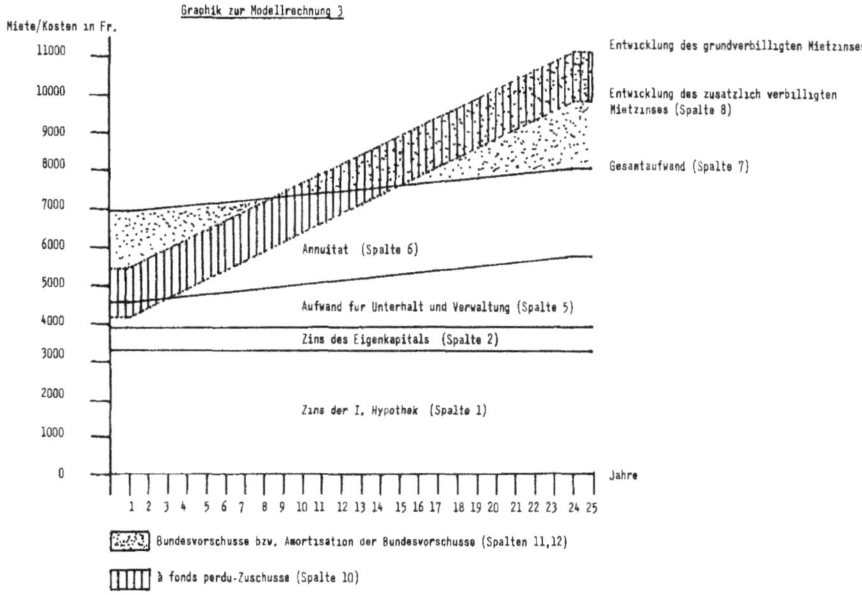

Abb. 3: Modellrechnung zur Illustration des Verbilligungssystems des WEG. Die Grafik zeigt die Entwicklung des Mietpreises und des Aufwands über die Jahre unter der Annahme einer Grund- und einer Zusatzverbilligung gemäss einer Modellrechnung. Quelle: Schweizerischer Bundesrat 1973: 789.

Form von Beiträgen *à fonds perdu* beantragt werden.[62] Grundsätzlich war das System langfristig sowohl für die Besitzer*innen wie auch für den Bund attraktiv. Investor*innen konnten mit Bundeshilfen in neue Liegenschaften investieren, die nach einer Wartefrist von höchstens 25 Jahren von den Restriktionen des Förderprogramms befreit und vollumfänglich nach privatwirtschaftlichen Kriterien verwaltet werden konnten. Der Bund hatte demgegenüber zur Finanzierung lediglich noch einen *Fonds de Roulement* zu äufnen, erhielt die Beiträge aber vollumfänglich verzinst zurückbezahlt. Lediglich für die Zusatzverbilligungen entstanden ihm effektive Kosten.

Insgesamt handelte es sich um ein ausgeklügeltes und durchdachtes System. Damit die Rechnung aufging, und das ist der springende Punkt, mussten die Haus- und Mietpreise sowie die Löhne aber über die Zeit ansteigen, eine Entwicklung, die wiederum eng an eine steigende Wirtschaftsleistung gekoppelt war. Der Glaube an das ewige Wirtschaftswachstum, den sowohl der Bund und die Banken als auch die Vermieter*innen und Mieter*innen im Rahmen des För-

62 Vgl. für einen Überblick zu den Massnahmen des WEG Angelini, Gurtner 1978: 115–129.

derprogramms an den Tag legen mussten, ist frappant. Auch wenn das Gesetz explizit Vorkehrungen für den Fall einer Verschlechterung der Wirtschaftslage vorsah,[63] war das System ohne anhaltendes Wachstum sowie steigende Löhne und Preise zum Scheitern verurteilt. Der Glaube an einen ungebremsten wirtschaftlichen und technischen Fortschritt ist bereits in der grundsätzlichen Zielsetzung des Förderungsprogramms erkennbar. Das WEG spiegelt deutlich die Auffassung wider, dass das Wohnungsproblem durch mehr und billiger gebaute Wohnungen zu lösen sei. Ging es zunächst darum, die Wohnungsproduktion insgesamt anzukurbeln, verlagerte sich der Schwerpunkt mit zunehmender Bautätigkeit immer mehr auf die Anzahl neu erstellter preisgünstiger Wohnungen. Es handelte sich, so die vorherrschende Meinung, um ein Mengen- und ein Preisproblem. Rational und effizient gebaute Siedlungen auf der grünen Wiese rückten in dieser Perspektive als Lösung in den Mittelpunkt. Den Wachstumsschmerzen sollte durch Rationalisierung und technischen Fortschritt begegnet werden.

Zugleich zeigt das Gesetz, wie sehr Wirtschaftswachstum inzwischen als Normalität angesehen, ja geradezu vorausgesetzt wurde. In einer Zeit, in der nicht Wachstumssorgen, sondern die Bekämpfung der Inflation und der «Überkonjunktur» auf der politischen Agenda standen,[64] begründete der Bundesrat in der umfangreichen Botschaft von 1971, mit der er das Förderungsgesetz ankündigte, seine Annahme einer wachsenden Wirtschaft nicht ausführlich. Vielmehr hielt er etwas lapidar fest: «Die Zunahme der Arbeitsproduktivität betrug bisher etwa 3 Prozent jährlich, die nominelle Einkommenssteigerung lag wesentlich höher [...]. Mit einer an Sicherheit grenzenden Wahrscheinlichkeit wird diese Entwicklung auch weiterhin andauern. [...] Bei einer Neuordnung des gemeinnützigen Wohnungsbaues kann deshalb eine jährliche Mietpreisanpassung an die wirtschaftliche Entwicklung von 3 Prozent in Rechnung gestellt werden.»[65] Auch ein halbes Jahr später deuteten für den Bundesrat alle Anzeichen darauf hin, dass «die Bautätigkeit nicht nur im gleichen Tempo weitergehen, sondern sich noch beschleunigen»[66] werde. Ein solcher Glaube an grenzenloses Wachstum wäre in den Krisenjahren der 1930er und 1940er Jahre schlicht undenkbar gewesen. Es gehörte schon einiges Vertrauen dazu, über einen Zeitraum von zwei Jahrzehnten auf ein kontinuierliches Wirtschafts- und Lohnwachstum zu setzen. Die Mieter*innen mussten auf Lohnerhöhungen zählen, um die jährlichen Mietpreissteigerungen von 3 Prozent verkraften zu können. Die Vermieter*innen mussten davon ausgehen, dass die Haus- und Mietpreise weiter steigen würden, um nicht plötzlich auf leerstehenden, überteuerten Wohnungen sitzen zu blei-

63 Vgl. Schweizerischer Bundesrat 1973: 733.
64 Vgl. Schweizerischer Bundesrat 1972.
65 Schweizerischer Bundesrat 1971: 1684.
66 Schweizerischer Bundesrat 1972: 502.

ben. Und die Banken und der Bund waren darauf angewiesen, dass die Wohnungen zu steigenden Mietpreisen vermietet werden konnten, damit die Kredite weiter bedient werden konnten. Eine stagnierende Wirtschaft oder eine anhaltende Wirtschafts- und Immobilienkrise mit sinkenden Hauspreisen oder sinkenden Einkommen bedeutete aus dieser Perspektive eine Gefährdung des Fördersystems.

Schliesslich war das Gesetz auch eng mit dem Versprechen einer breiten Teilhabe der Bevölkerung am Wirtschaftswachstum verbunden. Aus dieser Perspektive waren hohe Mieten vor allem ein Problem für Haushalte, die noch nicht über ein ausreichendes Einkommen verfügten. Als Problemgruppe wurden vor allem junge Familien gesehen. Deren Einkommenssituation, so die Annahme, würde sich im Laufe der Zeit durch allgemeine und individuelle Lohnsteigerungen aber verbessern. Das Mietpreisproblem war aus dieser Sicht für einen Grossteil der Betroffenen also ein vorübergehendes Problem. Abgesehen davon, dass auf diese Weise die Wohnungsnot vieler benachteiligter Gruppen negiert beziehungsweise ignoriert (respektive im Rahmen der Zusatzverbilligungen nur in beschränktem Ausmass berücksichtigt) wurde, setzte das Förderprogramm die Aufrechterhaltung des Wohlstandsniveaus für Jahrzehnte voraus, um sein Versprechen einlösen zu können.

Ein verspätetes Gesetz der Hochkonjunktur

Ironischerweise trat das WEG, ein Gesetz der Hochkonjunktur par excellence, genau in dem Moment in Kraft, als der Glaube an das ewige Wachstum unerwartete Risse erhielt. Waren die Schattenseiten des Wirtschafts- und Wohnbaubooms schon in den 1960er Jahren immer stärker auf die Kritik breiter Kreise gestossen, rückten die Grenzen des Heilsversprechens ungebremsten Wachstums spätestens mit der Veröffentlichung des Berichts zu den *Grenzen des Wachstums* an den Club of Rome[67] 1972 ins Zentrum der öffentlichen Debatten. Der Wohnungsbau wurde in der Schweiz vom vielstimmigen Krisendiskurs jener Jahre erfasst. Die Akteure der Bau- und Immobilienbranche gerieten zunehmend als Spekulanten in Verruf, während die modernen Siedlungen als «lebensfeindliche» und «monotone» «Wohnsilos» heftige Kritik auf sich zogen.[68] Neben die Kritik der «Verschandelung der Landschaft» trat die Kritik der baulichen «Umweltzerstörung», die der Bund Schweizer Architekten (BSA) bereits 1971 an einer Tagung zum Thema machte[69] und die in zahlreichen Publikationen problematisiert wurde. Wirkungsmächtig und wortstark diagnostizierte etwa der Architekt Rolf

67 Meadows u. a. 1972.

68 Vgl. Schnell 2013.

69 Vgl. Neue Zürcher Zeitung, 13.06.1971: 34.

Keller 1973 in seiner vielzitierten Publikation *Bauen als Umweltzerstörung*[70] stilistisch überzogen eine neue Form von Umweltschäden. Einem wuchernden «Baukrebs»[71] gleich würden sich durch rücksichtsloses «Nebeneinanderreihen und Ansammeln von kurzlebigen Wegwerfbauten [...] Wegwerflandschaften»[72] ausbreiten und gravierende Folgen für die Umwelt, die gebaute Landschaft und die physische und psychische Verfassung ihrer Bewohner*innen zeitigen. Mit der breiten Kritik am Beton, am Hochhaus und den wahlweise als «unwirtlich», «lebensfeindlich» oder «hässlich» bezeichneten kapitalistischen «Wohncontainern» im Grünen gerieten genau diejenigen Überbauungen in die Kritik,[73] die den Vordenkern des Wohnbauförderprogramms noch als Vorbilder erschienen waren.

Gleichzeitig brach mit der Ölpreiskrise und der anschliessenden globalen Wirtschaftskrise das Fundament, auf dem das System beruhte, zusammen, bevor das Gesetz 1975 überhaupt in Kraft trat. Mit dem wirtschaftlichen Einbruch verlor die Konzeption, die auf eine wachsende Volkswirtschaft ausgerichtet war, ihre inhaltliche Basis und bedurfte bereits nach wenigen Jahren einer Überarbeitung.[74] Die Zukunft erschien nun ungewisser: «Die Kontinuität und Regelmässigkeit der Entwicklung, welche für die Wachstumsphase der Vergangenheit charakteristisch war, wurde durch die nachhaltige Rezession in den letzten Jahren unterbrochen», resümierten Angelini und Gurtner 1978, nicht ohne hinzuzufügen, dass die «Phase der Grossüberbauungen, getragen von vorfabrizierenden und halbindustriellen Fertigungsmethoden, [...] für einige Zeit vorbei» zu sein schien.[75]

Die Wirtschaftskrise Mitte der 1970er Jahre bedeutete zwar nicht das Ende des WEG. Trotz der veränderten Rahmenbedingungen lief das Förderprogramm langsam an; es wurde aber erst Jahre später unter neuen Vorzeichen stärker in Anspruch genommen. Insbesondere zu Beginn der 1990er Jahre nahm die Anzahl unterstützter Wohnungen zu, was auf den konjunkturellen Einbruch und die damit einhergehende Erhöhung der Hypothekarzinsen zurückzuführen war. Das Bundesgesetz, das in den Jahren der konjunkturellen «Überhitzung» ausgearbeitet und verabschiedet worden war, stiess während der langen Stagnations-

70 Keller 1973.

71 Ebd.: 82.

72 Ebd.: 14.

73 Vgl. u.a. Bachmann u.a. 1972; Aellig u.a. 1974; Keller 1973. Für eine Einordnung der Kritiken vgl. Furter 2023; Althaus 2018: 99–119; Schnell 2013.

74 Im Rahmen der Überarbeitung der Vollzugsverordnung wurde 1981 die Grundverbilligung angepasst. Unter anderem konnten fortan die Rückzahlungen und die Anpassung der Mietpreise flexibler gestaltet werden. Vgl. Verordnung zum Wohnbau- und Eigentumsförderungsgesetz vom 30. November 1981. In: Amtliche Sammlung, 1981–51 vom 29.12.1981: 2088–2105. Vgl. auch Angelini, Gurtner 1978: 128.

75 Angelini, Gurtner 1978: 75 und 110.

phase jedoch an seine Grenzen.[76] Infolge der Immobilienkrise und des konjunkturellen Einbruchs geriet das System in eine Krise. «Das WEG-Modell ist auf Wirtschaftswachstum und Vollbeschäftigung ausgerichtet», resümierte die EWK 1999 in einem Bericht und stellte fest, dass das Verbilligungsmodell auf Preiseinbrüche «nicht flexibel» reagieren könne:[77] «Mit der einsetzenden wirtschaftlichen Stagnation, die sich im Immobilienbereich zu einer tief greifenden Krise ausweitete, traten mehr und mehr die Kehrseiten des Förderungssystems an den Tag. Auf Grund der verschlechterten Einkommenssituation und der Stabilisierung des allgemeinen Mietzinsniveaus wurde es schwieriger, die systembedingten Mietzinserhöhungen durchzusetzen. Hält man an den Preissteigerungen fest, so ziehen die Bewohner weg, und neue Nachfrager sind oft nicht mehr bereit, einen Mietvertrag mit ansteigenden Mietzinsen abzuschliessen. Werden dagegen die Anstiege sistiert oder Mietzinssenkungen toleriert, so erhöhen sich zwangsläufig die Grundverbilligungsvorschüsse und damit das Risiko für den Bund, in späteren Jahren Nachschüsse leisten zu müssen.»[78]

Für die Mieter*innen verloren die geförderten Wohnungen mit steigenden Mietpreisen an Attraktivität. Im Sommer 1998 betrug die Leerwohnungsquote bei den geförderten Wohnungen rund 7 Prozent, was für schweizerische Verhältnisse in historischer Perspektive einen aussergewöhnlich hohen Wert darstellt. Eine Vielzahl von Investor*innen geriet in Liquiditätsengpässe, sodass für den Bund, der Millionenbeträge abschreiben musste, das Verlustrisiko erhöht wurde. In Anbetracht dieser Umstände waren auch die Banken zunehmend nicht mehr gewillt, Hypotheken für die unter dem WEG geförderten Überbauungen zu vergeben, und begannen, Kredite zu kündigen.[79] Während die systemimmanenten Herausforderungen ungelöst blieben, wurde die Wohnbauförderung des Bundes generell wieder stärker in Frage gestellt, und im Jahr 2001 wurde das Förderprogramm schliesslich eingestellt.

Insgesamt markierte das WEG von 1974 in verschiedener Hinsicht den Abschluss der schweizerischen Nachkriegszeit. Einerseits bildete das Gesetz zusammen mit den beiden Verfassungszusätzen von 1972 den Abschluss einer Wohnbaupolitik, die ihren Ursprung in den Krisen des Zweiten Weltkriegs hatte. Andererseits steht das WEG sinnbildlich für den Höhepunkt eines langanhaltenden Wirtschafts- und Wohnbaubooms, der nicht nur das Antlitz der Schweiz nachhaltig verändert hat, sondern zumindest bis zur Mitte der 1970er Jahre auch die Illusion ewigen Wirtschaftswachstums und einer Demokratisierung des Wohlstands in die Köpfe vieler Menschen eingebrannt hat.

---

76 Cuennet, Favarger, Thalmann 2002: 34 und 45.

77 Bundesamt für Wohnungswesen 1999: 63 und 76.

78 Ebd.: 13–14.

79 Vgl. ebd.: 62–64.

Gedruckte Quellen

Aellig, Jörg; Müller, Peter, Düby, Hans; Wandeler, Hugo: Problem Hochhaus. Rechtsgrundlagen, Baubewilligungspraxis, Hochhaus und Baulandnutzung, Probleme mit hohen Bauten, wirtschaftliche Aspekte. Niederteufen 1974.

Angelini, Terenzio; Gurtner, Peter: Wohnungsmarkt und Wohnungsmarktpolitik in der Schweiz. Rückblick und Ausblick (Schriftenreihe Wohnungswesen 5). Bern 1978.

Bauen als Umweltzerstörung oder als Umweltgestaltung. In: Neue Zürcher Zeitung, 13.06. 1971: 34.

Bachmann, Heini u.a.: «Göhnerswil». Wohnungsbau im Kapitalismus. Eine Untersuchung über die Bedingungen und Auswirkungen der privatwirtschaftlichen Wohnungsproduktion am Beispiel der Vorstadtsiedlung «Sunnebüel» in Volketswil bei Zürich und der Generalunternehmung Ernst Göhner AG, Zürich 1972.

Bundesamt für Wohnungswesen (Hg.): Wohnbau- und Eigentumsförderung – Wie weiter? Empfehlungen der Eidg. Wohnbaukommission zur künftigen Wohnungspolitik des Bundes. (Schriftenreihe Wohnungswesen 67). Grenchen 1999.

Bundesamt für Statistik: Statistisches Jahrbuch der Schweiz 1970. Basel 1970.

Bundesamt für Statistik: Statistisches Jahrbuch der Schweiz 1990. Basel 1990.

Bücher, Karl: Die Wohnungs-Enquête in der Stadt Basel vom 1.–19. Februar 1889. Basel 1891.

Christen, Alfred: Bauwirtschaft und Bautätigkeit in der Schweiz (1920–1955). Zürich 1964.

Eidgenössische Zentralstelle für Arbeitsbeschaffung, Eidgenössisches Bureau für Wohnungsbau (Hg.): Die Förderung der Wohnbautätigkeit durch den Bund von 1942–1949. Bern 1950.

Eidgenössische Preiskontrollkommission (Hg.): Die Förderung des sozialen Wohnungsbaues. Bericht der Eidgenössischen Preiskontrollkommission (Sonderheft der Volkswirtschaft 63). Bern 1956.

Eidgenössisches Statistisches Amt (Hg.): Eidgenössische Volkszählung 1970. Schweiz. Gebäude und Wohnungen, Bd. 11 (Statistische Quellenwerke der Schweiz 573). Bern 1974.

Eidgenössisches Volkswirtschaftsdepartement (Hg.): Wohnungsmarkt und Wohnungsmarktpolitik. Bericht der Eidgenössischen Wohnbaukommission (Sonderheft der Volkswirtschaft 72). Bern 1963.

Fischer, Ernst: Wohnungsbau. Entwicklung und volkswirtschaftliche Bedeutung. In: Schweizerische Gesellschaft für Statistik und Volkswirtschaft (Hg.): Handbuch der schweizerischen Volkswirtschaft, Band 2. Bern 1955: 624–627.

Für eine Bundesanleihe zur Förderung des Wohnungsbaues. In: Wohnen 18/4 (1943): 43.

Gurtner, Peter: Alternativmodelle der Wohnbauförderung. Ein Systemvergleich zwischen der Objekt- und Subjekthilfe, dargestellt am Beispiel der neuen Wohnbauförderungskonzeption des Bundes sowie in- und ausländischer Individualhilfemethoden (Schriftenreihe Wohnungsbau der Eidg. Forschungskommission Wohnungsbau und des Delegierten für Wohnungsbau). Bern 1973.

Keller, Rolf: Bauen als Umweltzerstörung. Alarmbilder einer Un-Architektur der Gegenwart. Zürich 1973.

Landeskonferenz für Wohnungsbau (Hg.): Foerderung des Wohnungsbaues. Technisch-betriebswirtschaftliche, landesplanerische, organisatorische, juristische und finanzielle Aspekte. Bericht der Expertengruppen 1–5. Bern 1966.

Meadows, Donella H.; Meadows, Dennis L.; Randers, Jørgen u.a.: The Limits to Growth. A Report for the Club of Rome's Project on the Predicament of Mankind. New York 1972.

Schweizerischer Bundesrat: Botschaft des Bundesrates an die Bundesversammlung über Massnahmen zur Förderung des sozialen Wohnungsbaues (vom 28. Juni 1957). In: Bundesblatt 1957 II: 117–143.

Schweizerischer Bundesrat: Botschaft des Bundesrates an die Bundesversammlung über weitere Massnahmen für die Wohnbauförderung (vom 26. August 1970). In: Bundesblatt 1970 II: 499–511.

Schweizerischer Bundesrat: Botschaft des Bundesrates an die Bundesversammlung betreffend die Ergänzung der Bundesverfassung durch einen Artikel 34sexies über die Wohnbauförderung und einen Artikel 34septies über die Allgemeinverbindlicherklärung von Verbandsvereinbarungen auf dem Gebiete des Wohnungswesens sowie Bericht über das eidgenössische Volksbegehren zur Bildung eines Wohnbaufonds zwecks Förderung des Wohnungsbaues, des Wohnungseigentums und für die Sicherstellung angemessener Wohnungsmietzinse (vom 30. Juni 1971). In: Bundesblatt 1971 I: 1657–1734.

Schweizerischer Bundesrat: Botschaft des Bundesrates an die Bundesversammlung zum Entwurf eines Bundesbeschlusses über dringliche Massnahmen auf dem Gebiete der Raumplanung (vom 26. Januar 1972). In: Bundesblatt 1972 I: 501–523.

Schweizerischer Bundesrat: Botschaft des Bundesrates an die Bundesversammlung über zusätzliche Massnahmen zur Dämpfung der Überkonjunktur (vom 4. Dezember 1972). In: Bundesblatt 1972 II: 1541–1595.

Schweizerischer Bundesrat: Botschaft des Bundesrates an die Bundesversammlung zum Bundesgesetz zur Förderung des Wohnungsbaus und des Erwerbs von Wohnungs- und Hauseigentum. (Wohnbau- und Eigentumsförderungsgesetz.) Vom 17. September 1973. In: Bundesblatt 1973: 679–791.

Sekundärliteratur

Akademie für Raumentwicklung in der Leibniz-Gemeinschaft (Hg.): Was heisst hier normal?! Denk- und Machanstöße für die kommunale Planungspraxis in ländlichen Räumen, Ergebnisse und Empfehlungen der Arbeitsgruppe «Postwachstum in ländlichen Räumen» des Forum Nachwuchs. Leipzig 2023.

Althaus, Eveline: Sozialraum Hochhaus. Nachbarschaft und Wohnalltag in Schweizer Grossbauten. Bielefeld 2018.

Balmer, Tristan: Eléments pour une histoire du logement social à Genève, 1913–1993. Mémoire d'histoire économique et sociale, Université de Genève. Genf 1996.

Brokow-Loga, Anton; Eckardt, Frank: Postwachstumsstadt. Konturen einer solidarischen Stadtpolitik. München 2020.

Bund Deutscher Architektinnen und Architekten (Hg.): Das Haus der Erde. Positionen für eine klimagerechte Architektur in Stadt und Land. Berlin 2019.

Bundesamt für Umwelt (Hg.): Umwelt-Fussabdrücke der Schweiz. Entwicklung zwischen 2000 und 2018. Bern 2022.

Cuennet, Stéphane; Favarger, Philippe; Thalmann, Philippe: La politique du logement. Lausanne 2002.

Eisinger, Angelus: Städte bauen. Städtebau und Stadtentwicklung in der Schweiz, 1940–1970. Zürich 2004.

Führer, Karl Christian: Die Stadt, das Geld und der Markt. Immobilienspekulation in der Bundesrepublik, 1960–1985. Berlin, München, Boston 2015.

Furter, Fabian: Industriell bauen für die postindustrielle Gesellschaft. Massenwohnungsbau in der Nachkriegsschweiz 1945 bis 1975. Unpublizierte Dissertation ETH Zürich. Zürich 2023.

Furter, Fabian; Schoeck-Ritschard, Patrick: Göhner wohnen. Wachstumseuphorie und Plattenbau. Baden 2013.

Haefeli, Ueli: Umwelt, Raum, Verkehr. In: Halbeisen, Patrick; Müller, Margrit; Veyrassat, Béatrice (Hg.): Wirtschaftsgeschichte der Schweiz im 20. Jahrhundert. Basel 2012: 703–752.

Hausmann, Urs: Vertragsfreiheit im Schweizer Mietrecht von 1804 bis 2014 unter besonderer Berücksichtigung des Mietzinses. Rechtshistorischer und rechtspolitischer Hintergrund der heutigen Vertragsschranken im Mietrecht (Europäische Rechts- und Regionalgeschichte 19). Zürich 2016.

Kholodilin, Konstantin A.; Kohl, Sebastian; Müller, Florian: The Rise and Fall of Social Housing? Housing Decommodification in Long-run Comparison. In: Journal of Social Policy (2022): 1–27.

Koch, Michael: Städtebau in der Schweiz 1800–1990. Entwicklungslinien, Einflüsse und Stationen. Zürich 1992.

Kohl, Sebastian: Homeownership, Renting and Society: Historical and Comparative Perspectives (Routledge Advances in Sociology 212). London 2017.

Koller, Barbara: Gesundes Wohnen. Ein Konstrukt zur Vermittlung bürgerlicher Werte und Verhaltensnormen und seine praktische Umsetzung in der Deutschschweiz, 1880–1940. Zürich 1995.

Koll-Schretzenmayr, Martina: Gelungen – misslungen? Die Geschichte der Raumplanung Schweiz. Zürich 2008.

Kupper, Patrick: Die «1970er Diagnose». Grundsätzliche Überlegungen zu einem Wendepunkt der Umweltgeschichte. In: Archiv für Sozialgeschichte 43 (2003): 325–348.

Lange, Bastian; Hülz, Martina; Schmid, Benedikt u. a. (Hg.): Postwachstumsgeographien: Raumbezüge diverser und alternativer Ökonomien (Sozial- und Kulturgeographie 38). Bielefeld 2020.

Lescaze, Bernard; Hiler, David; Frei, Anita: La Société coopérative d'habitation Genève & l'histoire du logement social à Genève, XIXe & XXe siècles. 1919–1994, 75 ans de la Société coopérative d'habitation Genève. Genève 1994.

Longchamp, Olivier: La politique financière fédérale, 1945–1958 (Histoire et sociétés contemporaines). Lausanne 2014.

Lorenzetti, Luigi: Demographie und Wirtschaftsentwicklung. In: Halbeisen, Patrick; Müller, Margrit; Veyrassat, Béatrice (Hg.): Wirtschaftsgeschichte der Schweiz im 20. Jahrhundert. Basel 2012: 223–264.

Müller, Florian: Mieter:innenland Schweiz. Siedlungsprojekte, politische Regulierung und private Interessen im schweizerischen Wohnungsbau, 1870–1974. Unpublizierte Dissertation Universität Zürich. Zürich 2022.

Müller, Florian: Die Besteuerung des Eigenmietwerts in der Schweiz. Eine kurze Geschichte einer kontroversen Steuer zwischen Steuergerechtigkeit und Wohneigentumsförderung (1934–2020). In: Guex, Sébastien; Buclin, Hadrien (Hg.): La fiscalité directe des cantons suisses. Législation et pratiques au XIXe et XXe siècle/Die direkten Steuern in den Schweizer Kantonen. Gesetzgebung und Praxis im 19. und 20. Jahrhundert (Itinera. Beiheft zur SZG 48). Basel 2022: 122–148.

Müller, Florian: Neoliberale Wohnungspolitik avant la lettre? Staatliche Regulierung und private Interessen im Wohnungsbau in der Schweiz (1936–1950). In: Crousaz, Karine; Eichenberger, Pierre; Rathmann-Lutz, Anja (Hg.): Reichtum. Einblicke in die 5. Schweizerischen Geschichtstage, Bd. 1 (Traverse. Zeitschrift für Geschichte 28/1). Zürich 2021: 92–116.

Müller, Philipp: La Suisse en crise (1929–1936). Les politiques monétaire, financière, économique et sociale de la Confédération helvétique (Histoire et sociétés contemporaines 26). Lausanne 2010.

Nelson, Anitra (Hg.): Housing for Degrowth. Principles, Models, Challenges and Opportunities (Routledge Environmental Humanities). London 2018.

Pooley, Colin G. (Hg.): Housing Strategies in Europe, 1880–1930. Leicester, New York 1992.

Savini, Federico; Ferreira, António; Schönfeld, Kim Carlotta von: Post-growth Planning. Cities Beyond the Market Economy. New York 2022.

Schmelzer, Matthias; Vetter, Andrea; Vansintjan, Aaron: The Future Is Degrowth. A Guide to a World beyond Capitalism. London 2022.

Schnell, Dieter (Hg.): Die Architekturkrise der 1970er-Jahre. Baden 2013.

Schweizerischer Bundesrat (Hg.): Umwelt Schweiz 2022. Bericht des Bundesrats. Bern 2022.

Skenderovic, Damir; Späti, Christina: Die 1968er-Jahre in der Schweiz. Aufbruch in Politik und Kultur. Baden 2012.

Stahel, Thomas: Stadt- und wohnpolitische Bewegungen in Zürich nach 1968. Zürich 2006.

Studer, Brigitte: Ökonomien der sozialen Sicherheit. In: Halbeisen, Patrick; Müller, Margrit; Veyrassat, Béatrice (Hg.): Wirtschaftsgeschichte der Schweiz im 20. Jahrhundert. Basel 2012: 924–974.

Studer, Brigitte; Tanner, Jakob: Konsum und Distribution. In: Halbeisen, Patrick; Müller, Margrit; Veyrassat, Béatrice (Hg.): Wirtschaftsgeschichte der Schweiz im 20. Jahrhundert. Basel 2012: 637–702.

United Nations Environment Programme (Hg.): Global Status Report for Buildings and Construction: Beyond foundations. Mainstreaming sustainable solutions to cut emissions from the buildings sector. Nairobi 2024.

Walter, François: Les Suisses et l'environnement. Une histoire du rapport à la nature du 18e siècle à nos jours. Genève 1990.

Zberg, Nadine: Von der Gartenstadt in den Stadtdschungel. Stadtkritik am Anfang und am Ende der städtebaulichen Moderne. In: Siegfried, Detlef; Templin, David (Hg.): Lebensreform um 1900 und Alternativmilieu um 1980. Kontinuitäten und Brüche in Milieus der gesellschaftlichen Selbstreflexion im frühen und späten 20. Jahrhundert. Göttingen 2019: 87–104.

«Sachzwang Wirtschaftswachstum»?

Gewerkschaftliche Perspektiven auf das Wachstum im Wandel

Christian Koller

Abstract

The Swiss trade unions' perspective on economic growth has changed several times in the decades since 1945. One constant, however, was the ambivalence between a fundamental affirmation of economic growth as the material basis for achieving traditional trade union goals and a scepticism towards the economic, social and ecological consequences of this growth. The multiple shocks in the first half of the 1970s led to unsettled trade unions questioning the growth paradigm more fundamentally. As a result of these debates, the concept of «qualitative growth» was embraced around 1980. However, the postulates of this concept were only adopted selectively in trade union practice – for example, real wage increases were usually still prioritised over reductions in working hours. At the same time, the quantitative growth concept experienced a renaissance among trade unions during the various recessions since the 1980s in the form of demands for state-funded ecological investment programmes. This «green» Keynesianism, which has led to calls from trade unions for an ecological transformation particularly in times of a slump in growth, has also recently proved to be compatible with the internationally circulating ideas of a Green New Deal.

Das Image der Gewerkschaften in wachstumskritischen Kreisen ist ambivalent. Einerseits wird ihre Politik als wachstumsbasiert, ja wachstumstreibend kritisiert, andererseits erscheinen sie aber als unverzichtbarer Teil der für eine ökologische Transformation notwendigen Koalition. Noch in jüngsten Publikationen wird eine «Wachstumsfalle» moniert, in der sich die Gewerkschaften befänden, und ein gewerkschaftspolitischer Paradigmenwechsel weg von absoluten Lohnsteigerungen, hin zu Arbeitszeitreduktionen ohne Lohnverlust angemahnt, um Produktivitätsfortschritte nicht mehr – wie bisher – in mehr Wachstum und Ressourcenverbrauch, sondern in mehr Freizeit zu lenken.[1] Solche Ideen sind freilich nicht neu und werden seit Jahrzehnten auch innerhalb der Gewerkschaften diskutiert. Dies wirft die Frage nach gewerkschaftlichen Positionen zum Wirtschaftswachstum auf: Wie bewerteten die Gewerkschaften das Wachstum in der Phase der Hochkonjunktur, im Zuge der Umweltwende sowie der Wirtschaftskrise in den 1970er-Jahren und in der Zeit danach? Welche Konstanten und Veränderungen lassen sich in der gewerkschaftlichen Wachstumsdiskussion erkennen; und wie positionierten sich die Gewerkschaften im allgemeinen Diskurszusammenhang zum Wirtschaftswachstum und seinen möglichen Risiken und Nebenwirkungen?

1 Vgl. Brand 2019; Reuter 2019; Flemming 2017; Brand, Niedermoser 2017; Isser 2022.

Der vorliegende Beitrag untersucht in einem ersten Hauptteil gewerkschaftliche Positionen zum raschen Wirtschaftswachstum in der Hochkonjunktur der 1950er und 1960er Jahre, als vor dem Hintergrund der Erinnerung an die Grosse Depression die Frage der Nachhaltigkeit des Wirtschaftsaufschwungs diskutiert wurde und zugleich dessen Begleiterscheinungen wie steigende Inflation, zunehmende Immigration, infrastrukturelle Belastungen, wachsender Energieverbrauch, Luft- und Gewässerverschmutzung zunehmend kritisch gesehen wurden. Der zweite Hauptteil fokussiert anschliessend auf die 1970er Jahre, als das Wachstum zunächst von xenophober und ökologischer Seite fundamental in die Kritik geriet und dann aufgrund der ersten Ölpreiskrise auch real zu einem vorläufigen Ende kam. Ende der 1970er Jahre etablierte sich dann das Konzept des «qualitativen Wachstums», das bis etwa 1990 auch in gewerkschaftlichen Debatten prominent auftauchte. Ein dritter Hauptteil gibt schliesslich einen summarischen Ausblick auf die Zeit von den 1980er Jahren bis zur Gegenwart, als das Konzept «qualitatives Wachstum» in Krisenzeiten zunehmend von einem «grünen» Keynesianismus mit der Forderung nach ökologischen Investitionsprogrammen überlagert und verdrängt wurde.

Die helvetische Gewerkschaftslandschaft war im 20. Jahrhundert komplex.[2] Neben dem Mehrheitsdachverband, dem der Sozialdemokratischen Partei (SP) nahestehenden Schweizerischen Gewerkschaftsbund (SGB), existierten ein lockeres Dach der sich nicht als Gewerkschaften verstehenden Angestelltenorganisationen (die Vereinigung Schweizerischer Angestelltenverbände, VSA) sowie der Dachverband der katholischen Gewerkschaften (Christlichnationaler Gewerkschaftsbund, CNG). Darüber hinaus bestanden zwei kleine Richtungsgewerkschaften, die keine Mitgliedsverbände hatten, sich aber doch als Dachorganisationen verstanden: Der Schweizerische Verband Evangelischer Arbeitnehmer (SVEA) und der dem damals noch vorhandenen Linksfreisinn nahestehende Landesverband Freier Schweizer Arbeiter (LFSA). Zusätzlich existierte eine Reihe von Berufs- und Beamtenverbänden, die keiner Dachorganisation angehörten. Alle diese Organisationen arbeiteten in wechselnden Koalitionen zusammen und waren in vielen Gesamtarbeitsverträgen Partner, betonten aber ihre organisatorische und weltanschauliche Eigenständigkeit.

Bis in die 1970er Jahre stiegen die Mitgliederzahlen der Gewerkschaften kontinuierlich an. Von 1949 bis 1970 wuchs der SGB von 381'000 auf 437'000, die VSA von 75'000 auf 123'000, der CNG von 48'000 auf 94'000 und der LFSA von 15'000 auf 18'000 Mitglieder. Nur beim SVEA ging die Mitgliederzahl von 16'000 auf 14'000 zurück. Ab der ersten Ölpreiskrise setzte bei einzelnen Verbänden ein Mitgliederrückgang ein, der in den 1990er Jahren dann praktisch alle Gewerkschaften und Angestelltenorganisationen erfasste. Die Mitgliederverluste infolge Deindustrialisierung konnten nicht durch die Erschliessung neuer Bereiche im Tertiärsektor

2 Vgl. Fluder 1991.

wettgemacht werden. Hinzu kam der generelle gesellschaftliche Individualisierungstrend. Durch verschiedene Fusionen gelangten der CNG, Teile der VSA sowie SVEA und LFSA schliesslich unter das Dach der 2002 gegründeten Travail.Suisse, sodass seither nur noch zwei Dachorganisationen existieren.[3] Aus dieser vielfältigen Organisationslandschaft werden im Folgenden drei Periodika als Hauptquellen untersucht: Die vom SGB herausgegebene *Gewerkschaftliche Rundschau* sowie die (unter verschiedenen Titeln erscheinenden) Zeitungen der jeweils mitgliederstärksten Verbände in SGB und CNG, des Schweizerischen Metall- und Uhrenarbeiterverbandes (SMUV, 2004 in der Unia aufgegangen)[4] und des Christlichen Metallarbeiterverbandes (CMV, 1998 in der Syna aufgegangen)[5]. Daneben werden punktuell weitere Publikationen sowie Verbandsakten herangezogen.

«Wachsen oder Wuchern»? Wachstumsdebatten in der Hochkonjunktur

Die «Trente Glorieuses» waren in der Schweiz gekennzeichnet durch stetiges wirtschaftliches Wachstum, Reallohnzuwächse und Arbeitszeitverkürzungen, weitgehende Vollbeschäftigung, den Durchbruch zur Massenkonsumgesellschaft mit stark wachsendem Energieverbrauch und die Verwirklichung des Alleinernährermodells. Nach einer Streikwelle in den späten 1940er Jahren, als deren Resultat die Zahl der Gesamtarbeitsverträge stark zunahm,[6] trat das Land um 1950 in eine Phase weitgehenden Arbeitsfriedens ein. In der Sozialpartnerschaft waren die Gewerkschaften Vertragspartner der Arbeitgeber und handelten regelmässig Lohnerhöhungen und Arbeitszeitverkürzungen nach Massgabe der Produktivitätszuwächse aus. Zugleich waren sie im System des Neokorporatismus in die sozial- und wirtschaftspolitischen Entscheidungsfindungsprozesse der Behörden involviert.[7] Dies betraf auch Fragen, die unmittelbar mit dem Wirtschaftswachstum zusammenhingen, etwa im Bereich der «Konjunkturdämpfung», Migrationspolitik und Inflationsbekämpfung.

Grundsätzlich begrüssten die Gewerkschaften aller Ausrichtungen das Wirtschaftswachstum. Dies war allerdings nicht gleichbedeutend mit einer bedingungs- und diskussionslos affirmativen Haltung zum rasanten Wachstum der Nachkriegszeit. Vielmehr tauchten in der gewerkschaftlichen Presse mit dem Wachstum verbundene Themen immer wieder auf. Dazu gehörten seit den frühen 1950er Jahren Warnungen vor einer «Überkonjunktur» und «Aufblähung des Produktionsappa-

3 Vgl. Koller 2023.
4 Vgl. Eisinger 1996.
5 Vgl. Berthel 2018.
6 Vgl. Koller 2023a.
7 Riedo 1976: 7–85; Degen 2006.

rates», ab den späten 1950er Jahren Inflation und «Überfremdung»[8] und ab den frühen 1960er Jahren, zunächst nur vereinzelt, Umweltverschmutzung und wachsender, vor allem vor dem Hintergrund von Autarkieüberlegungen thematisierter Energieverbrauch. Damit einher gingen tagespolitische Stellungnahmen zur Konjunktur(dämpfungs)politik des Bundesrates. Daneben war seit den frühen 1950er Jahren auch das Bevölkerungswachstum ein Thema, auf nationaler Ebene im Zusammenhang mit dem Wachstum der Städte und der Zunahme der ausländischen Wohnbevölkerung, auf globaler Ebene mit Prognosen zur Zunahme der Weltbevölkerung.

Im Einzelnen präsentierten sich diese Diskussionsstränge wie folgt: Das sich um 1960 international popularisierende Konzept des Wirtschaftswachstums schien den Gewerkschaftsblättern zunächst erklärungsbedürftig.[9] 1962 skizzierte die Zeitung des SMUV ein breites Wachstumsverständnis und schrieb unter dem «Stichwort Wachstum»: «Die heutige Welt wird vom Bewusstsein der Dynamik beherrscht. Auf dem Gebiete der Wirtschaft ist es das Wachstum der produktiven Kräfte, in der Sozialpolitik sind es die Forderungen des immer mehr erwachenden sozialen Gewissens, auf politischem Boden die geradezu explosive Entfaltung neuer Machtfaktoren und in der Wissenschaft die stürmische Entwicklung des Wissens über atomare und elektronische Zusammenhänge, welche dieses Bewusstsein prägen.»[10] Wachstum erschien hier als Signum der zeitgenössischen Welt schlechthin, wobei bezeichnenderweise an erster Stelle das wirtschaftliche Wachstum genannt wurde.

Die Zeitung des CMV publizierte rund ein Jahr darauf einen umfangreichen Artikel, der den in «neuerer Zeit» entstandenen Begriff Wachstum erläutern wollte. Wachstum, so der Artikel, sei ein «westlicher Glaubenssatz» geworden. Die Schweiz sei dabei in einer speziellen Situation: «Wir haben mehr als irgendein anderes Land in der Welt mit einer Konjunkturaufblähung zu kämpfen, die mit einem allzu üppigen, fieberhaften, ungesunden Wachsen zu vergleichen ist. Unsere Landesbehörden streben ein weniger intensives Wachstum an, was indessen nicht heisst, dass sie nicht die wirtschaftliche Expansion an sich als erwünscht erachten. Diese Einstellung ist dem Menschen von der Natur gegeben. Im Alten Testament lesen wir: ‹Wachset und mehret euch. Macht euch die Erde untertan.› Jene Leute, die materielle Expansion von vorneherein verurteilen und verdammen, indem sie sie als Produkt des ‹Materialismus› bezeichnen, sind lebensfeindlich.» Wirtschaftswachstum sei auch aus militärischen Gründen und zur Verhinderung von Arbeitslosigkeit nötig. Allerdings dürfe es nicht Selbstzweck sein, sondern müsse «zunehmendem Wohlbefinden des Menschen» die-

8 Vgl. Riedo 1976: 49.

9 Vgl. Lepenies 2013: 166–170.

10 gk: Stichwort Wachstum. In: Schweizerische Metall- und Uhrenarbeiter-Zeitung, 14.02.1962.

nen: «Blicken wir auf den Grund der heutigen Wirklichkeit, so finden wir, dass ein zunehmender Teil der wachsenden Nachfrage für zusätzliche Güter durch die mehr oder weniger künstlichen Mittel der Werbung, der Packungsgestaltung, der ständigen Veränderung von Produkten hervorgerufen wird, wobei der Snobismus ein Hauptmotor dieser Nachfrage ist. Je mehr das zutrifft, um so mehr ist materielle Expansion im Grunde genommen ein Illusionswachstum.» Materielles Wachstum müsse mit «geistig-moralischem Wachstum» einhergehen, «damit wir nicht Sklaven, sondern Beherrscher des Wohlstands sind».[11]

Ähnlich schrieb der CNG in seinem Aufruf zum 1. Mai 1962: «Die Wirtschaft unseres Landes erfreut sich einer überschäumenden Lebenskraft und Aktivität. Sie steht mitten in einer Phase überaus raschen Wachstums. Der Lebensstandard breitester Bevölkerungsschichten hebt sich zusehends. Die christlichen Gewerkschaften begrüssen diese Entwicklung [... und] lehnen gleichzeitig alle Versuche ab, wirtschaftliches Wachstum und wirtschaftliches Gleichgewicht auf Kosten des arbeitenden Menschen, auf Kosten des sozialen und kulturellen Fortschritts zu erzielen. [...] Wirtschaftliches Wachstum, Fortschritt in Wirtschaft und Technik haben nur dann einen Sinn, wenn sie dem Menschen und seinem geistigen und leiblichen Wohle dienen. Vermehrung der wirtschaftlichen Werte macht sich nur bezahlt, wenn sie sich umsetzen lassen in vermehrte menschliche Werte.»[12]

Neben Artikeln, die das Wirtschaftswachstum uneingeschränkt als Wohlstandsgaranten feierten,[13] fanden sich also auch nachdenklichere Stimmen. Hinzu kam die Frage nach der Stetigkeit des aktuellen Wachstums: Waren die Zyklen von Auf- und Abschwung wirklich überwunden oder handelte es sich bei der Hochkonjunktur nur um ein Strohfeuer, das von einem umso böseren Erwachen gefolgt sein würde? Letztere Vorstellung war nach Ansicht der SMUV-Zeitung überholtes Denken aus der Zwischenkriegszeit: «Gibt es ein krisenfreies wirtschaftliches Wachstum? Vor wenig mehr als einer Generation wurde diese Frage glatt verneint. Der Wechsel von Konjunktur und Krise hatte den Rang eines Naturgesetzes, dem entrinnen zu wollen die Sache nur noch schlimmer machte. Man sprach von notwendigen ‹Reinigungskrisen› [...]. Die fatalistische Annahme, Wirtschaftskrisen könnten nicht verhindert werden, ist heute ein wirtschaftspolitisches Museumsstück geworden.»[14] Ähnlich schrieb der CMV 1964: «Die von unseren massgeblichen Konjunkturwissenschaftern vorhergesag-

11 Um das wirtschaftliche Wachstum. In: cmv zeitung, 18.07.1963.

12 Der Christlichnationale Gewerkschaftsbund zum 1. Mai. In: Der schweizerische Metallarbeiter, 26.04.1962.

13 Z.B. Vom Wachstum der Wirtschaft: Die Expansion als Garant der Konjunktur. In: Schweizerische Metall- und Uhrenarbeiter-Zeitung, 17.08.1955.

14 E.H.: Das magische Dreieck. In: Schweizerische Metall- und Uhrenarbeiter-Zeitung, 29.10.1958.

te und von den Konjunkturpolitikern erwartete Wirtschaftskrise ist nicht eingetroffen. Gewiss ist im Ernste niemand darüber unglücklich, denn das mit der Hochkonjunktur verbundene Wirtschaftswachstum hat uns allen eine Wohlstandssteigerung gebracht, welche die ältere Generation niemals zu erhoffen wagte. [...] Die wirtschaftlichen Erwartungen und das wirtschaftliche Verhalten jedes Durchschnittsschweizers von über fünfzig Jahren sind entscheidend vom Konjunkturpessimismus geprägt. ‹Es kann nicht immer so weiter gehen›, ist der Satz, der uns überall begegnet, wo die ältere Generation ihrer Meinung zum Wachstum und zur Hochkonjunktur Ausdruck gibt.»[15]

Wenige Wochen zuvor hatte sich dieselbe Zeitung unter der Überschrift *Missvergnügen am Wohlstand?* mit den «Unkenrufen» auseinandergesetzt, welche von einem «‹übermässigen Wachstum› reden, von einem unangebrachten ‹Kult um die Wachstumsrate›, von den ‹Sumpfblüten einer Ueberkonjunktur› und der ‹Verweichlichung durch übermässigen Wohlstand›». Während diese Stimmen teilweise berechtigte Sorgen über die Inflation äussern würden, sei «der überwiegende Teil der Kritik» getragen «von einem unterschwelligen, das heisst unbewussten Missvergnügen darüber, dass immer grössere Volkskreise sich Dinge leisten können, die früher nur dem Wohlhabenden und Reichen gestattet waren. [...] Berechtigterweise kann man sich die Frage vorlegen, ob das Glück des Menschen wirklich nur vom Besitz von Automobilen, Kühlschränken, Waschmaschinen und Fernsehapparaten abhängt. Jedoch muss man sich dann auch die Frage stellen, ob es etwa mehr glückliche Leute gab, als man noch zufrieden war, den hungrigen Magen mit einem Stück trockenen Brotes zu füllen, als Hunderttausende von Arbeitslosen die Strassen bevölkerten.»[16]

Voraussetzung für ein stetiges Wachstum, hierin waren sich sozialdemokratische und christliche Gewerkschaften einig, sei eine Verteilungspolitik, die breite Bevölkerungsschichten an den Früchten des Wachstums partizipieren lasse und für eine stetig wachsende Nachfrage sorge. So schrieb der SMUV 1959: «Wachstumskrisen liegen nicht in der Natur des produktiven Fortschrittes, sie sind Folgen einer kurzsichtigen, an alten Vorurteilen hängenden und aus der Angst um eigene Vorzugsstellungen geborenen Verteilungspolitik. [...] Wir müssen uns [...] von jenen Krisenängsten freimachen, die noch kein Vertrauen zum wirtschaftlichen Wachstum haben, vielmehr in ihm nur den Beginn der Ueberproduktion sehen. Die Steigerung der Produktivität ist ein Lebenselement der neuen technischen Epoche. Sie verlangt zu ihrem Ausgleich eine ebenso steigende Massennachfrage.»[17] Und das CNG-Programm von 1962 führte zur Verteilungsfrage aus: «Eine sich selbst überlassene Markwirtschaft vermag weder eine optimale Bedürfnisbefriedigung, noch Vollbeschäftigung, noch konstantes und gleichmäs-

15 gdp.: Zwanzig Jahre Konjunkturpessimismus. In: cmv zeitung, 12.03.1964.

16 gdp: Missvergnügen am Wohlstand? In: cmv zeitung, 06.02.1964.

17 Was ist der Mensch? In: Schweizerische Metall- und Uhrenarbeiter-Zeitung, 06.05.1959.

siges Wachstum, noch eine gerechte Einkommens- und Vermögensverteilung herbeizuführen. [...] Einen ganz speziell wirksamen Beitrag zur Konjunkturstabilisierung erblicken die christlichen Gewerkschaften in einem von den Organisationen der Arbeitnehmer und Arbeitgeber gemeinsam zu organisierenden Einbezug der Arbeitnehmer in die Spar- und Kapitalbildung. Damit besässe die organisierte Wirtschaft ein [...] Stabilisierungsinstrument, das über die damit gebildeten Kapitalien zugleich zu einem gesunden Wachstum der Wirtschaft beitragen könnte.»[18]

Der Begriff des «gesunden» oder auch «ausgeglichenen»,[19] «vernünftigen»[20] sowie – bei den christlichen Gewerkschaften – «organischen»[21] Wachstums war in den gewerkschaftlichen Diskursen der Hochkonjunktur häufig. Gemeint war damit ein Wachstumspfad, der eine stetige Vermehrung von Produktion und Reallöhnen beinhaltete, aber Inflation und Immigration auf einem tiefen Niveau hielt und nicht von kurzfristigem Profitstreben der Unternehmen angetrieben sein sollte. Der CNG brachte diese Vorstellung im Aufruf zum 1. Mai 1966 folgendermassen auf den Punkt: «Die christlichen Gewerkschaften fordern und unterstützen eine Wirtschaftspolitik, welche ein rasches wirtschaftliches Wachstum sicherstellt. Dieses Wachstum muss verwirklicht werden ohne zusätzliche ausländische Arbeitskräfte und unter möglichster Wahrung der Preisstabilität.»[22] Ein Jahr zuvor hatte die Zeitung des SMUV im Vorfeld einer Abstimmung über Konjunkturdämpfungsbeschlüsse unter dem Titel «Wachsen oder Wuchern?» ausgeführt: «Wachstum ist tabu. Die Wirtschaft soll sich ungestört entfalten und den Wohlstand des Volkes immer mehr verbessern können. [...] Es gilt, einem gesunden, kraftvollen, wirtschaftlichen Wachstum auf allen Gebieten den Weg freizumachen. [...] Ausdehnung um der Ausdehnung willen, eine fanatische Anbetung der grösseren Zahl, der bedenkenlosen Expansion, das ist es, was die [...] falschen Wachstumspropheten antreibt. Doch Teuerung ist kein Wachstum, Ueberfremdung ist kein Wachstum und auch ein Ausbau der Produktionsanlagen, der nur auf momentane Gewinnchancen ausgerichtet ist, bedeutet volkswirtschaftlich keinen Gewinn.»[23]

18 Modernisiertes Programm unseres Gewerkschaftsbundes. In: Der schweizerische Metallarbeiter, 13. 12. 1962.

19 Z. B. Der Christlichnationale Gewerkschaftsbund zur Konjunkturpolitik. In: cmv zeitung, 06. 02. 1964; Aufbruch in die Zukunft. In: cmv zeitung, 28. 05. 1964; Schlussresolution. In: cmv zeitung, 14. 05. 1964.

20 Z. B. Schwierigkeiten mit dem Konjunkturverlauf. In: cmv zeitung, 25. 02. 1965.

21 Z. B. Fatalistisch?, in: Der schweizerische Metallarbeiter, 10. 08. 1961; Kongresserklärung des CNG. In: Der schweizerische Metallarbeiter, 28. 09. 1961; Zur Konjunkturdiskussion. In: Der schweizerische Metallarbeiter, 20. 12. 1962.

22 Der Christlichnationale Gewerkschaftsbund zum 1. Mai. In: cmv zeitung, 28. 04. 1966.

23 gk: Wachsen oder Wuchern? In: Schweizerische Metall- und Uhrenarbeiter-Zeitung, 24. 02. 1965.

Gegenbegriffe zum «gesunden Wachstum» waren etwa «Wuchern», «Überkonjunktur», «heissgelaufene Wirtschaft»[24] und vor allem «Aufblähung». So bezeichnete 1958 eine volkswirtschaftliche Schrift des SMUV «unerwünschte Aufblähungen» der Wirtschaft als «üble Begleiterscheinung guter Konjunkturen»: «Es ist kein Geheimnis, dass die schweizerische Industrie im Laufe der guten Konjunktur eine bedeutende Vergrösserung erfahren hat. Diese Ausdehnung ist auf weite Sicht nur zum Teil begründet und stellt da und dort auf eine einmalige Lage ab. Jener Teil der Vergrösserung, der keine solide Rechtfertigung besitzt, muss als gefährliche und unerwünschte Aufblähung betrachtet werden, die demjenigen, der sie veranlasste, seinerzeit wohl den Kamm als grosses Wirtschaftsgenie anschwellen liess, uns aber nachträglich wegen der gefährdeten Arbeiterschaft nichts als Sorgen bereiten kann.»[25] Ähnlich hielt der CNG-Kongress 1961 fest: «Ein konstantes, organisches Wachstum unserer Wirtschaft wird nur durch eine entsprechende Förderung der volkswirtschaftlichen und betrieblichen Produktivität und nicht durch kurzsichtige Betriebsaufblähungen herbeigeführt.»[26] Die 1963 und 1964 dringlich erlassenen und am 28. Februar 1965 zur Abstimmung stehenden Bundesbeschlüsse über die Bekämpfung der Teuerung wurden bei den Gewerkschaften mit derselben Metaphorik zur Annahme empfohlen: «Wir Gewerkschafter werden bei unserer Stellungnahme zu den Konjunkturbeschlüssen davon ausgehen müssen, dass das Wachstum der Wirtschaft im Sinne der Produktivitätssteigerung gefördert, die nur dem blossen Gewinnstreben dienende Aufblähung der Wirtschaft, weit über unsere eigenen Produktionskräfte hinaus, jedoch gestoppt und abgebaut werden muss.»[27]

Bereits in den vorangegangenen Jahren hatten die Gewerkschaften planerische Leitplanken für das Wachstum gefordert. Die Zeitung des SMUV meinte 1962, es sei unerheblich, ob man das Wachstum begrüsse oder nicht – die «Grundwelle des wirtschaftlichen Wachstums» sei eine Tatsache, an die man sich nach dem Motto «schwimmen oder untergehen» anpassen müsse: «Wer von den Problemen des Arbeitsmarktes, dem Raumproblem, den Problemen der Geldentwertung und des Zwangs zur Wirtschaftlichkeit (Produktivität) nicht überspült werden will, muss sich einen sehr soliden Schwimmstil aneignen.»[28] Im selben Jahr forderte die Zeitung des CMV eine «konjunktur- und strukturpolitische Gesamtschau und Gesamtkonzeption, die ein organisches Wachstum aller Wirtschaftszweige, aller sozialen Gruppen, aller Landesgegenden gewährleis-

24 Schwierigkeiten mit dem Konjunkturverlauf. In: cmv zeitung, 25.02.1965.

25 Schweizerischer Metall- und Uhrenarbeiter-Verband 1958: 13.

26 Kongresserklärung des CNG. In: Der schweizerische Metallarbeiter, 28.09.1961.

27 In hartem Ringen. In: Schweizerische Metall- und Uhrenarbeiter Zeitung, 06.01.1965. Ähnlich: gk: Das Uebel an der Wurzel fassen. In: Schweizerische Metall- und Uhrenarbeiter-Zeitung, 17.02.1965.

28 gpd: Die Schweizerische Wirtschaft im Umbruch. In: Der schweizerische Metallarbeiter, 07.06.1962.

tet und ein organisches Gleichgewicht zwischen dem privaten und öffentlichen Sektor unserer Wirtschaft sicherstellt».[29]

Die Inflation als Begleiterscheinung des Wirtschaftswachstums war in den 1960er Jahren in der Gewerkschaftspresse ein ubiquitäres und einhellig negativ bewertetes Thema.[30] Die durch den Arbeitskräftemangel verursachte Immigration stiess in Verbindung mit «Aufblähungs»-Diskursen ebenfalls auf Kritik.[31] SMUV-Zentralpräsident Ernst Wüthrich sagte in seinem Standortreferat am SMUV-Kongress 1960: «Es gibt kein anderes Land in Europa und auch nicht in Übersee, das auch nur annähernd diesen hohen Satz von etwa 20 Prozent an ausländischen Arbeitskräften beschäftigt. [...] Unsere Wirtschaft ist mit Hilfe dieser Arbeitskräfte derart aufgebläht worden, dass sie nicht mehr in die schweizerische Uniform hineinpasst. Und immer geht der Ruf nach noch mehr [...]. So wenig wir militärisch eine Grossmacht sein können, so wenig können wir es wirtschaftlich.»[32]

Wenige Monate später polemisierte die SMUV-Zeitung unter dem Titel *Was heisst wirtschaftliches Wachstum?* gegen die *Schweizerische Arbeitgeber-Zeitung*, die einen Zusammenhang zwischen Immigration und Wachstum hergestellt hatte, und verwies stattdessen auf SP-Altbundesrat und Volkswirtschaftsprofessor Max Weber, der statt der gesamten Wirtschaftsleistung das Sozialprodukt pro Kopf als wesentliche Massgrösse betonte.[33] Im Zentrum des gewerkschaftlichen Verständnisses von Wachstum stand also das Wachstum der Inländer*innen-Reallöhne, nicht des Bruttosozialprodukts. Auch der CNG-Kongress 1961 sprach sich für eine Einschränkung der Arbeitsimmigration aus, verband dies aber mit Kritik an der unmenschlichen Behandlung der Immigrant*innen durch die Arbeitgeber: «Es sollte eine Selbstverständlichkeit sein, ihnen menschenwürdige Unterkünfte zu bieten und ihnen das Zusammenleben mit ihren Familien zu ermöglichen. [...] Die Verantwortung für sie sowie die Besinnung auf die Grenzen unserer Möglichkeiten legen es jedoch nahe, bei weiterem Zuzug von Fremdarbeitern äusserste Zurückhaltung zu üben.»[34]

Die ökologischen und energetischen Begleiterscheinungen des Wirtschaftswachstums waren in gewerkschaftlichen Diskursen bis 1970 lediglich ein Neben-

29 Zur Konjunkturdiskussion. In: Der schweizerische Metallarbeiter, 20.12.1962.

30 Z.B. Wachstum ohne Inflation. In: Der schweizerische Metallarbeiter, 27.07.1961; Fatalistisch? In: Der schweizerische Metallarbeiter, 10.08.1961; Gesucht wird: Eine Preis- und Konjunkturpolitik. In: Der schweizerische Metallarbeiter, 11.01.1962; Koordinierte Lohnpolitik? In: Der schweizerische Metallarbeiter, 08.03.1962; Inflation durch Fremdarbeiter? In: cmv zeitung, 06.02.1964. Vgl. auch Eisinger 1996: 120–128.

31 Vgl. Riedo 1976; Eisinger 1996: 128–140.

32 Wüthrich 1960: 11–12.

33 gk: Was heisst wirtschaftliches Wachstum? In: Schweizerische Metall- und Uhrenarbeiter-Zeitung, 10.05.1961.

34 Kongresserklärung des CNG. In: Der schweizerische Metallarbeiter, 28.09.1961.

thema, das in den 1960er Jahren aber dann und wann bereits auftauchte. 1963 widmete die CMV-Zeitung einen Artikel dem Gewässerschutz und setzte dabei die ökologischen Probleme in Bezug zu Wachstumsphänomenen wie der Zunahme von Bevölkerung, ausländischen Arbeiter*innen, Fabriken und Motorfahrzeugen: «Dieses Wachstum hat natürlich auch seine Kehrseite. Neben der Luftverschmutzung steht weit im Vordergrund die Wasserverschmutzung.»[35] Ein Jahr später hielt der SGB in seinem Aufruf zum 1. Mai fest: «Das rasche wirtschaftliche Wachstum lässt den Energiebedarf der Schweiz ständig ansteigen. Der nahende Vollausbau unserer wirtschaftlich nutzbaren Wasserkräfte und die starke Auslandsabhängigkeit in der Energieversorgung rufen gebieterisch nach einer vorausschauenden Energiepolitik. Der Kampf gegen die Luftverunreinigung und Wasserverschmutzung ist mit allen Mitteln zu unterstützen.»[36] 1965 widmete sich ein Artikel der CMV-Zeitung der Luftverschmutzung, für welche die «Zunahme des Motorfahrzeugverkehrs, das Wachstum der industriellen Tätigkeit und der stark angestiegene Verbrauch an Energieträgern auf Kohlen- und Oelbasis» verantwortlich gemacht wurden. Die Klammerbemerkung «von Verseuchung der Luft durch Atomstrahlung soll hier nicht die Rede sein» deutete auch bereits auf Skepsis gegenüber der zivilen Nutzung der Atomkraft hin, mehrere Jahre bevor die ersten Schweizer Atomkraftwerke in Betrieb gingen.[37]

Ein weiteres in der Gewerkschaftspresse diskutiertes Wachstumsphänomen betraf die Demografie. In Bezug auf die Schweiz waren diese Diskurse oft mit der Immigrationsthematik verknüpft, gingen aber darüber hinaus und erfassten besonders auch Probleme der Urbanisierung,[38] der Verkehrspolitik und Infrastrukturentwicklung. Auch in diesen Bereichen forderten die Gewerkschaften behördliche Leitplanken: *Wachstum verlangt Planung* war 1960 der Titel eines Artikels der SMUV-Zeitung, der sich um Probleme des Wachstums von Bevölkerung, Städten und Verkehr drehte.[39]

Bereits seit den frühen 1950er Jahren war auch das globale Bevölkerungswachstum Thema der Gewerkschaftspresse. Die SMUV-Zeitung befasste sich 1951 unter der Überschrift *Hat die Erde Raum für alle?* ausführlich mit diesem Thema. Nach einem Verweis auf die faschistischen Bemühungen um Ankurbelung des Bevölkerungswachstums äusserte der Artikel Zweifel am demografischen Übergang, dem Rückgang der Geburtenrate bei rückläufiger Sterblichkeit

35 Gewässerschutz wird immer dringender: Warnung vor Krebssubstanzen. In: cmv zeitung, 03. 10. 1963.

36 Mai-Aufruf 1964. In: Schweizerische Metall- und Uhrenarbeiter-Zeitung, 29. 04. 1964.

37 Probleme der Lufthygiene. In: cmv zeitung, 30. 09. 1965.

38 Z. B. Das rapide Wachstum der Städte. In: Schweizerische Metall- und Uhrenarbeiter Zeitung, 12. 07. 1961.

39 Wachstum verlangt Planung. In: Schweizerische Metall- und Uhrenarbeiter-Zeitung, 17. 08. 1960.

infolge verbesserter medizinischer Versorgung, und sah eine «nachträgliche Rechtfertigung der Malthusschen Uebervölkerungstheorien»: «Waehrend die Aengste vor einem Aussterben der weissen Rasse unzweideutig widerlegt zu sein scheinen, gewinnt mehr und mehr die Befürchtung Raum, dass unsere Erde alsbald gar nicht genügend Lebensraum und Lebensmittel für die wachsende Menschenzahl bereit zu stellen vermöchte.»[40] Vier Jahre später diskutierte dasselbe Blatt die Frage, «wie diese wachsenden Menschenmassen mit allem Notwendigen an Nahrung, Kleidung und Wohnung befriedigt werden sollen», wies auf die Problematik knapper Mineralrohstoffe hin und empfahl den freien Welthandel, damit «es keine Sorgen in dieser Beziehung zu geben» brauche.[41] In den 1960er Jahren gingen solche Diskussionen weiter, ohne dass seitens der Gewerkschaften eindeutig für oder gegen Massnahmen zur Eindämmung des globalen Bevölkerungswachstums Stellung bezogen worden wäre.

«Wachstum oder Gleichgewicht»? Diskussionen im Zeichen von Umweltwende und Ölpreiskrisen

In den frühen 1970er Jahren wurde das Wachstumsmodell der Nachkriegszeit durch eine Reihe von Vorgängen erschüttert, die auch die gewerkschaftlichen Positionen zum Wirtschaftswachstum herausforderten.[42] Die – teilweise auch gewerkschaftlich geäusserte – Kritik an der Arbeitsimmigration war in den 1960er Jahren in eine parteimässig organisierte Antiüberfremdungsbewegung gemündet, als deren Kopf sich der Verleger James Schwarzenbach, ehemaliger antisemitischer Aktivist der Nationalen Front und seit 1967 Nationalrat der Nationalen Aktion, profilierte. Ihren Höhepunkt erreichte diese Bewegung 1970 mit der Abstimmung über die sogenannte «Schwarzenbach-Initiative», die eine Beschränkung des Ausländeranteils in jedem Kanton (ausser Genf) auf 10 Prozent forderte und die Ausweisung von 300'000 bis 400'000 Menschen zur Folge gehabt hätte.[43] Der Abstimmungskampf verlief intensiv und des Öfteren gingen dabei die Emotionen hoch. Die Gegnerschaft organisierte sich in je einem bürgerlichen und sozialdemokratisch-gewerkschaftlichen Komitee. Letzteres stiess an der eigenen Basis auf zahlreiche Sympathisanten der Initiative. SP-Nationalrat Helmut Hubacher berichtete fünf Monate vor der Abstimmung von Veranstaltungen, an denen Arbeiter die Gewerkschaftssekretäre fast ausgebuht hätten,

40 Hat die Erde Raum für alle? In: Schweizerische Metall- und Uhrenarbeiter-Zeitung, 07.02.1951. Ähnlich: Das Anwachsen der Weltbevölkerung. In: Schweizerische Metall- und Uhrenarbeiter-Zeitung, 03.09.1958.

41 Verknappung der Mineralrohstoffe. In: Schweizerische Metall- und Uhrenarbeiter-Zeitung, 16.02.1955.

42 Vgl. Degen 2006a.

43 Vgl. Koller 2020.

und warnte, zwischen Gewerkschaftsspitzen und Mitgliedern klaffe «in weiten Teilen noch ein Graben».[44] Das Zuger Gewerkschaftskartell beschloss Stimmfreigabe, die SP Zug sogar die Ja-Parole, aber die Stimmberechtigten lehnten die Initiative schliesslich mit 54 Prozent Neinstimmen ab.

Die Veröffentlichung der Studie *Grenzen des Wachstums* des Club of Rome 1972 fiel in eine Zeit, als die ökologischen Folgen des Wirtschaftswachstums die schweizerische und internationale Gewerkschaftsbewegung bereits seit einiger Zeit beschäftigten. Die «United Steelworkers of America» hatten 1969 eine nationale Konferenz zum Thema Luftverschmutzung organisiert und beteiligten sich in der Folge zusammen mit anderen Gewerkschaften an der Ausarbeitung des «Clean Air Act» und des «Clean Water Act».[45] 1971 verfasste der Internationale Bund Freier Gewerkschaften (IBFG) zuhanden des Sekretariats der UNO-Umweltkonferenz in Stockholm das Memorandum *Free Trade Unions and the Human Environment.* Darin wurde nicht das Wachstum per se kritisiert, aber seine «unerwünschten und auch nicht beabsichtigten Folgen». Das Memorandum forderte neue Messkriterien für das Wachstum unter Einbezug sozialer und ökologischer Indikatoren sowie eine planmässige Bewirtschaftung der natürlichen Ressourcen.[46]

Einen Monat nach Veröffentlichung der *Grenzen des Wachstums* referierte der deutsche Bundesminister für wirtschaftliche Zusammenarbeit Erhard Eppler an einer internationalen Arbeitstagung der IG Metall zum Thema «Die Qualität des Lebens». Der Sozialdemokrat stimmte der Wachstumskritik des Club of Rome ausdrücklich zu und prophezeite, dass in der notwendigen ökologischen Transformation die Funktion der Gewerkschaften umfassender werde und neben der Vertretung ihrer Mitglieder als Produzenten und Konsumenten besonders auch den Aspekt der Lebensqualität beinhalten müsse.[47] Im selben Jahr stand die Ökologie auf Antrag der belgischen und niederländischen Verbände auch auf der Agenda des IBFG-Kongresses.[48]

1973 kam das Wirtschaftswachstum der Nachkriegszeit zu einem Ende. Die gemeinhin als «Ölpreiskrise» bezeichnete Rezession hatte verschiedene Ursachen, neben der Erhöhung der Ölpreise und Einschränkung der Fördermengen durch die Förderkartelle OPEC und OAPEC im Zuge des Jom-Kippur-Krieges etwa auch den Zusammenbruch des Bretton-Woods-Systems fester Wechselkur-

44 Hubacher, Helmut: Die verführerische Schwarzenbach-Initiative: Achtung: Viele Schweizer denken ganz anders! In: Volksrecht, 27.01.1970.

45 Ann 1995: 170.

46 Die Freien Gewerkschaften und der Schutz der menschlichen Umwelt: Denkschrift des IBFG an das Sekretariat der Konferenz der Vereinten Nationen über die menschliche Umwelt. In: IBFG: Wirtschaftliche und Soziale Übersicht 19/5 (1971): 1–24; Silverman 2004: 124–126.

47 Eppler 1973: 9–21. Vgl. Beule 2022.

48 Umrath 1972: 140–141; Silverman 2004: 124.

se. In der Schweiz stieg die Arbeitslosenquote von 1973 bis 1976 von 0,0 Prozent auf 0,7 Prozent. Diese im internationalen Vergleich sehr tiefen Zahlen täuschten aber über das wahre Ausmass der Krise hinweg, die in der Schweiz nicht zuletzt wegen der Nationalbankpolitik des starken Frankens schärfer war als in den meisten westeuropäischen Ländern. Von 1973 bis 1977 ging das Sozialprodukt um 4,5 Prozent zurück, die Industrieproduktion um 6 Prozent und die Beschäftigung gar um 12 Prozent. Ein grosser Teil der Arbeitslosigkeit wurde exportiert. Von den 340'000 abgebauten Stellen betrafen nicht weniger als 230'000 ausländische Arbeitskräfte, deren befristete Aufenthaltsbewilligungen nicht mehr erneuert wurden und die das Land deshalb verlassen mussten. Ebenso zogen sich ungeschützte Einheimische (vor allem Frauen, Jugendliche und Ältere) vom Arbeitsmarkt zurück und tauchten in den Statistiken nicht mehr auf. Die Deindustrialisierung, die bereits in den späten 1960er Jahren eingesetzt hatte, beschleunigte sich nun rasant, was auch Auswirkungen auf die Mitgliederzahlen wichtiger Gewerkschaften hatte.

Der massive Verlust von Arbeitsplätzen und die Betriebsschliessungen führten im Arbeitsfriedensland Schweiz zu einer, im Vergleich zum frühen 20. Jahrhundert allerdings bescheidenen, Streikwelle. 1976 wurden 19'586 Streiktage registriert und in den Gewerkschaften wurde Kritik am vertragsbasierten Arbeitsfrieden laut.[49] So gab es im SMUV 1973/74 von Westschweizer Seite Forderungen nach einer Abkehr vom absoluten Arbeitsfrieden, die am Verbandskongress 1976 erneut laut wurden. In mehreren Streiks verlor der SMUV wegen seines Festhaltens an der Friedenspflicht den innerbetrieblichen Lead an christliche Gewerkschaften. 1977/78 eskalierte der Konflikt in der Debatte um das «Manifest 77», in welchem Westschweizer Gewerkschafter erfolglos eine Lockerung der Arbeitsfriedenspolitik forderten.

Dieser multiple Bruch mit dem Wachstumsmodell der Nachkriegszeit spiegelte sich auch in den Diskursen der Gewerkschaftspresse wider. Die Antiüberfremdungsbewegung liess sich mit Hinweisen auf gewerkschaftliche Warnungen vor hoher Arbeitsimmigration seit den 1950er Jahren noch in Einklang bringen. So schrieb Fritz Marbach, Ökonom, ehemaliger SP-Nationalrat und langjähriges Mitglied der Preisbildungskommission 1972 in der *SMUV Zeitung:* «Leider hat man offiziöserseits den an sich berechtigten Wachstums*trend* in Publikationen zum Wachstums*fimmel* emporgespritzt. Wachstum und immer wieder Wachstum hat es geheissen, bis der letzte noch verfügbare Fremdarbeiter im Besitz seiner Beschäftigungserlaubnis (oder auch nicht) war. Ich weiss, für viele ist es eine Ketzerei: Es würde uns vermutlich besser gehen, wenn die Wachstumsraten noch etwas geringer wären [...]. Ja, es würde kein Unglück sein, wenn für ein Jahr oder zwei nicht über den Bevölkerungszuwachs hinaus expandiert würde.»[50]

---

49 Vgl. Koller 2004 und 2023a.

50 Marbach, Fritz: Sparen ist immer noch wichtig! In: SMUV Zeitung, 10.05.1972.

Abb. 1: Gewerkschaftliche Sicht auf die erste Ölpreiskrise: Ölproduzenten und einheimische Kapitalisten verschlingen den Grossteil der Wirtschaftsleistung, die Lohnabhängigen erhalten nur Brosamen oder werden aus dem Arbeitsprozess eliminiert. Quelle: Paul Brassel / Sozarch_F_5018-Za-007.

Die Umweltwende und die Warnungen des Club of Rome stellten das Wachstums- und Wohlstandsparadigma der Nachkriegszeit aber weit grundlegender in Frage. Die ersten Berichte zu den *Grenzen des Wachstums* in der gewerkschaftlichen Presse stammten zumeist nicht aus der Feder einheimischer Spezialisten. Die *Gewerkschaftliche Rundschau* publizierte kurz nach der Veröffentlichung des

Berichts unter dem Titel *Grenzen des Wachstums?* einen Beitrag von Heinz Umrath, einem deutsch-österreichischen Ökonomen und Funktionär niederländischer Gewerkschaften, der forderte, in Zukunft die externen Kosten der Produktion in die Wachstumsberechnungen einzubeziehen: «Das Wirtschaftswachstum wird dadurch einen anderen Inhalt bekommen. Es wird weniger abhängig von individuellen Präferenzen; seine Berechnung wird nicht wie bisher auf Selbsttäuschung beruhen, wobei z.B. die Kosten der infolge Verschmutzung notwendig gewordener Kläranlagen stolz als Zunahme des Sozialproduktes verzeichnet wurden.»[51] In Bereichen, wo «trotz Knappheit bestimmter Hilfsquellen» der bisherige Produktionsumfang gehalten oder gar erhöht werden solle, müsse «versucht werden, Kapital durch Arbeit zu ersetzen». Das führe natürlich «zu erhöhtem Bedarf an Arbeitskräften». Andererseits werde in gewissen Sektoren «der Ausstoss zurückgehen, wofür in kulturellen und Erziehungsbereichen Kompensation gefunden werden» könne.[52] Ebenso forderte Umrath eine egalitärere Einkommensverteilung, den Ausbau der Mitbestimmungsrechte, einen stärkeren Einfluss der öffentlichen Hand auf Produktion, Investitionen, Verteilung und Verbrauch sowie den Ausbau der Entwicklungs-Zusammenarbeit.

Die *SMUV Zeitung* griff das Thema erst nach einem halben Jahr mit einem Artikel von Fritz Marbach auf.[53] Aufhänger war eine Präsidialadresse des Nationalbankrates, die auf Inflationsgefahren sowie die Meadows-Studie Bezug nahm. Marbach kommentierte dazu: «Sicher, die Methodik des ‹Club of Rome› beziehungsweise des MIT stösst auf eine gewisse Kritik. Aber dieser steht wiederum das Resultat intuitiven Sachdenkens gegenüber: Wir alle, die wir das Umweltgeschehen verfolgen, erkennen die Grenzen des Wachstums auch ohne Formeln auf Grund intensiver Beobachtung der immer noch zunehmenden Weltverderbnis. Wir haben allen Grund, die Besorgnisse des MIT und des ‹Club of Rome› gleicherweise ernst zu nehmen.» Eine Anmerkung verwies allerdings auf eine eher geringe Priorität des Themas in der Redaktion: «Dieser Artikel wurde schon vor mehreren Wochen geschrieben. Anderer Prioritäten wegen wurde er zurückgestellt. Wir meinen aber, er habe an Aktualität nichts eingebüsst.» Zwei Monate später brachte dasselbe Blatt eine grafische Darstellung des Meadows'schen Standardmodells und seiner Variante mit intensivem Recycling.[54] Die *cmv zeitung* publizierte bereits im Juli 1972 einen ausführlichen und prominent platzierten Artikel mit dem Titel *Wachstum oder Gleichgewicht?*, der hauptsächlich aus einem längeren Zitat aus dem Schlusskapitel des Berichts des

51 Umrath 1972: 142.

52 Ebd.

53 Marbach, Fritz: Grenzen des Wachstums. In: SMUV Zeitung, 13.09.1972.

54 Die Grenzen des Wirtschaftswachstums. In: SMUV Zeitung, 22.11.1972.

Club of Rome bestand, aber keine explizite redaktionelle Stellungnahme enthielt.[55]

Im November 1972 ging SGB- und SMUV-Präsident Wüthrich (in dessen Akten im SMUV-Archiv sich zum Thema «Grenzen des Wachstums» lediglich die Kopie eines gegenüber der Studie kritischen NZZ-Artikels findet[56]) in einem Standortreferat ausdrücklich auf die Frage des «gesunden Wirtschaftswachstums ein», verblieb dabei aber ohne Bezugnahme auf den Club of Rome in den Argumentationslinien der 1960er Jahre: «Die Gewerkschaften [...] wollen ein gesundes Wachstum, sie wollen eine Verbesserung der Produktivität, sie lehnen aber ebenso entschieden eine ungesunde Aufblähung ab.» Scharf wandte sich Wüthrich «gegen den *Wachstumstaumel gewisser Unternehmerkreise:* Eine Zeitlang galten bei zahlreichen Unternehmern nur noch wachsende Umsätze, Bilanzen und Gewinne. Das Erwachen kam eigentlich erst während der Auseinandersetzungen über die Fremdarbeiter-Initiative in den Jahren 1969/70. [...] Die Arbeitgeber werden heute nur noch ungern an das darin zum Ausdruck gekommene *Versagen ihrer Wachstumspolitik* erinnert.»[57]

Im folgenden Jahr zeigten verschiedene Artikel in der *SMUV Zeitung* eine Auseinandersetzung mit der Meadows-Studie, ohne dass sich eine einheitliche Positionierung erkennen lässt. Ein energiepolitischer Artikel im Mai 1973 meinte, das Wirtschaftswachstum sollte nicht eingeschränkt werden, auch wenn es Stimmen gebe, «welche aus Gründen des Umweltschutzes oder aus anderen Ueberlegungen dafür eintreten, via einschränkende Energiepolitik das wirtschaftliche Wachstum einzudämmen oder zu unterbinden.»[58] Im Juni wurde SP-Bundesrat Hans-Peter Tschudi mit der Aussage zitiert: «[...] dank der Hilfe unserer Industrie [wandelt] sich unsere ‹Wegwerf›-Gesellschaft in eine *‹Weltraumschiff›-Gesellschaft* [...], die ihre Abfallprodukte weitgehend wieder verwendet und damit die Umwelt nur wenig belastet. [...] Bei einem ‹Wachstum Null›, wie es etwa auf Grund wissenschaftlich anfechtbarer, düsterer Prognosen verlangt wird, würde ohne Zweifel den Staaten nicht das ausreichende Steueraufkommen für die Finanzierung derartig grosser Projekte zur Verfügung stehen. Vorausgesetzt aber, dass die Rohstoffe mehr und mehr wiederholt verwendet werden können, braucht sich die Menschheit vor einem vernünftigen, geregelten Wachstum in sinnvollen Grenzen nicht zu fürchten.»[59]

55 Wachstum oder Gleichgewicht? In: cmv zeitung, 26.07.1972.

56 Schweizerisches Sozialarchiv Ar SMUV 01D-0013 NZZ-Artikel zu «Grenzen des Wachstums».

57 Aus dem Standortreferat von SGB-Präsident Ernst Wüthrich: Die Gewerkschaften im Kraftfeld der Entwicklungen. In: SMUV Zeitung, 08.11.1972.

58 Hug, Eugen: Schatten über der Energieversorgung. In: SMUV Zeitung, 07.03.1973.

59 Hug, Eugen: Investition für die Zukunft. In: SMUV Zeitung, 06.06.1973.

Der Artikel *Energie und Umweltschutz* stellte die Meadows-Studie im November 1973 vor und gab parallel dazu Informationen zum technischen Umweltschutz in Schweizer Industriebetrieben.[60] Dass die Studie des Club of Rome betonte, technischer Umweltschutz allein werde die «Grenzen des Wachstums» nicht erweitern, wurde dabei nicht erwähnt. Eine Woche später erschien unter dem Titel *Gefahr der Grösse* ein weiterer Artikel von Marbach, der Analogien zu den Sauriern zog und Kritik an Konzernstrukturen, Supermärkten und Hochhäusern übte. Marbach rekurrierte dabei besonders auf das Werk *The Overdeveloped Nations* (1961) des anarchistischen, regionalistischen und ökologischen Ökonomen Leopold Kohr, dem es mit seiner Kritik an politischen, gesellschaftlichen und wirtschaftlichen Grossstrukturen auch schon um die «Grenzen des Wachstums» gegangen sei.[61]

Die kurz darauf anbrechende Rezession liess die Wachstumskritik in der gewerkschaftlichen Presse nicht verstummen, sie wurde nun aber stärker an die konjunkturelle Situation rückgebunden. Eugen Hug sah 1975 in der *SMUV Zeitung* die frühere Wachstumsskepsis bestätigt: «Der Konjunktureinbruch hat jenen, die es in ihrem blinden Optimismus noch nicht wussten, deutlich gemacht, dass es in der Marktwirtschaft *kein unbegrenztes Wachstum* geben kann, sondern dass früher oder später mit Rückschlägen – seien sie nun welt- oder binnenwirtschaftlich – zu rechnen ist.»[62] Ein paar Wochen später publizierte dasselbe Blatt zum Weltbevölkerungsjahr einen Artikel von Gottlieb Flückiger, dem ehemaligen Direktor des Eidgenössischen Veterinäramtes, Professor für Veterinärmedizin und Gründungsmitglied der Schweizerischen Arbeitsgemeinschaft für Bevölkerungsfragen, der sowohl das Bevölkerungs- als auch das Wirtschaftswachstum kritisierte und aus ökologischen Gründen eine «Abkehr vom Wachstumsmythos» forderte: «Während Jahrzehnten wurden die Warnungen namhafter Sachverständiger vor den hier drohenden Gefahren durch gewisse einflussreiche Kreise systematisch verketzert und ins Lächerliche gezogen. Die vom ‹Club of Rome› herausgegebene Studie ‹*Grenzen des Wachstums*› und die bald darauf folgende weltweite Energiekrise haben freilich in der jüngsten Vergangenheit einen Schock ausgelöst, dessen Wirkung und Folgen heute noch nicht voll abgeschätzt werden können. [...] Die Befürworter des unbeschränkten Wachstums haben dadurch zweifellos ein beträchtliches Kontingent an Anhängern verloren, aber ihre Zahl ist – zusammen mit dem Heer der Gleichgültigen – noch immer viel zu gross, um den Verlauf dieser Dinge verändern zu können.»[63]

60 Energie und Umweltschutz. In: SMUV Zeitung, 07.11.1973.

61 Marbach, Fritz: Gefahr der Grösse. In: SMUV Zeitung, 14.11.1973.

62 Hug, Eugen: Gewerkschaften im Aufwind. In: SMUV Zeitung, 21.05.1975.

63 Jugend, Umweltschutz und Bevölkerungswachstum ... In: SMUV Zeitung, 25.06.1975.

Der massive Abbau von Arbeitsplätzen infolge des Wachstumseinbruchs warf aber die Frage auf, inwiefern die Wachstumskritik der Vorjahre noch zeitgemäss sei. 1976 publizierte die Zeitung des CMV unter dem Titel *Im Zeichen des Meinungswandels: Wirtschaftswachstum wiederum erwünscht* einen Artikel, der als Folge der Rezession eine Annäherung der gegensätzlichen Positionen zum Wirtschaftswachstum konstatierte: «Der Streit, welcher in den Endjahren der Hochkonjunktur um den Wachstumsnutzen und die Wachstumsgrenzen entbrannt war, scheint im Zeichen der Rezession abzuklingen. Die Freunde des Wirtschaftswachstums erkennen, dass Wachstumsübersteigerungen die Inflation anheizen und früher oder später einen Rückschlag hervorrufen. Welcherlei Verwüstungen auch sonst angerichtet werden, wenn die Expansion ausser Rand und Band gerät, zeigt zum Beispiel ein Blick auf das schweizerische und europäische Landschaftsbild. Auf der anderen Seite sehen die Anhänger des Nullwachstums, dass Arbeitslosigkeit und Kurzarbeit unvermeidlich erscheinen, wenn mangels ausreichender Zuwachsraten sich weder vom Verbrauch noch von den Investitionen her die notwendigen Konjunkturimpulse einfinden.»[64]

Kurz darauf erörterte CNG-Präsident Guido Casetti in seiner Grundsatzrede zum 75-jährigen Verbandsjubiläum die Wachstumsproblematik: «‹Wirtschaftswachstum› hiess das Losungswort vor noch nicht allzu langer Zeit. 1973 haben nun zwei deutsche Nationalökonomen, Hauser und Lörcher, die negativen Auswirkungen eines übersteigerten Wirtschaftswachstums untersucht und mit der gängigen Bruttosozialprodukt-Rechnung verglichen. Dabei ergab sich, dass der Abstand zwischen der Wachstumsrate des Bruttosozialprodukts und der Zunahme des Lebensstandards (im Sinne der Lebensqualität) immer grösser wird. [...] Wir sind gezwungen neue Ziele und Massstäbe zu suchen. Immer stärker rückt dabei für uns als neue gesellschaftliche Zielsetzung die Lebensqualität ins Blickfeld unserer gewerkschaftlichen Programmatik, als Abkehr vom rein quantitativen und Hinwendung auch zum qualitativen Wachstum, als Absage an das nur Materielle und Einbezug auch der immateriellen Werte in die Betrachtung.»[65]

In der zweiten Hälfte der 1970er Jahre brachte die gewerkschaftliche Presse auch mehrfach Rezensionen neuer, kritischer Publikationen zur Wachstumsdebatte. Die Zeitung des CMV publizierte unter den Titeln *Wirtschafts- und Umweltkrise: notwendiges Umdenken* und *Wie kommt die Wirtschaft wieder ins Gleichgewicht?* 1978 gleich zwei ausführliche, tendenziell zustimmende Artikel über den Schlussbericht des Forschungsprojekts «Neue Analysen für Wachstum und Umwelt» (NAWU), der sich für den Übergang zu einer qualitativen

64 Im Zeichen des Meinungswandels: Wirtschaftswachstum wiederum erwünscht. In: aktiv, 06.07.1976.

65 Christliche Gewerkschaften gestern, heute und morgen. In: aktiv, 14.09.1976.

Wachstumsgesellschaft stark machte.[66] Die SMUV-Zeitung stellte 1979 das Sachbuch *Wachstum bis zur Katastrophe?* vor, das die Kontroversen um den ersten Bericht des Club of Rome darstellte.[67]

Bereits 1977 hatte die Zeitung des CMV eine ausführliche Besprechung des interdisziplinären Sammelbandes *Zukunft durch kontrolliertes Wachstum* publiziert.[68] Rezensent war der gewerkschaftsnahe deutsche Jesuit, Ökonom und Vordenker der katholischen Soziallehre Oswald von Neull-Breuning, der als Kernfrage des Buches das Dilemma zwischen globaler Armutsbekämpfung und Ökologie betonte: «Können wir [...] das, was uns angesichts der Begrenztheit dieses Raumschiffs ‹Erde› und seiner Vorräte an Energie und anderen Naturschätzen an Wachstumsmöglichkeiten überhaupt noch offensteht, zugunsten der unterentwickelten Länder ausnutzen, indem wir Bewohner der fortgeschrittenen, industriell hochentwickelten Länder auf weiteres eigenes wirtschaftliches Wachstum verzichten? Und wenn wir es können, sind wir dazu bereit?» Seines Erachtens gab es keine einfache Lösung: «Genauso, wie wir kein Patentrezept haben, um das Wettrüsten abzustellen und die Gefahr eines dritten, mit Nuklearwaffen geführten Weltkriegs zu bannen, so haben auch die Mitarbeiter dieses Buchs kein Patentrezept zur Lösung der Aufgabe, die sie sich gestellt haben und uns stellen. Ebenso aber, wie das Fehlen eines Patentrezepts für die Sicherung des Friedens uns nicht abhalten darf, uns um die Erhaltung des Friedens zu bemühen und geeignete Mittel und Wege zu suchen, darf auch das Fehlen eines Patentrezepts zur Lösung dieser wohl nicht schwierigeren Frage uns nicht abhalten, uns darum zu bemühen und Mittel und Wege zu suchen.»[69]

Bis Ende der 1970er Jahre etablierte sich in den gewerkschaftlichen Diskursen – parallel zur entsprechenden Entwicklung in der SP, die sich im neuen Parteiprogramm von 1982 manifestierte[70] – das Konzept des «qualitativen Wachstums». Eng damit verbunden war der seit den späten 1960ern zu einem Leitkonzept der Wachstumskritik avancierte Begriff der «Lebensqualität», ohne dass aber die Rolle der Gewerkschaften in der Übergangsphase zu diesem Wachstumsmodell bereits klar gewesen wäre. Eugen Hug versuchte 1977 in der SMUV-Zeitung auszuloten, wie ein qualitatives Wachstum ohne Wohlstandsverluste funktionieren könnte, wobei er den quantitativen Wachstumsbegriff stärker auf die Demografie als auf die Ökonomie bezog: «Wir haben uns in der Zeit der

66 Wirtschafts- und Umweltkrise: notwendiges Umdenken. In: aktiv, 06.09.1978; Wie kommt die Wirtschaft wieder ins Gleichgewicht? In: aktiv, 18.11.1978; Binswanger 1978.

67 Das Sachbuch. In: SMUV Zeitung, 22.08.1979.

68 Dreier 1977.

69 Nell-Breuning, Oswald von: Zukunft durch kontrolliertes Wachstum. In: aktiv, 02.11.1977.

70 Vgl. Wyss 2014: 102–111; Rossfeld 2024: 124, 128–129; Buclin 2024: 114–115; Schweizerisches Sozialarchiv Ar 1.250.17–19 Sozialdemokratische Partei der Schweiz: Programmrevision.

Hochkonjunktur daran gewöhnt, im Wachstum an sich ein erstrebenswertes Faktum zu sehen. Inzwischen ist eine Ernüchterung eingetreten, die sich aus der Einsicht in die *ökologischen Schäden eines ungehemmten Wachstums* in Bevölkerung und Wirtschaft ergeben hat. Man erkannte, dass ein nur quantitatives Wachstum kein Garant für das Wohlergehen der Völker sein kann und vor allem mit dem qualitativen Wachstum, der Verbesserung der *Lebensqualität*, keineswegs zwangsläufig verbunden ist, sondern dieser sogar widersprechen kann. Als ideal bezeichnen die Bevölkerungspolitiker deshalb heute eine stabilisierte Bevölkerungszahl. [...] Es ist denkbar, dass ein Volk mit rückläufiger Bevölkerungszahl bis zu einem gewissen Grade seinen *Lebensstandard halten* kann, wenn es seine wirtschaftliche Produktivität entsprechend zu steigern vermag. [...] Allerdings sind dem Bevölkerungsschwund Grenzen gesetzt, wenn ein Volk überleben und seine Stellung behaupten will.»[71]

1982 brachte die *Gewerkschaftliche Rundschau* unter dem Titel *Sachzwang Wirtschaftswachstum?* einen Artikel des Ökonomen (und Jahrzehnte später grünliberalen Politikers) Markus Stadler, der angesichts der teilweise widersprüchlichen gesellschaftlichen Ziele «materieller Wohlstand, Beschäftigung, Preisstabilität, Umweltschutz und anderes» ein Plädoyer für eine stärkere Orientierung an qualitativen Faktoren abgab. «Eine befreiende Diskussion zum Thema Arbeitsmarkt» müsse «über eine statistische Betrachtung hinaus die qualitativen Belange wirtschaftlicher Beziehungen und Naturveränderungen berücksichtigen und dem Phänomen der menschlichen Suche nach Sinn Beachtung schenken». Die strategischen Variablen wirtschaftspolitischen Handelns hiessen «nicht so sehr mehr Energie, mehr Produktion usw., sondern Intensivierung der politisch-wirtschaftlichen Partizipation, beziehungsweise vermehrter und offener Umgang mit sozialen Bedürfnissen mit Hilfe von Arbeitszeitreduktion.»[72]

Im Jahr darauf folgte in derselben Zeitschrift schliesslich ein Beitrag von Rudolf Henschel, einem Wirtschaftsfachmann des Deutschen Gewerkschaftsbundes, mit dem Titel *Mehr Lebensqualität bei geringem Wachstum.* Henschel beklagte, dass die verschiedenen volkswirtschaftlichen Schulen bisher das Wachstum nicht grundsätzlich in Frage gestellt, sondern sich lediglich darum gestritten hätten, wie dieses am besten erzielt werden könnte. Dadurch hätten sie den tendenziellen, systemunabhängigen Fall der Wachstumsraten zu wenig ins Blickfeld genommen. Vor diesem Hintergrund warf er die Frage auf, was es für die Gewerkschaften heissen würde, sich mit geringeren Wachstumsraten abzufinden, und ob angesichts der seit fast einem Jahrzehnt anhaltenden Wachstumsschwäche mit hoher Arbeitslosigkeit, Reallohnsenkungen und Sozialabbau nicht aus der Not eine Tugend gemacht und

71 Hug, Eugen: «Seid fruchtbar und vermehret euch». In: SMUV Zeitung, 12.01.1977.

72 Stadler, Markus: Sachzwang Wirtschaftswachstum? Drohende Arbeitslosigkeit beziehungsweise Beschäftigungsargument als strategische Grösse der Trendsteuerung. In: Gewerkschaftliche Rundschau 74/5 (1982): 142–152, hier 150–151.

die «offensichtlich unvermeidbare Wachstumsschwäche zu anderen Formen höherer Lebensqualität genutzt werden» könne.[73]

Ausblick: Vom «qualitativen Wachstum» zum «grünen» Keynesianismus

Die etwa anderthalb Jahrzehnte andauernde Orientierung gewerkschaftlicher Diskurse am Konzept «qualitatives Wachstum» war nicht innovativ, sondern folgte einem diskursiven Mainstream – ebenso das zunehmende Verschwinden des Konzepts in den frühen 1990er Jahren. Der 1985 vom Eidgenössischen Volkswirtschaftsdepartement vorgelegte Expertenbericht «Qualitatives Wachstum» erwies sich weitgehend als Papiertiger ohne tiefgreifende Konsequenzen.[74] Ein in Richtung «qualitatives Wachstum» zielendes gewerkschaftliches Projekt war die am SGB-Kongress 1983 lancierte Volksinitiative «zur schrittweisen Herabsetzung der Arbeitszeit», welche die Wochenarbeitszeit ohne Lohnreduktion auf schliesslich 40 Stunden reduzieren wollte.[75] Produktivitätsfortschritte sollten damit für die Senkung der Arbeitszeit – und nicht mehr für weitere Lohnerhöhungen – genutzt werden. 1976 hatte der SGB die von der POCH lancierte Volksinitiative «für die Einführung der 40-Stunden-Woche», zu der die SP und der Schweizerische Typographenbund Ja-Parolen herausgegeben hatten, noch zur Ablehnung empfohlen.[76] Die SGB-Initiative, zu welcher der CNG die Ja-Parole und die VSA Stimmfreigabe beschlossen hatten, scheiterte 1988 in der Volksabstimmung aber mit 65,7 Prozent Neinstimmen.[77] Hingegen drängten die Gewerkschaften zu jener Zeit in Vertragsverlängerungen verschiedener Branchen teilweise mit Erfolg auf Arbeitszeitverkürzungen. Trotzdem sanken die Wochenarbeitszeiten aber nicht markant und blieben im europäischen Vergleich am oberen Rand.

Angesichts der Rezession von 1982/83, die das Baugewerbe hart traf, tat die Gewerkschaft Bau und Holz einen ersten Schritt in Richtung «grüner» Keynesianismus. Sie gab beim Planungsbüro Aarplan eine Studie über die Beschäftigungswirksamkeit von baulichen Energiesparmassnahmen (Wärmedämmung), der Installation von Solaranlagen und Förderung des öffentlichen Verkehrs in Auftrag. Dafür wurde ein Volumen von 15'000 Arbeitsplätzen über 20 Jahre errechnet. Das Programm enthielt darüber hinaus Investitionen in landwirtschaftliche Bodenverbesserung, Lärmschutz, Radwegbau und Alterseinrichtungen. Ebenso errechnete

73 Henschel, Rudolf: Mehr Lebensqualität bei geringem Wachstum. In: Gewerkschaftliche Rundschau 75/4 (1983): 108–117, hier 109.

74 Bundesamt für Konjunkturfragen 1985.

75 Schweizerisches Sozialarchiv Ar SGB G 494/5–7 Dreifuss, Ruth: 40 heures.

76 Vgl. Bolliger 2010.

77 Vgl. Bolliger 2010a.

die Studie die Beschäftigungswirksamkeit einer Reduktion der Wochenarbeitszeit auf dem Bau von 45 auf 40 Stunden und stellte Überlegungen zur Frühpensionierung an.[78] Das Programm wurde – wie ähnliche gewerkschaftliche Forderungskataloge in den folgenden Rezessionen – aufgrund der politischen Mehrheitsverhältnisse und der dominanten «neoliberalen» Wirtschaftsdoktrin aber nicht umgesetzt.

1987 plädierten die drei gewerkschaftsnahen Historiker Hans Baumann, Hans Schäppi und Jakob Tanner zum 50-Jahre-Jubiläum des «Friedensabkommens» der Metallindustrie angesichts des Zusammenbruchs des keynesianischen Wachstumsmodells und der ökologischen und technologischen Herausforderungen für «neue gewerkschaftliche Alternativen zum ‹Wachstumspakt›». Die Gewerkschaften sollten Trägerinnen einer alternativen Wirtschafts- und Technologiepolitik werden, welche die Lebensqualität durch Arbeitszeitverkürzung und soziale Technologiekontrolle steigern sollte. Zur Wachstumsfrage äusserten sie sich eher verklausuliert: «Die Feststellung, dass mehr Lebensqualität nicht einfach mit mehr quantitativem Wachstums identisch ist, erlaubt aber nicht den Umkehrschluss, dass jeder Verzicht auf quantitatives Wachstum ein eigenständiges Ziel sein könnte. Im Gegenteil, jedes Prozent mehr an quantitativem Wachstum des Sozialprodukts, das bei voller Wahrung der qualitativen Ziele in bezug auf Gesundheit, Umweltschutz, Ressourcenschonung, Humanisierung der Arbeit usw. erreicht werden kann, ist begrüssenswert.»[79] Allerdings sei jeder «Politik der Wachstumssteigerung um jeden Preis» eine Absage zu erteilen; und dies sei zugleich «eine Absage an die Priorität des Reallohns als einzige und wichtigste Orientierungsgrösse gewerkschaftlicher Erfolge».[80]

Im folgenden Jahr veröffentlichten der Gewerkschaftsbund des Kantons Zürich und die SP Kanton Zürich ein Konzept *Arbeit und Umwelt.* Dieses hielt gleich als erste von elf «Thesen zu einer ökologischen Wirtschaftspolitik» fest: «Wirtschaftswachstum ist kein Ziel.» Wirtschaftliche Probleme wie die Arbeitslosigkeit liessen sich durch Wachstum nicht beseitigen. Eine weiter wachsende Warenproduktion sei nicht vereinbar mit dem ökologischen Gleichgewicht und bringe keine weitere Verbesserung der Lebensbedingungen, ganz im Gegenteil: «In einer Wirtschaft der gesättigten Märkte führt die auf Wirtschaftswachstum ausgerichtete Förderung der Investitionen nicht zu Produktionserweiterungen und damit zur Schaffung von Arbeitsplätzen, sondern zu Rationalisierungen, die Arbeitsplätze vernichten.» Hingegen bleibe «die wirtschaftliche Dynamik […] auch in einer quantitativ insgesamt stabilen Wirtschaft bestehen.» Diese Dynamik sei «gewünscht und Voraussetzung zur Entwicklung einer menschengerech-

78 Gewerkschaft Bau und Holz 1983; Baumann 2019: 193–194.

79 Baumann, Hans u. a.: 50 Jahre Friedensabkommen: Alte Rezepte für neue Herausforderungen – Neue gewerkschaftliche Alternativen zum «Wachstumspakt» sind nötig. In: Gewerkschaftliche Rundschau 79/4 (1987): 139–150, hier 116.

80 Ebd.: 117.

ten und umweltverträglichen Wirtschaft».[81] 1989 sprach SGB-Sekretär und Ökonom Beat Kappeler vorsichtiger von einem «Übergang von einem vorwiegend quantitativen auf ein mehr qualitativ ausgerichtetes Wachstum».[82]

1990 schliesslich beschloss der SGB ein Umweltprogramm, das sich am Prinzip des «qualitativen Wachstums» orientierte.[83] Es forderte, «das bisherige Wachstum im Verbrauch der Ressourcen und im Ausstoss von Abfällen» müsse aufhören, ja «sogar der blosse Stand dieses Verbrauchs und der Abfälle daraus» sei zu hoch, «insbesondere bezüglich der Erwärmung der Erdatmosphäre». Deshalb dürften «Produktion oder materielles Wachstum [...] nicht mehr im Gleichschritt mit der Ressourcenbeanspruchung weitergehen». Künftig müsse «jedes Produkt mit weniger Ressourcen als heute hergestellt und verbraucht werden» – dank technischer Entwicklung sollten Wachstum und Ressourcenverbrauch «entkoppelt werden».[84] Zu diesem Zweck sollten Lenkungsabgaben eingeführt wie auch Verbote erlassen werden. Für die Gewerkschaftspolitik heisse das: «Die künftigen Produktivitätssteigerungen sind durch Arbeitszeitverkürzungen, Ferienverlängerungen, Weiterbildung u.a. zu beziehen. Damit wird der Ressourcenverbrauch bei gleichem Einkommen stabilisiert und der technische Fortschritt ‹nach innen› gewendet.»[85]

Mit dem Umweltprogramm von 1990 gelangte das Konzept des qualitativen Wachstums – wie in den allgemeinen wirtschafts- und umweltpolitischen Debatten – auch in den gewerkschaftlichen Diskursen weitgehend an ein Ende. 1991 setzte eine Rezession ein, die durch die Ablehnung des Beitritts zum Europäischen Wirtschaftsraum (EWR) 1992 noch verschärft wurde und bis 1993 andauerte. In der darauffolgenden Stagnationsphase der Schweizer Wirtschaft bis 1997 wuchs das Bruttoinlandprodukt markant langsamer als in anderen westeuropäischen Staaten. Die öffentlichen Finanzen verschlechterten sich und die Arbeitslosenquote, die während Jahrzehnten unter einem Prozent gelegen hatte, kletterte bis 1997 auf 5,7 Prozent und ging danach nicht mehr auf den früheren Stand zurück. Während Bundesrat, bürgerliche Parlamentsmehrheit und Arbeitgeber diese Krise mit den Rezepten des seit den 1980er Jahren dominanten «Neoliberalismus» zu bekämpfen trachteten und «Revitalisierung» durch «Deregulierung» und mehr Wettbewerb predigten, griffen die Gewerkschaften auf Krisenbewältigungsstrategien des Keynesianismus zurück, verpassten diesem aber einen ökologischen Anstrich. Die neoliberalen Rezepte wurden dabei vor

81 Sozialdemokratische Partei des Kantons Zürich 1988: 8.

82 Kappeler 1989: 24–28.

83 Schweizerisches Sozialarchiv Ar SGB PE 439 A Protokoll der 243. a. o. Delegiertenversammlung SGB vom Montag, den 14. Mai 1990: 9–14.

84 Kappeler, Beat: Umweltprinzipien des SGB für ein qualitatives Wachstum. In: Gewerkschaftliche Rundschau 82/2 (1990): 52–54, hier 52.

85 Ebd., 54.

allem mit dem (in den späten 1970er Jahren entstandenen) Schlagwort «Sozialabbau» bekämpft.

Der in den 1980er Jahren breit diskutierte Begriff des «qualitativen Wachstums» trat nun hüben wie drüben stark in den Hintergrund – auf gewerkschaftlicher Seite hinter den Kampf gegen den «Abbau» von Arbeitsplätzen, Löhnen und sozialer Sicherheit, der zumindest implizit quantitatives Wirtschaftswachstum zur Voraussetzung zu haben schien. Die Verdrängung des Konzepts «qualitatives Wachstum» durch die Wachstumsfrage semantisch ausklammernde Begrifflichkeiten wie «ökologische Modernisierung» oder «ökologischer Umbau» manifestierte sich in der Gewerkschaftspolitik vor allem in der Forderung nach staatlichen Impulsprogrammen, die auf ökologisch sinnvolle Weise Arbeitsplätze schaffen bzw. erhalten sollten.

Nachdem 1991 eine aktualisierte Version der Aarplan-Studie vorgelegt worden war,[86] präsentierte die Gewerkschaft Bau und Industrie 1995 zusammen mit der Metron Raumplanung AG den Plan «Ein ökologisch sinnvolles Beschäftigungsprogramm für die Schweiz», das mit öffentlichen Investitionen in den Bereichen Energie, öffentlicher Verkehr, Sanierung von Altlasten und Lärmschutz 65'000 Arbeitsplätze schaffen sollte.[87] Ebenso unterstützten die Gewerkschaften die 1993 von einem überparteilichen Komitee unter dem Lead der Umweltverbände lancierte Volksinitiative «für einen Solarrappen», die durch eine zweckgebundene Abgabe auf dem Stromverbrauch den Ausbau der Solarenergie und anderer erneuerbarer Energien fördern wollte. Seitens der Gewerkschaften wurde diese Vorlage primär als Beschäftigungsprogramm betrachtet, das über 30'000 Arbeitsplätze schaffen sollte. Die Solarinitiative kam allerdings erst im Jahr 2000, nach der Überwindung der Krise, zur Abstimmung und wurde ebenso wie der bescheidenere Gegenvorschlag von Bundesrat und Parlament sowie eine weitere energiepolitische Vorlage zur Einführung einer Lenkungsabgabe nach einer intensiven Fake-News-Kampagne der Wirtschaftsverbände, die explodierende Energiepreise an die Wand malten, abgelehnt.[88]

Nach der Jahrtausendwende erlebte die Schweizer Wirtschaft nach dem Platzen der Dotcom-Blase eine erneute, allerdings kürzere Schwächephase. 2002 wuchs sie nur minim um 0,2 Prozent, 2003 wurde eine Schrumpfung um 0,2 Prozent registriert. Im März 2003 trat der SMUV mit einem von SP-Nationalrat Rudolf H. Strahm entworfenen Impulsprogramm an die Öffentlichkeit, das schon in seinem Titel «Ein 12-Punkte-Wirtschaftsprogramm für Innovation

86 Gewerkschaft Bau und Holz 1991.

87 Schweizerisches Sozialarchiv Ar GBI 01C-0043 Investitionsprogramm (Studie: Ein ökologisch sinnvolles Beschäftigungsprogramm für die Schweiz, Metron AG); Ar GBI 01C-0017 Wirtschafts- und Beschäftigungspolitik (Studie: Beschäftigungswirksames Investitionsprogramm, Metron AG); Ar GBI 09B-0011 GBH/GBI, FOBB/SIB: Information, informations.

88 Vgl. Menzi 2010.

und Wachstum» das (quantitative) Wirtschaftswachstum in einem positiv konnotierten Sinne ansprach.[89] Das Konzept kritisierte ausdrücklich «die Fehlleistungen der Nationalbank-Leitung», die mit dem starken Franken in den 1990ern das Wirtschaftswachstum «gebremst» habe.[90] Es forderte ein umfassendes Reformprogramm mit öffentlichen Investitionen und antizyklischem Bundesbudget, neuen Arbeitszeitmodellen, Risikokapital für Unternehmensgründungen sowie Massnahmen in den Bereichen der Corporate Governance und der Lehrlingsausbildung. Den Geist des «grünen» Keynesianismus atmete besonders der neunte Punkt «Mit Impulsprogrammen für Energieeffizienz und nachhaltige Wirtschaft Zukunftstechnologien und Arbeitsplätze sichern»[91].

2007 war die Energiepolitik inhaltlicher Schwerpunkt der Delegiertenversammlung von Travail.Suisse, die in einer Resolution die 2000-Watt-Gesellschaft, massive Investitionen in Energiesparmassnahmen und die Förderung erneuerbarer Energien forderte.[92] Während der Finanzkrise, als 2008 die Grossbank UBS mit staatlicher Hilfe gerettet werden musste und 2009 die Schweizer Wirtschaftsleistung um 2,2 Prozent zurückging und die Arbeitslosenquote von 2,6 auf 3,7 Prozent sprang, wurden von gewerkschaftlicher Seite ähnliche Forderungen erneut als Arbeitsbeschaffungsmassnahmen laut. Im Januar 2009 stellten die Gewerkschaften den Plan für ein 5-Milliarden-Konjunkturprogramm des Bundes vor, das die Konjunkturforschungsstelle der ETH Zürich (KOF) im Auftrag von SGB und Unia durchgerechnet hatte. Das Programm legte den Schwerpunkt auf Investitionen in den «ökologischen Umbau» in den Bereichen ÖV, Lärmsanierung, Hochwasser-, Gewässer- und Lawinenschutz, öffentliche Gebäudesanierung und erneuerbare Energien.[93] Am 19. September 2009 organisierten SGB und Travail.Suisse einen «nationalen Aktionstag gegen die Krise», bei dem auf dem Bundesplatz rund 30'000 Menschen nicht nur gegen Sozialabbau und Manager-Lohnexzesse, sondern auch für ein Konjunkturpaket mit Investitionen in Infrastruktur, Soziales und Ökologie demonstrierten.[94]

89 Schweizerisches Sozialarchiv Ar SMUV 06Z-0006 Ein 12-Punkte-Wirtschaftsprogramm für Innovation und Wachstum in den Branchen der Gewerkschaft SMUV: Impulsprogramm der Gewerkschaft SMUV. Verabschiedet von der Geschäftsleitung der Gewerkschaft SMUV am 17. März 2003.

90 Ebd., 3.

91 Ebd., 14.

92 Koller 2023: 32.

93 Abrahamsen 2009; Rieger, Andreas: Gegensteuer geben: Jobs sichern – Weiterbildung fördern: Medienkonferenz Unia/SGB «Konjunkturprogramm – Bekämpfung der Arbeitslosigkeit», 20.01.2009; Lampart, Daniel: Düstere Konjunkturaussichten – wirksame Massnahmen sind notwendig: Medienkonferenz Unia/SGB «Konjunkturprogramm – Bekämpfung der Arbeitslosigkeit», 20.01.2009; ders.: Arbeitslosigkeit mit aktiver Konjunkturpolitik bekämpfen. In: Die Volkswirtschaft, 01.03.2009; ders. 2010.

94 Koller 2023: 63.

Weitere Kernpunkte des früheren Konzepts «qualitatives Wachstum» spielten in der gewerkschaftlichen Politik jetzt kaum noch eine Rolle. Die Gewerkschaften unterstützten zwar Lenkungsabgaben auf klimaschädlichen Energien sowie verschiedene von der Umweltbewegung lancierte Volksinitiativen und beteiligten sich auch an der nationalen Klimademo vom 30. September 2023. Einer grundlegenden ökologischen Steuerreform standen sie aus verteilungspolitischen Überlegungen hingegen skeptisch gegenüber. Initiativen zur Verkürzung der Arbeitszeit wurden zwar vereinzelt lanciert; Argumente im Sinne des «qualitativen Wachstums» spielten dabei aber kaum mehr eine Rolle. Die SGB-Initiative «für eine kürzere Arbeitszeit» wurde 2002 mit 74,6 Prozent Neinstimmen abgelehnt und die Travail.Suisse-Initiative «6 Wochen Ferien für alle» scheiterte 2012 mit 66,5 Prozent Neinstimmen. Auch Verkürzungen der Wochenarbeitszeit auf gesamtarbeitsvertraglicher Basis wurden seit den 1980er Jahren nur noch minimal ausgehandelt und standen kaum mehr im Zentrum gewerkschaftlicher Forderungen. Einer der grössten gewerkschaftlichen Erfolge des frühen 21. Jahrhunderts, die durch intensive Kampfmassnahmen 2002 errungene Frührente mit 60 in der Bauwirtschaft, betraf zwar eine Arbeitszeitreduktion, ökologische und beschäftigungspolitische Argumente spielten dabei gegenüber der gesundheitspolitischen Stossrichtung aber kaum eine Rolle.[95]

Nachdem im Zusammenhang mit ökologischen Konjunkturprogrammen und vereinzelt auch darüber hinaus in gewerkschaftlichen Diskursen nach der Jahrtausendwende der Begriff «ökologischer Umbau» aufgekommen war, schlossen sich die Gewerkschaften um 2020 programmatisch und semantisch an das zunächst von progressiven Kräften in den USA formulierte und bald auch in Europa verbreitete Konzept des «Green New Deal» an. So legte Travail.Suisse 2021 den Aktionsplan «Ein neuer ökologischer und sozialer Arbeitsmarkt für die Schweiz» mit über zwanzig Forderungen vor, der eine Verbindung von «Green Deal» und «Social Deal» postulierte. Gefordert wurden unter anderem die Reduktion der Treibhausgasemissionen auf netto null bis 2040, eine Bildungsoffensive zur Unterstützung des klimapolitischen Strukturwandels, ein Aktionsplan zur Förderung der Kreislaufwirtschaft und die umfassende Belastung fossiler Energieträger mit sozialverträglich rückerstatteten Lenkungsabgaben. Das Verhältnis zur Wachstumsfrage blieb dabei zwiespältig: Der Aktionsplan sprach zwar vom «Mythos des unendlichen Wachstums in einer endlichen Welt», bekannte sich in Anlehnung an die UNO-Agenda 2030 aber zu einem «dauerhaften, breitewirksamen und nachhaltigen Wirtschaftswachstum».[96]

Das Konzept des «qualitativen Wachstums» rückte also ab dem Moment seiner programmatischen Rezeption durch die Gewerkschaften um 1990 stark in den Hintergrund zugunsten von Forderungen nach einem beschäftigungswirksa-

95 Vgl. Keller 2008; Pedrina, Keller 2015.

96 Torche 2021: 7 und 12.

men und zugleich ökologisch modernisierenden quantitativen Wachstum. Die Gewerkschaften bekannten sich zwar grundsätzlich zum «ökologischen Umbau», ihr aktives Engagement dafür konzentrierte sich aber stark auf ökologisch ausgerichtete staatliche Impulsprogramme während Wachstumseinbrüchen, flankiert von Forderungen nach entsprechenden Weiterbildungsoffensiven. Gegenüber Lenkungsinstrumenten, wie sie die Umweltökonomie seit den frühen 1980er Jahren als Mittel einer ökologischen Transformation der Marktwirtschaft propagierte, blieben die Gewerkschaften eher skeptisch – dies sowohl aus verteilungspolitischen Gründen als auch wegen Zweifeln an deren Effektivität.

Fazit

Insgesamt durchlief die gewerkschaftliche Perspektive auf das Wirtschaftswachstum in den Jahrzehnten nach dem Zweiten Weltkrieg mehrere Wandlungen. Als Konstante zeigt sich aber eine durchgehende Ambivalenz zwischen grundsätzlicher Bejahung des Wirtschaftswachstums als materieller Grundlage zur Erreichung gewerkschaftlicher Ziele in den Bereichen der sozialen Sicherheit sowie des Reallohnwachstums und einer (wachsenden) Skepsis gegenüber wirtschaftlichen, gesellschaftlichen und ökologischen Folgen des Wachstums. Eine weitere, damit zusammenhängende Konstante war die gewerkschaftliche Kritik an den wachstumspolitischen Rezepten von Arbeitgebern, bürgerlichen Wirtschaftspolitikern oder der Nationalbank, ohne dass von gewerkschaftlicher Seite grundlegende innovative oder gar systemsprengende Ideen zur Wachstumsproblematik vorgelegt worden wären. Vielmehr konzentrierten sich die Gewerkschaften auf konkrete Forderungen zugunsten ihrer Mitglieder.

In der Hochkonjunktur betraf die gewerkschaftliche Wachstumsskepsis insbesondere die Inflation und Immigration, allmählich auch den Energieverbrauch und die Umweltverschmutzung. Mit semantischen Unterscheidungen wie derjenigen zwischen «Wachsen» und «Wuchern» stellten sich die Gewerkschaften hinter die Mässigungsappelle des Bundesrates und schoben die negativen Begleiterscheinungen des raschen Wirtschaftswachstums den Arbeitgebern in die Schuhe. Über allgemeine Forderungen nach einer gerechteren Verteilungspolitik hinaus konkretisierten die Gewerkschaften ihr Postulat eines «gesunden» oder «vernünftigen» Wachstums aber kaum.

Der Mehrfachschock in der ersten Hälfte der 1970er Jahre mit Umweltwende und erster Ölpreiskrise führte auch bei den Gewerkschaften zu einer Verunsicherung und Hinterfragung des zuvor breit akzeptierten Wachstumsparadigmas, wobei die entsprechenden Inputs in der Gewerkschaftspresse in einer ersten Phase oft nicht aus dem eigenen Apparat, sondern von Experten aus ausländischen Schwesterorganisationen, von den Behörden oder aus der Wissenschaft stammten. Als Resultat dieser Debatten etablierte sich um 1980 auch in den Gewerkschaften das eng an den Begriff «Lebensqualität» gebundene Konzept des «qualitativen Wachstums», das ein Jahrzehnt später zur Basis des SGB-Umweltprogramms werden sollte. Die Gewerkschaften dockten damit an allgemeine wirtschafts- und umweltpolitische Diskurse an; ihre eigene Rolle in einer zukünftigen «qualitativen» Wachstumsgesellschaft blieb aber eher schwammig. In die gewerkschaftliche Praxis flossen die Postulate dieses Konzepts nur selektiv ein und beschränkten sich auf (auch beschäftigungspolitisch begründete) Forderungen nach Arbeitszeitverkürzungen ohne Lohneinbussen, ohne dass der damit korrelierende Verzicht auf absolute Reallohnsteigerungen gewerkschaftlich mehrheitsfähig geworden wäre. Zugleich erlebte das quantitative Wachstumskonzept bei den Gewerkschaften während der verschiedenen Rezessionen seit den 1980er Jahren eine gewisse Renaissance in Gestalt von Forderungen nach ökologischen Investitionsprogrammen, bei denen die beschäftigungspolitischen Auswirkungen jeweils genauer beziffert zu werden pflegten als der ökologische Nutzen. Dieser «grüne» Keynesianismus erwies sich in jüngster Zeit dann auch anschlussfähig an die international zirkulierenden Vorstellungen von einem «Green New Deal», sein Kern waren aber stets klassisch gewerkschaftliche Anliegen der Arbeitsplatzerhaltung und Kaufkraftsicherung.

Gedruckte Quellen

Abrahamsen, Yngve u.a.: Beschäftigungswirkungen eines Investitionsprogramms für die Schweiz: Simulationen mit dem KOF-Makromodell: Studie im Auftrag von SGB und Unia. Zürich 2009.

Binswanger, Hans Christoph u.a. (Hg.): Der NAWU-Report: Wege aus der Wohlstandsfalle: Strategien gegen Arbeitslosigkeit und Umweltkrise. Frankfurt a.M. 1978.

Bundesamt für Konjunkturfragen: Qualitatives Wachstum: Bericht der Expertenkommission des Eidgenössischen Volkswirtschaftsdepartements. Bern 1985.

Dreier, Wilhelm; Kümmel, Reiner (Hg.): Zukunft durch kontrolliertes Wachstum: Naturwissenschaftliche Fakten, sozialwissenschaftliche Probleme, theologische Perspektiven: Ein interdisziplinärer Dialog. Münster 1977.

Eppler, Erhard: Die Qualität des Lebens. In: Überleben wir den technischen Fortschritt: Analysen und Fakten zum Thema Qualität des Lebens. Freiburg i. Br. 1973.

Gewerkschaft Bau und Holz (Hg.): Wie in der Bauwirtschaft die Beschäftigung gesichert werden kann. Zürich 1983.

Gewerkschaft Bau und Holz (Hg.): Bauen und Bauarbeit 2020: Perspektiven, Probleme, Strategien. Bern 1991.

Kappeler, Beat: Zum Übergang von einem vorwiegend quantitativen auf ein mehr qualitativ ausgerichtetes Wachstum. In: Schriftenreihe Forum Helveticum 2 (1989): 24–28.

Lampart, Daniel: Massnahmen zur Stärkung der Kaufkraft – Auswirkungen auf die Schweizer Konjunktur. Bern 2010.

Schweizerischer Metall- und Uhrenarbeiter-Verband (Hg.): Die Konzeption des SMUV zum Problem der Produktivitätssteigerung unter besonderer Würdigung neuzeitlicher Lohnordnungen. Bern 1958.

Sozialdemokratische Partei des Kantons Zürich und Gewerkschaftsbund des Kantons Zürich (Hg.): Arbeit und Umwelt: Ein Konzept für eine ökologische Wirtschaftspolitik. Zürich 1988.

Torche, Denis: Aktionsplan für eine auf dem gerechten Übergang basierende Klimapolitik: Ein neuer ökologischer und sozialer Arbeitsmarkt für die Schweiz. Bern 2021.

Umrath, Heinz: Grenzen des Wachstums? In: Gewerkschaftliche Rundschau 64/5 (1972): 139–145.

Wüthrich, Ernst: Der Standort des SMUV unter Berücksichtigung der Maschinen- und Metallindustrie. Bern 1960.

Sekundärliteratur

Ann, Joachim: Interessenverbände und Umweltpolitik in den USA. Wiesbaden 1995.

Baumann, Hans: «Green New Deal» – wie es vor 35 Jahren begann: Zur Ökologiediskussion in den Gewerkschaften. In: Denknetz Jahrbuch 2019: 192–196.

Berthel, Stefan: Der Christliche Metallarbeiter-Verband (CMV) und seine Rolle als Minderheitsgewerkschaft in der Hochkonjunktur von 1955 bis 1974 (unveröffentlichte Masterarbeit, Historisches Seminar der Universität Zürich). Zürich 2018.

Beule, Peter: Kein grenzenloses Wachstum in einer begrenzten Welt, in: FEShistory – der Blog, www.fes.de/feshistory/blog/kein-grenzenloses-wachstum-in-einer-begrenzten-welt, 02.03.2022, abgerufen am 21.01.2025.

Bolliger, Christian: Die chancenlose Arbeitszeit-Initiative spaltet die Linke. In: Linder, Wolf u.a. (Hg.): Handbuch der eidgenössischen Volksabstimmungen 1848–2007. Bern 2010: 354–355.

Bolliger, Christian: Verkürzung der Arbeitszeit bleibt Sache der Sozialpartner. In: Linder, Wolf u.a. (Hg.): Handbuch der eidgenössischen Volksabstimmungen 1848–2007. Bern 2010a: 459–460.

Brand, Ulrich: In der Wachstumsfalle: Die Gewerkschaften und der Klimawandel. In: Blätter für deutsche und internationale Politik 64/7 (2019): 79–88.

Brand, Ulrich; Niedermoser, Kathrin (Hg.): Gewerkschaften und die Gestaltung einer sozial-ökologischen Gesellschaft. Wien 2017.

Buclin, Hadrien: Vents contraires: Le Parti socialiste suisse face aux crises économiques et à l'essor du néolibéralisme (1973–1995). Neuchâtel 2024.

Degen, Bernard: Hochkonjunktur und Kalter Krieg. In: Boillat, Valérie u.a. (Hg.): Vom Wert der Arbeit: Schweizer Gewerkschaften – Geschichte und Geschichten. Zürich 2006: 229–275.

Degen, Bernard: Neue Krisen, neue Wege. In: Boillat, Valérie u.a. (Hg.): Vom Wert der Arbeit: Schweizer Gewerkschaften – Geschichte und Geschichten. Zürich 2006a: 285–331.

Eisinger, Angelus: «Die dynamische Kraft des Fortschritts»: Gewerkschaftliche Politik zwischen Friedensabkommen, sozioökonomischem Wandel und technischem Fortschritt: Der schweizerische Metall- und Uhrenarbeiterverband (SMUV) 1952–1985. Zürich 1996.

Flemming, Jana: Transformation von Lebens- und Produktionsweise: Auf der Suche nach Schnittstellen zwischen Gewerkschaften und Degrowth-Akteuren. In: Adler, Frank; Schachtschneider, Ulrich (Hg.): Postwachstumspolitiken: Wege in eine wachstumsunabhängige Gesellschaft. München 2017: 129–142.

Fluder, Robert u. a.: Gewerkschaften und Angestelltenverbände in der schweizerischen Privatwirtschaft: Entstehung, Mitgliedschaft, Organisation und Politik seit 1940. Zürich 1991.

Isser, Mindy: Unions and the Green New Deal. In: Calhoun, Craig; Fong, Benjamin Y. (Hg.): The Green New Deal and the Future of Work. New York 2022: 177–191.

Keller, Stefan: Der flexible Altersrücktritt im Bauhauptgewerbe: Ein Beitrag zur Überwindung der Suche nach dem «richtigen» Rentenalter in der Schweiz. Basel, Genf 2008.

Koller, Christian: Streik, Sozialpartnerschaft und Mitbestimmung: Vom Gegensatz zur Ergänzung der gewerkschaftlichen Aktionsmittel. In: Keinen Schritt umsonst getan: Blicke auf die Gewerkschaft SMUV 1970–2000. Hg. Gewerkschaft Industrie, Gewerbe, Dienstleistungen SMUV. Baden 2004: 47–58.

Koller, Christian: Vor 50 Jahren: Die Schwarzenbach-Initiative. In: Sozialarchiv-Info 2 (2020): 27–40.

Koller, Christian: Vor 50 Jahren: Die «Grenzen des Wachstums». In: Sozialarchiv-Info 1 (2022): 36–50.

Koller, Christian: 20 Jahre Travail.Suisse: Vorgängerverbände – Fusion – Engagement für gute Arbeit. Hg. Travail.Suisse. Bern 2023.

Koller, Christian: Vor 75 Jahren: Die Streikwelle nach dem Zweiten Weltkrieg. In: Sozialarchiv-Info 3 (2023a): 22–46.

Koller, Christian: Vor 50 Jahren: Die Erdölkrise. In: Sozialarchiv-Info 4 (2023b): 18–45.

Lepenies, Philipp: Die Macht der einen Zahl: Eine politische Geschichte des Bruttoinlandproduktes. Berlin 2013.

Menzi, Brigitte: Umverteilung zugunsten von nachhaltigen Energiequellen ist nicht mehrheitsfähig. In: Linder, Wolf u. a. (Hg.): Handbuch der eidgenössischen Volksabstimmungen 1848–2007. Bern 2010: 591–592.

Pedrina, Vasco; Keller, Stefan (Hg.): Rentenalter 60 auf dem Bau: Wie es dazu kam. Hg. Gewerkschaft Unia. Bern 2015.

Reuter, Norbert: Erwerbsarbeit im Spannungsverhältnis von Ökologie und Verteilungsgerechtigkeit: Die Rolle der Gewerkschaften. In: Seidl, Irmi; Zahrnt, Angelika (Hg.): Tätigsein in der Postwachstumsgesellschaft. Marburg 2019: 111–125.

Riedo, René: Das Problem der ausländischen Arbeitskräfte in der schweizerischen Gewerkschaftspolitik von 1945–1970. Frankfurt a. M. 1976.

Rossfeld, Roman: Die SP zwischen Fortschrittseuphorie und Wachstumskritik. Ein Blick zurück und nach vorne. In: Widerspruch 82 (2024): 121–132.

Silverman, Victor: Sustainable Alliances: The Origins of International Labor Environmentalism. In: International Labor and Working-Class History 66 (2004): 118–135.

Wyss, Oliver: Sozialismus ohne Wachstum und Technologie? Die Linke in der Schweiz und die Umweltfrage 1968–1990. Phil. Diss., Univ. Bern 2014.

2. Teil: «Grenzen des Wachstums»: Variationen der Wachstumskritik seit den 1970er Jahren

Die «Trente Glorieuses» als «Trente Ravageuses»

Agrarökologische Implikationen des Wachstumsparadigmas in der Nachkriegszeit

Juri Auderset

Abstract

In the post-war years, economic growth became a key concept in agricultural economics, and it soon turned into a seemingly self-evident goal of economic development in Swiss industrial society. Yet, agricultural production fitted poorly into the schemes of the growth paradigm as its embeddedness in ecological systems and its dependencies on natural processes defied these ventures to a certain degree. This article analyses these tensions by investigating how the growth paradigm in agriculture was debated among agricultural economists, farmers and social scientists from the 1950s to the 1970s. It argues that the rise of the growth paradigm in agriculture is closely related to the increasing substitution of biotic by fossil resources in the post-war period. Yet, this energetic transition not only led to hitherto unimaginable leaps in agricultural productivity, but also to massive ecological degradations. Hence, agriculture became a key area for debating the ecological implications of economic growth.

Ende November 1973 führte das Gottlieb-Duttweiler-Institut für wirtschaftliche und soziale Studien in Rüschlikon ein Symposium zum Thema «Recycling» durch. Eingeladen war unter anderen auch der rumänisch-amerikanische Mathematiker, Wissenschaftstheoretiker und unorthodoxe Ökonom Nicholas Georgescu-Roegen, der in Rüschlikon über die Frage referierte: «Was geschieht mit der Materie im Wirtschaftsprozess?»[1] Georgescu-Roegen ging dabei hart ins Gericht mit jenem hegemonial gewordenen ökonomischen Denken, das sich fast ausschliesslich um das wirtschaftliche Wachstum drehe. Dieses gehorche einer «mechanistischen Epistemologie», klammere die «Naturumwelt aus dem ökonomischen Prozess» aus und lasse sich von den «ungeahnten Errungenschaften der industriellen Revolution» so beeindrucken, «dass nur noch die Fabrik in ihrem Gesichtskreis Platz» habe. Doch damit nicht genug. Geblendet von dem, was Georgescu-Roegen bei anderer Gelegenheit «Growthmania» nannte,[2] trage das «Wachstumsparadigma»[3] dazu bei, die stofflichen und energetischen Vorausset-

---

1 Georgescu-Roegen 1974. Ich danke Peter Moser, Roman Rossfeld, Nora Stampbach, den Teilnehmenden der Arbeitstagung im Schweizerischen Sozialarchiv in Zürich im November 2023 und den Teilnehmenden an der Sitzung des Forschungsclusters «Umwelt und Raum» des Historischen Instituts der Universität Bern für kritische und weiterführende Bemerkungen zu früheren Versionen dieses Textes.

2 Georgescu-Roegen 1977: 372.

3 Vgl. hierzu Schmelzer 2015.

zungen aus der Analyse des wirtschaftlichen Handelns zu verdrängen: Zwischen dem Verbrauch des «Vorrats» terrestrisch-fossiler Ressourcen einerseits und der Nutzung des «Flusses» solar-biotischer Ressourcen andererseits werde in diesem Denken nicht unterschieden. Bezeichnenderweise griff er auf ein Beispiel aus der Landwirtschaft zurück, um seine theoretische Fundamentalkritik am Wachstumsparadigma zu erläutern. Es gehöre zu den Selbstverständlichkeiten des technisch-deterministischen Fortschrittsdenkens im Industriezeitalter, so Georgescu-Roegen, dass die Motorisierung der landwirtschaftlichen Produktion und damit die Verdrängung der bis anhin zu Zug- und Tragleistungen verwendeten Arbeitstiere nicht nur wünschbar, sondern auch notwendig sei. Werde das «Zugtier als traditioneller Partner des Bauern ausgeschaltet», würden Anbauflächen für den menschlichen Konsum freigesetzt, die bisher für die Futterproduktion der arbeitenden Tiere gebraucht worden seien. Aber – und das war für Georgescu-Roegen «das Entscheidende» – dieser als besonders fortschrittlich gefeierte Prozess der Ablösung tierlicher Arbeitskraft ging letztlich auch mit einer stofflich-energetischen Substitution einher: Damit werde der Bedarf an Bewegungsenergie in der landwirtschaftlichen Produktion jetzt aus endlichen mineralischen Ressourcen aus dem «terrestrischen Vorrat» bezogen, anstatt aus der Sonneneinstrahlung, welche durch den Prozess der Chlorophyll-Photosynthese in pflanzliche Materie umgewandelt und im Körper der Tiere in potenziell nutzbare «mechanische Energie» transformiert werde. Darüber hinaus liessen die Herstellung und der Antrieb von Traktoren und anderen motorisierten Maschinen ebenso wie der Einsatz mineralbasierter Pestizide, Insektizide, Fungizide und synthetischer Dünger die Landwirtschaft immer mehr am Verbrauch fossiler Energie partizipieren. Letztlich würden damit aber reproduzierbare solar-biotische Ressourcen aus der Biosphäre der Erde durch endliche und massive ökologische Degradierungen bewirkende fossil-mineralische Ressourcen aus der Lithosphäre ersetzt. Wurde die Motorisierung der Agrarproduktion von den Zeitgenossen als lange herbeigesehnter technologischer Durchbruch und als Zeichen eines überfälligen Ankommens der Landwirtschaft im Industriezeitalter gefeiert, erinnerte Georgescu-Roegen daran, dass dieser Prozess «auf lange Sicht wirtschaftlich nicht zu verantworten» sei und letztlich «die Spezies Mensch in eine Falle» locke, aus der es «kein Entkommen» gebe.[4] Das war eine radikale «thermodynamische Entzauberung›» des Wachstumsparadigmas, die Georgescu-Roegen seinen Zuhörern an den Ufern des Zürichsees präsentierte.[5]

Georgescu-Roegens Argumente waren einerseits symptomatisch für das in den späten 1960er und frühen 1970er Jahren merkbarer geäusserte Unbehagen

4 Georgescu-Roegen 1974: 19, 22, 25–26. Vgl. grundsätzlich dazu auch Georgescu-Roegen 1976.

5 Vgl. Hellige 1994.

an den Folgen der forcierten Wachstumsorientierung der Nachkriegszeit,[6] andererseits waren sie aber sowohl in ihrer theoretischen Substanz wie auch in ihrer konsequenten Radikalität unzeitgemäss. Mit ihren Tendenzen zur Quantifizierung, Mathematisierung und Monetarisierung «der Wirtschaft» hatten sich die wirtschaftstheoretischen Debatten seit den 1930er Jahren von der Reflexion über die natürlichen materiellen Produktionsvoraussetzungen zu lösen begonnen.[7] Es setzte in diesem Zusammenhang ein Prozess der «dematerialization of the economic discipline» ein,[8] der eine zentrale Voraussetzung für die wachstumstheoretischen Konzeptionen der Nachkriegszeit darstellte und Wachstum geradezu zu einer «Obsession» werden liess.[9] Wurde «die Wirtschaft» einmal von den ökologischen Ressourcen und stofflich-energetischen Einbettungen entkoppelt und als geschlossenes System monetarisierter und damit quantifizierbarer Transkationen imaginiert, waren der Fiktion des unbegrenzten Wachstums kaum mehr Schranken gesetzt. Wie Timothy Mitchell schreibt: «The economics of growth of the 1950s and 1960s could conceive of long-run growth as something unrestrained by the availability of energy.»[10] Die Vernachlässigung und das teilweise aktive Ignorieren der materiellen Voraussetzungen wirtschaftlichen Handelns und die damit verbundene Verdrängung von ökologischen Schranken des ökonomischen Wachstums prägten auch die Debatten über die Rolle der Landwirtschaft in den Industriegesellschaften der Nachkriegszeit. «Seit vielen Jahren bestimmt das Wachstum stärker als alles andere unser Denken und Handeln», schrieb etwa der deutsche Agrar- und Entwicklungsökonom Albrecht Kruse-Rodenacker in den frühen 1970er Jahren. Die «Maximierung des Zuwachses an Volkseinkommen» sei ein «von allen Gruppen akzeptiertes Leitbild» des «politischen Handelns» geworden.[11]

In der Tat standen auch die Kontroversen in der Agrarpolitik und Agrarökonomie in den 1950er und 1960er Jahren über weite Strecken im Banne produktivitäts- und wachstumstheoretischer Annahmen. Die eingangs resümierte Intervention Georgescu-Roegens lässt sich jedoch auch als ein Indikator für eine heterodoxe Strömung von «Growth Critics» lesen, die nicht in den Chor des Wachstumskonsenses einstimmte. Wie der Historiker Stephen J. Macekura kürzlich zu Recht in Erinnerung rief: «[I]t is important to understand that growth enthusiasts and critics coexisted in the same time and space, in tension and conflict over the meaning and promise of the growth paradigm».[12] Dass die-

6 Vgl. Kupper 2003.

7 Vgl. grundsätzlich hierzu Mirowski 1989.

8 Fressoz, Bonneuil 2017: 57.

9 Bossmann 1995.

10 Mitchell 2009: 418.

11 Kruse-Rodenacker 1973: 1.

12 Macekura 2020: 74.

se kritischen Stimmen für lange Zeit ungehört blieben und auch von der Historiografie – wenn überhaupt – als vernachlässigbare Marginalien oder unzeitgemässe Kulturkritik behandelt wurden, hat nicht zuletzt damit zu tun, dass die hegemonialen Richtungen der Geschichtsschreibung selbst zum theoretischen Sound der Modernisierungs-, Produktivitäts- und Fortschrittskompositionen tanzten.[13] Im ebenso von der Wirtschafts- wie der Sozialgeschichte geteilten «Paradigma der industriellen Gesellschaft» wurden die disruptiven Erfahrungen der bäuerlichen Bevölkerung «mit grosser Konsequenz aus der wissenschaftlichen Diskussion verbannt», bemerkte der Soziologe Burkart Lutz pointiert. Bäuerliche Produktions- und Lebensweisen gerieten «höchstens als Hemmnisse auf dem Weg zu höherer ökonomischer Effizienz und gesellschaftlicher Rationalität, deren Zerstörung unvermeidlich war», ins Blickfeld.[14] Damit wurde zugleich auch der Umstand vernachlässigt, dass die zeitgenössische Agrarpolitik eine Vergesellschaftung der bäuerlichen Landwirtschaft in die Industriegesellschaft vorantrieb und dieser Prozess mit massiven ökologischen Konsequenzen verbunden war.[15] Es hat lange Zeit gebraucht, bis auch in der Historiografie die unbequeme Frage gestellt werden konnte, ob die gefeierten «Trente Glorieuses» angesichts der von ihr verursachten agrarökologischen und sozialen Verwerfungen nicht eigentliche «Trente Ravageuses» waren?[16]

Der folgende Beitrag möchte diese Spannungsfelder in einer «agroecological perspective in history» ausleuchten, welche die Wechselwirkungen zwischen dem Wandel der landwirtschaftlichen Produktionsweise, ihrer Einbettung in ökologische Systeme und der damit verbundenen Wissensregime ins Blickfeld rückt.[17] Dem Beitrag liegen zwei hauptsächliche Thesen zugrunde: Erstens möchte ich zeigen, dass die Hegemonie des Wachstumsparadigmas in den agrarökonomischen Debatten nicht zu verstehen ist, wenn nicht gleichzeitig die Transitionsprozesse in den Ressourcengrundlagen der Landwirtschaft in den 1950er und 1960er Jahren berücksichtigt werden. Erst die von Georgescu-Roegen angesprochene steigende Substitution von biotischen durch mineralische Ressourcen in der Nachkriegszeit liess die Vorstellung aufkommen, dass nun auch die Landwirtschaft auf den Wachstumspfad einbiegen konnte, der von der industriellen Entwicklung schon seit der Industriellen Revolution vorgespurt worden war. Zweitens werde ich argumentieren, dass die Verwerfungen des Wachstumsparadigmas sich gerade im Bereich der Agrarproduktion besonders früh und deutlich zu erkennen gaben, weil sich der steigende Verbrauch fossiler Ressourcen nicht

13 Vgl. etwa Wehler 1975. Zur kritischen historischen Einordnung vgl. Lorenz 2006; Hitzer, Welskopp 2010; Engermann u. a. 2003.

14 Lutz 1992: 39.

15 Vgl. Moser 2000; Moser 2010; Bonneuil, Humbert, Lyautey 2021.

16 Vgl. Bonneuil, Pessis, Topçu 2016: 18.

17 Worster 1990; Krausmann, Fischer-Kowalski 2010.

nur in bis anhin unvorstellbaren Produktivitätssprüngen in der Landwirtschaft zeigte, sondern auch in massiven ökologischen Degradierungen in der Bio-, Hydro- und Atmosphäre der Erde.[18] Agrarische Praktiken blieben unauflöslich in ökologische Stoffkreisläufe und biochemische Prozesse biotischer Ressourcennutzung eingebunden. Deshalb machten sich die Gefährdungen der wachsenden Einspeisung mineralischer Ressourcen in die agrarischen Produktionsverhältnisse unmittelbarer und durch den existentiellen Akt der Inkorporation von Nahrungsmitteln auch in besonders intimer Weise bemerkbar. Es ist denn auch kein Zufall, dass landwirtschaftliche Zusammenhänge zu einer wichtigen Arena der Anfechtung wachstumstheoretischer Annahmen wurden. Bezeichnenderweise artikulierte sich die Kritik am Wachstumsparadigma ebenso unter Bäuer*innen wie unter kritischen Agrarwissenschaftler*innen und heterodoxen Ökonom*innen, wie ich in einem zweiten Argumentationsschritt zeigen werde.

Verschiedenerlei Wachstumserfahrungen

In seinem berühmt gewordenen Aufsatz zu den «trois révolutions agricoles du monde développé» konstatierte der belgisch-schweizerische Wirtschaftshistoriker Paul Bairoch für die Nachkriegszeit eine tiefgreifende Ruptur, die er als «industrialisation de la chaîne agro-alimentaire» bezeichnete.[19] In der Tat griffen in den Jahrzehnten nach dem Zweiten Weltkrieg verschiedene grundlegende Prozesse ineinander, die in ihrer Wechselwirkung einen Wandel von durchaus revolutionärer Qualität hervorbrachten.[20] In allen westlichen Industriegesellschaften wurden in diesem Zeitraum im Detail zwar durchaus distinkte, in ihrer generellen Entwicklungsdynamik aber relativ gleichförmige «paths to productivism» eingeschlagen.[21] Die Schweiz bildet in dieser Hinsicht keinen Sonderfall, sondern stellt eine Variante eines für westliche Industriegesellschaften typischen Entwicklungsmusters dar: Immer weniger landwirtschaftliche Produzent*innen erzeugten mit immer mehr industriell hergestellten chemischen Hilfsstoffen und motorisierten Maschinen eine wachsende Menge Nahrungsmittel auf einer tendenziell schrumpfenden Anbaufläche. Die auf den Höfen erzeugten Produkte wurden in zunehmendem Masse industriell verarbeitet, von einigen wenigen Detaillisten vertrieben und von einer immer stärker motorisierten und kaufkräftigeren, in verzettelten suburbanen Siedlungsstrukturen lebenden und daher versiegelte Flächen beanspruchenden Käuferschaft zu immer günstigeren Preisen gekauft.[22] Damit setzte auch ein Prozess ein, den der Agronom Oskar Howald in den frü-

18 Vgl. McNeill 2000: 192–227.

19 Bairoch 1989.

20 Vgl. hierzu auch Auderset, Moser 2018: 250–282.

21 Vgl. Martin, Langthaler 2012: 44–74.

22 Vgl. Moser 2012: 590; Auderset 2022.

hen 1960er Jahren treffend als «Desintegration» der bäuerlichen Landwirtschaft bezeichnet hat: Viele der bisher als integraler Teil der bäuerlichen Familienökonomie betriebenen Produktionsprozesse wurden arbeitsteilig in vor- und nachgelagerte Herstellungs- und Dienstleistungsbereiche abgespalten, womit die eigentliche landwirtschaftliche Produktion immer stärker vom expandierenden Agribusiness und der Nahrungsmittelindustrie abhängig wurde und die dadurch bedingte Kapitalaufstockung die bäuerliche Verschuldung weiter vorantrieb.[23]

Auf den landwirtschaftlichen Betrieben machte sich der Abschied vom «ancien régime écologique»[24] unter anderem dadurch bemerkbar, dass die Arbeitstiere von den Höfen verdrängt und durch Verbrennungsmotoren und ein breites Spektrum landwirtschaftlicher Maschinen abgelöst wurden.[25] Zugleich stieg die Menge an ausgebrachtem Kunstdünger massiv an und die neu gezüchteten Hochertragssorten im Pflanzenbau bedingten den Einsatz von Pestiziden, Herbiziden, Insektiziden und Fungiziden, damit tatsächlich jene Erträge erzielt werden konnten, die man sich von ihnen versprochen hatte.[26] Die Entkoppelung von der hofeigenen Futtergrundlage und der wachsende Zukauf von importiertem Futter sowie neue Reproduktionstechnologien wie die künstliche Besamung führten parallel dazu in Teilen der landwirtschaftlichen Nutzviehhaltung zur Herausbildung industrieller Tierhaltungsformen. Schon zeitgenössisch wurden diese als «landwirtschaftliche Fabrikbetriebe» bezeichnet, in denen die Tiere in den Augen von manchen kritischen Beobachter*innen zu «Tiermaschinen» reduziert wurden.[27] Nicht nur die Fütterung der Tiere, sondern auch die Ernährung der schweizerischen Gesellschaft – in der der Fleischkonsum massiv anstieg – basierte aufgrund dieser Entwicklungen in immer grösserem Masse auf jenen *ghost acres*, die anderswo auf der Welt für die Produktion von Nahrungs- und Futtermitteln sowie natürlichen Roh- und Werkstoffen genutzt wurden. Dank dem verhältnismässig billigen Erdöl und dem Ausbau des aviatischen Frachtverkehrs konnten diese zu relativ niedrigen Handels- und Transportkosten importiert werden.[28] Infolgedessen waren letztlich auch die landwirtschaftlichen Sektoren der reichen Industriegesellschaften integraler und in mancherlei Hinsicht strukturell bevorteilter Teil der *Green Revolution.* Diese ist deshalb auch weniger als vermeintliches Geschenk des generösen Nordens an den entwicklungsbedürfti-

---

23 Howald 1963/64: 460. Vgl. zu diesem oft unterschätzten Prozess auch Kloppenburg 2004: 31.

24 Pfister 1996: 77.

25 Vgl. Auderset, Moser 2016; Auderset, Schiedt 2021.

26 Moser 2017.

27 Harrison 1965. Zur Entwicklung der Massentierhaltung vgl. am deutschen Beispiel Settele 2020.

28 Zum Begriff der «ghost acres» vgl. Pomeranz 2000: 275. Zur Entwicklung des Fleischkonsums vgl. Auderset, Moser 2023. Zum Rückgang der relativen Preise für fossile Energieträger vgl. Pfister 1996: 84–94.

gen Süden zu sehen, sondern als interdependentes, aber von starken Machtasymmetrien durchzogenes globales Phänomen, dessen einigende Klammer die Orientierung an Produktivität und Wachstum war.[29]

Und in der Tat nahmen die Produktionsvolumen und die Produktivitätsraten in der westeuropäischen und nordamerikanischen Landwirtschaft der Nachkriegszeit in einem Ausmass zu, das alle vorausgehenden Prognosen über die volkswirtschaftlichen Wachstumspotenziale der Landwirtschaft in den Schatten stellte. «[C]ontrary to popular perception of a stagnating sector, the productivity performance of agriculture during the post-war boom was outstanding», schreibt der Wirtschaftshistoriker Giovanni Federico, «its rate of TFP [total-factor productivity] growth from 1967 to 1992 exceeded the rate in manufacturing in seven Western European countries out of eight and the average difference was 94 per cent».[30] Für die Entwicklungen in der Schweiz konstatierte der Wirtschafts- und Sozialhistoriker Hansjörg Siegenthaler, dass sich die «Produktivität der bäuerlichen Arbeit» im Zeitraum von 1950 bis 1965 massiv beschleunigte und mit einer jährlichen Produktivitätszunahme von etwa 4,6 Prozent «höher lag als die Zunahme der gesamtwirtschaftlichen Arbeitsproduktivität».[31] Schon Zeitgenossen nahmen mit Verwunderung zur Kenntnis, dass die präzedenzlosen Veränderungen in der landwirtschaftlichen Produktionsweise in der Nachkriegszeit «zu einer erheblich stärkeren Steigerung der Arbeitsproduktivität in der Landwirtschaft» geführt hätten «als im Bereich der Industrie».[32]

Die Entwicklungspfade zur «produktivistischen Landwirtschaft»[33] verwandelten die Furcht vor dem Mangel in den industriekapitalistischen Gesellschaften des globalen Nordens innerhalb weniger Jahrzehnte in die Erfahrung des Überflusses, man wähnte sich auf der «road to abundance» und sah sich in der «affluent society» angekommen.[34] Die damit verbundenen Probleme der temporären landwirtschaftlichen Überproduktion führten innerhalb des Agrarsektors zu einem massiven Verdrängungswettbewerb, der zeitgenössisch in eine Rhetorik der Unausweichlichkeit verpackt wurde. Der Rückgang der in der Landwirtschaft Beschäftigten wurde zur Voraussetzung für «ein störungsfreies landwirtschaftliches Wachstum als integrierter Teil der Gesamtwirtschaft» erklärt.[35] Ob anonymisierend von der «Schrumpfungsnotwendigkeit des landwirtschaftlichen Produktionsapparates»[36] oder mit pathologisierender Metaphorik von der «Ge-

29 Vgl. Harwood 2018.

30 Federico 2012: 24.

31 Siegenthaler 1980: 258. Vgl. hierzu auch Moser 2013.

32 So Wilhelm Albers anlässlich eines Vortrags von Priebe 1964: 257.

33 Ilbery, Bowler 1998.

34 Rosin 1953. Mit konsumkritischem Blick auf das Wirtschaftswachstum: Galbraith 1958.

35 Gasser-Stäger 1970: 236.

36 Gasser-Stäger 1957: 301.

sundschrumpfung» der Landwirtschaft gesprochen wurde[37] oder ob die Verdrängung der unmittelbaren bäuerlichen Produzent*innen als «schicksalhafte Korrektur einer erfreulichen Tüchtigkeit und stark steigenden Leistungsfähigkeit» gönnerhaft verbrämt wurde[38] – ganz im Einklang mit neoklassischen Wachstumstheorien wurde das Ersetzen von Arbeit durch Kapital in der Landwirtschaft zum Zeichen einer überfälligen Angleichung der Agrarproduktion an die Wachstumslogik des Industriekapitalismus gedeutet. Dies setzte allerdings eine weitgehende Abstrahierung von den stofflichen Ressourceneigenheiten der Agrarproduktion voraus, wie dies etwa beim Zürcher Ökonomen Jürg Niehans der Fall war. Er meinte Mitte der 1960er Jahre im Anschluss an Robert M. Solows neoklassische Wachstumstheorie: «Im Gegensatz zu Lebewesen kann eben die Wirtschaft, ungeachtet aller Strukturwandlungen, grundsätzlich ewig weiterwachsen» – ohne dabei zu bedenken, dass gerade die Landwirtschaft es grundsätzlich mit Lebewesen zu tun hat und damit ressourcenbedingt unterschiedliche Wachstumspotenziale und -grenzen aufweist als andere Wirtschaftssektoren.[39]

Dass die Neoklassik ihre Modelle und Theorien in erster Linie an industrie- und handelswirtschaftlichen Verhältnissen modellierte, beeinträchtigte deren Einfluss in der Agrarökonomie und Agrarpolitik der 1950er und 1960er Jahre kaum. Was der Historiker Shane Hamilton für die US-amerikanische Entwicklung konstatiert hat, trifft auch auf die Schweiz zu: «Through the 1950s and 1960s, farm management research was increasingly influenced by neoclassical economic theory.»[40] Es mehrten sich nun die Stimmen, welche die «fehlende Anpassung an den Markt» kritisierten, das «zu langsame» Tempo des «Strukturwandels» monierten und eine Ausrichtung am «*natürlichen* Gleichgewicht des Marktes» einforderten.[41] Die neoklassischen Modellannahmen des jetzt fast ausschliesslich im Kollektivsingular verstandenen Marktes wurden nun zur «Natur» erklärt, während die landwirtschaftlich genutzte Natur zum Problem wurde, weil sie sich aufgrund ihrer Reproduktions- und Regenerationsbedürftigkeit den Effizienz-, Produktivitäts- und Wachstumserwartungen der Theoriemodelle nicht fügte.[42]

Dass sich die Wirkmacht der neoklassischen Wachstumstheorie zunehmend auch in der Agrarpolitik äusserte, hatte nicht zuletzt damit zu tun, dass mit Hans W. Popp in den 1960er Jahren an der Abteilung für Landwirtschaft am Volkswirt-

37 Vgl. bspw. Röpke 1965.

38 Gasser-Stäger 1964: 131.

39 Niehans 1964: 45; Solow 1956. Grundsätzlich zum Punkt der ressourcenbedingt unterschiedlichen Wachstumspotenziale und -grenzen vgl. Bieri, Moser, Steppacher 1999: 9–38.

40 Hamilton 2024: 9. Vgl. hierzu auch Auderset, Moser 2018: 44–49.

41 Bickel 1969: 156. Hervorhebung durch JA.

42 Zu diesen unterschiedlichen Konzeptionen und diskursiven Rahmungen des Naturbegriffs vgl. Fraser 2023: 90–92.

schaftsdepartement ein an der University of Chicago bei Milton Friedman und Theodore Schultz promovierter Agrarökonom eine zunehmend wichtige Rolle spielte und damit der Resonanzraum für Theorietransfers von der Wissenschaft in die Politik verändert wurde.[43] So setzte sich auch in der agrarpolitischen Programmatik der Zeit das Leitbild des «agriculteur ‹productiviste›» durch.[44] Zeitgenössische Agrarökonomen und -politiker wurden nicht müde, die Bauern und Bäuerinnen zu ermahnen, «noch weiter zu rationalisieren» und eine «Steigerung der Produktivität mit Hilfe der Errungenschaften der modernen Technik» anzustreben.[45] Derweil erklärte der Berner Kulturingenieur Eugen Pulver die «Rationalisierung» zur «Verpflichtung» und erinnerte daran, dass der «Sinn» des Landwirtschaftsgesetzes von 1951 nicht darin bestehe, möglichst viele landwirtschaftliche Betriebe zu erhalten, sondern jenen Betrieben «ein gesichertes Einkommen» zu verschaffen, die «mit einer weitgehenden Rationalisierung geführt» würden.[46] Entgegen den populären Annahmen eines stagnierenden und durch strukturkonservative Massnahmen geschützten Landwirtschaftssektors sorgte die Agrarpolitik tatsächlich dafür, wie Hansjörg Siegenthaler nüchtern resümiert, dass «im Wettbewerb um knappen Boden und um knappe Arbeitskraft die Grenzbetriebe verdrängt» wurden, «die mittlere Betriebsgrösse erhöht» und «die Leistungsfähigkeit überdurchschnittlich innovativer, Möglichkeiten des agrartechnischen Fortschritts nutzender Bauern honoriert» wurde.[47]

Die damit vorangetriebene «Integration» der Landwirtschaft durch «Unterordnung» in die industriekapitalistische Wachstumswirtschaft wurde nicht zuletzt auch mit einem Partizipationsversprechen legitimiert.[48] Es gehört zu den selbstlegitimatorischen Narrativen der Wachstumsgesellschaft, «dass sie den Abbau sozialer Konflikte in Aussicht stellt, sozialen Frieden verspricht» und die «Befriedigung der im Streit liegenden Ansprüche verheisst durch Vermehrung der Gütermenge, die sie zur Verteilung gelangen lässt».[49] Varianten dieses Versprechens durchzogen auch die Debatten über den wirtschaftlichen «Strukturwandel» und die dabei immer mitgedachte und als notwendig erachtete Marginalisierung der bäuerlichen Landwirtschaft. Mitte der 1950er Jahre meinte etwa der Agrarwissenschaftler Hermann Priebe in der *Agrarpolitischen Revue*, dass die Landwirtschaft nun endlich in «ihrer Produktivität mit der übrigen Wirtschaft Schritt halten» könne und dank dieses Ankommens in der «modernen

43 Popp 1962.

44 Tavernier u. a. 1972: 22.

45 So der Direktor der Abteilung für Landwirtschaft des Eidgenössischen Volkswirtschaftsdepartements Walter Clavedetscher in: Juri, Pulver, Ryser 1958, 1. Vgl. hierzu auch Petričević 1958; Fässler 1971.

46 Pulver 1958: 14.

47 Siegenthaler 1987: 506.

48 Vgl. hierzu grundlegend Moser, Varley 2013.

49 Siegenthaler 1983: 419. Vgl. hierzu auch Tanner 2015: 341–343.

Industriegesellschaft» auch erstmals «zum vollen Teilhaber der sozialen und wirtschaftlichen Entwicklung» im «gesellschaftlichen Umwandlungsprozess unserer Zeit» geworden sei.[50] Voraussetzung für diese «volle Teilhabe» war für die schrumpfende Zahl der in der landwirtschaftlichen Produktion Verbliebenen allerdings, dass diese das eigene ökonomische Überleben vom Verschwinden der anderen abhängig machen mussten – eine Zwangslage, die nicht zuletzt viele der bäuerlichen Proteste in der Nachkriegszeit motivierte.[51] Und eine langfristig desaströse Folge dieser «vollen Teilhabe» war eine stetig steigende Partizipation des landwirtschaftlichen Sektors am fossil-mineralischen «Ressourcen- und Energie*throughput*», dessen Folgen sich schleichend im «kollektiven Wahrnehmungshorizont» abzuzeichnen begannen.[52]

Mit der zeitweilig verdrängten Einsicht, dass das Wirtschaftswachstum die Krisenträchtigkeit des modernen Industriekapitalismus nicht grundsätzlich überwand, sondern mit Blick auf den sozial-ökologischen Metabolismus sogar befeuerte, rückte die Rolle der Landwirtschaft in diesem Prozess vermehrt ins Blickfeld. Manchen Beobachter*innen dämmerte es nun, dass die einstige «Urproduktion» durch die massiven energetisch-stofflichen Umwälzungen der «dritten Agrarrevolution» mittlerweile möglicherweise mehr mineralische Energie verbrauchte als sie in biotischer Form an Kalorien produzierte, wie der amerikanische Agrarökonom und Wirtschaftshistoriker Michael J. Perelman zu Beginn der 1970er Jahre zu bedenken gab.[53] Vor den Augen der Zeitgenossen spielte sich eine für viele faszinierende, an Produktivitätssteigerung und Wachstum orientierte «Modernisierung der Landwirtschaft» ab, in der zugleich allmählich der Gedanke einzog, dass «diese Modernisierung selber problematisch» sein könnte.[54] Wie im Folgenden diskutiert wird, ging diese Kritik am Wachstumsparadigma sowohl aus der agrarischen Praxis als auch aus agrar- und wirtschaftstheoretischen Reflexionen hervor. Dabei war es die Berücksichtigung der Materialität der Stoffflüsse, die zur einigenden Klammer der Wachstumskritik wurde, sei es, weil entweder täglich mit und an ihnen gearbeitet wurde, oder sei es, dass man sich dem Trend zur «Dematerialisierung» ökonomischer Theoriebildung widersetzte.[55]

---

50 Priebe 1955/56: 97.

51 Vgl. Baumann, Moser 1999: 404–413; Moser 2020; Savoy 2021; Auderset 2023.

52 Tanner 1999: 107.

53 Vgl. Perelman 1972: 12. Perelman arbeitete dieses Argument später zu einem Buch aus, vgl. Perelman 1977.

54 Mooser 2000: 24.

55 Fressoz, Bonneuil 2017: 57.

«Raubbau», «Vergötzung des Wirtschaftswachstums» und «Petrofarming»

«Ich weiss nicht, wie sich die Nationalökonomen das Endergebnis ihres Rezeptes vom ständigen, möglichst hohen Wirtschaftswachstum vorstellen», gestand der Agrarwissenschaftler und ehemalige BGB-Bundesrat Friedrich T. Wahlen 1970 in einem Brief an den Journalisten und Schriftsteller Alfred A. Häsler. Die «economy of waste» und die «rücksichtslose Verschwendung der Naturschätze» erschienen Wahlen als die düstere Kehrseite der «Expansionspsychose», die ihm zufolge weite Teile der Wirtschaftswissenschaften und der Gesellschaft ergriffen hatten.[56] Als Wahlen ein Jahr später an einem Symposium über die Aufgaben der landwirtschaftlichen Forschung an der ETH Zürich sprach, forderte er eine «lebensnotwendige Umkehr aus dem heutigen Wirtschaftswachstums- und Produktivitätsfetischismus» und eine kritische Hinterfragung der «Vergötzung eines ständigen, möglichst hohen Wirtschaftswachstums»:

> Wir verbrauchen die unersetzbaren Rohstoffe unseres Planeten in einem Tempo, das im Blick auf kommende Generationen nicht zu verantworten ist, vergiften durch die Abfälle dieses Prozesses unsern Lebensraum und vertiefen die soziale Kluft, die uns von der Dritten Welt trennt, deren Bevölkerung im Begriffe ist, in den Strudel dieser Entwicklung hineingerissen zu werden, und zwar in einem Tempo, das für sie das Überspringen von Jahrhunderten im Zeitraum von kurzen Jahren bedingt. Wir müssen lernen, dass ‹Wirtschaftlichkeit› nicht ein Sachzwang ist, dem unter Ausschaltung aller übrigen Wertvorstellungen auf allen Gebieten Priorität eingeräumt werden muss.[57]

Wahlens kritische Haltung zur Wachstumsobsession der Nachkriegszeit hatte ihre Wurzeln in seiner jahrzehntelangen Beschäftigung mit den interdependenten Zusammenhängen zwischen menschlichem, pflanzlichem und tierlichem Leben.[58] Hinzu kam seine Beobachtung der zerstörerischen Auswirkungen eines «rein kommerziell eingestellten» und auf «Monokulturen» ausgerichteten landwirtschaftlichen «Raubbaus», wie er ihn etwa in den Vereinigten Staaten in Form der verheerenden *Dust Bowls* der 1930er Jahre am Werk sah.[59] Aus seiner Beschäftigung mit der landwirtschaftlichen Praxis erwuchs auch ein sensibles Bewusstsein für die unterschiedlichen Ressourcenbedingungen agrarischer und industrieller Produktion und die darin wirkenden Temporalitäten. Bereits 1945 gab er zu bedenken, dass die Grundlage des «industriellen Aufschwunges der Neuzeit» darin zu finden sei, dass die Gesellschaft der Gegenwart «von den Vorräten» zehre, «die uns die Sonnenenergie früherer geologischer Zeitalter in Form

56 Friedrich T. Wahlen an Alfred A. Häsler, 19. 01. 1970. In: Häsler, Wahlen 2003, 86.
57 Wahlen 1974: 77–78.
58 Vgl. hierzu die aufschlussreichen Texte Wahlen 1945 und Wahlen 1956.
59 Vgl. Wahlen 1948: 356 und 359. Zur Geschichte der Dust Bowls vgl. Worster 2004.

von Kohle und Erdöl zurückgelassen» habe. , Gleichzeitig habe aber mit der Industrialisierung eine kurzsichtige und profitgetriebene Verbrauchsdynamik dieser «Bodenschätze» eingesetzt, die «recht unbedenklich und ohne Rücksicht auf kommende Generationen» weiter vorangetrieben werde, obwohl man «um ihre Begrenztheit» wisse.[60] Neben diesem ressourcensensitiven Problembewusstsein für die «stille Revolution» der Nachkriegszeit[61] war Wahlens Blick für die sozioökonomischen Ungleichheiten der globalen Agrar- und Ernährungssysteme insbesondere durch seine langjährige Tätigkeit bei der Food and Agricultural Organization (FAO) der Vereinten Nationen geschärft worden, wo er zwischen 1949 und 1959 in verschiedenen Funktionen aktiv war.[62] Diese Verschränkung von intimer Kenntnis der landwirtschaftlichen Produktionsverhältnisse, dem (selbst-)kritischen Bewusstsein für die ambivalenten Folgen der Agrarmodernisierung, an der er selbst massgeblich mitgewirkt hatte, und der Einsicht in die globalen Wirkzusammenhänge der modernen Landwirtschafts- und Ernährungssysteme liessen Wahlen schon früh auf skeptische Distanz zum weithin geteilten Wachstumskonsens gehen, der sich in den Nachkriegsjahrzehnten herausgebildet hatte.

Auch Wahlens Schüler Jean Vallat, der 1967 entgegen der allgemeinen Entwicklungstendenz im Fach der Agrarökonomie auf den Lehrstuhl für landwirtschaftliche Betriebslehre und zum Leiter des Instituts für Agrarwirtschaft an der ETH Zürich berufen wurde,[63] hegte gegenüber dem wachstumsgetrimmten Denken der Zeit grosse Vorbehalte. Ihm, den sein Mentor Wahlen einmal einen «Philosophen der Tat» nannte,[64] ging es vor allem darum, die bäuerliche Ökonomie unter Berücksichtigung ihrer spezifischen ökologischen, ökonomischen und sozialen Einbettungen als eigenlogische Praxis zu begreifen, die sich den dominierenden Perspektiven der Wirtschaftslehre entzog: «L'agriculture, si on la considère du point de vue économique, a ceci de particulier, c'est qu'elle ne s'accommode ni des lois de l'économie libre, ni de celle du marché, et les problèmes qu'elle soulève n'ont pas trouvé de solutions satisfaisantes en économie planifiée.»[65] Mit Verweis auf Ernst Friedrich Schumachers Vorschlag, eine Ökonomie zu entwerfen «as if people mattered»,[66] forderte Vallat ab den 1970er Jahren ve-

60 Wahlen 1945: 20.

61 Wahlen 1966: 42.

62 Vgl. hierzu bspw. Wahlen 1966.

63 Nicht zufällig sprach Peter Rieder, späterer Professor für Agrarwirtschaft an der ETH Zürich und damals wissenschaftlicher Mitarbeiter am wirtschaftswissenschaftlichen Institut der Universität Zürich, im Rückblick auf Vallats Berufung an die ETH von einer «umstrittenen Wahl», vgl. Rieder 2012: 12.

64 Archivbestand Jean Vallat (AfA Nr. 725), Dossier 725.613.01.

65 Jean Vallat, Enseignement supérieur agronomique, recherche et développement (1976). In: Archivbestand Jean Vallat, Archiv für Agrargeschichte, Bern (AfA), Nr. 725, Dossier 725.31-01.

66 Vgl. Vallat 1980: 302; Schumacher 1973. Vgl. hierzu auch Möckel 2022.

hement, die «heutigen Wirtschaftsprinzipien» der Wachstumsorientierung, der «Profitmaximierung» und des freien Marktes «auf den Kopf zu stellen». Wirtschaftliches Denken und Handeln sei grundsätzlich umzupolen und müsse von der «Umwelt, in der wir leben» ausgehen, um eine «vielseitige Aktivität und eine vielseitige Produktion» zu ermöglichen.[67]

Speisten sich Wahlens Unbehagen an der «Vergötzung des Wirtschaftswachstums»[68] und Vallats Kritik an einer hegemonial gewordenen «notion économique unique qui est celle de la valeur monétaire»[69] vor allem aus ihren intimen Beschäftigungen mit praktischen Herausforderungen der Agrarfrage, so fand der Ökonom und Sozialwissenschaftler Karl William Kapp auf anderen Wegen zu einer ähnlich kritischen Haltung, die er allerdings theoretisch deutlich anders untermauerte. Der seit 1965 an der Universität Basel lehrende Kapp wurde nicht nur zu einem der wichtigsten Kritiker der bestehenden neoklassischen Orthodoxie und ihrer Wachstumstheorie, seine Beschäftigung mit den sozialen und ökologischen Folgen des Wirtschaftswachstums machte ihn zugleich zu einem der Mitbegründer der ökologischen Ökonomie.[70]

Kapp war 1933 aus Deutschland in die Schweiz geflohen, wo er zuerst an der Universität Genf und zeitweilig bei der International Labor Organization (ILO) arbeitete. Seine in Genf geknüpften Kontakte zu Friedrich Pollock und anderen Exponenten des für kurze Zeit nach Genf exilierten Frankfurter Instituts für Sozialforschung ermöglichten ihm 1937, ein Stipendium des Institute for Social Research zu erhalten und an die Columbia University nach New York zu wechseln.[71] In der Folge unterrichtete er an der New York University, der Columbia University und an der Wesleyan University. In Nordamerika machte sich Kapp mit der institutionellen Ökonomie Thorstein Veblens und mit dem Pragmatismus John Deweys vertraut, wodurch er ins Gravitationsfeld unterschiedlicher europäischer und nordamerikanischer intellektueller Strömungen geriet, die sein Denken nachhaltig beeinflussen sollten. Mit der kritischen Theorie teilte Kapp die Kritik am totalisierenden Anspruch der «instrumentellen Vernunft» und an der technisch-industriellen Hybris der «Naturbeherrschung».[72] Von Deweys Pragmatismus übernahm er den Sinn für die historische Offenheit und die dadurch erzwungene Revisionsbedürftigkeit theoretischer Prädispositionen,[73]

67 So Vallats retrospektive Beurteilung seiner Bestrebungen in Vallat 2002: 13.

68 Wahlen 1974: 62.

69 Jean Vallat, lettre à Denis de Rougemont, 03.07.1980. In: Archivbestand Jean Vallat (AfA Nr. 725), Dossier 725.31–01.

70 Vgl. Steppacher 1994; Steppacher, Zogg-Walz, Hatzfeld 1977; Leipert, Steppacher 1987; Heidenreich 1998; Berger 2017.

71 Vgl. hierzu auch Lenhard 2024.

72 Vgl. Horkheimer 1985; Horkheimer, Adorno 2008.

73 Zu den transatlantischen Verflechtungen dieser sozial- und wirtschaftswissenschaftlichen intellektuellen Strömungen vgl. Kloppenberg 1986 und Kloppenberg 2000.

während er aus seiner Beschäftigung mit der institutionellen Ökonomie Veblens ein Bewusstsein für die soziokulturelle, institutionelle und materielle Verflochtenheit wirtschaftlichen Handelns entwickelte, wie sie später insbesondere von Karl Polanyi mit seinem Konzept der «Einbettung» weiterentwickelt wurde.[74] Veblens Insistieren auf den kulturellen und sozialen Vorprägungen ökonomischen Handelns bezog Kapp zugleich selbstreflexiv auf die wirtschaftswissenschaftliche Erkenntnis selbst und nutzte dies entsprechend für seine epistemologische Kritik sowohl der neoklassischen als auch der keynesianisch orientierten Wirtschaftstheorie und ihrer erkenntnisleitenden Begriffe.[75] Und ähnlich wie Polanyi an die «Einbettung» des wirtschaftlichen Handelns erinnerte, sollte Kapp die «Offenheit» der ökonomischen Systeme gegenüber dem Sozialen und der Umwelt zu einem der Leitmotive seines Denkens machen.[76] So erstaunt es denn auch nicht, dass Kapp in einem Brief an Polanyi seine Überzeugung zum Ausdruck brachte, «that our work converges in all important respects».[77] Erstmals in systematischer Weise arbeitete Kapp seine Theorie der sozialen und ökologischen Implikationen des modernen Kapitalismus bereits 1950 in seinem Buch *The Social Costs of Private Enterprise* aus,[78] über das der amerikanische Biologe und Umweltaktivist Barry Commoner im Rückblick schrieb: «It was Professor Kapp who discerned the consequences of ignoring the social value of the environment and natural resources long before environmental deterioration made it impossible to ignore the problem.»[79]

Hatte sich Kapp 1950 in *The Social Costs of Private Enterprise* in Bezug auf die Landwirtschaft noch auf die menschengemachten Probleme der Bodenerosion und des Rückgangs der Bodenfruchtbarkeit konzentriert und – ähnlich wie Wahlen – an die *Dust Bowls* der 1930er Jahre als Mahnung für die Konsequenzen solch ausbeuterischer und profitgetrimmter landwirtschaftlicher Anbaumethoden erinnert,[80] so brachten die tiefgreifenden Veränderungen in der landwirtschaftlichen Produktionsweise in den westlichen Industriegesellschaften und Kapps vor Ort durchgeführte Forschungen zu den Effekten der *Green Revolution* in Indien und den Philippinen in den folgenden Dekaden neues Anschauungsmaterial hervor.[81] Kapp vertrat vor diesem Hintergrund die These, dass die an

74 Zum Begriff der Einbettung vgl. Dejung 2014.

75 Zu Veblen vgl. Hodgson 2012.

76 Zur epistemischen Grundlegung dieses Denkens in offenen Systemen vgl. Kapp 1961. Zum Verhältnis von Polanyi und Kapp vgl. Berger 2008. Vgl. ausserdem Polanyi 1978.

77 K. William Kapp an Karl Polanyi, 04. 11. 1960, zitiert nach: Berger 2008: 388.

78 Vgl. Kapp 1975. Der Titel ist auch eine Reverenz an Veblen 1904. In deutscher Sprache erschien das Buch erst 1988, vgl. Kapp 1988.

79 Commoner 1977: 127. Vgl. auch Commoner 1971.

80 Kapp 1975: 127–145.

81 Vgl. Kapp 1963; Kapp 1974. Vgl. hierzu auch die Arbeiten der Kapp-Schüler Steppacher 1972 und Bigler 1977.

Wirtschaftswachstum und Tauschwert orientierten «Organisationsprinzipien ökonomischer Systeme mit den Erfordernissen ökologischer Systeme und der Befriedigung menschlicher Grundbedürfnisse unvereinbar» seien.[82] Die moderne Landwirtschaft erschien Kapp denn auch als eines der aussagekräftigsten Beispiele, wie eine ausschliesslich an Marktpreisen und -erträgen sowie an «monetären und marktorientierten Kriterien von Effizienz und ökonomischer Rationalität» ausgerichtete Wirtschaftsweise zu ökologisch desaströsen und sozial depravierenden Verhältnissen führe.[83] Unter den Veränderungsdynamiken der Nachkriegszeit habe sich die Landwirtschaft «zu einer höchst kapitalintensiven, mechanisierten Produktionsform» entwickelt, so diagnostizierte Kapp Mitte der 1970er Jahre, die «analog zur Industrie» am konzeptuellen Leitbild der «Fliessbandproduktion» umgestaltet werde und ähnlich wie jene immer stärker von mineralischen Ressourcen abhängig geworden sei – ein Vorgang, der zeitgenössisch mitunter mit dem Begriff des «Petrofarming» erfasst wurde.[84] Aus einem «hochdiversifizierten (biologischen) System der Nahrungsmittel- und Rohstoffproduktion» sei innerhalb weniger Jahrzehnte eine «hochspezialisierte und monokulturelle Grossproduktion» geworden. Mancherorts glichen die landwirtschaftlichen Produktionsverhältnisse «einer Art Umwandlung von Erdöl in Nahrungsmittel», die ebenso wie agrarische Rohstoffe als «Früchte des Erdöls» gesehen werden könnten. Die im Pflanzenbau verwendeten neuen Hochertragssorten lieferten zwar höhere Erträge, allerdings nur weil sie «dem Boden Nährstoffe besonders effektiv und ‹aggressiv›» entzogen und damit dessen «Erschöpfung» beschleunigten. Dies wiederum erfordere den Einsatz von Kunstdüngern und Pestiziden, die ihrerseits zusätzliche Kapitalaufwendungen für landwirtschaftliche Traktoren, Erntemaschinen und Spritzgeräte nach sich zögen. Weil die Anwendung von chemischen Inputs abnehmende Grenzerträge aufweise, die monokulturelle Spezialisierung den Schädlingsbefall begünstige und Schädlinge Resistenzen entwickelten, befinde sich die Landwirtschaft in einer bedrohlichen Risikospirale, da «immer grössere Mengen an Pestiziden eingesetzt» würden, «um ihre sinkende Effektivität wettzumachen». Die agrarpolitisch forcierten Wachstumszwänge, der dadurch induzierte bäuerliche Verdrängungswettbewerb, die Chemisierung und die steigende Abhängigkeit von mineralischen Ressourcen führten in ihrer kumulierenden Wechselwirkung nicht nur zu massiven «ökologischen Gefährdungen», so resümierte Kapp die Entwicklungsdynamik der landwirtschaftlichen Produktion im Geiste des industriekapitalistischen Wachstumsparadigmas, sondern verhinderten in ihrer Pfadabhängigkeit auch,

82 Kapp 1987: 38.

83 Kapp 1987: 37.

84 Kapp 1987: 36; Perelman 1972; Lovins, Lovins, Bender 1984: 70–75.

«dass dem potenziellen Nutzen alternativer Produktionsmethoden» Rechnung getragen werde.[85]

Der für Kapp wirtschaftstheoretisch springende Punkt seiner düsteren Analyse bestand nun darin, dass die «vorherrschende Wirtschaftstheorie» die in erster Linie an der Landwirtschaft sichtbar werdende Umweltkrise «ebensowenig antizipiert» habe «wie andere Probleme von zentraler Bedeutung vorher».[86] Verantwortlich für diese Unfähigkeit, die agrarökologischen und gesellschaftlichen Implikationen der Markt- und Wachstumswirtschaft zu begreifen und sie stattdessen zu exkulpieren oder als vermeintliches «Marktversagen» zu apostrophieren, sei die weitverbreitete «konzeptuelle Erstarrung» in den Wirtschaftswissenschaften. Die in den konventionellen wirtschaftstheoretischen Lehren verbreitete intellektuelle Bequemlichkeit, die «Volkswirtschaft als geschlossenes System» zu begreifen, um ökonomische «Konzepte und Theorien in Übereinstimmung mit den Regeln der formalen mathematischen Logik zu formulieren», verenge nicht nur den «theoretischen Horizont» des ökonomischen Denkens, sondern perpetuiere auch «tendenziell eine falsche Sichtweise der Wirklichkeit». Es gelte, «eine Überwindung der im wesentlichen dualistischen Konzeptualisierung von Wirtschaft und Umwelt» anzustreben, die Wirtschaft als «globales und offenes System» zu denken und angesichts der langfristigen Temporalitäten der ökologischen Folgeprobleme des kapitalistischen Wachstumszwangs einen weiteren «Zeithorizont» ins Auge zu fassen als denjenigen, der in der «Betriebs- und Volkswirtschaftslehre traditionell zur Bestimmung ihrer Effizienz-, Rationalitäts- und Optimumskonzepte» vorherrsche.[87]

In aller Konsequenz lief Kapps Beschäftigung mit der Landwirtschaft in der Nachkriegszeit auf eine fundamentale epistemologische Kritik der neoklassischen Wachstumstheorie hinaus. Nur die intellektuelle Befreiung von den in diesem Denkgebäude bemühten «‹als ob›-Fiktionen» schaffe die nötigen Voraussetzungen, so schrieb Kapp in der *Schweizerischen Zeitschrift für Volkswirtschaft und Statistik* 1972, «die Realität neu zu sehen, empirische Beobachtungen neu zu ordnen, eine den Problemen angepasste Sprache und Begriffe zu entwickeln sowie die Grundlagen einer adäquaten Kausalanalyse zu schaffen». Angesichts der massiven ökologischen Degradierungen durch das Wirtschaftswachstum müssten sich auch dessen Apologeten dem Tatbestand stellen, dass vermeintlich «wirtschaftlich ‹rationales Verhalten› von Wirtschaftseinheiten» in «eine gesellschaftliche Irrationalität umschlagen» könnte.[88] Dies erforderte in seinen Augen eine radikale Revision des wirtschaftlichen Rationalitätsbegriffs und machte eine «Neuformulierung der ökonomischen Theorie unter dem Einfluss der derzeiti-

85 Kapp 1987: 35–37.
86 Kapp 1987: 33.
87 Kapp 1987: 34, 39 und 41.
88 Kapp 1972: 138.

gen globalen Krise immer dringlicher und die Notwendigkeit theoretischer und methodologischer Erneuerung der herkömmlichen Theorie immer grösser».[89]

Zu ähnlichen Schlüssen wie Kapp kam auch der Ökonom Hans Christoph Binswanger, der seine Antrittsvorlesung an der Hochschule St. Gallen 1969 unter den Titel stellte: *Wirtschaftliches Wachstum – Fortschritt oder Raubbau?* Der «heute herrschenden Wachstumstheorie» liege die Auffassung zugrunde, «dass bei dem ganzen Wachstumsprozess der Rohstoff Natur keine Rolle» spiele, monierte Binswanger. Bezeichnenderweise werde der «Boden» in der neoklassischen Produktionsfunktion gar nicht erst berücksichtigt. Das «überproportionale Wachstum» der Nachkriegsdekaden lasse sich deshalb nicht einfach mit dem unbestimmten «*catch all*»-Begriff des «technischen Fortschritts» erklären, so Binswanger, sondern sei stattdessen auf den «vermehrten Gebrauch des Rohstoffs Natur» beziehungsweise des «Raubbaus» daran zurückzuführen.[90] Weil auch das gängige Messinstrument von Wohlstand und wirtschaftlichem Wachstum, das Bruttosozialprodukt, diese Problemdimensionen aussparte und alle nicht-monetär gefassten Arbeiten, Reproduktionsprozesse und Dienstleistungen ausblendete, machten sowohl Kapp als auch Binswanger auf die irreführenden Vorstellungen aufmerksam, die mit der grossen Bedeutung dieser quantitativen Repräsentationstechnik für die globale ökonomische Selbstverständigung in der Nachkriegszeit verbreitet wurden.[91]

Zumindest Kapp hatte angesichts des «Beharrungsvermögens» und der Tendenz der traditionellen Lehre zur «Dogmatisierung» aber auch seine wohlbegründeten Zweifel, dass die in seiner Sicht notwendige Wende auch tatsächlich eintreten würde. Mit Veblen schützte er sich in dieser Hinsicht vor zu viel Optimismus. Dieser hatte schon in den 1920er Jahren zu bedenken gegeben, dass im «Zeitalter der Privatwirtschaft» «neue Fakten und Ideen nur dann Eingang in die Vorstellungswelt eines grösseren Kreises von Ökonomen und Geschäftsleuten» fänden, «wenn sie mit finanziellen und Marktkategorien erfassbar» seien.[92] In der Tat geschah im sich herausbildenden «neoliberalen Regime» genau das,[93] was Veblen angekündigt und Kapp befürchtet hatte: Ökologie wurde zunehmend in monetären und «Marktkategorien» erfasst, die Umwelt wurde zum «Gut» erklärt, das es «konsumreif» zu machen galt.[94] Es wurden Forderungen nach «Eigentumsrechten an der Umwelt» laut, damit die «Umweltgüter dem marktwirtschaftlichen Koordinations- und Zuteilungsmechanismus» unterstellt

89 Kapp 1987: 49.

90 Binswanger 2009: 222–223.

91 Vgl. Kapp 1987: 129–130. Binswanger 2009: 215. Grundsätzlich zur Geschichte des Bruttosozialprodukts vgl. Speich Chassé 2013.

92 Kapp 1987: 48. Kapp paraphrasiert hier eine Stelle aus Veblen 1925: 53.

93 Wolf, Bonanno 2014.

94 Kleinewefers 1972: 289.

und die vermeintliche «Marktdynamik des wirksamen Wettbewerbs effizient zur Dynamisierung des Umweltschutzes» umgepolt werden konnte.[95] Eindringlich warnte Kapp davor, Massnahmen nach dem Prinzip «Nature that Capital Can See»[96] einzuführen, weil die ökologischen Implikationen des Kapitalismus weder mit vermeintlich «marktkonformen» Mechanismen reguliert, noch mit «monetären Werten» erfasst werden könnten. Seine Mahnungen blieben indes ohne massgebliche Wirkung auf die umwelt- und agrarpolitischen Debatten der 1970er und 1980er Jahre.[97] Im Gegenteil, wo Kapp die Offenheit und materielle Verflochtenheit von Ökonomie, Gesellschaft und Ökologie stark gemacht hatte, fand nun eine epistemische Entkoppelung sowie eine praktische Modularisierung und Kommodifizierung statt. Sobald Ökologie nicht mehr als komplexes, unmittelbar mit der Agrarproduktion verflochtenes und interdependentes System von Prozessen und materiellen Stoffflüssen verstanden, sondern als «Gut» konzeptualisiert wurde, konnte es ebenso unter die Prämissen der Wachstumstheorie gestellt werden wie die landwirtschaftliche Güterproduktion. Nichts brachte dies einprägsamer auf den Punkt als die im Kontext der Agrarreformen der 1990er Jahre zwar konsensstiftende, sich in der Praxis aber fortwährend und unauflöslich widersprüchlich auswirkende Losung nach «mehr Markt und mehr Ökologie».[98]

Schlussfolgerungen

1971 gab der amerikanische Ökologe Howard Odum zu bedenken, dass moderne industrielle Gesellschaften dazu tendieren würden, jene energetischen und ressourcenbedingten Lebensbedingungen als selbstverständlich hinzunehmen – und damit letztlich zu ignorieren –, welche die Menschen am intimsten in Interaktion mit der Natur bringen: die landwirtschaftliche Arbeit und die Inkorporation von Nahrung. In seinem zum Klassiker gewordenen Buch *Environment, Power, and Society* schrieb Odum provokativ:

> The great conceit of industrial man imagined that his progress in agricultural yields was due to know-how in the use of the sun. A whole generation of citizens thought that the carrying capacity of the earth was proportional to the amount of land under cultivation and that higher efficiencies in using the energy of the sun had arrived. This is a sad hoax, for industrial man no longer eats potatoes made from solar energy, now he eats potatoes partly made of oil.[99]

95 Jaeger 1993: 6–7 und 465.

96 Robertson 2006.

97 Kapp 1987: 45.

98 Für eine detaillierte Analyse dieses Prozesses vgl. Auderset, Moser 2018.

99 Odum 1971: 115–116.

Damit machte Odum auf die fundamentalen Abhängigkeiten von fossiler Energie aufmerksam, in welche sich die zeitgenössischen Agrar- und Ernährungssysteme manövriert hatten, ohne die agrarökologischen Implikationen dieses Prozesses hinreichend zur Kenntnis zu nehmen und zu hinterfragen.

Die Entstehung des Wachstumsparadigmas in der Nachkriegszeit war mit diesem von Odum diagnostizierten Prozess in mehrfacher Weise verbunden: Erstens induzierte die wachsende Einspeisung fossiler Ressourcen in die Agrarproduktion einen beispiellosen Anstieg der landwirtschaftlichen Arbeitsproduktivität, der in breiten Teilen der Gesellschaft als Befreiung von den bisherigen Schranken biotischer Ressourcennutzung und damit verbundener harter physischer Arbeit wahrgenommen wurde. Zweitens führte der dadurch ausgelöste und agrarpolitisch forcierte Verdrängungswettbewerb zu einer bedeutenden Schrumpfung der in der Landwirtschaft tätigen Bevölkerung und einer Konzentration der Besitzverhältnisse. Dieser Prozess wurde meist hingenommen oder willkommen geheissen, weil damit auch in der Landwirtschaft endlich und überfällig das zu geschehen schien, was in der Industrie bereits seit der Industriellen Revolution möglich war, nämlich Arbeit massiv durch Kapital zu ersetzen. Das Verschwinden der bäuerlichen Bevölkerung wurde zunehmend als Voraussetzung für den industriellen Take-off angesehen, die sogenannte «Freisetzung» von Arbeitskräften aus der Landwirtschaft galt fortan als Gradmesser des sozioökonomischen und technologischen Fortschritts.[100] Drittens vertiefte die «Entagrarisierung» der Gesellschaft auch die soziale Entfremdung zwischen der Produktion und dem Konsum von Nahrungsmitteln und provozierte damit auch eine Distanzierung zwischen jenen, die unter stark veränderten Bedingungen noch Nahrungsmittel produzierten, und jenen, die diese Nahrung nunmehr ohne intime lebens- und arbeitsweltliche Kenntnisse dieser Bedingungen verzehrten.[101] Erst dies machte die auffallende kognitive Dissonanz möglich, die den agrarpolitischen Diskurs seit der Nachkriegszeit leitmotivisch durchzieht: Während in der Landwirtschaft die Arbeitsproduktivität in ungeahnte Höhen geschraubt, der wirtschaftliche Strukturwandel vorangetrieben wurde und eine Agrarreform die nächste jagte, klagte man in den medialen und agrarpolitischen Echoräumen unablässig über die vermeintliche wirtschaftliche Rückständigkeit der Landwirtschaft, den zu schleppend vorankommenden Strukturwandel und den angeblichen Reformstau in der Landwirtschaft. Auch das war Teil jenes «sad hoax», von dem Odum sprach.

Insgesamt vertiefte die in diesen vielschichtigen Veränderungen fassbar werdende «grosse Beschleunigung» im Zeitalter des Anthropozäns[102] den «me-

---

100 In klassischer und einflussreicher Weise wird dieses Deutungsmodell fassbar bei Rostow 1960.

101 Mooser 2000: 27.

102 Steffen, Grinevald, Crutzen, McNeill 2011: 849.

tabolischen Riss», der mit der Industriellen Revolution eingeläutet wurde.[103] Der fundamentale Widerspruch zwischen dem Phantasma des grenzenlosen Wirtschaftswachstums und den stofflich begrenzten planetarischen Ressourcen blieb damit aber ungelöst.[104] Im Gegenteil spricht vieles dafür, dass in diesen agrarökologisch signifikanten Umwälzungen der Nachkriegszeit die Wurzeln einer Problemgeschichte der Gegenwart zu sehen sind, die sich seither noch krisenhaft zugespitzt hat. In kaum einem anderen gesellschaftlichen Handlungsfeld verschaffte sich dieser Widerspruch drängender und zugleich konfuser Ausdruck als in der Landwirtschaft. Gerade weil die landwirtschaftliche Arbeit auch im Zeitalter ihrer Industrialisierung unauflöslich an das begrenzte Land gebunden und mit den Stoffkreisläufen und biochemischen Prozessen der biotischen Ressourcennutzung verschränkt bleibt, sind die ökologischen Degradierungen in diesem Bereich früh thematisiert worden. Zugleich führte das unbeirrte Festhalten am Produktivitäts- und Wachstumsversprechen zu einer Beschleunigung der Agrarindustrialisierung, weil man dadurch hoffte Mittel zu generieren, die es erlauben würden, Teile der bisher agrarisch genutzten Natur aus dem Produktionsprozess auszugliedern, unter Schutz zu stellen und durch proprietäre Aneignung in anderer Form konsumierbar zu machen als über die agrarische Arbeit mit und an ihr.[105]

Diese Paradoxien waren mit ein Grund, weshalb zeitgenössische Beobachter wie Friedrich Traugott Wahlen, Jean Vallat oder K. William Kapp die landwirtschaftlichen Produktionsverhältnisse zum Ausgangspunkt ihrer Kritik an einer wachstumsgetrimmten Ökonomie nahmen. Ihre Stimmen machen deutlich, dass die Geschichte des Wachstums in der Nachkriegszeit immer auch eine Geschichte seiner Kritik ist, dass die Geschichte des Anthropozäns und der grossen Beschleunigung nicht als eine Geschichte langer kollektiver Verblendung und schliesslicher – ebenso zögerlicher wie ohnmächtiger – Einsicht zu schreiben ist, sondern als «history of the marginalization of knowledge and alerts».[106] Zu diesen marginalisierten Stimmen gehörte auch der Bauer, Schriftsteller und in der bäuerlichen Oppositionsbewegung der Union des Producteurs Suisses (UPS) engagierte Aktivist Ernst Därendinger. «Nein, wer heute noch an Wirtschaftswachstum glaubt, ist dumm», schrieb er resolut Ende der 1970er Jahre, und fügte düster hinzu: «Weil er Raubbau an unserer Zukunft betreibt. Die Umwelt, all diese Bauernexistenzen, einfach alles wird geopfert. Die missbrauchte Handels- und Gewerbefreiheit, die Technik in ihren Händen und menschliche Profitgier müssen zu einem schlimmen Ende führen.»[107]

103 Bellamy Foster 1999. Moore 2020.

104 Vgl. hierzu jetzt auch Schaupp 2024.

105 Für eine exzellente Analyse dieses Prozesses vgl. White 1996.

106 Bonneuil, Fressoz 2017: 76.

107 Därendinger 1981: 40–41.

Gedruckte Quellen

Bickel, Wilhelm: Die langfristige Struktur- und Einkommensentwicklung der schweizerischen Landwirtschaft. Bern 1969.

Bigler, Luc: Zur Stagnation der «Grünen Revolution». Sozio-ökonomische Hemmungsfaktoren in der Diffusion neuer Technologien in Entwicklungsländern dargestellt am Beispiel der Verwendung von High Yielding Varieties (HYV) in der indischen Landwirtschaft. Dissertation Universität Basel. Basel 1977.

Binswanger, Hans Christoph: Wirtschaftliches Wachstum – Fortschritt oder Raubbau? (1969). In: Ders.: Vorwärts zur Mässigung. Perspektiven einer nachhaltigen Wirtschaft. Hamburg 2009: 215–228.

Commoner, Barry: The Closing Circle. Nature, Man, and Technology. New York 1971.

Commoner, Barry: The Environmental Impact of the Petrochemical Industry. In: Steppacher, Rolf; Zogg-Walz, Brigitte; Hatzfeld, Hermann (Hg.): Economics in Institutional Perspective. Memorial Essays in Honor of K. William Kapp. Lexington 1977: 127–139.

Därendinger, Ernst: Kälber, Milch und Politik. In: Wüthrich, Werner: Vom Land. Berichte. Zürich 1981: 9–41.

Fässler, Paul: Das Problem der Rationalisierung im Landwirtschaftsbetrieb durch Einsatz technischer Hilfsmittel. In: Schweizerische Landwirtschaftliche Monatshefte 49 (1971): 396–412.

Galbraith, John Kenneth: The Affluent Society. Cambridge 1958.

Gasser-Stäger, Wilhelm: Die schweizerische Landwirtschaft in der gegenwärtigen Hochkonjunktur. In: Zeitschrift für schweizerische Volkswirtschaft und Statistik 93 (1957): 294–303.

Gasser-Stäger, Wilhelm: Strukturwandlungen in der schweizerischen Landwirtschaft seit dem 19. Jahrhundert. In: Zeitschrift für schweizerische Volkswirtschaft und Statistik 100 (1964): 106–132.

Gasser-Stäger, Wilhelm: Stellt die heutige Entwicklungsdynamik unsere Landwirtschaft in Frage? In: Erneuern und beharren. Jahrbuch der Neuen Helvetischen Gesellschaft 41 (1970): 236–248.

Georgescu-Roegen, Nicholas: Was geschieht mit der Materie im Wirtschaftsprozess? In: Brennpunkte 5/2 (1974): 17–28.

Georgescu-Roegen, Nicholas: Energy and Economic Myths. Institutional and Analytical Economic Essays. New York 1976.

Georgescu-Roegen, Nicholas: Inequality, Limits and Growth from a Bioeconomic Viewpoint. In: Review of Social Economy 35 (1977): 361–375.

Harrison, Ruth: Tiermaschinen. Die neuen landwirtschaftlichen Fabrikbetriebe. München 1965.

Häsler, Alfred A.; Wahlen, Friedrich T.: Briefwechsel. Frauenfeld 2003.

Horkheimer, Max: Zur Kritik der instrumentellen Vernunft. Aus den Vorträgen und Aufzeichnungen seit Kriegsende, hrsg. von Alfred Schmidt. Frankfurt a. M. 1985.

Horkheimer, Max; Adorno, Theodor W.: Dialektik der Aufklärung. Philosophische Fragmente. Frankfurt a. M. 2008.

Howald, Oskar: Betrachtungen zur Abgrenzung des Geltungsbereiches des Landwirtschaftsgesetzes von 1951. In: Agrarpolitische Revue 20 (1963/64): 459–464.

Juri, René; Pulver, Eugen; Ryser, Walther: Rationalisierung. Ein aktuelles Problem unserer Landwirtschaft. Bern 1958.

Kapp, K. William: The Social Costs of Private Enterprise. New York 1975 (Erstveröffentlichung 1950).
Kapp, K. William: Toward A Science of Man in Society. A Positive Approach to the Integration of Social Knowledge. The Hague 1961.
Kapp, K. William: Hindu Culture, Economic Development and Economic Planning in India. A Collection of Essays. Bombay 1963.
Kapp, K. William: Umweltkrise und Nationalökonomie. In: Schweizerische Zeitschrift für Volkswirtschaft und Statistik 108 (1972): 231–249.
Kapp, K. William: Environmental Policies and Development Planning in Contemporary China and Other Essays. Mouton 1974.
Kapp, K. William: Die Volkswirtschaft als offenes System. Implikationen für die Wirtschaftstheorie (1976). In: Kapp, K. William: Für eine ökosoziale Ökonomie. Entwürfe und Ideen – Ausgewählte Aufsätze, hrsg. von Christian Leipert und Rolf Steppacher, Frankfurt a. M. 1987: 33–51.
Kapp, K. William: Soziale Kosten der Marktwirtschaft. Das klassische Werk der Umwelt-Ökonomie. Frankfurt a. M. 1988.
Kleinewefers, Henner: Wirtschaftspolitische Konzeption und Umweltproblematik. Das Beispiel der Agrarpolitik. In: Schweizerische Zeitschrift für Volkswirtschaft und Statistik 108 (1972): 283–328.
Kruse-Rodenacker, Albrecht: Fortsetzung des wirtschaftlichen Wachstums? In: Weinschenk, Günther (Hg.): Die künftige Entwicklung der europäischen Landwirtschaft. Prognosen und Denkmodelle (Schriften der Gesellschaft für Wirtschafts- und Sozialwissenschaften des Landbaus, Band X). München 1973: 1–6.
Jaeger, Franz: Natur und Wirtschaft. Ökonomische Grundlagen einer Politik des qualitativen Wachstums. Chur 1993.
Niehans, Jürg: Strukturwandlungen als Wachstumsprobleme. In: Neumark, Fritz (Hg.): Strukturwandlungen einer wachsenden Wirtschaft. Verhandlungen auf der Tagung in Luzern (Schriften des Vereins für Socialpolitik, Neue Folge, Band 30/I). Berlin 1964: 18–45.
Odum, Howard T.: Environment, Power, and Society. New York 1971.
Perelman, Michael J.: Farming With Petroleum. In: Environment 14 (1972): 8–13.
Perelman, Michael J.: Farming for Profit in a Hungry World. Capital and the Crisis in Agriculture. Montclair 1977.
Petričević, Jure: Die Arbeitskosten in schweizerischen Bauernbetrieben. Ein Beitrag zur Frage der Rationalisierung und Kostensenkung. Brugg 1958.
Polanyi, Karl: The Great Transformation. Politische und ökonomische Ursprünge von Gesellschaften und Wirtschaftssystemen. Frankfurt a. M. 1978.
Popp, Hans W.: Response of Farm Production to Prices. A Case Study of the Supply of Dairy Products in Switzerland. Dissertation University of Chicago. Chicago 1962.
Priebe, Hermann: Sechzehn Thesen zur agrarpolitischen Diskussion. In: Agrarpolitische Revue 12 (1955/56): 97–106.
Priebe, Hermann: Grundzüge der landwirtschaftlichen Strukturentwicklung. In: Neumark, Fritz (Hg.): Strukturwandlungen einer wachsenden Wirtschaft. Verhandlungen auf der Tagung in Luzern (Schriften des Vereins für Socialpolitik, Neue Folge, Band 30/I). Berlin 1964: 221–265.
Pulver, Eugen: Güterzusammenlegung und Rationalisierung. In: Juri, René; Pulver, Eugen; Ryser, Walther: Rationalisierung. Ein aktuelles Problem unserer Landwirtschaft. Bern 1958: 6–17.

Rieder, Peter: Bauern und Dörfer im Berggebiet - Realität, Theorien und Modelle. In: Agrarwirtschaft und Agrarsoziologie 2012: 11-30.
Röpke, Wilhelm: Die Landwirtschaft im Industriestaat. In: Schweizerische Handelszeitung, 01.04.1965.
Rosin, Jacob: The Road to Abundance. New York 1953.
Rostow, Walt W.: The Stages of Economic Growth. A Non-Communist Manifesto. Cambridge 1960.
Schumacher, Ernst Friedrich: Small is Beautiful. A Study of Economics as if People Mattered. London 1973.
Solow, Robert M.: A Contribution to the Theory of Economic Growth. In: The Quarterly Journal of Economics 70 (1956): 65-94.
Tavernier, Yves u.a. (Hg.): L'univers politique des paysans. Paris 1972.
Vallat, Jean: Le développement du monde rurale. In: Ingénieurs et architectes suisses 106 (1980): 300-303.
Vallat, Jean: Bodenfrage und Verschuldung. In: Kultur und Politik 57 (2002): 12-14.
Veblen, Thorstein: The Theory of Business Enterprise. New York 1904.
Veblen, Thorstein: Economic Theory in the Calculable Future, in: The American Economic Review 15 (1925): 48-55.
Wahlen, Friedrich T.: Pflanze und Mensch. Gedanken zur sinnvollen Nutzung der Vegetationsdecke der Erde. Zürich 1945.
Wahlen, Friedrich T.: Probleme und Entwicklungstendenzen der amerikanischen Landwirtschaft. In: Schweizerische landwirtschaftliche Monatshefte 26 (1948): 349-364.
Wahlen, Friedrich T.: Hochkonjunktur und Menschenwürde. Zürich 1956.
Wahlen, Friedrich T.: Stadt und Land. Ustertagrede 1947. In: Ders.: Dem Gewissen verpflichtet. Zeugnisse aus den Jahren 1940 bis 1965, hrsg. von Alfred A. Häsler. Zürich 1966: 39-59.
Wahlen, Friedrich T.: Das grosse Experiment. In: Ders.: Dem Gewissen verpflichtet. Zeugnisse aus den Jahren 1940 bis 1965, hrsg. von Alfred A. Häsler. Zürich 1966: 60-84.
Wahlen, Friedrich T.: Stadt und Land in unserer bewegten Zeit (1968). In: Ders.: Politik aus Verantwortung. Reden und Aufsätze, hrsg. von Alfred A. Häsler. Basel 1974: 58-76.
Wahlen, Friedrich T.: Bedrängter Bauernstand. Stellung und Rolle der Landwirtschaft in der heutigen Gesellschaft (1971). In: Ders.: Politik aus Verantwortung. Reden und Aufsätze, hrsg. von Alfred A. Häsler. Basel 1974: 77-95.
Wehler, Hans-Ulrich: Modernisierungstheorie und Geschichte. Göttingen 1975.

Sekundärliteratur

Auderset, Juri: Die Eindämmung der «Warenfiktion». Über Prekarität und Widerspenstigkeit des landwirtschaftlichen Bodens im Kapitalismus. In: Gurny, Ruth; Gurzeler, Anne; Rutz, Simon; Zwicky, Pascal (Hg.): Boden - Wohnen - Leben. Markt, Profit und Gegenwehr im Fall nicht vermehrbarer Güter (Denknetz Jahrbuch 2022). Zürich 2022: 169–177.

Auderset, Juri: «... que les paysans enchaînés sont déchaînés». Auf den Spuren von Auguste Maeder und dem Milchstreik von 1947. In: Freiburger Geschichtsblätter 100 (2023): 147–187.

Auderset, Juri; Moser, Peter: Mechanisation and Motorisation. Natural Resources, Knowledge, Politics and Technological Change in 19th and 20th Century Agriculture. In: Martiin, Carin; Pan-Montojo, Juan; Brassley, Paul (Hg.): Agriculture in Capitalist Europe, 1945–1960. From food shortages to food surpluses. London 2016: 145–164.

Auderset, Juri; Moser, Peter: Permanenz des Unbehagens. Epistemischer Wandel und agrarpolitische Re-Regulierung im Zeitalter des Neoliberalismus. In: Ludi, Regula; Ruoss, Matthias; Schmitter, Leena (Hg.): Zwang zur Freiheit. Krise und Neoliberalismus in der Schweiz. Zürich 2018: 37–60.

Auderset, Juri; Moser, Peter: Die Agrarfrage in der Industriegesellschaft. Wissenskulturen, Machtverhältnisse und natürliche Ressourcen in der agrarisch-industriellen Wissensgesellschaft (1850–1950). Wien 2018.

Auderset, Juri; Moser, Peter: Geschichte des Fleisches und des Fleischkonsums in der Schweiz seit dem 19. Jahrhundert. Ein Forschungsbericht (AfA-Workingpaper 08). Bern 2023.

Auderset, Juri; Schiedt, Hans-Ulrich: Arbeitstiere. Aspekte animalischer Traktion in der Moderne. In: Traverse. Zeitschrift für Geschichte 28/2: 27–42.

Bairoch, Paul: Les trois révolutions agricoles du monde développé. Rendements et productivité de 1800 à 1985. In: Annales E.S.C. 44 (1989): 317–353.

Baumann, Werner; Moser, Peter: Bauern im Industriestaat. Agrarpolitische Konzeptionen und bäuerliche Bewegungen in der Schweiz 1918–1968. Zürich 1999.

Berger, Sebastian: The Social Costs of Neoliberalism. Essays on the Economics of K. William Kapp. Nottingham 2017.

Berger, Sebastian: Karl Polanyi's and Karl William Kapp's Substantive Economics. Important Insights from the Kapp-Polanyi-Correspondence. In: Review of Social Economy 66 (2008): 381–396.

Bieri, Hans; Moser, Peter; Steppacher, Rolf: Die Landwirtschaft als Chance einer zukunftsfähigen Schweiz oder Dauerproblem auf dem Weg zur vollständigen Industrialisierung der Ernährung? Zürich 1999.

Bonneuil, Christophe; Pessis, Céline; Topçu, Sezin: Introduction. Pour en finir avec les «Trente Glorieuses». In: Dies. (Hg.): Une autre histoire des «Trente Glorieuses». Modernisation, contestations et pollutions dans la France d'après-guerre. Paris 2016: 5–31.

Bonneuil, Christophe; Fressoz, Jean-Baptiste: The Shock of the Anthropocene. The Earth, History, and Us. London 2017.

Bonneuil, Christophe; Humbert, Léna; Lyautey, Margot: Un renouveau de l'histoire contemporaine des mondes agricoles et des espaces ruraux. In: Dies. (Hg.): Histoire des modernisations agricoles au XXe siècle. Rennes 2021: 7–25.

Bossmann, Jürgen: «Arrested Development». Obsessionen im Wachstumsdenken. In: Jeismann, Michael (Hg.): Obsessionen. Beherrschende Gedanken im wissenschaftlichen Zeitalter. Frankfurt a. M. 1995: 26–77.

Dejung, Christof: Einbettung. In: Dejung, Christof; Dommann, Monika; Speich Chassé, Daniel (Hg.): Auf der Suche nach der Ökonomie. Historische Annäherungen. Tübingen 2014: 47–72.

Engermann, David C. u. a. (Hg.): Staging Growth. Modernization, Development and the Global Cold War. Amherst 2003.

Federico, Giovanni: Natura Non Fecit Saltus. The 1930s as the Discontinuity in the History of European Agriculture. In: Brassley, Paul u. a. (Hg.): War, Agriculture, and Food. Rural Europe from the 1930s to the 1950s. London 2012: 15–32.

Foster, John Bellamy: Marx's Theory of Metabolic Rift. Classical Foundations for Environmental Sociology. In: American Journal of Sociology 105 (1999): 366–405.

Fraser, Nancy: Cannibal Capitalism. How Our System Is Devouring Democracy, Care, and the Planet – and What We Can Do about It. London 2023.

Fressoz, Jean-Baptiste; Bonneuil, Christophe: Growth Unlimited. The Idea of Infinite Growth from Fossil Capitalism to Green Capitalism. In: Borowy, Iris; Schmelzer, Matthias (Hg.): History of the Future of Economic Growth. Historical Roots of Current Debates in Sustainable Degrowth. London 2017: 52–68.

Hamilton, Shane: Managing the Farm. Bullshit in Theory and Practice. In: Agricultural History 97 (2024): 1–22.

Harwood, Jonathan: The Green Revolution as a Process of Global Circulation. Plants, People, and Practices. In: Historia Agraria 75 (2018): 7–31.

Heidenreich, Regine: Economics and Institution. The Socioeconomic Approach of K. William Kapp. In: Journal of Economic Issues 32 (1998): 965–984.

Hellige, Hans Dieter: Wirtschafts-, Energie- und Stoffkreisläufe in säkularer Perspektive. Von der thermodynamischen Entzauberung der Welt zur recyclingorientierten Wachstumsgesellschaft. In: Hübinger, Gangolf; Osterhammel, Jürgen; Pelzer, Erich (Hg.): Universalgeschichte und Nationalgeschichten. Ernst Schulin zum 65. Geburtstag. Freiburg i. Br. 1994: 291–315.

Hitzer, Bettina; Welskopp, Thomas: Die «Bielefelder Schule» der westdeutschen Sozialgeschichte. Karriere eines geplanten Paradigmas? In: Dies. (Hg.): Die Bielefelder Sozialgeschichte. Klassische Texte zu einem geschichtswissenschaftlichen Programm und seinen Kontroversen. Bielefeld 2010: 13–31.

Hodgson, Geoffrey M.: Thorstein Veblen. The Father of Institutional and Evolutionary Economics. In: Reinert, Erik S.; Viano, Francesca (Hg.): Thorstein Veblen. Economics for an Age of Crises. London 2012: 283–295.

Ilbery, Brian; Bowler, Ian: From Agricultural Productivism to Post-Productivism. In: Ilbery, Brian (Hg.): The Geography of Rural Change. London 1998: 57–84.

Kloppenberg, James T.: Uncertain Victory. Social Democracy and Progressivism in European and American Thought, 1870–1920. Oxford 1986.

Kloppenberg, James T.: Demokratie und Entzauberung der Welt. Von Weber und Dewey zu Habermas und Rorty. In: Joas, Hans (Hg.): Philosophie der Demokratie. Beiträge zum Werk von John Dewey. Frankfurt a. M. 2000: 44–80.

Kloppenburg, Jack R. Jr.: First the Seed. The Political Economy of Plant Biotechnology. Madison 2004.

Krausmann, Fridolin; Fischer-Kowalski, Marina: Gesellschaftliche Naturverhältnisse. Globale Transformationen der Energie und Materialflüsse. In: Sieder, Reinhard; Langthaler, Ernst (Hg.): Globalgeschichte 1800–2010. Wien 2010: 39–68.

Kupper, Patrick: Die «1970er Diagnose». Grundsätzliche Überlegungen zu einem Wendepunkt der Umweltgeschichte. In: Archiv für Sozialgeschichte 43 (2003): 325–348.

Leipert, Christian; Steppacher, Rolf: K. William Kapps Beitrag zu einer ökonomischen Theorie der Zukunft, in: Kapp, K. William: Für eine ökosoziale Ökonomie. Entwürfe und Ideen –

Ausgewählte Aufsätze, hrsg. von Christian Leipert und Rolf Steppacher. Frankfurt a. M. 1987: 5–30.
Lenhard, Philipp: Café Marx. Das Institut für Sozialforschung von den Anfängen bis zur Frankfurter Schule. München 2024.
Lorenz, Chris: «Won't You Tell Me, Where Have All the Good Times Gone»? On the Advantages and Disadvantages of Modernization Theory for History. In: Rethinking History 10 (2006): 171–200.
Lovins, Amory B.; Lovins, L. Hunter; Bender, Marty: Energy and Agriculture. In: Jackson, Wes; Berry, Wendell; Colman, Bruce (Hg.): Meeting the Expectations of the Land. Essays in Sustainable Agriculture and Stewardship. San Francisco 1984: 68–86.
Lutz, Burkart: Die Singularität der europäischen Prosperität nach dem Zweiten Weltkrieg. In: Kaelble, Hartmut (Hg.): Der Boom 1848–1973. Gesellschaftliche und wirtschaftliche Folgen in der Bundesrepublik Deutschland und in Europa. Opladen 1992: 35–59.
Macekura, Stephen J.: The Mismeasure of Progress. Economic Growth and its Critics. Chicago 2020.
Martin, John; Langthaler, Ernst: Paths to Productivism. Agricultural Regulation in the Second World War and Its Aftermath in Great Britain and German-Annexed Austria. In: Brassley, Paul u. a. (Hg.): War, Agriculture, and Food. Rural Europe from the 1930s to the 1950s. London 2012: 44–74.
McNeill, John R.: Something New Under the Sun. An Environmental History of the Twentieth-Century World. New York 2000.
Mirowski, Philip: More Heat than Light. Economics as Social Physics, Physics as Nature's Economics. Cambridge 1989.
Mitchell, Timothy: Carbon Democracy. In: Economy and Society 38 (2009): 399–432.
Möckel, Benjamin: Auf der Suche nach ökonomischen Alternativen. Ernst Friedrich Schumachers «Small is Beautiful» (1973). In: Zeithistorische Forschungen/Studies in Contemporary History 19 (2022): 600–607.
Moore, Jason W.: Kapitalismus im Lebensnetz. Ökologie und die Akkumulation des Kapitals. Berlin 2020.
Mooser, Josef: Das Verschwinden der Bauern. Überlegungen zur «Entagrarisierung» und Modernisierung der Landwirtschaft im 20. Jahrhundert. In: Münkel, Daniela (Hg.): Der lange Abschied vom Agrarland. Agrarpolitik, Landwirtschaft und ländliche Gesellschaft zwischen Weimar und Bonn. Göttingen 2000: 23–35.
Moser, Peter: Eine «Sache des ganzen Volkes»? Überlegungen zum Prozess der Vergesellschaftung der bäuerlichen Landwirtschaft in der Industriegesellschaft. In: Traverse. Zeitschrift für Geschichte 7/1: 64–78.
Moser, Peter: Neue Perspektiven und Institutionen zur Analyse eines alten Gegenstands. Die Landwirtschaft in der wirtschaftshistorischen Geschichtsschreibung. In: Traverse. Zeitschrift für Geschichte 17/1: 60–74.
Moser, Peter: Die Agrarproduktion. Ernährungssicherung als Service public. In: Halbeisen, Patrick u. a. (Hg.): Wirtschaftsgeschichte der Schweiz im 20. Jahrhundert. Basel 2012: 568–628.
Moser, Peter: Zugriff auf die Lithosphäre. Gestaltungspotenziale und unterschiedliche Energiegrundlagen in der agrarisch-industriellen Wissensgesellschaft. In: Traverse. Zeitschrift für Geschichte 20/3: 37–48.
Moser, Peter: Kultivierung und Zerstörung lebender Organismen. Der bäuerliche Umgang mit chemisch-synthetischen Hilfsstoffen in der Übergangszeit von der agrarisch-industriellen

zur industriell-agrarischen Wissensgesellschaft (1945–1975). In: Zeitschrift für Agrargeschichte und Agrarsoziologie 65 (2017): 19–34.
Moser, Peter: Boykottieren, protestieren, demonstrieren, streiken – und bestreikt werden. Überlegungen zur Persistenz und historiografischen Ignorierung bäuerlich-agrarischer Proteste in Industriegesellschaften. In: Arni, Caroline; Gardey, Delphine; Guzzi-Heeb, Sandro (Hg.): Protest! Protestez! (Schweizerisches Jahrbuch für Wirtschafts- und Sozialgeschichte, Band 35). Zürich 2020: 161–185.
Moser, Peter; Varley, Tony: Integration through Subordination. The State and Agricultural Modernisation in the 19th and 20th Centuries in Europe. In: Dies. (Hg.): Integration Through Subordination. The Politics of Agricultural Modernisation in Industrial Europe. Turnhout 2013: 13–39.
Pfister, Christian: Das «1950er Syndrom». Die umweltgeschichtliche Epochenschwelle zwischen Industriegesellschaft und Konsumgesellschaft. In: Ders. (Hg.): Das 1950er Syndrom. Der Weg in die Konsumgesellschaft. 2. Auflage. Bern 1996: 51–95.
Pomeranz, Kenneth: The Great Divergence. China, Europe and the Making of the Modern World Economy. Princeton 2000.
Robertson, Morgan M.: Nature That Capital Can See. Science, State and Market in the Commodification of Ecosystem Services. In: Environment and Planning D: Society and Space 24 (2006): 367–387.
Savoy, Guillaume: Protester pour exister! Les manifestations paysannes en Suisse 1954–1961–1973. Fribourg 2021.
Schaupp, Simon: Stoffwechselpolitik. Arbeit, Natur und die Zukunft des Planeten. Frankfurt a. M. 2024.
Schmelzer, Matthias: The Growth Paradigm. History, Hegemony, and the Contested Making of Economic Growthmanship. In: Ecological Economics 118 (2015): 262–271.
Settele, Veronika: Revolution im Stall. Landwirtschaftliche Tierhaltung in Deutschland 1945–1990. Göttingen 2020.
Siegenthaler, Hansjörg: Die Schweiz 1910–1970. In: Cipolla, Carlo M.; Borchardt, Knut (Hg.): Europäische Wirtschaftsgeschichte Bd 5: Die europäischen Volkswirtschaften im zwanzigsten Jahrhundert. Stuttgart 1980: 245–275.
Siegenthaler, Hansjörg: Entscheidungshorizonte im sozialen Wandel. In: Schweizerische Zeitschrift für Geschichte 33 (1983): 414–431.
Siegenthaler, Hansjörg: Die Schweiz 1914–1984. In: Fischer, Wolfram u. a. (Hg.): Handbuch der europäischen Wirtschafts- und Sozialgeschichte, Bd. 6. Stuttgart 1987: 482–512.
Speich Chassé, Daniel: Die Erfindung des Bruttosozialprodukts. Globale Ungleichheit in der Wissensgeschichte der Ökonomie. Göttingen 2013.
Steffen, Will; Grinevald, Jacques; Crutzen, Paul; McNeill, John: The Anthropocene. Conceptual and Historical Approaches. In: Philosophical Transactions of the Royal Society A 369 (2011): 842–867.
Steppacher, Rolf: Surplus, Kapitalbildung und wirtschaftliche Entwicklung. Zur Relevanz der Physiokratie und der institutionellen Ökonomie für das Problem der Kapitalbildung in unterentwickelten Ländern. Dissertation Universität Basel. Basel 1972.
Steppacher, Rolf; Zogg-Walz, Brigitte; Hatzfeld, Hermann: K. William Kapp's Contribution to Economic and Social Science, in: Dies. (Hg.): Economics in Institutional Perspective. Memorial Essays in Honor of K. William Kapp. Lexington 1977: xv–xxiii.
Steppacher, Rolf: Kapp, K. William. In: The Elgar Companion to Institutional and Evolutionary Economics, Bd. 1. Aldershot 1994: 435–441.

Tanner, Jakob: Lebensstandard, Konsumkultur und American Way of Life seit 1945, in: Leimgruber, Walter; Fischer, Werner (Hg.): «Goldene Jahre». Zur Geschichte der Schweiz seit 1945. Zürich 1999: 101–131.

Tanner, Jakob: Geschichte der Schweiz im 20. Jahrhundert. München 2015.

White, Richard: «Are You an Environmentalist or Do You Work for a Living?» Work and Nature. In: Cronon, William (Hg.): Uncommon Ground. Rethinking the Human Place in Nature. New York 1996: 171–185.

Wolf, Steven A.; Bonanno, Alessandro (Hg.): The Neoliberal Regime in the Agri-Food-Sector. Crisis, Resilience, and Restructuring. London 2014.

Worster, Donald: Transformations of the Earth. Toward an Agroecological Perspective in History. In: The Journal of American History 76 (1990): 1087–1106.

Worster, Donald: Dust Bowl. The Southern Plains in the 1930s, 25th Anniversary Edition. Oxford 2004.

Missliebige Denkmäler der Hochkonjunktur

Industrieller Massenwohnungsbau zwischen Heilsversprechen und Fundamentalkritik

Fabian Furter

Abstract

This article describes industrial housing construction during the 1960s and 1970s as a case study on the growth euphoria of the post-war decades. The machinery of industrial housing construction was based on the assumption of continuous growth. Economic downturns were not factored in. When they nevertheless materialised, the system imploded within a very short time at the beginning of the 1970s and was chosen as the symbol of an excess that was discredited from then on. The article begins by outlining the causal nexus between the housing shortage and the overheated construction industry in the post-war years. It then looks at industrial construction as a comprehensive and promising concept for housing production, while the third section addresses the widespread repudiation that emerged in the early 1970s. The criticism of large-scale housing construction can be divided into a systemic-sociological and an aesthetic-ecological line of argument. The radical criticism that was levelled at large housing estates with increasing vehemence in the course of the 1970s was ultimately a facet of the fundamental debate about the «limits to growth» that began at the time.

Facetten von Wachstumsschmerz: Wohnungsnot im Warenüberfluss

Keine andere Branche der Schweizer Binnenwirtschaft war in der Nachkriegszeit mit vergleichbaren Herausforderungen konfrontiert wie das Baugewerbe. Übersetzt in eine Vielzahl neuartiger Bauwerke – von Autobahnen und Wohnhochhäusern bis zu Staumauern und Einkaufszentren – schrieb sich der Aufschwung mit Hochgeschwindigkeit in die Landschaft ein und provozierte neben Euphorie bald auch Irritation. Die Menschen begannen sich am Antlitz der modernen Schweiz zu stören. In den Nachkriegsjahren herrschte ein gewaltiger Nachfrageüberschuss, der insbesondere auf dem Wohnungsmarkt gravierend war und stets mit dem überproportionalen Wachstum des Volkseinkommens schritt hielt. Erst die Wirtschaftskrise ab 1974 vermochte diese in ganz Europa feststellbare Dynamik zu durchbrechen, und zwar schlagartig. Die chronische Unterversorgung mit modernen Wohnungen war in den 1960er und Anfang der 1970er Jahre ein drückendes gesellschaftspolitisches Dauerthema. Der Publizist Gody Suter beschrieb den Umstand 1966 drastisch: «Wir müssen aber in aller Klarheit sehen, dass wir jeden Gegenstand unseres Gebrauchs, jedes Konsumgut, unseren Erfordernissen, unserem Geschmack, unseren Neigungen und unserem Geldbeutel angemessen wählen können – nur die Wohnung nicht, und zwar prinzipiell nicht. [...] Wir haben nur dann eine Hoffnung auf Freizügigkeit und freie Wahl, wenn eine Seuche oder eine Krise die Menschheit reduziert.»[1]

Alle Rationalisierungsbemühungen auf Seiten der Wohnungsproduktion wurden laufend vom Bevölkerungs- und Wohlstandszuwachs egalisiert. So verdreifachte sich die Zahl der Beschäftigten in der Baubranche zwischen 1939 und 1965 von 110'000 auf 320'000.[2] Die Anzahl der jährlich gebauten Wohnungen nahm im gleichen Zeitraum um rund das Achtfache zu.[3] Trotzdem hielt der Mangel in diesem Teufelskreis des Fortschritts an, denn zu lange war während der Kriegsjahre der Wohnungsbau zurückgestellt worden. Zu schnell wuchs die Bevölkerung und zu schnell wuchsen der Wohlstand und damit die Begehrlichkeiten. Dabei war der Wohnungsbau nur die grösste unter vielen Aufgaben, welche der Bauwirtschaft aufgetragen wurden. Zwei Pfade wurden ab Mitte der 1960er Jahre beschritten, um Abhilfe zu schaffen: Jener der Rationalisierung und Industrialisierung des Bauens und jener der Grosswohnsiedlung als formale Übersetzung und logische Konsequenz des Massenwohnungsbaus. Beide hatten experimentellen Charakter und beide bedingten sich wechselseitig.

Ab wann von einer Grossüberbauung gesprochen werden kann, ist bis heute nicht allgemeingültig definiert. Gilt in Deutschland eine Anlage erst ab 1000 Wohneinheiten als solche, wird in der Schweizer Forschungsliteratur teilweise schon ab 250 Wohnungen von einer Grossüberbauung gesprochen.[4] Für den vorliegenden Beitrag wird davon ausgegangen, dass eine Grossüberbauung schweizerischen Zuschnitts nach 1945 entstand und als Gesamtanlage mit mindestens 350 Wohnungen und entsprechenden Nachfolgeeinrichtungen wie Schulen und Dienstleistungsangeboten konzipiert wurde. Sie wurde mit industriellen Baumethoden erstellt. Städtebaulich dicht und nach einheitlichen architektonischen Prinzipien gestaltet, lässt eine Grossüberbauung die Handschrift eines einzelnen Gestaltungsbüros oder einer kooperativen Planergemeinschaft erkennen. Nach dieser Definition existieren in der Deutsch- und in der Westschweiz bis heute rund 50 Wohnsiedlungen. Auch die zahlreichen Begrifflichkeiten rund um die Thematik «industrielles Bauen» sind nicht immer trennscharf voneinander abzugrenzen. Summarisch kann festgehalten werden, dass mit industriellem Bauen Initiativen gemeint sind, die den Entstehungsprozess von Bauwerken

1 Suter 1966: 187. Der Beitrag basiert auf meiner Dissertation mit dem Titel «Industriell Bauen für die postindustrielle Gesellschaft. Massenwohnungsbau in der Nachkriegsschweiz 1945 bis 1975», die 2023 an der ETH Zürich angenommen wurde. 2025 erscheint die Arbeit als Monografie mit dem Titel «Wohnen XL. Industrieller Siedlungsbau in der Nachkriegsschweiz 1945–1975» im Verlag gta.

2 Thalmann 2015.

3 Statistisches Jahrbuch der Schweiz 1961: 185; Statistisches Jahrbuch der Schweiz 1966: 173.

4 Bundesminister für Bauwesen 1986: 10; Althaus 2018: 99–100.

durch verschiedene Ansätze der Rationalisierung zu optimieren versuchen. Oft geschieht dies durch die Anwendung von Bau- oder Planungssystemen und durch die Vorfertigung von Bauteilen in einer Fabrik. Die Expertengruppe der schweizerischen Landeskonferenz für die Förderung des Wohnungsbaus wählte in ihrem 1965 erschienenen Bericht folgende Definition: Beim industriellen Bauen handelt es sich um die «Einführung von Produktionsverfahren, die vorwiegend durch weitgehende Arbeitsvorbereitungen, durch Arbeitsteilung und Leistungsstetigkeit (Fliess- und Taktarbeit), durch Verwendung montagefähiger Einzelteile (Austauschbau), durch Maschineneinsatz (Mechanisierung), durch hohe Produktionsauflagen (Serien- und Massenfertigung) und vereinheitlichten Bedarf (Normung und Typung) gekennzeichnet sind.»[5]

Das industrielle Bauen wird oft mit schwerer Vorfabrikation – umgangssprachlich «Plattenbau» genannt – gleichgesetzt und dem doktrinären Städtebau in den sozialistischen Staaten Osteuropas zugeschrieben. Das ist insofern richtig, als Länder wie die DDR ihre gesamte Wohnbauproduktion auf die Vorfertigung mit einem sehr eingeschränkten Variantenkatalog ausrichteten, was zu der bekannten emblematischen Monotonie führte. Diese Reduktion greift aber gleichwohl viel zu kurz und unterschlägt die Tatsache, dass das industrielle Bauen ein internationales Phänomen war und in den westlichen Industrienationen genauso zur Anwendung kam. Die Relevanz des Themas erklärt sich schon deshalb allein aus dem Umstand, dass in der kurzen Phase des industriellen Wohnungsbaus unzählige Grossimmobilien entstanden sind, in denen nicht nur immens viel Kapital gebunden ist, sondern denen heute grösstenteils auch mit Unverständnis und Ablehnung begegnet wird. Genaue Zahlen für die Schweiz fehlen, doch kann man annehmen, dass zwischen 1960 und 1975 etwa eine landesweite Jahresproduktion an Wohnungen industriell hergestellt worden ist. Die Zahl von 60'000 bis 80'000 vorfabrizierten Wohnungen, namentlich in den grossen Agglomerationen Genf, Zürich, Bern und Basel dürfte recht präzise sein.

Die ironische Beschreibung der westlichen Nachkriegsgesellschaften als «schwitzendes Idyll»[6] während der «langen 1960er Jahre»[7] trifft durchaus zu, wenn man sich Kennzahlen zum Wohnungsbau und zum Baugewerbe vor Augen hält. Der gesamte Wohnungsbestand der Schweiz verdoppelte sich innerhalb von 20 Jahren zwischen 1955 und 1975 und erreichte schliesslich einen Stand von 2,5 Millionen.[8] 45 Jahre später existierten in der Schweiz gut 4,6 Millionen Wohnungen (Stichjahr 2020). Das Neubautempo halbierte sich also nach 1975,

5 Landeskonferenz für Wohnungsbau 1966: 61.

6 Doering-Manteuffel, Raphael 2010: 39.

7 So werden in der zeitgeschichtlichen Forschung die Boomjahre zwischen etwa 1958 und 1973 bezeichnet. U.a. in Skenderovic, Späti 2012; oder in Siegfried 2003: 25.

8 Bis 1973 wurden in der Gesamtwohnungsstatistik nur Gemeinden mit mehr als 2000 Einwohnern berücksichtigt.

Abb. 1: Siedlung Le Lignon Vernier, 2750 Wohnungen erbaut nach dem Taktsystem Barets zwischen 1962 und 1971 nach Plänen von Georges Addor. Quelle: ETH-Bibliothek Zürich, Bildarchiv, Com_FC07-1200-071.

obwohl seit Mitte der 2000er Jahre von einem anhaltenden Bauboom die Rede ist.

Noch eindrücklicher präsentiert sich die Zahl der gebauten Wohnungen pro Jahr, die 1973 auf über 80'000 stieg. Ein Wert, der seither nie mehr auch nur annähernd erreicht wurde.[9] In den europäischen Nachbarländern zeigte sich ein sehr ähnliches Bild. So wurden in Westdeutschland im Rekordjahr 1970 rund 700'000 Wohnungen gebaut, was unter Berücksichtigung der Grösse des Landes eine ähnliche Performance wie jene in der Schweiz darstellt.[10] Dem Zuwachs an Neubauwohnungen stand ein kontinuierlicher und quantitativ relevanter Abbruch von Bestandesbauten und damit der Verlust von günstigen Altbauwohnungen gegenüber. Betroffen waren um 1970 rund 5000 Wohnungen pro Jahr, vornehmlich in den Ballungszentren, wo der Mangel am gravierendsten war.[11] Das Wachstum wurde zum Mengenproblem. Die Schweiz litt zunehmend unter Wachstumsschmerzen, die sich beispielsweise in einer durch das eklatante

9 Der höchste Wert seit der Jahrtausendwende lag 2018 bei gut 53'000, also bei lediglich zwei Drittel gegenüber 1973.

10 Bayerischer Rundfunk, Radio Wissen, Alles Geschichte, 12.05.2021.

11 Berger 1970: 22.

Abb. 2: Göhner-Siedlungen in Greifensee, 1600 Wohnungen in mehreren Etappen erbaut nach dem Vorfabrikationssystem G3 zwischen 1967 und 1975. Quelle: ETH-Bibliothek Zürich, Bildarchiv, Com_FC24-8606-0005.

Marktungleichgewicht ausgelösten Bauteuerung äusserte, die Ende der 1960er Jahre jährlich im zweistelligen Prozentbereich anstieg.

Eigentümlich an der anhaltenden Unterversorgung mit Wohnraum nach 1945 war das wachsende Paradoxon zwischen dem Mangel an Wohnungen bei einem geleichzeitig ansteigenden Überfluss an Gütern. Die Menschen sassen also mit ihren erschwinglich gewordenen Haushaltsgeräten in veralteten und zu kleinen Etablissements. Der Wohnungsbau schaffte bis 1975 nie den Wechsel von einer reinen Versorgungsaufgabe zu einer Gestaltungsaufgabe. Zweifellos kam die anhaltend ungestillte Nachfrage in der Schweiz nicht von einem «nackten Existenzbedarf», wie die NZZ schrieb, sondern war eine Begleiterscheinung des stark steigenden allgemeinen Wohlstands.[12] Der Berner Bund schrieb gar von «Wohnluxus», den die Hochkonjunktur mit sich bringe, aus dem aber nicht eine Wohnungsnot abgeleitet werden dürfe.[13]

Wohnungsnot war ausserdem eine paneuropäische Herausforderung. Schon 1952 war in der Zeitschrift *Bauen+Wohnen* zu lesen, der Ausfall an Bautätigkeit während des Krieges, die Bombenschäden, das Bevölkerungswachstum und «soziale Unverantwortlichkeit» hätten europaweit einen Bedarf aufgetürmt, der mit herkömmlichen Baumethoden in 25 Jahren nicht gedeckt werden kön-

12 Neue Zürcher Zeitung NZZ, 08.12.1972.

13 Der Bund, 12./13.11.1966: 3.

Abb. 3: Montage vorfabrizierter Wandelemente der Firma Göhner in der Siedlung Sunnebühl in Hegnau 1966. Quelle: ETH-Bibliothek Zürich, Bildarchiv, Com_C15-171-003.

ne.[14] Das Absacken der Wohnbautätigkeit nach Kriegsausbruch führte dazu, dass bereits 1940 auf einen schweizweiten Zuwachs von 13'500 Haushalten lediglich 5900 neu erstellte Wohnungen kamen. So staute sich bis Kriegsende ein Manko von etwa 40'000 Wohnungen auf, was mehreren Jahresproduktionen der Zwischenkriegszeit entsprach.[15]

Der Schweiz boten die umliegenden Länder viel Anschauungsunterricht im Umgang mit dem Malaise. Das westdeutsche Magazin *Der Spiegel* resümierte 1969, auf keinem anderen Feld des Wirtschaftswunders habe das Konkurrenz-Prinzip der freien Marktwirtschaft «so folgenschwer versagt» wie auf dem Ge-

14 Keresztes 1952: 61.

15 Schümperli 1947: 381–382.

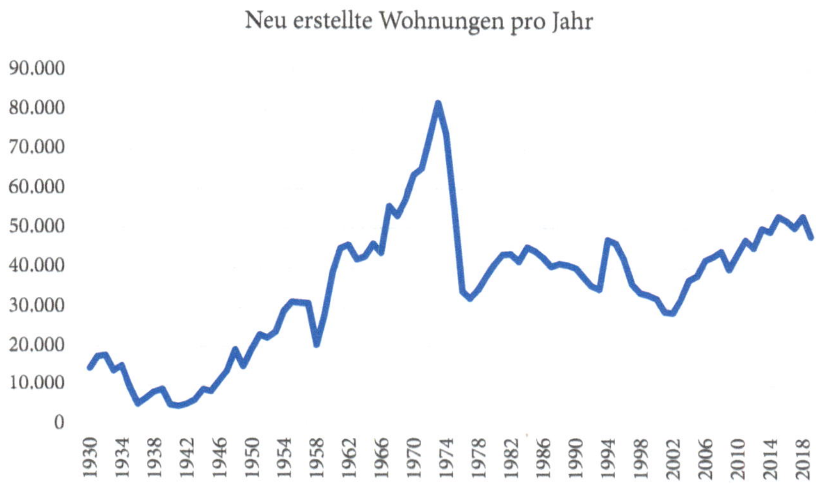

Grafik 1: Neuerstellte Wohnungen pro Jahr 1930–2020. Gut erkennbar ist der historisch einmalige Absturz im Zuge der Energiekrise Mitte der 1970er Jahre. Ebenfalls gut ablesbar sind die weniger stark ausschlagenden Krisen in den 1930er Jahren und in den 1990er Jahren. Kurzzeitige Einbrüche, wie etwa 1958, sind auf Kreditrestriktionen zurückzuführen. Die Finanzkrise von 2008 sorgte interessanterweise nur für einen sehr kleinen Ausschlag. Die Zahlen machen keine Aussage zum effektiv gebauten Volumen bzw. zu den Wohnungsgrössen. Quelle: Bundesamt für Statistik, Statistische Jahrbücher, Zahlenreihe durch den Autor erstellt.

biet des Grundstückhandels und des Wohnungsbaus.[16] Aber wie gross war diese Misere tatsächlich? 1965 schrieb der Basler Soziologe, Dozent und Publizist Lucius Burckhardt in einem pointierten Beitrag in der Zeitschrift *Werk:* «Spätestens am Ende des zweiten Jahrzehnts nach Kriegsende bemerken wir, dass sich unser Environment im gleichen Masse verschlechtert hat, wie der private Komfort sich verbesserte. Und selbst in diesem privaten Sektor erweist sich das Wohnungsproblem als so unlösbar, dass die Leute sich das Wohnen abgewöhnen und ihre Statussymbolik auf andere Gebiete verlegen: auf Tourismus, Hotel, Auto.»[17]

Der Aargauer Sozialdemokrat Arthur Schmid, Nationalrat und nachmaliger Regierungsrat, schmetterte als Präsident der SP Schweiz an ihrem ersten Städtetag 1971 folgende Worte in den Saal: «Angesichts der herrschenden Wohnungsmisere müssen wir konstatieren, dass die private Marktwirtschaft das Problem für unsere Generation nicht gelöst hat. Wir können diese betrübliche Feststellung losgelöst von jeglicher Ideologie machen; die Wirklichkeit spricht eine äusserst deutliche Sprache: Die Sprache des Unvermögens und der Ungerechtig-

16 Der Spiegel, Heft 6, 1969: 42.

17 Burckhardt 1985: 81.

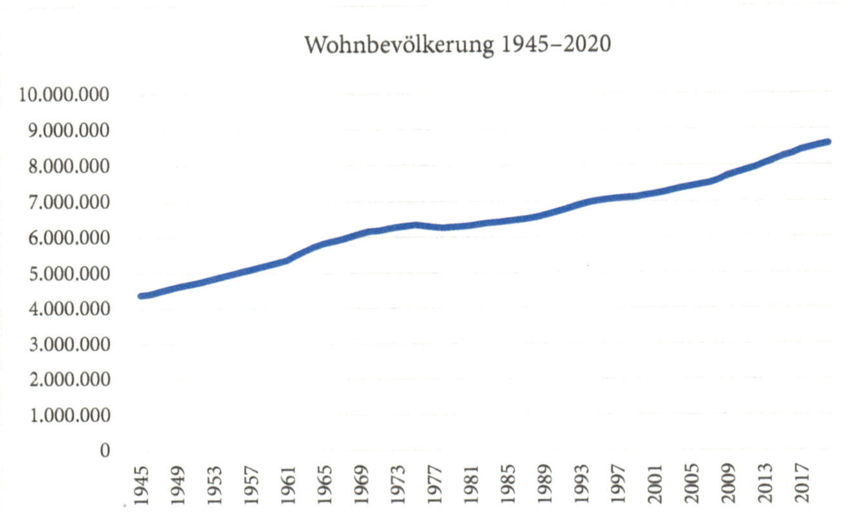

Grafik 2: Bevölkerungsentwicklung 1945–2020. Zwischen 1945 und 1975 wuchs die Zahl der Einwohner*innen der Schweiz um nahezu zwei Millionen von 4,4 auf 6,3 Millionen. Damit gehörte die Schweiz zur europäischen Spitze mit einem durchschnittlichen Wachstum von rund 1,5 Prozent. In Deutschland und Frankreich lag das Wachstum im gleichen Zeitraum etwa bei einem Prozent (Schweizer 1972: 137). Danach flachte die Kurve massiv ab. In den 1970er Jahren stagnierte das Wachstum nahezu. Seit den 1990er Jahren zeigt die Kurve wieder stärker nach oben, was u. a. mit der EU-Personenfreizügigkeit zu erklären ist. Quelle: Bundesamt für Statistik, su-d-01.02.04.05.

keit.»[18] Die nackten Zahlen machen deutlich: Ausgehend von der Leerwohnungsziffer als statistischer Messgrösse, herrschte zwischen 1943 und 1973 ohne Unterbruch in sämtlichen Städten der Schweiz eine Wohnungsnot.[19] Auch unter Einbezug aller Landgemeinden stieg die Leerwohnungsziffer im Mittel nie über einen Wert von 0,62.[20] Dramatisch war das Bild in den Grossstädten. Zürich etwa verzeichnete zwischen 1956 und 1974 durchwegs eine bizarre Leerwohnungsquote von 0,0 Prozent.[21]

18 AZ-Z, 19. 02. 1971.

19 Die Leerwohnungsziffer meint den prozentualen Anteil der leerstehenden und zur Dauermiete oder zum Kauf angebotenen Wohnungen am Gesamtbestand. Sinkt die Leerwohnungsziffer auf unter 1,5, wird von Wohnungsmangel gesprochen. Liegt sie bei unter 0,5 Prozent, herrscht Wohnungsnot. Wie volatil dieser Markt ist, zeigt die Tatsache, dass im Umkehrschluss bereits ab einer Leerwohnungsziffer von weniger als drei Prozent von einem Überangebot gesprochen werden kann. Das Gleichgewicht für einen gut funktionierenden Wohnungsmarkt liegt also im Prozentbereich.

20 Thalmann 2015; Statistisches Jahrbuch der Schweiz 1977: 169.

21 Statistisches Jahrbuch der Schweiz 1977: 172.

Die Lösung des Mengenproblems: Industrielle Präfabrikation

Die Erzählung von der Rationalisierung im Bauwesen könnte, je nach Definition, mit der Herstellung gebrannter Ziegelsteine und anderer Stapelprodukte in der Antike beginnen. Sie könnte bei Leonardo da Vincis 1516 skizzierter Idee einer Idealstadt aus vorfabrizierten Häusern einsetzen oder beim Bau von Eisenbahnlinien wie der Gotthardbahn im späten 19. Jahrhundert, wo Brücken und Hochbauten nach normierten Plänen gleich dutzendfach erstellt wurden. Als Postulat für den Wohnungsbau nahm die Idee in der Zwischenkriegszeit im Dunstkreis des Neuen Bauens Fahrt auf, wurde allerdings erst nach dem Zweiten Weltkrieg serienreif. Die Schweiz wurde mit einiger Verzögerung von dem Phänomen erfasst. Die ersten grossen Projekte in Vorfabrikation entstanden hierzulande erst Anfang der 1960er Jahre.

Das Konzept der Grossüberbauung erreichte die Deutschschweiz via die Sprachgrenzregion im Kanton Bern. Schon 1954–1956 fanden in der Bundeshauptstadt Wettbewerbe für die nun mehrere Hundert Wohnungen umfassenden Siedlungsprojekte Neuhaus, Ausserholligen, Tscharnergut und Schwabgut in der westlichen Peripherie statt. 1957/58 konnten die ersten Hochhäuser in Neuhaus und Ausserholligen bezogen werden.[22] Und noch vor Anbruch der neuen Dekade zogen die ersten Familien im Tscharnergut ein, dessen Bau allerdings noch bis 1966 andauerte.[23] Im Bieler Quartier Mett entstand ab 1958 eine Grosswohnsiedlung mit 450 Wohnungen, wenn auch in konventioneller Bauweise nach Plänen von Walter Niehus. 1959 fanden die Wettbewerbe für die BBC-Werksiedlung «In den Wyden» im aargauischen Birr mit 529 Wohnungen und für das «Lochergut» in Zürich mit 350 Wohnungen statt. Mit dem Bau der BBC-Werksiedlung wurde unverzüglich begonnen und ab 1962 zogen die Mieter*innen etappenweise ein. Das Lochergut wurde 1965 bezogen. Die genannten Beispiele deuten an, wie sich das Konzept ab den frühen 1960er Jahren schnell durchzusetzen vermochte und gegen Mitte des Jahrzehnts in Form erster Grossüberbauungen sichtbar wurde.

Von 1949 bis 1951 realisierte der Genfer Architekt Marc-Joseph Saugey mit der «Unité d'Habitation Magagnou-Parc» das erste grosse Wohnhaus der Schweiz aus vorfabrizierten Betonteilen. Zur gleichen Zeit expandierte das ebenfalls in Genf angesiedelte Planungsbüro Honegger Frères nach Marokko, wo es mit einem eigenen System «Honegger Afrique» aus vorfabrizierten Kassettenelementen experimentierte. Es war im Gegensatz zu der wenige Jahre später etablierten schweren Vorfabrikation ein Lowtech-System; bewusst so entwickelt, dass

22 Wohnen, Heft 5, 1960: 149–150; Schweizerische Bauzeitung, Heft 25, 1957: 401–402.

23 Bäschlin 2004: 59.

die Elemente von Hand gegossen und bewegt werden konnten. In ihrer Heimatstadt brachten Honegger Frères das System Mitte der 1950er Jahre in Grosswohnprojekten wie der «Cité Caroll» in Onex oder der «Cité Balexert» in Vernier zur Anwendung und realisierten insgesamt rund 6000 Wohnungen.[24]

Der Vorsprung der französischen gegenüber der deutschen Schweiz bei der Anwendung der Vorfabrikation erklärt sich aus der kulturellen und wirtschaftlichen Nähe des Grossraums Genf-Lausanne zu Frankreich und der dort seit den frühen 1950er Jahren über staatliche Programme angewendeten Grosstafelbauweise.[25] Diesen Sachverhalt erhärten die Zahlen: Im Kanton Genf wurde bereits 1958 mit der Grosstafelbauweise im Wohnungsbau begonnen. 1963 wurden von insgesamt 6500 neuen Wohnungen 1500 in Vorfabrikation erstellt, was rund 23 Prozent entsprach.[26] In der Deutschschweiz hingegen erreichte der Anteil der Wohnungen in Vorfabrikation nie mehr als fünf Prozent der Gesamtproduktion. Die neue Architektur brach bezüglich Form und Skalierung radikal mit dem tradierten Städtebau. Bestanden Wohnsiedlungen bis in die 1950er Jahre üblicherweise aus muralen zwei- bis viergeschossigen Zeilenbauten mit Satteldächern, entstanden nun stark verdichtete und hoch aufragende Strukturen in Sichtbeton mit flacher Bedachung.

In der Westschweiz entstanden 1956 die ersten Fabriken zur Herstellung von schweren Betonfertigteilen für den industrialisierten Bauprozess. Schnell kamen Niederlassungen und Neugründungen in der ganzen Schweiz hinzu. Auf dem Höhepunkt der Baukonjunktur Anfang der 1970er Jahre existierten landesweit etwa 30 Vorfabrikationswerke. Vereinfacht dargestellt lassen sich im industriellen Wohnungsbau drei Grundprinzipien benennen:[27] erstens die schwere Vorfabrikation mit Tafelsystemen, zweitens der Montagebau mit Bauteilen sowie drittens rationalisierte Baumethoden in Ortbeton und Mischbauweisen.

---

24 Graf 2009: 121.

25 Die erste in Frankreich realisierte Grossüberbauung in schwerer Vorfabrikation nach dem Procédé Camus war die 1951/52 errichtete SHAPE-Village in Saint-Germain-en-Laye. Siehe: Hassler, Dumont d'Ayot 2009: 292.

26 Bovet 1963: 334.

27 Eine offizielle Definition von Systemklassen hat es nie gegeben. Thomas Schmid unterschied in seinem 1969 erschienenen Buch «Bauen mit Systemen» diese Kategorien: schwere und leichte Tafelsysteme, schwere und leichte Skelettsysteme, schwere und leichte Zellensysteme, sowie Fertigbau. Siehe Schmid, Testa 1969: 37. Eine sehr ähnliche Kategorisierung schlug auch die Horta Generalunternehmung vor; siehe: Horta 1974: 29–31.

Abb. 4a und 4b: Nur gut zehn Jahre liegen zwischen dem Bau der beiden Siedlungen Wylergut Bern (1943–1947) und «In den Wyden» im aargauischen Birr (1959–1965). Konzeptionell könnten sie kaum unterschiedlicher sein. Quelle: ETH-Bibliothek Zürich, Bildarchiv, Fotografie vom 05.10.1950 von Werner Friedli, LBS_H1-013753 sowie ETH-Bibliothek Zürich, Bildarchiv, Com_FC01-5242-005.

Abb. 5: Flugbild Bern West 1981. Ende der 1950er Jahre begann sich der städtebauliche Massstab radikal zu verändern. Zwischen die beschaulichen Zeilenbauten der 1940er und 1950er Jahre schoben sich nun massive Punkt- und Scheibenhochhäuser aus Eisenbeton. Im Bild sind die emblematischen Berner Grossbauvorhaben zu erkennen: Ausserholligen (drei Punkthochhäuser im Hintergrund), Neuhaus (drei Punkthochhäuser links der Mitte), Tscharnergut (Bildmitte), Schwabgut (vier parallele Scheibenhochhäuser rechts der Mitte), Bethlehemacker (links), Gäbelbach (Vordergrund) und Holenacker im Bau (Grossbaustelle im Vordergrund). Quelle: ETH-Bibliothek Zürich, Bildarchiv, LBS_L1-811882.

Bei der *schweren Vorfabrikation mit Tafelsystemen* werden raumbegrenzende Betonelemente für Wände und Decken inklusive Leitungen fixfertig in der Fabrik hergestellt und auf dem Bauplatz in Trockenmontage verschweisst. Die dazu notwendigen Schweissplatten werden vorgängig in die Elemente eingegossen. Daraus ergibt sich eine weitgehende Wetterunabhängigkeit. Eine Unterdisziplin dieser Bauweise sind Raumzellensysteme, bei denen dreidimensionale, schiffcontainergrosse Elemente vorfabriziert und auf dem Bauplatz aneinandergefügt und gestapelt werden. Die schwere Vorfabrikation steht sinnbildlich für das industrielle Bauen und hatte die grösste Verbreitung. Der Unterschied zwischen «schwerer» und «leichter» Vorfabrikation machte das spezifische Gewicht des verwendeten Baumaterials aus. Übersteigt dieses 1000 Kilogramm pro Kubikmeter, spricht man von schwerer Vorfabrikation. Dazu zählen namentlich das Bauen mit Beton und Backstein.[28] Leichte Vorfabrikation mit Holzelementen findet heute wieder grössere Verbreitung.

Das «Ur-System» der marktfähigen schweren Vorfabrikation aus Stahlbeton entwickelte der französische Ingenieur Raimond Camus. Ausgehend von seinen Erfahrungen in der Autoproduktion als Mitarbeiter bei Citroën, begann er 1942 damit, sein «procédé Camus» zu entwickeln, das 1948 zum Patent angemeldet wurde. Die Idee war grundsätzlich nicht neu, Camus gelang es aber, diesem Bauprinzip mit seinem Verfahren zum Durchbruch zu verhelfen. Dazu war nicht zuletzt eine moderne Strassen- und Transportinfrastruktur notwendig. Ab 1951 entstanden erste Bauten nach dem Camus-System, welches sich schnell weltweit verbreitete.[29]

Der *Montagebau* basiert auf seriell hergestellten Bauteilen wie Stützen, Brüstungen, Schächten, Treppen, aber auch Fenstern oder Türen, die kombiniert und von spezialisierten Equipen auf der Baustelle montiert werden. Die Bauteile können aus unterschiedlichen Materialien und bei verschiedenen Produzenten hergestellt sein. Der Übergang vom Montagebau zu konventionellen Bauweisen ist fliessend. Oft wurde der Montagebau kombiniert mit rationalisierten Baumethoden in Ortbeton.

Zu den *rationalisierten Baumethoden in Ortbeton und Mischbauweisen* zählen etwa die Gleitbauweise oder die Tunnelschalung. Bei der Gleitbauweise – die bei hohen Betonbauten angewandt wird – werden die Schalungselemente an Kletterstangen laufend weitergeschoben. Während dieses Prozesses bindet der Beton ab. Diese Baumethode erfordert aber einen 24-Stunden-Schichtbetrieb. Die Tunnelschalung funktioniert mit wohnungsgrossen, wiederverwendbaren Stahl-Schalungselementen, die mittels Schalwagen von Haus zu Haus befördert werden. Üblicherweise werden solche Verfahren ergänzt durch die Teilvorfabrikation und den Montagebau von nicht tragenden Fassadenteilen, Brüstungselementen, Treppenanlangen und dergleichen mehr.

Grundsätzlich wurde beim industriellen Massenwohnungsbau zwischen offenen und geschlossenen Systemen unterschieden. Offene Systeme – auch Katalogsysteme genannt – bestanden aus vorfabrizierten, systemungebundenen Bauteilen, die frei kombinierbar waren, solange sie den Grundnormen entsprachen. Sie sind vergleichbar mit Schrauben und Muttern: Die Schraube der Grösse M8 eines x-beliebigen Herstellers kann mit der Mutter M8 jedes anderen Herstellers verwendet werden. Der Innenausbau erfolgte dabei üblicherweise nach konventionellen Methoden. Der Vorteil von offenen Systemen liegt auf der Hand: Sie boten den Planer*innen viel mehr Gestaltungsspielraum. Zudem konnte das lo-

28 Horta 1974: 31.

29 Carbonnet 2021; Burchardt 2022: 497–498.

kale Bau- und Zuliefergewerbe berücksichtigt werden.[30] Dem gegenüber standen die geschlossenen Systeme mit einem weitgehend unveränderbaren Baukasten, der auch einen hohen Innenausbaugrad umfasste.[31] Schwere Vorfabrikation wurde mehrheitlich in geschlossenen Systemen praktiziert. Dies ergab sich jedoch nicht aus dem Grundprinzip, sondern aus ökonomischen Überlegungen der Anbieter.

Als sich die Mitglieder des Bundes Schweizer Architekten (BSA) Anfang Oktober 1959 zu einer Studientagung über Normierung im Bauwesen trafen, lag die Schweiz diesbezüglich gegenüber den Nachbarländern um ein gutes Jahrzehnt im Hintertreffen. Die Hüter der hehren Baukunst im BSA taten sich ausserordentlich schwer mit dem Thema und wichen ihm aus, solange es ging. Der Zürcher Architekt und Sozialdemokrat Jakob Schenkel brachte es so auf den Punkt: «Gewiss, wir Schweizer sind keine Freunde von Konformismus und Dirigismus. Wir pflegen gerne unsere Eigenheiten im Wohnungsbau.»[32]

Letztlich war es die Einsicht, dass die Entwicklung zum industriellen Bauen ohnehin stattfinden würde, die zu einem Umdenken führte, und dass es besser sei, eine aktive Rolle in diesem Prozess einzunehmen und diesen so in bestmögliche Bahnen zu lenken. 1960 nahm in Zürich schliesslich das «BSA-Studienbüro für die Normierung und Koordinierung» seine Arbeit auf, das bald in «Zentralstelle für Baurationalisierung» (CRB) umbenannt wurde und bis heute tätig ist. Auf die CRB gehen wichtige Errungenschaften wie der Baukontenplan und der Normpositionen-Katalog zurück, welche heute aus dem Baugeschehen nicht mehr wegzudenken sind. Vollständig in Vergessenheit geraten ist hingegen der Bausystemkatalog, der seit 1967 ebenfalls von der CRB herausgegeben und im Abosystem bis 1975 laufend nachgeführt wurde. Darin wurden für den Schweizer Markt rund 60 Bausysteme beschrieben.

Der Markt für industriellen Siedlungsbau funktionierte grundsätzlich gleich wie die traditionelle Bauwirtschaft. Das heisst, er bestand aus Bauherrschaft, Planern und ausführenden Unternehmen. Oft waren es klassische, grosse Baufirmen, die mit der Unterstützung von institutionellen Anlegern Betriebe für die Herstellung der Elemente gründeten. Diese produzierten entweder eigene Systeme oder in Lizenz von ausländischen Anbietern und stellten spezialisierte Montageequipen zur Verfügung. Firmen wie die Zuger Peikert AG oder die Zürcher Ernst Göhner AG strebten dabei nach einer Reduktion der am Bau beteiligten Unternehmen, indem sie als Generalanbieter Projekte aus der eigenen Firmengruppe zugleich entwickelten, realisierten und verkauften oder vermieteten.

Der grosse Abwesende im entfesselten Wohnungsbau der 1960er Jahre war der Staat. Seine Institutionen waren als Bauträger praktisch inexistent. Im Re-

30 Horta 1974: 32.

31 Baeggli 1974: 217.

32 SozArch, Ar 27.85.9.

kordjahr 1973 entfielen lediglich 1,5 Prozent aller in den Wohnungsbau investierten Gelder auf den Staat. Auch mit Subventionen hielt sich der Bund vornehm zurück. Der Anteil der mit Bundeshilfe erstellten Wohnungen nimmt sich in der Schweiz sehr bescheiden aus. Über 90 Prozent aller Wohnungen entstanden ohne jegliche öffentliche Hilfe und fallen damit unter den Titel «freitragender Wohnungsbau».[33] In den 1970er Jahren hielten gemeinnützige Wohnbaugenossenschaften einen Anteil von 5,2 Prozent und Gemeinden, Kantone und Bund zusammen lediglich 3,2 Prozent am gesamten Wohnungsbau.[34] Die Schweiz unterschied sich damit grundlegend von seinen Nachbarländern, wo ein grosser Teil des Grosswohnungsbaus über staatliche Bauträger realisiert wurde (und teilweise immer noch wird). Bis heute ist das Wohnungswesen diejenige Infrastrukturfunktion, die zum überwiegenden Teil der Privatwirtschaft zufällt.[35]

Das bedeutet aber nicht, dass Staat und Politik untätig blieben. Sie waren sich ihrer Abhängigkeit von der Immobilienwirtschaft und deren Bedeutung für den sozialen Frieden durchaus bewusst, denn ein dysfunktionaler Wohnungsmarkt birgt erheblichen Zündstoff, und der Bund wäre nicht imstande gewesen, einen allfälligen Zusammenbruch der privaten Wohnbauproduktion aufzufangen. Dies belegt ein Zahlenbeispiel: 1969 betrugen die Fiskaleinnahmen des Bundes 6,3 Milliarden Franken, während im gleichen Jahr 5,2 Milliarden private Gelder in den Wohnungsbau investiert wurden.[36] Deshalb wurde versucht, mit Lenkungsmassnahmen und Fördergesetzen die Gesundung des Wohnungsmarkts zumindest indirekt zu unterstützen.

Das System Göhner als herausragendes Beispiel

Als Fallbeispiel für das Funktionieren des industriellen Wohnungsbaus eignet sich das Wirken des Zürcher Bauunternehmers Ernst Göhner. Göhner war die eigentliche Personifizierung des Rationalisierungsdenkens in der Bauwirtschaft und er war der grösste Wohnungsproduzent in der Nachkriegsschweiz.[37] Rund 9000 Wohnungen entstanden ab 1965 nach dem von ihm initiierten und nach ihm benannten Tafelbausystem.[38] Die meisten davon in Grossüberbauungen. Allein diese quantitative Dimension rechtfertigt hier eine etwas eingehendere Betrachtung seiner Tätigkeit. Mit dem «System Göhner» ist nicht nur die firmenei-

33 Schweizer 1972: 137; Bundesamt für Wohnungswesen 1978: 75.

34 Volkszählung von 1980, zitiert nach Kurz 1993: 285.

35 Gilg, Hablützel 2006: 858.

36 Berger 1970: 22.

37 Alfred A. Häsler bilanzierte, dass Ernst Göhner zu Lebzeiten rund 1,5 Milliarden Franken in den Wohnungsbau im In- und Ausland investierte und 20'000 Wohnungen gebaut hätte; siehe Häsler 1981: 173.

38 Furter, Schoeck 2013: 9.

gene Elementbaumethode gemeint, sondern ein integrales Konzept der Bauproduktion von der Baulandsuche bis zur Vermarktung.[39]

Nach ersten Gehversuchen mit vorfabrizierten Wohnhäusern in Leichtbauweise in der unmittelbaren Nachkriegszeit, konzentrierte Göhner seine Geschäftstätigkeit in den 1950er Jahren zunächst auf den weiteren Ausbau der bestehenden Standbeine seines Firmenimperiums. Dieses bestand in der Hauptsache aus Bauzulieferbetrieben, die normierte Fenster, Türen und Küchen sowie Bodenbeläge herstellten. Göhner entwickelte aus Schnittabfällen von Harthölzern das bis heute beliebte Klötzchenparkett, für das bald Lizenzen in alle Welt verkauft wurden. Daneben realisierte seine Generalunternehmung zunehmend grössere Auftragsbauten und eigene Projekte. 1960 entschied der Baulöwe, in das Geschäft mit schwerer Vorfabrikation einzusteigen und leitete einen mehrjährigen Entwicklungsprozess ein. Die Finanzkraft seines Unternehmens ermöglichte es, diesen unabhängig zu gestalten. 1966 nahm sein Vorfabrikationswerk mit einer Kapazität von 1000 Wohnungen im Jahr den Betrieb in Volketswil auf. Der eigene Baukasten wurde von innen nach aussen entwickelt. Das heisst, die oberste Priorität galt den Wohnungsgrundrissen, für deren Genese externe Architekten beigezogen wurden.[40] Diese testeten nach eigenen Angaben über 100 Varianten und entschieden sich schliesslich für ein Planungsraster von 45 Zentimetern, weil sich gezeigt habe, dass damit ideale Raumproportionen mit gut möblierbaren Flächen entstünden.[41] Einen nicht unwesentlichen Einfluss auf das Planungsraster und die Grundmasse der Grosstafeln hatte indessen auch das Strassenverkehrsgesetz. Die Elemente sollten keinesfalls mit teuren Spezialtransporten, sondern mit normalen Lastenzügen zum Bauplatz geführt werden, weshalb auf die vorgeschriebenen Maximal-Transportmasse Rücksicht genommen werden musste.

Mit der ersten Produktionsreihe entstanden kleinere Testsiedlungen in Cham und Thalwil. Aus den gemachten Erfahrungen resultierte noch im gleichen Jahr die überarbeitete Serie unter der Bezeichnung G2, mit der im Sommer 1966 in Volketswil die erste Grossüberbauung «Sunnebüel» in Angriff genommen wurde. Deren städtebauliches Konzept bestand aus schlichten, vier- bis sechsgeschossigen Blocks, die in orthogonaler Anordnung kleinere Nachbarschaften bilden. So konnte nicht zuletzt auf den Einbau von teuren Aufzügen verzichtet werden. Die Betonelemente der simplen Lochfassaden blieben roh.

39 Die umfassende Darstellung des Wirkens von Ernst Göhner findet sich in: Furter, Schoeck 2013.

40 Es waren dies: Hans Litz, Zürich; Peter und Martin Steiger, Zürich; Jakob Schilling, Zürich; Gelpke und Düby, Volketswil; siehe: Ernst Göhner AG, Katalog Elementbau, 2. Auflage 1968: 6.1.

41 Ernst Göhner AG, Katalog Elementbau, 2. Auflage 1968: 6.1.

Abb. 6: Das Sunnebüel war die erste Grossüberbauung der Ernst Göhner AG mit über 1100 Wohnungen. Sie entstand ab 1966 in Volketswil. Quelle: ETH-Bibliothek Zürich, Bildarchiv, Com_FC24-8604-0002.

Der Architekturhistoriker Philip Ursprung spricht im Zusammenhang mit den Göhner-Elementsiedlungen deshalb von einem «latenten Brutalismus».[42]

Göhners Ansage lautete: «Ein Zimmer mehr zum gleichen Preis». Mit seinem Bausystem wollte er 20 Prozent unter den Kosten von konventionellen Methoden produzieren. Mit dem industriellen Rohbau in grosser Serie allein war dies aber noch nicht zu schaffen. Also folgte auch der Innenausbau dem Credo der maximalen Optimierung sowohl in der Grundrissplanung als auch in der Ausstattung. Aus dem eigenen Firmengeflecht wurden vorgefertigte Fenster, Türen, Küchen und Einbauschränke sowie die Bodenbeläge geliefert, und mit externen Zulieferbetrieben bestanden langjährige Abnahmeverträge.[43] Göhner ging aber noch entschieden weiter: Er beschaffte über Mittelsleute grosse Landparzellen, auf denen er als Entwickler Siedlungskonzepte ausarbeiten liess. Nicht selten mussten diese Flächen zunächst eingezont und erschlossen werden. Die Überbauungen wurden anschliessend aus der eigenen Verkaufsabteilung blockweise an institutionelle Anleger oder als Wohnungen im Stockwerkeigentum an Privatpersonen verkauft. So blieb der wesentliche Teil der Wertschöpfungskette in einer Hand.

42 Ursprung 2017: 153–154.

43 Furter, Schoeck 2013: 55.

Die 1966 hochgefahrene Wohnbaumaschinerie der Ernst Göhner AG war in der Deutschschweiz beispiellos. Aber so sehr die massenhafte Wohnungsproduktion einem ungestillten Bedürfnis entsprach: Die Art, wie sie entstand, und die Formen, die sie auf der «grünen Wiese» annahm, boten grosse Angriffsflächen. Gemeindebehörden sahen sich mit dem schockartigen Wachstum überfordert, Raumplaner erkannten in Göhners ersten Grossprojekten das Fanal des Niedergangs einer geordneten Raumentwicklung und marxistische Kapitalismuskritiker stigmatisierten den Generalunternehmer zum Ausbeuter der Arbeiterklasse.[44] Teilweise sahen sich auch die Vertreter von Bund und Kantonen ausgebootet, wenn sie – wie beispielsweise im Glatttal – ihre Raumentwicklungskonzepte durch Göhner desavouiert sahen. Gemeinden wie Volketswil und Greifensee wurden «Göhnerswil» genannt, lebte dort doch bald die überwiegende Mehrheit der Bevölkerung in Göhner-Siedlungen. In Greifensee waren es Mitte der 1980er Jahre 85 Prozent der Einwohner*innen.[45]

Wachsender Widerstand: Missbilligung und Niedergang des Massenwohnungsbaus

Die Idee des standardisierten, industriellen Wohnungsbaus war für die standardisierte Industriegesellschaft mit einem fordistischen Produktionsmodell entstanden. Mit der Lebensstilrevolution, dem Wertewandel und der generellen Pluralisierung der Gesellschaft im Kontext des wirtschaftlichen, politischen und technischen Strukturwandels hatte sich dieses Prinzip zu Beginn der 1970er Jahre überholt. Mit dem ersten Stottern des Wachstumsmotors und dem Einbruch der Nachfrage nach Neubauwohnungen verlor die auf Serienfertigung und Vollauslastung ausgelegte industrielle Wohnungsproduktion in den 1970er Jahren ihre ökonomischen Vorteile gegenüber herkömmlichen Baumethoden. Zusammen mit der immer breiter werdenden Ablehnung von Grosswohnsiedlungen in der Gesellschaft versetzte dies dem Konzept Mitte der 1970er Jahre den Todesstoss.

Im letzten Abschnitt wurde angedeutet: Die Metamorphose der gebauten Umwelt hatte sich seit den späten 1950er Jahren in einem atemberaubenden Tempo vollzogen, was von einer grossen Mehrheit lange Zeit bejaht wurde. Mahnende Worte gingen im allgemeinen Aufschwungjubel weitgehend unter. Vielleicht aber war das Hurra über die neuen Wohnquartiere nur ein oberflächliches. Hatte man sich mangels Alternativen der neuen Hochhausstadt willenlos ergeben und wartete nur auf die Möglichkeit zum Auszug ins Einfamilienhaus, das zweifellos in allen Generationen für eine überwiegende Mehrzahl der grosse

44 Furter, Schoeck 2013: 187–188.

45 Tages-Anzeiger, 27.11.1987.

Traum vom Wohnen war?[46] Oder anders formuliert: Planten Politik, Bau- und Finanzwirtschaft Wohnraum faktisch gegen die gesellschaftliche Mehrheitsempfindung? Dies ist nicht plausibel, weil der Wohnungsmarkt in der Schweiz, wie im letzten Kapitel umrissen, stets nach privatwirtschaftlichen Regeln mit wenig Staatsdirigismus funktionierte und sich ergo an der Nachfrage orientieren musste. Die Akteure auf dem Immobilienmarkt brauchten diesbezüglich eine hohe Sensibilität. Der kollektive Zuspruch für die Grosswohnsiedlungen muss anfangs da gewesen sein, sonst wären sie schlicht nicht entstanden.

Mitte der 1960er Jahre begannen sich die kritischen Stimmen gegenüber dem ungezügelten Konjunkturrausch aber zu vermehren. Als Beispiel hierfür kann die filmische Installation des Neuenburger Filmemachers Henry Brandt mit dem Titel *La suisse s'interroge* an der Landesausstellung 1964 in Lausanne erwähnt werden. Im zentralen Ausstellungssektor «Weg der Schweiz», dem eigentlichen Rückgrat der Expo, lancierte Brandt einen cineastischen Mahnruf mit teils dramatischen Bildern zu Themen wie Konsumismus, Fremdenfeindlichkeit oder Umweltverschmutzung, aber eben auch Wohnungsnot, Zersiedelung oder Stadt-Land-Gegensätze. Der vieldiskutierte Beitrag erreichte ein Millionenpublikum inmitten der ansonsten stolzen und weitgehend kritikfreien Selbstdarstellung des Landes am Lido von Lausanne.[47]

Als zweites Beispiel und früher literarischer Mahnruf lässt sich das Buch *Die Städte sind zum Wohnen da!* des Journalisten und Dramaturgen Gody Suter nennen. Die Streitschrift aus dem Jahr 1966 war ein Plädoyer für die Rückeroberung der Innenstädte. Über die städtischen Vororte schrieb der Autor: «Die Vororte werden von Verstädterung überwuchert, und die Gesellschaft im Grünen sieht sich bereits gezwungen, für die Reste ihres Grüns zu kämpfen. Zwischen Niemand-Stadt und Jedermann-Land zerbröckeln die Konturen, die Stadt ist ‹Agglomeration›, nicht mehr Lebensform, amorph, stufenlose Schaltung von Tiefpunkt zu Tiefpunkt. Der Augenschein deprimiert.»[48]

Mit seiner Stadtkritik reihte sich Suter in eine Vielzahl von Autor*innen ein, die sich mit den Unzulänglichkeiten des modernen Siedlungsbaus auseinandersetzten. Seine wohl meistgelesenen Gleichgesinnten waren die US-Amerikanerin Jane Jacobs mit ihrem 1961 erschienenen Hauptwerk *The Death and Life of Great American Cities*, worin sie die Rückkehr zur gewachsenen und funktionsdurchmischten Stadt forderte. Oder der deutsche Psychoanalytiker Alexander Mitscherlich, dessen 1965 erstmals erschienenes Buch *Die Unwirtlichkeit unserer Städte. Anstiftung zum Unfrieden* international für Aufsehen sorgte. Er kritisierte das lieblose Auswachsen der Wohnviertel, forderte eine revolutionäre Änderung des städtischen Bodenrechts und machte sich damit zu einem viel ge-

46 So beispielsweise beschrieben in Die Tat, 06.11.1973: 5.

47 Walder 2021: 31.

48 Suter 1973: 208.

lesenen Autor der 1968er-Studentenbewegung. Mitscherlich schrieb: «Trabantensiedlungen [...] lassen sich rasch fabrizieren. Aber man muss verhältnismässig lange darin wohnen. Auch unter heutigen Rentabilitätsberechnungen noch zwei, drei und mehr Generationen. Grund genug, das Problem seelischer Kommunikationen in diesen neuen Wohnbereichen vor ihrer Fabrikation sorgfältig hin und her zu wenden.»[49]

Was war geschehen, dass Grossüberbauungen ihren meist guten Ruf so schnell einbüssten? Ein Erklärungsansatz ist die multiple Krise jener Jahre. Die Babyboomer-Generation musste 1974 nach fast drei Jahrzehnten Aufschwung erstmals und schockartig mit Arbeitslosigkeit und Rezession auf Tuchfühlung gehen. Hinzu kam der Wandel von der Produktions- zur Dienstleistungsgesellschaft; und drittens machten sich vermehrt Individualismus und Meinungspluralismus als übergeordnete Schwingungen und Folgen des 68er-Umbruchs bemerkbar. Sie führten zu einer Autoritätskrise, die nicht nur traditionelle Institutionen wie die Kirche, die Familie oder das Bildungswesen erschütterte. Auch das noch junge Ideal vom Wohnen in der modernen Grosssiedlung und die Architektur überhaupt waren davon betroffen.

Die Grossüberbauung war eine Idee der 1950er Jahre, als eine konservative, von einem Wertekonsens geprägte Gesellschaft das Projekt des allgemeinen Fortschritts verfolgte. Diesem Ziel wurden individuelle Freiheiten untergeordnet und verkrustete soziale Strukturen blieben weitgehend unangetastet. In den 1970er Jahren sorgte die multiple Krise dann für einen eruptiven Veränderungsschub, der alle Facetten des Zusammenlebens erfasste. Das «nachdrückliche Plädoyer für den Vorrang des Individuums» und das Verschwinden des «fordistischen Subjekts» begruben in kurzer Zeit eine, wenn auch nicht ideale, so doch beliebte Wohnform in der Blocksiedlung.[50] Die Grossüberbauung war ein Emblem der hauptsächlich auf materielles Wachstum ausgerichteten ersten Nachkriegsgeneration. Fundamental infrage gestellt wurde dieses Wachstumskonzept jetzt nicht nur durch die Krise, sondern auch durch die erwachsen gewordenen Babyboomer. Deren Werte hatten sich gewandelt.

Die Grosswohnsiedlung war kaum erfunden, als sich vehemente Kritiker*innen neben euphorische Befürworter*innen stellten. Was dabei auffällt: Es waren Fachleute, die mit ihrer Aussensicht Urteile fällten und dabei nicht selten die Bewohner*innen ausser Acht liessen. «Die im Grosstafelbau errichteten Wohnhäuser sind die zeitgemässen und ansprechenden Produkte der industrialisierten Welt von heute», meinte etwa 1969 der ungarische Ingenieur und Professor Gyula Sebestién.[51] Ganz anders sah dies der renommierte deutsche Kinderarzt und Psychotherapeut Gerd Biermann, der 1971 von «Urbanisie-

49 Mitscherlich 1965: 43–44.

50 Doering, Manteuffel 2010: 68; Hirsch, Roth 1986: 60.

51 Sebestién 1969: 17.

rungstraumata» sprach und glaubte nachweisen zu können, dass insbesondere bei «Hochhauskindern» vermehrt psychosoziale Störungen sichtbar würden. Kindliche Neurosen nähmen mit der Geschosshöhe im Hochhaus zu, so der Arzt, und weiter: «Die entseelte Betonautorität moderner Siedlungen» führe zu «seelischer Heimatlosigkeit und bald zu Bindungslosigkeit, Lügen, Stehlen, Schulschwänzen und Streunen».[52] Der sozialkritische Publizist Alfred A. Häsler veröffentlichte 1972 mit *Mensch ohne Umwelt?* eine Art Schweizer Ausgabe des im gleichen Jahr erschienenen Weltbestsellers *Limits to Growth* von Dennis und Donella Meadows. Häslers Konklusion zum Wohnen im Grossformat war unzweideutig: «In den modernen Wohnkasernen leben die Menschen dicht über- und nebeneinander – aber nicht miteinander; sie kennen sich nicht, wissen nichts voneinander. Hinter den imposanten Fassaden der Hochhäuser vereinsamen die Menschen; mitten im hochglanzpolierten Komfort breitet sich eine Armut aus, die vielleicht verheerender ist als die soziale Armut vergangener Jahrzehnte. Diese weckte die Solidarität und Hilfsbereitschaft. Jene tötet sie.»[53]

Lucius Burckhardt war in seinem Urteil volatil. Mehrfach bezog er sich auf den kanadischen Philosophen Marshall McLuhan und seinen berühmten Satz «environments are invisible».[54] Die Menschen würden sich nicht primär an der sichtbaren Umgebung orientieren, schrieb er 1978 in einem Aufsatz mit dem Titel *Ästhetische Probleme des Bauens.* «Die Umwelt», so Burckhardt, «ist nicht das, was man sieht, die Umwelt ist sozial.» Diese Feststellung hielt ihn aber nicht davon ab, im gleichen Text zu fragen: «Weshalb konnte die Entwicklung, die soviel Zerstörung, soviel Verwüstung und Verhässlichung gebracht hat, nicht gestoppt werden?»[55]

Das Ende des industriellen Massenwohnungsbaus ist im Sinne einer Ereigniskaskade schnell erzählt. Zwei Ereignisse im Jahr 1973 läuteten das abrupte Ende des knapp dreissig Jahre andauernden Goldenen Nachkriegszeitalters ein: Zum einen der Jom Kippur-Krieg im Nahen Osten und die darauffolgende Ölpreiskrise und zum anderen der Zusammenbruch des Bretton-Woods-Systems mit fixen Wechselkursen im internationalen Zahlungsverkehr. Die Schweiz erlitt in dieser Gemengelage den schwersten wirtschaftlichen Einbruch in ganz Europa.[56] Rund 340'000 Arbeitsplätze gingen verloren. Die Arbeitslosigkeit wurde indessen zur Hauptsache exportiert. Saisonarbeitskräfte wurden als Konjunkturpuffer missbraucht, indem deren Verträge nicht mehr erneuert wurden. Die Möglichmacher*innen des Schweizer Wohlstands zahlten die Zeche. Neben der Exportwirtschaft traf es die Bau- und Immobilienbranche am härtesten. Zwi-

52 Biermann 1971: 299–300.

53 Häsler 1972: 30.

54 So etwa 1972 in «Was erwartet der Bürger von der Stadtgestalt», siehe: Burckhardt 1985: 69.

55 Burckhardt 1985: 392.

56 Tanner 2015: 419.

schen 1974 und 1976 sackte die Bautätigkeit um 30 Prozent ab. Das nominell in den Wohnungsbau investierte Kapital halbierte sich sogar. Mit dem abrupten Konjunktureinbruch versiegte schlagartig der vermeintlich unstillbare Durst nach neuen Wohnungen. Was während 30 Jahren mit grössten Anstrengungen nicht gelang, bewirkte die Baisse. Die NZZ vermeldete: «Innert kurzer Zeit hat sich die Lage auf dem Wohnungsmarkt bekanntlich grundlegend geändert: Das Angebot an leeren Wohnungen übersteigt die Nachfrage immer mehr.»[57] Ende 1975 standen landesweit über 80'000 Wohnungen leer, was der Jahresproduktion von 1973 entsprach. Die privatwirtschaftliche Wohnbaufabrikation war ohne Wenn und Aber auf anhaltende Vollauslastung hin konzipiert. Ohne Vollauslastung keine Kosteneffizienz und damit kein Gewinn. Die Flaute im Baugewerbe hielt etwa fünf Jahre an, doch erreichte die Sparte Wohnungsbau auch später nie mehr den Produktionsausstoss aus dem Rekordjahr 1973. Die Vorfabrikationswerke wurden bis auf wenige Ausnahmen zunächst eingemottet und zwischen 1977 und 1985 geschlossen. Damit war dem industriellen Wohnungsbau die Grundlage entzogen. Obwohl sich die Konjunktur allmählich erholte und bereits 1980 wieder auf dem Stand von 1975 war, endete mit der Krise die kurze Ära des industriellen Wohnungsbaus in der Schweiz. Warum er sich mit dem Wiederaufschwung gegen Ende der 1970er Jahre nicht neu etablieren konnte, erklärt sich mit dem Wertewandel, den ich nachfolgend an zwei Fallbeispielen erörtern möchte.

Systemisch-soziologische Kritik: Die Göhnerswil-Story

Das wohl folgenreichste Beispiel für die Kritik am Massenwohnungsbau ist die «Göhnerswil-Story». Diese begann am 15. Mai 1972 mit einer vierteiligen Artikelserie in der linksliberalen Basler *Nationalzeitung* über die Vorgehensweise der Ernst Göhner AG bei der Entwicklung ihrer Grossüberbauungen, namentlich in Volketswil.[58] Die Kritik an den vermeintlich dubiosen Praktiken vom Landerwerb bis zur Mieterselektion fiel scharf aus. Ebenso war von fantastischen Gewinnen die Rede, welche die Generalunternehmung dabei einstreichen würde. Die Aussagen stammten aus einer Studie über die Ernst Göhner AG mit dem Titel *Göhnerswil. Wohnungsbau im Kapitalismus*, die zwei Wochen später veröffentlicht wurde. Am 20. Mai 1972 erschienen im *Tages-Anzeiger-Magazin* weitere Vorab-Leseproben des Buchs, die vom Journalisten und Architekturpublizisten Rudolf Schilling kommentiert wurden.[59] Seine einleitenden Worte dazu: «In

57 Neue Zürcher Zeitung, 26.01.1976: 13.

58 Nationalzeitung, 15., 17., 19. und 24.05.1972. Der Autor der Artikelserie war Ruedi Jost.

59 Bemerkenswert: Rudolf Schillings Bruder Jakob Schilling gehörte zu den Hausarchitekten der Ernst Göhner AG. Er entwarf den Gesamtplan für Greifensee und einen Teil der Siedlungen.

den nächsten Tagen wird bei der Verlagsgenossenschaft ein Buch herauskommen, das ein bisschen Unruhe stiften dürfte.»[60]

Das Sachbuch war das Ergebnis eines zweisemestrigen Experimentalkurses über «ökonomische Kriterien für Planungsentscheidungen» an der Architekturabteilung der ETH Zürich 1970/71. Der deutsche Gastprofessor Jörn Janssen versuchte dabei nicht nur Ökonomie als neuen Inhalt, sondern auch selbstbestimmte Lernformen zu etablieren. Das Wirken des jungen Dozenten mit marxistischer Prägung endete mit einem Eklat und der Nichtverlängerung seines Lehrauftrags.[61] Dies führte zu grosser Unruhe unter den Studierenden, die in die spontane Besetzung des Rektorats mündete und eine rege Berichterstattung in der Presse zur Folge hatte.[62] Die Studierenden und Assistierenden des aufgelösten Kurses verfassten das Buch anschliessend in ihrer Freizeit. Die Publikation kritisierte den spekulativen Wohnungsbau am Beispiel der Göhnersiedlungen. Dabei wurden die vermeintlich exorbitanten Gewinne auf Kosten der Mieterinnen und Mieter sowie der Allgemeinheit skandalisiert. Nach wenigen Tagen war die erste Auflage vergriffen und bald sollten 26'000 Exemplare verkauft sein. Die Studentenschrift wurde in den Sachbuch-Bestsellerlisten geführt und erschien 1974 auch in einer französischen Ausgabe.[63]

Zwei Dokumentarfilme machten den Hype komplett: Nur Tage nach dem Verkaufsstart von *Göhnerswil* strahlte das Schweizer Fernsehen am 9. Juni 1972 zur besten Sendezeit Kurt Gloors viel beachteten Film *Die grünen Kinder* über das Leben in der Grossüberbauung aus. Wieder war Göhners «Sunnebüel» in Volketswil der Ort des Geschehens. In Ergänzung zur Kapitalismuskritik der Architekturstudent*innen war der Film, der später auch im Deutschen Fernsehen ausgestrahlt wurde, eine Abrechnung mit der Trabantensiedlung als «falsche[m] Lösungsvorschlag des Wohnungsproblems». Gloor verstieg sich in der preisgekrönten und vom Bund subventionierten Produktion zur kruden Behauptung, in der Retortensiedlung würden «beschädigte Menschen» heranwachsen.[64] Der zweite Film mit dem Titel *Zur Wohnungsfrage 1972* von Hans und Nina Stürm knüpfte an die marxistischen Thesen und Friedrich Engels gleichnamige Streitschrift an, welche genau 100 Jahre zuvor erschienen war.[65] In düsteren Bildcollagen und völliger Verzerrung des Sachverhalts wurden darin Göhnersiedlungen mit den problematischen Sozialghettos europäischer Grossstädte gleichgesetzt. Der Film lässt jede Empirie und inhaltliche Stringenz vermissen und darf aus der

60 Tages-Anzeiger-Magazin, 20. 05. 1972: 23.

61 Von der Nichtverlängerung waren neben Jörn Janssen auch die beiden deutschen Soziologen Hermann Zinn und Hans-Otto Schulte betroffen.

62 Die «Janssen-Affäre» habe ich detailliert nachgezeichnet in: Furter, Schoeck 2013: 194–196.

63 Furter, Schoeck 2013: 191–193.

64 Schlusskommentar des Films. Siehe auch Furter, Schoeck 2013: 196.

65 Friedrich Engels: Zur Wohnungsfrage, 1872.

zeitlichen Distanz als unsachliche und marxistisch-politisch motivierte Agitation gegen einen bekannten Unternehmer und Kapitalisten bezeichnet werden.[66]

Die drei Produktionen lösten in der Schweizer Presselandschaft ein beispielloses Erdbeben aus. «Göhnerswil» wurde zur Sommerstory 1972 und zu einem publizistischen Lehrstück.[67] Ganz offensichtlich trafen die Beiträge in ihrer eindimensionalen Kritik einen Kern, ein gewisses Unbehagen, zu dem die Medienschaffenden aus dem meist bildungsbürgerlichen Milieu gerne eine dezidierte Meinung beisteuerten. Das Buch wurde zum Aerosol, an dem sich ein Gewitter entlud. Kaum ein Presseerzeugnis verzichtete auf Stellungnahmen und so wurde ein Thema gross geschrieben, welches für die allermeisten der direkt betroffenen Bewohner*innen überhaupt keines war. Denn diese wohnten freiwillig und durchaus gerne in der Grossüberbauung.[68]

Die Ernst Göhner AG reagierte prompt mit Richtigstellungen und wurde dabei von der bürgerlichen Presse unterstützt. Namentlich *Die Tat*, gegründet von Gottlieb Duttweiler, einem Freund von Göhner, hielt intensiv und fundiert dagegen. Doch blieb man in der undankbaren und letztlich kaum sichtbaren Rolle des Abwehrspielers. Im August 1972 holte die Generalunternehmung deshalb zum Befreiungsschlag aus und beauftragte das unabhängige Zürcher Marktforschungsinstitut Isopublic AG mit einer repräsentativen Mieterbefragung in allen von Göhner bis dahin erstellten Grossüberbauungen.[69] Die wissenschaftlich wasserdichte mit Grossrechnern ausgewertete Untersuchung fand ihren Niederschlag in 1,2 Millionen Datensätzen und berücksichtigte sämtliche denkbaren Aspekte. Ende 1973 wurde ein zusammenfassender Schlussbericht veröffentlicht und alle Analysen transparent gemacht. Das Ergebnis fiel aus Sicht der Ernst Göhner AG ausserordentlich positiv aus. 96 Prozent der Befragten zeigten sich grundsätzlich zufrieden bis sehr zufrieden mit ihrer Wohnung, und 81 Prozent der Mieter*innen erachteten den Mietzins als «gerade richtig» oder gar «vergleichsweise niedrig».[70] Mit anderen Worten: Den Grossüberbauungen wurde von Aussenstehenden ein schlechter Ruf angedichtet, der in keiner Weise mit den Wahrnehmungen der Betroffenen übereinstimmte. Die Fachwelt und die

66 Gleichwohl erhielt auch «Zur Wohnungsfrage» Fördergelder des Bundes. Ausserdem wurde der Film mit einer Qualitätsprämie des EDI ausgezeichnet. Siehe dazu Furter, Schoeck 2013: 197.

67 Die Ernst Göhner AG stellte die Presseberichte in einer 180 Seiten umfassenden Dokumentation zusammen.

68 Kurt Gloor entschuldigte sich 25 Jahre später – wenige Wochen vor seinem Tod – an einer öffentlichen Veranstaltung für seine «hirnrissigen» Schlussfolgerungen. Siehe: Neue Zürcher Zeitung, 27./28.09.1997.

69 Befragt wurden 1638 Personen in 908 Haushalten (Mieter und Besitzer von Eigentumswohnungen) in den Siedlungen Volketswil-Sunnebüel, Greifensee, Mönchaltorf, Adlikon-Sonnhalde, Zürich-Langgrüt und Volketswil-Zimikon. Siehe dazu Isopublic AG 1973: 5.

70 Isopublic AG 1973: 8.

Presse interessierten sich aber kaum für die Ergebnisse der Meinungsforscher*innen. Als sie veröffentlich wurden, war seit dem Sturm im Pressewald mehr als ein Jahr vergangen. Die Aufregung hatte sich weitgehend gelegt und insgeheim war kollektiv über das Konzept Grossüberbauung längst geurteilt worden: Es war in Ungnade gefallen. Wer es trotzdem befürwortete, nahm den Bericht im Sinne einer Bestätigung zur Kenntnis. Gegner*innen ignorierten ihn oder zogen das Mittel der Umfrage generell in Zweifel. So schrieb der erfahrende Soziologe Lucius Burckhardt 1972 in einem Aufsatz: «Diese Befragungen ergeben mit erschreckender Regelmässigkeit das Ergebnis, die Bewohner seien mit ihrer Wohnsituation zufrieden. [...] Wer aber an wirklichen Informationen interessiert ist, der muss diesen Ergebnissen skeptisch gegenüberstehen. Das Environment, die persönliche Wohnsituation, gehen dem Menschen so nahe, dass er sie nicht kritisieren kann, sondern sich damit psychologisch arrangiert.»[71]

Ästhetisch-ökologische Kritik: Bauen als Umweltzerstörung

Die Architekt*innen fanden in der konjunkturell bedingten Verschnaufpause ab 1974 ungewollt Zeit für eine Analyse der vergangenen, rauschartigen Jahrzehnte. Beschämt blickten viele auf das, was ihre Zunft mitangerichtet hatte. Der industrielle Massenwohnungsbau eignete sich dabei als bildhaftes Kondensat aller vermeintlicher Irrtümer und begangener Fehler. In Leo Schürmann, Rechtsprofessor, Nationalrat der CVP und ein allseits anerkannter Experte für Raumplanungsfragen,[72] erkannten sie einen Verbündeten, als dieser 1973 in einem Postulat vom Bundesrat Massnahmen gegen die «Verödungsgefahr durch moderne Siedlungen» forderte.[73] Der Zürcher Architekt Rolf Keller wurde schliesslich zum Sprecher der Empörten. Sein 1973 erstmals erschienener Bestseller *Bauen als Umweltzerstörung* war eine zornige Abrechnung mit dem Bauwirtschaftsfunktionalismus; eine brillante, 190 Seiten starke Bildcollage voller zynischer Kommentare.[74] Die seit den 1960er Jahren erstellten Verkehrsinfrastrukturen und die Grosswohnsiedlungen der Ernst Göhner AG waren die von Keller bevorzugten Bildsujets, deren Kontraste besonders dramatisch gewählt wurde.

71 Burckhardt 1985: 73.

72 Leo Schürmann verfasste als Experte des Bundes den Wortlaut des Raumplanungsgesetzes. Ausserdem entwarf er die Gesetze zur Wohnbauförderung, zum Umweltschutz oder zu den dringlichen Massnahmen gegen Missbräuche im Mietwesen. Siehe: Nachruf in der Neuen Zürcher Zeitung, 11.12.2002.

73 Wohnen, Heft 10, 1973: 274. Das Postulat wurde vom Bundesrat als berechtigt eingestuft und entgegengenommen.

74 Das Buch wurde zwischen 1973 und 1977 in fünf Auflagen mit insgesamt 19'000 Exemplaren gedruckt.

Der Schweizerische Werkbund und der Bund Schweizer Architekten (BSA) stellten sich auf die Seite ihres Mitglieds. Vom Obmann des BSA stammte auch das Nachwort im Buch. Darin hiess es: «Sehen wir endlich klar: Rolf Kellers Fotografien zeigen das unverzerrte Bild unserer Umwelt, in welcher – wie Rolf Keller es treffend ausdrückt – die formschönen Bauten der BSA-Architekten nicht viel mehr als ‹Alibi-Rosinen› in einer Betonkruste, die unsere Erde überzieht, darstellen.»[75]

Der nur auserlesenen Berufskolleg*innen zugängliche BSA, quasi die Intelligenzia unter den Architekturschaffenden, lehnte seine Verantwortung für den quer durch das Land entstandenen Agglomerationsbrei also integral ab. Doch damit machte er es sich entschieden zu einfach. Analysiert man Kellers Anklageschrift genauer, so erkennt man darin eine Vielzahl von Projekten, die BSA-Mitglieder entworfen hatten.[76] Die Fachschaft war orientierungslos und ihr Fundament brüchig geworden. Kellers Buch gab eine neue Richtung vor, die radikale Abkehr vom Funktionalismus der Nachkriegszeit und eine architektonische und städtebauliche Neuorientierung durch Rückbesinnung auf formale Traditionen beziehungsweise eine Neuinterpretation derselben. *Bauen als Umweltzerstörung* wurde zur Pflichtlektüre weit über die Planergilde hinaus, die auch international lobend besprochen wurde. So stellte etwa der *Der Spiegel* das Buch auf die gleiche Stufe wie Alexander Mitscherlichs *Die Unwirtlichkeit unserer Städte.*[77]

Rolf Keller erhielt 1975 eine grosse Bühne für seine Anschuldigungen. In der Abendsendung «Monatsmagazin» des Schweizer Fernsehens wurde er mit einer Carte Blanche ausgestattet, um dem TV-Publikum landesweit wort- und bildstark seine Beobachtungen zu präsentieren. Hierfür platzierte er sich im zürcherischen Glatttal vor Göhnersiedlungen und dozierte: «Ich meine, dass diese Häuser böse Häuser sind. Der industrielle Wohnungsbau ist lebensfeindlich. Ich glaube sogar, er ist eine neuartige Verletzung der Menschenrechte. […] Im Extrem sind das Bilder einer Krankheit, eines Baukrebses, der ganze Täler überwuchert und im Begriff ist, die ganze Erdoberfläche zu verkrusten. […] Wenn das nur unsere Augen beleidigen würde, wäre das nicht so schlimm. Aber diese Bilder kommen in uns und verändern uns, so wie Lärm uns auch krank macht.»

Nach aktuellem Wissensstand ist für die Schweiz kein Beispiel bekannt, wo nach 1973 noch von Grund auf Planungen für neue Grossüberbauungen in Angriff genommen worden wären. Wohl dauerte es noch Jahre, bis alle angefangenen Siedlungen fertiggestellt waren, aber diese wurden nun zum Schwanengesang eines ad acta gelegten Konzepts. Der Kunsthistoriker Henri Stierlin, seit

75 Keller 1973, 5. Auflage 1977: 191.

76 Beispielsweise die Göhner-Siedlung in Greifensee von Jakob Schilling, Le Lignon in Vernier bei Genf von Georges Addor, das Tscharnergut in Bern von Gret und Hans Reinhard oder die Autobahnraststätte Würenlos von Hans Marti.

77 SRF-Monatsmagazin, 14.05.1975.

1972 Herausgeber der Zeitschrift *Werk*, schrieb 1976: «Bis in die letzten Jahre hinein währte die Zeit wirtschaftlicher Euphorie. Im Bauwesen war es die Zeit der Grossüberbauungen. [...] Die letzten Siedlungen werden fertiggestellt oder sind noch im Bau begriffen: geplant wurden sie, als noch Optimismus und blinder Glaube an eine unendliche Wirtschaftsexpansion herrschten – wie einst der Fortschrittsglaube es für möglich hatte erscheinen lassen, dass aus Menschen Götter würden. [...] Im Vertrauen auf das Vermächtnis Le Corbusiers baute [... der Architekt] die ‹Cité Radieuse› mit Sonnenschein, Raum und Grünflächen. Stereotype, in einem vereinfachenden Gesellschaftsbild verhaftete Normwohnungen für Mindestbedürfnisse wurden zu 6, 10, 15 oder 20 Stockwerken gestapelt.»[78]

Die bisweilen hysterische Kritik am Massenwohnungsbau wurde in den 1970er Jahren zum Topos in allen davon betroffenen Ländern Westeuropas. Und selbst aus dem Osten drangen gelegentlich eindringliche Mahnungen durch den Eisernen Vorhang. Besonders bemerkenswert ist in diesem Zusammenhang der unvollendete Roman *Franziska Linkerhand* der gefeierten ostdeutschen Schriftstellerin Brigitte Reimann. Es ist die Geschichte einer jungen Architektin, die voller Enthusiasmus nach «Neustadt» – gemeint war die Plattenbaustadt Hoyerswerda – zieht, um am Aufbau der neuen Gesellschaft mitzuwirken. Das Buch mündet aber in schärfste Ablehnung des damaligen Städtebaus. Das Aufhübschen und Durchgrünen von Plattenbau-Neubausiedlungen sei wie das Schminken einer Leiche, konstatiert Linkerhand darin.[79]

Zu Grossüberbauungen wurde nach 1973 trotz ihrer städtebaulichen Bedeutung in Fachzeitschriften kaum mehr publiziert. Man hatte pauschal den Stab über sie gebrochen. Das zwischen 1977 und 1979 bestehende Fusionsprodukt *Werk-Archithese* versuchte den Diskurs mit einem differenzierteren Blick auf das Gebaute nicht abbrechen zu lassen. Es entstanden Themenhefte zu Funktionalismus, Monotonie und Trabantenstädten;[80] in der Nachbetrachtung war dies der publizistische Versuch eines Erkenntnistransfers ohne Breitenwirkung. Der Wertewandel war vollzogen. Ein überwiegender Teil der Gesellschaft hatte in den 1960er Jahren die schnörkellose Grossform als ästhetisches Ereignis gleichgültig zur Kenntnis genommen, deren Segnungen aber, die modernen Wohnungen, sehr wohl begrüsst. Nun war diese Gleichgültigkeit bisweilen

---

78 Werk, Heft 12, 1976: 820.

79 Reimann 1974: 370. Der Roman gilt als Hauptwerk von Brigitte Reimann. Sie arbeitete zehn Jahre daran und erlag ihrer Krebserkrankung vor der Fertigstellung des Manuskripts. Dieses entstand in engem Austausch mit dem damals im Westen bekanntesten DDR-Architekten Hermann Henselmann. Trotz der Kritik am System wurde das Buch 1974 in einer zensurierten Fassung veröffentlicht.

80 Chefredaktor Stanislaus von Moos wurde – nach seiner Erinnerung – aufgrund der beiden Archithese-Nummern zu Monotonie 1980 als Professor für Kunst- und Architekturgeschichte an die TU Delft berufen. Siehe: Werk-Archithese, Heft 21/22, 1978: 50.

Abb. 7: Das 1975 veröffentlichte Schulwandbild 167 zeigt das Shoppingcenter und die Hochhausstadt Spreitenbach als Fallbeispiel verfehlter Siedlungsentwicklung. Der Gemeinderat von Spreitenbach verlangte vom Lehrmittelverlag erfolglos den Rückzug des Bildes aus dem Sortiment. Quelle: Schulwandbild 167, herausgegeben von der Kommission für interkantonale Schulfragen des Schweizerischen Lehrervereins.

scharfer Ablehnung gewichen. Überhaupt war ein Überdruss aufgrund der schieren Masse von bauwirtschafts-funktionalistischem Unterdurchschnitt in der Gesellschaft spürbar geworden.

1977 setzte sich Lucius Burckhardt – auch er war vom Befürworter zum Gegner von Grosswohnsiedlungen geworden – mit dem «Wandel ästhetischer Wertung» auseinander und stellte fest, dass die Architekturmoderne als «international style» in der Anfangszeit ein «ästhetisches Erlebnis» für eine sehr kleine Schicht gewesen sei. Die grossen Massen hätten davon nichts mitbekommen. In den Jahrzehnten nach dem Zweiten Weltkrieg hätte die funktionalistische Moderne in meist degenerierter Form den Altbaubestand binnen kurzer Zeit verdrängt. Innerhalb einer Generation sei dieser in die Minderheit geraten und schutzbedürftig geworden. Burckhardt weiter: «Die Moderne bedeutete einen zu grossen Schritt, und das Publikum konnte nicht, wie bei bisherigen Stilwandlungen, lernen, seine ästhetischen Erwartungen auf die neue Information einzustellen.»[81] Es fand eine eigentliche Umdeutung statt: Das Neue wurde abgelehnt, ohne je richtig angenommen worden zu sein. Das Alte hingegen erfuhr eine Ver-

81 Burckhardt 1985: 128–129.

klärung, für die nach Burckhardt das Wort «Nostalgie» nur unzureichend war.[82] Zu dieser Nostalgie-These in Zeiten der Krise passt das vom Europarat für 1975 ausgerufene Jahr für Denkmalpflege und Heimatschutz, welches in der Schweiz eine grosse Resonanz erfuhr. Es wurden Vorzeigesanierungen durchgeführt, Bücher veröffentlicht und Materialien für den Schulunterricht aufbereitet. Das Wohnhochhaus und die Grossüberbauung finden sich darin repetitiv ausschliesslich in negativer Auslegung. Für Aufruhr sorgte etwa das Schulwandbild Nr. 167 mit einer Flugaufnahme von Neu-Spreitenbach als Fallbeispiel verfehlter Siedlungsentwicklung.[83] Das Denkmalschutzjahr leistete insbesondere auch der Schaffung wichtiger Planungsinstrumente Vorschub. So begann der Bund im gleichen Jahr mit der Ausarbeitung des «Inventars schützenswerter Ortsbilder der Schweiz» (ISOS), ein damals weltweit einzigartiges Arbeitsmittel. Ausserdem erreichte das Raumplanungsgesetz 1979 eine Mehrheit an der Urne. Damit war klar: Ein Zurück zum industriellen Massenwohnungsbau würde es in dieser Form nie mehr geben.

Fazit

Mit dem Niedergang des industriellen Wohnungsbaus brach auch das öffentliche Interesse an den Siedlungen weitgehend ab. Erst Mitte der 1980er Jahre begann die Presse wieder vermehrt über die Grossüberbauungen zu schreiben. Die Wohnblöcke waren inzwischen sanierungsbedürftig geworden und bisweilen machten sich «erste Anzeichen von Verslumung» bemerkbar, wie die *Neue Zürcher Zeitung* mit Blick auf die Glatttalgemeinden vermeldete.[84] Mit der schwierigen Frage, wie der angejahrte Bestand zu renovieren sei, hatte sich nun eine neue Generation von Planer*innen zu befassen. Eine Generation, die mehr die Abgrenzung zu den Altvorderen suchte und sich nicht mit den damaligen Planungsgedanken auseinandersetzen wollte. Das Ergebnis: Viele Sanierungen entpuppten sich ästhetisch bald als Irrwege, namentlich bei Fassadensanierungen. Jede Bauherrschaft renovierte nach anderen Grundsätzen. So wurden aus einheitlichen Siedlungen gestalterische Flickenteppiche, was den schlechten Ruf der Orte eher verstärkte. Eine Ausnahme bestätigt die Regel: In Greifensee beschritt die «Winterthur Versicherung» als Besitzerin von rund 500 industriell gefertigten Wohnungen einen für damalige Verhältnisse neuen Weg, indem sie die Mieter*innen in einem umfangreichen, partizipativen Prozess mitplanen liess. Bedürfnisse wurden gesammelt und in konkrete, einheitliche Massnahmen übersetzt. So entstanden Baumalleen, Pflanztröge an den Fassaden, Wintergärten

82 Burckhardt 1985: 128–129.
83 Furter 2021: 93.
84 Neue Zürcher Zeitung, 15.06.1988: 59.

oder Gemeinschaftsräume auf der Grundlage präziser Bedarfsanalysen. Dies war der verheissungsvolle Beginn eines bis heute andauernden Nachsorgeprozesses dieses umfangreichen und oft missverstandenen Baubestands, bei dem Nachahmer*innen bedauerlicherweise weitgehend ausblieben.

Die Debatte über den Umgang mit diesen Zeugnissen des grossen Baubooms der «Trente Glorieuses» ist schwierig. Ratlos in vielen Belangen sind nicht nur die Architekt*innen, Raumplaner*innen, die Denkmalpflege und der Heimatschutz. Auch Eigentümer*innen tun sich schwer mit Fragen zur Zukunft ihrer Grossimmobilien. Wie kann eine Transformation in einen zweiten oder gar dritten Lebenszyklus gelingen? Was also tun «mit dem gebauten Kram», wie der Publizist Rudolf Schilling schon 1987 im Untertitel seiner Schrift *Rückbau und Wiedergutmachung* fragte.[85] Erst in den letzten Jahren verdichtet sich die Zahl gelungener Beispiele – wie etwa die 2023 abgeschlossene Teilsanierung der Siedlung Telli in Aarau – und gleichwohl ist oft das Unverständnis oder der Unwille geblieben, den Siedlungen mit dem Planungsgedanken jener Zeit zu begegnen. Mehr noch droht inzwischen sogar der Abbruch und Ersatz der Immobilien trotz des darin gebundenen Kapitals und trotz der Tatsache, dass dies im Widerspruch zu den gesetzten Netto-Null-Zielen steht. Immobilien aus der Hochkonjunktur werden als Einwegprodukt behandelt und nach einem Gebrauchszyklus entsorgt. Heute gilt also die Kritik dem viel zu oft unsachgemässen Umgang mit dem einst per se so kritisierten Bestand an Grosswohnsiedlungen.

Gedruckte Quellen

Baeggli, W.: Industrialisierung im Wohnungsbau durch Grosstafelbauweise. In: Schweizerische Bauzeitung SBZ, Heft 10, 07.03.1974: 217–220.

Berger, Fritz: Die Zielsetzung der eidgenössischen Wohnbaupolitik. In: Die Tat, 24.11.1970: 22–23.

Biermann, Gerd: Hochhaus, Kind und Heimat. In: Garten und Landschaft, Heft 8, 1971: 299–300.

Bovet, Jacques: Die Grosstafelbauweise im Genfer Wohnungsbau. In: Schweizerische Bauzeitung SBZ, Heft 20, 1963: 334–339.

Bundesamt für Wohnungswesen (Hg): Siedlungswesen in der Schweiz (Schriftenreihe Wohnungswesen 7). Bern 1978.

Bundesminister für Bauwesen, Raumordnung und Städtebau (Hg.): Der Wohnungsbestand in Grosswohnsiedlungen in der Bundesrepublik Deutschland. Bonn, Bad Godesberg 1986.

Burckhardt, Lucius: Die Kinder fressen ihre Revolution. Wohnen – Planen – Bauen – Grünen, gesammelte Texte. Köln 1985.

Ernst Göhner AG: Elementbau. Moderne Wohnungen in Göhner Bauten, Zürich o.J. (verm. 1965).

85 Schilling 1987.

Häsler, Alfred A.: Mensch ohne Umwelt? Die Vergiftung von Wasser, Luft und Erde oder die Rettung unserer bedrohten Welt. Olten 1972.

Häsler, Alfred A.: Einer muss es tun. Leben und Werk von Ernst Göhner. Frauenfeld 1981.

Horta AG: Rastel-Granit. Der Schlüssel für den rationellen Bau von Qualitätswohnungen. Aarau 1974.

Isopublic AG: Was sagen die Bewohner zur modernen Gesamtüberbauung? Zusammenfassender Bericht. Zürich 1973.

Keller, Rolf: Bauen als Umweltzerstörung. Alarmbilder einer Un-Architektur der Gegenwart. Zürich 1973.

Keresztes, Janos von: Rationalisierung des Bauens durch Industrialisierung. In: Bauen +Wohnen, Heft 2, 1952: 61–75.

Mitscherlich, Alexander: Die Unwirtlichkeit unserer Städte. Anstiftung zum Unfrieden. Frankfurt a. M. 1965.

Reimann, Brigitte: Franziska Linkerhand. Ostberlin 1974.

Schilling, Rudolf: Rückbau und Wiedergutmachung. Was tun mit dem gebauten Kram? Basel 1987.

Schmid, Thomas; Testa, Carlo: Bauen mit Systemen. Zürich 1969.

Schümperli, Rudolf: Zur Wohnungsnot in der Schweiz. In: Rote Revue. Sozialistische Monatsschrift, Heft 11, November 1947: 381–386.

Schweizer, Jola B.: Bauen in der Schweiz. Image de la construction de la Suisse. La construzione in Svizzera. Zürich 1972.

Sebestyén, Gyula: Die Grosstafelbauweise im Wohnungsbau. Düsseldorf 1969.

Suter, Gody: Die grossen Städte. Was sie zerstört und was sie retten kann. Mit einem Vorwort von Max Frisch, 2. Auflage. Ulm 1966.

Suter, Gody: Die Städte sind zum Wohnen da! Mit einem Vorwort von Max Frisch. Neuausgabe. Zürich 1973.

Sekundärliteratur

Althaus, Evelyne: Sozialraum Hochhaus, Nachbarschaft und Wohnalltag in Schweizer Grosswohnbauten. Bielefeld 2018.

Bäschlin, Elisabeth (Hg.): Wohnort Grossüberbauung. Das Tscharnergut in Bern. Bern 2004.

Brogle, Martin: «Achtung, die Regionalstadt!». In: Badener Neujahrsblätter 70 (1995): 22–41.

Brogle, Martin: Die Planung beginnt vor den Toren der BBC. Die ersten Aufgaben der Regionalplanung in der Agglomeration Baden-Wettingen. In: Badener Neujahrsblätter 72 (1997): 178–190.

Burchardt, Joergen: Systems for standardized precast concrete elements: The case of the Larsen & Nielsen system. In: Campell, James W. P.: Timber and Construction. Cambridge 2022: 497–514.

Carbonnet, Muriel: Raymond Camus: Pape de la prefabrication lourde. In: Béton(s) le Magazine, No. 96, 27.09.2021 (geändert am 27.08.2024): https://www.acpresse.fr/raymond-camus-pape-prefabrication-lourde/, abgerufen am 31.01.2025.

Doering-Manteuffel, Anselm; Raphael, Lutz: Nach dem Boom. Perspektiven auf die Zeitgeschichte seit 1970. Göttingen 2010.

Furter, Fabian; Schoeck-Ritschard, Patrick: Göhner Wohnen. Wachstumseuphorie und Plattenbau. Baden 2013.

Furter, Fabian: Testfeld Planung. Raumentwicklung, Städtebau und Architektur. In: Zeitgeschichte Aargau. 1950–2000. Zürich 2021.

Gilg, Peter; Hablützel, Peter: Beschleunigter Wandel und neue Krisen (seit 1945). In: Geschichte der Schweiz und der Schweizer. Basel 2006: 821–953.

Graf, Franz: Préfabrication: «haute couture» (IGECO) versus «Prêt à porter» (HA). In: Hassler, Uta; Dumont d'Ayot, Catherine (Hg): Bauten der Boomjahre. Paradoxien der Erhaltung. Zürich 2009: 296–299.

Hassler, Uta; Dumont d'Ayot, Catherine (Hg): Bauten der Boomjahre. Paradoxien der Erhaltung. Zürich 2009.

Hirsch, Joachim; Roth, Roland: Das neue Gesicht des Kapitalismus. Vom Fordismus zum Post-Fordismus. Hamburg 1986.

Kreis, Georg (Hg.): Die Geschichte der Schweiz. Basel 2014.

Kurz, Daniel: «Den Arbeiter zum Bürger machen» – Gemeinnütziger Wohnungsbau in der Schweiz 1918–1949. In: Schulz, Günther (Hg): Wohnungspolitik im Sozialstaat. Deutsche und europäische Lösungen 1918–1960. Düsseldorf 1993: 285–304.

Landeskonferenz für Wohnungsbau: Förderung des Wohnungsbaues. Technisch-betriebswirtschaftliche, landesplanerische, organisatorische, juristische und finanzielle Aspekte. Bericht der Expertengruppen I bis V. Bern 1966.

Maissen, Thomas: Geschichte der Schweiz. Baden 2010.

Siegfried, Detlef: «Trau' keinem über 30»? Konsens und Konflikt der Generationen in der Bundesrepublik der langen sechziger Jahre. In: Aus Politik und Zeitgeschichte. Beilage zur Wochenzeitung «Das Parlament», 3. November 2003: S. 33–39.

Skenderovic, Damir; Späti, Christina: Die 1968er-Jahre in der Schweiz. Aufbruch in Politik und Kultur. Baden 2012.

Tanner, Jakob: Geschichte der Schweiz im 20. Jahrhundert. München 2015.

Thalmann, Philippe: Wohnungsbau. In: Historisches Lexikon der Schweiz (HLS), Version vom 11.01.2015, https://hls-dhs-dss.ch/de/articles/013916/2015-01-11/, abgerufen am 31.01.2025.

Ursprung, Philip: Der Wert der Oberfläche. Essays zu Architektur, Kunst und Ökonomie. Zürich 2017.

Walder, Martin: Seine Bilder prägten sich ins kollektive Gedächtnis ein. In: Neue Zürcher Zeitung, 11.11.2021: 31.

Mehr als ein diskursiver Kurswechsel?

Zur halbherzigen Entkoppelung von Verkehr und Wirtschaftswachstum seit der Umweltwende um 1970

Ueli Haefeli

Abstract

The history of transport development in Switzerland since the Second World War can be read as a process of maximisation in the context of mass motorisation: traffic should be and was allowed to grow, the more the better. Particularly in the first two post-war decades, this implicitly meant that the economy should grow not least to allow more traffic growth. The environmental turn around 1970 led to a focus on the undesirable side effects of traffic, but it did not cause the majority of the population to fundamentally question the constant growth in traffic. The relationship between traffic and economic growth has therefore become more differentiated since the 1970s. The dominant argument of the early post-war years, according to which as much economic growth as possible was needed to enable, among other things, mass motorisation and, later, holiday travel by air, was joined by the sobering thought that economic growth could only be achieved with more traffic. In this view the negative side effects of traffic growth had to be accepted, or at least minimised as far as possible.

Dass Verkehr eine wichtige Voraussetzung für das Funktionieren moderner Volkswirtschaften darstellt, ist unstrittig. Die Gewährleistung der Produktion von Gütern, ihrer Auslieferung und Entsorgung hängt ebenso wie die Erbringung von Dienstleistungen in vielem von einem möglichst reibungslos funktionierenden Verkehrssystem ab. Verkehr ist zudem nicht bloss ein volkswirtschaftlicher Input-Faktor, sondern auch ein eigenständiger Sektor, der in Industrie und Dienstleistung für beträchtliche Wertschöpfung und viele Arbeitsplätze sorgt. Folgerichtig wird meist, wenn über Wirtschaftswachstum debattiert wird, auch der Verkehr zum Thema. Und umgekehrt gilt: Verkehrspolitik ist immer auch Wirtschaftspolitik. Für die Schweiz und die Zeit vor und nach der Umweltwende[1] um 1970 geht der folgende Beitrag den Diskursen dazu nach. Zur Kontextualisierung richtet sich der Blick zunächst auf den Boom der Nachkriegszeit und sucht dann nach Konsequenzen der umweltpolitischen Neuorientierung bis in die Gegenwart. Die Ergebnisse deuten in vielem über die nationale Ebene hinaus, denn die Schweiz kann in den meisten Aspekten dieser Zusammenhänge nicht als Sonderfall gelten. Vielmehr werden im Sinne einer *Histoire croisée* immer wieder vielfältige transnationale Verflechtungen sichtbar.

Verschiedene Diskursstränge lassen sich aus der Vogelperspektive analytisch gut auseinanderhalten: So knüpft ein erster Strang an der Frage nach dem

1 Haefeli 1998; Kupper 2003.

Zusammenhang zwischen Verkehr und Wirtschaftswachstum an. Dieser wird als zwangsläufig eng gesehen, strittig ist jedoch, wie hoch der Wachstumsbeitrag des Verkehrs anzusetzen sei, aus regionalpolitischer Sicht aber auch die räumliche Verteilung dieses Wachstumsbeitrags. Ein zweiter Strang setzt um 1970 bei den unbeabsichtigten Nebenfolgen des Verkehrs an und befasst sich mit der Forderung, dass ein Verzicht auf die Optimierung von Wirtschaftswachstum zugunsten der Minimierung der wachsenden Umweltverschmutzung in Kauf zu nehmen sei. Den dritten Strang bildet ab den 1990er Jahren die Entkoppelungsfrage, also der Diskurs, ob und wie Wirtschaftswachstum ohne ständiges Verkehrswachstum möglich gemacht werden könnte. Auch wenn sich diese drei Diskursstränge analytisch gut auseinanderhalten lassen, sind sie in den jeweiligen historischen Kontexten meist in einer unübersichtlichen Gemengelage zu finden, denn die nach 1970 beziehungsweise 1990 dazugekommenen Argumentationsmuster haben die alten nicht ersetzt, sondern die Komplexität und die Unschärfen der Diskurse zusätzlich erhöht. Zudem fällt auf, dass sich die Vertreter*innen verschiedener Positionen aufgrund von unterschiedlichen Verständnissen von Verkehr und Mobilität oft gründlich missverstanden. All das sind keine guten Voraussetzungen für einen qualitativ hochstehenden und sachlich adäquaten Diskurs.

Die Debatten über Verkehr und Mobilität sind selbstredend nie völlig losgelöst von ‹realen› Entwicklungen auf Strassen, Schienen oder Flughäfen; und dazu gibt es einige einfache Gewissheiten, Schlüsselindikatoren wie beispielsweise die Anzahl der Autos, die zurückgelegten Wege oder Kilometer. Bei der Präzisierung dieses Kontexts der verkehrspolitischen Diskurse setzt der vorliegende Beitrag an und skizziert zunächst die Verkehrsentwicklung in der Schweiz seit den 1950er Jahren. Danach folgt der Beitrag den oben genannten drei Diskurssträngen.

Zunächst aber einige Ausführungen zum Forschungsstand. Mit der historischen Verkehrs- und Mobilitätsentwicklung in der Schweiz für den Zeitraum nach dem Zweiten Weltkrieg hat sich eine ganze Reihe von Autor*innen auseinandergesetzt. Was auffällt: Der Zusammenhang zwischen Verkehrs- und Wirtschaftswachstum stand dabei fast nie im Zentrum, er spielt aber implizit häufig eine wichtige Rolle, indem Verkehrswachstum entweder als Voraussetzung oder als unmittelbare und auch wenig beeinflussbare Folge von Wirtschaftswachstum gesehen wurde.

Für die grundlegende Verortung der Thematik kann Christoph Maria Merkis konzeptioneller Überblick von 2008 immer noch als wegweisend gelten.[2] Den Kontext für die Schweiz skizziert mein Artikel in der *Wirtschaftsgeschichte der Schweiz im 20. Jahrhundert*.[3] Ein früher Band der Zeitschrift *Traverse* von 1999

2 Merki 2008.

3 Haefeli 2012.

zur Verkehrsgeschichte versammelt mehrere verkehrshistorische Beiträge; im vorliegenden Zusammenhang noch immer wichtig ist dabei der Artikel von Stefan Rieder zur regionalpolitischen Bedeutung des Autobahnbaus. Die Beiträge einer Tagung der Schweizerischen Gesellschaft für Wirtschafts- und Sozialgeschichte zur Verkehrsgeschichte von 2007 wurden in einem Sammelband publiziert.[4] Die Beiträge einer Genfer Tagung von 2012 zur Mobilitätsgeschichte sind in einem weiteren Sammelband enthalten, besonders relevant ist darin der Artikel von Stefan Sandmeier zur Generalverkehrskonzeption in den 1970er Jahren.[5] Für die Schweiz wichtig waren immer auch die vielfältigen Wechselwirkungen zwischen Verkehr und Tourismus.[6] Verschiedene für das vorliegende Thema relevante Aspekte enthält ausserdem ein weiterer *Traverse*-Band von 2020 zum Thema «Mobilität. Ein neues Konzept für eine alte Praxis».[7] Ebenfalls am Rand mit dem Zusammenhang zwischen Verkehrsgeschichte und Wirtschaftswachstum befassen sich verschiedene Dissertationen zum öffentlichen Verkehr[8] und zur Swissair aus den Jahren 2007 und 2010.[9] Ein Forschungsprojekt zur Geschichte der alltäglichen Mobilität an der Universität Bern mündete in mehrere Publikationen, in die ebenfalls wirtschaftshistorische Betrachtungsweisen eingeflossen sind.[10] Aus soziologischer Sicht, aber immer auch mit historischen Bezügen, hat sich ausserdem Vincent Kaufmann mit der Entwicklung des Verkehrs befasst.[11] Ausserhalb der historischen Forschung relevant für den Zusammenhang von Verkehr und Wirtschaft sind einige Projekte der Nationalen Forschungsprogramme NFP 25 «Stadt und Verkehr», NFP 41 «Verkehr und Umwelt», NFP 54 «Nachhaltige Siedlungs- und Infrastrukturentwicklung», NFP 73 «Nachhaltige Wirtschaft» sowie ein Band mit historischen Einordnungen wichtiger verkehrspolitischer Stakeholder der zweiten Hälfte des 20. Jahrhunderts.[12]

Wachstum ohne Ende? Ein Überblick über die Verkehrsentwicklung seit 1950

Verkehrsgeschichtlich gilt die Zeit nach dem Zweiten Weltkrieg in ganz Europa als Phase der Massenmotorisierung. Parallel zur steigenden Kaufkraft – also in engem Konnex mit der boomenden Wirtschaft – schafften sich die Schweizer

4 Schiedt, Tissot, Merki, Schwinges 2010.
5 Duc, Perroux, Schiedt, Walter 2014.
6 Tissot 2020.
7 Bernasconi, Haefeli, Schiedt 2020.
8 Hürlimann 2007; Steinmann 2010; Kirchhofer 2010.
9 Fehr 2014; Meyer 2014.
10 Darunter Haefeli 2022; Sieber 2022.
11 Kaufmann 2017.
12 Berger, Güller, Mauch, Oetterli 2009.

Haushalte ein Auto an und später häufig mehrere. Tatsächlich wuchs der Autobestand nach 1945 in atemberaubender Geschwindigkeit, von knapp 20'000 Personenwagen bei Kriegsende bis zu einer halben Million im Jahr 1960. Auch wenn die Wachstumsraten danach gesunken sind, bleibt das Wachstum bis in die Gegenwart ungebrochen und hat das Bevölkerungswachstum immer übertroffen. 2022 wies die offizielle Statistik über 4,7 Millionen Autos aus, auf zwei Schweizer*innen also im Durchschnitt mehr als ein Auto. Dazu kamen noch mehr als eine Million Motorräder sowie über eine halbe Million LKW. Und die Autos wurden immer schwerer. 1990 wog ein durchschnittlicher Neuwagen 1,2 Tonnen, 2022 waren es schon 1,8 Tonnen.[13]

Jahre	Motorräder (inkl. Dreiräder, Roller und Mofas/schnelle E-Bikes)	PKW (inkl. Taxis und Kombiwagen)	PKW/1000 Einwohner
1929	42'306	55'149	14
1945	4'148	18'279	4
1960	291'326	509'279	95
1970	142'107	1'383'204	224
1980	808'813	2'246'752	353
1990	763'873	2'985'397	447
2000	712'713	3'545'247	475
2010	790'750	4'075'825	523
2022	1'047'547	4'721'280	540

Tabelle 1: Motorfahrzeugbestand in der Schweiz 1929–2022. Quelle: Merki 2006 und https://www.bfs.admin.ch/bfs/de/home/statistiken/mobilitaet-verkehr/verkehrsinfrastruktur-fahrzeuge/fahrzeuge/strassenfahrzeuge-bestand-motorisierungsgrad.html, 02.08.2023.

Die Schweizer Bevölkerung verfügte nicht nur über immer mehr Autos, sie nutzte diese auch und kombinierte sie darüber hinaus auch vermehrt und pragmatisch mit anderen Verkehrsmitteln. Grafik 1 zeigt erstens, dass die Personenkilometer (im Fachjargon als «Verkehrsleistungen» bezeichnet) seit 1970 kontinuierlich gewachsen sind, der coronabedingte Einbruch 2020 und 2021 dürfte diesbezüglich keinen langfristigen Trendwechsel darstellen. Seit der Mitte der 1990er Jahre ist das Wachstum der Verkehrsleistungen mit dem Auto im Wesentlichen auf das Bevölkerungswachstum zurückzuführen, pro Kopf haben sie sich seither kaum mehr verändert. Die Werte in der Grafik beziehen sich allerdings nur auf den Verkehr innerhalb des schweizerischen Territoriums. Zusätzlich sind die Schweizer*innen aber auch immer mehr im Ausland unterwegs

13 Bundesamt für Energie 2022, Anhang, Tabelle A1.6.

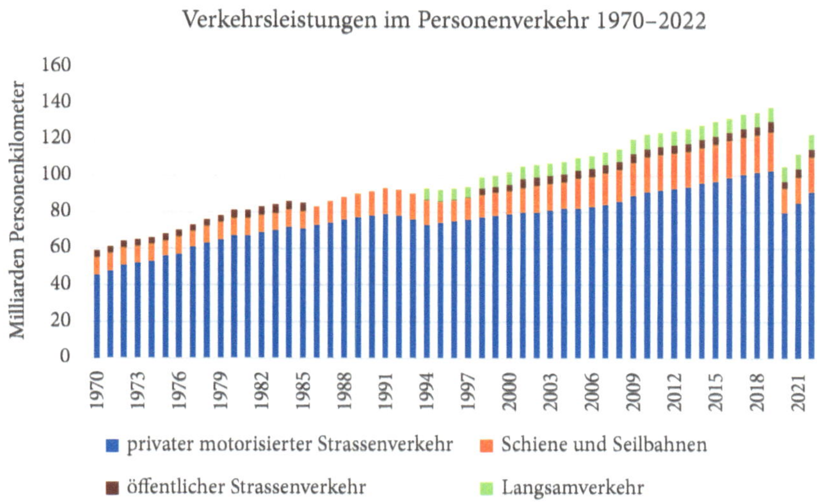

Grafik 1: Verkehrsleistungen im Personenverkehr in der Schweiz (1970–2022). Die beträchtlichen Verkehrsleistungen der Schweizer Bevölkerung im Ausland (vor allem im Flugverkehr) sind in der Grafik nicht enthalten. Quelle: Bundesamt für Statistik, https://www.bfs.admin.ch/bfs/en/home/statistics/mobility-transport.assetdetail.23725919.html.

und das immer häufiger mit dem Flugzeug. 2015 standen pro Kopf durchschnittlich 13'754 Personenkilometer im Inland 11'095 km im Ausland gegenüber, fast 9000 km davon wurden im Flugzeug zurückgelegt.[14] Die Verkehrsleistungen im Personenverkehr sind damit insgesamt ebenfalls deutlich stärker gewachsen als die Bevölkerung. Zweitens ist die Autodominanz ungebrochen; auf das Auto entfallen im Inland immer noch etwa drei Viertel der Verkehrsleistungen, auch wenn der Öffentliche Verkehr im Verhältnis dazu etwas aufgeholt hat. Die Eisenbahn hat sich hierzulande anders als in den Nachbarländern behaupten können, dies nicht zuletzt dank den nach 1980 wieder stark erhöhten, umweltpolitisch motivierten Investitionen der öffentlichen Hand in die Schiene (Grafik 2).[15]

So gesehen liest sich die Verkehrsgeschichte als simple Beschreibung ständigen Wachstums. Die Realität ist aber bekanntlich selten simpel, und so vermindert sich die Aussagekraft dieser Schlüsselindikatoren bei genauerer Betrachtung erheblich. Vermeintliche Gewissheiten verwandelten sich gerade in den Jahren nach 1970 in neue Unsicherheit. Entscheidend ist dabei die damals aufkommen-

---

14 https://www.are.admin.ch/are/de/home/mobilitaet/grundlagen-und-daten/mzmv.html, abgerufen am 24.01.2024.

15 Haefeli 2015.

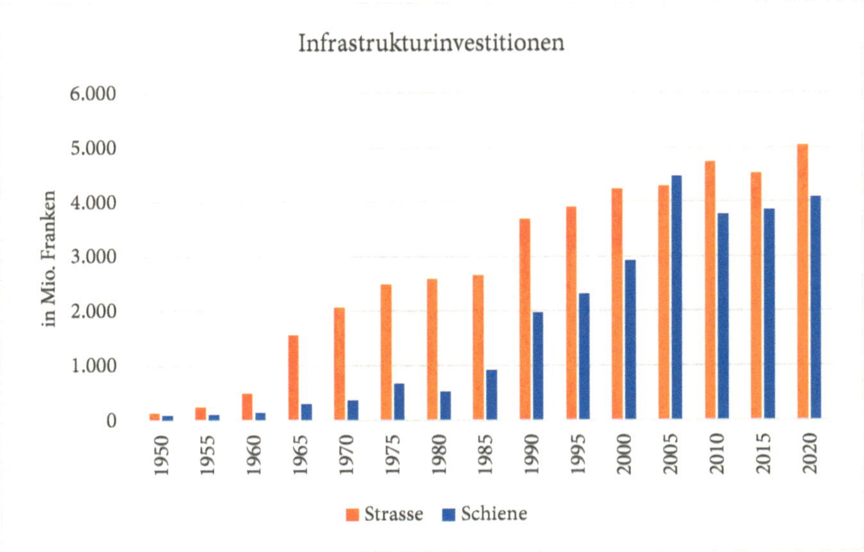

Grafik 2: Infrastrukturinvestitionen in Schiene und Strasse in der Schweiz (in Mio. Fr.). Quelle: Litra, Verkehrszahlen 2023, Bern 2023.

de Differenzierung der Begriffe «Verkehr» und «Mobilität» in den Verkehrswissenschaften.[16] Während Verkehr vor allem in den zurückgelegten Strecken gemessen wird, steht der Begriff der Mobilität für eine Perspektive, die sich primär für das Verhalten der Individuen im Verkehrssystem interessiert. Auch wenn es bis heute keine allgemein akzeptierte Definition von Mobilität gibt, zeigen die bestehenden Ansätze hinreichend deutlich, dass der Fokus der Mobilitätsforschung weniger auf gefahrene Kilometer gerichtet wird, sondern dass das vorrangige Interesse vielmehr der Fähigkeit gilt, bestimmte Ziele in angemessener Art und Weise zu erreichen. Ein Schlüsselindikator für dieses nun als Mobilitätsverhalten bezeichnete Phänomen ist die Anzahl der pro Tag zurückgelegten Wege und die dafür eingesetzte Zeit. Dieser Wert liegt seit langer Zeit und sicher für die Zeit nach 1970 relativ stabil bei drei bis vier Wegen pro Person und Tag, beziehungsweise 60 bis 80 Minuten; von einer Wachstumsgeschichte im Mobilitätssystem zu sprechen scheint damit aus dieser Perspektive plötzlich obsolet. Dieses Spannungsfeld zwischen einer auf Fahrzeuge und Kilometer fokussierten Betrachtungsweise und einer auf die Mobilität der Individuen fokussierten Perspektive gilt es bei der folgenden Beschreibung der Diskursstränge im Auge zu behalten: Die Anzahl der Wege und der Zeitbedarf ist stabil, aber es werden mit höheren Durchschnittsgeschwindigkeiten grössere Distanzen zurückgelegt.

16 Haefeli 2020a.

Der Verkehr wird wachsen, er soll wachsen und er darf wachsen – erster Diskursstrang

«Wohlstand kommt auf guten Strassen». Mit diesem ursprünglich aus Deutschland stammenden Slogan wurde die Massenmotorisierung in den Boomjahren nach dem Zweiten Weltkrieg in ganz Europa erfolgreich befeuert. Das Auto passte fast perfekt in das Leitbild eines American Way of Life und in den Kontext der aufkommenden Konsumgesellschaft. Sein Beitrag zum Wirtschaftswachstum wurde derart optimistisch eingeschätzt, dass sich ein eigentlicher *Maximierungsdiskurs* etablierte: Je mehr Autos und Strassen, desto besser. Die Politik schaffte früh die notwendigen Voraussetzungen dazu, beispielweise schon vor dem Zweiten Weltkrieg mit der Einführung der Zweckbindung der Einnahmen aus den Treibstoffzöllen für den Strassenbau.[17] Ab den 1950er Jahren konnten auch die Fahrkosten für den Arbeitsweg von den Steuern abgesetzt werden, und für den beschleunigten Bau eines Autobahnnetzes traten die Kantone für einmal freiwillig Kompetenzen an den Bund ab, was bekanntlich selten der Fall ist, doch der gesellschaftliche Konsens für das Auto war fast einhellig.[18]

Wenn in den folgenden Jahrzehnten vom zentralen Beitrag des Verkehrs zur Wirtschaftsentwicklung gesprochen wurde, war nun in einer entscheidenden Engführung der Personen-, Strassen- und Fernverkehr mit dem Auto im Sinne der «Rennreiselimousine» gemeint, einem Auto also, das eine ganze Familie und ihr Gepäck in einem Spitzentempo von über 100 km/h ohne Tankstopp über mehrere 100 km transportieren konnte. Damit kollidierte dieses Leitbild einer Rennreislimousine nicht nur mit der Bahn, dem Fahrrad und dem Fussverkehr, sondern es blieb auch aussen vor, dass im Autoverkehr nahräumliche Transporte von 1–2 Personen dominieren.[19]

Als dann im Zuge der Umweltwende um 1970 und in den Debatten zu den «Grenzen des Wachstums» auch der Verkehr thematisiert wurde, blieb diese Verengung auf das Auto weitgehend bestehen. Nicht der wachsende Verkehr war das Problem, sondern lediglich das Auto, beziehungsweise dessen nicht gewünschte Nebenfolgen wie Unfälle, Lärm, Luftverschmutzung, aber auch Stau. Es galt in dieser Perspektive lediglich, die unerwünschten Nebenfolgen des Automobilismus zu minimieren, und dabei wurden technologische Lösungsansätze klar favorisiert, die teilweise durchaus Erfolg zeitigten. Dank des Katalysators und bleifreiem Benzin liess sich beispielsweise entlang stark befahrener Strassen seit den 1980er Jahren wieder befreiter atmen.[20] Und die Zahl der Verkehrstoten sank absolut und viel stärker noch relativ zu den gefahrenen Kilometern stetig,

17 Merki 1994.
18 Haefeli 2022.
19 Canzler, Knie 1994.
20 Mieg, Haefeli 2020.

Abb. 1: Die A1 quert Morges brachial: in der Autobahneuphorie der 1960er war diese Streckenführung noch durchsetzungsfähig. Quelle: Fotografie von 1963, ETH-Bibliothek Zürich, Bildarchiv / Com_F63-00511.

unter anderem aufgrund des Obligatoriums von Sicherheitsgurten ab 1981 und weiterer technologischer Massnahmen wie etwa Airbags, aber auch weil besonders verletzliche Personen wie Kinder aus dem öffentlichen Raum in geschützte Spielplätze oder in ihre Kinderzimmer verdrängt wurden.[21]

Diese technologischen Fortschritte rechtfertigten in den Augen der Mehrheit, an der Fertigstellung des Autobahnnetzes festzuhalten, denn der Verkehr würde weiterwachsen, so die kollektiv geteilte Annahme. Und solange es möglich schien, die unerwünschten Nebenfolgen des Verkehrs in den Griff zu bekommen, durfte er das nicht nur auf Schienen oder in der Luft, sondern auch auf den Strassen. Autokritische Stimmen fanden im Kontext des Autobahnbaus deshalb wenig Gehör;[22] im Gegenteil gab es auch Tendenzen gegen grüne Strömungen wie 1985 die Gründung der am rechten Rand politisierenden Auto-Partei, die auf ihrem Höhepunkt in einigen Kantonsparlamenten gar Fraktionsstärke erreichte. Restriktionen des Autoverkehrs setzte die Auto-Partei mit grundlegenden Beschränkungen der allgemeinen Freiheitsrechte und der Marktwirtschaft gleich. Folgerichtig änderte die Partei 1994 auch ihren Namen und nannte sich nun Freiheits-Partei. Gleichzeitig verlor sie parallel zum Aufstieg der

21 Brunner 2015; Haefeli, Kaufmann-Hayoz 2009; Hüttenmoser, Degen-Zimmermann 1995.

22 Über die Linienführungen wurde allerdings immer wieder gestritten, so beispielsweise bei der A2 am Sempachersee: Merki 1996.

rechtsnationalen Schweizerischen Volkspartei (SVP) jedoch deutlich an Einfluss.[23]

Wissenschaftliche Stimmen, die sich kritisch mit dem weiteren Ausbau der Autobahnen auseinandersetzten, entfalteten letztlich wenig Wirkung. Beispielsweise kam Rieder für die Schweiz aus regionalökonomischer Sicht 1999 zu dem Schluss, «dass in peripheren Regionen mit guter Basiserschliessung keine wesentlichen wirtschaftlichen Impulse vom Bau der Autobahnen ausgehen und unter Umständen sogar negative Wirkungen in Form von Entleerungseffekten auftreten» würden. Die in der Studie untersuchte Autobahn im Wallis entstand in der Zwischenzeit trotzdem, ein weiteres Indiz dafür, dass eine Mehrheit zwar den extremen Positionen des Automobilismus nicht folgen mochte, gleichzeitig einem weiteren Verkehrswachstum aber einigermassen unkritisch gegenüberstand. Gerade in der Freizeit mochte kaum jemand auf das Auto verzichten, und einen florierenden Tourismus ohne Mobilitätswachstum konnten sich die Wenigsten vorstellen. Ausserdem wurde mehr Mobilität meistens noch immer mit zunehmendem (Auto-) Verkehr gleichgesetzt. Eine vom renommierten Schweizer Verkehrsexperten Peter Güller geleitete Studie zu den «Grenzen des Verkehrs» folgerte 1991: «Die heutige Wirtschaft hat die Freizeit und die diesbezügliche Konsumwelt bereits dermassen stark integriert, dass ein Mobilitätsrückgang in diesen Bereichen zu schweren Umsatzeinbussen führen würde. So gesehen ist die Angewiesenheit der Wirtschaft auf diese Mobilität als ähnlich hoch zu taxieren wie die Mobilität in den Bereichen Arbeit, Versorgen und Lernen.»[24]

Wirtschaftswachstum in Frage zu stellen oder den Beitrag des Verkehrs dazu; beides ist in der Schweiz nie mehrheitsfähig geworden. Vielmehr wurde eine enge Wechselwirkung zwischen Verkehr und Wirtschaftswachstum wahrgenommen: Die Wirtschaft musste in dieser Lesart auch deshalb wachsen, damit die steigenden Bedürfnisse nach mehr Verkehr befriedigt werden konnten, und der Verkehr musste zunehmen, damit die Wirtschaft weiterwachsen konnte. Diese Argumentationsmuster sind stabil und tragfähig bis in die Gegenwart. Der offizielle Titel eines Interviews mit Verkehrsminister Albert Rösti aus dem Jahr 2023, in welchem er einen forcierten Ausbau des Autobahnnetzes propagierte, lautete beispielsweise lapidar «40’000 Stunden Stau erträgt die Wirtschaft nicht».[25]

---

23 Altermatt 1994; vgl. dazu auch das Publikationsorgan der Auto-Partei: Tacho: Zeitung für Marktwirtschaft und freie Mobilität. Küsnacht 1986 – 1999.

24 Güller 1991: 32.

25 https://www.uvek.admin.ch/uvek/de/home/uvek/medien/interviews-und-stellungnahmen/SRF-20230920.html, abgerufen am 16.07.2024.

Abb. 2: Zu Ostern steht's Richtung Süden: Gotthard-Stau 1989. Quelle: ETH-Bibliothek Zürich, Bildarchiv / Com_LC0454-016-001-006.

Halbherzige Ökologisierung des Verkehrs – zweiter Diskursstrang

Die Umweltwende um 1970 und die damit verbundene, von einer breiten Mehrheit geteilte Sorge um die Zukunftsfähigkeit von Entwicklungen der Boomjahre führte wie oben beschrieben zwar keineswegs zu einer «Verkehrswende»[26], sie veränderte vor allem in den Städten die Verkehrspolitik jedoch durchaus.[27] Damals populäre Begriffe wie «qualitatives Wachstum» oder «Lebensqualität» standen für eine Kritik an den gängigen Vorstellungen von Wirtschaftswachstum, die sich nun auch auf die Infrastrukturpolitik auswirkte.[28] Im Rückblick von einigen zentralen verkehrsplanerischen Akteuren der Umweltwende liest sich dies so: «In der Verkehrsplanung der Nachkriegszeit war das dominante gesellschaftliche Evaluationskriterium von Projekten die Machbarkeit. Mit den ersten problematischen Begleiterscheinungen des Verkehrswachstums wurde dann – in viel umfassenderen Sinn – die Zweckmässigkeit zur Messlatte.»[29]

Vorlagen für den Bau neuer Strassen, welche bislang vom Volk immer durchgewunken worden waren, scheiterten nach 1970 in den Städten meistens an der Urne.[30] Gefordert wurde stattdessen ein massiver Ausbau des Öffentlichen Verkehrs und der Fahrradinfrastruktur, um diese wieder als attraktive Alternative zum Auto zu positionieren. Die Dominanz des Autos wurde insbesondere in den Wohnquartieren nicht mehr in Kauf genommen, was beispielsweise zur kontinuierlichen Zunahme von Tempo-30-Zonen führte. Eine Plattform fanden diese zunehmend autokritischen Bestrebungen im 1979 gegründeten Verkehrsclub der Schweiz (VCS).[31]

Die Verkehrsplanung nahm diesen Impetus auf und verabschiedete sich sehr rasch von einer fast gänzlich autoorientierten Planung. Mit der eingängigen Formel der verkehrsplanerischen «V» – je nach Kontext gemeint war damit das Vermeiden, Verlagern, verträglich Gestalten und Vernetzen des Verkehrs – wurden nun auch ernsthafte Steuerungsoptionen diskutierbar. In der Praxis stand meist die Verkehrsverlagerung vom Auto auf die Bahn, das Tram oder den Bus und teilweise auch das wiederentdeckte Fahrrad im Vordergrund. Um die Grundlage für eine erfolgreiche Verkehrsverlagerung zu schaffen, stellte die umweltpolitisch besorgte politische Öffentlichkeit nun wieder mehr Ressourcen für die Infrastruktur und den Betrieb des Öffentlichen Verkehrs zur Verfügung. Die

26 Hesse 1993.

27 Linder, Mauer, Resch 1975; Haefeli 2020b.

28 Keller 1973; Loderer 2004; Steger 2004. In diesen Kontext gehört auch die Ablehnung der U-Bahn in Zürich. Vgl. dazu Koller 2023.

29 Berger, Güller, Mauch, Oetterli 2009: 21.

30 Haefeli 2008.

31 Verkehrsclub der Schweiz 2004.

Bahn 2000, die NEAT und die Zürcher S-Bahn wurden aufgegleist; die Verkehrsverlagerung wurde also durchaus ernsthaft betrieben.

Die schweizerische Gesellschaft zeigte sich nach 1970 also in hohem Masse bereit, den Öffentlichen Verkehr mit weitreichenden Infrastrukturausbauten und grosszügigen Betriebssubventionen wieder verstärkt zu fördern. Staatlich oktroyierte Restriktionen gegenüber dem Auto waren jedoch weiterhin verpönt, und eigenverantwortlich erfolgende Verhaltensänderungen blieben weitgehend aus. In diesen Kontext gehört auch die Annahme der auf den ersten Blick strassenkritischen «Alpeninitiative» in der Volksabstimmung von 1994, welche die Verlagerung des Schwerverkehrs im Alpenraum auf die Schiene forderte. Denn das bedeutete auch weniger den Personenwagenverkehr störende Lastwagen auf der Autobahn. Der oft explizite und fast immer implizite Konsens lautete wie oben beschrieben: Der Verkehr würde weiterwachsen, wenn nicht durch das Auto, dann halt durch den Öffentlichen Verkehr. Mehr Verkehr blieb gedanklich identisch mit mehr Wohlstand; der Maximierungsdiskurs des Nachkriegsbooms hallte von links bis rechts nach.

Dass eine grundsätzliche Kritik am ungebrochenen Verkehrswachstum nach wie vor nicht mehrheitsfähig war, zeigte sich sehr deutlich bei verhaltensorientierten Massnahmen: Drei in diese Richtung zielende Volksinitiativen auf Bundesebene scheiterten in den 1970er Jahren an der Urne. Autofreie Sonntage blieben beispielsweise unerwünscht, eine Initiative für jährlich 12 autofreie Sonntage wurde 1978 von fast zwei Dritteln der Urnengänger*innen angelehnt. Dies, obwohl die im Kontext der Ölpreiskrise vom Bundesrat verordneten drei autofreien Sonntage vom 25. November bis 9. Dezember 1973 von der Bevölkerung durchaus positiv aufgenommen worden waren.[32] Ebenfalls abgelehnt wurden 1977 und 1978 die Initiativen «Gegen die Luftverschmutzung durch Motorfahrzeuge (Albatrosinitiative)» (55 Prozent Nein) und «Demokratie im Nationalstrassenbau» (61 Prozent Nein). Noch klarer entschied das Volk im April 1990 bei den Initiativen «Stopp dem Beton – für eine Begrenzung des Strassenbaus!» (71 Prozent Nein) und den drei sogenannten «Kleeblatt-Initiativen» gegen die Realisierung von drei Autobahnabschnitten in verschiedenen Landesteilen (mit Nein-Mehrheiten zwischen 66 Prozent und 69 Prozent). Immerhin trug der Widerstand bei einzelnen Projekten – beispielsweise der A4 im Knonaueramt – zu einer gegenüber der ursprünglichen Planung stark landschafts- und umweltschonenderen Realisierung der Projekte bei. Befürchtete das Volk einen hohen Druck auf das persönliche Verhalten, wurden die Initiant*innen von Abstimmungsvorlagen sogar regelrecht abgestraft. So befürworteten im Jahr 2000 gerade einmal 21,5 Prozent der Stimmenden die Initiative «Für die Halbierung des motorisierten Strassenverkehrs zur Erhaltung und Verbesserung von Lebensräumen (Verkehrshalbierungs-Initiative)» und die Initiative «Für mehr Verkehrssicherheit durch Tempo 30 innerorts mit Ausnah-

32 Neue Zürcher Zeitung, 26.11.1973: 27.

men (Strassen für alle)» wurde ein Jahr später mit einem Nein-Stimmen-Anteil von fast 80 Prozent ebenso deutlich ausgebremst.[33]

Folgerichtig blieben die Versuche zu einer Ökologisierung des Verkehrs nach der Umweltwende halbherzig. Dabei wäre der Königsweg aus wirtschaftswissenschaftlicher Sicht vorgezeichnet gewesen: Die Internalisierung der vom Verkehr nicht gedeckten externen, vor allem im Umwelt- und Gesundheitsbereich anfallenden Kosten über Lenkungsabgaben. Die Ökonomie forderte deshalb – und fordert bis heute – verursachergerechte Preise und Lenkungsabgaben wie etwa ein *Road Pricing*[34] für Personenwagen.[35] Bereits die in den 1970er Jahren durchgeführten umfangreichen konzeptionellen Überlegungen im Rahmen der Gesamtverkehrskonzeption (GVK) hatten dies angeregt.[36] Damit wäre jedoch die in der Bundesverfassung verankerte Gebührenfreiheit der Strassennutzung in Frage gestellt worden. Das Parlament folgte den Vorschlägen der GVK diesbezüglich bezeichnenderweise nicht, sondern plädierte lediglich für zwei Sonderabgaben: erstens für die in Form der Autobahnvignette umgesetzte Nationalstrassenabgabe und zweitens für eine Schwerverkehrspauschale als Vorläuferin der heutigen LSVA. Von Gewicht war in diesem Zusammenhang nicht zuletzt das Argument, dass mit diesen Strassenabgaben auch die ausländischen Strassenbenützer*innen auf jeden Fall etwas zahlen müssten. Ein Argument, das wie oben erwähnt auch bei der überraschenden Annahme der Alpeninitiative durch das Volk 1994 eine Rolle gespielt haben dürfte. Mehrheiten für genuin marktwirtschaftliche Steuerungsansätze waren damals nicht vorstellbar, und sie waren es auch in den kommenden Jahrzehnten nicht; eine Vielzahl von Vorstössen für ein *Road Pricing* oder später «Mobility Pricing» (unter Einbezug des Öffentlichen Verkehrs) scheiterte.[37] Was die Verkehrspolitik de facto bestimmte, ist mit dem Begriff «Doppelförderung»[38] treffend beschrieben worden. Offen oder versteckt subventioniert wurden sowohl die Schiene als auch die Strasse, wodurch das Verkehrswachstum selbstredend nur noch mehr angeheizt wurde.[39]

Top Down hatten und haben wachstumskritische Positionen in der Schweiz wie überall in den westlichen Demokratien einen schweren Stand. Aber gilt dies auch für *Bottom-Up*-Strömungen? Werden hochaggregierte Daten betrachtet, lautet die Antwort ja, denn die Motorisierung und die Verkehrsleistungen wuchsen wie oben beschrieben auch nach 1970 kontinuierlich weiter. Die Realität ist

33 https://www.bk.admin.ch/ch/d/pore/va/vab_2_2_4_1.html, abgerufen am 20. 10. 2024.

34 Als Road Pricing werden sämtliche Instrumente bezeichnet, die die Nutzung der öffentlichen Strasseninfrastruktur bepreisen.

35 Vgl. etwa Maggi 2002 und Maggi, Geninazzi 2010, auch Berger, Güller, Mauch, Oetterli 2009.

36 Sandmeier 2009.

37 Balmer, Lanz, Bachmann 2007.

38 Petersen, Schallaböck 1995.

39 Maggi, Geninazzi 2010.

Abb. 3: «Zum Auto ein Halbtaxabonnement»: Die helvetische Form der «Doppelförderung». SBB-Plakat von 1965. Quelle: SBB Historic, P_ A01_0084de.

aber differenzierter: In den Kernstädten lässt sich inzwischen eine recht grosse Gruppe von wohlhabenden und gut ausgebildeten Personen ausmachen, die offensichtlich freiwillig auf das eigene Auto verzichten. Eine Untersuchung für die Stadt Zürich zeigte 2020, dass mehr als die Hälfte der Haushalte kein eigenes Auto besass und wiederum die Hälfte davon als freiwillig autolos gelten konnte. In einer Stadt wie Zürich mit einem sehr gut ausgebauten Öffentlichen Verkehr und einem dichten Netz von Car-Sharing-Autos muss dies sicher als milde Form der Selbstbeschränkung bezeichnet werden. Immerhin widerlegte die Studie jedoch die These, wonach diese Haushalte den Autoverzicht mit überdurchschnittlich vielen Flugreisen kompensieren würden.[40] Ebenfalls von Kernstädten ausgehend sind Bewegungen und Strategien zur verstärkten Förderung von Fahrrädern und E-Bikes. Bern beispielsweise hat sich zur «Velohauptstadt der Schweiz» ernannt und dieser Ankündigung auch bereits vielfältige Massnahmen folgen lassen.[41] Das Verkehrsverhalten der Zukunft muss demnach zumindest in den Städten nicht von der Dominanz des Autos geprägt bleiben. Stärkere Formen der Suffizienz mit einem wirklich bewusst sehr zurückhaltenden Einsatz von Verkehrsmitteln aller Art dürften aber auch in der Schweiz weiterhin sehr selten sein.[42]

Entkoppelung von Verkehr und Wirtschaftswachstum? – dritter Diskursstrang

Mit der Idee einer Entkoppelung von Verkehr und Wirtschaftswachstum etablierte sich in den Expertendiskursen der 1990er Jahre ein neuer Ansatz, der die Internalisierung der externen Kosten zwar einschloss, in vielem aber darüber hinausging. Das Zauberwort hiess nun «Effizienzrevolution» und zur Leitpublikation wurde ein weiterer Bericht an den Club of Rome, der 1995 von Ernst Ulrich von Weizsäcker, Amory Lovins und Hunter Lovins veröffentlicht wurde.[43] Der Titel der deutschen Ausgabe *Faktor Vier. Doppelter Wohlstand – halbierter Naturverbrauch* macht deutlich, dass darin die Notwendigkeit von Wirtschaftswachstum keineswegs in Frage gestellt wurde, weil zumindest den wirtschaftlich weniger entwickelten Ländern ein erheblicher Nachholbedarf attestiert wurde. Im Verkehrsbereich unterschied eine der wenigen schweizerischen Studien dazu 2006 drei Entkopplungsebenen:[44]

40 Haefeli 2020c.

41 Rerat, Wyss, Liebi, Lehmann 2024; vgl. auch: https://www.bern.ch/velohauptstadt, abgerufen am 15.10.2024.

42 Schild, Hofmann, Leng 2016.

43 Weizsäcker, Lovis, Lovins 1995.

44 INFRAS/IRE 2006. Vgl. auch: Binswanger, Beltrani, Jochem, Schelske 2005.

1. Die Verkehrsnachfrage mit dem Indikator Verkehrsleistung (Personenkilometer resp. Tonnenkilometer) in Relation zum Bruttoinlandprodukt (BIP),
2. Das Verkehrsangebot mit dem Indikator Fahrleistung (Fahrzeugkilometer resp. Zugskilometer) in Relation zum BIP,
3. Die Umweltauswirkung mit dem Indikator Umweltbelastung des Verkehrs (wie CO_2, NO_x oder PM10-Emissionen).

Die Studie kam zu dem Schluss, dass im Güterverkehr nach langen Jahren der Koppelung mit der Einführung der LSVA 2001 eine Entkoppelung stattgefunden hatte. Hier liess sich die Effizienzrevolution ein Stück weit realisieren. Der Personenverkehr wuchs dagegen bis 1980 sogar stärker als das BIP, danach lässt sich eine Koppelung feststellen. Ohne weitere marktwirtschaftliche Lenkungsmassnahmen muss das Konzept der Entkoppelung im Personenverkehr demnach als gescheitert gelten, zumindest bis ins Publikationsjahr dieser Studie 2006. Im Kern erklärt sich dies durch das Festhalten der Politik an Vorstellungen, die sich aus dem Maximierungsdiskurs des Nachkriegsbooms ableiten lassen, obwohl dieser in der Wissenschaft längst als diskreditiert galt, wie eine Studie des Deutschen Umweltbundesamtes aus dem Jahr 2008 mit einem resignierenden Grundton belegt: «Bezogen auf die Verkehrsinfrastrukturinvestitionen [muss] konstatiert werden, dass noch immer bei den Entscheidungsträgern auf allen politischen Ebenen die Gleichung ‹optimierte Erreichbarkeit durch Verkehrsinfrastrukturausbau ist gleich Wirtschaftswachstum› sehr stark verankert ist. Dies steht teilweise im Widerspruch zu empirischen Studien, die zu anderen Ergebnissen kommen.»[45] Der Nutzen neuer Verkehrsinfrastruktur ist vor allem dann klein, wenn bereits ein gutes Basisnetz in Form von Eisenbahnen oder Hauptstrassen zur Verfügung steht, wie dies in der Schweiz der Fall ist. Unter diesen Bedingungen ist beim weiteren Ausbau der Verkehrsinfrastruktur ein stark sinkender Grenznutzen zu erwarten.

Die Entkoppelung ist aber abseits regionalpolitischer Interessenpolitik keineswegs vollständig gescheitert. Technologische Verbesserungen der Automotoren haben es im Zeichen der Klimapolitik ermöglicht, dass die CO_2-Emissionen der Neuwagen 2022 etwa gleich hoch waren wie 1996, trotz viel schwererer und stärkerer Fahrzeuge, womit das klimapolitische Ziel allerdings noch deutlich verfehlt wurde.[46] Und auch die Raumplanung versucht, einen Beitrag zur Entkoppelung von Verkehr und Wirtschaftswachstum zu leisten: Die verkehrsplanerische Devise der 1990er Jahre «Mobilität erhalten – Verkehr reduzieren» und die damit verbundene Devise von verkehrssparsamen Strukturen wurde in den raum-

45 UBA 2008.

46 https://www.bafu.admin.ch/bafu/de/home/themen/klima/zustand/indikatoren.html/, abgerufen am 16.07.2024.

planerischen Konzepten zur Verdichtung und Nutzungsmischung der Siedlungsstrukturen umgesetzt, und sie hat sich im Bauboom der ersten Jahrzehnte des 21. Jahrhunderts auch materialisiert. Zur Bewältigung des hohen Verkehrsaufkommens, das verdichtete Räume generieren, sollen Verkehrsdrehscheiben beitragen. Solche Drehscheiben verbessern die Erreichbarkeit und ermöglichen das schnelle, reibungslose und einfache Umsteigen zwischen Verkehrsmitteln. Dabei sollen die Vorteile jedes Verkehrsmittels zum Tragen kommen, und in besonderem Masse jene des Öffentlichen Verkehrs und des Fahrrads.[47]

Wie sich die Koppelung oder Entkoppelung zwischen Verkehr und Wirtschaftswachstum in der Schweiz in jüngster Zeit entwickelt hat, wurde seit der 2006 publizierten Studie nicht mehr fundiert untersucht. Verfügbar ist aber ein Vergleich zwischen der Entwicklung verschiedener Verkehrsträger und der Bevölkerung.[48] Demnach wuchs die Bevölkerung zwischen 2000 und 2020 um 20 Prozent. Viel stärker, um fast 70 Prozent sind im selben Zeitraum der Eisenbahn- und der Flugverkehr gewachsen. Mit 30 Prozent schwächer war in diesen Jahren das Wachstum des privaten Strassenverkehrs, welches damit aber sowohl das Bevölkerungswachstum als auch das Wachstum des Bruttoinlandsprodukts pro Kopf immer noch übertraf.[49] Von einer Entkoppelung kann also weiterhin keine Rede sein, im Gegenteil wächst der Verkehr schneller als die Bevölkerung, nicht zuletzt, weil er sehr stark subventioniert wird. Optimistischer stimmen da die aktuellen «Verkehrsperspektiven» des Bundes, welche die Grundlage für die langfristige Infrastrukturplanung der öffentlichen Hand bilden. Sie gehen von einer relativen Entkoppelung aus, ohne diesen Begriff explizit in den Vordergrund zu stellen. Bis 2050 wächst im Basisszenario die Bevölkerung um 21 Prozent, das Bruttoinlandsprodukt um 57 Prozent, der Personenverkehr dagegen um nur 11 Prozent, der Güterverkehr um 31 Prozent. Neben den Wirkungen der baulichen Verdichtung sieht der Autor auch die Abnahme der Arbeitswege durch zunehmendes Home Office als Treiber dieser Entkoppelung.[50] Es wird interessant sein diese Entwicklung zu verfolgen. In der Vergangenheit haben die meisten Prognosen das Verkehrswachstum unterschätzt, insbesondere den Anteil des Autos.[51]

---

47 https://www.are.admin.ch/are/de/home/mobilitaet/programme-und-projekte/verkehrsdrehscheiben.html, abgerufen am16.07.2014.

48 https://www.bfs.admin.ch/bfs/de/home/statistiken/mobilitaet-verkehr/personenverkehr/leistungen.html, abgerufen am 23.07.2024.

49 https://www.bfs.admin.ch/bfs/de/home/statistiken/volkswirtschaft/volkswirtschaftliche-gesamtrechnung/bruttoinlandprodukt.html, abgerufen am 23.7.2024.

50 https://www.are.admin.ch/are/de/home/mobilitaet/grundlagen-und-daten/verkehrsperspektiven.html, abgerufen am 31.01.2025; Justen, Raphael, Danalet, Mathys 2022.

51 Leutzbach 2000.

Fazit

Die Geschichte der Verkehrsentwicklung in der Schweiz seit dem Zweiten Weltkrieg lässt sich in weiten Teilen als Maximierungsdiskurs im Zeichen der Massenmotorisierung lesen: Verkehr sollte und durfte wachsen, je mehr, desto besser. Der Aufbruch in rosige Zeiten erfolgte im eigenen Auto und im Zeichen des American Way of Life. Besonders in den ersten beiden Nachkriegsjahrzehnten hiess das implizit, dass die Wirtschaft nicht zuletzt deshalb wachsen sollte, um mehr Verkehrswachstum zu erlauben. Ein Auto gehörte neben der Waschmaschine und dem Kühlschrank in jeden Haushalt, wenn möglich in einem Eigenheim am grünen Stadtrand.

Die Umweltwende um 1970 führte zwar dazu, dass die unerwünschten Nebenwirkungen des Verkehrs in den Fokus gerieten, sie bewirkte bei der grossen Mehrheit der Bevölkerung aber kein grundsätzliches Infragestellen des ständigen Verkehrswachstums. Dies auch deshalb, weil die Wirtschaftskrise der frühen siebziger Jahre die Sorge um die Umwelt wieder etwas in den Hintergrund treten liess und die Forderung nach stabilem Wachstum wieder den ersten Platz auf der politischen Agenda besetzte. In dieser Lesart war mehr Verkehr als Folge eines anhaltenden Wirtschaftswachstums, dessen Wünschbarkeit weiterhin kaum in Frage gestellt wurde, in Kauf zu nehmen. So fokussierte die nationale Verkehrspolitik seit den 1970er Jahren konsequenterweise auf eine grössere Verträglichkeit des Verkehrs durch verbesserte Fahrzeugsicherheit, durch stark erhöhte Investitionen in den Öffentlichen Verkehr, durch Temporeduktion in Wohnquartieren und durch technologische Verbesserungen wie beispielsweise die Katalysatortechnik. Die Akzeptanz dieser Politik für eine Verbesserung der Verträglichkeit war nicht zuletzt deshalb gross, weil die Grenzen eines unbegrenzten Kapazitätsausbaus im Inland sichtbar wurden und die Schweizer Bevölkerung ihren Verkehr zunehmend ins Ausland verlegte. Der eigentliche Wachstumsmarkt ist seit einigen Jahrzehnten der Flugverkehr, und hier zeichnet sich bis heute keine Sättigung der Nachfrage ab.

Das Verhältnis von Verkehr und Wirtschaftswachstum hat sich also seit den 1970er Jahren ausdifferenziert. Zur der in den ersten Nachkriegsjahren dominanten Argumentationsfigur, wonach es möglichst viel Wirtschaftswachstum brauche, um – unter anderem – die Massenmotorisierung und später die Ferienreisen mit dem Flugzeug zu ermöglichen, trat der nüchterne Gedanke, dass Wirtschaftswachstum eben nur mit mehr Verkehr zu haben sei. Die negativen Nebenfolgen des Verkehrswachstum seien in Kauf zu nehmen, beziehungsweise mit einer auf Verträglichkeit ausgerichteten Verkehrspolitik möglichst zu minimieren.

Ursächlich mit dieser Entwicklung der Diskurse verknüpft ist die mental tief verankerte Sichtweise, dass eine bessere Mobilität zwingend mit einer Zunahme der zurückgelegten Kilometer verbunden sei. Das in der Verkehrswissenschaft nach 1970 entwickelte neue Verständnis von Mobilität, welche die Konstanz der Anzahl der Wege betont und die Qualität nahräumlicher Befriedigung von Mobilitätsbedürfnissen in den Vordergrund stellt und damit die Notwendigkeit von ständig zunehmenden Fahrleistungen in Frage stellt, hat sich in der Gesellschaft demgegenüber bis heute nicht durchgesetzt. Damit trägt der Verkehr weiterhin dazu bei, dass kontinuierliches Wirtschaftswachstum als alternativlos gesehen wird.

Gedruckte Quellen

Balmer, Ueli; Lanz, Andrea; Bachmann, Alexandra: Einführung eines Road Pricing. Bericht des Bundesrates zur möglichen Einführung von Road Pricing in der Schweiz in Erfüllung des Postulats 04.3619 KVF Nationalrat vom 16.11.2004. Hg.: Bundesamt für Raumentwicklung. Bern 2007.

Bundesamt für Energie: Neuwagenbericht 2022, Anhang Tabelle A1.6, Bern.

Verkehrsclub der Schweiz (Hg.): Ziele erreichen! = Horizons!: 25 Jahre VCS-ATE-ATA – 1979–2004. Bern 2004.

Sekundärliteratur

Altermatt, Urs: Die Autopartei: Protest für Freiheit, Wohlstand und das Auto. In: Rechte und linke Fundamentalopposition. Basel 1994: 135–153.

Berger, Hans-Ulrich; Güller, Peter; Mauch, Samuel; Oetterli, Jörg. (Hg): Verkehrspolitische Entwicklungspfade in der Schweiz. Die letzten 50 Jahre. Zürich, Chur 2009.

Bernasconi, Gianenrico; Haefeli, Ueli; Schiedt, Hans-Ueli (Hg.): Mobilität. Ein neues Konzept für eine alte Praxis (Traverse. Zeitschrift für Geschichte 27/3). Zürich 2020.

Binswanger, Mathias; Beltrani, Guido; Jochem, Annette; Schelske, Oliver: Wachstum und Umweltbelastung: Findet eine Entkopplung statt? (Umwelt-Materialien 198. Studie der Fachhochschule Solothurn Nordwestschweiz und der Ernst Basler und Partner AG. Herausgegeben vom Bundesamt für Umwelt, Wald und Landschaft BUWAL). Bern 2005.

Brunner, Isabelle: Schweizerische Strassenverkehrsunfallstatistik im 20. Jahrhundert. Historisch-statistische Untersuchungen zu einem Phänomen des 20. Jahrhunderts (unveröffentlichte Masterarbeit, Historisches Institut der Universität Bern). Bern 2015.

Canzler, Weert; Knie, Andreas: «Wenn jeder eine Rennreiselimousine fahren will, steuern wir in die Klimakatastrophe». In: Frankfurter Rundschau, 18.10.1994: 11.

Danielli, Giovanni; Maibach, Markus: Schweizerische Verkehrspolitik. 2., aktualisierte Auflage. Zürich 2015.

Duc, Gérard; Perroux, Olivier; Schiedt, Hans-Ulrich; Walter, François (Hg.): Histoire des transports et de la mobilité. Entre concurrence modale et coordination (de 1918 à nos jours). Neuchâtel 2014.

Fehr, Sandro: Die Erschliessung der dritten Dimension. Entstehung und Entwicklung der zivilen Luftfahrtinfrastruktur in der Schweiz, 1919–1990 (Verkehrsgeschichte Schweiz 1). Zürich 2014.

Güller, Peter: Untere Grenzen der Mobilität, Forschungsauftrag 17/88, Vereinigung Schweizerischer Strassenfachleute. Zürich 1991.

Haefeli, Ueli: Der lange Weg zum Umweltschutzgesetz. Die Antwort des politischen Systems auf das neue gesellschaftliche Leitbild «Umweltschutz». In: König, Mario; Kreis, Georg; Meister, Franziska; Romano, Gaetano (Hg.): Dynamisierung und Umbruch. Die Schweiz in den 60er und 70er Jahren (Die Schweiz 1798–1998, Bd. 3). Zürich 1998: 241–249.

Haefeli, Ueli; Kaufmann-Hayoz, Ruth: Aufwachsen mit dem Auto. Das 1950er Syndrom und die Mobilität von Kindern, in: Kirchhofer, André; Krämer, Daniel; Merki, Christoph M. (Hg.): Nachhaltige Geschichte. Festschrift für Christian Pfister. Zürich 2009: 307–328.

Haefeli, Ueli: Umwelt, Raum, Verkehr. In: Halbeisen, Patrick; Müller, Margrit; Veyrassat, Béatrice (Hg.): Wirtschaftsgeschichte der Schweiz im 20. Jahrhundert. Basel 2012: 703–752.

Haefeli, Ueli: Entwicklungslinien deutscher Verkehrspolitik im 19. und 20. Jahrhundert, in: Schwedes, Oliver; Canzler, Weert; Knie, Andreas (Hg.): Handbuch Verkehrspolitik. Berlin 2015: 97–115.

Haefeli, Ueli: Die Entdeckung der Mobilität in der Verkehrswissenschaft. Fachdiskurse in Deutschland und der Schweiz nach 1970. In: Bernasconi, Gianenrico; Haefeli, Ueli; Schiedt, Hans-Ueli (Hg.): Mobilität. Ein neues Konzept für eine alte Praxis (Traverse. Zeitschrift für Geschichte 27/3). Zürich 2020: 7–31. (=Haefeli 2020a)

Haefeli, Ueli: Luftreinhaltepolitik. In: Mieg, Harald; Haefeli, Ueli (Hg.): Umweltpolitik in der Schweiz. Von der Forstpolizei zur Ökobilanzierung. Zürich 2020: 92–107. (=Haefeli 2020b)

Haefeli, Ueli; Artho, Jürg; de Haan, Peter; Arnold, Tobias: Autolose Haushalte in der Stadt Zürich. Energieforschung Stadt Zürich. Bericht Nr. 60, Forschungsprojekt FP-1.25. Zürich 2020. (=Haefeli 2020c)

Haefeli Ueli: Mobilität im Alltag in der Schweiz seit dem 19. Jahrhundert. Unterwegs sein können, wollen und müssen (Verkehrsgeschichte Schweiz 4). Zürich 2022.

Hesse, Markus: Verkehrswende: ökologisch-ökonomische Perspektiven für Stadt und Region. Marburg 1993.

Humair, Cedric; Tissot, Laurent (Hg.): Le tourisme suisse et son rayonnement international (XIXe–XXe siècles): «Switzerland, the playground of the world». Lausanne 2011.

Hürlimann, Gisela: Die Eisenbahn der Zukunft. Automatisierung, Schnellverkehr und Modernisierung bei den SBB 1955–2005 (Interferenzen 12). Zürich 2007.

Hüttenmoser, Marco; Degen-Zimmermann, Dorothee: Lebensräume für Kinder. Empirische Untersuchungen zur Bedeutung des Wohnumfeldes für den Alltag und die Entwicklung der Kinder. Zürich 1995.

INFRAS/IRE: Entkopplung zwischen Verkehrs- und Wirtschaftswachstum, Forschungsauftrag: Nr. 2001/524 auf Antrag der Vereinigung Schweizerischer Verkehrsingenieure (SVI). Zürich, Lugano 2006.

Justen, Andreas; Raphael, Ancel; Danalet, Antonin; Mathys, Nicole A.: Verkehrsperspektiven: Personenverkehr wächst bis 2050 nur halb so stark wie die Bevölkerung. In: Schweizer Jahrbuch für Verkehr 2022: 65–80.

Kaufmann, Vincent: Les paradoxes de la mobilité: bouger, s'enraciner. Lausanne [3]2017.

Keller, Rolf: Bauen als Umweltzerstörung. Alarmbilder einer Un-Architektur der Gegenwart. Zürich 1973.

Kirchhofer, André: Stets zu Diensten – gezwungenermassen! Die Schweizer Bahnen und ihre «Gemeinwirtschaftlichkeit» für Staat, Wirtschaft und Bevölkerung. Basel 2010.

Koller, Michael: Das Scheitern des Zürcher U-Bahn-Projekts. Verkehrspolitik und Stadtentwicklung in der Hochkonjunktur (1962–73). Zürich 2023.

Kupper, Patrick: Die 1970er Diagnose. Grundsätzliche Überlegungen zu einem Wendepunkt in der Umweltgeschichte. In: Archiv für Sozialgeschichte 43 (2003): 325–348.

Leutzbach, Wilhelm: Das Problem mit der Zukunft: wie sicher sind Voraussagen? Düsseldorf 2000.

Linder, Wolf; Mauer, Ulrich; Resch, Hubert: Erzwungene Mobilität. Alternativen zur Raumordnung, Stadtentwicklung und Verkehrspolitik. Köln 1975.

Loderer, Benedikt: Ypsilon: das unsichtbare Denkmal der Wende. In: Kunst + Architektur in der Schweiz 55/4 (2004): 33–39.

Maggi, Rico: Homo oeconomicus mobilis: Gedanken zur Ökonomie der Mobilität. In: Schweizer Monatshefte 82/10 (2002): 25–28.

Maggi, Rico; Geninazzi, Angelo (Hg.): Verkehrt: ein Plädoyer für eine nachhaltige Verkehrspolitik: Weissbuch zur schweizerischen Verkehrspolitik. Zürich 2010.

Merki, Christoph Maria: Der Treibstoffzoll aus historischer Sicht. Von der Finanzquelle des Bundes zum Motor des Strassenbaus, in: Pfister, Christian (Hg.): Das 1950er Syndrom. Der Weg in die Konsumgesellschaft. Bern 1995: 311–332.

Merki, Christoph Maria: Die Strassenschlacht von Sempach: zur Kontroverse um die Linienführung der Autobahn N2 am Sempachersee 1971 bis 1975 (Jahrbuch/Historische Gesellschaft Luzern). Luzern 1996.

Merki, Christoph Maria: Verkehrsgeschichte und Mobilität. Stuttgart 2008.

Meyer, Benedikt: Im Flug: Schweizer Airlines und ihre Passagiere, 1919–2002 (Verkehrsgeschichte Schweiz 2). Zürich 2014.

Mieg, Harald; Haefeli, Ueli (Hg.): Umweltpolitik in der Schweiz. Von der Forstpolizei zur Ökobilanzierung. Zürich 2020.

Rerat, Patrik; Wyss, Ursula; Liebi, Michael; Lehmann, Christine: Velowende: für eine lebendige Stadt. Zürich 2024.

Rieder, Stefan: Randregionen in der Autobahnfalle. In: Traverse. Zeitschrift für Geschichte 6 (1999): 192–210.

Petersen, Rudolf; Schallaböck, Karl-Otto: Mobilität für Morgen. Berlin 1995.

Sandmeier, Stefan: Die Gesamtverkehrskonzeption der Schweiz – Systemanalytischer Versuch einer koordinierten Verkehrspolitik. In: Duc, Gérard; Perroux, Olivier; Schiedt, Hans-Ulrich; Walter, François (Hg.): Histoire des transports et de la mobilité. Entre concurrence modale et coordination (de 1918 à nos jours). Neuchâtel 2014: 215–230.

Schiedt, Hans-Ulrich; Tissot, Laurent; Merki, Christoph Maria; Schwinges, Rainer C. (Hg.): Verkehrsgeschichte (Schweizerische Gesellschaft für Wirtschafts- und Sozialgeschichte – Société Suisse d'histoire économique et sociale, Band 25). Zürich 2010.

Schild, Kirstin; Hofmann, Heidi; Leng, Marion: Genug genügt: mit Suffizienz zu einem guten Leben. München 2016.

Sieber, Markus: Schneller, weiter, billiger, mehr? Mobilität und Verkehr in der Schweiz seit 1918 (Verkehrsgeschichte 3). Zürich 2022.

Steger, Stephan: Presslufthammer und Baggerzahn: die Veränderung von Stadt und Landschaft aus der Perspektive der 1970er-Jahre. In: Kunst + Architektur in der Schweiz 55/4 (2004): 23–32.

Steinmann, Jonas: Weichenstellungen. Die Krise der schweizerischen Eisenbahnen und ihre Bewältigung 1944–1982. Bern 2009.

Tissot, Laurent: Du charactère mobil du concept de mobilité. In: Bernasconi, Gianenrico; Haefeli, Ueli; Schiedt, Hans-Ueli (Hg.): Mobilität. Ein neues Konzept für eine alte Praxis (Traverse. Zeitschrift für Geschichte 27/3). Zürich 2020: 32–45.

UBA Umweltbundesamt: Entkopplung von Wirtschaftswachstum und Verkehr – Beispiel Regionale Wirtschaftsförderung, Texte 40/08. Dessau-Roßlau 2008.

Weizsäcker, Ernst Ulrich von; Lovins, Amory; Lovins, L. Hunter: Faktor vier: doppelter Wohlstand, halbierter Naturverbrauch: der neue Bericht an den Club of Rome. München 1995.

Emanzipation und Arbeit

Gleichstellung, Wirtschaftswachstum und feministische Kritik seit 1970

Anja Peter

Abstract

This article analyses the interactions between women's work, economic developments, feminist criticism of growth and gender equality policy from the 1970s onwards. The integration of women into the labour market has by no means always been a central arena for debates on gender equality and economic policy. The article shows that the political negotiation processes surrounding women's liberation, labour and equality have shifted. Today, a coalition between equality policy, state and economic liberal actors dominates: Women can and should ensure economic growth; and this also seems to answer the question of their emancipation. However, this pursuit of further economic growth not only stabilises economic conditions, but also social ones – without eliminating fundamental inequalities. This article encourages us to critically scrutinise the alliances between gender equality policy and liberal economic objectives: what are the implications of gender equality policy in the context of the growth paradigm – who do they serve and who bears the consequences?

Während der Arbeit am vorliegenden Beitrag[1] veröffentlichte die OECD am 8. März 2024 das Working Paper No. 304 mit dem Titel *Gender equality and economic growth: Past progress and future potential.*[2] Die Autoren ziehen die Schlussfolgerung, dass die anhaltende Ungleichstellung von Frauen gegenüber Männern auf dem Arbeitsmarkt nicht nur das Grundprinzip der Gleichstellung der Geschlechter in Frage stelle, sondern auch «signifikante wirtschaftliche Kosten» verursache, die sich aus dem «ungenutzten Pool an Talenten» ergäben und daraus, dass Frauen daran gehindert würden, ihr «volles produktives Potenzial» zu entfalten. Die Gleichstellung der Geschlechter gehe deshalb über ein moralisches Gebot hinaus. In einer Welt mit sinkenden Geburtenraten und einer rasch alternden Bevölkerung müsse über die stärkere Einbeziehung der Frauen in den Arbeitsmarkt «das Wirtschaftswachstum längerfristig gesichert werden».[3] In der Schweiz hielt Christoph Mäder, der Präsident des Wirtschaftsdachverbandes

1 Die Arbeit an diesem Artikel wurde von der Stiftung für die Erforschung der Frauenarbeit mit einem finanziellen Beitrag unterstützt. Ich bedanke mich herzlich dafür. Ein grosser und in Freundschaft verbundener Dank geht an Sibylle Stillhart für das erste Lektorat und Mirjam Aggeler für ihre kritischen Anmerkungen, die mich zur Präzision gezwungen und den Beitrag besser gemacht haben.

2 Fluchtmann, Keese, Adema 2024.

3 Ebd.: 8 (Übersetzung der Verfasserin).

Economiesuisse, im Februar 2023 fest: «Wir müssen in den Unternehmen das Bewusstsein dafür schärfen, dass das unausgeschöpfte Potenzial der Frauenarbeit matchentscheidend ist.»[4] Das Beratungsunternehmen McKinsey rechnete parallel dazu kürzlich vor, dass das Bruttoinlandsprodukt (BIP) bis zu sechs Prozent wachsen könnte, wenn Frauen in der Schweiz nach der Geburt eines Kindes in ähnlichem Umfang Erwerbsarbeit leisten würden wie zuvor.[5]

Auch amtliche Dokumente wie die gleichstellungspolitischen Legislaturziele von Bundesrat und Parlament beschwören das wirtschaftliche Potenzial der Erwerbsbeteiligung von Frauen: «Um das in der Schweiz vorhandene Arbeitskräftepotenzial ausschöpfen zu können, ist eine stärkere Einbindung der Frauen in den Arbeitsmarkt von zentraler Bedeutung. Dadurch kann nicht genutztes Humankapital aktiviert und produktiv eingesetzt werden.»[6] Und sogar Alliance F, der Bund schweizerischer Frauenorganisationen, wirbt in ihrem Legislaturprogramm 2023–2027 für die Einführung einer paritätischen Elternzeit mit der Begründung, dass Mütter dadurch «besser von ihren Partner:innen freigespielt» würden und sich so «hochgerechnet über zehn Jahre 25'000 zusätzliche (vollzeitäquivalente) Berufsfrauen im Arbeitsmarkt engagieren» könnten.[7] Es lassen sich zahlreiche weitere Beiträge finden, die den «wirtschaftlichen Nutzen» der Gleichstellung auf dem Arbeitsmarkt betonen.[8] Zwischen gleichstellungspolitischen, staatlichen und wirtschaftsliberalen Akteur*innen scheint heute Einigkeit darüber zu herrschen, dass Frauen mit der Zunahme der Erwerbstätigkeit das Wirtschaftswachstum sichern könnten, ja sogar müssten. Im Zentrum steht immer die gleiche Botschaft: Die Wirtschaft muss weiterwachsen.

Wirtschaftswachstum statt Gleichstellung

Die Erwerbstätigkeit von Frauen tritt in dieser etwas seltsam anmutenden Einigkeit der diversen Akteur*innen in erster Linie als Mittel zu weiterem Wachstum in Erscheinung. Der vorliegende Beitrag zeigt auf, dass diese Auslegung geschlechtsspezifische Politiken legitimiert, die auf die Integration von Frauen in den Arbeitsmarkt abzielen, ohne aber die zugrunde liegenden geschlechtlich determinierten Ungleichheiten anzutasten. Zentrale Forderungen der Frauenbewegung nach freier(er) Lebensgestaltung und ökonomischer Unabhängigkeit und ihre kritischen Analysen, wie Arbeit überhaupt zu definieren sei, unter welchen

4 Mäder, zit. nach Arn 2023.

5 McEvily 2022.

6 Bundesamt für Statistik, ohne Datum.

7 Alliance F 2024: 6.

8 Zum Beispiel: Kita-Initiative, ohne Datum; OECD 2023; Advanced. Gender Equality in Business 2022; European Institute für Gender Equality 2017; Schnellbauer 2017; Leuthard 2006.

Bedingungen sie emanzipatorische Wirkung entfaltet und wie patriarchale Verhältnisse und kapitalistische Produktion in Zusammenhang stehen, wurden entweder umgedeutet und einverleibt oder verschwanden gänzlich aus der Debatte. Die Umdeutung zentraler Forderungen führte nicht nur zur weitgehenden Marginalisierung emanzipatorischer Ziele, sondern führte im Kontext der wirtschaftlichen Entwicklung auch zu einer Koalition zwischen gleichstellungspolitischen und wirtschaftsliberalen Akteur*innen.

Mit der Krise und der sich beschleunigenden Deindustrialisierung ab Mitte der 1970er Jahre veränderte sich das Beschäftigungswachstum und wurde in der Folge – und bis heute – hauptsächlich durch den Dienstleistungssektor und nicht mehr durch die Industrie bestimmt. Dieser Umstand brachte neue ökonomische Dynamiken ins Spiel, die auch die Geschlechterordnung bedeutend mitveränderten. Das Wachstum des Dienstleistungssektors, insbesondere der personenbezogenen Dienstleistungen, stand – und steht bis heute – in engem Zusammenhang mit der Zunahme des Erwerbsvolumens von Frauen. Heute sind Frauen im erwerbsfähigen Alter in der Schweiz in vergleichbarem Ausmass erwerbstätig wie Frauen in den skandinavischen Ländern, die in gleichstellungspolitischen Diskursen immer wieder als Vorbilder herangezogen werden. Anders als in den skandinavischen Ländern kennt die Schweiz aber weder eine vorwiegend öffentlich finanzierte Infrastruktur der Kinderbetreuung noch (ausgebaute) Elternzeiten. Daneben ist der Zugang zu Dienstleistungen im Bereich der Pflege und Betreuung von kranken und älteren Angehörigen durch die hohen privaten Kosten stark eingeschränkt oder fehlt ganz. Die Vereinbarkeit von Beruf und Familie wurde in der Schweiz mit dem Angebot von Teilzeitbeschäftigungen für Frauen gelöst, die heute neben einer wachsenden Anzahl an Erwerbsarbeitsstunden weiterhin den grössten Teil der unbezahlten Haus- und Familienarbeit leisten. In der Folge nahm die gesamte Arbeitsbelastung für Frauen erheblich zu, während gleichzeitig Massnahmen zur Absicherung ihrer unbezahlten Arbeit in den Haushalten abgebaut wurden.[9]

Die nach wie vor grossen Ungleichheiten bezüglich Arbeitsteilung und Einkommensverteilung zwischen den Geschlechtern erweisen sich mit dieser Lösung seit Jahren als weitgehend resistent. Ein Umstand, der insbesondere von gleichstellungspolitischen Akteur*innen seit mindestens vier Jahrzenten adressiert wird. Ihr Ziel – alle Arbeit und die Einkommen möglichst gerecht zwischen den Geschlechtern zu verteilen – soll aber in erster Linie über eine weitere Erhöhung der Erwerbstätigkeit von Frauen erreicht werden. Andere Lösungsansätze, wie etwa die Erhöhung der Staatsquote, insbesondere für soziale Dienstleistungen in ähnlichem Ausmass wie in den skandinavischen Ländern, stehen kaum

9 Eine Ausnahme bilden die Erziehungs- und Betreuungsgutschriften in der Alters- und Hinterlassenenversicherung (AHV), die 1996 mit der 10. AHV-Revision eingeführt wurden. Vgl. Peter 2011.

zur Debatte. Dies könnte ein Grund für die Koalition zwischen gleichstellungspolitischen, staatlichen und wirtschaftsliberalen Akteur*innen sein, verbindet sich mit diesem Lösungsansatz doch die Forderung nach ökonomischer Gleichstellung der Frauen mit dem Ziel des quantitativen Beschäftigungswachstums – ein wesentlicher Indikator für das Wachstum des BIP. Dabei wird jedoch übersehen, dass gleich hohe Erwerbsquoten und -pensen von Frauen und Männern keine hinreichende Bedingung für die Gleichstellung der Geschlechter sind und dass sich mit dem Wachstum der personenbezogenen Dienstleistungen ganz andere Fragen an wirtschaftliche Wachstumsdynamiken stellen, als dies bei der Zunahme der industriellen Güterproduktion der Fall war.[10] Vielmehr stellen sich durch das Wachstum der personenbezogenen Dienstleistungen neue Herausforderungen, die auf tiefere strukturelle Ungleichheiten hinweisen.

Zugleich verloren die Reallohnsteigerungen mit der Krise Mitte der 1970er Jahre sichtlich an Schwung und brachen in der langen wirtschaftlichen Stagnationsphase der 1990er Jahre schliesslich ein. Dem bisherigen Geschlechtervertrag zwischen Alleinernährer und Hausfrau wurde dadurch die ökonomische Grundlage für einen Ernährerlohn entzogen. Inmitten dieser Umbrüche formierte sich die Neue Frauenbewegung mit ihrer radikalen Ablehnung dieses bürgerlich-patriarchalen Arrangements und mit vielschichtigen feministischen Debatten rund um unbezahlte und bezahlte Arbeit sowie unterschiedlichen Vorstellungen zur (ökonomischen) Unabhängigkeit von Frauen. Könnte ein «Lohn für Hausarbeit», wie von einem Teil der Frauenbewegung eingefordert wurde, das Mittel zur «Befreiung» sein? Oder sollten Frauen in gleichem Ausmass und in den gleichen Berufen erwerbstätig sein wie Männer, während die unbezahlte Haus- und Familienarbeit neu zwischen den Geschlechtern verteilt werden sollte? Diese Auseinandersetzungen, wie der Lösungsweg gleichstellungspolitisch, wirtschaftlich und gesellschaftlich zu gestalten sei, trafen zeitgleich auf sich verändernde wirtschaftliche Rahmenbedingungen. Die heutige Eindeutigkeit, die Gleichstellung der Geschlechter in enger Koppelung mit Erwerbsarbeit zu sehen und «Frauen in einen männlichen Lebens- und Erwerbsarbeitsverlauf einzupassen»[11] ist historisch gewachsen und war keineswegs schon immer zentraler Schauplatz gleichstellungs- und wirtschaftspolitischer Debatten. Wie also ist diese Einigkeit zwischen gleichstellungspolitischen, staatlichen und wirtschaftspolitisch liberalen Akteur*innen entstanden? Wie ist sie zu deuten, und was bedeutet die steigende Zahl erwerbstätiger Frauen für das Wachstum der Schweizer Wirtschaft einerseits und die Geschlechtergleichstellung andererseits? Zur Beantwortung dieser Fragen werden im Folgenden ausgewählte und exemplarische Debatten herangezogen, die im Kontext der wirtschaftlichen Entwicklung ab 1970 mit Geschlech-

10 Vgl. dazu Donath 2014: 167–177; Baumol 2012; Madörin 2019: 89–119.

11 Hardegger 2020: 256.

tergleichstellung und Arbeit sowie feministischer Analyse und der Kritik wirtschaftlicher Entwicklung in Zusammenhang standen.

Das Konzept «Frauenberuf»

Bis in die 1960er Jahre nutzte die Frauenbewegung den Begriff «Frauenberufe», um ihre Forderungen nach guten und geregelten Ausbildungsmöglichkeiten, Berufsorganisationen, angemessenen Löhnen, Anerkennung und Partizipation zu artikulieren. Die Verwendung des Begriffs «Frauenberufe» war laut Céline Angehrn und Simona Isler sowohl ein definitorischer als auch ein emanzipatorischer Akt: Es ging darum, festzulegen, wie die Berufe beispielsweise von Schneiderinnen, Sozialarbeiterinnen, Pflegerinnen oder Sekretärinnen strukturiert und organisiert sein sollten, und auch darum, mitzubestimmen, welche Tätigkeiten als Berufe anerkannt wurden. In dieser Konzeptualisierung wurde auch die Arbeit von Hausfrauen als Beruf verstanden und entsprechend Anerkennung und hauswirtschaftliche Ausbildungsstätten gefordert.[12]

Heute sprechen wir nur noch ungern von Frauenberufen, auch wenn Tätigkeiten in der Pflege oder in der Kinderbetreuung nach wie vor gross mehrheitlich von Frauen ausgeübt werden. Auch die Arbeitsbedingungen und Löhne dieser Berufe sind, wenn überhaupt, nur am Rande Inhalt politischer Auseinandersetzungen. Dass sich Frauen für Frauenberufe entscheiden und/oder nach der Geburt eines Kindes zumindest vorübergehend aus dem Erwerbsleben aussteigen und als Hausfrauen arbeiten, wird seit den 1970er Jahren zunehmend als dringendes gesellschaftliches Problem diskutiert.[13] Frauen sollten nun dazu ermuntert werden, andere Berufe zu erlernen. Sie könnten Arbeiten, die bis anhin vorwiegend von Männern verrichtet wurden, ebenso gut verrichten – sich also an männliche Erwerbsverläufe anpassen – so die Botschaft hinter den Gleichstellungskampagnen ab den 1990er Jahren.

Mit der Institutionalisierung der Neuen Frauenbewegung in staatlichen und staatlich geförderten «Frauenbüros» oder Gleichstellungsbüros ab 1980 etablierte sich laut Sarah Probst zudem ein «Geschäft mit der Gleichberechtigung». Dieses drückte sich unter anderem in der Orientierung an Firmeninteressen im Sinne eines «Optimierungspotenzials von weiblicher Arbeitskraft» aus, was wiederum zu den Berufswahlprogrammen passte, die sich bis weit in die 2000er Jahre ausschliesslich an Mädchen richteten.[14] Céline Angehrn verweist darüber hinaus im Kontext einer allgemein ansteigenden Erwerbsbeteiligung von Frauen auf ein «Zusammentreffen» der Förderung der Erwerbsarbeit von Frauen mit einer

12 Angehrn, Isler 2018: 28–29.

13 Angehrn 2019: 193.

14 Vgl. Probst 2018: 161–187 und dies. 2020.

«neoliberalen, aktivierenden Arbeitsmarktpolitik» in den 1980er und 1990er Jahren.[15] Die grundsätzliche Kritik an Form, Inhalt und Sinn von Arbeit, welche die Neue Frauenbewegung in die Debatten eingebracht hatte, rückte nun in den Hintergrund, sodass eine Integration der Frauen in die Erwerbsarbeit möglich wurde, ohne dass die Rahmenbedingungen grundsätzlich verändert werden mussten. Möglichst gleich viel Erwerbsarbeit für Frauen wie für Männer wurde zum Schlüssel der Emanzipation und fügte sich reibungslos in eine neoliberale Wirtschaftsordnung ein, die nach möglichst viel Wachstum zu möglichst geringen Kosten strebt. Heute sind Frauen in hohem Masse erwerbstätig, übernehmen den grössten Teil der unbezahlten Haus- und Familienarbeit und können sich weder auf öffentliche, zeitliche oder finanzielle Entlastung noch auf die Umverteilung von Arbeit und Einkommen zwischen den Geschlechtern verlassen. Dass unbezahlte Haus- und Familienarbeit für die Geschlechterordnung und für die wirtschaftliche Entwicklung nach wie vor von grosser Bedeutung ist, wird heute, anders als in den 1970er Jahren, aber kaum mehr thematisiert.

«Lohn für Hausarbeit» als Befreiungsperspektive

Die Kritik an einer ökonomischen und gesellschaftlichen Ordnung, die auf der Zuweisung von Erwerbsarbeit als Domäne der Männer und von Hausarbeit als vermeintlich natürliche und deshalb unbezahlte Arbeit von Frauen basiert, findet sich seit den Anfängen der Frauenbewegung. Die Aktivistinnen und Theoretikerinnen der Neuen Frauenbewegung knüpften daran an und hielten fest, dass Hausarbeit keinesfalls ein Ausdruck von Natur sei. Vielmehr sei die unbezahlte Arbeit von Frauen der Grundpfeiler patriarchaler und kapitalistischer Produktionsverhältnisse.[16] Unbezahlte Arbeit wurde als Voraussetzung für die «Reproduktion der Arbeitskraft» und jedes kapitalistischen Wachstums in die Debatten eingebracht. Ohne die Produktion von Arbeitnehmenden und die Reproduktion ihrer Arbeitskraft in den Haushalten könnten auch keine Güter hergestellt oder Dienstleistungen erbracht werden. Ökonomische Unabhängigkeit für Frauen kristallisierte sich in der Folge als Kern der politischen Forderungen der Neuen Frauenbewegung heraus. So einig sich frau in der Analyse auch weitgehend war, so umstritten waren aber die Schlussfolgerungen: Im Internationalen feministischen Kollektiv formierte sich ab 1972 eine internationale Kampagne für einen «Lohn für Hausarbeit», an der sich auch Gruppen aus der Schweiz beteiligten.[17] Ein Lohn für Hausarbeit bedeutete eine ökonomische Aufwertung der Arbeit im Haus und für die Familie und sollte «zur gesellschaftlichen Anerkennung dieser

15 Angehrn 2019: 196.

16 Isler 2015: 216–236.

17 Ebd. und dies. 2011. Zur Geschichte des Internationalen feministischen Kollektivs vgl. Toupin 2022.

Tätigkeiten als Arbeit beitragen».[18] Die Forderung stellte darüber hinaus aber auch «ein Vehikel dar, um die geschlechtsspezifische Zuweisung der privaten, unbezahlten Arbeit an Frauen zu repolitisieren».[19] Die Gewalt gegen Frauen sowie ihre ökonomische Abhängigkeit von (Ehe-)Männern und staatlichen Institutionen oder Dienstleistungen trage zur Aufrechterhaltung dieser spezifischen Form der Ausbeutung bei. Die Entlöhnung der Hausarbeit sollte Frauen dazu ermächtigen, sich aus dieser Ausbeutung zu befreien, und letztlich auch zur Überwindung der kapitalistischen Gesellschaftsordnung beitragen.[20]

Zahlreiche Vertreterinnen der Neuen Frauenbewegung sahen jedoch in der Erwerbsarbeit und in der gleichzeitig eingeforderten Umverteilung der unbezahlten Arbeit zwischen den Geschlechtern die zentralen Hebel für die Frauenemanzipation. Erst ein eigenes Einkommen durch Erwerbsarbeit und damit die Umverteilung von Arbeit insgesamt würde die Frauen von Haus und Ehemännern befreien, so die These. Die Lohn-für-Hausarbeit-Aktivistinnen waren damit nicht einverstanden. Unbezahlte Hausarbeit mit bezahlter Erwerbsarbeit einzutauschen, respektive zu ergänzen, werde die gesellschaftliche Position von Frauen nicht verbessern, entgegneten sie. Im Gegenteil: es lauere die Gefahr der Mehrarbeit für Frauen und einer potenziell doppelten respektive dreifachen Ausbeutung. Auch ein eigener Lohn bringe keine Unabhängigkeit mit sich, wenn der Preis dafür die totale Arbeitsüberlastung sei und der Lohn erst noch keine Existenzsicherung garantiere.[21]

Auch der Bund Schweizerischer Frauenorganisationen (BSF) beschäftigte sich mit dem Thema Hausarbeit. Er hatte sich 1974 im Rahmen einer Stellungnahme zur «Stellung der Frau in der Schweiz» um «die Bewertung der Arbeit der Frau in Haus und Familie» und damit für «eine Aufwertung der Hausarbeit» bemüht und veröffentlichte 1977 eine eigene Studie zur «Bewertung des Arbeitsplatzes in privaten Haushalten».[22] Aus den Resultaten der Studie ergab sich die «dringende Empfehlung oder sogar Forderung», dass eine Erhebung der unbezahlten Arbeit möglichst bald an die Hand genommen werde. Erst durch die «Berechnung eines Lohnanspruchs» könne der Wert der «nicht-entlöhnten Haushaltsarbeit im familiären, aber auch volkswirtschaftlichen Bereich objektiv bestimmt» werden und erhalte damit den Stellenwert, der ihr zukomme.[23]

Offenbar löste diese Debatte der Frauenbewegung um unbezahlte Arbeit einiges aus. Eine Interpellation von CVP-Nationalrat Josef Ziegler, die eine Erhebung von «Arbeitszahlen als Grundlage für die Bewertung im familiären und im

18 Isler 2015: 216.
19 Ebd.
20 Ebd.: 224.
21 Ebd.: 228.
22 Brüngger 1977.
23 Ebd.: 84.

volkswirtschaftlichen Bereich» verlangte, veranlasste den Schweizerischen Arbeitgeberverband 1979 zur Warnung, eine solche könnte dem von «manchen Frauenorganisationen nicht sehr stilvoll reklamierten ‹Hausfrauenlohn›» als Grundlage dienen.[24] Ausserdem sei eine «Wertberechnung» der Hausarbeit ungeeignet, um in die volkswirtschaftliche Gesamtrechnung «eingestellt» zu werden, gäbe es doch «Funktionen und Handlungen» die nicht mit Geld und Arbeitsstunden abgegolten werden könnten.[25] Insgesamt stiessen die Forderung nach «Lohn für Hausarbeit» und das politische Programm, das mit dieser Forderung verbunden war, sowohl in der Frauenbewegung als auch darüber hinaus auf erheblichen Widerstand und lösten Kontroversen aus. Während in den 1970er Jahren die Bewertung und Definition von Arbeit sowie die Frage der «Befreiung» noch offen war, verengte sich die Perspektive in den folgenden Jahren zunehmend. Inzwischen hat sich die Position durchgesetzt, dass Erwerbsarbeit als «privilegierte Arena für die Verwirklichung von Chancengleichheit» anzusehen sei. Eine Position, die sich problemlos dem Primat einer allgemeinen liberalen Wirtschaftsförderung unterordnen lässt.[26]

Emanzipation durch Erwerbsarbeit

Dem wirtschaftlichen Einbruch Mitte der 1970er Jahre folgte eine Entlassungswelle, von der Frauen überproportional getroffen wurden. Simona Isler stellt in diesem Zusammenhang fest, dass innerhalb der Gruppe «Frauenentlassungen – Frauenarbeit» der Zürcher Frauenbefreiungsbewegung (FBB) noch im Juli 1975 Uneinigkeit darüber herrschte, ob eine möglichst hohe Erwerbsbeteiligung der Frauen eigentlich wünschenswert sei. Im November des gleichen Jahres verfestigte sich dann die Perspektive, die Berufsarbeit stärke die finanzielle Unabhängigkeit der Frauen. Dabei hatte die Gruppe durchaus in Betracht gezogen, dass Frauen nicht unbedingt erwerbstätig sein wollten, und betonte: «[…] wir kennen die schlechten Bedingungen, Entfremdung, Leistungsdruck etc. … und

24 Schweizerische Arbeitgeber-Zeitung 1979: 115.

25 Ebd. Eine erste Zeitbudgeterhebung wurde 1979 vom Bundesamt für Statistik gemacht; ob sie in einem Zusammenhang mit der Interpellation Ziegler steht, konnte aber nicht herausgefunden werden. Seit 1997 wird die unbezahlte Arbeit alle drei bis vier Jahre mittels einer Befragung der Haushalte vom Bundesamt für Statistik regelmässig erhoben und ihr monetärer Wert in Form einer Marktkostenrechnung ausgewiesen. Diese Erhebung wurde in der Folge der Abschlussdeklaration der Weltfrauenkonferenz in Peking von 1995 umgesetzt, die dazu aufgefordert hat, unbezahlte Arbeit in Zusatzberechnungen zum Bruttoinlandsprodukt auszuweisen und zu bewerten.

26 Isler 2015: 233–234.

trotzdem raten wir allen Frauen, sich um Erwerbsarbeit zu bemühen».[27] Elisabeth Joris und Heidi Witzig weisen im Zusammenhang mit der Krise der 1970er Jahre ausserdem auf «die allgemeine gesellschaftliche Gegenbewegung» hin, welche die Frauen wieder stärker aus der Erwerbsarbeit verdrängen wollte.[28] Die konkrete Erfahrung der überproportionalen Entlassungen von Frauen und die gesellschaftliche Debatte darum, Frauen wieder vermehrt auf die unbezahlte Arbeit verweisen zu wollen, dürfte mit ein Grund dafür sein, weshalb sich innerhalb der Frauenbewegung die Position verstärkte, eine gleichberechtigte Teilhabe an der Erwerbsarbeit sei der Schlüssel zur Emanzipation.

Aber nicht nur innerhalb der Frauenbewegung verfestigte sich diese Überzeugung. Thomas Held, der 1974 zusammen mit René Levy die soziologische Studie *Die Stellung der Frau in Familie und Gesellschaft*[29] publizierte, schrieb 1975 in der *Gewerkschaftlichen Rundschau*, die Berufstätigkeit sei Bedingung für jede «wirkliche Emanzipation der Frau», insbesondere für die Veränderung «traditioneller, als Fesseln empfundener» Familienstrukturen, und hielt weiter fest: «Eine Beschäftigungspolitik, die mit Reserveheeren und Puffern (Frauen, Fremdarbeiter) operiert, statt das Recht auf Arbeit für alle in den Mittelpunkt zu stellen, bringt deshalb jede weitere Emanzipation der Frau in Gefahr. Mit anderen Worten: Unerlässliche Voraussetzung für die Gleichstellung der Frau ist eine Politik der Vollbeschäftigung.»[30] Gleichzeitig forderte er, dass die Benachteiligungen am Arbeitsplatz – namentlich in Bezug auf Lohn und Aufstiegsmöglichkeiten – beseitigt und die «infrastrukturellen Voraussetzungen» für die «Entlastung der berufstätigen Hausfrauen und Mütter» geschaffen werden müssten. Weiter führte er aus: «Aber auch abgesehen von solchen Barrieren für die Frauenarbeit setzt eine Politik der tatsächlichen Integration der Frau in Wirtschaft und Gesellschaft voraus, dass auf der anderen Seite die Männer stärker am familiären Bereich teilnehmen.»[31] Für den grössten Teil der Bevölkerung blieb dies laut Held allerdings ein unrealistisches Modell, solange keine spürbare Arbeitszeitverkürzung angestrebt werde. «Vom Standpunkt der Frauenemanzipation aus gesehen werden so Vollbeschäftigung und Arbeitszeitverkürzung zu den beiden wichtigsten Zielen jeder Beschäftigungspolitik.»[32]

Während Helds Argumentation die alleinige Möglichkeit der Integration der Frauen in Wirtschaft und Gesellschaft über die Erwerbsarbeit hervorhob und zudem die allgemeine linke Beschäftigungspolitik zum Kampfplatz der Frauen-

27 Zitiert nach Isler 2015: 227. Die Originalzitate finden sich in Frauezitig 1 (1975): 2–3 und Frauezitig 2 (1975): 2.

28 Joris, Witzig 2001: 481.

29 Vgl. Held, Levy 1974.

30 Held 1975: 95.

31 Ebd.

32 Ebd.

emanzipation erklärte, standen in den Debatten der Frauenbewegung – neben der finanziellen Unabhängigkeit – zwei weitere Argumente im Vordergrund: Einerseits die Ebenbürtigkeit mit Männern und andererseits der Schritt heraus aus der Isolation in der Kleinfamilie. Durch beides würden die Grundsteine für den Aufbau eines «soliden weiblichen Selbstbewusstseins» gelegt.[33] Gefordert wurden die Umverteilung unbezahlter Arbeit zwischen den Geschlechtern und die Schaffung öffentlicher Infrastrukturen wie Kinderbetreuungsangebote, Restaurants, Waschsalons und Flickstuben. Innerhalb der Neuen Frauenbewegung waren diese Forderungen aber umstritten: Eine Neuaufteilung der Hausarbeit sei ein theoretisches Wunschbild und eine Verschleierungstaktik, damit alle, die es nicht schafften, ihre Hausarbeit aufzuteilen, glauben würden, sie seien selbst daran schuld und unfähig.[34] Infrastrukturen sollten von den Frauen selbst aufgebaut und verwaltet werden, denn in der Hand des Staates könnten sie sich als Machtinstrument gegen die Frauen entpuppen, um ihnen weiterhin die Bedingungen ihrer Arbeit zu diktieren, sodass Frauen zusätzlich zur unbezahlten Arbeit vorwiegend in schlecht bezahlten Dienstleistungsberufen arbeiten müssten. Erst ein staatlicher «Lohn für Hausarbeit» für alle Frauen würde die Möglichkeit für selbstverwaltete Infrastrukturen und eine echte Wahlfreiheit respektive die Möglichkeit zur Verweigerung von Arbeit schaffen.[35]

In der *Schweizerischen Arbeitgeber-Zeitung* argumentierte eine Autorin im März 1973, verheiratete Frauen würden als «Arbeitskraftreserven» in Frage kommen, wenn man ihnen bei der Arbeitszeit entgegenkäme. «Eine Frau, welche über einen modern eingerichteten Haushalt verfügt und nicht mehr durch die Kinder ans Haus gebunden ist, hat gut Zeit, noch teilweise berufstätig zu sein, ohne auf andere Interessen und Hobbies verzichten zu müssen.»[36] Die Autorin forderte eine Revision der Steuergesetzgebung und eine «staatliche Rente» für junge Mütter, damit diese im ersten Jahr nach der Geburt auf ihre Erwerbsarbeit verzichten könnten. Sie betonte das Potenzial der Arbeitskraft von Frauen als Vorteil für Staat und Wirtschaft und forderte im Gegenzug finanzielle Anreize für die Familien durch steuerliche Anpassungen. Dabei deutete sie die Berufsarbeit von Frauen eher als Abwechslung vom (familiären) Alltag denn als wirtschaftliche Notwendigkeit oder emanzipatorischen Akt. Gleichzeitig machte die Autorin klar, dass die Erwerbstätigkeit von Frauen nur in der spezifischen Form der Teilzeitbeschäftigung realisierbar sei. Verheiratete Frauen wurden hier als Arbeitskraftreserven gesehen, aber erst nach der Erfüllung ihrer Pflichten als Mütter. Das sogenannte «Dreiphasenmodell», demzufolge die Erwerbstätigkeit von Frauen vor und nach der Mutterschaft möglich und erwünscht war, wurde

33 Isler 2015: 228.

34 Ebd.: 229.

35 Ebd.: 228–230.

36 Elsasser-Rusterholz 1973: 202.

damals auch von einigen Frauenorganisationen als ideale Nutzung des «doppelten Gebrauchswerts» von Frauen propagiert.[37]

Diese verschiedenen Positionen spiegeln die gesellschaftlichen, arbeitsmarktlichen und wirtschaftlichen Veränderungen und die damit verbundenen Unsicherheiten jener Zeit. Das Ende des Wirtschaftswunders, der Konjunktureinbruch und der damit verbundene beschleunigte Strukturwandel hin zu einer Dienstleistungsgesellschaft trafen auf politische Bewegungen und Institutionen, die sich mit einem offenbar brüchigeren Wohlstand und einer unsichereren wirtschaftlichen Entwicklung auseinandersetzen mussten – und auf eine starke Frauenbewegung, die eine über das Frauenstimm- und Wahlrecht hinausgehende Partizipation und Unabhängigkeit einforderte.[38] Der gleichberechtigte Zugang zum Arbeitsmarkt und vor allem zu gleichen Einkommen war Teil dieser Forderungen, verbunden mit der Umverteilung von unbezahlter Arbeit zwischen den Geschlechtern und dem Auf- und Ausbau der öffentlichen Infrastruktur. Zu weiten Teilen sind diese Anliegen bis heute unerfüllt. Die Forderung nach einem Lohn für Hausarbeit verschwand fast gänzlich aus der Debatte; und in den Folgejahren etablierte sich die Erwerbsarbeit von Frauen in erster Linie als tendenziell schlecht entlöhnte (Teilzeit-)Arbeit im stark wachsenden Dienstleistungssektor.

Wachstumstrend Frauenerwerbsarbeit

Parallel zum Wachstum des Dienstleistungssektors stieg ab 1960 – zuerst zögerlich und ab 1980 markant – auch die Erwerbstätigkeit von Frauen. Der Dienstleistungssektor war bereits 1960 der bedeutendste Beschäftigungszweig für Frauen. Das, im Unterschied zur Situation in den 1920er Jahren, als die Verteilung der Arbeitnehmerinnen auf den zweiten und dritten Wirtschaftssektor noch ungefähr gleich gross war.[39] Die Erwerbsquote von Frauen befand sich zwischen 1940 und 1950 mit etwas über 30 Prozent auf einem Tiefststand im Vergleich zu den jeweiligen Jahrzehnten davor und danach, als sie rund 40 Prozent oder mehr betrug.[40] Zwischen 1950 und 1960 war die Zunahme erwerbstätiger Frauen aber vor allem auf die Zunahme migrantischer Arbeiterinnen zurückzuführen.[41] Ab 1960 lässt sich dann eine Re-Mobilisierung der Schweizer Frauen für den Er-

37 Mesmer 1988: 21.

38 Interessant wäre überdies die Frage eines möglichen Zusammenhangs zwischen dem Überfremdungsdiskurs und der damit verbundenen Begrenzung der Zuwanderung ab 1970 und der Veränderung von Debatten der verschiedenen Akteur*innen zur Erwerbsarbeit von Frauen.

39 Magnin 1996: 40.

40 Wecker 1984: 350.

41 Magnin 1996: 34.

werbsarbeitsmarkt statistisch nachweisen. Regina Wecker hat allerdings konstatiert, dass die Erwerbsbeteiligung von Frauen bis weit ins 20. Jahrhundert hinein unterschätzt wurde, weil sich das Interesse der Statistiker hauptsächlich auf die Männer richtete. Im internationalen Vergleich war die Erwerbsquote der Frauen – insbesondere in den Sektoren Industrie und Handwerk – hoch. Wecker vermutet, dass dies auf eine spezifisch schweizerische Ausprägung der industriellen Revolution zurückzuführen sei, welche die Erwerbstätigkeit von Frauen förderte.[42] Elisabeth Joris und Heidi Witzig haben ausserdem nachgezeichnet, dass mit dem wirtschaftlichen Aufschwung eine gute Ausbildung und Berufstätigkeit für Frauen aus der Mittelschicht bereits nach dem Zweiten Weltkrieg selbstverständlich geworden waren.[43]

Über das Ringen um die Erwerbsbeteiligung von Frauen und insbesondere von Müttern in jenen Jahren gibt schliesslich die Lizenziatsarbeit von Chantal Magnin zum «Alleinernährer» detailliert Auskunft.[44] Die damalige Debatte lässt sich keineswegs in ein Schema von konservativen versus progressive Kräften einordnen. Stimmen aus unterschiedlichen politischen Lagern, welche die gesellschaftliche Integration von Frauen über Erwerbsarbeit in einer «demokratisch-liberalen Wirtschaftsordnung» als zwingenden Fortschritt bejahten, gab es ebenso wie solche, welche die «Ausbeutung von Frauenkraft» durch doppelte Arbeitsschichten in Berufs- und Hausarbeit insbesondere für Mütter ablehnten.[45] Es wurde aber nicht nur darum gerungen, ob und in welcher Form Frauen, respektive Mütter, erwerbstätig sein sollten, sondern auch darum, in welcher Form der Sozialstaat verpflichtet wäre, mittels Kinderzulagen, Mütterrenten, Mietzinszuschüssen und weiteren sozialstaatlichen Massnahmen jeder Familie ein Recht auf ein existenzsicherndes Einkommen zu garantieren. Sozialpolitisch wurde die Erwerbsarbeit von Frauen aber lange über das Ideal des «Alleinernährers» und über die Ehe abgeleitete sozialstaatliche Leistungen für Frauen als subsidiär abgetan. Laut Jakob Tanner und Brigitte Studer hat erst der Boom der Nachkriegsjahre, «die materiellen Voraussetzungen» für die geschlechtsspezifische Arbeitsteilung in ein «Drinnen» für Frauen und ein «Draussen» für Männer geschaffen.[46] Allerdings war diese Arbeitsteilung mehr Ideologie und wenn überhaupt, nur für eine sehr kurze Zeit – zwischen 1940 und 1960 – auch Realität für breitere Gesellschaftsschichten.

Bereits am Anfang des 20. Jahrhunderts war die Hausarbeit als politischer und wissenschaftlicher Gegenstand der Rationalisierung entdeckt worden. Inspiriert vom Taylorismus wurde ab den 1920er Jahren eine rationalisierte Haus-

42 Wecker 1984: 346–350.
43 Joris, Witzig 2001: 75.
44 Vgl. Magnin 1996.
45 Ebd.: 65.
46 Tanner, Studer 2012: 645.

wirtschaft propagiert; aber erst in der Hochkonjunktur der 1950er und 1960er Jahre fanden die dafür konzipierten Geräte aufgrund steigender Einkommen eine breitere Nutzung. Die Technisierung des Haushalts sollte Frauen jetzt nicht mehr nur von der Hausarbeit entlasten, sondern auch Zeit für die Erwerbsarbeit freisetzen. Anna Bähler weist jedoch darauf hin, dass der Effekt der Technisierung schwer zu bewerten sei.[47] Zwar habe sich die Hausarbeit seit den 1950er Jahren vermutlich verringert; diese Reduktion sei aber eher durch eine geringere Kinderanzahl und die steigende Erwerbstätigkeit verheirateter Frauen bedingt.[48] Jakob Tanner und Brigitte Studer argumentieren zudem, dass die Technisierung primär Männer und Kinder von der Hausarbeit entlastet habe.[49] Diese Befunde legen nahe, dass die Technisierung des Haushalts keine zeitliche Entlastung für Frauen brachte, sondern angesichts der steigenden Erwerbsbeteiligung von Frauen ihre gesamte Arbeitsbelastung im Gegenteil gestiegen ist. Eine regelmässige Erhebung zur unbezahlten Arbeit gibt es aber erst seit 1997. Im Rahmen der Schweizerischen Arbeitskräfteerhebung (SAKE) werden alle drei bis vier Jahre entsprechende Daten durch Bevölkerungsbefragungen erhoben. Diese zeigen: Für Frauen, die alleine oder in einem Paarhaushalt ohne Kinder leben, ist die gesamte Arbeitsbelastung seit 1997 geringfügig zurückgegangen. Ein anderes Bild zeigt sich in Paarhaushalten mit Kindern. Die Gesamtlast an Arbeit nahm hier deutlich zu: Mütter verbringen heute wesentlich mehr Zeit mit Erwerbsarbeit als 1997, während sich der zeitliche Aufwand für unbezahlte Arbeit nicht reduziert hat.[50]

Zwischen 1960 und 1970 nahm der Anteil erwerbstätiger Frauen noch sehr verhalten von 46,5 auf 49 Prozent zu und wuchs bis 1980 weiter leicht an.[51] Ab den 1980er Jahren kann der Anstieg der Frauenerwerbstätigkeit dann aber als eigentlicher Wachstumstrend auf dem Arbeitsmarkt beobachtet werden. Von 1980 bis heute erhöhte sich der Anteil erwerbstätiger Frauen von rund 50 auf über 80 Prozent, während der Anteil bei den Männern über diese Jahre leicht sank.[52] In der Frage der Erwerbsbeteiligung hat sich die Schere zwischen Männern und Frauen in den letzten 40 Jahren also bedeutend geschlossen. Nicht aber in Bezug auf andere geschlechtlich determinierte Merkmale von Erwerbsarbeit. So fällt der markante Unterschied im Anteil an Teilzeitarbeit zwischen den Ge-

47 Bähler 1996: 171–192.

48 Ebd.: 184.

49 Tanner, Studer 2012: 681.

50 Bundesamt für Statistik 2021.

51 Mergele, Kaiser, Wehrli, 2024: 15. Die verwendeten Daten stehen online zur Verfügung: SECO 2024.

52 Bundesamt für Statistik 2024a: 1970: Frauen 48,1 %, Männer 91,8 %, 1980: Frauen 51,4 %, Männer 89,9 %, 1990: Frauen 61,2 %, Männer 90,7 %, 2000: Frauen 70,2 %, Männer 87,5 %. Vgl. dazu auch Bühler, Heye 2005: 26. Bundesamt für Statistik 2024b für Zahlen von 1991 bis heute.

schlechtern auf. Seit ihrer Erfassung 1960 wurde sie nachweislich mehrheitlich von Frauen ausgeübt, wobei die meisten berufstätigen Frauen bis in die 1990er Jahre noch Vollzeit erwerbstätig waren.[53] Seit 1990 wuchs auch der Anteil der Teilzeit beschäftigten Männer signifikant, blieb aber weit hinter jenem der Frauen zurück. In jüngster Zeit ist wieder eine Zunahme der Erwerbspensen von Frauen zu beobachten, was darauf hinweist, dass sich Frauen weiterhin dem Erwerbsmodell von Männern annähern.

Ein weiterer auffälliger Unterschied findet sich bei der Betrachtung der Beschäftigung von Frauen und Männern nach Branchen. So ist der Dienstleistungssektor heute auch für die Männer der bedeutendste Beschäftigungszweig. Anders als die Frauen sind sie aber überwiegend in nicht-personenbezogenen Dienstleistungen wie beispielsweise der Immobilien- und Finanzbranche oder in technischen Dienstleistungen tätig. Frauen hingegen sind in grosser Überzahl in personenbezogenen Dienstleistungen, wie dem Gesundheitswesen, beschäftigt.[54] Diese fortbestehenden Unterschiede gehen einher mit signifikanten Einkommensdisparitäten, da Tätigkeiten in nicht-personenbezogenen Dienstleistungen wesentlich höher vergütet werden als Beschäftigungen in personenbezogenen Branchen, während Frauen zusätzlich noch den Grossteil der unbezahlten Arbeit leisten. Die Entwicklung der Erwerbstätigkeit von Frauen kann daher nicht unkritisch als Fortschrittsgeschichte erzählt werden. Trotz der hohen und weiterhin zunehmenden Erwerbstätigkeit von Frauen bleibt die geschlechtsspezifische Segregation in Bezug auf Arbeit und Einkommen bestehen. Diese Ungleichheiten zeigen, dass die blosse Integration in den Arbeitsmarkt nicht automatisch zu Gleichstellung führt.

Das Geschäft mit der Gleichstellung

Die 1980er Jahre werden von Historikerinnen rückblickend als prägendes Jahrzehnt der «Gleichstellung» bezeichnet.[55] Am 14. Juni 1981, zehn Jahre nach der Einführung des Frauenstimm- und Wahlrechts auf nationaler Ebene, befürwortete die Mehrheit der Stimmberechtigten die Aufnahme des Gleichstellungsartikels in die Bundesverfassung, der die Gleichstellung der Geschlechter, namentlich in Familie, Ausbildung und Beruf, verfassungsmässig verankerte.[56] Bereits

---

53 Wecker 1984: 350; Bühler, Heye 2005: 27.

54 Bundesamt für Statistik 2023a.

55 Suter 2020: 103.

56 Die ursprünglich 1976 eingereichte Initiative ging weiter, als der vom Bundesrat als Gegenvorschlag formulierte und schliesslich eingeführte Gleichstellungsartikel. U. a. wurden explizit gleiche Rechte und Pflichten in der Familie verlangt. Diese Formulierung wurde abgeschwächt und lässt Interpretationsspielraum zu: «Das Gesetz sorgt für ihre Gleichstellung, vor allem in Familie, Ausbildung und Arbeit.» Während die Ansprüche des gleichen Lohns und

ein halbes Jahr vor der Abstimmung war auf Bundesebene die Stabsstelle für Frauenfragen eingerichtet worden und sieben Jahre später folgte das Eidgenössische Büro für die Gleichstellung von Frau und Mann. Bis 1990 wurden insgesamt zehn öffentliche Gleichstellungsfachstellen geschaffen.[57] Wirtschaftlich gesehen waren die 1980er Jahre eine Phase der Hochkonjunktur und des Arbeitskräftemangels. Die Institutionalisierung der Frauenbewegung in Form von Gleichstellungsbüros und die Verankerung der Gleichstellung in der Bundesverfassung trafen also auf einen ausgetrockneten Arbeitsmarkt, der dringend auf Arbeitskräfte angewiesen war. Die Integration der Frauen in den Erwerbsarbeitsmarkt wurde in der Folge zu einer zentralen Maxime der institutionalisierten Gleichstellungspolitik.

Allerdings konnten die Ehemänner bis zur Revision des Eherechts 1988 ihren Ehefrauen die Ausübung einer Berufsarbeit untersagen und waren im Gesetz als Familienoberhaupt festgeschrieben. Zu Recht verlangte die Frauenbewegung, auch unter Berufung auf den Gleichstellungsartikel, die Abschaffung dieser rechtlich verankerten Unterordnung von Ehefrauen unter ihre Ehemänner und die Abschaffung dieses Verbots. Formal wurden die Ehepartner*innen im neuen Eherecht einander in allen Belangen gleichgestellt: Sie hatten sich neu «über den Beitrag, den jeder von ihnen leistet, namentlich durch Geldzahlungen, Besorgen des Haushaltes, Betreuen der Kinder oder durch Mithilfe im Beruf oder Gewerbe des andern» zu verständigen.[58] Gleichzeitig veränderte sich mit der Revision aber auch der nacheheliche Unterhalt, der insbesondere für diejenigen Frauen von grosser Bedeutung war, die keine oder wenig Erwerbsarbeit leisteten und im Gegenzug den Haushalt besorgten sowie die gemeinsamen Kinder betreuten. Der nacheheliche Unterhalt bei einer Scheidung muss zwar nach wie vor auf die Arbeitsteilung während der Ehe abgestützt werden, gleichzeitig forderte das Gesetz neu aber auch die Prüfung einer möglichen beruflichen Eingliederung oder die Erhöhung des Erwerbspensums der anspruchsberechtigten Person – also meistens der Ehefrau.[59]

Die Rechtsprechung hatte sich allerdings bereits vor der Einführung des neuen Eherechts dahingehend verändert, dass materielle Ansprüche aus unbezahlter Arbeit, insbesondere der Kindererziehung, bei einer Scheidung abgebaut wurden – eine Tendenz, die sich nach der Revision des Eherechts weiter verstärkte und bis heute anhält.[60] So ist das verfügbare Haushaltseinkommen ge-

---

des Verbots der Diskriminierung am Arbeitsplatz mit dem Gleichstellungsgesetz 1996 konkretisiert wurden, fehlt bis heute ausserhalb des Eherechts eine gesetzliche Grundlage der Gleichstellung in der Familie.

57 Eidgenössische Kommission für Frauenfragen 2009: 6–7.

58 Schweizerisches Zivilgesetzbuch 2024: Art. 125.

59 Ebd.: Art. 163.

60 Muster 2022.

schiedener Frauen heute bedeutend tiefer, als noch in den 1990er Jahren, auch wenn heute ein wesentlich grösserer Anteil dieser Frauen erwerbstätig ist.[61]

Der Abbau von rechtlichen Hürden für die Erwerbstätigkeit der Frauen ging also einher mit einem Abbau der rechtlichen Absicherung unbezahlter Arbeit. Frauen konnten sich nicht mehr darauf verlassen, dass ihre unbezahlte Arbeit innerhalb einer Ehe materielle Ansprüche generierte. Diese Form der Gleichstellung bedeutete eine Abwertung der unbezahlten Arbeit von Frauen und erhöhte den Druck, trotz fehlender Kinderbetreuungsinfrastruktur, der wachsenden Doppelbelastung und den häufig tiefen Löhnen, erwerbstätig zu sein.

Neben staatlichen Institutionen entstanden in dieser Situation auch neue Formen der Zusammenarbeit zwischen Frauenbewegten und Unternehmen, um dem Arbeitskräftemangel zu begegnen und die Frauen für den Arbeitsmarkt zu aktivieren, wie Sarah Probst das am Beispiel des 1986 gegründeten Netzwerks «Taten statt Worte», der Initiative für bessere Möglichkeiten von Frauen in der Arbeitswelt, exemplarisch aufgearbeitet hat.[62] Das Netzwerk, initiiert durch Elisabeth Michel-Alder, galt als beispielhafte Initiative firmeneigener Frauenförderungsmassnahmen, um dem Arbeitskräftemangel entgegenzuwirken. Auf der Seite der Frauen waren «die fehlenden Fortschritte bei der Umsetzung der Gleichberechtigung in der Arbeitswelt» ausschlaggebend für die Gründung.[63] Die Reaktionen innerhalb der Frauenbewegung fielen allerdings unterschiedlich aus: Vom BSF und dem Schweizerischen Verband der Berufs- und Geschäftsfrauen ausdrücklich unterstützt, waren in der *Emanzipation*, der Zeitschrift der Organisation für die Sache der Frau (OFRA), kritische Überlegungen zu lesen: Frauenförderung von oben könne nur denen oben dienen, hiess es etwa. Die Frauengruppe des Verbands des Personals öffentlicher Dienste (VPOD) wurde noch deutlicher und warf dem Netzwerk vor, ein «Geschäft aus der Gleichberechtigung» zu machen, denn die Betriebe würden mehr von diesem Projekt profitieren als die Frauen.[64] So genossen Massnahmen zur Umgestaltung der Arbeitszeiten und Arbeitsformen (wie flexible Arbeitszeiten, Heimarbeit am Computer oder Teilzeitstellen für Frauen) eine hohe Priorität, nicht aber Massnahmen zur Entlastung von unbezahlter Arbeit (wie der Ausbau von Kinderbetreuungsangeboten oder die Förderung von Teilzeitarbeit für Männer). Das Problem der sogenannten Vereinbarkeit respektive Unvereinbarkeit von Beruf und Familie wurde damit den Frauen zugewiesen, und die Verbesserung der beruflichen Möglichkeiten von Frauen wurde der Verbesserung der Gesamtleistung der Unternehmen untergeordnet. Frauenförderung sollte sich lohnen beziehungs-

61 Zimmermann, Kessler 2016: 37–39. Vgl. dazu auch Fluder, Kessler, Schuwey 2024.
62 Probst 2018: 161–187.
63 Joris, Witzig 2001: 574.
64 Probst 2018: 166.

weise über die Gestaltung der Arbeitsformen und -zeiten möglichst effizient organisiert werden, und die daraus entstandenen Vorteile konnten als Aushängeschild für die Standortwerbung genutzt werden.[65] So verbanden sich – nicht ganz ohne Widerstand, wie die genannten Zitate zeigen – «Frauenförderungsmassnahmen» mit Wachstumszielen von Unternehmen. Nancy Fraser hat diese Entwicklung, rückblickend auf die Geschichte der Neuen Frauenbewegung, in Zusammenhang mit der «historischen Wesensveränderung des Kapitalismus» als «gefährliche Liebschaft» feministischer Anliegen mit neoliberalen Bestrebungen analysiert, welche die Durchsetzung neuer Organisationsformen des Kapitalismus, wie zum Beispiel die Flexibilisierung der Arbeitszeiten, in den Folgejahren begünstigte. Damit einher ging eine Neuorganisation des sogenannt bürgerlichen Geschlechtervertrags.[66]

Die Erosion des bürgerlichen Geschlechtervertrags

Die Erosion des bürgerlichen Geschlechtervertrags wurde nicht nur durch die Frauenbewegung, die Revision des Eherechts, den Arbeitskräftemangel und den Strukturwandel hin zu einer Dienstleistungsgesellschaft, sondern auch durch die Lohnentwicklung vorangetrieben. Bereits mit dem Konjunktureinbruch Mitte der 1970er Jahre verloren die Reallohnsteigerungen an Dynamik und brachen während der vergleichsweise langen Stagnationsphase der 1990er Jahre massiv ein, wie Jakob Tanner und Brigitte Studer festgestellt haben.[67] Männerlöhne gingen in den 1990er Jahren zudem stärker zurück als Frauenlöhne, was die Lohnunterschiede zwischen den Geschlechtern leicht verringerte. Spätestens ab den 1990er Jahren verlor der Ernährerlohn definitiv auch an materieller Substanz. Infolgedessen waren Haushalte, insbesondere mit Kindern, zunehmend auf ein zweites Einkommen angewiesen. Dies führte dazu, dass zeitliche Ressourcen aus den Haushalten verstärkt dem Erwerbsarbeitsmarkt zugeführt wurden, wodurch Unternehmen von der Mitfinanzierung dieser Ressourcen – zuvor durch den Ernährerlohn gewährleistet – entlastet wurden. Dieser Ressourcenabzug wurde in der Schweiz nicht sozialstaatlich kompensiert, wie das andernorts der Fall war. Sowohl die staatliche als auch die unternehmerische Mitfinanzierung von Infrastrukturen zur Entlastung von Haushalten, zum Beispiel für die Kinderbetreuung, sind hierzulande bis heute nur schwach ausgeprägt. In der deutschsprachigen Schweiz und insbesondere in grösseren Städten wie Zürich oder Bern ist die finanzielle Belastung der Haushalte durch ausserfamiliäre Kinderbetreuung deshalb sehr hoch. In der Westschweiz etablierte sich demgegenüber eine etwas

65 Ebd.: 174.

66 Fraser 2009: 49–51.

67 Tanner, Studer 2012: 649–650.

substanziellere Finanzierung durch die öffentliche Hand. Einzelne Kantone wie Genf, Neuchâtel und Waadt haben die Unternehmen zudem für die Mitfinanzierung der Kinderbetreuung in die Pflicht genommen. Auch wenn das Kinderbetreuungsangebot im städtischen Umfeld ab den 2000er Jahren stark ausgebaut wurde, während es in ländlichen Regionen bis heute ungenügend ist, bleibt die Zugänglichkeit durch die hohen Tarife bis heute eingeschränkt.

Im europäischen Vergleich ist die Schweiz absolutes Schlusslicht hinsichtlich der Höhe öffentlicher Ausgaben für die frühkindliche Kinderbetreuung inklusive Kindergärten.[68] Öffentlich subventioniert werden Betreuungsplätze häufig nur in Abhängigkeit vom Einkommen der Eltern und ihrem zusammengezählten Erwerbspensum. So wird Eltern nur für den Anteil, den sie zusammen mehr als Vollzeit arbeiten, ein Teil der Betreuungskosten erlassen. Die Mitfinanzierung der Kinderbetreuung durch die öffentliche Hand ist ganz selbstverständlich auf den Bereich der Erwerbsarbeit beschränkt mit dem vordringlichen Ziel, die Erwerbspensen der Frauen zu erhöhen. Andere Ziele, wie etwa die frühkindliche Bildung oder die Entlastung von Familien mit kleinen Kindern, werden hierzulande kaum diskutiert. Seit 2011 können zwar Steuerabzüge für die ausserfamiliäre Kinderbetreuung geltend gemacht werden, die sich in der Höhe je nach kantonaler Umsetzung aber massiv unterscheiden. Private Betreuungslösungen wie die Betreuung durch die Eltern, die Grosseltern oder andere Verwandte und Bekannte sind vom Steuerabzug ausgeschlossen. Auch andere Massnahmen und Dienstleistungen zur zeitlichen oder finanziellen Entlastung der Haushalte, wie Reinigungshilfen oder Unterstützung bei der Betreuung von kranken und älteren Angehörigen, sind im Gegensatz zu vielen anderen europäischen Ländern in der Schweiz hauptsächlich eine private Angelegenheit – sowohl in der Finanzierung[69] als auch in der Organisation respektive Ausübung dieser Tätigkeiten an sich.[70]

---

68 Hoch 2021.

69 Zu berücksichtigen ist, dass die Organisation und Finanzierung der Pflege grosse kantonale Unterschiede ausweisen. Die Finanzierung besteht aus einem Mix aus privaten Mitteln, Mitteln der Krankenkassen und der öffentlichen Hand. Infolge der hohen Kosten für die Haushalte sind rund 60 Prozent der pflegebedürftigen Personen auf Ergänzungsleistungen angewiesen.

70 Belgien etwa kennt ein System der öffentlichen Subventionierung von Gutscheinen für die Haushalte für Haushaltshilfen, Reinigung oder ähnliches. In den skandinavischen Ländern sind sowohl Kinderbetreuung wie auch das Gesundheitssystem und die Pflege und Betreuung von älteren Menschen weitgehend öffentlich über die Steuereinnahmen des Staates finanziert. Auch die private Übernahme dieser Aufgaben wird mittels öffentlicher Gelder bezahlt: Finnland etwa kennt ein einigermassen ausgebautes System der öffentlichen Entschädigung von privater Kinderbetreuung, und auch Frankreich fördert haushaltsnahe Dienstleistungen mit öffentlichen Geldern.

Die zeitlichen Ressourcen aller Personen sind jedoch begrenzt. Wenn also ein immer grösserer Anteil dieser Ressourcen für Erwerbsarbeit aufgewendet werden muss, wächst entsprechend die Nachfrage nach (bezahlbaren) personenbezogenen und haushaltsnahen Dienstleistungen und Konsumgütern, welche die Haushalte zeitlich entlasten. Dadurch entstehen wiederum schlecht entlöhnte Erwerbsarbeitsplätze zum Beispiel in der Kinderbetreuung, und diese werden in erster Linie von Frauen eingenommen. Strukturell setzt sich damit die Verteilung von Arbeit qua Geschlecht in neuer Form fort: Männer sind bis heute tendenziell in hohen Pensen, auf besser entlohnten und besser abgesicherten Erwerbsarbeitsplätzen in der Industrie und im nicht-personenbezogenen Dienstleistungswesen tätig, während Frauen tendenziell Teilzeit arbeiten und häufig weitaus unsicherere Bedingungen und tiefere Löhne im Bereich der personenbezogenen Dienstleistungen in Kauf nehmen müssen. Darüber hinaus bleiben sie weiterhin zuständig für den grössten Teil der unbezahlten Haus- und Familienarbeit. Für Frauen ohne Kinder bedeutet das aktuell, dass sie rund 50 Stunden pro Woche unbezahlte und bezahlte Arbeit leisten – Mütter arbeiten rund 70 Stunden pro Woche.[71] Diese Arbeitsrealitäten können die Möglichkeiten für gesellschaftliche und politische Teilhabe – durch fehlende finanzielle Mittel und Zeitressourcen – erheblich beeinträchtigen.[72] Tove Soiland thematisiert diese Entwicklung unter dem Begriff «Landnahme der individuellen und sozialen Reproduktion» und betont die Bedeutung dieses neuen Wechselverhältnisses zwischen bezahlter und unbezahlter «Reproduktionsarbeit» für die Analyse der Gegenwart: «Was heute in durchaus emanzipativer Absicht als Adult-Worker-Modell mit seiner Norm der individuellen Existenzsicherung erscheint, ist streng genommen nichts anderes als eine fundamentale Neuordnung der Weise, wie Menschen in westlich-kapitalistischen Gesellschaften gezwungen sind, sich zu reproduzieren.»[73] Denn die Entlastung von Haushalten durch Dienstleistungen und/oder Konsumgüter muss grösstenteils aus dem Haushaltseinkommen finanziert werden. Durchschnittlich verfügen die Haushalte aber nicht über ausreichende finanzielle Mittel, um die Dienstleistungen angemessen zu bezahlen. Dies führt unter anderem dazu, dass die Löhne im Bereich der personenbezogenen und haushaltsnahen Dienstleistungen niedrig bleiben, solange diese nicht (genügend) öffentlich finanziert werden. Um Staatsausgaben niedrig zu halten und für das Wachstum der Wirtschaft sind diese Prozesse hingegen zuträglich. Einerseits verursachen sinkende Reallöhne tiefere Produktionskosten, andererseits lassen marktförmig organisierte hauswirtschaftliche und personenbezogene Tätigkeiten das BIP durch den gesteigerten Konsum von solchen Gütern und Dienstleistun-

71 Bundesamt für Statistik 2021.

72 Vgl. Küng 2024: 265–292.

73 Soiland 2017.

gen und die Beschäftigung wachsen, ohne dabei die öffentlichen Budgets zu belasten.

Die Ökonomin Mascha Madörin stellt in einem europäischen Vergleich staatlicher Budgetpolitiken denn auch eine chronische Unterfinanzierung der personenbezogenen Arbeit in der Schweiz mit «gravierenden Folgen» für die Einkommenssituation der Frauen fest. 2018 erzielten «Frauen im Alter von 15 bis 64 Jahren rund 100 Milliarden Franken weniger Bruttoeinkommen durch Erwerbsarbeit als Männer» – mit entsprechenden Auswirkungen auf ihre Renten.[74] Nur etwas mehr als 20 Prozent dieser riesigen Einkommenslücke lassen sich durch den *Gender Pay Gap* erklären. Knapp 80 Prozent sind auf unzureichende öffentliche Finanzierung von sozialen Dienstleistungen und Infrastruktur zurückzuführen. Für Frauen wiegen diese fehlenden Mittel besonders schwer, da sie überdurchschnittlich viel schlecht bezahlte und unbezahlte personenbezogene Arbeit leisten. «Im europäischen Vergleich gehen die Schweizer Politiker*innen sehr knauserig mit Staatsfinanzen um, wenn es darum geht, Frauen von ihrer unbezahlten Arbeit zu entlasten, sie teilweise zu bezahlen und die bezahlte Care-Arbeit adäquat zu entlöhnen», konstatiert Madörin.[75] Diese spezifische Form der Erwerbsbeteiligung von Frauen bei gleichzeitig schwach finanzierten Angeboten zur Entlastung von unbezahlter Arbeit, verbunden mit dem Abbau rechtlicher Absicherung von Ehefrauen und der praktisch nicht vorhandenen Umverteilung der unbezahlten Arbeit zwischen den Geschlechtern, kann durchaus als siegreiche Vereinnahmung von feministischen und gleichstellungspolitischen durch wirtschaftsliberale und «neopatriarchale»[76] Interessen gedeutet werden. Tatsächlich konnte der Konjunktureinbruch in der Stagnationsphase der 1990er Jahre dank der Zunahme der Teilzeiterwerbsquote der Frauen – ganz im Sinne von Frauenförderung ist Wirtschaftsförderung – vermindert werden.

Gleichheit statt Gleichstellung

In der Folge des ersten landesweiten Frauenstreiks von 1991 trat 1996 das Gleichstellungsgesetz in Kraft, das endlich wirksame Mittel gegen die anhaltenden Lohnlücken und weitere diskriminierende Praktiken bieten sollte. Zur Umsetzung des Gleichstellungsgesetzes führte der Bund Finanzhilfen für Gleichstellungsprojekte ein. Die Projekte im Bereich Erwerbsarbeit fokussierten von Beginn an auf freiwillige und unverbindliche Programme zur Sensibilisierung und Selbstverpflichtung von Unternehmen. Die Soziologin Lucia Lanfranconi erklärt dies mit den fehlenden Durchsetzungskompetenzen der Gleichstellungs-

74 Madörin 2023: 9

75 Ebd.

76 Böllinger 2022.

stellen gegenüber Unternehmen. Gleichstellungsakteur*innen müssen daher auf betriebliche Gleichstellungsmassnahmen ausweichen und deren wirtschaftlichen Nutzen betonen. Erwerbsarbeit wird «zum primären Ort von Selbstbestimmung und -verwirklichung für alle Frauen verklärt».[77] Lanfranconi spricht deshalb von einem «Wirtschaftsnutzendiskurs». Das «Aktionsprogramm Vereinbarkeit von Familie und Beruf in Berner KMU», das von der Fachstelle für Gleichstellung von Frauen und Männern und der Volkswirtschaftsdirektion des Kantons Bern als Teil der «Wachstums- und Wirtschaftsstrategie 2025» initiiert wurde, zeige das sehr deutlich. Ziel des Projektes ist es, das Wirtschaftswachstum im Kanton Bern zu erhöhen. Die Geschlechtergleichstellung werde dabei Mittel zum Zweck, von dem schlussendlich alle «profitieren» könnten.[78]

Die Politikwissenschafterin Gesine Fuchs stellte bei der Untersuchung beruflicher Gleichstellungspolitiken im parlamentarischen Kontext des Bundes ähnliches fest: Vorstösse und Vorlagen zur Gleichstellungspolitik sind zwischen 1996 und 2011 überproportional gestiegen und haben sich auf Themen der Vereinbarkeit von Beruf und Familie (27 Prozent der Vorstösse) und der Erwerbsarbeit (23 Prozent der Vorstösse) fokussiert.[79] Die Argumentation veränderte sich dabei im Lauf der Zeit und beschränkte sich immer mehr auf die bessere Integration hochqualifizierter Frauen in die Erwerbsarbeit. Dies stimme mit Trends zur «Ökonomisierung der Gleichstellungsfrage» und «Elitenfokussierung» überein, konstatiert Fuchs. Das Thema der Vereinbarkeit zeichne sich dabei durch eine breite Zustimmung quer durch alle politischen Lager aus. Verbunden mit der zunehmenden Betonung des ökonomischen Nutzens der Gleichstellung bedeute dies, dass eine substanzielle Repräsentation im politischen Diskurs vorwiegend für gut ausgebildete und gut bezahlte Frauen stattfinde, deren Handlungsmöglichkeiten gestärkt würden.[80]

Den beruflichen Gleichstellungspolitiken, namentlich den Massnahmen zur Stärkung der Vereinbarkeit von Beruf und Familie, habe eine «neue sozialliberale Koalition zum Durchbruch verholfen», stellten die Mitglieder der Steuerungsgruppe des Nationalen Forschungsprogramms «Gleichstellung der Geschlechter» (NFP 60) 2014 fest. Und weiter: «Neben den traditionell gleichstellungspolitischen Anliegen gegenüber aufgeschlossenen linken Kreisen unterstützen auch wirtschaftsnahe bürgerliche Kreise Massnahmen, die dazu geeignet sind, Frauen einen besseren Zugang zum Arbeitsmarkt zu eröffnen. Aufgrund des stetig wachsenden Bildungsstandes will sich die Wirtschaft den Zugriff auf die gut qualifizierten weiblichen Arbeitskräfte nicht durch familiäre

77 Lanfranconi 2014: 325–326.
78 Ebd.: 333.
79 Fuchs 2015: 77.
80 Ebd.: 81.

Verpflichtungen nehmen lassen.»[81] Diese Betonung des wirtschaftlichen Nutzens von Gleichstellung reproduziert aber auch gesellschaftliche Machtverhältnisse: Weil Männer oft Entscheidungsmacht haben, sollen sie durch ökonomische Argumente überzeugt werden und nicht etwa durch feministische Anliegen, wie die Förderung der Selbstbestimmung oder den Abbau der zunehmenden Doppelbelastung von Frauen. Massnahmen wie die Bestrafung diskriminierender Praktiken durch Bussen oder Lohnerhöhungen über gesetzliche Regelungen im Bereich der personenbezogenen Dienstleistungen stossen bis heute auf erhebliche Widerstände. Ebenso hat der umfassende Auf- und Ausbau von Massnahmen und Infrastrukturen zur Entlastung und Finanzierung von unbezahlter Arbeit immer noch kaum Chancen auf eine Umsetzung. Die alten und gleichzeitig immer noch aktuellen Forderungen der Frauenbewegung nach besseren Löhnen, besseren (Teilzeit-)Arbeitsbedingungen, nach dem Ausbau von Tagesschulen und Kindertagesstätten und nach Anerkennung der unbezahlten Arbeit wurden endgültig wirtschaftsliberalen Anliegen geopfert. Der Arbeitsmarkt wurde damit zum Ort der Befreiung der Frauen und zum zentralen Hebel für eine Geschlechterordnung, die in erster Linie die Gleichheit der Geschlechter – gemessen an den Lebens- und Erwerbsentwürfen von Männern – erreichen will.

Feministische Wachstumskritik

Seit der Industrialisierung interessierten sich Frauen und Frauenbewegungen dafür, wie das Verhältnis von Kapitalismus und Geschlechterordnung zu denken sei. In den 1970er Jahren argumentierten die Vertreterinnen der «Hausarbeitsdebatte», Hausarbeit in ihrer modernen Ausprägung und die geschlechtsspezifische Arbeitsteilung hätten sich erst mit der Durchsetzung der kapitalistischen Produktionsweise im 20. Jahrhundert etabliert.[82] Claudia von Werlhof, Maria Mies und Veronika Bennholdt-Thomsen haben mit der «Bielefelder Subsistenztheorie» bereits in den 1980er Jahren geltend gemacht, dass für kapitalistisches Wachstum Teile des Lebens systematisch externalisiert beziehungsweise «exterritorialisiert» und deren freie Verfügbarkeit für den kapitalistischen Produktionsprozess naturalisiert werden müssen. Frauen werden dadurch mit allem, was sie an Leben, Gütern und Leistungen hervorbringen, für den kapitalistischen Produktionsprozess zur un- oder unterbezahlten, dauerhaft verfügbaren und ausbeutbaren Naturressource – zu «Kolonien des weissen Mannes».[83] In der feministischen Rezeption gelten «die Bielefelderinnen» als Mütter der modernen Wachstumskritik. Allerdings werden erst in jüngster Zeit wieder wachstumskri-

81 Widmer; Fuchs, Zollinger 2014: 17.

82 Vgl. Bock, Duden 1977: 118–199.

83 Vgl. Werlhof, Mies, Bennholdt-Thomsen 1983.

tische Beiträge veröffentlicht, welche die Bedeutung der unbezahlten Arbeit und die Wechselwirkungen zwischen Produktion und Reproduktion zu verstehen versuchen, unter anderem mit der Feststellung, dass unbezahlte Arbeit bedeutenden Anteil an der Produktion von Wohlstand und Lebensstandard habe.[84] Unter diesem Blickwinkel ist es relevant, wie viel Zeit den Haushalten für die unbezahlte Hausarbeit zur Verfügung steht. Immer mehr Erwerbsarbeit unter den heutigen Bedingungen ist deshalb keine Lösung.

Darüber hinaus weisen diese Arbeiten auf Lücken in den Wachstumsdebatten hin, denn durch fehlende Instrumente in den gängigen Wirtschaftsanalysen wird der Beitrag der unbezahlten Arbeit zum Wirtschaftswachstum bis heute nicht quantifiziert. Ein Wachstum des BIP bedeutet nicht per se, dass etwas Neues mit Mehrwert geschaffen wird. Es kann auch schlicht daraus resultieren, dass Tätigkeiten von ausserhalb der gemessenen Wirtschaftsleistung (also unbezahlt) nach innerhalb (bezahlt) verschoben werden. Dieses «Pseudo-Wachstum» ändert weder etwas an der ökonomischen Leistung eines Landes noch am Volumen der geleisteten Arbeit insgesamt.[85] Jakob Tanner und Brigitte Studer haben schon für die Jahre des wirtschaftlichen Aufschwungs darauf hingewiesen, ein Teil dieses Wachstums sei schlicht auf die Umwandlung von hauswirtschaftlichen Tätigkeiten zu Konsumgütern zurückzuführen und deshalb nur eine Verschiebung der Wertschöpfung von den Haushalten hin zu marktwirtschaftlichen Tauschprozessen. Die Wertschöpfung in den Haushalten respektive deren Veränderung, die aus «historischer Perspektive von grosser Bedeutung» sei, könne deshalb nicht angemessen thematisiert werden, weil Haushalte in makroökonomischen Betrachtungsweisen lediglich als Konsumeinheiten gemessen würden.[86]

Diese wirtschaftstheoretische Lücke macht sich auch in der Frage des Beschäftigungswachstums und der Finanzierung von Arbeit bemerkbar. Betrachtet man die Zu- respektive Abnahme der Beschäftigung nach Wirtschaftssektoren von 1991 bis 2022, wird deutlich, dass das Wachstum bei der Beschäftigung von Frauen vorwiegend auf einem Anstieg des Arbeitsvolumens in den Bereichen «Gesundheits- und Sozialwesen», «Erziehung und Unterricht» sowie «Kunst, Unterhaltung, private Haushalte mit Hauspersonal und sonstige personenbezogene Dienstleistungen» basierte.[87] Die Beschäftigung der Männer hingegen hat sich teilweise von der Industrie in die nicht-personenbezogenen Dienstleistungen «Information und Kommunikation», «Immobilien und sonstige wirtschaftliche Dienstleistungen» sowie «Freiberufliche, wissenschaftliche und technische Dienstleistungen» verschoben. Betrachtet man die Bruttowertschöpfung – unter anderem ein Indikator für das Wachstum des Bruttoinlandsprodukts, aber auch

84 Herrigel, Peter 2021: 47–59; Dengler 2020; Bauhardt, Çağlar, Riegraf 2017.
85 Knobloch 2019: 19.
86 Tanner, Studer 2012: 637.
87 Bundesamt für Statistik 2023a.

für die Löhne relevant – nach diesen Wirtschaftsabschnitten, fällt auf, dass die wertschöpfungsstarken Sektoren mehr männliche Beschäftigte aufweisen, während die wertschöpfungsschwachen Sektoren, insbesondere im Bereich der personenbezogenen Dienstleistungen, von Frauen dominiert sind.[88] Im Unterschied zu den wertschöpfungsstarken Wirtschaftsabschnitten, wo die Arbeitsprozesse durch technologische Innovation rationalisiert und die Produktivität erhöht werden können, benötigen personenbezogene Dienstleistungen in erster Linie Zeit. Eine Produktivitätssteigerung wie beispielsweise die Betreuung einer steigenden Anzahl von Kindern durch immer weniger Betreuungspersonal ist hier stark begrenzt. Es besteht eine eindeutige Grenze für die Anzahl von Kindern, die eine Person betreuen kann. Wird diese Grenze überschritten, sind vernachlässigte Kinder die Folge und nicht eine Produktivitätssteigerung, wie Susan Donath im Rahmen ihrer Überlegungen für eine eigenständige feministische Ökonomie festgestellt hat.[89]

Seit Ende der 1990er Jahre hat sich unter dem Stichwort «Care-Ökonomie» oder «Sorge-Wirtschaft» international eine Weiterentwicklung der feministischen politischen Ökonomie etabliert.[90] Für die Schweiz hat die Ökonomin Mascha Madörin hier bedeutende Grundlagenarbeit geleistet.[91] Mit der Feststellung, dass beispielsweise Autos immer schneller produziert, aber Menschen nicht immer schneller gepflegt und Kinder nicht immer schneller ins Bett gebracht werden können, fasst sie die «eigene ökonomische Logik» der personenbezogenen Dienstleistungen zusammen. Es steckt also eine andere Wachstumsfrage in den personenbezogenen Dienstleistungen, mit denen kaum – oder zumindest nicht im grossen Stil – Kapital akkumuliert und folglich auch nicht reinvestiert, abgeschöpft oder in Form von höheren Löhnen an die Angestellten weitergegeben werden kann. Personenbezogene Dienstleistungen sind auf andere Quellen der Finanzierung angewiesen. Werden sie nicht genügend öffentlich finanziert, tragen die Haushalte die Kosten zu einem grossen Teil selber. Wirtschaftspolitisch wird verstärkt seit den 1990er Jahren genau hier angesetzt und versucht, die öffentlichen Kosten für personenbezogene Arbeit zu senken. Dies zeigt sich beispielsweise in der Einführung von Vorschriften, die exakt bestimmen, wie lange eine bestimmte Pflegetätigkeit dauern darf, oder wenn Betreuungsschlüssel in Kindertagesstätten verschlechtert werden. Jede Beschleunigung der personenbezogenen Dienstleistungen hat aber Auswirkungen auf die Arbeitsbedingungen und die Qualität der Dienstleistungen. Dies ist ein grosses Problem für alle –

88 Bundesamt für Statistik 2023b. Diese Veränderungen müssten noch viel genauer untersucht werden, denn so ist zum Beispiel der Anteil an der Bruttowertschöpfung im Gesundheits- und Sozialwesen seit 1995 gestiegen. Im Verhältnis ist sie aber nach wie vor eher klein.

89 Donath 2014: 171.

90 Zum Beispiel Berik, Kongar 2021; Knobloch 2019; Madörin 2006: 277–297.

91 Madörin 2019: 89–119; dies. 2011: 56–70; dies. 2010: 81–103; dies. 2007: 141–162.

mehrheitlich Frauen – die im Bereich der personenbezogenen Dienstleistungen arbeiten: Sie spüren den Kostendruck tagtäglich als Zeit- und Lohndruck. Das führt aktuell zur bemerkenswerten Situation, dass von ein und denselben politischen Akteur*innen gerade in den personenbezogenen Dienstleistungen einerseits nach weiblichen Fachkräften gerufen wird, andererseits die öffentlichen Mittel für diese Arbeit aber möglichst knapp gehalten werden.

Der derzeitige Schwerpunkt der institutionalisierten Gleichstellungspolitik, der sich auf (Lohn-)Diskriminierung im Erwerbsleben konzentriert, greift nur einen kleinen Teil des Problems auf. Die Integration von Frauen in den Arbeitsmarkt allein reicht nicht, um Geschlechtergerechtigkeit zu erreichen; und er ignoriert weitgehend die Erkenntnisse der feministischen Wachstumskritik, wonach wirtschaftliches Wachstum nicht nur durch bezahlte Erwerbsarbeit, sondern wesentlich auch durch unbezahlte Arbeit ermöglicht wird. Entscheidend ist daher die Frage, wer zukünftig unter welchen Bedingungen unbezahlte und bezahlte personenbezogene Arbeit leisten soll, da diese Arbeit wesentlich zum Wohlstand und zur Lebensqualität aller beiträgt.

Feministisches und nachhaltiges Wirtschaften

Die Debatten der 1970er Jahre, die von einer breiten feministischen Kritik am Arbeitsbegriff, der Einbindung von Frauen in den Arbeitsmarkt und der Politisierung von Hausarbeit geprägt waren, haben sich zunehmend in Richtung eines reinen «Wirtschaftsnutzendiskurses» verschoben. Damit verbunden ist die Vorstellung, dass Gleichstellung in erster Linie gleich viel Erwerbsarbeit für alle bedeutet. Die Bedeutung der Haus- und Familienarbeit ist weitgehend aus dem politischen Aushandlungsprozess verschwunden. Tove Soiland fasste diese Entwicklung folgendermassen zusammen: «Ohne das ältere, fordistische Zeitalter verteidigen zu wollen: Es scheint mit seiner konservativen Familienideologie wenigstens noch akzeptiert zu haben, dass es diese Tätigkeiten gibt und dass sie notwendig sind. Im Zuge der Emanzipation der Frauen wurde diese Akzeptanz des füreinander Sorgens jedoch in den Hintergrund gedrängt.»[92] Der einseitige Fokus auf Erwerbsarbeit als Mittel zur Gleichstellung zwingt Frauen in eine doppelte Arbeitsbelastung unter schlechten Bedingungen. Unbezahlte Arbeit wird weiterhin überwiegend von Frauen geleistet, während sie zugleich prekärere Arbeitsbedingungen als Männer akzeptieren müssen. Frauen sind heute stärker von unsicheren Arbeitsverhältnissen betroffen, die jedoch gleichzeitig die bestehenden Produktionsverhältnisse stabilisieren, das BIP steigern und konstitutiv für die gegenwärtige Geschlechterordnung sind. Politiken, die Gleichstellung als Werkzeug für weiteres Wirtschaftswachstum instrumentalisieren, vernachlässi-

92 Soiland 2017: 1.

gen die Bedeutung von personenbezogener Arbeit für Wirtschaft und Gesellschaft – sprich die Arbeit von Frauen. In Zeit gerechnet ist die personenbezogene Arbeit heute der grösste Teil der Wirtschaft, wobei ein erheblicher Anteil dieser Arbeit unbezahlte Tätigkeiten umfasst. Da Frauen den Grossteil dieser Arbeit leisten, ist es gleichstellungspolitisch entscheidend, welche Formen von Arbeit in gesellschafts- und wirtschaftspolitischen Debatten berücksichtigt werden und welche nicht. Für echte Geschlechtergerechtigkeit bedarf es eines grundlegenden Umdenkens in der Organisation und Finanzierung dieser Arbeit. Denn personenbezogene Dienstleistungen zeichnen sich durch begrenzte Möglichkeiten zur Reduktion von Arbeitszeit und Arbeitskosten aus. Daraus resultiert eine besondere Abhängigkeit von öffentlicher Finanzierung. Wo sie (weiterhin) ungenügend bleibt oder sogar gänzlich fehlt, spitzt sich auch die soziale Ungleichheit weiterhin zu: die Arbeitsbedingungen verschlechtern sich und der Zugang zu personenbezogenen Dienstleistungen wird (noch mehr) eingeschränkt.

Dieses Umdenken wäre zudem auch für nachhaltiges Wirtschaften von Bedeutung. Denn der Ausbau von öffentlich finanzierten Bereichen wie Bildung, Gesundheitswesen, Soziale Arbeit und Kinderbetreuung führt dazu, dass mehr Arbeitsplätze geschaffen werden, die einen wesentlichen Beitrag zum gesellschaftlichen Zusammenhalt leisten. Gleichzeitig treibt dieser Ausbau die Zerstörung der ökologischen Lebensgrundlagen nicht in vergleichbar hohem Masse voran wie andere Produktionsbereiche. Das Wachstum der personenbezogenen Dienstleistungen ist deshalb ein wünschenswertes Wachstum – vorausgesetzt, es werden die nötigen Ressourcen für anständige Löhne und genügend Personal respektive genügend Zeit zur Verfügung gestellt.[93] Andernfalls werden die bestehenden Ungleichheiten fortbestehen, und der Preis dafür wird weiterhin überwiegend von Frauen bezahlt werden. Anders als in Sektoren mit steigender Arbeitsproduktivität wächst die Beschäftigung in personenbezogenen Dienstleistungen ausserdem überdurchschnittlich stark. Welche Auswirkungen diese Verschiebung von sogenannten wertschöpfungsstarken zu arbeitsintensiven Bereichen auf die Wachstumsdynamik hat, ist bislang aber kaum Thema von Politik und Wissenschaft. Im Gegenteil: das Wachstum des BIP wird weiterhin als gängiger Indikator für wirtschaftlichen Erfolg herbeigezogen, obwohl dieses Instrument weder die Verschiebung von Arbeit noch die Arbeitsbedingungen oder die Produktivität der Haushalte abbildet. Fragen nach sozialer Gerechtigkeit, der Verteilung von Wohlstand oder nach dem Lebensstandard können deshalb nicht beantwortet werden. Dabei sind es gerade diese Fragen, die im Zusammenhang mit der Geschlechterordnung, dem Wirtschaftswachstum und personenbezogener Arbeit einer kollektiven gesellschaftlichen Auseinandersetzung bedürfen. Vergangene und gegenwärtige feministische Analysen könnten für viele dieser

93 Vgl. dazu Wehrli, Katharina 2022: 5; Herrigel, Peter 2021: 53–54.

gesellschafts- und wirtschaftspolitisch relevanten Debatten fruchtbar gemacht werden.

Quellen

Advanced. Gender Equality in Business (Hg.): Kind oder Karriere? Die Schweiz im unnötigen Dilemma. Jenseits von Karriereunterbrechungen und Teilzeit: Was getan werden muss, damit die Ambition der Schweiz für mehr Frauen im Kader Realität wird. Zürich November 2022.

Alliance F: Gleichstellungslegislaturprogramm 2023–2027, ohne Datum, https://de.alliancef.ch/legprogramm-vereinbarkeit-von-familie-und-beruf, abgerufen am 14.02.2025.

Angehrn, Céline; Isler, Simona: Feministische Perspektiven auf Arbeit. In: Verein Feministische Wissenschaft Schweiz (Hg.): Erinnerungsarbeit. FemInfo 50. Dezember 2018: 26–32.

Arn, Karoline: Christoph Mäder: Economiesuisse will Strategie statt Krisenmodus. In: srf Tagesgespräch, 02.02.2023, https://www.srf.ch/audio/tagesgespraech/christoph-maeder-economiesuisse-will-strategie-statt-krisenmodus?id=12329419, abgerufen am 14.04.2024.

Böllinger, Lena: Feminismus: Das Patriarchat ist nicht vorbei, sondern sieht nur moderner aus. In: Berliner Zeitung, 10.08.2022, https://www.berliner-zeitung.de/open-mind/feminismus-das-patriarchat-ist-nicht-vorbei-sondern-sieht-nur-anders-aus-li.253732, abgerufen am 04.05.2024.

Brüngger, Anna Regula: Die Bewertung des Arbeitsplatzes in privaten Haushalten. Stiftung für die Erforschung der Frauenarbeit und Bund Schweizerischer Frauenorganisationen (Hg.): Zürich 1977.

Bühler, Elisabeth; Heye, Corinna: Fortschritte und Stagnation in der Gleichstellung der Geschlechter 1970–2000. Eidgenössische Volkszählung 2000. Bundesamt für Statistik (Hg.): Neuchâtel 2005.

Bundesamt für Statistik: Erwerbsquote gemäss Volkszählung, als Mail am 17.04.2024 an die Autorin (= Bundesamt für Statistik 2024a).

Bundesamt für Statistik: Erwerbsquoten, 05.03.2024, https://www.bfs.admin.ch/bfs/de/home/statistiken/wirtschaftliche-soziale-situation-bevoelkerung/gleichstellung-frau-mann/erwerbstaetigkeit/erwerbsbeteiligung.assetdetail.30765549.html, abgerufen am 15.04.2024, (= Bundesamt für Statistik 2024b).

Bundesamt für Statistik: Wirtschaftssektor und -abschnitt, 2024, https://www.bfs.admin.ch/bfs/de/home/statistiken/arbeit-erwerb/erwerbstaetigkeit-arbeitszeit/merkmale-arbeitskraefte/wirtschaftsabschnitt.html, abgerufen am 02.05.2024, (= Bundesamt für Statistik 2024c).

Bundesamt für Statistik: Tatsächliches jährliches Arbeitsvolumen nach Geschlecht, Nationalität, Beschäftigungsgrad, Wirtschaftsabschnitten, Wirtschaftssektoren, Erwerbsstatus und Grossregionen, 22.05.2023, https://www.bfs.admin.ch/bfs/de/home/statistiken/arbeit-erwerb/erhebungen/avol.assetdetail.25045898.html, abgerufen am 09.05.2024. (= Bundesamt für Statistik 2023a)

Bundesamt für Statistik: Volkswirtschaftliche Gesamtrechnung. Produktionskonto, 2023, https://www.bfs.admin.ch/bfs/de/home/statistiken/volkswirtschaft/volkswirtschaftliche-gesamtrechnung/produktionskonto.html, abgerufen am 09.05.2024. (= Bundesamt für Statistik 2023b)

Bundesamt für Statistik: Durchschnittlicher Aufwand für Erwerbsarbeit, Haus- und Familienarbeit und Freiwilligenarbeit nach Geschlecht und Familiensituation, 20.05.2021, www.bfs.admin.ch/bfs/de/home/aktuell/neue-veroeffentlichungen.assetdetail.17124513.html, abgerufen am 26.01.2025.

Bundesamt für Statistik: Legislaturindikator: Erwerbsquote der Frauen, ohne Datum, https://www.bfs.admin.ch/bfs/de/home/statistiken/querschnittsthemen/monitoring-legislaturplanung/indikatoren/erwerbsquote-frauen.html, abgerufen am 14.02.2025.

Eidgenössische Kommission für Frauenfragen: 3.1 Gleiche Rechte für Frau und Mann: Institutionelle Gleichstellungspolitik. In: Frauen Macht Geschichte 1848–2000, 10.02.2009, https://www.ekf.admin.ch/dam/ekf/de/dokumente/frauen_macht_geschichte/3_1_gleiche_rechtefuerfrauundmanninstitutionellegleichstellungsp.pdf.download.pdf/3_1_gleiche_rechtefuerfrauundmanninstitutionellegleichstellungsp.pdf, abgerufen am 17.04.2024.

Elsasser-Rusterholz, Beatrix: Die Erwerbstätigkeit der Frau in der Schweiz. In: Schweizerische Arbeitgeber-Zeitung, Nr. 12, 22.03.1973: 201–203.

European Institute für Gender Equality (ed.): Economic Benefits of Gender Equality in the EU: EU and EU Members States overviews. Luxemburg 02.06.2017, https://eige.europa.eu/publications-resources/publications/economic-benefits-gender-equality-eu-eu-and-eu-member-states-overviews, abgerufen am 11.04.2024.

Held, Thomas; Levy, René: Die Stellung der Frau in Familie und Gesellschaft: Eine soziologische Analyse am Beispiel der Schweiz. Soziologie in der Schweiz. Bd. 1. Frauenfeld 1974.

Held, Thomas: Frauenarbeit und Beschäftigungspolitik. In: Gewerkschaftliche Rundschau. Vierteljahresschrift des Schweizerischen Gewerkschaftsbundes 67/3–4 (1975): 88–59.

Hoch, Nadine: Finanzierung der institutionellen Kinderbetreuung und Elterntarife. In: Soziale Sicherheit CHSS, 08.10.2021, https://sozialesicherheit.ch/de/finanzierung-der-institutionellen-kinderbetreuung-und-elterntarife/, abgerufen am 16.04.2021.

Kita-Initiative: https://gute-kitas.ch/um-was-gehts/, abgerufen am 21.08.2024.

Leuthard, Doris: Starke Frauen braucht die Wirtschaft! Rede am Foire du Valais, Journée du l'économie, Martigny 06.10.2006, https://www.admin.ch/gov/de/start/dokumentation/medienmitteilungen.msg-id-7631.html, abgerufen am 11.04.2024.

Madörin Mascha: Unnötig knausriger Staat. In: Moneta. Magazin für Geld und Geist. Knappheit. #4 2023: 7–9.

McEvily, Patrik: Die ausbleibende Gleichstellung hat ihren Preis. In: srf News Schweiz, 29.11.2022, https://www.srf.ch/news/schweiz/schweizer-studie-die-ausbleibende-gleichstellung-hat-ihren-preis, abgerufen am 14.4.2024.

Mergele, Lukas; Kaiser, Boris; Wehrli, Damian: Die langfristige Entwicklung von Arbeit, Freizeit und Produktivität in der Schweiz. Staatssekretariat für Wirtschaft SECO (Hg.): Grundlagen für die Wirtschaftspolitik Nr. 45, Bern 2024.

Muster, Simon: Gleichstellung durch weniger Geld – geht das? In: Das Lamm, 13.05.2022, https://daslamm.ch/gleichstellung-durch-weniger-geld-geht-das/, abgerufen am 05.05.2024.

Schnellbauer, Patrick: Frauen für die Wirtschaft. In: Avenir Suisse (Hg.), Blog, 09.01.2017, https://www.avenir-suisse.ch/eine-3-saeulen-strategie-fuer-mehr-frauen-in-der-wirtschaft/, abgerufen am 11.04.2024.

Schweizerische Arbeitgeber-Zeitung: Durch die Hintertür zum inakzeptablen «Hausfrauenlohn»? No. 6, 08.02.1979: 115.

Schweizerisches Zivilgesetzbuch. In: Systematische Rechtssammlung, Stand 01.01.2024, https://www.fedlex.admin.ch/eli/cc/24/233_245_233/de, abgerufen am 05.05.2024.

SECO: Daten zur Studie von Mergele, Lukas; Kaiser, Boris; Wehrli, Damian: Die langfristige Entwicklung von Arbeit, Freizeit und Produktivität in der Schweiz. Staatssekretariat für Wirtschaft SECO (Hg.): Grundlagen für die Wirtschaftspolitik Nr. 45, Bern 2024, 20.02. 2024, https://www.seco.admin.ch/seco/de/home/Publikationen_Dienstleistungen/Publikationen_und_Formulare/Strukturwandel_Wachstum/Wachstum/wp_45_entwicklung_arbeit_freizeit_produkt.html, abgerufen am 15.04.2024.

Sekundärliteratur

Angehrn, Céline: Arbeit am Beruf. Feminismus und Berufsberatung im 20. Jahrhundert. Basel 2019.

Bauhardt, Christine; Çağlar, Gülay; Riegraf, Brigitte: Ökonomie jenseits des Wachstums – feministische Perspektiven auf die (Post)Wachstumsgesellschaft (Feministische Studien 35/2). Berlin, Boston 2017.

Baumol, William: The Cost Disease. Why Computers Get Cheaper and Health Care Doesn't. New Haven. London 2012.

Bähler, Anna: Die Veränderung des Arbeitsplatzes Haushalt durch das Eindringen der Haushaltstechnik, 1930–1980. In: Pfister, Ulrich; Studer, Brigitte; Tanner, Jakob (Hg.): Arbeit im Wandel. Organisation und Herrschaft vom Mittelalter bis zur Gegenwart. Zürich 1996: 171–192.

Berik, Günseli; Kongar, Ebru (Hg.): The Routledge Handbook of Feminist Economics. Abingdon, New York 2021.

Bock, Gisela; Duden, Barbara: Arbeit aus Liebe – Liebe als Arbeit: Zur Entstehung der Hausarbeit im Kapitalismus. In: Gruppe Berliner Dozentinnen (Hg.): Frauen und Wissenschaft. Beiträge zur 1. Sommeruniversität für Frauen. Berlin 1977: 118–199.

Dengler, Corinna: Feminist Futures: Was Degrowth von feministischer Wissenschafts-, Wirtschafts- und Wachstumskritik lernt. Kumulative Dissertation Universität Vechta. Vechta 2020.

Donath, Susan: Die andere Wirtschaft: Vorschlag für eine eigenständige feministische Ökonomie. In: Denknetz Jahrbuch 2014: 167–177.

Fluchtmann, Jonas; Keese, Mark; Adema, Willem: Gender equality and economic growth: Past progress and future potential. OECD Social, Employment and Migration Working Papers, No. 304. Paris 08.03.2024, DOI: https://doi.org/10.1787/fb0a0a93-en, abgerufen am 26.01.2025.

Fluder, Robert; Kessler, Dorian; Schuwey, Claudia: Scheidung als soziales Risiko. Analyse zu den institutionellen Rahmenbedingungen und den geschlechterspezifischen Folgen von Ehetrennungen in der Schweiz. Zürich 2024.

Fraser, Nancy: Feminismus, Kapitalismus und die List der Geschichte. In: Blätter für deutsche und internationale Politik 8 (2009): 43–57.

Fuchs, Gesine: Substantielle Repräsentation im Schweizer Parlament: Zum Agenda Setting beruflicher Gleichstellungspolitik 1996–2011. In: Femina Politica 1 (2015): 73–83.

Hardegger, Angelika: Die 2010er-Jahre. In: Schmid, Denise (Hg.): Jeder Frau ihre Stimme. 50 Jahre Schweizer Frauengeschichte 1971–2021. Zürich 2020: 253–273.

Herrigel, Johanna; Peter, Anja: Degrowth aus der Perspektive der feministischen Ökonomie. In: Denknetz (Hg.): Postwachstum? Aktuelle Auseinandersetzungen um einen grundlegenden gesellschaftlichen Wandel (Denknetz Jahrbuch 2021). Zürich 2021: 47–59.

Isler, Simona: Zwischen Arbeit und Befreiung. Zur Haus- und Familienarbeitsdebatte in der Neuen Frauenbewegung in der Schweiz 1968–1989 (unveröffentlichte Masterarbeit, Historisches Institut der Universität Bern). Bern 2011.

Isler, Simona: Lohn für Hausarbeit? Befreiungsperspektiven der Frauenbewegung in den 1970er-Jahren. In: Tanner, Jakob; Bernet, Brigitta (Hg.): Ausser Betrieb. Metamorphosen der Arbeit in der Schweiz. Zürich 2015: 216–236.

Joris, Elisabeth; Witzig, Heidi (Hg.): Frauengeschichte(n). Dokumente aus zwei Jahrhunderten zur Situation der Frauen in der Schweiz. 4. ergänzte Auflage. Zürich 2001 (1. Auflage 1986).

Knobloch, Ulrike (Hg.): Ökonomie des Versorgens. Feministisch-kritische Wirtschaftstheorien im deutschsprachigen Raum. Weinheim 2019.

Knobloch, Ulrike: Einleitung. In: Dies. (Hg.): Ökonomie des Versorgens. Feministisch-kritische Wirtschaftstheorien im deutschsprachigen Raum, Weinheim 2019: 11–40.

Küng, Lea: Demokratie in Arbeit: Eine Auslegung und geschlechterpolitische Rahmung für die Gestaltung von (Tieflohn)Arbeit. In: Meyer, Katrin; Pfenninger Tuchschmid, Stephanie; Skliarova, Yuanna (Hg.): Revisioning Democracy and Women's Suffrage: Critical Feminist Interventions. Zürich 2024: 265–292.

Lanfranconi, Lucia: Wirtschaftsnutzen statt Gleichstellungsnormen. Chancen und Risiken des Wirtschaftsnutzendiskurses in der schweizerischen Gleichstellungspolitik im Erwerbsleben. In: Liebig, Brigitte; Levy, René; Sauer, Birgit; Sousa-Poza, Alfonso (Hg.): Politiken der Gleichstellung in der Schweiz. Institutionelle Faktoren von Erfolg und Scheitern. (Schweizerische Zeitschrift für Soziologie 40/2). Zürich 2014: 325–348.

Madörin, Mascha: Zählen, was zählt. Sorge- und Versorgungsarbeit als Teil der Gesamtwirtschaft. In: Knobloch, Ulrike (Hg.): Ökonomie des Versorgens. Feministisch-kritische Wirtschaftstheorien in deutschsprachigen Raum. Weinheim 2019: 89–119.

Madörin, Mascha: Das Auseinanderdriften der Arbeitsproduktivitäten: Eine feministische Sicht. In: Denknetz (Hg.): Gesellschaftliche Produktivität jenseits der Warenform (Denknetz Jahrbuch 2011). Zürich 2011: 56–70.

Madörin, Mascha: Care-Ökonomie – eine Herausforderung für die Wirtschaftswissenschaften. In: Bauhardt, Christine; Cağlar, Gülay (Hg.): Gender and Economics. Feministische Kritik der politischen Ökonomie. Wiesbaden 2010: 81–103.

Madörin, Mascha: Neoliberalismus und die Reorganisation der Care-Ökonomie. Eine Forschungsskizze. In: Denknetz (Hg.): Zur politischen Ökonomie der Schweiz. Eine Annäherung (Denknetz Jahrbuch 2007). Zürich 2007: 141–162.

Madörin, Mascha: Plädoyer für eine eigenständige Theorie der Care-Ökonomie. In: Niechoj, Torsten; Tullney, Marco (Hg.): Geschlechterverhältnisse in der Ökonomie. Marburg 2006: 277–297.

Magnin Chantal: Der Alleinernährer. Geschlechtsspezifische Arbeitsteilung im Wirtschaftswachstum der 1950er Jahre (unveröffentlichte Lizentiatsarbeit, Historisches Institut der Universität Bern). Bern 1996.

Mesmer, Beatrix: Vom «doppelten Gebrauchswert» der Frau – eine Einführung. In: Barben, Marie-Louise; Ryter, Elisabeth (Hg.): verflixt und zugenäht! Frauenberufsbildung – Frauenerwerbsarbeit 1888–1988. Bern 1988: 15–21.

OECD: Joining Forces for Gender Equality. What is holding us back? Paris 09.05.2023, DOI: https://doi.org/10.1787/67d48024-en, abgerufen am 11.04.2024.

Peter, Anja: Die Frauenrevision. Gleichstellung in der AHV 1979–1994 (unveröffentlichte Masterarbeit, Historisches Institut der Universität Bern). Bern 2011.

Probst, Sarah: Ermächtigte Frauen – optimierter Betrieb? Die betriebliche Frauenförderung der Fachstelle für Frauenfragen der Zürcher Stadtverwaltung 1987–2000 (Berner Studien zur Geschichte. Reihe 6: Sozial-, Kultur- und Geschlechtergeschichte des 19. und 20. Jahrhunderts, 1). Bern 2020, Bern Open Publishing 2020, https://boris.unibe.ch/140865/1/MA-Probst_03.03.2020_def.pdf, abgerufen am 26.01.2025.

Probst, Sarah: Ein «Geschäft mit der Gleichberechtigung»? Strategien zur beruflichen Frauenförderung im Netzwerk Taten statt Worte 1986–1993. In: Ludi, Regula; Ruoss, Matthias; Schmitter, Leena (Hg.): Zwang zur Freiheit. Krise und Neoliberalismus in der Schweiz. Zürich 2018: 161–187.

Soiland, Tove: Es geht um CARE? Sprechen wir doch lieber von der Mutter. Seminarraumgespräch vom 22.05.2017. http://frauenhetz.jetzt/wp-content/uploads/2020/11/T.Soiland.pdf, abgerufen am 06.09.2024.

Soiland, Tove: Landnahme der individuellen und sozialen Reproduktion: eine feministische Perspektive auf die Transformation des Sozialen. In: Theoriekritik.ch, 05.02.2017. http://www.theoriekritik.ch/?p=3180, abgerufen am 06.09.2024.

Suter, Anja: 1980er-Jahre. In: Schmid, Denise (Hg.): Jeder Frau ihre Stimme. 50 Jahre Schweizer Frauengeschichte 1971–2021. Zürich 2020: 80–133.

Tanner, Jakob; Studer, Brigitte (unter Mitarbeit von Hiestand, Manuel): Konsum und Distribution. In: Halbeisen, Patrick; Müller, Margrit; Veyrassat, Béatrice (Hg.): Wirtschaftsgeschichte der Schweiz im 20. Jahrhundert. Basel 2012: 634–702.

Toupin, Louise: Lohn für Hausarbeit. Chronik eines internationalen Frauenkampfs 1972–1977. Münster 2022.

Wecker, Regina: Frauenlohnarbeit: Statistik und Wirklichkeit in der Schweiz an der Wende zum 20. Jahrhundert (Schweizerische Zeitschrift für Geschichte 34/3). Basel 1984: 346–356.

Wehrli, Katharina: Kapitalismus stellt kein Gleichgewicht dar. In: Moneta. Magazin für Geld und Geist. Abschied vom Wachstum, 3/2022: 4–6.

Werlhof, Claudia von; Mies, Maria; Bennholdt-Thomsen, Veronika: Frauen, die letzte Kolonie. Reinbek bei Hamburg 1983.

Widmer, Thomas; Fuchs, Gesine; Zollinger, Christine: Wenn Gleichstellungspolitik zu Ungleichheit führt. In: Neue Zürcher Zeitung, Nr. 162, 16.07.2014: 17.

Zimmermann, Barbara; Kessler, Dorian: Scheidungsfolgen im System der Sozialen Sicherheit. In: Impuls. Magazin des Departements Soziale Arbeit. Berner Fachhochschule 3 (2016): 37–39.

Überbevölkerungsdenken im Zeichen radikaler Ökologie

Die Wachstumskritik der Schweizerischen Arbeitsgemeinschaft für Bevölkerungsfragen (SAfB) in den 1970er Jahren

Jonathan Hoppler

Abstract

At the moment when a new ecological consciousness began to rise in industrialised societies of the early 1970s, the Schweizerische Arbeitsgemeinschaft für Bevölkerungsfragen (SAfB) was founded and quickly became part of the local environmental movement. With reference to eco-apocalyptic writings such as «The Population Bomb» (1968) or the «Blueprint for Survival» (1972), the politically heterogeneous members of the working group dedicated themselves to the battle against global and national population growth, which were identified as the root cause of an envisioned environmental crisis. While respecting fundamental rights, they proposed that the population policy instruments of birth and immigration control should be used to combat so-called «overpopulation». Thereby, the group's criticism of growth was not limited to rejecting the strong population growth in the post-war decades. Rather, it also included questioning economic growth and the so-called «consumption explosion» that was set in motion in Western societies after 1945.

Ecopop und die SAfB – eine Annäherung

«Der Bund strebt auf dem Gebiet der Schweiz eine Einwohnerzahl auf einem Niveau an, auf dem die natürlichen Lebensgrundlagen dauerhaft sichergestellt sind. Er unterstützt dieses Ziel auch in anderen Ländern, namentlich im Rahmen der internationalen Entwicklungszusammenarbeit»[1], hiess es im Text der Anfang 2012 von Ecopop eingereichten schweizerischen Volksinitiative «Stopp der Überbevölkerung – zur Sicherung der natürlichen Lebensgrundlagen», die durch eine Beschränkung der Nettozuwanderung auf jährlich 0,2 Prozent der Wohnbevölkerung eine Stabilisierung der Anzahl Menschen im Land erreichen

1 Initiativtext auf der Website der Bundeskanzlei: bk.admin.ch/ch/d/pore/vi/vis406t.html, abgerufen am 13.12.2024. Der vorliegende Beitrag basiert auf der Masterarbeit des Autors und stützt sich als Quellengrundlage grossteils auf den am 04.07.2012 vom Archiv für Zeitgeschichte der ETH Zürich (AfZ) aufgenommenen Ecopop-Vorlass (Übernahmeverzeichnis: IB Ecopop-Archiv). Vgl. Hoppler: 2015.

wollte.[2] «Ecopop», das steht für *écologie* und *population* und ist Programm eines bis heute in Effingen ansässigen Vereins, der seit den 1970er Jahren den Zusammenhang von Umweltbelastung und Überbevölkerung in der allgemeinen Wahrnehmung ökologischer Zusammenhänge zu verankern sucht.

Bald nach Sammelbeginn 2011 war Ecopop schon mit der Etikette «rechtsaussen» versehen. *Die Wochenzeitung* (WOZ) beispielsweise verwies auf die Schweizer Demokraten, die sich am Sammeln von Unterschriften beteiligt hatten und laut der WOZ kaum aus dem Schwärmen für die Initiative herausgekommen seien,[3] während Yves Rossier – damals Staatssekretär im Aussendepartement – im Januar 2014 angriffig polemisierte, es handle sich bei den Ecopop-Initianten um «Ökofaschisten».[4] Exponenten des sich als überparteilich verstehenden Vereins, wie der noch heute im Vorstand sitzende Mathematiker und Agraringenieur Benno Büeler, wehrten sich dezidiert gegen eine rechte Verortung und postulierten, das brisante Thema «Bevölkerungswachstum» sei ausserhalb des Links-rechts-Schemas anzugehen.[5] Auf die aber zumindest in Teilen rechte Vergangenheit von Ecopop machte während des Abstimmungskampfes ein Artikel im *Tages-Anzeiger* aufmerksam. Neben Ähnlichkeiten des plebiszitären Vorstosses mit der «Überfremdungsinitiative» von James Schwarzenbach konstatierte er eine tragende Rolle Valentin Oehens in der Entstehungsphase der Vereinigung. Der von 1971–1987 für die Nationale Aktion für Volk und Heimat (NA) im Nationalrat politisierende Agronom war von Beginn weg Vizepräsident von Ecopop und verblieb bis 1979 im Vorstand.[6]

Die offizielle Konstituierung des bereits seit Juni 1970 als informeller Studienzirkel bestehenden Zusammenschlusses erfolgte 1971 unter dem Namen Arbeitsgemeinschaft für Bevölkerungsfragen (AfB). Erster Präsident war der Biologe Pierre-André Tschumi, der zusammen mit Valentin Oehen die Statuten des Vereins verfasst hatte, sein Amt aber schon 1972 ablegen sollte. Nachfolger wurde der an der Eidgenössischen Technischen Hochschule Zürich (ETH) tätige Physiker und im linken politischen Lager anzusiedelnde AKW-Kritiker Theo Ginsburg, der bis 1988 im Amt blieb. 1987 änderte die Arbeitsgemeinschaft ihren Namen in Vereinigung Umwelt und Bevölkerung/Association Ecologie et Population (Ecopop) und zog mit ihren breit gestreuten Aktivitäten Akademiker, hauptsächlich aus den Natur- und Wirtschaftswissenschaften, aber auch

---

2 Schweizer Natur den Schweizern. In: Tages-Anzeiger, 08.06.2011, tagesanzeiger.ch/schweizer-natur-den-schweizern-418988980185, 13.12.2024.

3 Begeisterte Wölfe im grünen Pelz. In: Die Wochenzeitung, Nr. 46, 15.11.2012.

4 Der Begriff des «Ökofaschismus» soll weiter unten noch erklärt werden.

5 Chefdiplomat bezeichnet Ecopop-Initianten als «Ökofaschisten». In: Tages-Anzeiger, 19.01.2013, tagesanzeiger.ch/chefdiplomat-bezeichnet-ecopop-initianten-als-oekofaschisten-279800213397, abgerufen am 13.02.2024.

6 Schweizer Natur den Schweizern. In: Tages-Anzeiger, 08.06.2011, tagesanzeiger.ch/schweizer-natur-den-schweizern-418988980185, abgerufen am 3.12.2024.

Ideologen der extremen Rechten wie beispielsweise den Holocaustleugner Ernst Indlekofer an.[7]

Die Gruppierung strebte in Zusammenarbeit mit der Wissenschaft danach, die Kausalität zwischen Umweltgefährdung, Bevölkerungs- und Wirtschaftswachstum bewusst zu machen und «die umweltgefährdenden Entwicklungstendenzen zu bekämpfen, namentlich: die Bevölkerungszahl in der Schweiz und in anderen Ländern zu stabilisieren».[8] Um ihren Vereinszweck zu erfüllen, tat sich die Arbeitsgemeinschaft in den 1970er Jahren neben politischen Stellungnahmen – darunter eine Petition an den Bundesrat 1972 – auch mit einer Reihe von Tagungen, Diskussionsrunden, einer Ausstellung, einem Film zum Weltbevölkerungsjahr 1974 sowie versierten Informationsmaterialien, Zeitungsartikeln und Buchbeiträgen ihrer Mitglieder zum Umweltschutz hervor.[9] In der Annahme einer «lawinenartig zunehmenden Verschmutzung der Umwelt»[10] arbeitete sie mit anderen Umweltorganisationen wie dem Rheinaubund, dessen Heft *Natur und Mensch* ihr als offizielles Organ diente, dem World Wildlife Fund (WWF) oder der Schweizerischen Gesellschaft für Umweltschutz (SGU) zusammen.[11] Programmatisch stützte man sich neben dem Bericht an den Club of Rome zu den *Grenzen des Wachstums* auch auf den ebenfalls 1972 vom britischen Naturschützer Edward Goldsmith veröffentlichten *Blueprint for Survival*,[12] der einen radikalen ökosozialen Wandel – basierend auf den Idealen der Dezentralisierung und Kleinräumigkeit – skizzierte und auch eine Anpassung der Bevölkerungszahl an die nationalen Selbstversorgungsmöglichkeiten forderte.[13]

Der vorliegende Beitrag möchte zeigen, dass hinter der Forderung einer Einwanderungsbeschränkung im Gründungsjahrzent des Vereins nicht primär eine rechte oder fremdenfeindliche Motivation stand, sondern eine radikalökologische Kritik am Wachstum von Wirtschaft und Bevölkerung, der eine durch die wissenschaftliche Ökologie gespiesene Neukonzeptualisierung des Mensch-Natur-Verhältnisses zugrunde lag. Der Beitrag fragt deshalb nach den inhaltlichen Ausformungen des Überbevölkerungsdenkens der Vereinigung – also den verschiedenen Begründungen für die Diagnose «Überbevölkerung» – und den vorgeschlagenen Lösungsansätzen. Zuerst soll aber ein Blick auf die Gründungskon-

7 Skenderovic 2009: 333–335; Ecopop 2021: 10, 16.

8 Communiqué der SAfB, 24.10.1972; AfZ, Ecopop-Archiv, M3.

9 Skenderovic 2009: 333–335; Schreiben an Mitglieder, November 1972, AfZ, Ecopop-Archiv, M3; Vorschlag zur Zielsetzung der Arbeitsgemeinschaft von Rey, 10.03.1971, AfZ, Ecopop-Archiv, M1.

10 Vorschlag zur Zielsetzung der Arbeitsgemeinschaft von Rey, 10.03.1971, AfZ, Ecopop-Archiv, M1.

11 Schreiben an Mitglieder, August 1972, AfZ, Ecopop-Archiv, M3; Brief an Nationalratskandidat*innen in Basel, Bern, Genf und Zürich, 29.09.1972, AfZ, Ecopop-Archiv, M3.

12 Jahresbericht Präsident Tschumi, 10.10.1972, AfZ, Ecopop-Archiv, M3.

13 Vgl. Goldsmith, Allen 1972.

stellation der Arbeitsgemeinschaft und die äusserst heterogenen Hintergründe ihrer Initiant*innen geworfen werden, gefolgt von einer kontextuellen Einbettung in den sich um 1970 vollziehenden ökologischen Bewusstseinswandel und den für die Genese der modernen Umweltbewegungen bedeutenden ökologischen Überbevölkerungsdiskurs.

Die informelle Gründung der Arbeitsgemeinschaft – Unterstützung von rechts bis links

«Ein baldiges Handeln sind wir nicht nur uns selbst, der Zukunft unserer Kinder, der Schweiz, sondern auch der Welt als Ganzes schuldig. Es ist uns dank Wissenschaft und Medizin gegeben, Leben zu erhalten, es ist uns aber auch gegeben, überzähliges Leben zu verhindern. Es geht um die Zukunft, um die Erhaltung unseres Lebensraumes und unserer Zivilisation, um die Vermeidung weltweiter Katastrophen.»[14] Diese Zeilen erschienen Anfang 1970 unter dem Titel *Ein dringendes Problem: Geburtenregelung in der Schweiz* in der Berner Tageszeitung *Der Bund*. Geschrieben hatte sie die Frauenrechtlerin und Sozialdemokratin Anne-Marie Rey – besorgt durch die zunehmenden Hinweise internationaler Organisationen auf «Zusammenhänge zwischen Bevölkerungswachstum und Umweltbedrohung», wie sie rückblickend in ihren Memoiren *Die Erzengelmacherin* festhielt.[15] Rey reagierte damit auf einen von Gottlieb Flückiger 1969 in der Silvesterausgabe des *Bundes* publizierten Artikel zur globalen «Überbevölkerung», der sich mit dem dramatischen Titel *Die Menschheit am Scheideweg*[16] an die Leserschaft gewandt hatte. Angesichts des grossen Geburtenüberschusses der Zeit forderte sie neben einer konsequenten Sexualerziehung auch die Liberalisierung des Schwangerschaftsabbruches.

Der Veterinärmediziner Flückiger, der in den Jahren vor und nach der Gründung der SAfB eine ganze Reihe von Artikeln zum Wachstum der Weltbevölkerung und einer befürchteten Nahrungsmittelknappheit veröffentlichte,[17] kontaktierte Rey und veranlasste für den 5. Juni 1970 – zwei Tage vor der Abstimmung zur Schwarzenbach-Initiative – in Bern ein Treffen von Gleichgesinnten. Nebst den beiden Initiant*innen Rey und Flückiger waren auch der Biologe Pierre-André Tschumi, der Gynäkologe Heinrich Stamm, der Agronom und spätere Präsident der NA Valentin Oehen sowie – als Vertreter des klassischen

14 Rey, Anne-Marie: Geburtenregelung in der Schweiz. In: Der Bund, 24.03.1970.

15 Rey 2007: 87.

16 Flückiger, Gottlieb: Die Menschheit am Scheideweg. In: Der Bund, 31.12.1969.

17 Vgl. Flückiger, Gottlieb: Bedrohliche Menschenvermehrung. In: Bieler Tagblatt, 30.04.1970; ders.: Mut zur Eindämmung der Überbevölkerung. In: Der Bund, 13.12.1970; ders.: Die Schweiz wird zu klein. In: SMUV-Zeitung, 19.05.1971; ders.: Vernunft oder Untergang. In: Zürichsee-Zeitung, 14.01.1972.

Naturschutzes – Jakob Bächtold anwesend.[18] Die Arbeitsgemeinschaft war damit informell gegründet.

Bächtold hatte im Wachstum der materiellen Bedürfnisse und der zunehmenden Bevölkerungszahl bereits Anfangs der 1960er Jahre die bedeutendsten Gefahren für den natürlichen Lebensraum in der Schweiz gesehen, was ihn unter anderem auch zur Forderung einer Einwanderungsbeschränkung führte. Dieses Anliegen vermischte sich bei ihm jedoch mit fremdenfeindlichen Ansichten – kritisierte er doch nicht nur das Bevölkerungswachstum, sondern auch die «Überfremdung» der Schweiz, die in seinen Augen nicht nur den «Volkskörper», sondern auch die «Schweizer Natur» gefährdete.[19] Der von 1960–1969 den Schweizerischen Bund für Naturschutz (SBN) präsidierende Bächtold stand damit programmatisch für die Naturschutzbewegung der 1950er und 1960er Jahre, die fest im konservativ-patriotischen Gedankengut verwurzelt war und oftmals nationalistische Züge aufwies.[20]

Bächtold nahm schliesslich den Vorsitz einer von drei bei der Gründung der SAfB gebildeten Arbeitsgruppen ein, die sich laut Protokoll um «politisch-wirtschaftliche» Fragen kümmern sollte.[21] Den Vorsitz der zweiten Arbeitsgruppe «Mensch und Umwelt» übernahm Oehen. Sie sollte sich auf den Zusammenhang von Bevölkerungsdichte und Umweltbelastung konzentrieren und wollte der «Überbevölkerung» der Schweiz primär mit einem Einwanderungsstopp begegnen.[22] Der an der ETH Zürich ausgebildete Agronom Oehen präsidierte von 1972 bis 1980 der NA und etablierte diese in den 1970er Jahren als erste parteipolitische Kraft, die (ausgehend vom globalen Bevölkerungswachstum) ökologische Themen behandelte, programmatisch aber auch fremdenfeindlich war.[23] Mit Bächtold und Oehen fanden sich in der Gründungskonstellation der SAfB somit zwei Vertreter einer «rechten Ökologie», die in der Literatur als eine enge Verbindung von Umweltschutz mit exklusionistischen und (kultur-)rassistischen Interessen beschrieben wird.[24] Umweltschützerische Anliegen münden dabei in eine «Ökologie von rechts», in ein Konglomerat aus Ökologie und Natio-

18 Ecopop 2021: 5–6; Rey 2007: 87–89; Skenderovic 2009: 330.

19 Kupper 2003a: 345; Skenderovic 2009: 329.

20 Skenderovic 2009: 329; ders.: 1992: 208.

21 Bisherige Tätigkeit der drei Arbeitsgruppen, Anfang 1971, 2, AfZ, IB Ecopop-Archiv, M1; Gallmann 2014: 24.

22 Sitzungsprotokoll der Gruppe «Mensch und Umwelt» vom 24. 11. 1970, 2, AfZ, IB Ecopop-Archiv, M1; Bisherige Tätigkeit der drei Arbeitsgruppen, Anfang 1971, 2, AfZ, IB Ecopop-Archiv, M1; Ecopop 2021: 6; Gallmann 2014: 24–25.

23 Skenderovic 2009: 330, 334; Stettler, Peter: Oehen, Valentin. In: Historisches Lexikon der Schweiz (e-HLS), 25. 08. 2022, hls-dhs-dss.ch/de/articles/006457/2022-08-25/, abgerufen am 13. 12. 2024; Fankhauser 1995: 49.

24 Skenderovic 2009: 326.

nalkonservatismus, neurechtem Gedankengut oder gar Rechtsextremismus, wobei in letzterem Fall auch der Begriff «Ökofaschismus» verwendet wird.[25]

Den Vorsitz der dritten Arbeitsgruppe übernahm schliesslich der Gynäkologe Heinrich Stamm. Sie beschäftigte sich mit Familienplanung und Sexualerziehung und wollte die Liberalisisierung des Schwangerschaftsabbruchs vorantreiben. Das Sekretariat dieser Untergruppe übernahm Anne-Marie Rey, der es – mit eigenen Worten – «um das subjektive Selbstbestimmungsrecht der Frau»[26] ging.[27] Als SP-Mitglied des Berner Grossen Rates und Co-Präsidentin der Schweizerischen Vereinigung für Straflosigkeit des Schwangerschaftsabbruchs lobbyierte sie bis zu ihrer Annahme 2002 für die Fristenregelung.[28] Neben Rey, die 1971 mit der Vereinsgründung die Geschäftsführung der SAfB übernahm und bis 1988 behielt, war der Physiker Theo Ginsburg eine weitere prägende Figur in der Geschichte der Arbeitsgemeinschaft. Er wurde Ende 1972 nach dem Rücktritt von Pierre-André Tschumi zum Präsidenten gewählt und blieb wie Rey bis 1988 im Amt. Als AKW-Gegner der ersten Stunde gehörte er zu einer Gruppe von Wissenschaftler*innen rund um das Nationalfondsprojekt Neue Analysen für Wachstum und Umwelt (NAWU), die eine herausragende Rolle im Lager der Atomkraftkritiker spielte.[29] Das Projekt startete 1972 unter der Leitung des an der Hochschule St. Gallen (HSG) lehrenden Ökonomen Hans Christoph Binswanger und verfolgte die Frage, wie ein geordneter Übergang von einer wachsenden Wirtschaft in ein ökonomisch-ökologisches Gleichgewicht zu erreichen sei.[30] Laut Kupper war Ginsburg der profilierteste Exponent der *NAWU*-Gruppe, die einen substanziellen Einfluss auf die Haltung der Umweltorganisationen zur Atomenergie entfaltete – und auch die Bevölkerungszahl als Nachhaltigkeitsfaktor thematisierte. Die Atomkraft betrachtete Ginsburg nicht als isolierte technische Frage, sondern im grösseren Rahmen des Energie- und Wirtschaftswachstums sowie der Tragfähigkeit der Umwelt.[31]

---

25 Zur «rechten Ökologie» siehe: Geden 1996; Jan, Wehling 1991. Zur historischen Variante des «Ökofaschismus»: Staudenmaier 2011.

26 Ecopop 2021: 6.

27 Bisherige Tätigkeit der drei Arbeitsgruppen, Anfang 1971, 2, AfZ, IB Ecopop-Archiv, M1; Ecopop 2021: 6.

28 Ecopop 2021: 2–3; «Es ist die Wut». In: Zeit Online, 02.01.2014, zeit.de/2014/02/anne-marie-rey-portraet, abgerufen am 13.12.2024.

29 Kupper 2003b: 143.

30 Kupper 1998: 79; Ecopop 2021: 10; vgl. Binswanger, Geissberger, Ginsburg: 1978.

31 Kupper 1998: 80–82.

Die 1970er Jahre – ökologische Wende und die Grenzen des (Bevölkerungs-)Wachstums

Im Einklang mit anderen prominenten AKW-Gegnern forderte Ginsburg auch eine alternative gesellschaftliche Entwicklung, die hauptsächlich auf einer Minderung der materiellen Bedürfnisse und einer grundlegenden Abwendung vom Wirtschaftswachstum basieren sollte. Mit seiner radikalen Wachstumskritik gehörte der Physiker zu einem Kreis von Wissenschaftlern, die innerhalb der Umweltbewegungen die Rolle von «kritischen Experten» übernahmen und sich mit ihrer «Gegenexpertise» in die Atomenergiepolitik einzumischen begannen.[32] Generell kam in den späten 1960er und frühen 1970er Jahren ein neues Bewusstsein für die Natur auf, das die Verschlechterung der natürlichen Lebensgrundlagen innert weniger Jahre zu einem politischen Schlüsselthema machte. Der Umweltschutz wurde von den nationalen Regierungen nun zu einer der wichtigsten Herausforderungen erklärt, und auch die öffentliche Meinung erlebte im Kontext des neuen Diskurses über eine globale Umweltkrise einen tiefgreifenden Umschwung. Die Anti-AKW-Bewegung und die Forderungen nach Dezentralisierung, «sanfter» Technologie und einem nachhaltigen Lebensstil einer vom Umweltaktivismus getragenen «politischen Ökologie» waren der stärkste Ausdruck dieser Entwicklung.[33]

Für die 1970er Jahre kann in umwelthistorischer Betrachtung von einer ökologischen Wende gesprochen werden, die von Patrick Kupper als «1970er Diagnose» gefasst wurde.[34] Sichtbar wurde diese Wende in einer Reihe von wissenschaftlichen Publikationen, die das Verhältnis zwischen Mensch und Natur bereits Anfangs der 1960er Jahre kritisch betrachteten und aufgrund der Grenzen überschreitenden Degradierung der Umwelt eine globale Perspektive einnahmen. Einen ersten Wendepunkt setzte bereits das 1962 von Rachel Carson publizierte und längere Zeit auf der Bestsellerliste der New York Times platzierte *Silent Spring*, das die Verseuchung von Böden und Gewässern durch synthetische Pestizide thematisierte und noch im selben Jahr ins Deutsche übersetzt wurde.[35] Oft als Anfangspunkt der modernen US-amerikanischen und der darauffolgenden europäischen Umweltbewegungen verstanden, war die Schrift nicht einfach eine Abhandlung über Pestizide, sondern übersetzte fundamentale ökologische Prinzipien in klare Umweltbotschaften, die den vorherrschenden Fortschrittsoptimismus und die Idee der übergeordneten Position des Menschen

32 Kupper 1998: 79, 81–82; 99–100; Rucht 1988: 294. Zur Frage der Gegenexperten siehe auch: Güttler 2022.

33 Engels 2010a: 123–124, 413; Rucht 1994: 246; Rucht, Roose 2003: 2–3.

34 Vgl. Kupper 2003a.

35 Engels 2010a: 124; Kern 2008: 104.

gegenüber der Natur herausforderten.[36] Das Buch dokumentierte die Auswirkungen zahlreicher Chemikalien auf Mensch und Umwelt und befasste sich im zentralen Kapitel mit dem weitverbreiteten Gebrauch von DDT. Vor dem Hintergrund der Kubakrise und dem Einsatz von *Agent Orange* im Vietnamkrieg stiess die Alarmschrift auf eine für die Vorstellung einer bevorstehenden «Öko-apokalypse» höchst rezeptive Öffentlichkeit.[37]

Mit weiteren methodisch an der wissenschaftlichen Ökologie orientierten Publikationen trugen Ende der 1960er Jahre Forscher aus der ganzen Welt ihre beängstigenden Ergebnisse in die breite Öffentlichkeit. 1968 erschienen Paul Ehrlichs *The Population Bomb* und Garrett Hardins *Tragedy of the Commons*, die beide nicht nur die Gefahr eines Umweltkollapses heraufbeschworen, sondern diesen auch mit der Frage der «Überbevölkerung» verbanden.[38] Der durch den wissenschaftlichen Aktivismus Rachel Carsons inspirierte Populationsbiologe Ehrlich propagierte, dass biologische Degradation, Überkonsumption und die Grenzen des Wachstums einfacher zu handhaben wären, wenn hauptsächlich auf die Balance zwischen Weltbevölkerung und Nahrungsmittelangebot fokussiert würde.[39] Hardins Essay konzentrierte sich auf das biologische Gesetz der *carrying capacity* – und damit auf die dem Menschen durch seinen Platz in der Natur gesetzten Grenzen. Die Umweltkatastrophe liess sich in seinen Augen nicht durch technologische Innovationen lösen, sondern primär durch eine Beschränkung der Weltbevölkerung, die das Gemeingut der Allmende – ob nun Kuhweide, lokale Fischerei oder globale Atmosphäre – durch ihre exzessive Nutzung aus dem Gleichgewicht bringe.[40] Höhepunkt der populärökologischen Veröffentlichungen war schliesslich der 1972 veröffentlichte Report *The Limits to Growth*. Im Auftrag des 1968 gegründeten Club of Rome unter der Leitung von Dennis Meadows verfasst, untermauerte der Bericht die bereits in früheren Veröffentlichungen entworfenen apokalyptischen Zukunftsszenarien durch Computersimulationen, die für die Menschheit nichts Gutes erahnen liessen. Der in zahlreichen Sprachen erschienene Bericht wurde mit seiner kybernetischen Analyse der Grenzen des globalen Wirtschaftssystems zu einem weltweiten Erfolg – wobei insbesondere die plastisch visualisierten Exponentialkurven eine breite Rezeption erfuhren.[41]

Der auch durch den Bericht an den Club of Rome zementierte Horror vor einem ungebremsten weltweiten Bevölkerungswachstum war nun, fragt man den Umwelthistoriker Joachim Radkau, der grösste gemeinsame Nenner der Ökolo-

36 Radkau 2000: 159; Bergthaller 2007: 78.

37 Bergthaller 2007: 76–77; Kern 2008: 104; Haq, Paul 2012: 44–45.

38 Kupper 1998: 25; Dryzek 2013: 30; Vincent 2010: 211.

39 Robertson 2012: 2; Heim, Schaz 1996: 119.

40 Pepper 1984: 19; Bergthaller 2007: 82; Dryzek: 2013: 38.

41 Kupper 1998: 25; Dryzek 2013: 30; Vincent 2010: 211.

giebewegungen. Noch mehr als durch die Atombombe seien viele Umweltschützer durch die «Bevölkerungsbombe» beunruhigt gewesen: «Schon bevor die *Grenzen des Wachstums* Furore machten, waren es die von den natürlichen Ressourcen gesetzten, von menschlicher Blindheit jedoch missachteten Grenzen des Bevölkerungswachstums, die an der Basis des modernen Umweltbewusstseins standen.»[42] Vorweggenommen hatte ein solches fortschrittsskeptisches Gedankengut im Grunde bereits Thomas Malthus. Der britische Pfarrer und Ökonom postulierte in seinem *Essay on the Principle of Population* mit dem «Bevölkerungsgesetz» eine angebliche Naturgesetzlichkeit – die exponentielle Vermehrung der Bevölkerung bei gleichzeitig nur linearer Steigerung der Nahrungsmittelproduktion – und prognostizierte als Folge davon Hunger, Armut und «Überbevölkerung.»[43]

Bereits in den 1940er Jahren enwickelte der *new conservationism* mit der Betonung der ökologischen Gefahren des Bevölkerungszuwachses eine weltumspannende Sicht auf miteinander verflochtene Schwierigkeiten, die später als «Umweltprobleme» bezeichnet werden sollten.[44] Die Weltuntergangsliteratur der zwei namhaftesten Autoren der US-amerikanischen Naturschutzströmung – Fairfield Osborn und William Vogt – war so nicht auf nationale Themen beschränkt, sondern popularisierte gemäss Robertson «proto-environmental ecological ideas, long before Rachel Carson's *Silent Spring*, the book historians usually cite as the beginning of environmentalism».[45] Ihre 1948 erschienenen Bestseller *Our Plundered Planet* und *Road to Survival* beinhalteten bereits Merkmale, welche die späteren Umweltbewegungen ausmachen sollten: Ein Misstrauen gegenüber Fortschritt und Technologie; Sinn für apokalyptische Dringlichkeit und die Betonung der Grenzen des Wachstums.[46] Waren die Naturschützer des frühen 20. Jahrhunderts der Ressourcenknappheit noch mit einem an Effizienz orientierten Ansatz begegnet, machten Osborn und Vogt mit ihrer Forderung nach einer Reduktion des Konsums die «Überkonsumption» und die wachsenden Bevölkerungszahlen als grösste Gefahren aus.[47]

Während sich Osborn nicht zur Empfängnisverhütung äusserte, rief Vogt nach einer liberalen Geburtenregelung und wollte die Entwicklungshilfe an paternalistische (aber nicht rassistische) Programme zur Familienplanung knüpfen.[48] Klar von Rassismus distanzierte sich Osborn, der auf die verbindenden biologischen Ähnlichkeiten zwischen den Menschen verwies. Statt Unterschiede

---

42 Radkau 2011: 158.

43 Pepper 1984: 91; Dobson 1995: 91; Heim, Schaz, 1996: 15.

44 Engels 2010a: 126; ders. 2006: 77.

45 Robertson 2012: 6; Engels 2010a: 126.

46 Robertson 2012: 37; Engels: 2006: 77; Bergthaller 2007: 80.

47 Robertson 2012: 49–51; Linnér 2003: 99; Bergthaller 2007: 80.

48 Robertson 2012: 54.

herauszustreichen proklamierte er den internationalen Naturschutz als Mittel zur Völkerverständigung.[49] Diese ambivalente Mixtur aus Universalismus und defensiv-elitärem Eigennutz – das «survival» in Vogts Buchtitel bezog sich ebenso auf die US-amerikanische Zivilisation wie auf die Menschheit als Ganzes – hatte dabei wichtige politische Implikationen. Vom rassistisch motivierten elitären Weissen bis hin zum antirassistischen Universalisten konnte der «neomalthusianische»[50] Umweltschutz Anhänger*innen verschiedenster politischer Couleurs einbinden.[51]

Die Diagnose der nationalen «Überbevölkerung» – Selbstversorgung, Natur- und Umweltzerstörung

In der Schweiz beschloss die Arbeitsgemeinschaft für Bevölkerungsfragen ein Jahr nach der informellen Gründung am 29. Juni 1971 an einer Versammlung, sich formell als Verein zu konstituieren. Nicht nur die Gruppe «Mensch und Umwelt» hatte auf eine breitere Öffentlichkeitsarbeit und die Zusammenarbeit mit anderen Umweltschutzorganisationen gedrängt, auch in der «Gruppe Stamm» war die Forderung laut geworden, aktiver zu werden.[52] Die Anwesenden wählten den Biologen Tschumi zum Präsidenten der Arbeitsgemeinschaft – der Zusatz «Schweizerische» sollte erst 1973 folgen – das Vizepräsidium übernahm Valentin Oehen und die Dolmetscherin Anne-Marie Rey wurde als Geschäftsführerin eingesetzt.[53] Tschumi hatte sich unter dem Eindruck des globalen Bevölkerungswachstums um 1970 von seinem Gebiet der Entwicklungsbiologie verabschiedet und (populations-)ökologischen Fragen zugewandt,[54] die gerade auch in seinen Lehrmitteln immer einen Bogen von Ökosystemen und Tierpopulationen hin zum Wachstum der Weltbevölkerung und «humanökologischen Aspekten der Umweltkrise» schlugen.[55] Die Gründe für die offizielle Konstituierung der Arbeitsgemeinschaft fasste der Umweltbiologe wie folgt zusammen: «Die Erdbevölkerung nimmt ständig zu und wird sich voraussichtlich bis ins Jahr 2000 verdoppeln. Aber auch die Schweizer Wohnbevölkerung ist im letzten Jahrzehnt durchschnittlich um 84'000 Personen pro Jahr gewachsen. Die Ueberbeanspruchung unseres Lebensrau-

49 Robertson 2012: 55.

50 Der Begriff des «Neomalthusianismus» wird verwendet, um auf diejenigen Malthusianer zu referieren, die im Unterschied zu Malthus selbst die Empfängnisverhütung unterstützten. Siehe: Rainer 2005: 88.

51 Roberston 2012: 55–56; Engels 2006: 228.

52 Brief Robert Richter an Rey, 28.09.1970, AfZ, IB Ecopop-Archiv, M1; Protokoll der Mitgliederversammlung vom 29.06.1971, AfZ, IB Ecopop-Archiv, M3.

53 Gallmann 2014: 8, 25–26.

54 † Pierre-Andre Tschumi. In: Bieler Tagblatt, 23.05.2013

55 Tschumi 1978: 137; vgl. Tschumi: 1970.

mes und unserer Umwelt ist jedoch nichts anderes als die Folge dieses demographischen und des wirtschaftlichen Wachstums. Umweltschutz wird deshalb nur wirksam, wenn auch diese Ursachen bekämpft werden.»[56]

Mit der Verknüpfung von globaler «Überbevölkerung» und Nahrungsmittelknappheit hatte Tschumi bereits 1968 in der evangelischen Monatszeitschrift *Reformatio* die Frage gestellt, ob die Nahrungsmittelproduktion mit den bis zum Jahr 2000 erwarteten 6–7 Milliarden Menschen mithalten könne: «Wird das möglich sein? Die Produktivität der Erde hat ihre Grenzen.»[57] Neben der neomalthusianischen Befürchtung, dass «die Erdbevölkerung schon im Laufe weniger Jahrzehnte über die Kapazität der fruchtbaren Böden des Erdballs hinauswachsen» werde,[58] war in seinen Beiträgen früh auch schon eine Verbindung von «Überbevölkerung» und Naturzerstörung zu finden. Unter dem Titel *Die menschliche Bevölkerungsexplosion* stellte er etwa in der *Reformatio* die Frage, wo die 45 Milliarden Menschen – die in den Augen der Fortschrittsoptimisten problemlos zu ernähren wären – mit ihren Industrieabfällen hin sollten, wenn der Verschmutzung von Gewässer und Luft schon mit den vorhanden 3,5 Milliarden Menschen kaum mehr Einhalt zu gebieten sei.[59]

Auch Gottlieb Flückiger hielt an verschiedensten Stellen fest, dass die Verschmutzung der Gewässer bereits in aller Deutlichkeit zeige, dass sich der «irdische Lebensraum»[60] nicht erweitern lasse.[61] Deutlicher wurde der Veterinärmediziner dann in seinen Artikeln nach der ökologischen Wende um 1970. In alarmistischem Ton warnte er nun davor, dass die «Bevölkerungsexplosion» bereits zu einer bedenklichen Umweltkrise beigetragen habe, die sich in einer Verpestung von Luft und Wasser äussere und das baldige Absterben der Ozeane wahrscheinlich mache. In seinen Aufrufen zur «Eindämmung der Überbevölkerung» machte er jetzt auf eine mögliche Bedrohung durch das Klima, eine Trinkwasserknappheit oder auch den Waldraubbau aufmerksam. Das Bevölkerungswachstum führte er dabei als «Zeitbombe» an, die zur Verbesserung der «Beziehungen der Lebewesen zu ihrer Umgebung» entschärft werden müsse: «Bei weiterem Ansteigen der menschlichen Springflut werden die Industrialisierung fortschreiten, die natürlichen Ressourcen erschöpft und die Verträglichkeitsgrenzen der ökologischen Systeme unaufhaltsam überschritten werden.»[62]

---

56 Protokoll der Mitgliederversammlung vom 29.06.1971, AfZ, IB Ecopop-Archiv, M3.

57 Tschumi 1968: 665.

58 Tschumi 1972a: 598.

59 Tschumi 1968: 666.

60 Flückiger, Gottlieb: Die ganze Menschheit in Gefahr. In: Zürichsee-Zeitung, 25.08.1970.

61 Flückiger: Die Menschheit am Scheideweg. In: Der Bund, 31.12.1969; ders.: Die ganze Menschheit in Gefahr. In: Zürichsee-Zeitung, 25.08.1970.

62 Flückiger: Mut zur Eindämmung der Überbevölkerung. In: Der Bund, 13.12.1970.

Die Arbeitsgemeinschaft gliederte sich so in den Krisendiskurs der Ökologiebewegungen ein und setzte sich die «Bekämpfung der tieferen Ursachen»[63] der Gefährdung der Umwelt zum Ziel. Regelmässig verwies sie dabei auch auf den Bericht an den Club of Rome und den von Edward Goldsmith, dem *Ecologist*-Herausgeber, verfassten *Blueprint for Survival*. Beides Schriften, die – wie Tschumi betonte – den Zusammenhang von Umweltzerstörung, Bevölkerungs- und Wirtschaftswachstum hervorhoben und damit auch der Idee der Bevölkerungsstabilisierung zu mehr Anerkennung und Verbreitung verhelfen würden. Der Biologe selbst trat nach einem Jahr im Präsidium bereits von seinem Amt zurück. Nicht, weil er sich nicht mehr mit der Sache identifizieren konnte, sondern – wie er im Jahresbericht 1972 darlegte – weil er wegen seiner akademischen Tätigkeit an der neugeschaffenen Abteilung für Umweltbiologie der Universität Bern und seines Präsidiums der ebenfalls neugegründeten Schweizerischen Arbeitsgemeinschaft für Umweltforschung und Ökologie zu ausgelastet war, um der Arbeit für die SAfB noch gerecht werden zu können.[64]

Auch in der Schweiz machte die Vereinigung die «Überbevölkerung» als «Tatsache»[65] aus, die sie mit dem Bild der «Bevölkerungsexplosion»[66] und düsteren Prognosen von bis zu 9,6 Millionen Einwohner*innen im Jahr 2000 unterstrich.[67] Im Grundsatzprogramm der SAfB hiess es schliesslich: «Mit Rücksicht auf den begrenzten Lebensraum der Schweiz sollte die Bevölkerung auf eine für diesen Raum langfristig tragbare Zahl stabilisiert werden. Viele Anzeichen sprechen dafür, dass diese Zahl bereits überschritten ist.»[68] Nicht ganz klar war dabei aber, wie die optimale Grösse der Bevölkerung für die Schweiz zu bestimmen sei. An der Jahresversammlung vom Oktober 1972 kam für verschiedene Mitglieder nicht der nur schwer fassbaren Zerstörung des Lebensraumes, sondern der Ernährungsfrage als Indikator für eine Festlegung der anzustrebenden Bevölkerungszahl Priorität zu.[69] Tschumi selbst schrieb, durch die Zunahme der Wohnbevölkerung und des Bedarfs an Siedlungsraum habe die landwirtschaftliche Nutzfläche von 1955 bis 1965 um rund 30'000 Hektar abgenommen, «während

---

63 Communiqué, 24.10.1972, AfZ, IB Ecopop-Archiv, M3. Zur Bedeutung der Angst vor einer Umweltapokalypse für die Ökologiebewegungen siehe: Radkau 2000: 299–305; Dryzek 2013: 27–51.

64 Jahresbericht Präsident Tschumi, 1972, 10.10.1972, AfZ, IB Ecopop-Archiv, M3.

65 Brief Rey an Paul Leyhausen, 04.02.1971, AfZ, IB Ecopop-Archiv, M1.

66 Tschumi 1972b: 22.

67 Flückiger, Gottlieb: Das Drama der Ueberbevölkerung. In: Der Bund, 18.02.1969. Im Jahr 2000 belief sich die Bevölkerungsgrösse in der Schweiz tatsächlich auf rund 7,3 Millionen Einwohner*innen. Siehe: Head-König, Anne-Lise: Bevölkerung. In: Historisches Lexikon der Schweiz (e-HLS), 30.03.2012, https://hls-dhs-dss.ch/de/articles/007946/2012-03-30/, abgerufen am 13.12.2024.

68 Grundsatzprogramm, 1971, AfZ, IB Ecopop, M3.

69 Schreiben an die Mitglieder, 11.1972, AfZ, IB Ecopop, M3.

die Wohnbevölkerung gleichzeitig um 963'000 Menschen» zugenommen habe. Die verbliebenen 1,08 Mio. Hektar Kulturlandfläche würden nur noch knapp die Hälfte der Wohnbevölkerung zu ernähren vermögen. Das Verhältnis zwischen Kulturland und Einwohnerzahl sei eines der objektivsten Kriterien für «Überbevölkerung»; und mit einem Selbstversorgungsgrad von rund 50 Prozent sei die Schweiz in eine beunruhigende Abhängigkeit zum Ausland geraten, das sich hinsichtlich der Nahrungsmittelversorgung ebenfalls den Grenzen des Wachstums nähere.[70] Eine autarkieorientierte Argumentation, die auch Ginsburg verfolgte, wenn er mit «zunehmenden Versorgungsschwierigkeiten» rechnete und konstatierte: «Wir können unseren Lebensstandard nur deshalb aufrechterhalten, weil wir riesige Mengen an Energie, Rohstoffen und landwirtschaftlichen Produkten verbrauchen, die ausserhalb unserer Grenze produziert werden. Eine globale Verknappung an Nahrungsmitteln und Rohstoffen müsste demzufolge für unser hochkomplexes Wirtschafts- und Gesellschaftssystem katastrophale Folgen zeitigen.»[71]

Im bevölkerungspolitischen Konzept von 1978, das als Entwurf für das spätere, definitive Grundlagenpapier für eine staatliche Bevölkerungspolitik der SAfB diente, hiess es denn auch, dass es nicht darum gehe, die als materiellen Wohlstand missverstandene Wohlfahrt weiter zu steigern, sondern die wirkliche Wohlfahrt des Volkes zu sichern. Zwangsläufig werde man sich deshalb «vor allem dem Ziel der ‹Ueberlebens-Gesellschaft› nähern». Das bedeutete für die SAfB auch, dass die «Überernährung des Volkes, insbesondere an tierischem Eiweiss und raffinierten Lebensmitteln wesentlich abgebaut werden»[72] müsse. Bei einfacheren Konsumgewohnheiten könnten längerfristig 4,5 bis 5,5 Millionen Menschen aus eigenem Potenzial ernährt werden – womit für die SAfB klar war, dass zur Verbesserung der Versorgungslage eine kontinuierliche Bevölkerungsabnahme erwünscht sei.[73]

Auch bei der Energieversorgung zielte die Umweltvereinigung nicht nur auf die Bevölkerungsgrösse, sondern auch auf den Pro-Kopf-Verbrauch. Zwischen 1945 und 1973 habe sich der Energiekonsum gesamtschweizerisch auf über 170'000 Terakalorien vervierfacht. Gleichzeitig sei die Bevölkerungszahl von rund 4 auf 6,4 Millionen Menschen gestiegen. Der Anspruch des Einzelnen auf Energieressourcen habe sich in den vergangenen drei Jahrzehnten somit «um den Faktor 4 : 1,6 = 2,5 erhöht». Es bestehe die Gefahr von Engpässen, weshalb sich nicht nur eine effizientere Nutzung, sondern auch eine Diversifikation der Energiequellen aufdränge. Namentlich seien «einheimische und regenerierbare,

70 Tschumi 1972a: 8.

71 Ginsburg, Theo: Wieviel Erde braucht der Mensch? In: nz panorama, 16.02.1974.

72 Ein bevölkerungspolitisches Konzept für die Schweiz, Entwurf, 9, AfZ, IB Ecopop-Archiv, AS29.

73 Ebd., 9–10; Skript zum Film «Macht Euch der Erde untertan», 1974, AfZ, IB Ecopop, M4.

umweltfreundliche Energiequellen zu fördern», wobei längerfristig eine dezentralisierte Energieversorgung angestrebt werden müsse.[74]

Der Biomathematiker Eduard Batschelet führte weiter aus, dass die Schweiz bei den Einfuhren von Erdöl eine Auslandsabhängigkeit von 80 Prozent erreiche. Nur 20 Prozent der Energie würden – vor allem mit Wasserkraft – selbst erzeugt. Auch was die Rohstoffe anbelange, müssten mehr als 70 Prozent eingeführt werden.[75] Das definitive bevölkerungspolitische Konzept der SAfB, die *Grundlagen für eine schweizerische Bevölkerungspolitik*, konstatierte 1981, dass sich eine Selbstversorgung bei der Energie- und Rohstoffversorgung nur bedingt verwirklichen lasse: «Also muss der Verbrauch von nicht erneuerbaren und nur beschränkt vorhandenen Rohstoffen (z.B. Eisen, Kupfer, Oel usw.) auf lange Sicht nicht nur stabilisiert, sondern gar minimalisiert werden. Dies lässt sich auf humane Weise nur durch sparsamste Verwendung, konsequente Wiederverwertung (Recycling) und Ausweichen (Substitution) auf praktisch unbeschränkt vorhandene oder erneuerbare Rohstoffe […] erreichen.»[76]

Ein zweiter prominenter Problemkreis, den die SAfB neben der Selbstversorgung als Ausdruck einer «Überbevölkerung» identifizierte, lässt sich unter dem Stichwort der «Umweltbelastungen» subsumieren. Gemeint war damit nicht nur die Luft- und Wasserverschmutzung, sondern auch die Zerstörung von noch vorhandenen Erholungsräumen und Naturlandschaften. Die natur- und heimatschützerischen Wurzeln der Umweltbewegung reflektierend, stach die Thematisierung der letzteren besonders hervor. So verwies die SAfB auf die «Beeinträchtigung der Landschaft» und die «Verbetonierung der Natur»[77] und hielt im Abschnitt zu den Beurteilungsgrundlagen für eine optimale Bevölkerungszahl in ihrem Grundlagenpapier unter dem Punkt «Umweltbelastungen» fest, als Folge der Ausdehnung der Wohnstätten, Industriebauten, Verkehrsanlagen und touristischen Einrichtungen werde die Landschaft zunehmend beeinträchtigt.[78] Auch für einen echten Natur- und Heimatschutz, «der sich nicht mit Alibiübungen» begnüge, erkannte die Umweltvereinigung eine Bevölkerungsreduktion als Bedingung – und brachte Vorbehalte gegen das 1974 verabschiedete Raumplanungsgesetz ein.[79] Zwar drängten sich gemäss Batschelet «gesetzliche Massnahmen mit dem Ziel auf, Siedlungsgebiete auszuschneiden, der Streusiedlung Einhalt zu gebieten und wirtschaftlich benachteiligten Gegenden durch Dezentralisierung zu helfen», doch sollte das Gesetz lang-

74 Ein bevölkerungspolitisches Konzept für die Schweiz, Entwurf, 12, AfZ, IB Ecopop-Archiv, AS29.

75 Batschelet 1973: 11.

76 SAfB 1981: 31.

77 Communiqué, Umweltgerechte Bevölkerungspolitik, 10.02.1981, AfZ, IB Ecopop-Archiv, M8.

78 SAfB 1981: 26.

79 Ein bevölkerungspolitisches Konzept für die Schweiz, Entwurf, 11, AfZ, IB Ecopop-Archiv, AS29.

fristig die versprochenen Früchte tragen, war eine Beschränkung der Bevölkerungszahl für ihn unumgänglich.[80]

Schliesslich beschäftigte sich die SAfB auch mit der Bekämpfung der Luft- und Wasserverschmutzung; und auch hier unterstrich man die Notwendigkeit, das Problem bei der Wurzel zu packen, also die ökologischen Grenzen der Bevölkerungsgrösse einzuhalten. In technische Lösungen setzte man wenig Vertrauen, wie sich am Beispiel des Ausbaus der Wasseraufbereitung durch neue Kläranlagen zeigte. Der für die Arbeitsgemeinschaft zum Weltbevölkerungsjahr 1974 von der Condor-Film AG produzierte Film «Macht Euch der Erde untertan» erklärte, dass der Verschmutzungsgrad der Seen und Flüsse trotz der ab 1950 gebauten Reinigungsanlagen gestiegen sei: «Wir haben fünf Milliarden Franken ausgegeben und der Zustand der Gewässer ist hoffnungsloser als je zuvor.»[81] Auch 1980 stufte der Verein in einem Communiqué die Trinkwasserversorgung noch als gefährdet ein: «[Es] gibt Landesgegenden, wo das Wasser wegen zu hohen Nitratgehalts nicht mehr zur Zubereitung von Kindernahrung verwendet werden darf».[82]

Was aus den Vereinspublikationen ebenfalls heraussticht, war die Behandlung der städtischen Agglomerationen, wo sich laut dem ersten bevölkerungspolitischen Konzept der SAfB 57 Prozent der Bewohner der besiedelten Kulturlandregion konzentrierten. Für die Arbeitsgemeinschaft eine Belastung von Mensch und Umwelt, die «das Mass des Tragbaren» überschritten habe. «Es ist dabei an die Lärmbelastung […], die Dunstglocken über den Agglomerationen, die schädlichen Schwefeldioxyd- und Stickoxydkonzentrationen in den Städten und die umweltzerstörenden Industrieabgase (Fricktal, Baselland usw.) zu denken».[83] Diese zivilisationskritische Ablehnung der Zentralisierungstendenzen hochindustrialisierter Gesellschaften führte zu einer grundsätzlichen Infragestellung der Wachstumsorientierung, die im Film von 1974 – der die Arbeitstitel «Wohin führt der Weg?» und «One World for All» trug – explizit ausformuliert wurde: «Probleme wie Abfallbeseitigung, Gewässerverschmutzung und Verkehrsmisere sind Ausdruck einer falschen und verhängnisvollen Entwicklung. Wir müssen ernsthaft die Frage diskutieren, ob uns wirklich nur technologische Lösungen eine Ueberlebenschance bieten, oder ob wir mit einem grundsätzlicheren Denken und Handeln langfristig nicht eher besser fahren würden.»[84]

80 Batschelet, Lebensqualität als Bevölkerungsproblem, 8, AfZ, IB Ecopop-Archiv, AS30.

81 Skript zum Film «Macht Euch der Erde untertan», 8, AfZ, IB Ecopop-Archiv, M4; Gallmann 2014: 52.

82 Communiqué, Umweltschutz als Bevölkerungsproblem, 20.05.1980, AfZ, IB Ecopop-Archiv, M8.

83 Ein bevölkerungspolitisches Konzept für die Schweiz, Entwurf, 10, AfZ, IB Ecopop-Archiv, AS 29.

84 Skript zum Film «Macht Euch der Erde untertan», 4, AfZ, IB Ecopop-Archiv, M4.

Die Diagnose der «Konsumexplosion» – Grenzen des Wirtschaftswachstums

Zu diesen Bedenken trat in der Vorstellungswelt der SAfB eine weitere problematische Dimension der «Überbevölkerung» hinzu: die «unheimliche Wachstumsspirale von Bevölkerung und Wirtschaft»[85], die von Tschumi am deutlichsten beschrieben wurde. In den *Schweizer Monatsheften* konstatierte er 1973, die Zunahme der Wohnbevölkerung habe nicht nur den Selbstversorgungsgrad verringert, sondern auch auf das wirtschaftliche Wachstum stimulierend gewirkt, «nahm doch damit die Zahl der Arbeitskräfte und der Konsumenten zu. Damit in Zusammenhang nahm aber auch der materielle Wohlstand und die Kaufkraft der Einwohner zu, was abermals eine Steigerung der Umweltbelastung mit sich brachte».[86] Die ausgemachte «Konsumexplosion»[87] stand also nicht nur als Folge des Bevölkerungswachstums in der Kritik, sondern die «Wachstumseuphorie der Nachkriegszeit» wurde auch grundsätzlich in Frage gestellt. Mehr und mehr, hiess es im Film von 1974, würden die westlichen Länder durch immer stärkere Sachzwänge genötigt, auf diesem gefährlichen Weg der «wissenschaftlich-technischen Entwicklung» mit seinen «sich auftürmenden Abfallbergen», «Erdöl- und Energiekrisen» weiterzugehen. «Doch wohin führt dieser Weg? Seit dem Erscheinen des aufrüttelnden Buches ‹Die Grenzen des Wachstums› will die Diskussion über diese Frage nicht mehr verstummen. Aber die heute allgemein akzeptierte Grunderkenntnis, dass sich für materielle Güter ein unbegrenztes Wachstum auf beschränktem Raum nicht endlos aufrechterhalten läßt, hat bisher nur sehr beschränkt zu praktischen Konsequenzen geführt.»[88] Dementsprechend behandelte die SAfB auch die Kernenergie. Diese würde zwar die Lösung für das aus dem Wachstumszwang resultierende Energieproblem versprechen, die Gesellschaft aber auch wieder abhängiger und störungsanfälliger machen. Die Krise würde so lediglich in die Zukunft verschoben. «Denken wir nur an die umstrittene Frage der radioaktiven Abfälle, an die Wärmebelastung der Atmosphäre und der Flüsse, an die immensen Gefahren durch Sabotage, wenn Hunderte von Kernkraftwerken in Betrieb sein würden.»[89]

1973 schloss sich die Arbeitsgemeinschaft der von der SGU veröffentlichten Stellungnahme zum Bau von Kernkraftwerken an und betonte in einem Communiqué, jeder Verbrauch von Energie belaste die Umwelt – was ein stetiges Wachsen des Gesamtenergieverbrauches zu einem grundsätzlichen Fehler ma-

85 Erstes Exposé zum Film «Macht Euch der Erde untertan», AfZ, IB Ecopop-Archiv, M4.

86 Tschumi 1973: 8.

87 Ein bevölkerungspolitisches Konzept für die Schweiz, 1978, Einleitung 1, AfZ, IB Ecopop-Archiv, AS29.

88 Begleittext zum Film «Macht Euch der Erde untertan», 1974, AfZ, IB Ecopop-Archiv, M7.

89 Skript zum Film «Macht Euch der Erde untertan», 10, AfZ, IB Ecopop-Archiv, M4.

che. Vor dem allfälligen Bau weiterer Kernkraftwerke sei eine Gesamtenergiekonzeption zu erstellen, die sich an den Grenzen der Belastbarkeit der Umwelt und nicht an der steigenden Nachfrage orientiere. Der Verein stellte sich damit gänzlich gegen das Wachstumsparadigma und forderte, «dass unter keinen Umständen durch den Bau neuer Kernkraftwerke einem weiteren Breitenwachstum der Wirtschaft Vorschub geleistet werden» dürfe. Vielmehr sei «eine Stabilisierung des Energiebedarfes anzustreben», die nur zu erreichen sei, wenn «gleichzeitig die Bevölkerungszunahme gestoppt und das Wirtschaftswachstum unter Kontrolle gebracht werden» könnten.[90]

Was das Wirtschaftswachstum für die SAfB so bedrohlich machte, wurde besonders aus dem Blickwinkel des Umweltbiologen Tschumi deutlich. Bereits 1972 kritisierte er in einem Beitrag in der *Reformatio* neben einem «unkontrollierten Bevölkerungswachstum» und einer «unkontrollierten wirtschaftlichen Expansion» auch eine «nicht umweltkonforme Technologie», welche die natürlichen Kreisläufe unterbreche oder überlaste, ihre Energie und Produkte aus nicht-erneuerbaren Rohstoffen beziehe und ihre nicht wiederverwertbaren Produkte als giftigen Abfall der Umwelt überlasse.[91] Die Existenz von Leben war für den ersten Präsidenten der SAfB aber nur möglich, weil in der Natur Produktion und Konsum in Stoffkreisläufe eingebunden seien, die von der Sonne als unerschöpflicher Energiequelle angetrieben würden. Die Rohstoffe der Produktion – wie Kohlensäure, Wasser oder Mineralsalze – seien dabei erneuerbar und entstünden bei der Verwertung der Produkte und Abfälle stets von neuem.[92]

Es war diese wissenschaftlich-ökologisch informierte Betrachtung, durch die der Verein die exponentiell wachsende wirtschaftliche Aktivität der Industrieländer angriff. Im Film der Arbeitsgemeinschaft, der neben Krisenerscheinungen auch Alternativen beschreiben wollte, bei denen der Mensch «mit seiner Technik die Natur nicht mehr vergewaltigt, sondern mit ihr zusammenarbeitet»[93], hiess es: «Es wird gewirtschaftet und gewirtschaftet, und dabei geht unsere Umwelt kaputt. [...] Wertvolle Materialien werden beseitigt. Man deponiert sie ‹geordnet› und verschleudert so unwiederbringlich Rohstoffe. [...] Dieses Einwegverfahren steht in krassem Gegensatz zum natürlichen Kreislaufsystem.»[94]

Da die Kreisläufe auch durch übermässigen Konsum überlastet würden, liess sich das Problem der nicht-umweltkonformen Technologie aus der Sicht Tschumis aber nicht durch technologischen Fortschritt lösen. Der Mensch müs-

90 Communiqué zur SGU-Stellungnahme zum Kernkraftwerkbau, Mai 1973, AfZ, IB Ecopop-Archiv, M3.

91 Tschumi 1972a: 598–599.

92 Tschumi 1972a: 598.

93 Communiqué, Macht Euch der Erde untertan, 18.11.1974, AfZ, IB Ecopop-Archiv, M4.

94 Skript zum Film «Macht Euch der Erde untertan», 7, AfZ, IB Ecopop-Archiv, M4.

se als Glied eines Ökosystems nicht nur das Kreislaufprinzip einhalten, sondern auch die Kapazität der Kreisläufe – was aber nur möglich sei, wenn «die Besiedelungsdichte sowie die Bedürfnisse der Organismenpopulation konstant» blieben.[95] Und so stellte der Ökologe fest, die Umweltkrise lasse sich darauf zurückführen, «dass der zivilisierte Mensch sich weder an das Kreislaufprinzip noch an die Notwendigkeit der Einhaltung konstanter Bestände und Bedürfnisse gehalten»[96], sondern beide Prinzipien während seiner Kulturgeschichte wiederholt missachtet habe.[97]

Neben dem «vorherrschenden Glauben an die Unerschöpflichkeit der Naturgüter»[98] kritisierte Tschumi auch die Messung des Wohlstandes am Bruttosozialprodukt – seien darin doch weder die den Menschen noch dem Lebensraum zugefügten Schäden enthalten: «Die Wachstumstheorie unserer Wirtschaft, wonach jedes wirtschaftliche System wachsen müsse, ansonsten es Stagnation leide, ist das Ergebnis dieser falschen Einschätzungen ihrer eigenen Existenzgrundlagen sowie des Wunsches eines jeden, seinen materiellen Wohlstand zu steigern.» Die Prämissen der bisherigen Wirtschaftsordnung würden dabei sogar von namhaften Ökonomen – wie beispielsweise Hans Christoph Binswanger – in Frage gestellt. Umweltkonform wäre ein Wirtschaftssystem nur dann, «wenn es Produktionsleistung und Konsum den beschränkten natürlichen Ressourcen» angleiche, und nicht mehr, wie bisher, «einem exponentiell wachsenden Bedarf, der durch raffinierte Werbung, Modewechsel und andere verschleissfördernde Mittel künstlich stimuliert»[99] werde.

Ein an der Nivellierung des Wachstums orientiertes Wirtschaftssystem würde – so hielt der Biologe fest – Verzicht «auf immer mehr Umsatz und Einkommen, auf immer mehr Konsumgüter»[100] bedeuten und müsste andere Werte als den materiellen Wohlstand fördern. Auch für Ginsburg schien die Umstellung auf ein neues Wirtschaftssystem nur möglich, wenn die bestehende Leistungs- und Konsumorientierung durch ein neues Wertesystem ersetzt würde.[101] Anstelle der Ausrichtung auf immer mehr Wohlstand sollte ein sogenanntes «Nullwachstum» in den Augen der SAfB beispielsweise die Aufwertung handwerklich-kreativer Arbeit beinhalten und auf die «wesentlichen Bedürfnisse des Menschen ausgerichtet» sein.[102] Wie aus dem von Ginsburg mitherausgegebenen NAWU-Report hervorgeht, war mit dieser «Wirtschaft im Dienste des Men-

95 Tschumi 1972a: 598; ders. 1978: 101.

96 Tschumi 1972a: 598.

97 Tschumi 1978: 101.

98 Tschumi 1972b: 35–36.

99 Tschumi 1972a: 601.

100 Ebd.

101 Ginsburg 1973: 18.

102 SAfB 1981: 36; Konzeption einer projektierten Wanderausstellung, 3, AfZ, IB Ecopop-Archiv, M6.

schen» ein verstärktes Angebot an jenen Gütern gemeint, die das Leben lebenswerter und humaner machen und «in der Gesundheit eines Volkes, in seinem Gemeinschaftssinn und in seinem Bildungsstand ihren Ausdruck finden» würden.[103] Kennziffern einer solchen Wirtschaft seien soziale Indikatoren, die als Messgrössen für Lebensqualität Wesentlicheres über den volkswirtschaftlichen Erfolg aussagen würden als das Bruttosozialprodukt (BSP). Mit dem Begriff des «qualitativen Wachstums» verfolgten sowohl die von Binswanger geleitete NAWU-Gruppe als auch die Arbeitsgemeinschaft eine Strategie, die über eine Entkoppelung des BSP vom Wachstum des Energie- und Rohstoffverbrauches zu neuen am Gemeinwohl orientierten Formen des Wirtschaftens führen sollte.[104] Dass damit auch die Notwendigkeit einfacherer, dezentralisierter wirtschaftlicher Strukturen verbunden war,[105] machte besonders Ginsburg deutlich. Für ihn hatten umwelttechnologische Ansätze vor allem die Aufgabe, den Zeitraum zu erweitern, innerhalb dessen die Umstellung des Gesellschaftssystems erfolgen konnte – ganz im Gegensatz zum Idealtyp des technikgläubigen Optimisten, der, so der Physiker, basierend auf dem Credo der freien Marktwirtschaft von der Überzeugung ausgehe, «dass Technik und Wissenschaft alle Probleme lösen»[106] würden.[107]

Der Lösungsansatz – Geburtenregelung und Einwanderungsbeschränkung

Aufbauend auf die vielfältig ausgestaltete Diagnose «überbevölkerte» Schweiz formulierte die SAfB die Zielvorstellungen einer Abnahme und schliesslich Stabilisierung der Bevölkerungszahl. Mittelfristig sollte ein leichter Bevölkerungsrückgang auf 5,8 bis 6,2 Millionen Menschen angestrebt werden.[108] Ein Ziel, das die Vereinigung bei Einpendelung der Geburtenzahl auf tiefem Niveau mittels strengerer Einwanderungsbestimmungen und negativer Wanderungsbilanz als erreichbar bis etwa 2010 einschätzte. Längerfristig war die Bevölkerungsgrösse für die SAfB hingegen bei der durch die Ernährungssouveränität bestimmten Zahl von 5,5 Millionen zu stabilisieren und durch ein «Nullwachstum» in einem Zustand zu halten, in «dem jede nachrückende Altersklasse die vorhergehende

---

103 Binswanger, Geissberger, Ginsburg 1978: 124.

104 Ebd., 123–124; SAfB 1981: 36.

105 Ein bevölkerungspolitisches Konzept für die Schweiz, Entwurf, 13, AfZ, IB Ecopop-Archiv, AS 29; Konzeption einer projektierten Wanderausstellung, 5, AfZ, IB Ecopop-Archiv, M6.

106 Ginsburg 1973: 17.

107 Ebd.: 17–18.

108 Protokoll Hauptversammlung, 13.11.1976, AfZ, IB Ecopop-Archiv, M6; Referat von Ginsburg zum bevölkerungspolitischen Konzept, 2–3, AfZ, IB Ecopop-Archiv, M6.

zahlenmässig ersetzt und für jede Altersklasse Ein- und Auswanderung sich die Waage halten».[109]

Voraussetzung für das Erreichen einer solch «stationären Bevölkerung» bis ca. 2080 war gemäss den Rechnungen der SAfB eine durchschnittliche Zahl von 1,5 Kindern pro Frau bis in die 1990er Jahre – gefolgt von einem Einpendeln auf dem Niveau von 2,1 Kindern pro Frau bis 2010.[110] Ausdrücklich einer humanitären Grundhaltung verpflichtet und des Stigmas einer staatlichen Bevölkerungspolitik bewusst, sah man aber nur begrenzte Möglichkeiten, eine Bevölkerungsabnahme ohne Verletzung der individuellen Freiheiten zu verwirklichen.[111] Gerade angesichts der schwankenden Geburtenrate in den Nachkriegsjahrzehnten kam der Beeinflussung der Geburtenzahl über eine weitgefasste Geburtenregelung deshalb eine vorrangige Bedeutung zu.[112]

Ausgerichtet auf mehrere Ebenen, war dafür laut Rey eine umfassende Orientierung und Information von grösster Wichtigkeit.[113] Die schweizerische Öffentlichkeit sollte im «Schul- und Bildungswesen und in den Massenmedien»[114] über die Zusammenhänge zwischen Umwelt und Bevölkerungsdichte aufgeklärt werden. So schrieb die Frauenrechtlerin Ende 1981 in einer Replik auf einen Kommentar zu den *Grundlagen für eine schweizerische Bevölkerungspolitik* im *Entlebucher Anzeiger*, dass jedes Paar zwar frei entscheiden solle, ob und wie viele Kinder es haben wolle, dieser Entscheid müsse aber «im Bewusstsein der Verantwortung des Einzelnen den eigenen Kindern und zukünftigen Generationen gegenüber getroffen werden». Als primäres Instrument einer staatlich geförderten Geburtenplanung erkannte die Arbeitsgemeinschaft die Förderung der Familienplanung mittels Sexualerziehung und Familienplanungsstellen sowie eine Beeinflussung des Wertesystems und des Verhaltens der Bevölkerung durch eine bevölkerungspolitisch-ökologische Aufklärung.[115]

109 Batschelet 1973: 12–13.

110 Ebd.; SAfB 1981: 42; Protokoll Hauptversammlung, 13.11.1976, AfZ, IB Ecopop-Archiv, M6; Referat Ginsburg zum bevölkerungspolitischen Konzept, 3, AfZ, IB Ecopop-Archiv, M6; Pressekonferenz zu «Grundlagen für eine schweizerische Bevölkerungspolitik», 23.11.1981, AfZ, IB Ecopop-Archiv, M8.

111 SAfB 1981: 42; Ein bevölkerungspolitisches Konzept für die Schweiz, Entwurf 15–16, AfZ, IB Ecopop-Archiv, AS29.

112 Vorschlag Rey zur Zielsetzung der Arbeitsgemeinschaft, 10.03.1971, AfZ, IB Ecopop-Archiv, M1.

113 Pressekonferenz zu den «Grundlagen für eine Schweizerische Bevölkerungspolitik», 23.11.1981, AfZ, IB Ecopop-Archiv, M8; Protokoll Hauptversammlung, 13.11.1976, AfZ, IB Ecopop-Archiv, M6; Referat Ginsburg zum bevölkerungspolitischen Konzept, 3, AfZ, IB Ecopop-Archiv, M6.

114 SAfB 1981: 49.

115 Replik Rey auf Zeitungskommentar, Umweltgerechte Bevölkerungspolitik, 10.12.1981, AfZ, IB Ecopop-Archiv, M8.

Ein Einwand, dem die Vereinigung bei der von ihr angestrebten Intensivierung der Geburtenplanung stets aufs Neue begegnete, war die sogenannte «Überalterung» – oder in einer Variation – das Schlagwort vom «sterbenden Volk»[116]. Die Ende der 1970er Jahre in Presseschlagzeilen wie «Vergreisung» oder «Bevölkerungsschwund»[117] zum Ausdruck kommende Befürchtung, die Sicherung der Altersvorsorge sei bei einer stagnierenden Bevölkerung nicht mehr gewährleistet, wurde von der SAfB aber in zahlreichen Stellungnahmen und Kommentaren in Abrede gestellt. Überwiegend von Rey verfasst, folgten diese hauptsächlich dem Argument, dass der Anteil der Rentner*innen bei einer Stabilisierung der Bevölkerung zwar steige – sich das Verhältnis zwischen Beitragszahlern und AHV-Rentner*innen also verschlechtere – gesamtwirtschaftlich aber davon auszugehen sei, dass der durch die Erwerbstätigen aufzubringende Mehraufwand für den Unterhalt der Alten durch den Minderaufwand für die sinkende Zahl der Jungen nahezu ausgeglichen werde.[118] Eine Bevölkerungspolitik, die zur Senkung des Anteils älterer Leute in der Bevölkerung wieder Familien mit mindestens drei Kindern propagierte – wie dies von Bundesrat Hans Hürlimann in einer Stellungnahme zu einer Interpellation über Bevölkerungsfragen im Ständerat 1975 vorgeschlagen wurde – führte aus Sicht der SAfB hingegen bis zum Jahr 2020 zu einer Bevölkerungsgrösse von über 10 Millionen.[119]

Fragen nach den Auswirkungen der Geburtenentwicklung auf die Finanzierung der Altersvorsorge standen für die SAfB angesichts der von ihr ausgemachten Probleme in der ökonomisch-ökologischen Tragfähigkeit der Schweiz aber im Hintergrund. Vielmehr schlug sie als weiteres Mittel zur Senkung der Bevölkerungszahl migrationspolitische Eingriffe vor, die über eine verschärfte Begrenzung der Einwanderung eine Stabilisierung der Bevölkerungszahl erreichen sollte.[120] Im Wesentlichen bedeutete das, die Gesamtzahl der neu erteilten Aufenthaltsbewilligungen für die erwerbstätigen Ausländer*innen einzuschränken.[121] Einwanderungsbeschränkungen beim Familiennachzug oder im Flüchtlingswesen erachtete die SAfB in ihrem Grundlagenpapier hingegen als unvereinbar mit den Grundrechten. Auch

116 Communiqué, Die Mär vom sterbenden Volk, November 1979, AfZ, IB Ecopop-Archiv, M7.

117 Communiqué, 22.08.1979, AfZ, IB Ecopop-Archiv, M7.

118 Replik Rey auf Zeitungskommentare, 30.11.1981, AfZ, IB Ecopop-Archiv, M8.

119 Communiqué, Eine Schweiz der 10 Millionen?, 23.03.1975, AfZ, IB Ecopop-Archiv, M5; Zeitungsartikel zur SAfB-Tagung «Wachstum und Umwelt», 27.04.1973, AfZ, IB Ecopop-Archiv, M3.

120 Communiqué, 22.8.1979, AfZ, IB Ecopop-Archiv, M7; Communiqué Pressekonferenz, 23.11.1983, AfZ, IB Ecopop-Archiv, M8.

121 Vgl. Grundlagen für eine schweizerische Bevölkerungspolitik, Entwurf, AfZ, IB Ecopop, M8.

Ausweisungen lehnte die Umweltgruppierung aus einer als «ethisch» und «humanitär» umschriebenen Grundhaltung heraus ab.[122]

Die Initiative der NA «gegen die Überfremdung und Überbevölkerung der Schweiz», die eine Reduktion des Ausländeranteils auf 12 Prozent und damit die Ausweisung von 500'000 Menschen forderte, unterstützte die Arbeitsgemeinschaft nicht. Mit ihren rigorosen Forderungen sei sie zu abrupt, habe unmenschliche Folgen und widerspreche den Verpflichtungen der Schweiz gegenüber den Ausländer*innen und der Solidarität mit der Welt, schrieb sie 1974, als die zweite NA-Initiative zur Abstimmung kam.[123] Allgemein grenzte sich die Arbeitsgemeinschaft – die auch befürchtete, als Anhängsel der Nationalen Aktion betrachtet zu werden – scharf von der harten und fremdenfeindlichen Migrationspolitik der Partei Valentin Oehens ab. An einer Vorstandssitzung bekundete Ginsburg seine Mühe mit der Ausrichtung der NA-Initiative und verurteilte die Forderung der Nationalen Aktion – von Oehen euphemistisch als «aktive Rückwanderungspolitik» bezeichnet – als brutale «Alles-oder-nichts-Politik», mit der bei einer Annahme der Initiative eine menschliche Katastrophe für circa 100'000 Leute ausgelöst werde.[124] Allerdings veranlasste die insgesamt dritte Überfremdungsinitiative die SAfB temporär dazu, einen kompletten Einwanderungsstopp zu fordern – wie aus einem Brief Reys an ein Mitglied von 1974 hervorgeht: Die «Einwanderung ist völlig zu stoppen (das jährliche Kontingent des Bundesrates von 20'000 Neuzulassungen lehnen wir strikte ab)».[125]

Bereits an der 1973 von der Umweltgruppe organisierten Tagung «Wachstum und Umwelt» hatte Ginsburg die Frage nach den ausländischen Arbeitskräften vom ökologischen Standpunkt aus gesehen als sekundär bezeichnet. Die Natur frage nicht nach dem Geburtsschein, wenn sie überfordert werde. Im Podiumsgespräch zum Bevölkerungswachstum führte er weiter aus, dass es unmenschlich sei, Ausländer*innen nur zur Verrichtung unserer Schmutzarbeiten ins Land zu holen. «Es ist menschlicher, sie auch als Menschen aufzunehmen und den Niedergelassenen, die zum Teil schon hier aufgewachsen sind, die Einbürgerung zu ermöglichen.»[126] Zugleich hielt der Vorstand als Reaktion auf ein Rundschreiben fest, das von einem der NA nahestehenden Mitglied versandt worden war und die Geburtenzahl der Ausländer*innen gegen diejenige der

122 SAfB 1981: 44; Grundlagen für eine schweizerische Bevölkerungspolitik, Entwurf, AfZ, IB Ecopop-Archiv-M26.

123 Protokoll Vorstandssitzung, 04.09.1974, AfZ, IB Ecopop-Archiv, M4.

124 Protokoll Vorstandssitzung, 04.09.1974, AfZ, IB Ecopop-Archiv, M4; Rey, Brief an ein Mitglied, 11.09.1974, AfZ, IB Ecopop-Archiv, M4.

125 Rey, Brief an ein Mitglied, 11.09.1974, AfZ, IB Ecopop-Archiv, M4.

126 Podiumsgespräch an der SAfB-Tagung «Wachstum und Umwelt», 26.04.1973, AfZ, IB Ecopop-Archiv, M3.

Schweizer*innen ausspielte,[127] dass er die Aufteilung in eine ausländische und schweizerische Wohnbevölkerung nicht als wesentlich erachte. Der Mensch beanspruche seine Umwelt ungeachtet seiner Staatszugehörigkeit, «aber je nach Lebensstandard und Wirtschaftssystem des Landes».[128]

Die SAfB setzte sich deshalb nicht nur für verschärfte Einwanderungsbestimmungen, sondern auch für eine liberale Einbürgerungspolitik und verbesserte Integrationsbedingungen für Ausländer*innen ein. Ginsburg beispielsweise bemerkte 1973 an einem Vortrag unter dem Punkt «Eine menschliche Bevölkerungspolitik», dass sich von 565'000 Niedergelassenen rund die Hälfte bereits seit über fünf Jahren in der Schweiz befänden. Für die Wirtschaft seien sie unentbehrlich und immer engere Bande würden sie mit dem Land verbinden. «Wäre es nicht an der Zeit, ihnen durch eine erleichterte Einbürgerung die Möglichkeit zu bieten, Schweizer Bürger zu werden und so ihre Assimilation zu fördern?»[129] Im definitiven bevölkerungspolitischen Konzept forderte die Organisation dann nicht nur eine weniger restriktive Einbürgerungspraxis, sondern auch mehr Möglichkeiten der politischen Partizipation für den ausländischen Bevölkerungsanteil.[130]

Am besten auf den Punkt gebracht wurde diese ambivalente Position zwischen Einwanderungsbeschränkungen und erleichterter Einbürgerung durch eine Replik von Rey auf einen – die Arbeitsgemeinschaft unterschwellig als «Überfremdungsgegnerin» einstufenden – Kommentar der *Solothurner Zeitung* zu den *Grundlagen für eine schweizerischen Bevölkerungspolitik*: «In Bezug auf die Wanderungen fordert die *SAfB* strengere Einreisebeschränkungen für erwerbstätige Ausländer. Hingegen lehnt sie Ausweisungen sowie Beschränkungen des Familiennachzuges ab und verlangt eine bessere Integration der hier lebenden Ausländer. Die bisherige Ausländerpolitik war vor allem durch wirtschaftliche Interessen geleitet; die Ausländer wurden und werden als Manövriermasse auf dem Arbeitsmarkt missbraucht: geholt, wenn man sie braucht, heimgeschickt wenn es der Wirtschaft schlechter geht.» Für die Arbeitsgemeinschaft war die Schweiz nicht «überfremdet», sondern «überbevölkert», wie es zum Schluss der Replik hiess.[131]

Trotz aller markierten Distanz zur radikalen Rechten bot die Arbeitsgemeinschaft mit ihrer Bevölkerungspolitik aber auch Anknüpfungspunkte für Vo-

127 Jean-Jacques Hegg, Rundschreiben an die Mitglieder, 14.11.1973, AfZ, IB Ecopop-Archiv, M3.

128 Brief an die Mitglieder, 04.10.1973, AfZ, IB Ecopop-Archiv, M3.

129 Referat Ginsburg an der Tagung «Wachstum und Umwelt», 26.04.1973, AfZ, IB Ecopop-Archiv, M3.

130 SAfB 1981: 44.

131 Replik Rey auf Zeitungskommentar, Umweltgerechte Bevölkerungspolitik, 10.12.1981, AfZ, IB Ecopop-Archiv, M8.

ten einer genuin rechten Ökologie, die den ökologischen Überbevölkerungsdiskurs mit einer Überfremdungsangst – oder umgekehrt – verbanden. Oehen hatte bereits im November 1970 an einem Treffen seiner Arbeitsgruppe «Mensch und Umwelt» zu einer aktiven Beteiligung der Gruppenmitglieder in der neu gegründeten NA gedrängt – auf «alle Fälle müsste die Nationale Aktion für unsere Arbeit interessiert werden». Die Anwesenden beschlossen darauf, die «Nationale Aktion der Sektion Bern [...] gezielt durch das Gedankengut der Arbeitsgemeinschaft» zu unterwandern.[132] Neben Batschelet wurde so auch Tschumi Mitglied der Nationalen Aktion.[133] Oehen, der bereits seit Oktober 1970 Geschäftsleitungsmitglied der NA Schweiz war, wurde im Januar 1971 schliesslich Vizepräsident der Berner Sektion. Bereits im Frühjahr 1971 erarbeitete er mit Unterstützung von Tschumi eine Grundsatzerklärung für die nationale Partei, die unter Einbezug ökologischer Argumente nebst der Überfremdung nun auch die Überbevölkerung und den Ausverkauf der Heimat anprangerte und eine allumfassende Umweltkrise ausmachte: «Oekologische Katastrophen mondialen Ausmasses sind in absehbarer Zeit zu erwarten. Durch die heutige Wirtschafts- und Bevölkerungspolitik wird die Lage für das Schweizervolk zunehmend gefährlicher. Die Nationale Aktion erachtet es als ihre Pflicht, für eine Aenderung der allgemeinen Politik in dem Sinne zu kämpfen, dass unser Volk in seinem engbegrenzten Lebensraum den zu erwartenden Krisen biologischer Natur vorbereitet gegenübertreten kann.»[134]

Schlussbemerkungen

Eine Befragung der Mitglieder, mit welcher der Vorstand zu ergründen versuchte, wo diese ihre Schwerpunkte setzen wollten, ergab Anfang der 1980er Jahre, dass die Basis der SAfB – die 1979 rund 400 Mitglieder umfasste – dem Punkt «Erhaltung der schweizerischen Eigenart» keine besondere Aufmerksamkeit zusprach. Im Gegenteil, er wurde am seltensten genannt. In erster Linie sollte sich die Gruppierung mit der Beziehung zwischen Bevölkerung und Umwelt befassen – wobei auch der Zusammenhang von Bevölkerung und Ernährung sowie Energieversorgung als Bestandteil dieses Problemkreises betrachtet wurde. Daneben sollten auch die Einwanderungspolitik, die weltweite Bevölkerungsfrage und die Zusammenhänge zwischen Bevölkerungsentwicklung, Wirtschaft und Familienplanung von Bedeutung sein. Der Vorstand kam so 1983 zur Überzeugung, dass die Stimme der Organisation, auch wenn das Echo in der Öffentlichkeit bisher bescheiden gewesen war, gera-

132 Sitzungsprotokoll Gruppe «Mensch und Umwelt», 24.11.1970, 2, AfZ, IB Ecopop-Archiv, M1.

133 Skenderovic 2009: 334.

134 Grundsatzerklärung der Nationalen Aktion vom 27. März 1971, zit. nach Fankhauser 1995: 49.

de durch ihre Differenz zur Ökologie der radikalen Rechten weiterhin wichtig sei: «Sie geht das Problem im Gegensatz zur Nationalen Aktion (NA) – differenziert und nicht einseitig von der Ausländerpolitik her an.»[135]

Summa summarum sollte sich die Arbeit der Umweltgruppe im gleichen Stile wie im Gründungsjahrzent der 1970er Jahre weiterbewegen. Was die weltweite Bevölkerungsfrage betraf, war die Arbeitsgemeinschaft noch im selben Jahr in einer Wanderausstellung zum Schluss gekommen, dass Versorgungs-, Hunger und Ressourcenprobleme «nicht nur – nicht einmal vor allem – die Folge von Bevölkerungszahlen, sondern die Folge von Lebensformen und ungerechter Verteilung» seien. «Hohe Geburtenziffern, arbeitslose Bevölkerung und Hungerkatastrophen in der 3. Welt sind Begleiterscheinungen von Armut, Unterentwicklung und sozialer Ungleichheit.»[136] Die Ausstellung mit dem Titel «Umwelt und Bevölkerung»[137] fokussierte damit besonders stark auch auf Fragen der globalen Verteilungsgerechtigkeit. Auf dem Plakat «Ein Kuchen für wenige» führte sie aus, dass ein Nordamerikaner 60-mal mehr Energie verbrauche als ein Inder, 160-mal mehr als ein Tansanier und 1100-mal mehr als ein Bewohner des ostafrikanischen Ruanda. Die «Zuwachsrate des Ressourcenverbrauches in den Industrieländern» belaste mit sieben Prozent pro Jahr «die Umwelt stärker als das Bevölkerungswachstum in den Entwicklungsländern» mit drei Prozent pro Jahr.[138]

Bereits während des UNO-Weltbevölkerungsjahres 1974 hatte sich die SAfB neben möglichen Massnahmen zur Geburtenkontrolle in Ländern des globalen Südens – wie der «Sexualerziehung an den Schulen, Beratung und Versorgung der erwachsenen Bevölkerung» oder der «Bereitstellung aller Verhütungsmittel»[139] – auch prononciert mit Fragen der Verteilungsgerechtigkeit auseinandergesetzt. Angesichts der globalen sozioökonomischen Ungleichheiten forderte sie in einem Communiqué von den Industriestaaten einen angemessenen Gebrauch der Rohstoffe, sodass «nicht die einen entbehren was die anderen verschwenden».[140] Die gerechtere Verteilung der materiellen Güter war für die Vereinigung eine Vorbedingung für die Bewältigung der bevorstehenden «Ernährungs-, Energie-, Rohstoff- und Umweltkrisen», die nur in Zusammenarbeit aller Völker überwunden werden könnten, wie sie in einem Zeitungskommentar festhielt.[141]

Schliesslich war für den SAfB-Präsidenten Ginsburg aber auch klar, dass ein ungebremstes Bevölkerungswachstum alle Anstrengungen zur Überwindung der

---

135 Jahresbericht Präsident Ginsburg, 1983, AfZ, IB Ecopop-Archiv, M9.

136 Ausstellungsplakat «Entwicklungshilfe – ein Betrug?», 1983, AfZ, IB Ecopop-Archiv, AS29.

137 Ecopop 2021: 12.

138 Ausstellungsplakat, «Ein Kuchen für wenige», 1983, AfZ, IB Ecopop-Archiv, AS29.

139 Stellungnahme einer Mitgliederversammlung zur Legalisierung des Schwangerschaftsabbruchs, 24.11.1973, AfZ, IB Ecopop-Archiv, M3.

140 Communiqué zum UNO-Weltbevölkerungsjahr, 18.12.1974, AfZ, IB Ecopop-Archiv, M4.

141 Kommentar zum Weltbevölkerungsjahr 1974, 18.04.1974, AfZ, IB Ecopop-Archiv, M4.

Not zunichtemachen würde, sei doch der Teufelskreis der Verdoppelung der Bevölkerung in den Entwicklungsländern mit Zuwachsraten von 2,5 bis 3,5 Prozent in den 1970er Jahren offensichtlich: «Ein armes Land kann in dieser Zeitspanne nicht die auf das Doppelte angestiegenen Bedürfnisse seiner Bevölkerung befriedigen und gleichzeitig neue Strukturen schaffen, um sich aus eigener Kraft aus der Armut zu befreien.»[142]

Die Arbeit der Umweltgruppe umfasste damit ein Spektrum an Forderungen, das widersprüchlich erscheinen mag, in seinem Facettenreichtum aber Ausdruck der konservativ-progressiven Ambivalenz war, die der politischen Ökologie der damaligen Umweltbewegungen zugeschrieben wird.[143] Getragen von einem parteipolitisch von links bis rechts reichenden Vorstand und einer heterogenen Mitgliederbasis, stützte sie ihre Diagnose der nationalen «Überbevölkerung» vor dem Hintergrund einer drohenden globalen Umweltkrise auf eine Art biologische Tragfähigkeit der Schweiz, deren Eckpunkte von der Nahrungsmittelversorgung über den Schutz der Naturlandschaften bis hin zur Gewässer- und Luftverschmutzung reichten. Einhergehend mit stark von malthusianischen Knappheitsängsten geprägten Forderungen nach einer «Überlebensgesellschaft» können die bevölkerungspolitischen Bestrebungen der Arbeitsgemeinschaft auch als «Krisenökologie» umschrieben werden, die durch den postulierten Zusammenhang von nationaler Bevölkerungsgrösse und Umweltzerstörung einen ökologischen «Lebensraum Schweiz» konstruierte, den es angesichts der prognostizierten Umweltkatastrophe zu schützen gelte.

Die damit auch für eine rechte Ökologie anschlussfähige SAfB erschöpfte sich aber nicht in einer blossen Kritik am Bevölkerungswachstum – und damit einhergehend an den Einwanderungszahlen – sondern hinterfragte in ihrer Kritik auch die den westlichen Industrienationen zugrundeliegenden Fortschritts- und Wachstumsparadigmen. Neben der «Bevölkerungsexplosion» machte sie auch eine «Konsumexplosion» aus und sah die Lösung hier nicht in mehr Fortschritt und besserer (Umwelt-)Technologie, sondern in einer auf die immaterielle Lebensqualität ausgerichteten «Nullwachstumswirtschaft» und der Einhaltung – von ihr ausgemachter – ökologischer Gesetzlichkeiten wie des Kreislaufprinzips oder konstanter Populationsbestände und -bedürfnisse.

Dem auf eine Bekämpfung der tieferen Ursachen der Umweltprobleme konzentrierten Überbevölkerungsdenken der Arbeitsgemeinschaft lag damit im Kern zwar eine ausgeprägte Zivilisationskritik und Infragestellung der naturdominierenden Position des Menschen zugrunde. In ihrer direkten Übertragung vermeintlich biologischer Prinzipien aus der Tierwelt auf die menschliche Ge-

142 Vortrag Ginsburg «Verteilungsprobleme – Probleme der Entwicklungshilfe» am SAfB-Symposium «Wachstum der Weltbevölkerung – Was tun?», 1974, 6, AfZ, IB Ecopop-Archiv, M4.

143 Zur «konservativ-progressiven» Ambivalenz in der Umweltbewegung siehe: Engels 2010b; ders. 2006.

sellschaft war die sich daraus ergebende, gegen den Anthroprozentrismus gerichtete – und teils als Ökozentrismus bezeichnete – Perspektive aber auch inhärent biologistisch.[144] Ganz allgemein war es der Rückgriff auf die (Natur-) Wissenschaften, der den Umweltaktivismus der 1970er Jahre stützte und sich in ökologisch stark belasteten Gebieten oftmals in «regionalen Epistemologien des Widerstandes» zeigte oder in Form der Gegenexpertise von Thinktanks wie dem westdeutschen Freiburger Öko-Institut zum Ausdruck kam.[145] Als Ausdruck eines wissenschaftlich-mathematisch legitimierten und durch die biologische Disziplin der Ökologie unterlegten «Gegenwissens» fand der ökologische Überbevölkerungsdiskurs in der Forschung bis anhin jedoch wenig Beachtung. Vielmehr wurde er fast ausschliesslich unter dem Aspekt seiner fraglos existenten menschenverachtenden, autoritären und eugenisch-rassistischen Anteile untersucht.[146] Auch in neueren historischen Untersuchungen wird die SAfB damit als Ganzes einer «Ökologie von rechts» zugeschlagen.[147]

Politisch betrachtet ist es auf dem Hintergrund des repressiven Bevölkerungskontrollprogramms von 1976–1978 in Indien, der antinatalistischen Ein-Kind-Politik in China oder der bis in den Nationalsozialismus reichenden Erscheinung rechtsökologischer Bevölkerungsdiskurse naheliegend, die Vorstellung einer «Überbevölkerung», ob global oder national, einer menschenfeindlich-diskriminierenden Haltung zuzuordnen.[148] Die auf das weltweite Bevölkerungswachstum gerichtete Forderung der Ecopop-Initiative, dass der Bund «mindestens 10 Prozent seiner in die internationale Entwicklungszusammenarbeit fliessenden Mittel in Massnahmen zur Förderung der freiwilligen Familienplanung»[149] investieren sollte, wurde im Abstimmungskampf ebenso vehement bekämpft wie die Forderung nach der Begrenzung des hiesigen Bevölkerungswachstums durch eine Einwanderungsbeschränkung.

Als Höhepunkt der Auseinandersetzungen lässt sich sicherlich das vom damaligen Fraktionspräsidenten der Grünen Partei Balthasar Glättli und Pierre-Alain Niklaus herausgegebene, als Gegenschrift zur Initiative konzipierte Buch *Die unheimlichen Ökologen* ausmachen. Die Schrift suggerierte, dass es sich bei Ecopop und der SAfB primär um eine «Bevölkerungspolitik mit ökologischem Mäntelchen» handle, die sich, abgestützt auf ein internationales neomalthusianisches Netzwerk von Nationalist*innen einer rassistischen, biologistischen und

144 Zum Ökozentrismus als Abgrenzung von einem technologischen Umweltschutz siehe: Pepper 1984: 28.

145 Vgl. Güttler 2022.

146 Vgl. etwa Rainer 2001; Ross 1998. Für einen alternativen Ansatz der «epistemischen Gemeinschaft» als Trägerin des Diskurses siehe: Frey 2007.

147 Vgl. Locher 2001.

148 Frey 2007: 157; Geden 1996: 66–67.

149 Initiativtext auf der Website der Bundeskanzlei: bk.admin.ch/ch/d/pore/vi/vis406t.html, abgerufen am 13.12.2024.

eugenischen Agenda verpflichte.[150] Zugespitzt wurde dieses Verdikt noch vom damaligen *Magazin*-Journalisten Daniel Binswanger, der den Kerngehalt von Ecopop als «faschistoid» bezeichnete, gehe es den Initiant*innen doch einzig darum, «den Zuwachs der Weltbevölkerung um jeden Preis zu bremsen – auf dass wir unsere Alpenbrache ganz ohne schlechtes ökologisches Gewissen mit hübschen, garantiert inländischen Kindern bevölkern können».[151]

Heute, rund zehn Jahre nach der 2014 mit 74 Prozent Nein-Stimmen deutlich abgelehnten Ecopop-Initiative und dem 2023 mit 146'900 Personen stärksten Bevölkerungswachstum seit Anfang der 1960er Jahre, diskutiert die Schweiz erneut über eine Volksinitiative,[152] die das Bevölkerungswachstum ins Zentrum stellt und fordert, dass die Bevölkerungszahl die 10-Millionen-Grenze nicht vor 2050 überschreiten dürfe.[153] Die Initiative «Keine 10-Millionen-Schweiz! (Nachhaltigkeits-Initiative)» der Schweizerischen Volkspartei (SVP) verknüpft die einwanderungsbedingte Bevölkerungszunahme mit infrastrukturellen Fragen, der Zerstörung der natürlichen Lebensgrundlagen und dem Anstieg der Mitpreise – und wird von offener Fremdenfeindlichkeit begleitet: «Es fluten immer mehr Ausländer die Schweiz, die wir weder brauchen noch wollen. Statt gezielt jene Migranten zu holen, die einen Mehrwert für unser Land bringen, ziehen wir schlecht ausgebildete und schwer integrierbare Asyl-Schmarotzer aus fremden Kulturkreisen an, die nur ein Ziel haben: von unserem hart erarbeiteten Wohlstand zu profitieren.»[154] So offenkundig es ist, dass die SVP mit ihrer Initiative die Frage der Nachhaltigkeit als ökologisches Deckmäntelchen für ihre fremdenfeindliche Agenda missbraucht, so uneindeutig ist der Fall der Ecopop-Initiative und die Geschichte der dahinter stehenden Vereinigung. Im Rückblick auf die Wurzeln der Schweizerischen Arbeitsgemeinschaft für Bevölkerungsfragen in den umweltbewegten 1970er Jahren zeigt sich, dass die Gruppierung trotz fehlender Abgrenzung gegen rechtsaussen nicht primär fremdenfeindlich, sondern durch eine radikale wachstumskritische Ökologie motiviert war.

---

150 Vgl. Glättli, Niklaus: 2014.

151 Binswanger, Daniel: Lifestyle-Faschismus. In: Das Magazin, Nr. 43, 25.10.2014.

152 Medienmitteilung auf der Website des Bundesamtes für Statistik: https://www.bfs.admin.ch/bfs/en/home.assetdetail.32174452.html, abgerufen am 13.12.2024.

153 Kampagnenmaterial auf der Website der SVP: https://www.svp.ch/aktuell/kampagnen/keine-10-millionen-schweiz-nachhaltigkeits-initiative, abgerufen am 14.12.2024.

154 Ausländer in der Schweiz: Es kommen zu viele und die Falschen. Positionspapier der Schweizerischen Volkspartei zur Migrationspolitik, August 2023: https://www.svp.ch/wp-content/uploads/230728-Positionspapier-Ausla%CC%88nder-in-der-Schweiz-final-d.pdf, abgerufen am 07.02.2025.

Gedruckte Quellen

Batschelet, Eduard, Bevölkerungspolitische Probleme. In: Wirtschaftspolitische Mitteilungen, Nr. April/Mai (1973): 1–17.

Binswanger, Hans Christoph; Geissberger, Werner; Ginsburg, Theo (Hg.): Der NAWU-Report: Wege aus der Wohlstandsfalle. Strategien gegen Arbeitslosigkeit und Umweltkrise. Frankfurt a. M. 1978.

Ecopop – Verein Umwelt und Bevölkerung: 50 Jahre Ecopop. Jubiläums-Chronik 1971–2021: Eine Schweizer Umweltorganisation kämpft gegen den Wachstumswahn der Menschheit. Effingen 2021.

Ginsburg, Theo: Ökologische Massstäbe des wirtschaftlichen Wachstums. In: Ginsburg, Theo u. a..: Wirtschaften mit begrenzten Ressourcen. Sechs Vorträge, gehalten an der XXI. Wintertagung der Vereinigung für freies Unternehmertum vom 25. bis 28. Januar 1973 im Kursaal Engelberg. Zürich 1973.

Goldsmith, Edward; Allen, Robert: Planspiel zum Überleben. Ein Aktionsprogramm. Stuttgart 1972.

Rey, Anne-Marie: Die Erzengelmacherin. Das 30-jährige Ringen um die Fristenlösung: Memoiren. Zürich 2007.

Schweizerische Arbeitsgemeinschaft für Bevölkerungsfragen (Hg.): Ein bevölkerungspolitisches Konzept für die Schweiz. Zollikofen 1978.

Schweizerische Arbeitsgemeinschaft für Bevölkerungsfragen (Hg.): Grundlagen für eine schweizerische Bevölkerungspolitik. Zollikofen 1981.

Tschumi, Pierre-André: Die menschliche Bevölkerungsexplosion. In: Reformatio 17/10 (1968): 657–671.

Tschumi, Pierre-André: Allgemeine Biologie. 2. Aufl., Aarau 1970.

Tschumi, Pierre-André: Unsere Umweltkrise – eine Herausforderung an Bildung, Wirtschaft und Ethik. In: Reformatio 21/5 (1972): 596–605 (= Tschumi 1972a)

Tschumi, Pierre-André: Umwelt als beschränkender Faktor für Bevölkerung und Wirtschaft. In: Walterskirchen, Martin P. von (Hg.): Umweltschutz und Wirtschaftswachstum. München u. a. 1972: 19–38. (= Tschumi 1972b)

Tschumi Pierre-André, Umweltkrise und Bevölkerungspolitik in der Schweiz, in: Schweizer Monatshefte: Zeitschrift für Politik, Wirtschaft, Kultur 53/1 (1973): 6–9.

Tschumi, Pierre-André: Ökologie und Umweltkrise. Bern 1978.

Sekundärliteratur

Bergthaller, Hannes: Populäre Ökologie. Zu Literatur und Geschichte der modernen Umweltbewegung in den USA. Frankfurt a. M.: 2007.

Birke, Roman: Geburtenkontrolle als Menschenrecht. Die Diskussion um globale Überbevölkerung seit den 1940er Jahren. Göttingen 2020.

Dobson, Andrew: Green Political Thought. London u. a. 1995.

Dryzek, John S.: The Politics of the Earth. Environmental Discourses. Oxford 2013.

Engels, Jens Ivo: Naturpolitik in der Bundesrepublik. Ideenwelt und politische Verhaltensstile in Naturschutz und Umweltbewegung 1950–1980. Paderborn 2006.

Engels, Jens Ivo: Modern Environmentalism, In: Uekotter, Frank (Hg.): The Turning Points of Environmental History. Pittsburgh 2010: 119–131. (= Engels 2010a)

Engels, Jens Ivo, Umweltschutz in der Bundesrepublik – von der Unwahrscheinlichkeit einer Alternativbewegung. In: Reichhard, Sven; Siegfried, Detlef (Hg.): Das Alternative Milieu. Antibürgerlicher Lebensstil und linke Politik in der Bundesrepublik Deutschland und Europa 1968–1983. Göttingen 2010: 405–422. (= Engels 2010b)

Fankhauser, Peter: «Hört auf die Erde zu ermorden!» Valentin Oehen, 1970–1980. Ein Beitrag zur biographischen Geschichtsschreibung (unveröffentlichte Lizentiatsarbeit, Historisches Institut der Universität Bern). Bern 1995.

Frey, Marc: Experten, Stiftungen und Politik: Zur Genese des globalen Diskurses über Bevölkerung seit 1945. In: Zeithistorische Forschungen/Studies in Contemporary History 4 (2007): 137–15.

Gallmann, Olivier: Die Anfänge der Ecopop im liberalen Umweltschutzdiskurs der Schweiz (unveröffentlichte Lizentiatsarbeit, Historisches Seminar der Universität Zürich). Zürich 2014.

Gasche, Urs P: Mit Ecopop gegen den Wachstumswahn – wie sonst? In: Infosperber, 23.11. 2014.

Geden, Oliver: Rechte Ökologie. Umweltschutz zwischen Emanzipation und Faschismus. Berlin 1996.

Glättli, Balthasar; Niklaus, Pierre-Alain (Hg.): Die unheimlichen Ökologen. Sind zu viele Menschen das Problem? Zürich 2014.

Güttler, Nils: Gegenexpert*innen: Umwelt, Aktivismus und die regionalen Epistemologien des Widerstandes. In: NTM Zeitschrift für Geschichte der Wissenschaften, Technik und Medizin 30 (2022): 541–567.

Haq, Gary; Paul, Alistair: Environmentalism since 1945. London 2012.

Heim, Susanne; Schaz Ulrike: Berechnung Beschwörung. Überbevölkerung – Kritik einer Debatte. Berlin 1996.

Hoppler, Jonathan: Radikalökologische Kritik an Wachstum von Wirtschaft und Bevölkerung. Die politisch-ideologische Ideenwelt der Schweizerischen Arbeitsgemeinschaft für Bevölkerungsfragen in den umweltbewegten 1970er Jahren (unveröffentlichte Masterarbeit, Departement für Zeitgeschichte der Universität Freiburg i. Ü.). Freiburg i. Ü. 2015.

Jahn, Thomas; Wehling, Peter: Ökologie von rechts. Nationalismus und Umweltschutz bei der Neuen Rechten und den «Republikanern». Frankfurt a. M. 1991.

Kern, Thomas: Soziale Bewegungen. Ursachen, Wirkungen, Mechanismen. Wiesbaden 2008.

Kupper, Patrick: Abschied von Wachstum und Fortschritt. Die Umweltbewegung und die zivile Nutzung der Atomenergie in der Schweiz (1960–1975). Zürich 1998.

Kupper, Patrick, «Die 1970er Diagnose»: Grundsätzliche Überlegungen zu einem Wendepunkt der Umweltgeschichte. In: Archiv für Sozialgeschichte 43 (2003): 325–348. (= Kupper 2003a)

Kupper, Patrick: Atomenergie und gespaltene Gesellschaft. Die Geschichte des gescheiterten Projektes Kernkraftwerk Kaiseraugst. Zürich 2003. (= Kupper 2003b)

Linnér, Björn-Ola: The Return of Malthus. Environmentalism and Post-war Population-Resource Crises. Strond 2003.

Locher, Eva: Natürlich, nackt, gesund: Die Lebensreform in der Schweiz nach 1945. Frankfurt a. M. 2021.

Pepper, David: The Roots of Modern Environmentalism. London u. a. 1984.

Radkau, Joachim: Natur und Macht. Eine Weltgeschichte der Umwelt. München 2000.

Radkau, Joachim: Die Ära der Ökologie. Eine Weltgeschichte. München 2011.

Rainer, Bettina: Der Diskurs der Überbevölkerung: Zu Metaphorik und Funktion einer in Aussicht gestellten globalen Katastrophe. Dissertation Universität Innsbruck. Innsbruck 2001.
Rainer, Bettina: Bevölkerungswachstum als globale Katastrophe. Apokalypse und Unsterblichkeit. Münster 2005.
Robertson, Thomas: The Malthusian Moment. Global Population Growth and the Birth of American Environmentalism. New Brunswick 2012.
Ross, Eric B.: The Malthus Factor: Population, Poverty and Politics in Capitalist Development. London 1998.
Rucht, Dieter: Gegenöffentlichkeit und Gegenexperten: Zur Institutionalisierung des Widerspruchs in Politik und Recht. In: Zeitschrift für Rechtssoziologie 9/2 (1988): 290–235.
Rucht, Dieter: Modernisierung und neue soziale Bewegungen. Deutschland, Frankreich und USA im Vergleich. Frankfurt a. M. 1994.
Rucht, Dieter; Roose, Jochen: Germany. In: Rootes, Christopher (Hg.): Environmental Protest in Western Europe. Oxford 2003.
Skenderovic, Damir: Die Schweizerische Umweltschutzbewegung in den 1950er und 1960er Jahren. Oppositionen und Aktionen (unveröffentlichte Lizentiatsarbeit, Departement für Geschichte der Universität Freiburg i. Ü.). Freiburg i. Ü. 1992.
Skenderovic, Damir: The Radical Right in Switzerland. Continuity and Change, 1945–2000. New York 2009.
Staudenmaier, Peter: Fascist Ecology. The «Green Wing» of the Nazi Party and its historical Antecedents. In: Staudenmaier, Peter; Biehl, Janet: Ecofascism revisited. Lessons from the German Experience. 2. Auflage. Porsgrunn 2011: 13–42.
Vincent, Andrew: Modern Political Ideologies. 3. Auflage. Malden 2010.

3. Teil: «Nach dem Boom»? Adaptationen und Transformationen der Wachstumskritik bis zur Stagnation der 1990er Jahre

Unbehagen im Wohlstand

Qualitatives Wachstum als «Optimierungsstrategie» seit den 1970er Jahren

Roman Rossfeld

Abstract

When the Club of Rome published its report on the «Limits to Growth» in 1972, a controversial and in some cases spiteful debate about (finite) reserves of raw materials or the increasingly visible pollution of the environment quickly erupted in Switzerland too. Various authors diagnosed a growing unease with prosperity and lamented the progressive overexploitation of nature. This article reconstructs this debate using the example of Switzerland and examines how the anti-growth debate and the associated concept of «qualitative growth» have developed since the (global) recession in the second half of the 1970s. In addition to the rise of environmental protection and the ongoing demand for more «qualitative», «sustainable» or «green» growth, it is evident that the criticism of growth in phases of economic stagnation or recession was quickly replaced by new demands for more competition, innovation and growth.

Als der Club of Rome im Frühling 1972 kurz vor dem ersten Umweltgipfel der Vereinten Nationen in Stockholm seinen Bericht zu den *Grenzen des Wachstums* publizierte, sprach die deutsche Wochenzeitung *Die Zeit* von einer «Bombe im Taschenbuchformat».[1] Die Studie untersuchte anhand von fünf globalen Entwicklungstrends – dem Bevölkerungswachstum, der weltweiten Agrarproduktion, der Ausbeutung wichtiger Rohstoffreserven, der industriellen Entwicklung und der wachsenden Umweltverschmutzung – die Auswirkungen von weiterem Wirtschaftswachstum auf das Weltsystem. Basierend auf einem computergestützten Verfahren war das Ergebnis dieser Modellrechnung, die nur eine erste Grundlage für weitere Studien sein sollte, eindeutig: Jeder Tag weiterbestehenden exponentiellen Wachstums von Bevölkerung und Wirtschaft treibe das Weltsystem durch die Erschöpfung der natürlichen Ressourcen und eine Überforderung der Verschmutzungskapazität der Biosphäre «näher an die Grenzen

1 So geht die Welt zugrunde. Eine Bombe im Taschenbuchformat: Siebzehn Wissenschaftler sagen den Wachstumstod der Zivilisation voraus. In: DIE ZEIT, Nr. 11, 17.03.1972. Die Zitate aus diversen Zeitungen aus den 1970er und 1980er Jahren entstammen Zeitungsabschnittsammlungen zum Thema Wachstum aus dem Schweizerischen Wirtschaftsarchiv in Basel (SWA), Vo H I 1, sowie dem Archiv für Zeitgeschichte in Zürich (AfZ), PA Syst Sammlung / 932 und 933 sowie IB wf-Archiv II 5.4.5, 1880–1883. Für Hinweise und kritische Bemerkungen danke ich Pascal Germann, Monika Gisler, Caspar Hirschi, Franziska Meister, Marion Ronca, Matthias Schmelzer, Florian Schui und Irmi Seidl.

des Wachstums»[2] – und auch «die optimistischsten Annahmen» über künftige technologische Errungenschaften könnten den «Zusammenbruch» nur einige Jahrzehnte hinausschieben.[3] Der Bericht gilt heute als ein Schlüsseltext für die Durchsetzung des neuen gesellschaftlichen Leitbildes «Umweltschutz» seit den 1970er Jahren. Verfasst hatte die Studie eine Gruppe von Wissenschaftler*innen des Massachusetts Institute of Technology (MIT) unter der Leitung von Dennis L. Meadows im Auftrag des Club of Rome. Der Bericht erreichte eine Millionenauflage, wurde in zahlreiche Sprachen übersetzt und vermittelte eine bis heute einfach zu verstehende Botschaft: dass die Wirtschaft auf einem begrenzten Planeten nicht unbegrenzt wachsen kann. Postuliert wurde mit diesem Bericht – wie die NZZ es formuliert hat – «keine blinde Opposition gegen den Fortschritt, aber Opposition gegen blinden Fortschritt»[4]. Die Studie verband das Planungsdenken und die Modellierung von Zukunftsanalysen der 1960er Jahre mit der aufkommenden ökologischen Wachstumskritik zu Beginn der 1970er Jahre. Sie reihte sich in eine Vielzahl von Publikationen ein, die nicht nur das rasche Bevölkerungs- und Wirtschaftswachstum, sondern auch die immer sichtbarer werdende Umweltverschmutzung kritisierten.

Bereits 1966 hatte der amerikanische Ökonom Kenneth Boulding in seinem Aufsatz *The Economics of the Coming Spaceship Earth* die Metapher des Raumschiffs gewählt, um den mit begrenzten Ressourcen ausgestatteten Planeten als endlich und einmalig zu beschreiben.[5] Kurz darauf erschienen die Bücher des britischen Ökonomen Ezra J. Mishan, *The Costs of Economic Growth* (1967), des amerikanischen Biologen Paul R. Ehrlich, *The Population Bomb* (1968), und des britischen Journalisten Gordon R. Taylor, *The Doomsday Book* (1970).[6] Auf den Bericht des Club of Rome und die ähnlich argumentierende, ebenfalls 1972 erschienene Studie *A Blueprint for Survival*[7] folgte der Bestseller des deutsch-britischen Ökonomen Ernst Friedrich Schumacher, *Small is beautiful* (1973), der im Untertitel zur deutschen Ausgabe eine «Rückkehr zum menschlichen Mass» forderte und dafür plädierte, ein Maximum an Glück mit einem Minimum an Kon-

2 Meadows u.a. 1972: 162. Zur Entstehungsgeschichte, der Machart, zentralen inhaltlichen Aussagen und der internationalen Rezeption des Berichts in den 1970er Jahren vgl. Kupper, Seefried 2018a; Kupper 2018b sowie Seefried 2011.

3 Meadows u.a. 1972: 132.

4 Die Grenzen des Wachstums. Eine warnende Studie des Massachusetts Institute of Technology. In: Neue Zürcher Zeitung (NZZ), 21.05.1972.

5 Vgl. dazu Luks 2006; Höhler 2006b sowie Höhler 2005.

6 Vgl. dazu Höhler 2006a sowie Mishan 1967; Ehrlich 1968 und Taylor 1970. Zu erwähnen ist hier auch das Buch des amerikanischen Biologen Commoner 1971, das noch im Erscheinungsjahr unter dem Titel «Wachstumswahn und Umweltkrise» auch auf Deutsch erschien.

7 Vgl. dazu Goldsmith, Allen 1972.

sum zu erreichen.[8] Viele dieser Bücher trugen die apokalyptische Perspektive schon im Titel – so auch dasjenige des konservativen deutschen Umweltschützers Herbert Gruhl, *Ein Planet wird geplündert* (1975), oder des SPD-Politikers und Bundesministers für wirtschaftliche Zusammenarbeit Erhard Eppler, *Ende oder Wende* (1975).[9] Ausgehend vom Bericht des Club of Rome plädierte Eppler für einen historischen Wendepunkt «von einem Zeitalter der Grenzüberwindung zu einem Zeitalter der Grenzbestimmung» beziehungsweise «von einem Zeitalter partiellen Überflusses zu einem Zeitalter, wo wir erkennen, was überflüssig ist».[10]

Konturen einer Debatte

Vorausgegangen war der Wachstumskritik auch in der Schweiz eine langjährige Phase mit «Vollbeschäftigung» und hohen – seither nicht mehr erreichten – Wachstumsraten in den 1950er und 60er Jahren. Vom Ende des Zweiten Weltkrieges bis zum Beginn der 1970er Jahre hatte sich das reale Bruttosozialprodukt in der Schweiz innerhalb von 25 Jahren mehr als verdreifacht.[11] Als der Bericht des Club of Rome im Frühling 1972 auf zwei internationalen Konferenzen in Washington und an der Hochschule St. Gallen (HSG) vorgestellt wurde, kam es auch in der Schweiz rasch zu einer kontroversen und zum Teil gehässigen Debatte über die *Grenzen des Wachstums.*[12] Der Ostschweizer Ingenieur Hugo E. Thiemann, Mitbegründer des Club of Rome, gab sich bei der Präsentation des Berichts in St. Gallen überzeugt davon, dass «das weitere Wachstum kontrolliert werden sollte und nicht in ein ‹wildes Wuchern› ausarten»[13] dürfe. In den Medien wurde die Studie einerseits als «grosse Pionierleistung» gelobt, welche die – bis heute – wichtige Frage aufgeworfen habe, «in welcher Weise und in welchem Ausmass auf lange Frist ein Wachstum der Wirtschaft ohne weiteren Abbau der

8 Schumacher 1973. Zur breiten Rezeption dieses Buches vgl. Harding 2012 sowie Pearce 2001.

9 Vgl. dazu Eppler 1975; Gruhl 1975 sowie – bereits einige Jahre früher – das Buch des deutschen CSU-Politikers Scharnagl 1971 und Egli 1970.

10 Eppler 1975: 18.

11 Vgl. dazu Woitek, Müller, Hiestand: 157–171 sowie zeitgenössisch: Der längerfristige Wachstumspfad 1979 und Giger 1974.

12 Zur Präsentation des Berichts am 3. Internationalen Managementgespräch in St. Gallen vom 15.–17. Mai 1972 (zum Thema systemorientiertes Management) vgl. die umfangreichen Unterlagen im Universitätsarchiv in St. Gallen, HSGN 028, sowie Finanz und Wirtschaft, Nr. 43, 03.06.1972: 17. Die Referate von Aurelio Peccei, Carl J. F. Böttcher und Hugo E. Thiemann zur Präsentation der Studie in St. Gallen sind abgedruckt in: Hentsch 1973: 47–62.

13 Thiemann 1973: 55.

Rohstoffvorräte und ohne zusätzliche Umweltverschmutzung möglich sei»[14]. Andererseits wurde das verwendete «Weltmodell» als unterkomplex kritisiert und der Bericht als «Fehldiagnose»[15], «Umwelthysterie»[16], «Weltuntergangsprophezeiung»[17] oder schlicht «science fiction»[18] diffamiert. Christian Lutz warnte im Oktober 1972 in der NZZ nicht vor den Grenzen des Wachstums, sondern vor den «Gefahren apokalyptischer Visionen» und beklagte die «wirklichkeitsfremde Starrheit» des Modells.[19] Kritisiert wurde nicht nur die zum Teil fehlerhafte oder veraltete empirische Grundlage des Berichts, sondern auch der ungenügende Einbezug des technischen Fortschritts und neuer Umwelttechnologien. Für Lutz wurde der Zusammenbruch durch die Annahme eines exponentiellen Bevölkerungs- und Wirtschaftswachstums auf einem begrenzten Planeten geradezu «in das System hineinkonzipiert»[20]. Weitere wichtige Kritikpunkte betrafen die fehlende regionale Differenzierung des Berichts sowie die Ausklammerung sozialer (beziehungsweise regionaler und globaler) Verteilungsfragen.[21]

Zentrale Protagonisten dieser Debatte entstammten den Hochschulen: In seiner Antrittsvorlesung an der Universität Zürich im Juni 1974 bezeichnete der Soziologe Hans-Joachim Hoffmann-Nowotny den Bericht als «Entwurf eines apokalyptischen Bildes» vom «bevorstehenden Ende der Welt» auf einer «äusserst schmalen theoretischen und empirischen Basis»[22] – argumentierte selbst aber nicht weniger apokalyptisch: Für Hoffmann-Nowotny wurde «mit der Frage nach dem Ende des Wachstums auch die Frage nach der Zukunft der Demokratie gestellt», würden die Umverteilungsauseinandersetzungen in einer «stationären Gesellschaft» doch «bisher unbekannte Dimensionen annehmen». Das von Meadows prophezeite *goldene Zeitalter* würde «eine gewalttätige Diktatur»

---

14 Jöhr, Walter Adolf: Die Grenzen des Wachstums. Folgerungen aus einem Weltmodell. In: Schweizerische Handels-Zeitung, Nr. 22, 01.06.1972: 15–20, hier 19.

15 Wallich, H. C.: Die Fehldiagnose des «Club of Rome». In: Finanz und Wirtschaft, 03.06.1972: 17.

16 Frey, René: Die Alternative heisst Strukturpolitik. In: National-Zeitung, Nr. 234, 29.07.1975.

17 Villain, Jean: Eine kollektive Hysterie und was dahinter steckt. In: Vorwärts, 06.03.1975.

18 Tuchtfeldt, Egon: Die Grenzen des Wachstums. Zwischenbilanz einer Diskussion. In: NZZ, Nr. 538, 19.11.1973: 5 und Nr. 540, 20.11.1973: 11.

19 Lutz, Christian: Die Gefahren apokalyptischer Visionen. In: NZZ, Nr. 479, 13.10.1972: 13. Der Beitrag war der zweite Teil einer von Lutz verfassten vierteiligen Serie zum Thema «Umwelt und Wirtschaftspolitik: Versuch einer kritischen Bestandesaufnahme» mit folgenden weiteren Beiträgen: NZZ, Nr. 476, 12.10.1972: 13, NZZ, Nr. 483, 16.10.1972: 5 sowie NZZ, Nr. 487, 18.10.1972: 9.

20 NZZ, Nr. 479, 13.10.1972: 13.

21 Zur internationalen Rezeption des Berichts vgl. Kupper 2018a: 61–67 sowie Hahn 2006. Zur zeitgenössischen Debatte vgl. Stoffel 1978; Richter 1974; Oltmans 1974; Nussbaum 1973; Weintraub, Schwartz, Aronson 1973 oder Cole u. a. 1973.

22 Hoffmann-Nowotny 1974: 629.

sein. Mit Blick auf die Interessen der «Unterprivilegierten» in den weniger entwickelten Ländern, deren Problem «nicht das wirtschaftliche Wachstum, sondern sein Fehlen» sei, warf er dem Bericht schliesslich vor, ein globales Modell «zur Verewigung von Elend und Ungleichheit» produziert zu haben.[23] Diese Argumentation schloss an eine breiter formulierte Kritik an, der Club of Rome sei ein exklusiver, von «elitären Galionsfiguren des Spätkapitalismus frequentierter Debattierverein»[24] oder «Klub der Reichen»[25], dessen «Weltmodell» die Bedürfnisse des globalen Südens weitgehend ignorieren und nicht zwischen Industrie- und Entwicklungsländern unterscheiden würde. Hoffmann-Nowotny verwies damit auf einen bis heute zentralen Punkt in der Wachstumsdebatte und kritisierte zu Recht die fehlende sozialpolitische Dimension des Berichts. Vom Konsumrausch der Industrieländer weit entfernt, wurde die Forderung nach «Nullwachstum» von Ländern des Südens bereits am ersten Umweltgipfel der Vereinten Nationen 1972 in Stockholm harsch kritisiert und verlor danach – im Gegensatz zum Begriff des «qualitativen Wachstums» – rasch an Bedeutung.[26]

Mehr wie aus dem damals aufsteigenden Silicon Valley argumentierte Hoffmann-Nowotnys Zürcher Kollege Bruno S. Frey, der – wie andere Ökonomen auch – den ungenügenden Einbezug des technischen Fortschritts in die Studie kritisierte: Der Volkswirtschaftler und Pionier der ökonomischen Glücksforschung schaute nicht zurück auf die sozialpolitische Bedeutung hoher Wachstumsraten, sondern nach vorne auf die technische Lösbarkeit der immer sichtbarer werdenden Umweltprobleme. Die Frage nach allfälligen Grenzen des Wachstums konnte für ihn erst dann beantwortet werden, wenn «fundierte Annahmen über die in der Zukunft als wahrscheinlich zu erwartenden technischen Entwicklungen» vorliegen würden. Wie der amerikanische Zukunftsforscher und Gründer des «Hudson Institute», Herman Kahn, ging auch Frey von einer dauernden Verbesserung der Umwelttechnik aus, sodass auch der «Zeitpunkt eines Zusammenbruchs fortlaufend in die Zukunft verschoben» werde.[27] Eine «Katastrophenstimmung» aufkommen zu lassen, war für ihn erst berechtigt, wenn sich die Umwelttechnik nachweislich langsamer entwickeln würde als der technische Fortschritt im wirtschaftlichen Bereich. Die Modellberechnungen des Club of Rome betrachtete er als «blosse Spekulation» und empfahl, sich weniger über die Höhe als vielmehr über die Art und Zusammensetzung des Wachstums

23 Ebd.: 637–640. Zum Thema der Umverteilung (zwischen den Industrie- und Entwicklungsländern) und der Wachstumsbeschränkung als Herrschaftsinstrument der reichen Industrieländer vgl. auch Fritsch 1974.

24 Villain, Jean: Eine kollektive Hysterie und was dahintersteckt. In: Vorwärts, Nr. 10, 06.03.1975: 7.

25 NZZ, Nr. 98, 28.02.1974. Vgl. dazu retrospektiv auch Bernier 2022.

26 Zur ablehnenden Haltung gegenüber dem Nullwachstum in den 1970er Jahren vgl. (aus linker Perspektive) Wyss 2014: 69–84; Chaloupek 2012: 776–777 sowie Ostleitner 1975.

27 Vgl. dazu Kahn 1976.

Gedanken zu machen.[28] Spekulativ waren allerdings auch die Annahmen von Frey (und anderen Ökonomen) über das Potential zukünftiger Umwelttechnologien.

Egon Tuchtfeldt, Professor für Nationalökonomie und Mitbegründer des Volkswirtschaftlichen Institutes an der Universität Bern, spottete in einer Zwischenbilanz zur Diskussion im November 1973 in der NZZ: «Zu oft schon sind Sektierergruppen auf hohe Berge gezogen, um den von ihren Propheten geweissagten Weltuntergang zu überleben; frustriert kamen sie jeweils wieder herunter.»[29] Tuchtfeldt vertraute wie Frey auf die «Signalwirkungen des Preissystems» bei zunehmendem Rohstoffmangel beziehungsweise die dadurch induzierte Substitution knapper Ressourcen durch technologische Innovationen. Ein Wandel der Auffassungen «in Sachen Umwelt» war für ihn unverkennbar, sodass kaum ein Anlass zu Pessimismus oder «Weltuntergangsstimmung» bestand.[30] Besonders harsch ins Gericht mit den «Prophezeiungen» des Club of Rome ging schliesslich sein Basler Kollege, der Wachstumsforscher und Ordinarius für Nationalökonomie, Gottfried Bombach. Auch er kritisierte die konzeptionellen Schwächen der Studie, die unsichere Datenlage und den ungenügenden Einbezug des technologischen Fortschritts bei der Vermeidung von Umweltschäden. Besonders schwerwiegend schienen ihm aber die Folgen eines Wachstumsstopps für die Einkommensverteilung nicht nur innerhalb einzelner Länder, sondern auch zwischen verschiedenen Ländern zu sein: Bei einer weiteren Steigerung des Wohlstands in den Entwicklungsländern würde ein Wachstumsstopp «eine gigantische Umverteilung des Welteinkommens» zur Folge haben, die Bombach als wenig realistisch erachtete. Für ein einzelnes Land schien ihm die Forderung nach einem Wachstumsverzicht «naiv» zu sein, solange nicht wenigstens angedeutet werde, «wie ein solches Weltkartell des Wachstumsverzichts zustande kommen könnte».[31] Mit Rückgriff auf die historische Entwicklung zeichnete er abschliessend – ähnlich wie Hoffmann-Nowotny – ein düsteres Bild der sozialpolitischen Folgen eines Wachstumsstopps: «Man übersieht auch, wie sehr das recht gute Funktionieren demokratischer politischer Systeme in der Nachkriegszeit zu einem nicht unwesentlichen Teil die Folge des raschen Wachstums des Wohlstandes gewesen ist. Alle forderten, allen konnte gegeben werden. Das wirtschaftliche Wachstum war der grosse Koordinator. Stationärer Zustand bedeutet das, was man in der Theorie der strategischen Spiele als ein ‹Nullsummen-Spiel›

---

28 Frey, Bruno S.: Die Grenzen des Wachstums. Eine kritische Analyse der Thesen des Club of Rome. In: NZZ, Nr. 362, 06.08.1972. Zur Kritik von Frey vgl. bereits im selben Jahr ausführlicher Frey 1972.

29 Tuchtfeldt, Egon: Die Grenzen des Wachstums. Zwischenbilanz einer Diskussion. In: NZZ, Nr. 538, 19.11.1973: 5 und Nr. 540, 20.11.1973: 11, hier 5.

30 Ebd.: 11.

31 Bombach 1973: 15.

bezeichnet: der Gewinn des einen ist gleich dem Verlust des anderen. Und dies bedeutet: Konflikt, Klassenkampf.»[32]

Raubbau und Umweltschutz als Leitthemen

Die hohe Aufmerksamkeit, die der Bericht trotz der scharfen Kritik an ihm zu Beginn der 1970er Jahre erzielte, war auch in der Schweiz eng mit einem wachsenden Unbehagen gegenüber dem bisher kaum infrage gestellten Fortschrittsglauben verbunden. Der Historiker Patrick Kupper hat den raschen Aufstieg des Umweltschutzes zu einem «politischen und medialen Leitthema» um 1970 detailliert nachgezeichnet. Der Ton gegenüber der zunehmenden Umweltverschmutzung wurde nun rauer; und es machte sich eine konsum- und wachstumskritische Stimmung breit.[33] War in den 1960er Jahren zunächst der Gewässerschutz breiter diskutiert worden, stimmte die Schweizer Bevölkerung Anfang Juni 1971 einem Verfassungsartikel zum «Schutz des Menschen und seiner natürlichen Umwelt» mit 93 Prozent Ja-Stimmen aussergewöhnlich deutlich zu. Wenige Wochen zuvor hatte die SP Schweiz in einem Manifest zu einem ausserordentlichen Parteitag in Fribourg festgehalten: «Die Umweltgefahr ist kein Schlagwort, sondern bittere Wirklichkeit.» Zu lange seien Wirtschaftswachstum und jährliche Rekordumsätze «wie Götzen verehrt» worden. Dies habe zwar eine «florierende Wirtschaft», aber auch «verfaulte Flüsse und Seen, verschmutzte und vergiftete Luft und eine bedrohliche Lärmlawine» hervorgebracht.[34]

Hatte der Bundesrat in seinen Richtlinien zur Regierungspolitik in der Legislaturperiode 1968–1971 dem «Wachstumsziel» noch eine «Vorrangstellung»[35] eingeräumt, hielt er im März 1972 fest, in der neuen Legislaturperiode gehe es nun darum, «dem Gedanken der Umwelterhaltung in allen Bereichen von Staat, Gesellschaft und Wirtschaft zum Durchbruch zu verhelfen».[36] Zu Be-

32 Ebd.: 16. Zur Frage einer «Verschärfung der innergesellschaftlichen Verteilungskämpfe» als Folge «eines relativen Abschieds vom Wachstum des Lebensstandards im Namen der Lebensqualität» vgl. auch Lübbe 1973: 618.

33 Zur zunehmenden Umweltverschmutzung und dem Aufstieg des Umweltschutzes zu Beginn der 1970er Jahre vgl. Aufdermauer 2024; Kupper 2021: 171–185; Länzlinger, Schärer 2023; Kupper 2003: 334; Hünemörder 2005; Hünemörder 2003; Kupper 1998 sowie Walter 1996: 162–206.

34 SPS, Manifest 1971, zit. nach Wyss 2014: 7–8.

35 Bericht des Bundesrates 1968: 1224.

36 Bericht des Bundesrates 1972: 1058. Vgl. dazu auch Hugentobler, Eugen: Umweltschutz in der Schweiz im Vormarsch. In: Schweizerische Arbeitgeber-Zeitung (SAZ), Nr. 40, 04.10. 1973: 691–693; Ginsburg, Theo: Die Tragik der Allmende. Die Wahl zwischen Wirtschaftswachstum und lebenswerter Umwelt. In: NZZ, Nr. 549, 24.11.1971: 25; Bächtold 1970–1971; Wehrli 1970–1971 oder Jaag 1961.

ginn der 1970er Jahre waren in der Schweiz erst rund die Hälfte aller Haushalte an Abwasserreinigungsanlagen (ARA) angeschlossen, und die meisten Abfälle wurden noch nicht in Kehrichtverbrennungsanlagen (KVA), sondern in Deponien entsorgt.[37] Ernst Basler, zu Beginn der 1970er Jahre Gastprofessor am MIT in Boston und ein Pionier des ökologischen Nachhaltigkeitsdenkens in der Schweiz, beschrieb schon früh die «Merkmale einer umweltgerechten Raumschiffökonomie»: Als «Verträglichkeitsbedingungen» für eine umweltgerechte Wirtschaft nannte er nicht nur das ursprünglich aus der Forstwirtschaft stammende Prinzip der «Nachhaltigkeit», geschlossene Kreisläufe, «ungiftige zivilisatorische Prozesse» oder einen «geringeren Durchfluss von materiellen Gütern durch den Zivilisationsprozess», sondern hielt auch fest: «Ein Grossteil unseres gegenwärtigen Wohlstandes beruht auf dem einmaligen Abbau von Kapitalgütern. Das ist ein Zustand, der nicht ewig andauern kann. Vom Raubbau, einer Wirtschaftsführung, die einen möglichst hohen Ertrag anstrebt, ohne auf die Erhaltung der Erzeugungsgrundlagen Rücksicht zu nehmen, müssen wir uns abwenden und wieder lernen, von den Zinsen zu leben.»[38] Das im März 1970 im aargauischen Spreitenbach eröffnete erste grosse Shoppingcenter der Schweiz mit direktem Autobahnanschluss und über 1500 Gratis-Parkplätzen wurde nun zu einem scharf kritisierten Beispiel für die weiter expandierende Massenkonsum- und Wegwerfgesellschaft.[39] Die Kritik am zunehmenden Verkehr, der wachsenden «Blechlawine» und der fortschreitenden Zersiedelung der Landschaft wurde im Verlauf der 1970er Jahre deutlich lauter.[40]

Zeitgleich zum Bericht des Club of Rome diagnostizierte auch der Freiburger Ökonom und Professor für schweizerische Wirtschaftspolitik Walter Wittmann in seinem Buch *Der unbewältigte Wohlstand* bereits 1972 ein «Unbehagen in der Gegenwart» und beklagte den mit einem wachsenden Lebensstandard verbundenen Wandel von der Überfluss- in eine Überdrussgesellschaft. Wittmann kritisierte nicht nur die «Jagd nach mehr Wohlstand», die «Philosophie

37 Vgl. dazu die Ausführungen zur Gewässerverschmutzung und der Müllentsorgung zu Beginn der 1970er Jahre in Ginsburg 1973: 14–16; Wittmann 1972: 256–258, den Beitrag zum Bau von Abwasserreinigungsanlagen in der SAZ, Nr. 9, 29.02.1968: 186 sowie Mauch, Heldstab, Aebersold 1992.

38 Basler, Ernst: Merkmale einer umweltgerechten Raumschiffökonomie. In: NZZ, Nr. 541, 19.11.1972: 37–38. Vgl. dazu auch Basler 1972 sowie Basler 1970. Zum Engagement von Basler seit den 1960er Jahren vgl. Sprecher 2017.

39 Zur Eröffnung des Shoppingcenter Spreitenbach am 12. März 1970 vgl. Furter, Fabian: Zwischen Konsumtempel und Dorfplatz. Mit der Eröffnung des ersten Einkaufszentrums der Schweiz vor 50 Jahren beginnt eine neue Ära im Detailhandel. In: NZZ, Montag, 09.03.2020: 10 sowie den Dokumentarfilm von Fabian Furter, Türöffnung zum Paradies. 50 Jahre Shoppingcenter Spreitenbach (DVD). Aarau 2020.

40 Vgl. dazu die auch international breit rezipierte Publikation von Keller 1973, die Rezension dieser Publikation in der NZZ, Nr. 536, 18.11.1973 sowie Müller 1976 und Müller 1973.

der Verschwendung» oder die «einseitige Vermögensverteilung», sondern beschrieb wirtschaftliches Wachstum auch als «Raubbau» am Menschen, den Rohstoffquellen und der Umwelt.[41] Hans Christoph Binswanger, Professor für Volkswirtschaftslehre an der Hochschule St. Gallen und später Gründungsmitglied der Vereinigung für Ökologische Ökonomie, hatte bereits 1969 an seiner Antrittsvorlesung an der HSG die Grundsatzfrage gestellt: «Was verändert sich eigentlich, wenn die Wirtschaft wächst? Insbesondere: Handelt es sich dabei in jeder Hinsicht nur um ein ‹Mehr›, also um einen Fortschritt, oder handelt es sich auch um ein ‹Weniger›, also letzten Endes um einen Raubbau am bereits Vorhandenen?» Binswanger kritisierte, dass der Abbau der «von der Natur gegebenen Güter» in der volkswirtschaftlichen Produktionsfunktion fehle und die Wachstumstheorie «ein Problem des Raubbaus» nicht kenne. Für ihn war klar, dass es sich «beim sogenannten Wachstumsprozess in Wirklichkeit weitgehend um einen *Substitutionsprozess*» handle. Das (über den Arbeits- und Kapitaleinsatz hinausgehende überproportionale) Wachstum sei also «nicht allein aus dem technischen Fortschritt, sondern auch aus dem *vermehrten Gebrauch des Rohstoffs ‹Natur›* beziehungsweise des Raubbaus an diesem – nicht vermehrbaren – Vorrat» zu erklären.[42]

Innovation statt Expansion

Eine wichtige Folge des steigenden Umweltbewusstseins und der zunehmenden Wachstumskritik war eine Ausdifferenzierung des Wachstumsbegriffs, indem nun immer deutlicher zwischen *quantitativem* und *qualitativem* Wachstum unterschieden wurde. Eine Zunahme der Wertschöpfung sollte jetzt durch eine Verbesserung der Qualität der Produkte, eine fortschreitende Dematerialisierung – mehr Effizienz und Konsistenz – sowie eine verstärkte Produktion immaterieller Güter erreicht werden, ohne weitere ökologische Belastungen hervorzurufen.[43] Auf der Inputseite der Produktion sollte Wachstum von einem weiter steigenden Ressourcenverbrauch und auf der Outputseite von einer weiter wachsenden Umweltverschmutzung entkoppelt werden. Unter dem Titel *Weiterentwicklung in Selbstbeschränkung* hatte der Vorsteher des Eidgenössischen Volkswirtschaftsdepartementes, FDP-Bundesrat Ernst Brugger, in einem Referat

41 Wittmann 1972: 90, 109, 122 und 185–189. Vgl. dazu auch Schoch 1970 sowie den Beitrag zum «Wohlstandstaumel» und «Wohlstandsmalaise» in der SAZ, Nr. 9, 03.03.1966: 188. Für eine frühe warnende Stimme (zur politischen Lethargie) vgl. auch Imboden 1964.

42 Binswanger, Hans Christoph: Wirtschaftliches Wachstum – Fortschritt oder Raubbau? In: NZZ, Nr. 351, Freitag, 31.07.1970: 13. Kritisch zur Bewertung öffentlicher Güter und der langjährigen Vernachlässigung der Umweltkrise durch die ökonomische Theorie vgl. zeitgleich auch Kapp 1972/73 oder Werner 1973.

43 Zum Begriff des qualitativen Wachstums vgl. Simonis 1977.

vor der Neuen Helvetischen Gesellschaft in Zürich schon im Februar 1973 festgehalten, das «Breitenwachstum» müsse nun durch ein «qualitatives Wachstum», durch «weitere Produktivitätsfortschritte» abgelöst werden. Mit Blick auf die «fortschreitende Zerstörung der Umwelt» und eine «pessimistische Grundwelle», welche die Schweiz erfasst habe, stellte sich für ihn «ganz gebieterisch die Frage nach den übergeordneten Zielsetzungen, nach einer Neuordnung der Werte, nach welchen sich die wirtschaftlichen Aktivitäten auszurichten»[44] hätten.[45]

Wenig später kritisierte auch der Berner *Bund* den «Rausch der Zuwachsraten» und das Fehlen klarer «Zielvorstellungen». Wachstum sollte jetzt nicht mehr «ein Ziel an sich» sein, sondern danach gefragt werden, «zu welchem Zweck und in welcher Form»[46] weiteres Wachstum noch angestrebt werden sollte. Qualitatives Wachstum war dabei eng mit dem ebenfalls in den 1970er Jahren rasch aufsteigenden Begriff der «Lebensqualität» und einer Unterscheidung zwischen *Wohlstand* und *Wohlfahrt* (*wealth* und *welfare*) verbunden. Emil Küng, wie Binswanger Professor für Volkswirtschaftslehre an der HSG, stellte im Herbst 1973 – ähnlich wie Wittmann – «ein hartnäckiges Unbehagen mitten im Wohlstand» fest. Durch die Zerstörung des Landschaftsbildes und der Naturgrundlagen und eine zunehmende «emotionale Unterernährung» würden Leistungsgesellschaft und Wirtschaftswachstum inzwischen «nicht mehr mit einem Glorienschein umgeben».[47] Ein Jahr später ging er in den wirtschaftsliberal ausgerichteten *Schweizer Monatsheften* der Frage nach, wie sich «eine höhere Wohlfahrt» ohne Inanspruchnahme zusätzlicher Ressourcen, das heisst «ohne grösseren materiellen Wohlstand» erzielen lasse.[48] Zeitgleich zu Publikationen von Erhard Eppler in Deutschland oder dem Mitbegründer und späteren Präsidenten des Club of Rome, Alexander King in England,[49] kritisierte auch Küng die Auffassung, «Reichtum als Glücksgarantie» und «Wohlstand als Synonym für die

44 Weiterentwicklung in Selbstbeschränkung. Rede Bundesrat Bruggers in Zürich. In: NZZ, Nr. 62, 07.02.1973: 17. Vgl. dazu auch: An den Grenzen des Wachstums wächst des Schweizers Unbehagen. In: Die Tat, Nr. 28, 02.02.1974: 3–4 sowie den Beitrag des damaligen VR-Präsidenten der Maschinenfabrik Rieter AG, Kurt Heß, Die Gesamtverantwortung des Unternehmers. In: SAZ, Nr. 51/52, 17.12.1970: 969–972.

45 Zum Weg von der Vollbeschäftigungspolitik zum qualitativen, umweltfreundlichen Wachstum und der dafür notwendigen «Adaptierung der marktwirtschaftlichen Rahmenordnung» vgl. auch den Beitrag des damaligen Leiters der NZZ-Wirtschaftsredaktion Linder 1973b.

46 Was bedeutet qualitatives Wachstum? In: Der Bund, Nr. 181, 06.08.1973.

47 Küng, Emil: Wirtschaftswachstum als Glücksgarantie? In: St. Galler Tagblatt, 29.09.1973.

48 Küng 1974–1975: 24.

49 Vgl. dazu Germann 2020 sowie zeitgenössisch: Eppler 1974; Eppler 1973a; Eppler 1973b sowie King 1972.

menschliche Wohlfahrt» zu verstehen und plädierte für eine «grundlegende Neuorientierung» und «ganzheitliche Sicht» der Dinge.[50] Den Schritt vom Wohlstand zur Wohlfahrt beschrieb Küng als Weg «von der Konsumgesellschaft zur Kulturgesellschaft»[51]; und die weltweite Rezession, die Mitte der 1970er Jahre nach einer langen Wachstumsphase auch die Schweiz erfasste, bedeutete für ihn nicht nur einen «Schock» und eine «Preisgabe aller gewohnten Erfolgsmassstäbe und Ziele», sondern auch eine «Rückkehr zur Normalität» und «Atempause zur Selbstbesinnung».[52]

Inspiriert vom Bericht des Club of Rome entstanden in der Folge auch in der Schweiz weitere Forschungen zum Thema Wachstum und Umwelt. Unter der Leitung von Binswanger und finanziert vom Schweizerischen Nationalfonds (SNF) wurde bereits 1972 die interdisziplinäre Arbeitsgruppe «Neue Analysen für Wachstum und Umwelt» (NAWU) gegründet, die neue Wege zu einer umweltgerechten Wirtschaftsentwicklung aufzeigen wollte. Die Ergebnisse dieser Überlegungen wurden 1978 im *NAWU-Report*[53] mit dem programmatischen Untertitel *Wege aus der Wohlstandsfalle* publiziert. Angelehnt an die Arbeiten von Ernst Basler beschrieb der Report die moderne Industrie- und Konsumgesellschaft als eine von Kohle, Öl und Gas angetriebene «Zivilisationsmaschine», die im Gegensatz zu natürlichen Kreisläufen laufend Input in Output beziehungsweise Rohstoffe in Abfälle verwandle und mit anhaltendem Wachstum immer schneller laufe.[54] Die Studie – deren Lektüre sich auch heute noch lohnt – beklagte nicht nur den «Leerlauf der Zivilisationsmaschine» oder das «Verstummen der Natur», sondern beschrieb auch die «Strukturen einer alternativen Gesellschaft» und forderte den Übergang zu einem ökonomisch-ökologischen Gleichgewicht und einer qualitativen Wachstumsgesellschaft. Nach der tiefen Rezession Mitte der 1970er Jahre verband der Report «Strategien gegen Arbeitslosigkeit und Umweltkrise» und betonte, qualitatives Wachstum helfe «nicht nur die ökologischen, sondern auch die ökonomischen, politischen und sozialen Krisen zu vermeiden».[55] Die «Wegwerf-Mentalität» sollte überwunden, die Energiepolitik stabilisiert, die Geldwirtschaft durch einen Ausbau des Sozialdienstes eingedämmt, die (betriebliche) Mitbestimmung verstärkt und die Eigentumsrechte in einem genossenschaftlichen Sinn reformiert werden. Nicht zuletzt sollte der Report aber auch einen Beitrag dazu leisten, «die verhängnisvolle

50 Küng 1974–1975: 22 und 32. Vgl. dazu auch Küng 1974.

51 Vgl. dazu Küng 1972.

52 Küng 1976: 679. Vgl. dazu auch Küng 1980.

53 Binswanger, Geissberger, Ginsburg 1978. Vgl. dazu auch das Kapitel «Wirtschaftswachstum und Umweltkrise» in Tschumi 1981: 175–184 sowie kritisch zum NAWU-Report Kleinewefers 1982.

54 Vgl. dazu bereits Basler, Ernst: Merkmale einer umweltgerechten Raumschiffökonomie. In: NZZ, Nr. 541, 19.11.1972: 37–38, hier 37.

55 Binswanger 1978: 86.

Blindheit der Nationalökonomie für den Zusammenhang zwischen Natur und Wirtschaft zu überwinden»[56]. Bereits 1976 war von damaligen Mitarbeitenden des NAWU-Reports das bis heute bestehende Forschungs- und Beratungsunternehmen für nachhaltige Entwicklung «Infras» gegründet worden, das in den folgenden Jahren zahlreiche weitere Studien und Vorschläge für eine ökologische Steuerreform, die Förderung des öffentlichen Verkehrs oder eine nachhaltigere Nutzung des Bodens in der Schweiz publizierte.[57] Werner Geissberger, Mitherausgeber des NAWU-Reports, zeigte sich am Ende der wirtschaftlich schwierigen 1970er Jahre optimistisch, der «Aufstand gegen die bedenkenlose Wachstumswirtschaft» und die «Rebellion gegen den Sachzwang» würden Erfolg haben – und diese «nachmoderne Revolution» werde eine «weiche Revolution» der Gefühle, der Beziehungen, der Lebensformen und der Solidarität sein.[58]

Qualitatives Wachstum als «Überlebensstrategie»

Die 1980er Jahre gingen parallel zur internationalen Entwicklung dann als eines der umweltbewegtesten Jahrzehnte in die Schweizer Geschichte ein. Nach dem Weckruf des deutschen Theologen und Umweltaktivisten Eugen Drewermann, *Der tödliche Fortschritt*[59] (1981), erschien in der Schweiz *Das Märchen von der sauberen Schweiz*[60] (1982); und ein Jahr später wurde die Grüne Partei der Schweiz (GPS) gegründet. Zur Massenmotorisierung und dem weiter expandierenden Nationalstrassenbau hielt die SP in ihrem neuen Parteiprogramm 1982 kritisch fest: «In der Wachstumseuphorie der vergangenen Jahrzehnte war der motorisierte Privatverkehr das Hätschelkind des Fortschrittsglaubens.»[61] Der «gewaltig angeschwollene Verkehr», die «masslose Expansion der Wirtschaft» und die «Verschwendung von Rohstoffen und Energie» wurden nun offen kritisiert.[62] Eine Reihe emotional geführter Debatten prägte das Jahrzehnt: Im Fokus standen das «Waldsterben», die Einführung von Katalysatoren und die Chemie-

56 Vgl. dazu «Abkehr von der Quantität zur Qualität». In: Basler Volksblatt, 10.04.1981. Zur langfristigen Bedeutung des NAWU-Reports vgl. Mauch 2007.

57 Vgl. dazu exemplarisch Mauch u.a. 1995; Maibach, Iten, Mauch 1993; Keller, Kessler, Mauch 1989; Mauch u.a. 1989 oder Mauch, Ginsburg 1978.

58 Geissberger, Werner: Wege aus der Wohlstandsfalle. In: Schweizerische Finanzzeitung, Nr. 7, 15.02.1978: 2 sowie Geissberger, Werner: Ausbruch aus dem Wachstumszwang. In: Schweizerische Finanzzeitung, Nr. 8, 22.02.1978: 2.

59 Drewermann 1981.

60 Brandenberger u.a. 1982. Das Buch war eine harsche Kritik an der jahrelangen Verschleppung des Umweltschutzgesetzes (USG), nicht zuletzt durch die schwere Rezession Mitte der 1970er Jahre. Erst Anfang Januar 1985 trat das Gesetz schliesslich in Kraft. Vgl. dazu Haefeli 1998.

61 SPS 1982: 44.

62 Ebd.: 6.

katastrophe von «Schweizerhalle» (1986), der Ausstieg aus der Kernenergie nach dem Reaktorunglück von Tschernobyl (ebenfalls 1986) oder das «Ozonloch» und ein Verbot von FCKW-Gasen (1987). Der Aufstieg der Umweltökonomie und der Aufbau des Studiengangs «Umweltnaturwissenschaften» an der ETH Zürich, aber auch der Aufstieg der Umweltgeschichte als neues Forschungsfeld innerhalb der Geschichtswissenschaften waren eine logische Folge dieser Entwicklung.[63] Eine striktere Umweltpolitik und ein stärker qualitatives Wachstum sollten nun miteinander kombiniert werden.

Bereits im September 1982 hatte der Bundesrat eine Expertenkommission zum Studium «des Übergangs vom quantitativen zum qualitativen Wachstum» eingesetzt, die 1985 einen umfangreichen Bericht veröffentlichte.[64] Neben bekannten Ökonomen wie Hans Christoph Binswanger (HSG), René L. Frey (Universität Basel) oder Hans Würgler (ETH Zürich) gehörten der Kommission auch der Direktor des Bundesamtes für Konjunkturfragen, Waldemar Jucker, der Direktor des in Basel gegründeten Wirtschaftsforschungs-Unternehmens «Prognos AG», Heik Afheldt, der Leiter des Gottlieb Duttweiler Instituts, Christian Lutz, oder der Zentralsekretär des Schweizerischen Gewerkschaftsbundes (SGB), Benno Hardmeier, an.[65] Die Forderung nach qualitativem Wachstum ergab sich für die Kommission «aus einem Unbehagen über die Arbeitsbedingungen und das Konsum- und Freizeitverhalten», «Arbeitssucht», «Verschwendung und Prestigekonsum» sowie die «Umweltbelastung und Zerstörung von Lebens- und Erholungsräumen».[66] Der Begriff hatte für die Kommission aber «keinen statischen oder defensiven Charakter», sondern setzte im Gegenteil «eine besonders hohe Innovationskraft»[67] voraus. Christan Lutz beschrieb qualitatives Wachstum als «eine Variante des uralten ökonomischen Prinzips eines mög-

63 Vgl. dazu Moser 2003a; Moser 2003b; Tanner 1988 sowie Gisler 2020. International kam es 1988 parallel dazu zur Einsetzung des «Intergovernmental Panel on Climate Change» (IPCC) oder «Weltklimarates» zur Risikoeinschätzung des Klimawandels.

64 Vgl. dazu Schweizerisches Bundesarchiv (BAR), E7001C#1993/263#509*, Postulat von CVP-Nationalrat Josef Ziegler zur Bildung einer Arbeitsgruppe vom 19. Juni 1980; E7296 A#1998/421#979*, Verfügung des Eidgenössischen Volkswirtschaftsdepartementes (EVD) vom 15. September 1982 sowie Bundesamt für Konjunkturfragen 1985. Qualitatives Wachstum wurde hier – noch eher zurückhaltend – als «jede nachhaltige Zunahme der [...] Lebensqualität» definiert, «die mit geringerem oder zumindest nicht ansteigendem Einsatz an nicht vermehrbaren oder nicht regenerierbaren Ressourcen sowie abnehmenden oder zumindest nicht zunehmenden Umweltbelastungen erzielt wird.» Ebd.: 15–16. Vgl. dazu auch die Besprechung des Berichtes «Vom quantitativen zum qualitativen Wachstum». In: NZZ, Nr. 37, 14.02.1986: 33. Zum internationalen Kontext vgl. ausführlicher Majer 1994 sowie Majer 1984.

65 Zur Bedeutung der Prognos AG für die Wirtschaftsberatung seit den 1960er Jahren vgl. Seefried 2010.

66 Qualitatives Wachstum 1985: 16.

67 Ebd.: 139.

lichst wirkungsvollen Einsatzes knapper Produktionsmittel» beziehungsweise Ersatz von natürlichen Ressourcen durch eine bessere «Informationsverarbeitung». Neben einer konsequenten Durchsetzung des «Verursacherprinzips» und der «Umpolung von Forschungsmitteln» auf energie- und materialsparende Investitionen sowie «erneuerbare Energieträger» forderte er auch ein «konsequentes Verbot jeglicher Wettbewerbsbehinderung».[68] Das Wachstumspotential lag für Lutz bei den «immateriellen Gütern» Unterhaltung, Bildung und Kultur; der zukunftsträchtigste Bereich war für ihn jedoch der Aufstieg der «Informationsgesellschaft» und die Entwicklung der «Informationstechnologie», durch die Fortschritte in der Arbeitsproduktivität auch Fortschritte in der «Material-, Energie- und Umweltproduktivität» seien.[69]

Im Januar 1986 beauftragte der Bundesrat das Bundesamt für Konjunkturfragen, den Bericht «Qualitatives Wachstum» auszuwerten und konkrete Vorschläge für seine Umsetzung zu machen. In der Folge wurden von einer interdepartementalen Arbeitsgruppe zahlreiche, nach Prioritäten geordnete Massnahmen ausgearbeitet, die im Sommer 1987 – wie von der Expertenkommission vorgeschlagen – in die Regierungsrichtlinien für die Legislaturperiode von 1987–1991 einflossen.[70] Wie umstritten und deutungsoffen die Hinwendung zu einem stärker qualitativen Wachstum auch in der Mitte der 1980er Jahre noch war, zeigt die kritische Haltung der bereits seit 1943 bestehenden Gesellschaft zur Förderung der schweizerischen Wirtschaft. Qualitatives Wachstum wurde von der «Wirtschaftsförderung» – heute ein Teil des Wirtschaftsdachverbandes «Economiesuisse» – zwar befürwortet. Unter dem Titel *Nullwachstum bedeutet Massenarbeitslosigkeit* hielt man aber bereits im September 1985 unmissverständlich fest: «Stillstand ist undenkbar». Umweltschutz und die sparsamere Verwendung von Rohstoffen und Energie erforderten für die Wirtschaftsförderung «nicht weniger, sondern mehr Wachstum»[71]. Ein Jahr später befürwortete man in einer kritischen Stellungnahme zum Bericht des Bun-

68 Lutz 1983: 14 und 16–17. Vgl. dazu auch das Buch des amerikanischen Ökonomen Simon 1981. Simon vertrat in seinem – gegen den Club of Rome gerichteten – Buch das Konzept des «growth by knowledge» und die These, die einzigen relevanten und unlimitierten Ressourcen für weiteres Wachstum seien das Wissen und der Erfindungsgeist des Menschen.

69 Lutz 1983: 16–17. Zur Bedeutung der Informations- und Kommunikationstechnologien für ein stärker qualitatives Wachstum vgl. auch Calonder Gerster 1989; Lutz 1984; Lutz 1979; Morandi 2002 sowie Späth 1985.

70 Ausgearbeitet wurden die konkreten Massnahmen von verschiedenen Ausschüssen zu Themen wie «Bildung und Arbeit», «Forschung und Innovation», «Umwelt und Raumordnung» oder «Wettbewerb, Subventionen und Regulierungen» und anhand von Stellungnahmen der betroffenen Bundesämter. Vgl. dazu BAR, E7170B#2000/357#58*, E8125B#2005/160#99*, E3270C#1992/10#66* sowie E7220C#2002/224#116*.

71 Nullwachstum bedeutet Massenarbeitslosigkeit, wf-Artikeldienst, Nr. 35, 02.09.1985: 1–2. Zur Gründung und Bedeutung der «Wirtschaftsförderung» vgl. ausführlicher Franc 2021: 132–138 und 154–158.

des zwar die von der Kommission eingeforderte «zukunftsorientierte Bildungs- und Forschungspolitik». Zugleich kritisierte man aber auch die «unverfängliche» Begriffsdefinition und monierte, dass qualitatives Wachstum inzwischen «zu einem Modewort verkommen» sei.[72] Für die Wirtschaftsförderung wurde das Schwergewicht hier in einer Art und Weise auf das Umwelt- und Ressourcenproblem gelegt, wie man es sonst «nur von Umweltradikalen» kenne. Ob nun «Bindung oder Freiheit, Markt oder Planung, Kontrolle oder Wettbewerb» gelten solle, gehe aus dem «halb gelungenen» Bericht nicht hervor. Mit Blick auf die Durchsetzung des Verursacherprinzips oder die «echte Internalisierung externer Kosten» sah man «am fernen Horizont» bereits «die Gefahr harter Polizeizwänge auftauchen».[73] Aus wirtschaftsliberaler Sicht fiel die Kritik deshalb deutlich aus: «Da die Kommission selber nicht recht an ein gründliches Umdenken innerhalb nützlicher Frist und an die Geburt eines neuen Menschen zu glauben vermag, bleibt von ihrem entschiedenen und unbeugsamen Standpunkt aus nichts anderes übrig, als das breite Publikum durch einschlägige Weisungen, Gebote und Verbote vom Überkonsum, von Umweltschädigungen und vom Ressourcenverschleiss abzuhalten und es solcherart in die als richtig erkannte Richtung hineinzuzwingen.»[74]

Fast zeitgleich und nur wenige Monate nach der Reaktorkatastrophe von Tschernobyl beschrieb der deutsche Biologe Hans Mohr qualitatives Wachstum in einem Beitrag in den *Wirtschaftspolitischen Mitteilungen* – der Zeitschrift der Wirtschaftsförderung – als eine «Überlebensstrategie». Die Umweltkrise verstand er als «Begrenzungskrise» und warnte, dass es im Gegensatz zu früheren, regionalen Begrenzungskrisen inzwischen kein Ausweichen, «keine jungfräulichen Territorien» und kein «going west» mehr gebe.[75] Ähnlich wie der NAWU-Report betonte auch Mohr: «Wir leben total von der Substanz.» Der aktuelle Lebensstil verlange «den vollen Einsatz der einmaligen, eng begrenzten fossilen Energie- und Rohstoffreserven und die totale Verwandlung der Welt in eine Produktions- und Abfallbeseitigungsmaschine mit einem gigantischen Energiebedarf». Diese Maschine könne «nur noch eine beschränkte Zeit lang laufen».[76] Parallel zur Auffassung der Wirtschaftsförderung waren die Umweltprobleme aber auch für ihn nicht durch eine «Ideologie des Verzichts» zu lösen. Qualitatives Wachstum war für Mohr eine «Optimierungsstrategie» und der nostalgische Blick zurück eine «reine Illusion». Angetrieben werden sollte es nicht durch Ge-

---

72 Expertenkommission denkt über qualitatives Wachstum nach. In: Gesellschaft zur Förderung der schweizerischen Wirtschaft – Wirtschaftsförderung, Dokumentation Nr. 40, 06. 10. 1986, Zürich 1986: 1–14, hier 2–3.

73 Ebd.: 6–8 und 14.

74 Ebd.: 6–7.

75 Mohr 1987: 9–10.

76 Ebd.: 3.

bote oder Verbote, sondern durch mehr Produktivität und Effizienz.[77] Der Wandel vom quantitativen zum qualitativen Wachstum – mehr Innovation statt Expansion – bedeutete nicht, dass die Hegemonie des auch von der OECD weiterhin vertretenen Wachstumsparadigmas grundsätzlich in Frage gestellt worden wäre. Vielmehr dürften die schrillen Mahnrufe der 1970er Jahre und die ersten Erfolge im Umweltschutz in den 1980er Jahren auch dazu beigetragen haben, dass das Wachstum in der Folge weiterging.

Wettbewerb als Entdeckungsverfahren

Zu einer wieder wachstumsfreundlicheren Haltung beigetragen hatte einige Jahre früher auch der stärkste Konjunktureinbruch seit dem Kriegsende in der zweiten Hälfte der 1970er Jahre. International war es bereits im November 1975 auf einem Krisengipfel der sechs wichtigsten westlichen Industrieländer in Rambouillet bei Paris zur Schaffung des später als G7 bekannten Weltwirtschaftsgipfels gekommen. Um die Erholung der Volkswirtschaften sicherzustellen, sprachen sich die Regierungschefs in einer Abschlusserklärung nicht nur für stetiges und dauerhaftes Wachstum aus, sondern zeigten sich auch entschlossen, ihren Ländern die dafür benötigten Energiequellen zu sichern.[78] Auch in der Schweiz veränderte sich die Stimmungslage durch die mehrjährige Phase mit nahezu Nullwachstum deutlich. Rückblickend hielt der Generalsekretär des «Vororts», Rudolf Walser, am Ende der 1980er Jahre fest, «Arbeitsplätze und realer Wohlstand» hätten sich in den Krisen der 1970er Jahre «als das Hemd erwiesen», das dem durchschnittlichen Bürger doch näher liege «als der ökologische Rock».[79] War Arbeitslosigkeit seit dem Kriegsende praktisch unbekannt gewesen, ging die Zahl der Beschäftigten nun innerhalb von drei Jahren um rund 10 Prozent zurück. Die seit den Nachkriegsjahren bestehende «Vollbeschäftigung» wich einer bleibenden «Sockelarbeitslosigkeit», welche die Konsequenzen von fehlendem Wachstum sichtbar und für die steigende Zahl der Arbeitslosen auch spürbar machte.[80]

77 Ebd.: 14–15. Vgl. dazu auch Werner, Josua: Qualitatives Wachstum – was ist das? Bemerkungen zu einem facettenreichen Begriff, in: NZZ, Nr. 13, 17./18.01.1987: 5–6 sowie Mohr 1995.

78 Zur Frage der Energieversorgung nach der Ölpreiskrise vgl. auch Türk 2023 sowie zeitgenössisch Eichenberger 1977 sowie Altenpohl 1977.

79 Walser 1989: 40.

80 Zur Beschäftigungskrise und der Rückkehr der Arbeitslosigkeit seit Mitte der 1970er Jahre vgl. ausführlicher Schmidt 1985: 33–46 sowie (am Beispiel von Deutschland) Boyer 2009 und Henning 2017.

Hatte Walter Wittmann 1972 zur «Bewältigung der Zukunft» noch eine «kontrollierte Marktwirtschaft» und eine «Aufwertung der öffentlichen Hand»[81] gefordert, und war am dritten Umweltsymposium in St. Gallen – mitten in der Ölpreiskrise – im November 1973 noch über Strategien und praktische Massnahmen zu einer «Wachstumsbegrenzung»[82] diskutiert worden, begann die Vorstellung eines vorausplanenden, wirtschafts- und sozialpolitisch intervenierenden Staates (und die Verbindung von Wachstums- und Sozialpolitik) nun ihre Attraktivität einzubüssen. Anselm Doering-Manteuffel und Lutz Raphael haben die 1970er Jahre – aus einer gesamteuropäischen Perspektive – als «Krisenjahrzehnt des Keynesianismus»[83] beschrieben. Heinz Allenspach, FDP-Nationalrat und Direktor des Zentralverbandes Schweizerischer Arbeitgeber-Organisationen (ZSAO), hatte bereits 1977 die zunehmende, vom Bund, den Kantonen und Gemeinden kommende «Paragraphenflut» beklagt und kritisiert, die Schweiz sei zu einem «Reglementsstaat» geworden. Aufgewachsen während den wirtschaftlich schwierigen 1930er Jahren in St. Gallen, konnte die «Hebung des allgemeinen Wohlstandes» beziehungsweise «der Schritt von der Armutsgesellschaft zur Wohlstandsgesellschaft» für ihn «nicht als Verminderung der Lebensqualität abgetan werden»[84]. Zwei Jahre später ging die FDP – parallel zu den Wahlsiegen von Margaret Thatcher in Grossbritannien (1979) und Ronald Reagan in den USA (1981) – im Herbst 1979 mit dem Slogan «mehr Freiheit, weniger Staat» nach wirtschaftlich schwierigen Jahren als Wahlsiegerin aus den nationalen Wahlen hervor.[85] Für die NZZ wurden damit der klare Standortbezug der Partei «gegen weitere Kollektivierungstendenzen» und das Eintreten für die «liberale Idee vom sozialen Leben» belohnt.[86] Kurz vor den Wahlen hatte die NZZ gegen den «Konsumzwang von staatlich konfektioniertem Glück» angeschrieben und festgehalten, seit dem Ende des Zweiten Weltkrieges habe «eine Entwicklung Platz gegriffen, die das staatliche Pflichtenheft in einem Masse aufblähte, wie das in der Geschichte der Menschheit noch nie der Fall» gewesen sei. Der Staat sei «in einen Aufgabendschungel marschiert und gedrängt worden», der ihn der

81 Wittmann 1972: 282 und 337. Vgl. dazu auch die Ausführungen von Wittmann über rohstoffarmes Wirtschaften, ökologisch-freundliches Wachstum und kooperative Marktwirtschaft in Wittmann 1973: 222–225, 257–261 und 297–300.

82 Vgl. dazu Strategien der Wachstumsbegrenzung und Wachstumslenkung. In: NZZ, Nr. 542, 21.11.1973 und Nr. 553, 28.11.1973 sowie Kappeler, Beat: Abkehr vom Wirtschaftswachstum – aber wie? Am 3. St. Galler Umweltsymposium prallten die Meinungen aufeinander. In: Luzerner Neuste Nachrichten, Nr. 276, 28.11.1973.

83 Doering-Manteuffel, Raphael 2011 28.

84 Allenspach 1977: 24 und 28.

85 Vgl. dazu Kergomard 2018. Zur «Reagan Revolution», den «Reagonomics», der Krise des Keynesianismus und dem Aufstieg des Monetarismus vgl. auch Collins 2000: 166–213. Für Deutschland vgl. Schanetzky 2008.

86 Vgl. dazu: Der Wahlerfolg der Bürgerlichen. In: NZZ, Nr. 246, Dienstag, 23.10.1979: 33.

Gefahr aussetze, «die Orientierung zu verlieren». Das Blatt konstatierte einen «ordnungspolitischen Notstand»[87], nachdem der Bundeshaushalt mit über 50 Subventionsgesetzen zu einem «Selbstbedienungsladen» geworden sei und an die Stelle von «Marktprozessen» zunehmend «administrative Entscheidungsmechanismen» treten würden. Zeitgleich beklagte sich der Zürcher FDP-Nationalrat und Direktor der «Wirtschaftsförderung», Richard Reich, über eine «in hohem Masse belehrte, betreute und beplante Gesellschaft», in der sich «die versorgten Menschen sicherer, aber nicht unbedingt freier»[88] fühlen würden als früher.

Obwohl in der Schweiz seit den Krisen der 1970er Jahre nie mehr die Wachstumsraten der 1950er und 1960er Jahre erreicht wurden, kehrte die Wirtschaft in den 1980er Jahren wieder auf den Wachstumspfad zurück. Für Ökonomen war die «Sättigungsgrenze» in einer weiter expandierenden Konsum- und Dienstleistungsgesellschaft noch bei weitem nicht erreicht. Die Voraussetzungen waren nun allerdings andere: Die Debatten der 1970er Jahre hatten den Begriff des (quantitativen) Wachstums zunehmend diskreditiert. Zentral war deshalb nicht mehr der Wachstumsbegriff, sondern das (neoliberale) Zauberwort *Wettbewerb*, mit dem nun die Effizienzgewinne und die Steigerung der internationalen Konkurrenzfähigkeit betont wurden. Gerade durch die hitzige Diskussion über endliche Rohstoffreserven, die zunehmende Umweltverschmutzung und die «Grenzen des Wachstums» erhielt die marktwirtschaftliche Idee der Konkurrenz «als Kampf um knappe Güter»[89] eine neue Dringlichkeit. Ernst Dürr, Professor für Volkswirtschaftslehre an der Universität Erlangen-Nürnberg, hatte bereits in den 1970er Jahren auf die Korrelation zwischen der Konkurrenzintensität und dem Wirtschaftswachstum hingewiesen.[90]

Die Forderung nach mehr Wettbewerb war gut an die Forderung nach einem stärker qualitativen Wachstum anschlussfähig. Für die Expertenkommission des Bundes blieb qualitatives Wachstum ohne wirksamen Wettbewerb «unvollständig».[91] Im Sommer 1986 wurde der Bericht des Bundes an einer Tagung am Gottlieb Duttweiler Institut in Rüschlikon präsentiert und mit zahlreichen Vertretern aus Politik und Wissenschaft diskutiert. Der Vorsteher des Eidgenössischen Volkswirtschaftsdepartementes, CVP-Bundesrat Kurt Furgler, beschrieb

87 Weniger Staat – mehr Freiheit. In: NZZ, Nr. 238, 13./14.10.1979: 17. Vgl. dazu auch den Beitrag des Ökonomen und damaligen Leiters der NZZ-Wirtschaftsredaktion Linder 1979.

88 Reich 1979: 816.

89 Werron 2014: 61.

90 Dürr 1977: 122–123. Zur Frage der «Entwicklungsdynamik» von Volkswirtschaften vgl. auch Kneschaurek 1987.

91 Bundesamt für Konjunkturfragen 1985: 85.

qualitatives Wachstum hier als eine «neue Dimension der Wirtschaftspolitik»[92], deren Konkretisierung aber noch «am Anfang» stehe. Furgler benannte drei zentrale «Aktionsfelder» für eine stärker qualitative Wachstumspolitik: Neben Forschung und Bildung als die «weitaus wichtigste Wachstumsquelle»[93] waren für ihn auch die Umweltpolitik – beziehungsweise eine «umweltschonende Ressourcenpolitik» – und die «Stärkung des Wettbewerbs» wichtige Themenfelder. Wettbewerb verstand Furgler als zentralen «Innovationsmotor» und «überlegenes Verfahren zur Entdeckung und Förderung von Neuem». Eine Politik des qualitativen Wachstums «ohne wirksamen Wettbewerb» blieb für ihn «Stückwerk»[94]. Wettbewerb als Entdeckungsverfahren sollte nicht nur zu einer steigenden Produktivität und einem sinkenden Rohstoffverbrauch in der Produktion führen, sondern auch zur Entwicklung neuer Umwelttechnologien beitragen.

Ebenfalls Mitte der 1980er Jahre hielt der bereits zitierte Walter Wittmann in einem «Plädoyer für die soziale Marktwirtschaft» fest: «Im Mittelpunkt der Marktwirtschaft steht der Wettbewerb.»[95] Wittmann diagnostizierte nun einen seit den 1960er Jahren zunehmenden «wohlfahrtsstaatlichen Rausch» und eine tief verwurzelte «Anspruchsmentalität», die er als «organisierte Verantwortungslosigkeit» beschrieb.[96] Dem Land verschrieb er nicht nur eine «Erneuerung der Marktwirtschaft», sondern auch eine «Schlankheitskur für den Wohlfahrtsstaat»[97] – und warnte: «Das Schicksal des Wohlfahrtsstaates hängt engstens mit dem wirtschaftlichen Wachstum zusammen. [...] In dem Masse wie das – geplante – Wirtschaftswachstum ausbleibt, sind die Fundamente des Wohlfahrtsstaates geschwächt oder sogar ausgehöhlt.»[98] Hatte das starke Wachstum in den 1950er und 1960er Jahren noch die Grundlage für den Ausbau des Sozialstaates gebildet, wurde die enge Verbindung von Wachstums- und Sozial-

92 Furgler 1987: 8. Zur Tagung am Gottlieb Duttweiler Institut vgl. auch: Qualitatives Wachstum als Herausforderung. Konkretisierung eines Schlagwortes. In: NZZ, Nr. 143, 24.06. 1986.

93 Furgler 1987: 10. Zur Bedeutung von (unbeschränktem) «Wissenswachstum» in der Informations- bzw. Wissensgesellschaft vgl. auch Scheid, Rudolf: Wertschöpfung zum «Nulltarif»: Neue Perspektiven des wirtschaftlichen Wachstums. In: Frankfurter Allgemeine Zeitung (FAZ), Nr. 139, 20.06.1987: 13.

94 Furgler 1987: 9–11. Vgl. dazu auch die Angaben zu einer qualitativen Wachstumspolitik bei Walser 1989: 42–43.

95 Wittmann 1984: 18. Vgl. dazu auch Wittmann 1986 sowie Wittmann 1979. Für die weiter zurückreichende Diskussion zur Bedeutung von Wettbewerb und der Wettbewerbsfähigkeit der Schweiz vgl. ausführlicher Bärlocher, Schelbert-Syfrig, Würgler 1982; Sieber 1981; Winterberger 1978 sowie Schaffner 1968.

96 Wittmann 1984: 82 und 153.

97 Ebd.: 93 und 153. Vgl. dazu auch Ruoss 2018; Ischer 2005; Kaelble 2011 sowie Atteslander 1981.

98 Wittmann, Walter: Muss die Wirtschaft dauernd wachsen? In: Finanz und Wirtschaft, Nr. 65, 21.08.1982, o. S.

politik nun zunehmend kritisiert. Zugleich war mit der Forderung nach mehr Wettbewerb auch eine fortschreitende Ökonomisierung bisher ausserökonomischer Lebensbereiche verbunden. Unter der Devise «mehr Markt für die Umwelt» wurde nun auch in der Umweltpolitik gefordert, die «Kraft des Wettbewerbes» vor den «Karren des Umweltschutzes» zu spannen.[99] Der Historiker Rüdiger Graf spricht von einer «Ökonomisierung der Umwelt» und einer «Ökologisierung der Wirtschaft» seit den 1970er Jahren, die sich auch am Beispiel der Schweiz zeigen lässt. Umweltschutz und Marktwirtschaft sollten nun im Konzept der «ökologischen Modernisierung» zusammengedacht werden.[100]

Ökologische Marktwirtschaft als «Leitidee»

Neben der «Wirtschaftsförderung» hatte auch die NZZ bereits zu Beginn der 1970er Jahre marktwirtschaftliche Lösungen für die sichtbarer werdenden Umweltprobleme eingefordert.[101] Ob durch Lenkungsabgaben (wie beispielsweise Entsorgungsgebühren) oder den damals noch kaum verbreiteten Handel mit Emissionszertifikaten: Mit der Internalisierung externer Kosten sollten die bisher «freien Güter» Wasser, Luft und Boden nun mit einem Preisschild versehen und umweltschonende Technologien zur Beseitigung bereits vorhandener oder der Verhinderung neuer Schäden weiter gefördert werden. 1988 schrieb Richard Reich, das Entscheidende am Thatcherismus sei der «Durchbruch zu einem Klimawandel» gewesen – «Arbeit statt Musse, Selbsthilfe statt Subventionen» – und besonders in der Umweltpolitik sei es eine der grossen Aufgaben der achtziger Jahre, «die Umweltprobleme nicht *gegen* die Marktwirtschaft zu lösen, sondern *mit* ihr».[102] Typisch für die hier beschriebene Entwicklung ist das 1993 von Franz Jaeger, LdU-Nationalrat und Professor für Wirtschaftspolitik an der HSG veröffentlichte Lehrbuch *Natur und Wirtschaft.* War die erste Auflage noch mit dem Untertitel *Ökono-*

99 Zürcher 1988: 3.

100 Graf 2019: 190. Zur Vereinbarkeit von Umweltschutz und Wirtschaftswachstum im Konzept der ökologischen Modernisierung vgl. auch Seefried 2015: 395–396 sowie Bemmann, Metzger, von Detten 2014.

101 Vgl. dazu die von Christian Lutz verfasste Serie «Umwelt und Wirtschaftspolitik: Versuch einer kritischen Bestandesaufnahme». In: NZZ, Nr. 476, 12.10.1972: 13; NZZ, Nr. 479, 13.10.1972: 13; NZZ, Nr. 483, 16.10.1972: 5 sowie NZZ, Nr. 487, 18.10.1972: 9; Linder 1973a sowie Werner 1971.

102 Reich 1988: 36 und 38. 1995 hielt der Präsident des Schweizerischen Handels- und Industrie-Vereins, Andreas F. Leuenberger, zur «Umweltpolitik als Standortfaktor» fest: «Je effizienter die Wirtschaft ist, desto mehr Kräfte können zum Schutz der natürlichen Umwelt mobilisiert werden. [...] Die marktwirtschaftliche Erneuerung muss auch im Umweltschutz Einzug halten!» Leuenberger 1995: 19. Vgl. dazu auch Schelbert-Syfrig 1990; Meißner 1986; Wittmann, Walter: Umweltschutz in der Marktwirtschaft. Die selbstverständliche Verantwortung. In: Technische Rundschau 78 (1985): 17–20 sowie Wittmann 1984: 158–164.

mische Grundlagen einer Politik des qualitativen Wachstums publiziert worden, erschien die zweite, neu bearbeitete Auflage nur ein Jahr später mit dem Untertitel *Auf dem Weg zu einer ökologischen Marktwirtschaft.*[103] Das Buch beschrieb auf mehreren hundert Seiten die «Steuerung der Umweltnutzung über den Markt»; und auch innerhalb der SP wurden nun verschiedene Umweltabgaben, eine ökologische Marktwirtschaft und ein «Umweltschutz per Portemonnaie»[104] eingefordert. Gemäss Oliver Wyss konnte die «Ökologisierung der Wirtschaft» dadurch als «sozialdemokratisches Reformprojekt» präsentiert werden, das «in Analogie zur sozialen Marktwirtschaft» stand. Das Konzept einer «marktwirtschaftlichen Umweltschutzpolitik» verhiess «den Ausbau des Wohlstands einerseits und die Erhaltung der Umwelt andererseits». Neue umweltschonende Technologien galten nun als «Markt der Zukunft»[105]; in der Realität war man von einem effizienten Einsatz marktwirtschaftlicher Instrumente im Umweltschutz allerdings noch weit entfernt. Trotz den Forderungen nach einem stärker qualitativen Wachstum beklagte eine vom Bund für Naturschutz (heute: Pro Natura) herausgegebene Broschüre noch 1987 die «Planlosigkeit» eines Wirtschaftswachstums «ohne Zielvorstellung»[106] und disqualifizierte die seit Jahrzehnten etablierte Wirtschaftsförderung als «Wachstumsfanatismus in seiner schlimmsten Form»[107]. Desillusioniert hielt der Bund für Naturschutz fest: «Solange die Wirtschaft von allen Seiten und höchsten Stellen zu Wachstum angespornt wird, Wachstum gepredigt, hochgejubelt und fehlendes Wachstum bejammert wird, ist es sinnlos, von der Wirtschaft Selbstbeschränkung zu verlangen.»[108] Ein Wirtschaftswachstum «ohne Ziel» wurde hier als ein «krebsartig wucherndes Wachstum» beschrieben und – entgegen dem herrschenden Trend – wie bereits zu Beginn der 1970er Jahre ein «Wachstumsstopp» gefordert.[109]

Die Hinwendung und wirtschaftspolitische Neuorientierung zu einem stärker qualitativen Wachstum erwies sich als langwierig und schwierig. Im April 1989 hielt der Direktor des Bundesamtes für Konjunkturfragen, Hans Sieber, nüchtern fest, trotz zahlreicher Massnahmen für ein stärker qualitatives Wachstum, sei «der Durchbruch zu einem eigentlichen Regierungsprogramm nicht gelungen»[110]. Wenige Monate später, im März 1990, stellte der St. Galler FDP-

103 Jaeger 1994 sowie Jaeger 1993.

104 Zur Haltung der SP in den 1980er Jahren vgl. Wyss 2014: 117–122; Rechsteiner 1990 sowie SPS 1991.

105 Wyss 2014: 121. Vgl. dazu auch Stokar 1993 sowie für die Entwicklung in Deutschland Lieb 2022.

106 Minder 1987: 6–7. Zur Kritik am Handel mit Verschmutzungsrechten vgl. exemplarisch Sandel 2020: 92–101.

107 Minder 1987: 33.

108 Ebd.: 38.

109 Ebd.: 12 und 27.

110 Sieber 1989: 37.

Ständerat Ernst Rüesch in einer Anfrage an den Bundesrat kritisch fest, nach mehr als der Hälfte der Legislaturperiode sei vom qualitativen Wachstum «nur noch selten die Rede»[111]. Für den Bundesrat war klar, dass die «tiefgreifende Umsetzung» dieser Transformation «Jahrzehnte» in Anspruch nehmen werde und auch von der Bevölkerung und den verantwortlichen politischen und wirtschaftlichen Organisationen «mitgetragen» werden müsse. Zugleich räumte er ein, insbesondere beim Verkehrsaufkommen und dem Energieverbrauch dauere das «quantitative Wachstum» an, und es bestehe hier ein weiteres «grosses Wachstumspotential». Um «bessere statistische Grundlagen» zu erhalten, werde man sich in der neuen Legislaturperiode vertieft mit der bisher vernachlässigten Frage nach «Messgrössen» beschäftigen müssen.[112] Angesprochen waren damit die – noch weitgehend fehlenden – «konzeptionellen Grundlagen zur Erhebung von Umweltindikatoren, zur systematischen Erfassung der Umweltschutzkosten und zur Revision der volkswirtschaftlichen Gesamtrechnung».[113] Der NAWU-Report hatte bereits 1978 «bessere Messgrössen für Wirtschaft und Lebensqualität»[114] eingefordert; für die quantitative Messung des qualitativen Wachstums und die Verbesserung der Entscheidungsgrundlagen waren die «zentralen statistischen Bereiche» Umwelt und Gesellschaft aber auch zu Beginn der 1990er Jahre noch «unbefriedigend ausgebaut».[115]

Dass Parteien und Wirtschaft auch in den folgenden Jahren weiterhin «kräftig in das Wachstumsfeuer und die Konsumglut»[116] bliesen, war nicht zuletzt der Konjunktur geschuldet. In der Stagnation der 1990er Jahre wurde die Tonlage mit Blick auf das niedrige Produktionswachstum und die schwindende internationale Wettbewerbsfähigkeit der Schweizer Wirtschaft weiter verschärft. Von verschiedenen Ökonomen wurde nun der Wandel der Schweiz «vom Sonderfall zum Nor-

---

111 Einfache Anfrage Rüesch vom 22. März 1990: Qualitatives Wachstum. In: Amtliches Bulletin der Bundesversammlung, Band 3, 1990: 545.

112 Ebd., Antwort des Bundesrates vom 05.06.1990.

113 Vgl. dazu ausführlicher die Interpellation der Zürcher FDP-Nationalrätin Lili Nabholz vom 10. Juni 1991: Legislaturplanung 1987–1991: Leitidee des qualitativen Wachstums. In: Amtliches Bulletin der Bundesversammlung, Band 4, 1991: 2034.

114 Binswanger 1978: 145–152.

115 Nabholz, Legislaturplanung, Stellungnahme des Bundesrates vom 16.09.1991: 2035. Die Probleme, die sich bei der «Konzeption einer umweltgerechten Wachstumspolitik» und bei der «statistischen Erfassung von Umweltqualität» ergaben, waren bereits im Mai 1987 an der Jahrestagung der Schweizerischen Gesellschaft für Statistik und Volkswirtschaft zum Thema «Wachstum und Wettbewerb» diskutiert worden. Vgl. dazu den Beitrag: Wirtschaftswachstum ohne Umweltzerstörung. In: NZZ, Nr. 106, 09.05.1987 sowie die von Hans Christoph Binswanger betreute Dissertation von Walther 1990. 1991 wurde schliesslich der erste Umweltzustandsbericht des Bundes mit verschiedenen Angaben zum Energie- und Ressourcenverbrauch publiziert, der seither alle zwei Jahre erscheint.

116 Minder 1987: 32.

malfall»[117] oder – deutlich dramatischer – «vom Sonderfall zum Sanierungsfall»[118] diagnostiziert. International hatte mit dem Zusammenbruch des Ostblocks und dem Ende des Kalten Krieges seit etwa 1990 «eine zweite grosse Beschleunigung der Weltwirtschaft»[119] mit ständig steigenden Umsatz- und Gewinnerwartungen eingesetzt, die das Wachstum der Wirtschaft weiter vorantrieben. Sie liessen den weltweiten Energie- und Ressourcenverbrauch trotz aller Fortschritte in der Umwelttechnik weiter ansteigen. Sowohl für die «Standortsicherung» als auch den «Standortwettbewerb»[120] wurde nun eine neue, wesentlich liberalere Wettbewerbspolitik für die Schweiz gefordert.[121] Für Bundespräsident Kaspar Villiger war der Konkurrenzkampf zwischen den Wirtschaftsstandorten Mitte der 1990er Jahre «gnadenlos».[122] Mit dem Weissbuch *Mut zum Aufbruch: Eine wirtschaftspolitische Agenda für die Schweiz*[123] und dem historisch beispiellosen Aufstieg der SVP unter Christoph Blocher wurden die «Revitalisierungsmassnahmen» und die wirtschaftspolitische «Marschrichtung» entlang der Stichworte Deregulierung, Liberalisierung und Privatisierung weiter vorangetrieben.[124] Ein Jahr nach der Gründung der World Trade Organization (WTO) 1994 sprach das Weissbuch Mitte der 1990er Jahre von einem «eigentlichen Liberalisierungsschock» durch den Zusammenbruch des Kommunismus und die Entstehung des europäischen Binnenmark-

---

117 Wittmann 1990 sowie Wittmann, Walter: Der europäische Wirtschaftsraum holt uns ein. In: Bündner Zeitung, 13.01.1990: 13–14. Zu den Entwicklungen in den 1990er Jahren vgl. auch Tanner 2015: 492–500 und 511–519.

118 Borner, Brunetti, Straubhaar 1990.

119 Wiegandt 2013: 66. Zur internationalen Entwicklung und dem Übergang zu einer stärker angebotsorientierten Wachstumspolitik seit den 1980er Jahren vgl. auch Schmelzer 2015: 33–34.

120 Vgl. dazu Meteling 2014 sowie Meteling 2016.

121 Zum Konzept der internationalen Wettbewerbsfähigkeit und dem Übergang von einer koordinierten Marktwirtschaft zu einem stärker am Wettbewerb orientierten System in der Schweiz vgl. Mach, David, Ginalski, Bühlmann, 2017: 152–160; Lipp 2012; Wittmann 1992; Borner, Weder, Porter 1991 sowie Schmidhauser 1990.

122 Neujahrsansprache von Bundespräsident Kaspar Villiger am 01.01.1995, www.admin.ch/gov/de/start/dokumentation/reden/neujahrsansprachen/1995.html, abgerufen am 19.12.2024.

123 Vgl. dazu De Pury, Hauser, Schmid 1995. Zum «hohen Cholesterinspiegel» und der fehlenden Wettbewerbsfähigkeit der Schweiz vgl. auch Schmidheiny 1989. Zur Wirkung des Weissbuches und der Umsetzung verschiedener Reformen seit den 1990er Jahren vgl. Baltensperger 2005.

124 Neben der Einführung einer Ausgaben- und Schuldenbremse auf Bundesebene 1995, einem neuen Binnenmarkt- und Kartellgesetz oder der Einrichtung einer bis heute tätigen «Wettbewerbskommission» 1996 sei hier auch die Durchsetzung mehrerer Unternehmenssteuer-Reformen (USR 1–3) seit der zweiten Hälfte der 1990er Jahre genannt. Vgl. dazu Schweizerisches Wirtschaftsarchiv (SWA), UBW Zq178a: 349: Übersicht zu den «Revitalisierungsmassnahmen» bis 1995 (Mitteilungen der Kommission für Konjunkturfragen, Nr. 349). Bern 1995 sowie Archiv für Zeitgeschichte (AfZ), IB Vorort-Archiv, 50.8, Liberalisierung / Deregulierung 1989–1996.

tes und forderte «einen neuen Gründergeist, eine Mentalität der Öffnung, des Wettbewerbs und der Innovation».[125] Für die Erarbeitung weiterer, marktwirtschaftlich orientierter Reformideen wurde 2001 der bis heute bestehende, von Grosskonzernen finanzierte Think-Tank «Avenir Suisse» gegründet.[126] Der Schweizerische Handels- und Industrie-Verein (SHIV) hatte bereits gegen Ende der 1980er und zu Beginn der 1990er Jahre von der «Marktwirtschaft als Leitidee»[127] und einer «Renaissance der Marktwirtschaft»[128] gesprochen; und für den damaligen FDP-Bundesrat und Wirtschaftsminister Pascal Couchepin war Wettbewerb jetzt das «Zugpferd des Wachstums»[129].

Das Bekenntnis zu einer stärker angebots- und wettbewerbsorientierten Politik reichte dabei sowohl international – mit Politikern wie Bill Clinton, Tony Blair oder Gerhard Schröder – als auch in der Schweiz deutlich über wirtschaftsliberale Kreise hinaus.[130] Das von der späteren SP-Bundesrätin Simonetta Sommaruga mitverfasste «Gurten-Manifest» für eine «neue und fortschrittliche SP-Politik» kritisierte die SP zur Jahrtausendwende nicht nur als «zu staatsgläubig und zu marktskeptisch», sondern sprach sich auch für einen «effizienten Staat», (mehr) «Selbstverantwortung» und eine «Belohnung individueller Leistungsbereitschaft» aus.[131] Zu dieser Argumentationsweise passte auch der von Ernst Ulrich von Weizsäcker und anderen Autor*innen Mitte der 1990er Jahre verfasste neue Bericht an den Club of Rome, der unter dem Titel *Faktor vier* anhand zahlreicher Beispiele dank gesteigerter Produktivität und Ressourceneffizienz doppelten Wohlstand bei halbiertem Naturverbrauch versprach.[132] Zugleich warnte der Bericht bereits damals, die «Unersättlichkeit» sei stärker als die «Effi-

---

125 De Pury 1995: 10 und 15. Vgl. dazu auch Kneschaurek 1987: 268–272.

126 Zur Fortsetzung dieser Debatte nach der Jahrtausendwende vgl. Luthiger 2008; Kappeler 2007; Roth 2005; Steinmann, Rentsch 2005; Borner, Bodmer 2004 sowie Wittmann 2001.

127 Präsidialansprache des Präsidenten des SHIV 1986: 3.

128 Präsidialansprache des Präsidenten des SHIV 1991: 3. Zur Renaissance wettbewerbsbasierter Regulierungsmechanismen seit den 1970er Jahren vgl. am Beispiel von Deutschland auch Reitmayer 2014.

129 Couchepin 1998. Fast zeitgleich dazu wollte der damalige CEO der Credit-Suisse-Group, Lukas Mühlemann, aus der Schweiz mit einem politisch umstrittenen 10-Punkte-Programm das «wettbewerbsstärkste Land Europas» machen. Vgl. dazu Mühlemann 2000.

130 Zur amerikanischen Wirtschaftspolitik unter Bill Clinton vgl. Lichtenstein 2023. Zur parallel verlaufenden Entwicklung in Deutschland in den 1990er Jahren vgl. Seefried 2017: 221–222.

131 Vgl. dazu Huber, Kaestli, Linder 2001. Zur Debatte über das Gurten-Manifest vgl. «Die Wähler ernst nehmen»: SP-Reformkräfte spüren den Frühling. In: NZZ, Nr. 108, 11.05.2001: 14; Zbinden 2001 oder Spieler 2001. Vgl. dazu auch Sommaruga, Strahm 2005 sowie Schröder, Blair 1999.

132 Weizsäcker, Lovins, Lovins 1995. Vgl. dazu mit zahlreichen neueren Beispielen auch Weizsäcker, Hargroves, Smith 2010.

zienzrevolution».[133] In der Schweiz waren bereits einige Jahre zuvor das gross angelegte Infrastrukturprojekt *Bahn 2000* und das Aktionsprogramm *Energie 2000* lanciert worden, mit denen der öffentliche Verkehr gestärkt, die Energieeffizienz erhöht und erneuerbare Energien gefördert werden sollten. Eine weitere Zunahme des motorisierten Individualverkehrs konnte damit aber nicht verhindert werden, und das Ziel, den Elektrizitätsverbrauch ab dem Jahr 2000 zu stabilisieren, entpuppte sich als illusorisch.

Technische Entwicklung als Erlösungsversprechen? – Ein Fazit

Der Club of Rome reagierte zu Beginn der 1970er Jahre rasch auf die harsche Kritik an den *Grenzen des Wachstums.* Bereits 1974 erschien basierend auf einem neuen, regional differenzierteren Weltmodell eine zweite Studie unter dem immer noch reisserischen Titel *Mankind at the Turning Point.*[134] Seither kamen in immer rascher aufeinander folgenden Zeitabständen zahlreiche weitere Updates und vertiefende Berichte hinzu. Die Fortschritte in der Entwicklung neuer Umwelttechnologien wurden nun stärker in die Argumentation integriert; zugleich warnen die Berichte aber bis heute vor den negativen ökologischen Folgen einer weiteren wirtschaftlichen Expansion.[135] Die Kritik am hohen Ressourcenverbrauch, einer extraktiven Wirtschaft oder zunehmenden Umweltzerstörung ist seit den 1970er Jahren nicht mehr abgerissen und wurde in den letzten Jahren angesichts der drohenden Klimakatastrophe weiter verschärft. Die angestrebte «Dematerialisierung» beziehungsweise absolute Entkoppelung von Ressourcenverbrauch und weiterem Wirtschaftswachstum wurde bis heute weitgehend verfehlt.[136] Für den wachstumskritischen Ökonomen Niko Paech ist qualitatives Wachstum «ein perfektes Alibi für das expansive Weiter-So». Erübrigen würden sich dann «brisante Fragen nach bescheideneren Lebensstilen und nach einer Umverteilung des bereits erwirtschafteten Reichtums».[137] Der von Erhard Eppler schon in den 1970er Jahren eingeforderten Neuorientierung «von einem Zeitalter der Grenzüberwindung zu einem Zeitalter der Grenzbestimmung»[138] steht bis heute der Glaube an die technische Entwicklung als Erlösungsversprechen

133 Ebd.: 331.

134 Mesarovic, Pestel 1974. Zur Kritik am Bericht von 1972 vgl. auch Meadows 1974.

135 Zur langfristigen Bedeutung des Berichtes vgl. Jackson, Webster 2016. Zu den verschiedenen Updates vgl. exemplarisch: Dixson-Declève u. a. 2022; Randers 2016; Randers 2012; Meadows, Meadows, Randers 2006 oder Meadows, Meadows, Randers 1992.

136 Vgl. dazu Parrique u. a. 2019; Lorek 2015 sowie Alcott 2015.

137 Paech 2009: 84 sowie Paech 2014. Kritisch zur nachhaltigen Entwicklung vgl. auch Caradonna 2017 sowie Wiegandt 2013.

138 Eppler 1975: 18.

gegenüber. Der amerikanische Zukunftsforscher Herman Kahn vertrat in seinem Buch *Vor uns die guten Jahre* bereits 1976 die These, dass der Kapitalismus und die technologische Entwicklung unbegrenzte Fortschrittsmöglichkeiten bieten würden.[139] Dass die Grenzen des Wachstums immer weiter in die Zukunft verschoben und die bestehenden Probleme durch die fortschreitende Digitalisierung – beziehungsweise Unternehmer, die «exponentiell denken» – gelöst werden können, wurde in den letzten Jahren von verschiedenen Autoren propagiert. Effizienz statt Suffizienz, «more from less» statt «less is more», lautet weiterhin die mit einem höheren Konkurrenzdruck und verschärftem internationalen Wettbewerb verbundene Devise.[140] «Grünes Wachstum» wie der von der Europäischen Union Ende 2019 präsentierte «European Green Deal» (EGD) setzt weiterhin auf eine «Entkoppelung» von Wirtschaftswachstum und Ressourcenverbrauch beziehungsweise eine sinkende Ressourcenintensität.[141] Die Kritik an diesem Glauben hat der ehemalige Vorsteher des Eidgenössischen Verkehrs- und Energiewirtschaftsdepartementes, SP-Bundesrat Willi Ritschard, parallel zum Erscheinen des Buches von Herman Kahn bereits 1976 formuliert: «Wir hätten [...] eigentlich schon lange die Überlegung machen müssen, dass uns die Rohstoffe dieser Erde nicht ewig zur Verfügung stehen und dass sie eben endlich sind. Wir wissen es heute. Aber glauben wir es auch wirklich? [...] Die meisten von uns sind immer noch auf einen fast unbedingten Fortschrittsglauben eingeschworen [...]. Viele von uns sind noch immer davon überzeugt, dass der Fortschritt der Menschheit weitgehend ein technisches Problem sei. [...] Und je unverständlicher uns die Technik wurde, desto grösser wurde eigentümlicherweise unser Glaube an sie. Man spricht von den ‹Wundern der Technik› und vergisst dabei, dass Wunder ausserhalb des Menschlichen stehen. Wunder entziehen sich unserer Kontrolle. [...] Wir vergessen, dass auch Wunder – und wahrscheinlich vor allem sie – unsere Skepsis nötig haben.»[142]

---

139 Kahn 1976.

140 Vgl. dazu die unterschiedlichen Positionen von Hickel 2023; McAfee 2019; Aegerter 2020; Diamandis, Kotler 2015 sowie Diamandis, Kotler 2012.

141 Beim «European Green Deal» handelt es sich «um eine Wachstumsstrategie, mit der die EU zu einer fairen und wohlhabenden Gesellschaft mit einer modernen, ressourceneffizienten und wettbewerbsfähigen Wirtschaft werden soll, in der im Jahr 2050 keine Netto-Treibhausgasemissionen mehr freigesetzt werden und das Wirtschaftswachstum von der Ressourcennutzung abgekoppelt ist». Europäische Kommission 2019: 2. Kritisch zum grünen Wachstum und der Forderung nach mehr Wettbewerb vgl. exemplarisch Thielemann 2019 sowie Thielemann 2010.

142 Ritschard 1976: 8–9.

Gedruckte Quellen

Allenspach, Heinz: 25 Jahre Wirtschaftswachstum: Nur eine negative Bilanz? In: Schweizer Monatshefte 57/1 (1977): 23–29.

Altenpohl, Dieter; Friese, Günther: Der Nord-Süd-Dialog oder die Bedeutung der Rohstoffe für die Wirtschaft in Westeuropa. In: Borschberg, Edwin (Hg.): Unternehmenswachstum im kühleren Wirtschaftsklima. Bern 1977: 25–52.

Atteslander, Peter: Die Grenzen des Wohlstands. An der Schwelle zum Zuteilungsstaat. Stuttgart 1981.

Bächtold, Kurt: Vom Naturschutz zum Umweltschutz. Stadien einer Bewusstseinswerdung. In: Schweizer Monatshefte 50 (1970–1971): 476–483.

Bärlocher, Ernst; Schelbert-Syfrig, Heidi; Würgler, Hans: Internationale Wettbewerbsfähigkeit. Eine Literaturübersicht mit besonderer Berücksichtigung der Schweiz. Diessenhofen 1982.

Bericht des Bundesrates an die Bundesversammlung über die Richtlinien der Regierungspolitik in der Legislaturperiode 1968–1971 (vom 15. Mai 1968). In: Bundesblatt 120 (1968): 1204–1248.

Bericht des Bundesrates an die Bundesversammlung über die Richtlinien der Regierungspolitik in der Legislaturperiode 1971–1975 (vom 13. März 1972). In: Bundesblatt 124 (1972): 1025–1088.

Binswanger, Hans Christoph; Geissberger, Werner; Ginsburg, Theo (Hg.): Der NAWU-Report. Wege aus der Wohlstandsfalle: Strategien gegen Arbeitslosigkeit und Umweltkrise. Frankfurt a. M. 1978.

Bombach, Gottfried: Planspiele zum Überleben. Prophezeiungen des «Club of Rome». Basel 1973.

Borner, Silvio; Brunetti, Aymo; Straubhaar, Thomas: Schweiz AG: Vom Sonderfall zum Sanierungsfall? Zweite Auflage. Zürich 1990.

Borner, Silvio; Weder, Rolf; Porter, Michael E.: Internationale Wettbewerbsvorteile. Ein strategisches Konzept für die Schweiz. Frankfurt a. M. 1991.

Brandenberger, Kurt; Gasche, Urs P.; Guggenbühl, Hanspeter; Haemmerli, Fredy: Das Märchen von der sauberen Schweiz: Pleite im Umweltschutz. Basel 1982.

Bundesamt für Konjunkturfragen (Hg.): Qualitatives Wachstum: Bericht der Expertenkommission (Bundesamt für Konjunkturfragen, Studie Nr. 9). Bern 1985.

Calonder Gerster, Anita: Zum Übergang von einem quantitativen auf ein mehr qualitativ ausgerichtetes Wachstum. In: Schriftenreihe des Forum Helveticum, Heft 2. Lenzburg 1989: 10–13.

Cole, H. S. D.; Freeman, Christopher; Jahoda, Marie; Pavitt, K. L. R. (Hg.):: Thinking about the Future: a Critique of the Limits to Growth. London 1973.

Commoner, Barry: The Closing Circle. New York 1971.

Couchepin, Pascal: Der Wettbewerb: Zugpferd des Wachstums (Schriftenreihe des Vororts Nr. 64). Zürich 1998: 15–24.

De Pury, David; Hauser, Heinz; Schmid, Beat: Mut zum Aufbruch. Eine wirtschaftspolitische Agenda für die Schweiz. Zürich 1995.

Der längerfristige Wachstumspfad der schweizerischen Wirtschaft (1950–1976). In: Dokumentation zur Wirtschaftskunde, Nr. 28. Herausgegeben von der Gesellschaft zur Förderung der schweizerischen Wirtschaft. Zürich 1979.

Drewermann, Eugen: Der tödliche Fortschritt. Von der Zerstörung der Erde und des Menschen im Erbe des Christentums. Regensburg 1981.
Dürr, Ernst: Wachstumspolitik (Beiträge zur Wirtschaftspolitik, Band 24). Stuttgart 1977.
Egli, Emil: Natur in Not: Gefahren der Zivilisationslandschaft. Bern 1970.
Ehrlich, Paul R.: The Population Bomb. New York 1968.
Eichenberger, Hans P.: Die Wirtschaft vor der Energieperspektive. In: Borschberg, Edwin (Hg.): Unternehmenswachstum im kühleren Wirtschaftsklima. Bern 1977: 239–256.
Eppler, Erhard: Die Qualität des Lebens. In: Eppler, Erhard (Hg.): Überleben wir den technischen Fortschritt: Analysen und Fakten zum Thema Qualität des Lebens. Freiburg i. Br. 1973: 9–21. (= Eppler 1973a)
Eppler, Erhard: Die Qualität des Lebens. In: Friedrichs, Günter (Hg.): Aufgabe Zukunft, Qualität des Lebens. Beiträge zur vierten Internationalen Arbeitstagung der Industriegewerkschaft Metall für die Bundesrepublik Deutschland, 11.–14. April 1972 in Oberhausen, Band 1. Frankfurt a. M. 1973: 86–101. (= Eppler 1973b)
Eppler, Erhard: Maßstäbe für eine humane Gesellschaft. Lebensstandard oder Lebensqualität? Stuttgart 1974.
Eppler, Erhard: Ende oder Wende. Von der Machbarkeit des Notwendigen. Stuttgart 1975.
Frey, Bruno S.: Umweltökonomie (Kleine Vandenhoeck-Reihe 369). Göttingen 1972.
Fritsch, Bruno: Wachstumsbegrenzung als Machtinstrument. Stuttgart 1974.
Furgler, Kurt: Qualitatives Wachstum: Eine neue Dimension der Wirtschaftspolitik. In: Technische Rundschau 14 (1987): 8–11.
Giger, Hans Georg: Der schweizerische Wohlstand. In: Wirtschaftspolitische Mitteilungen 30/2 (1974). Zürich 1974.
Ginsburg, Theo: Ökologische Massstäbe des wirtschaftlichen Wachstums. In: Ginsburg, Theo; Binswanger, Christoph; Kern, Fritz; Gross, Herbert; Brotbeck, Kurt; Lindenberg, Christoph: Wirtschaften mit begrenzten Ressourcen. Sechs Vorträge, gehalten an der 21. Wintertagung der Vereinigung für freies Unternehmertum vom 25. bis 28. Januar 1973 im Kursaal Engelberg. Zürich 1973: 9–29.
Goldsmith, Edward; Allen, Robert: A Blueprint for Survival. Boston 1972.
Gruhl, Herbert: Ein Planet wird geplündert. Die Schreckensbilanz unserer Politik. Frankfurt a. M. 1975.
Hentsch, Bénédict; Malik, Fredmund (Hg.): Systemorientiertes Management. Bern 1973.
Hoffmann-Nowotny, Hans-Joachim: Soziologische Bemerkungen zu den «Grenzen des Wachstums»: eine Kritik der «Umwelt-Ideologie». In: Schweizer Monatshefte 54/9 (1974): 628–642.
Huber, Henri; Kaestli, Tobias; Linder, Wolf: Simonetta Sommaruga, Gurten-Manifest für eine neue und fortschrittliche SP-Politik. Gurten 2001.
Imboden, Max: Helvetisches Malaise. Zürich 1964.
Jaag, Otto: Aktuelle Probleme des Gewässerschutzes. In: Wirtschaftspolitische Mitteilungen 17 (1961), Nr. 12. Zürich 1961.
Jaeger, Franz: Natur und Wirtschaft. Auf dem Weg zu einer ökologischen Marktwirtschaft. Zweite, neu bearbeitete Auflage. Chur 1994.
Jaeger, Franz: Natur und Wirtschaft. Ökonomische Grundlagen einer Politik des qualitativen Wachstums. Chur 1993.
Kahn, Herman: Vor uns die guten Jahre: Ein realistisches Modell unserer Zukunft. Wien 1976.
Kapp, Karl William: Umweltkrise und Nationalökonomie. In: Schweizer Monatshefte. Zeitschrift für Politik, Wirtschaft, Kultur 52 (1972/73): 657–668.

Keller, Mario; Kessler, H.; Mauch, Samuel: Perspektiven für Mini-Elektromobile in der Schweiz. Bern 1989.

Keller, Rolf: Bauen als Umweltzerstörung. Alarmbilder einer Un-Architektur der Gegenwart. Zürich 1973.

King, Alexander: Another Kind of Growth: Industrial Society and the Quality of Life. London 1972.

Kleinewefers, Henner: Die «grüne Option»: Bemerkungen zum NAWU-Report. Fribourg 1982.

Kneschaurek, Francesco: Wachstum, Innovation und Wettbewerb. In: Schweizerische Zeitschrift für Volkswirtschaft und Statistik 123/3 (1987): 249–273.

Küng, Emil: Wohlstand und Wohlfahrt: von der Konsumgesellschaft zur Kulturgesellschaft. Tübingen 1972.

Küng, Emil: Ende der Wohlstandsgesellschaft? Zwei Beiträge über die veränderten Grundlagen unseres Weltbildes. Zürich 1974.

Küng, Emil: Die Qualität des Lebens als Ziel der Wirtschafts- und Gesellschaftspolitik. In: Schweizer Monatshefte: Zeitschrift für Politik, Wirtschaft, Kultur 54/1 (1974–1975): 21–32.

Küng, Emil: Das Wirtschaftswachstum und seine Schattenseiten. In: Schweizer Monatshefte 56/8 (1976): 671–679.

Küng, Emil: Der Beitrag der Wirtschaft zum menschlichen Glück. In: Schweizer Monatshefte 60/7 (1980): 351–358.

Leuenberger, Andreas F.: Wirtschaftsstandort Schweiz – Auf dem Weg ins Abseits? (Schriftenreihe des Vororts Nr. 59). Zürich 1995.

Linder, Willy: Marktwirtschaft und Umweltschutz. In: Schweizer Monatshefte 53/9 (1973): 597–599. (= Linder 1973a)

Linder, Willy: Von der Beschäftigungspolitik zum qualitativen Wachstum: ökologisch bedingte Systemkrise? In: Wirtschaftspolitische Mitteilungen 29/10 (1973). Zürich 1973. (= Linder 1973b)

Linder, Willy: Kosten und Probleme des Wohlfahrtsstaates am Beispiel der Schweiz. In: Rühle, Hans; Veen, Hans-Joachim (Hg.): Wachsende Staatshaushalte. Stuttgart 1979: 201–248.

Lübbe, Hermann: Lebensqualität oder Fortschrittskritik von links. In: Schweizer Monatshefte 53/9 (1973): 606–620.

Lutz, Christian: Qualitatives Wachstum – reale Möglichkeit oder Chimäre? In: Schweizerischer Bankverein: Der Monat in Wirtschaft und Finanz, Heft 3 (1979): 2–7.

Lutz, Christian: Qualitatives Wirtschaftswachstum – ein Programm für die Informationsgesellschaft. In: Sensor. Zeitschrift für Zukunftsfragen 1/4 (1983): 13–18.

Lutz, Christian: Westeuropa auf dem Weg in die Informationsgesellschaft: kritischer Überblick über Analysen, Prognosen und Optionen. Rüschlikon 1984.

Maibach, Markus; Iten, Rolf; Mauch, Samuel: Kostenwahrheit im Verkehr. Vorschläge zur Internalisierung der externen Verkehrskosten. Chur 1993.

Majer, Helge (Hg.): Qualitatives Wachstum. Einführung in Konzeptionen der Lebensqualität. Frankfurt a. M. 1984.

Majer, Helge: Wirtschaftswachstum: Paradigmenwechsel vom quantitativen zum qualitativen Wachstum. Zweite, durchgesehene Auflage. München 1994.

Mauch, Samuel: Ginsburg, Theo: Jenseits der Sachzwänge: Ein Beitrag der Umweltorganisationen zur schweizerischen Gesamtenergiekonzeption. Basel 1978.

Mauch, Samuel; Marti, Peter; Haering, Barbara; Knecht, Thomas; Zürcher, Dieter: Bauland-Dynamik (Nationales Forschungsprogramm Nutzung des Bodens in der Schweiz). Liebefeld-Bern 1989.

Mauch, Samuel; Iten, Rolf; von Stokar, Thomas; Banfi, Silvia; Hess, Samuel: Ökologische Steuerreform: Wettbewerbsfähigkeit, Beschäftigung und Umwelt. Zürich 1995.

Mauch, Ursula; Heldstab, Jürg; Aebersold, Adrian: Entsorgung von Siedlungsabfällen in der Schweiz: Kehrrichtverbrennungsanlagen und Deponien. Herausgegeben vom Bundesamt für Umwelt, Wald und Landschaft (BUWAL). Bern 1992.

Meadows, Donella H.; Meadows, Dennis L.; Randers, Jørgen; Behrens, William W. III: Die Grenzen des Wachstums. Bericht des Club of Rome zur Lage der Menschheit. Stuttgart 1972.

Meadows, Dennis L.: Die Grenzen des Wachstums und Planung für die Zukunft. In: Richter, Horst E. (Hg.): Wachstum bis zur Katastrophe? Pro und Contra zum Weltmodell Dennis L. Meadows. Stuttgart 1974: 12–31.

Meißner, Werner: Arbeitsplätze durch Umweltschutz. In: Krupp, Hans-Jürgen; Rohwer, Bernd; Rothschild, Kurt W. (Hg.): Wege zur Vollbeschäftigung. Konzepte einer aktiven Bekämpfung der Arbeitslosigkeit. Freiburg i. Br. 1986: 253–267.

Mesarovic, Mihajlo; Pestel, Eduard: Mankind at the Turning Point: The Second Report to the Club of Rome. New York 1974.

Minder, Hans: Wachstum, Entwicklung wohin? Natur- und Umweltschutz fordern Wachstumsstopp (Herausgegeben vom Schweizerischen Bund für Naturschutz). Basel 1987.

Mishan, Ezra J.: The Costs of Economic Growth. London 1967.

Mohr, Hans: Qualitatives Wachstum als Überlebensstrategie. In: Wirtschaftspolitische Mitteilungen 43/1/2 (1987). Zürich 1987.

Mohr, Hans: Qualitatives Wachstum: Losung für die Zukunft. Stuttgart 1995.

Morandi, Pietro: Die «Wissensgesellschaft» als «Innovationsgesellschaft». Der technologische Wandel der 80er und 90er Jahre im Spiegel seiner öffentlichen Wahrnehmung. Das Beispiel der Informations- und Kommunikationstechnologie. In: Historical Social Research 27 (2002): 130–170.

Mühlemann, Lukas: Was die Politik von einem Unternehmen lernen muss. In: Das Magazin, Tages-Anzeiger, 01.01.2000: 40–43.

Müller, Jörg: Alle Jahre wieder saust der Presslufthammer nieder oder: Die Veränderung der Landschaft. Aarau 1973.

Müller, Jörg: Hier fällt ein Haus, dort steht ein Kran und ewig droht der Baggerzahn oder: die Veränderung der Stadt. Aarau 1976.

Nussbaum, Heinrich (Hg.): Die Zukunft des Wachstums: kritische Antworten zum Bericht des Club of Rome. Düsseldorf 1973.

Oltmans, Willem: Die Grenzen des Wachstums – pro und contra. Reinbek bei Hamburg 1974.

Ostleitner, Herbert: Wachstum und gesellschaftliche Stabilität. In: Wirtschaft und Gesellschaft 1/1 (1975): 15–32.

Präsidialansprache des Präsidenten des SHIV, Louis von Planta, Marktwirtschaft als Leitidee. In: Referate an der Delegiertenversammlung des Schweizerischen Handels- und Industrie-Vereins vom 19. September 1986 in Zürich (Schriftenreihe des Vororts, Nr. 45). Zürich 1986: 3–10.

Präsidialansprache des Präsidenten des SHIV, Pierre Borgeaud, Schweiz braucht Verjüngungskur. In: Renaissance der Marktwirtschaft. Referate an der SHIV-Delegiertenversammlung im eidgenössischen Jubiläumsjahr 1991 (Schriftenreihe des Vororts, Nr. 55). Zürich 1991: 3–13.

Rechsteiner, Rudolf: Umweltschutz per Portemonnaie. Zürich 1990.

Reich, Richard: Gibt es noch eine bürgerliche Politik in der Schweiz? In: Schweizer Monatshefte: Zeitschrift für Politik, Wirtschaft, Kultur 59/10 (1979): 813–820.

Reich, Richard: Der Thatcherismus und die Schweiz. In: Schweizer Monatshefte 68 (1988): 33–38.

Richter, Horst E. (Hg.): Wachstum bis zur Katastrophe? Pro und Contra zum Weltmodell. Stuttgart 1974.

Ritschard, Willi: Die Gewerkschaft als Gemeinschaft. In: Gewerkschaftliche Rundschau 68/1 (1976): 3–14.

Schaffner, Hans: Konstanten der schweizerischen Wirtschaftspolitik. In: Zentralverband Schweizerischer Arbeitgeber-Organisationen: Arbeitgeberpolitik in der Nachkriegszeit, 1948–1967. Zürich 1968: 79–101.

Scharnagl, Wilfried: Der Dreck, in dem wir leben. Oder ein Nachruf auf unsere Umwelt. München 1971.

Schelbert-Syfrig, Heidi: Nutzen wir die Vorteile der Marktwirtschaft: ein Plädoyer für eine marktgerechte Umweltpolitik. In: Wirtschaftspolitische Mitteilungen 46/1 (1990). Zürich 1990.

Schmidhauser, Bruno: Wettbewerbspolitik in der Schweiz? (Dokumentation zur Wirtschaftskunde, Heft 9). Zürich 1990.

Schmidheiny, Stephan: Die Schweiz im Wettbewerb der Nationen (Schriftenreihe des Vororts, Nr. 52). Zürich 1989.

Schoch, Max: Unbehagen an der Leistungsgesellschaft. In: Schweizer Monatshefte 49/11 (1970): 994–1004.

Schröder, Gerhard; Blair, Tony: Der Weg nach vorne für Europas Sozialdemokraten. London 1999.

Schumacher, Ernst Friedrich: Small is Beautiful: A Study of Economics as if People Mattered. London 1973.

Sieber, Hans: Zum Übergang von einem vorwiegend quantitativen auf ein mehr qualitativ ausgerichtetes Wachstum. In: Schriftenreihe des Forum Helveticum, Heft 2. Lenzburg 1989: 34–37.

Sieber, Hugo: Schweizerische Wettbewerbspolitik (Berner Beiträge zur Nationalökonomie, Band 40). Bern 1981.

Simon, Julian Lincoln: The Ultimate Resource. Princeton 1981.

Simonis, Udo Ernst: Kriterien qualitativen Wachstums. In: Vorgänge: Zeitschrift für Bürgerrechte und Gesellschaftspolitik 16 (1977): 44–64.

Sommaruga, Simonetta; Strahm, Rudolf: Für eine moderne Schweiz: Ein praktischer Reformplan. Zürich 2005.

Späth, Lothar: Wende in die Zukunft. Die Bundesrepublik auf dem Weg in die Informationsgesellschaft. Reinbek bei Hamburg 1985.

Spieler, Willy: Das «Gurtenmanifest» oder: Wo bleibt die Programmdiskussion der SPS? In: Neue Wege: Beiträge zu Religion und Sozialismus 95/6 (2001): 172–175.

SPS (Hg.): Parteiprogramm, verabschiedet vom ordentlichen Parteitag vom 12. bis 14. November 1982 in Lugano. Bern 1982.

SPS (Hg.): Wirtschaft und Umwelt. Sozialdemokratische Vorschläge für einen sozialen und ökologischen Umbau der Wirtschaft. Bern 1991.

Stoffel, Mathis: Die Grenzen des Wachstums. Beurteilung der Kritik. Bern 1978.
Stokar, Thomas von; Mauch, Samuel; Iten, Rolf: Marktwirtschaftliche Instrumente für einen ökologischen Strukturwandel. Übersicht über die Entwicklungstrends. Bern 1993.
Taylor, Gordon R.: The Doomsday Book. London 1970.
Thiemann, Hugo E.: Kernprobleme der Club-of-Rome-Studie. In: Hentsch, Bénédict; Malik, Fredmund (Hg.): Systemorientiertes Management. Bern 1973: 53–58.
Tschumi, Pierre-André: Umweltbiologie: Ökologie und Umweltkrise. Bern 1981.
Walser, Rudolf: Zum Übergang von einem vorwiegend quantitativen auf ein mehr qualitativ ausgerichtetes Wachstum. In: Schriftenreihe des Forum Helveticum, Heft 2. Lenzburg 1989: 40–43.
Walther, Andreas: Die Folgekostenrechnung von Umweltschäden: Erweiterung des volkswirtschaftlichen Rechnungswesens am Beispiel der Schweiz. Bamberg 1990.
Wehrli, Bernhard: Der Umweltschutz als wirtschaftliches und politisches Problem. In: Schweizer Monatshefte 50 (1970–1971): 483–489.
Weintraub, Andrew; Schwartz, Eli; Aronson, J. Richard (Hg.): The Economic Growth Controversy. London 1973.
Weizsäcker, Ernst Ulrich von; Lovins, Amory B.; Lovins; L. Hunter: Faktor vier: doppelter Wohlstand – halbierter Naturverbrauch. Der neue Bericht an den Club of Rome. München 1995.
Weizsäcker, Ernst Ulrich von; Hargroves, Karlson; Smith, Michael: Faktor fünf: Die Formel für nachhaltiges Wachstum. München 2010.
Werner, Josua: Umweltschutz in ökonomischer Sicht. In: Wirtschaftspolitische Mitteilungen 27/12 (1971). Zürich 1971.
Werner, Josua: Umweltschutz und Wachstumsproblematik. In: Ordo: Jahrbuch für die Ordnung von Wirtschaft und Gesellschaft 24 (1973): 157–177.
Winterberger, Gerhard: Die Schweiz im internationalen Wettbewerb. In: Schweizer Monatshefte: Zeitschrift für Politik, Wirtschaft, Kultur 58/4 (1978): 259–274.
Wittmann, Walter: Der unbewältigte Wohlstand. Die Zukunft von Wirtschaft, Staat und Gesellschaft. München 1972.
Wittmann, Walter: Wohin geht die Schweiz? Strategien des Überlebens. München 1973.
Wittmann, Walter: Wohin treibt die Schweiz? Die Schweiz in den achtziger Jahren: Verpasste Chancen oder Bewältigung der Zukunft – ein politisch-wirtschaftlich-gesellschaftlicher Schweizer Spiegel. Bern 1979.
Wittmann, Walter: Wider die organisierte Verantwortungslosigkeit. Ein Plädoyer für die soziale Marktwirtschaft. Frauenfeld 1984.
Wittmann, Walter: Sozialpolitik – kein Platz mehr für Selbstverantwortung? In: Schweizer Monatshefte 66/2 (1986): 115–124.
Wittmann, Walter: Vom Sonderfall zum Normalfall. In: Schweizer Monatshefte 70/11 (1990): 933–948.
Wittmann, Walter: Marktwirtschaft für die Schweiz. Frauenfeld 1992.
Zbinden, Hans: Vom Fehlen sozialdemokratischer Suchbewegung. In: Rote Revue: Zeitschrift für Politik, Wirtschaft und Kultur 79/4 (2001): 9–15.
Zürcher, Max: Ökologische Marktwirtschaft – zur Diskussion des umweltpolitischen Instrumentenkastens. In: Wirtschaftspolitische Mitteilungen 44/8 (1988). Zürich 1988.

Sekundärliteratur

Aegerter, Simon: Das Wachstum der Grenzen. Über die unerschöpfliche Erfindungskraft der Menschen. Zürich 2020.

Alcott, Blake: Jevons' Paradoxon (Reboundeffekt). In: D'Alisa, Giacomo; Demaria, Federico; Kallis, Giorgos (Hg.): Degrowth: Handbuch für eine neue Ära. München 2015: 142–146.

Aufdermauer, Claudia: Vergiftete Schweiz. Eine andere Geschichte der Industrialisierung. Zürich 2024.

Baltensperger, Ernst: Mut zum Aufbruch – 10 Jahre danach. Zürich 2005.

Basler, Ernst: Zukunftsforschung und Fortschrittsglaube. Kann der Mensch den Fortschritt überleben. In: Tages-Anzeiger Magazin, Nr. 44, 05.12.1970: 6–10.

Basler, Ernst: Strategie des Fortschritts: Umweltbelastung, Lebensraumverknappung und Zukunftsforschung. Frauenfeld 1972.

Bemmann, Martin; Metzger, Birgit; von Detten, Roderich (Hg.): Ökologische Modernisierung. Zur Geschichte und Gegenwart eines Konzepts in Umweltpolitik und Sozialwissenschaften. Frankfurt a.M. 2014.

Bernier, Aurélien: Fünfzig Jahre Umweltschutz für den Globalen Norden. In: Le monde diplomatique, Juni 2022: 22–23.

Borner, Silvio; Bodmer, Frank: Wohlstand ohne Wachstum: eine Schweizer Illusion. Herausgegeben von Avenir Suisse. Zürich 2004.

Boyer, Christoph: Schwierige Bedingungen für Wachstum und Beschäftigung. In: Raithel, Thomas (Hg.): Die Rückkehr der Arbeitslosigkeit: Die Bundesrepublik Deutschland im europäischen Kontext 1973 bis 1989. Berlin 2009: 9–22.

Caradonna, Jeremy L.: An incompatible couple: a critical history of economic growth and sustainable development. In: Borowy, Iris; Schmelzer, Matthias (Hg.): History of the Future of Economic Growth: Historical Roots of current Debates on Sustainable Degrowth. London 2017: 154–173.

Chaloupek, Günther; Feigl, Georg: Die Wachstumskontroverse vor vierzig Jahren und heute. In: Wirtschaft und Gesellschaft 38/4 (2012): 771–800.

Collins, Robert M.: More: The Politics of Economic Growth in Postwar America. Oxford 2000.

Diamandis, Peter; Kotler, Steven: Überfluss: Die Zukunft ist besser als Sie denken. Kulmbach 2012.

Diamandis, Peter; Kotler, Steven: Bold: Gross denken, Wohlstand schaffen und die Welt verändern. Kulmbach 2015.

Dixson-Declève, Sandrine; Gaffney, Owen; Ghosh, Jayati; Randers, Jørgen; Rockström, Johan; Stoknes, Per Espen: Earth for All: ein Survivalguide für unseren Planeten. Der neue Bericht an den Club of Rome, 50 Jahre nach «Die Grenzen des Wachstums». München 2022.

Doering-Manteuffel, Anselm; Raphael, Lutz: Der Epochenbruch in den 1970er Jahren: Thesen zur Phänomenologie und den Wirkungen des Strukturwandels «nach dem Boom». In: Andresen, Knud; Bitzegeio, Ursula; Mittag, Jürgen (Hg.): «Nach dem Strukturbruch»? Kontinuität und Wandel von Arbeitsbeziehungen und Arbeitswelt(en) seit den 1970er Jahren. Bonn 2011: 25–40.

Europäische Kommission: Der europäische Grüne Deal. Brüssel 2019.

Franc, Andrea: Im Austausch mit der Welt: Schweizer Unternehmen im 19. und 20. Jahrhundert. Baden 2021.

Germann, Pascal: The Quality of Life Turn: The Measurement and Politics of Well-Being in the 1970s. In: Know: A Journal on the Formation of Knowledge 4 (2020): 295–324.

Gisler, Monika: Wie die Umwelt an die ETH kam: Eine Sozialgeschichte der Umweltnaturwissenschaften. Zürich 2020.

Graf, Rüdiger: Die Ökonomisierung der Umwelt und die Ökologisierung der Wirtschaft seit den 1970er Jahren. In: Graf, Rüdiger (Hg.): Ökonomisierung. Debatten und Praktiken in der Zeitgeschichte. Göttingen 2019: 188–211.

Haefeli, Ueli: Der lange Weg zum Umweltschutzgesetz. Die Antwort des politischen Systems auf das neue gesellschaftliche Leitbild «Umweltschutz». In: König, Mario; Kreis, Georg; Meister, Franziska; Romano, Gaetano (Hg.): Dynamisierung und Umbruch. Die Schweiz in den 60er und 70er Jahren. Zürich 1998: 241–249.

Hahn, Friedemann: Von Unsinn bis Untergang: Rezeption des Club of Rome und der Grenzen des Wachstums in der Bundesrepublik der frühen 1970er Jahre. Freiburg i. Br. 2006.

Harding, Stephan: Grow Small, Think Beautiful: Ideas for a Sustainable World from Schumacher College. Edinburgh 2012.

Henning, Alexander: Abschied von der Vollbeschäftigung: Arbeitslosigkeit in Westdeutschland in den 1970er Jahren. Hamburg 2017.

Hickel, Jason: Weniger ist mehr. Warum der Kapitalismus den Planeten zerstört und wir ohne Wachstum glücklicher sind. München 2023.

Höhler, Sabine: Raumschiff Erde: Lebensraumphantasien im Umweltzeitalter. In: Höhler, Sabine; Schröder, Iris (Hg.): Welt-Räume. Geschichte, Geographie und Globalisierung seit 1900. Frankfurt a. M. 2005: 258–281.

Höhler, Sabine: Die Wissenschaft von der «Überbevölkerung». Paul Ehrlichs «Bevölkerungsbombe» als Fanal für die 1970er-Jahre. In: Zeithistorische Forschungen 3 (2006): 60–64. (= Höhler 2006a)

Höhler, Sabine: Raumschiff Erde, eine mythische Figur des Umweltzeitalters. In: Höhler, Sabine; Luks, Fred (Hg.): Beam us up, Boulding! 40 Jahre «Raumschiff Erde» (Vereinigung für Ökologische Ökonomie – Beiträge und Berichte 7 (2006): 43–52. (= Höhler 2006b)

Hünemörder, Kai F.: Vom Expertennetzwerk zur Umweltpolitik. Frühe Umweltkonferenzen und die Ausweitung der öffentlichen Aufmerksamkeit für Umweltfragen in Europa (1959–1972). In: Archiv für Sozialgeschichte 43 (2003): 275–296.

Hünemörder Kai F.: 1972 – Epochenschwelle der Umweltgeschichte. In: Brüggemeier, Franz; Engels, Jens Ivo (Hg.): Natur- und Umweltschutz nach 1945. Konzepte, Konflikte, Kompetenzen. Frankfurt a. M. 2005: 124–144.

Ischer, Philipp: Ausbau oder Konsolidierung? Der politische Diskurs der 1970er Jahre in der Schweiz im Bereich der AHV. In: Studien und Quellen 31 (2005): 141–166.

Jackson, Tim; Robin Webster: Limits revisited: a review of the limits to growth debate. London 2016.

Kaelble, Hartmut: Kalter Krieg und Wohlfahrtsstaat. Europa 1945–1989. München 2011.

Kappeler, Beat: Sozial, sozialer, am unsozialsten. Lebenswelt, Arbeitswelt und Weltmarkt fordern eine neue Sozialpolitik. Zürich 2007.

Kergomard, Zoé: «Mehr Freiheit, weniger Staat». Zum Neoliberalismus als Patentrezept gegen die Krise der Schweizer Parteien um 1980. In: Ludi, Regula; Ruoss, Matthias; Schmitter, Leena (Hg.): Zwang zur Freiheit. Krise und Neoliberalismus in der Schweiz. Zürich 2018: 111–136.

Kupper, Patrick: Kein blinder Widerstand gegen den Fortschritt, aber Widerstand gegen einen blinden Fortschritt. In: König, Mario; Kreis, Georg; Meister, Franziska; Romano, Gaetano (Hg.): Dynamisierung und Umbau. Die Schweiz in den 60er und 70er Jahren. Zürich 1998: 227–249.

Kupper, Patrick: Die 1970er Diagnose. Grundsätzliche Überlegungen zu einem Wendepunkt in der Umweltgeschichte. In: Archiv für Sozialgeschichte 43 (2003): 325–348.

Kupper, Patrick; Seefried, Elke: «A computer's vision of doomsday». On the History of the 1972 study *The Limits to Growth.* In: Uekötter, Frank (Hg.): Exploring Apocalyptica. Coming to Terms with Environmental Alarmism. Pittsburgh 2018: 49–74. (= Kupper 2018a)

Kupper, Patrick: Dennis Meadows u. a.: Die Grenzen des Wachstums (1972). In: Brocker, Manfred (Hg.): Geschichte des politischen Denkens. Das 20. Jahrhundert. Berlin 2018: 548–561. (= Kupper 2018b)

Kupper, Patrick: Umweltgeschichte. Göttingen 2021.

Länzlinger, Stefan; Schärer, Thomas: Gifttod, Betonwüsten, strahlende Zukunft: Umweltbewegungen und bewegte Bilder in der Schweiz, 1940–1990, 2. überarbeitete Auflage (Berner Studien zur Geschichte, Reihe 4: Visual Environmental History, Band 1), Bern 2023.

Lichtenstein, Nelson; Stein, Judith: A Fabulous Failure. The Clinton Presidency and the Transformation of American Capitalism. Princeton 2023.

Lieb, Felix: Arbeit und Umwelt? Die Umwelt- und Energiepolitik der SPD zwischen Ökologie und Ökonomie 1969–1998. Berlin 2022.

Lipp, Silvan: Standort Schweiz im Umbruch. Etappen der Wirtschaftspolitik im Zeichen der Wettbewerbsfähigkeit. Zürich 2012.

Lorek, Sylvia: Dematerialisierung. In: D'Alisa, Giacomo; Demaria, Federico; Kallis, Giorgos (Hg.): Degrowth: Handbuch für eine neue Ära. München 2015: 100–103.

Luks, Fred: Bouldings Raumschiff Erde: Ein ökologisch-ökonomischer Klassiker. In: Höhler, Sabine; Luks, Fred (Hg.): Beam us up, Boulding! 40 Jahre «Raumschiff Erde» (Vereinigung für Ökologische Ökonomie – Beiträge und Berichte 7, 2006): 30–42.

Luthiger, Benno: Vom Privileg, das Wachstum zu kritisieren. In: Schweizer Monatshefte 88 (2008), Heft 964: 12–13.

Mach, André; David, Thomas; Ginalski, Stéphanie; Bühlmann, Felix: Schweizer Wirtschaftseliten 1910–2010. Baden 2017.

Mauch, Samuel: Der NAWU-Report 1978 im Kontext der Wachstumsdebatten seit den 70er Jahren. In: Mauch, Samuel; Iten, Rolf (Hg.): Wachstum und nachhaltige Entwicklung. Dreissig Jahre nach dem NAWU-Report «Wege aus der Wohlstandsfalle». Zürich 2007: 23–27.

McAfee, Andrew: More from less. The surprising story of how we learned to prosper using fewer resources – and what happens next. New York 2019.

Meadows, Donella; Meadows, Dennis; Randers, Jørgen: Die neuen Grenzen des Wachstums. Die Lage der Menschheit: Bedrohung und Zukunftschancen. Stuttgart 1992.

Meadows, Donella; Meadows, Dennis; Randers, Jørgen: Grenzen des Wachstums. Das 30-Jahre-Update. Stuttgart 2006.

Meteling, Wencke: Internationale Konkurrenz als nationale Bedrohung. Zur politischen Maxime der «Standortsicherung» in den neunziger Jahren. In: Jessen, Ralph (Hg.): Konkurrenz in der Geschichte. Praktiken – Werte – Institutionalisierungen. Frankfurt a. M. 2014: 289–315.

Meteling, Wencke: Nationale Standortsemantiken seit den 1970er Jahren. In: Leendertz, Ariane; Meteling, Wencke (Hg.): Die neue Wirklichkeit: Semantische Neuvermessungen und Politik seit den 1970er Jahren. Frankfurt a. M. 2016: 207–242.

Moser, Peter: «Der Wald stirbt!» – «Der Wald stirbt nicht. Das steht heute fest.» Aufstieg und Niedergang des Waldsterbens 1983 bis 1990. In: Eisner, Manuel; Graf, Nicole; Moser, Peter: Risikodiskurse: Die Dynamik öffentlicher Debatten über Umwelt- und Risikoprobleme in der Schweiz. Zürich 2003: 152–182. (= Moser 2003a)

Moser, Peter: «Tschernobyl ist überall» – Die schweizerische Kernkraftdiskussion nach der Katastrophe. In: Eisner, Manuel; Graf, Nicole; Moser, Peter: Risikodiskurse: Die Dynamik öffentlicher Debatten über Umwelt- und Risikoprobleme in der Schweiz. Zürich 2003: 183–211. (= Moser 2003b)

Paech, Niko: Wachstum light? Qualitatives Wachstum ist eine Utopie. In: Wissenschaft & Umwelt Interdisziplinär 13 (2009): 84–93.

Paech, Niko: Suffizienz und Subsistenz: Therapievorschläge zur Überwindung der Wachstumsdiktatur. In: Konzeptwerk Neue Ökonomie e.V. (Hg.): Zeitwohlstand. Wie wir anders arbeiten, nachhaltig wirtschaften und besser leben. München 2014: 40–61.

Parrique, Timothée; Barth, Jonathan; Briens, François; Kerschner, Christian; Kraus-Polk, Alejo; Kuokkanen, Anna; Spangenberg, Joachim H.: Decoupling debunked: Evidence and Arguments against Green Growth as a sole Strategy for Sustainability. European Environmental Bureau 2019.

Pearce, Joseph: Small is still beautiful. London 2001.

Randers, Jørgen: 2052: Der neue Bericht an den Club of Rome. Eine globale Prognose für die nächsten 40 Jahre. München 2012.

Randers, Jørgen: Ein Prozent ist genug. Mit wenig Wachstum soziale Ungleichheit, Arbeitslosigkeit und Klimawandel bekämpfen. Berlin 2016.

Reitmayer, Morten: Deutsche Konkurrenzkulturen nach dem Boom. In: Jessen, Ralph (Hg.): Konkurrenz in der Geschichte. Praktiken – Werte – Institutionalisierungen. Frankfurt a. M. 2014: 261–288.

Roth, Jean-Pierre: Setting the Right Priorities – wir müssen mehr wachsen. Bern 2005.

Ruoss, Matthias: Selbstsorge statt gesellschaftliche Solidarität. Die Neuverhandlung der sozialen Verantwortung in der «Krise des Sozialstaats». In: Ludi, Regula; Ruoss, Matthias; Schmitter, Leena (Hg.): Zwang zur Freiheit. Krise und Neoliberalismus in der Schweiz. Zürich 2018: 189–214.

Sandel, Michael J.: Was man für Geld nicht kaufen kann. Die moralischen Grenzen des Marktes, 4. Auflage. Berlin 2020.

Schanetzky, Tim: Von Keynes zu Friedman? Handlungsoptionen der bundesdeutschen Wirtschaftspolitik in den siebziger Jahren. In: Reitmayer, Morten; Rosenberger, Ruth (Hg.): Unternehmen am Ende des «goldenen Zeitalters». Die 1970er Jahre in unternehmens- und wirtschaftshistorischer Perspektive. Essen 2008: 149–168.

Schmelzer, Matthias: «Expandiere oder stirb». Das Wachstumsparadigma, die OECD und die Steigerungslogik wirtschaftlicher Expansion. In: Geschichte und Gesellschaft 41 (2015): 1–39.

Schmidt, Manfred G.: Der schweizerische Weg zur Vollbeschäftigung. Eine Bilanz der Beschäftigung, der Arbeitslosigkeit und der Arbeitsmarktpolitik. Frankfurt a. M. 1985.

Seefried, Elke: Prognostik zwischen Boom und Krise. Die Prognos AG und ihre Zukunftsprognosen für die Entwicklung der Bundesrepublik in den sechziger und siebziger Jahren. In: Hartmann, Heinrich; Vogel, Jakob (Hg.): Zukunftswissen. Prognosen in Wirtschaft, Politik und Gesellschaft seit 1900. Frankfurt, New York 2010: 76–106.

Seefried, Elke: Towards the «Limits to Growth»? The Book and its Reception in West Germany and Great Britain 1972/73. In: Bulletin of the German Historical Institute London 33 (2011): 3–37.

Seefried, Elke: Rethinking Progress. On the Origin of the Modern Sustainability Discourse, 1970–2000. In: Journal of Modern European History 13 (2015): 377–399.

Seefried, Elke: Partei der Zukunft? Der Wandel des Fortschrittsverständnisses der SPD 1960–2000. In: Esposito, Fernando (Hg.): Zeitenwandel. Transformationen geschichtlicher Zeitlichkeit nach dem Boom. Göttingen 2017: 193–225.

Sprecher, Thomas: Endliche Erde: Ernst Basler, Pionier des ökologischen Nachhaltigkeitsdenkens. Zürich 2017.

Steinmann, Lukas; Rentsch, Hans (Hg.): Diagnose: Wachstumsschwäche. Die Debatte über die fehlende Dynamik der schweizerischen Volkswirtschaft. Zürich 2005.

Tanner, Jakob: Die Chemiekatastrophe von «Schweizerhalle» und ihr Widerhall in der schweizerischen Umweltpolitik. In: Österreichische Zeitschrift für Politikwissenschaft 17 (1988): 17–32.

Tanner, Jakob: Geschichte der Schweiz im 20. Jahrhundert. München 2015.

Thielemann, Ulrich: Wettbewerb als Gerechtigkeitskonzept. Kritik des Neoliberalismus. Marburg 2010.

Thielemann, Ulrich: Die ökologischen Grenzen des Wachstums. Die Rebound-Kritik am Green Growth und die Notwendigkeit einer globalen Wettbewerbsbegrenzung. Berlin 2019.

Türk, Henning: Energiesicherheit nach der Ölkrise. Die Internationale Energieagentur 1974–1985. Göttingen 2023.

Walter, François: Die Erfindung der Umwelt (fünfziger bis achtziger Jahre). In: Walter, François: Bedrohliche und bedrohte Natur. Umweltgeschichte der Schweiz seit 1800. Zürich 1996: 162–206.

Werron, Tobias: Wettbewerb als historischer Begriff. In: Jessen, Ralph (Hg.): Konkurrenz in der Geschichte. Praktiken – Werte – Institutionalisierungen. Frankfurt a. M. 2014: 59–93.

Wiegandt, Klaus: Hindernisse auf dem Weg zu einer nachhaltigen Entwicklung. In: Welzer, Harald; Wiegandt, Klaus (Hg.): Wege aus der Wachstumsgesellschaft. Frankfurt a. M. 2013: 60–89.

Wittmann, Walter: Direkte Demokratie: Bremsklotz der Revitalisierung. Frauenfeld 2001.

Woitek, Ulrich; Müller, Margrit; Hiestand, Manuel: Wohlstand, Wachstum und Konjunktur. In: Halbeisen, Patrick; Müller, Margrit; Veyrassat, Béatrice (Hg.): Wirtschaftsgeschichte der Schweiz im 20. Jahrhundert. Basel 2012: 91–222.

Wyss, Oliver: Sozialismus ohne Wachstum und Technologie? Die Linke in der Schweiz und die Umweltfrage 1968–1990. Bern 2014.

Macht und Ohnmacht der Zahlen

Lebensqualität, Statistik und die politische Produktion von Nichtwissen in der Schweiz der 1970er und 1980er Jahre

Pascal Germann

Abstract

The Social Indicators Movement was formed in the 1960s to counter the dominance of gross domestic product as the main measure of welfare. As an alternative, this network of social scientists, civil servants and politicians called for new statistics on quality of life to measure areas such as health, the environment, education, job quality and housing. In the 1970s, efforts to measure quality of life gained momentum: international organisations launched ambitious programmes, and social reporting, which regularly provides statistics on a country's social conditions and quality of life, became widespread. This article examines how these efforts were received in Switzerland, focusing on three actors: business associations, government agencies and social scientists. The article argues that Switzerland's economic elite pursued a neoliberal strategy of ignorance that aimed to curb social-statistical knowledge in order to limit the scope for socio-political action and democratic intervention. Moreover, the article elaborates on how the political meaning of quality-of-life surveys was changing during the era after the boom. While they initially served as a tool for criticising growth or strengthening the public sector, they increasingly became a vehicle for economic competition between regions in the 1980s.

Die Vorstellung, wirtschaftliches Wachstum sei mit menschlichem Fortschritt gleichzusetzen und beseitige als Universalheilmittel alle drängenden sozialen Probleme, avancierte nach 1945 zu einer der gesellschaftlich wirkmächtigsten Leitideen der Nachkriegszeit. Eine zentrale epistemische Voraussetzung für den Aufstieg dieses «growth paradigm»[1] bildete numerisches Wissen. Die nach dem Ersten Weltkrieg Fahrt aufnehmende Quantifizierung der wirtschaftlichen Entwicklung lieferte die Zahlen, die massgeblich dazu beitrugen, die Wachstumsidee zu plausibilisieren, mental zu verankern und in ein schlagkräftiges politisches Instrument zu verwandeln. Als besonders wirkmächtig erwies sich dabei das Bruttosozialprodukt (BSP). Diese Zahl versprach nicht nur die Gesamtheit sämtlicher Wirtschaftsleistungen auszudrücken, sondern vermochte auch die Wahrnehmung von Wohlstand und sozialem Fortschritt zu monopolisieren.[2] Trotz mangelhafter Berechnungsmethoden und Datenlage etablierte sich das

1 Schmelzer 2016.
2 Lepenies 2013.

Bruttosozialprodukt seit den 1950er Jahren als global einsetzbares Kommunikationsmedium und übte eine enorme normative Kraft aus.[3]

Parallel zum Aufstieg des Wachstumsparadigmas nahm aber auch die Kritik an der einseitigen Wachstumsorientierung zu.[4] Besonders prominent war das so genannte *Social Indicators Movement*, das sich in den 1960er Jahren formierte. Es handelte sich dabei um ein Netzwerk von namhaften Personen aus Wissenschaft, Politik und Verwaltung, die es ablehnten, das Bruttosozialprodukt als alleinigen Massstab für Wohlfahrt und sozialen Fortschritt zu akzeptieren.[5] Sie argumentierten, das Wohlbefinden der Menschen hänge nicht nur von wirtschaftlichem Wachstum und materiellem Wohlstand ab, sondern ebenso von Faktoren wie der Gesundheit, Umwelt, Bildung, den Wohnverhältnissen, der Kultur oder den sozialen Beziehungen. Sie forderten deshalb grundlegend veränderte und erweiterte Statistiken, die alle diese «nicht-ökonomischen» Aspekte gesellschaftlichen Fortschritts messen konnten. Um diese unterschiedlichsten Bereiche auf einen gemeinsamen Nenner zu bringen, griffen sie die neu geschaffene Vokabel der Lebensqualität auf, die in kurzer Zeit zu einem zentralen gesellschaftlichen Zielbegriff aufstieg. Die Quantifizierung der Lebensqualität sollte es ermöglichen, Politik und Gesellschaft über die Wohlfahrt einer Nation und das Wohlbefinden ihrer Bürger*innen zu informieren, um so den einseitigen Fokus auf die Messung des Bruttosozialprodukts zu überwinden. Nicht nur das Wachstumsparadigma, sondern auch seine damals einflussreichste Kritik beruhte folglich auf numerischem Wissen.

Diese Lebensqualitätsbestrebungen gewannen in den 1970er Jahren enorm an Resonanz und breiteten sich rasch international aus. Um Erfolge und Grenzen, heterogene Ausprägungen und Effekte dieser Wissenswelt zu untersuchen, bedarf es lokaler Fallstudien, die je unterschiedliche politische Kontexte in den Blick nehmen.[6] Als ein Land, das bezüglich Industrialisierungsgrads und materiellen Lebensstandards in der Nachkriegszeit Spitzenplätze einnahm, galt die Schweiz als prädestiniert dazu, die Erhöhung der Lebensqualität als neues Zielkriterium zu etablieren. Der folgende Beitrag fragt deshalb danach, welche Rezeption die internationalen Bestrebungen des *Social Indicators Movement* in der Schweiz erfuhren. Wie setzte sich der Trend zur Lebensqualitätsmessung unter den spezifischen politischen Voraussetzungen der Schweiz um und welche Fol-

3 Speich Chassé 2013.

4 Macekura 2020; zur Vielfalt und weiter zurückgehenden Geschichte der Wachstumskritik: Schmelzer 2022.

5 Germann 2020; Macekura 2019.

6 Die Lebensqualitätsdiskussionen in Schweden untersucht zur Zeit ein laufendes Forschungsprojekt: Tillema, Linnea: The emotional citizen: Quality-of-life debates and the transformation of democracy in 1970s Sweden, https://www.rj.se/en/grants/2022/the-emotional-citizen-quality-of-life-debates-and-the-transformation-of-democracy-in-1970s-sweden/, abgerufen am 29.01.2025.

gen zeitigte dieser? Zur Beantwortung dieser Fragen nimmt der Beitrag drei institutionelle Akteure in den Blick, die bedeutenden Einfluss auf die Quantifizierung des Sozialen und die Entwicklung von Lebensqualitätswissen ausübten. Dies sind erstens die Sozialwissenschaften, zweitens staatliche Verwaltungen und drittens die Wirtschaftsverbände. Wie sich zeigen wird, führte die von internationalen Organisationen und Sozialwissenschaftler*innen geforderte Vermessung von Lebensqualität zu Konflikten, die grundlegende Fragen zum Verhältnis von Wissen und Macht aufwerfen: Welches Wissen über die soziale Welt wird politisch ermöglicht und welches wird verhindert? Welches Wissen gewinnt Resonanz oder bleibt unbeachtet?

Diese Fragen erhalten zusätzliche Dringlichkeit in der hier in den Blick genommenen Zeitperiode der 1970er und 1980er Jahre, als die Diagnose der «Wissensgesellschaft» einen starken Bedeutungsgewinn von Wissen postulierte.[7] In der zeithistorischen Forschung werden diese beiden Jahrzehnte gemeinhin als entscheidende Transformationszeit konzipiert. Hervorgehoben wird dabei, dass in diesen Jahren nicht nur die Ära eines anhaltenden Wirtschaftswachstums endete, sondern auch die Selbstverständnisse, Zukunftserwartungen und Deutungsmuster der Nachkriegsgesellschaften erodierten. Die grundlegenden Veränderungen zur Ära des Nachkriegsbooms werden damit auch auf der Ebene von gesellschaftlichen Ideen, Metaphern und Leitkonzepten verortet. Der Wandel wird dabei meistens negativ, in Abgrenzung zur Nachkriegsgesellschaft auf den Begriff gebracht: Dies verdeutlichen die üblichen Post-Termini – von der postindustriellen Gesellschaft bis zur Postmoderne – ebenso wie neuere Bezeichnungen wie «Age of Fracture»[8], die Ära «nach dem Boom»[9] oder schlichtweg «Age of Chaos»[10]. Demgegenüber mangelt es an positiv formulierten Begriffen, die für die neue Epoche seit den 1970er Jahren stehen oder zumindest wichtige Aspekte dieser Epoche benennen. «Lebensqualität» ist ein Kandidat dafür, zumal der steile Aufstieg des Begriffs seit den 1970er Jahren tatsächlich spektakulär verlief. Die Vokabel verbreitete sich nicht nur schnell im medialen Diskurs, sondern fand auch Eingang in Medizin und Gesundheitswesen, Stadtentwicklung und Wohnungsbau, Umweltschutz und Sozialpolitik.

Die Lebensqualitätsbestrebungen gingen mit einer noch wenig untersuchten Veränderungsdynamik seit den 1970er Jahren einher, der beschleunigten Quantifizierung der sozialen Welt. Von der Bildungsqualität und der sozialen Kohäsion über häusliche Gewalt und Schadstoffbelastungen bis zur Arbeitszufriedenheit und Mental Health, all diese Aspekte der Lebensqualität liessen sich zunehmend in Zahlen übersetzen und diese beeinflussten nicht nur die Problem-

7 Bell 1973.
8 Rodgers 2011.
9 Doering-Manteuffel, Raphael 2010.
10 Levy 2021.

wahrnehmung, sondern bestimmten auch das Regierungshandeln mit und wurden zu Faktoren in politischen Auseinandersetzungen. Tatsächlich wuchs die Menge an Daten und Statistiken zur Lebensqualität seit 1970 enorm an und trug damit massgeblich zur beschleunigten Produktion und Kommunikation numerischen Wissens bei. Zugleich stellt sich aber auch die Frage nach den Limitierungen dieser Zahlenwelt: Welche Phänomene wurden nicht erfasst und welche Zahlen blieben politisch wirkungslos?

«Ignorance Turn» in der Zeitgeschichte der Quantifizierung

Die zunehmende Quantifizierung des Sozialen ist von Soziolog*innen als eine der bedeutendsten politischen Entwicklungen seit den 1970er Jahren bezeichnet worden.[11] Die Zeitgeschichte hat sich bis jetzt aber erst wenig dafür interessiert und die grundlegenden Arbeiten zur Statistikgeschichte fokussieren auf die Zeit vor 1950.[12] Der vorliegende Beitrag will demgegenüber aufzeigen, wie eine Zeitgeschichte der Quantifizierung zu einer politischen Wissensgeschichte der jüngsten Vergangenheit beitragen kann. Dafür sind zunächst einige theoretische Perspektiven zu skizzieren, mit der dieser Beitrag auf die statistische Erfassung der sozialen Welt blickt. Populär gefasste Zeitdiagnosen vermitteln oft ein düsteres Bild der Quantifizierung der Welt. In einer breit rezipierten Studie sieht etwa der Soziologe Steffen Mau in der «rasant zunehmenden Quantifizierung des Sozialen» ein neues Regime der Ungleichheit entstehen, in dem Ziffern über unseren sozialen Status bestimmen.[13] Das Zusammenspiel von Digitalisierung und Neoliberalismus habe seit den 1970er Jahre zu einer Herrschaft der Zahlen geführt, die auch den kritischen Geist verneble; denn in dem von uns selbst gebauten «Zahlengehäuse» würden wir zu «Numerokraten» erzogen, zu «Gläubigen in der Kirche der Zahlen».[14]

Solche dystopischen Diagnosen tragen kaum zum historischen Verständnis der numerischen Erfassung der sozialen Welt bei; sie verweisen aber doch auf den wichtigen Zusammenhang von Statistik und Macht. Statistiken bilden nicht einfach soziale Wirklichkeit ab, sondern erzeugen diese mit. Sie bringen heterogene verstreute Phänomene in einen Vergleichszusammenhang, fungieren als Medien der Distanzüberbrückung und schaffen soziale Tatsachen, auf deren Grundlage die Welt beschrieben, erklärt und beherrscht wird.[15] «What is coun-

11 Espeland, Stevens 2008.

12 Desorsières 2005; Porter 1996; Porter 1986.

13 Mau 2017: 24.

14 Ebd.: 285–286, 47.

15 Heintz 2012; Porter 1996.

ted usually counts»[16], stellt der Soziologe Peter Miller fest. Was sich zählen lässt, ist dabei nicht selbstevident, sondern hängt von Deutungsmustern, Erkenntnisinteressen, sozialen Konventionen und nicht zuletzt von Machtverhältnissen ab. Statistische Praktiken zielen darauf ab, dauerhafte und robuste Entitäten von Belang zu schaffen, und gerade deshalb lassen sie sich gut zu Herrschaftszwecken nutzen.

In dreierlei Hinsicht bedarf dieser Zusammenhang jedoch Differenzierungen, die für eine Zeitgeschichte der Quantifizierung relevant sind. Erstens sind Statistiken nicht nur Herrschaftsinstrumente, sondern fungieren auch als Ressourcen der Machtkritik. Die statistische Erfassung der Wirklichkeit wird nicht immer von oben durchgesetzt, sondern oft auch von unten eingefordert und erkämpft. So praktizieren zivilgesellschaftliche Akteure gerade in jüngster Vergangenheit einen «statactivism», der darauf abzielt, soziale Probleme zum Gegenstand öffentlicher Diskussionen und politischer Interventionen zu machen.[17] Zweitens haben Statistiken das Potential, gesellschaftliche Konflikte abzufedern. Sie liefern einen «Vorrat an kulturellen Gemeinsamkeiten» und damit eine gemeinsame Grundlage für die Aushandlung von divergierenden Interessen.[18] Indem sie allen Beteiligten in demokratischen Auseinandersetzungen kollektiv geteilte Fakten aufdrängen, vermögen Statistiken dem Macht- und Deutungswillen sozialer und politischer Eliten Grenzen zu setzen. Drittens gilt es, die Perspektive auf Zahlen und Macht um eine wichtige Dimension zu erweitern: Die Feststellung «what is counted usually counts» wirft auch die Frage auf, was eben nicht gezählt wird und deshalb auch nur wenig oder gar nichts «zählt». Welche sozialen Phänomene werden statistisch nicht oder nur ungenügend erfasst und geraten deshalb aus dem Blick? Zudem drängt sich eine weitere Frage auf: Warum werden bestimmte Zahlen, wie das Bruttosozialprodukt, «mächtig», während andere kaum oder keinen Einfluss gewinnen? Welche Zahlen liegen zwar vor, werden aber ignoriert, schubladisiert, vergessen, relativiert oder bezweifelt? Für diese erweiterte Problemstellung ist es hilfreich, Überlegungen der «ignorance studies» aufzugreifen.[19] Dieses noch junge Forschungsfeld argumentiert, dass Nichtwissen oft nicht nur die Abwesenheit von Wissen darstellt, sondern auch aktiv erzeugt, sozial geformt und strategisch eingesetzt wird. Bereits wird von einem «Ignorance Turn»[20] gesprochen, der die systematische Berücksichtigung dieser Dimension in der wissenshistorischen Forschung einfordert.[21]

16 Miller 2001: 382.

17 Vitale, Bruno, Didier 2014.

18 Tanner 1995: 97.

19 Proctor, Schiebinger 2008; Gross, McGoey 2015; Dilley, Kirsch 2015; McGoey, Linsey 2019; Burke 2023.

20 Verburgt, Burke 2021: 3.

21 Zwierlein 2016; Mulsow 2012; Dürr 2021.

Dieser Beitrag plädiert dafür, den «Ignorance Turn» auch in die Zeitgeschichte der Quantifizierung einzubeziehen. Damit gerät nicht nur die Produktion, Kommunikation und Anwendung numerischen Wissens in den Blick, sondern auch seine Verhinderung, Nichtbeachtung oder Marginalisierung. Eine solche Perspektive betont die ambivalenten und heterogenen Beziehungen zwischen Statistik und Macht. Macht wird auch im Zeitalter beschleunigter Quantifizierung nicht nur «mit Zahlen» ausgeübt, sondern auch «gegen Zahlen» oder mit Hilfe bewusster Ignoranz von Zahlen. Dies gilt gerade auch für die Schweiz in den 1970er und 1980er Jahren, als der Neoliberalismus einen Aufstieg erfuhr und der «Projektstaat»[22] mit seinen gesellschaftsgestaltenden Visionen unter Druck geriet. Auch in der Schweiz verfolgten politisch und wirtschaftlich einflussreiche Akteure eine Strategie des numerischen Nichtwissens, die darauf abzielte, die Genese und Kommunikation von politisch unerwünschten Fakten zu verhindern, um dadurch die Möglichkeitsräume staatlicher Interventionen und demokratischer Gestaltungsabsichten zu begrenzen. Bevor ich die Schweiz in den Blick bringe, soll zunächst aber beleuchtet werden, wie es zum Aufstieg des Lebensqualitätskonzeptes im transatlantischen Raum kam.

John K. Galbraith und die Herausbildung des Lebensqualitätsbegriffs

Es ist immer schwierig, einen breit verwendeten Begriff wie «Lebensqualität» auf einen Ursprung zurückzuführen.[23] Wenn es aber eine Person gibt, von der man behaupten kann, diesen Begriff geprägt oder zumindest wesentlich zu seiner rasanten Verbreitung beigetragen zu haben, ist es der Harvard-Ökonom John K. Galbraith. Als Autor des Bestsellers *The Affluent Society*[24], politischer Berater von John F. Kennedy und Lyndon B. Johnson und wahrscheinlich bekanntester Ökonom der 1960er Jahre hatte er eine enorme intellektuelle und politische Strahlkraft.[25] Im Dezember 1963 hielt Galbraith einen Vortrag mit dem Titel *Economics and the Quality of Life*, in dem der Begriff Lebensqualität wohl zum ersten Mal im Zentrum einer breit wahrgenommenen intellektuellen Erörterung stand.[26]

In seinem Vortrag plädierte der linksliberale Ökonom für nicht weniger als einen fundamentalen Paradigmenwechsel in der Ökonomie. Angesichts neuer Problemlagen in der «affluent society» der Nachkriegszeit müsse sich die Öko-

22 Maier 2023.
23 Dazu und zum Folgenden: Germann 2024: 61–65.
24 Galbraith 1958.
25 Zu Galbraith siehe: Parker 2005.
26 Galbraith 1964.

nomie von ihrem traditionellen Fokus auf ökonomisches Wachstum und die Bekämpfung der Arbeitslosigkeit verabschieden. Vielmehr gelte es, auf ein neues Hauptziel hinzuarbeiten, das er als «quality of life» definierte. Mit dieser griffigen Formel thematisierte Galbraith so unterschiedliche Bereiche wie Bildung, Städtebau, Verkehr, Wohnverhältnisse, Gesundheit, Kultur, Werbeindustrie oder Luftverschmutzung. Dabei argumentierte er, dass der private Reichtum in westlichen Gesellschaften enorm zugenommen habe, während der für die Lebensqualität zentrale Bereich des öffentlichen Raums aber zu erodieren drohe. Dementsprechend nutzte er Lebensqualität als ein rhetorisches Instrument, um einen Ausbau des öffentlichen Sektors zu fordern.

Der Begriff fand schnell Eingang in den politischen Diskurs. Kurz nach Galbraiths Vortrag griff Lyndon B. Johnson den Begriff seines Beraters auf, um das Ziel seines sozialpolitischen Reformprogramms der *Great Society* zu benennen. In seiner *State of the Union Address* von 1965 kündigte Johnson an, er werde die Lebensqualität aller durch den Ausbau von Bildung, Gesundheitswesen und sozialer Sicherheit verbessern.[27] Als die Diskussionen um Lebensqualität wenige Jahre später nach Europa überschwappten, wurde der Begriff von sehr unterschiedlichen politischen Kräften, von sozialen Bewegungen über sozialdemokratische Parteien bis zu konservativen Regierungen zu einer neuen Leitvokabel erhoben. In Westdeutschland waren es die Gewerkschaften, die eine Vorreiterrolle bei der Diskussion um Lebensqualität spielten; in Frankreich hingegen war es die Mitte-Rechts-Regierung von Valéry Giscard d'Estaing, die 1974 ein neues Ministerium für Lebensqualität schuf.[28] Auf wissenschaftlicher und staatlich-administrativer Ebene führte die neue Lebensqualitätsorientierung zu einer Fülle von Forschungsprogrammen und statistischen Projekten. Eine wichtige Rolle spielten dabei jene Sozialwissenschaftler*innen, Statistiker*innen und Regierungsbeamte, die sich im *Social Indicators Movement* zusammenschlossen. Sie verbanden die Kritik an der dominanten Wachstumsorientierung mit der Forderung nach besseren Sozialstatistiken. Analog zum etablierten System des «national accounting», das den ökonomischen Fortschritt der Nation messe, müsse ein System des «social accounting» eingeführt werden, das die Lebensqualität der Nation messe. Bemerkenswert ist, wie sehr diese Lebensqualitätsbestrebungen durch einen quantitativen Ansatz geprägt wurden. Zum einen waren die Akteur*innen von der «Macht der Zahlen» überzeugt: Nur durch robuste, einfache und klar kommunizierbare Zahlen sei es möglich, Lebensqualität als neues Zielkriterium zu etablieren. Zum anderen sollten Zahlen die direkte Politikrelevanz des Unterfangens gewährleisten. Das Messen von Fortschritten und Rückschrit-

---

27 Johnson 1965.

28 Germann 2024: 62.

ten in Bereichen wie Gesundheit, Umwelt, Bildung, Wohnen oder Arbeit sollte Regierungen befähigen, wissensbasierte Entscheidungen zu treffen.[29]

Die OECD und die internationale Vermessung der Lebensqualität in den 1970er Jahren

Die Lebensqualitätsmessung erfuhr in den 1970er Jahren einen internationalen Boom. Neben sozialwissenschaftlichen Forschungsinstituten und staatlichen Verwaltungen trugen insbesondere internationale Organisationen dazu bei.[30] Eine Pionier- und Führungsrolle übernahm dabei die OECD. Sie entwickelte seit 1970 ein ambitioniertes Sozialindikatoren-Programm, das es erlauben sollte, Rückschritte und Fortschritte in allen relevanten Lebensqualitätsbereichen festzustellen. Das Ziel bestand darin, die Lebensqualitätsmessung international zu standardisieren und die nationalen Behörden bei der Entwicklung von sozialstatistischen Programmen anzuleiten, um – wie beim Bruttosozialprodukt – eine internationale Vergleichbarkeit der Daten zu erreichen.[31]

Dieses Programm zeugt von einer bemerkenswerten Neuausrichtung der Organisation.[32] Als die OECD 1961 als Club der wohlhabenden Länder des Westens gegründet wurde, sah sie ihre Hauptaufgabe darin, politische Massnahmen zu fördern, welche die höchstmöglichen Wachstumsraten und eine Verbesserung des materiellen Lebensstandards versprachen. Im Gegensatz dazu veröffentlichte die Organisation 1970 eine Erklärung, die festhielt: «Growth is not an end in itself, but rather an instrument for creating better conditions of life.»[33] Wie Matthias Schmelzer in seiner Studie über die OECD gezeigt hat, bedeutete diese Neuorientierung zwar keine grundsätzliche Absage an eine wachstumsorientierte Politik. Das Sozialindikatorenprogramm offenbarte aber ein neues Bewusstsein für negative Folgen des Wachstums und die Frage, wie die Früchte des Wirtschaftswachstums besser zur Verbesserung der Lebensqualität eingesetzt werden könnten.[34] Ein Schweizer Mitarbeiter des Programms hielt 1975 fest, das Ziel der OECD sei nicht «Lebensqualität statt Wachstum», sondern «Lebensqualität durch Wachstum» zu erreichen.[35]

Das OECD-Programm entwickelte sich entlang eines zeitintensiven und elaborierten Prozesses, in dem Delegierte der beteiligten Länder, OECD-Mitar-

29 Cohen 1968; Zapf 1972.

30 Glatzer 1981.

31 Dazu und zum Folgenden: Germann 2020.

32 Einen guten Überblick zur Geschichte der OECD bieten Leimgruber, Schmelzer 2017.

33 OECD 1973: 3.

34 Schmelzer 2016: 288–312.

35 Das OECD-Programm zur Entwicklung sozialer Indikatoren, 29. Mai 1975, Schweizerisches Bundesarchiv (CH-BAR), CH-BAR#E7181B#1997/219#191*.

beiter*innen sowie statistische und sozialwissenschaftliche Expert*innen zusammenarbeiteten. Die erste Phase des Programms beinhaltete die Erstellung einer Liste jener gesellschaftlichen Bereiche, die für die Lebensqualität als relevant galten. In der zweiten Phase wurden Indikatoren entwickelt, die es erlauben sollten, Fortschritte und Rückschritte in den jeweiligen Bereichen quantitativ zu bestimmen. In der dritten Phase ging es schliesslich darum, Daten zu sammeln und das Programm in den Mitgliedsländern zu überprüfen.[36]

Wie bei anderen Projekten der Sozialindikatoren-Bewegung war auch das OECD-Programm durch eine starke Präferenz für numerisches Wissen geprägt. Gerade vor dem Hintergrund eines wachsenden Misstrauens gegenüber Regierungen in den 1970er Jahren gewann das politische «Vertrauen in Zahlen»[37] zusätzlich an Bedeutung; denn der Verweis auf Zahlenwissen sollte es den Regierungen ermöglichen, Entscheidungen zu treffen, die den Anschein von Unparteilichkeit hatten. In der Praxis beruhte das Projekt aber wesentlich auf Verhandlungen zwischen den Mitgliedsländern und dementsprechend waren es vorwiegend politische Kriterien, die wesentliche Inhalte des Programms bestimmten. Die skandinavischen Länder plädierten beispielsweise dafür, soziale Ungleichheit zu einem eigenen, statistisch zu erfassenden Bereich der Lebensqualitätsmessung aufzuwerten, womit deren Bekämpfung zu einem Ziel des *Social Indicators*-Programms erhoben worden wäre. Der Vorschlag setzte sich aber nicht durch, weil sich die Delegierten nicht darauf einigen konnten, ob die Verringerung von Ungleichheit immer erwünscht sei.[38]

Das OECD-Programm beeinflusste die Messung der Lebensqualität international und beschleunigte den Trend zum *Social Reporting* in den 1970er Jahren. *Social Reports* bestanden – und bestehen bis heute – aus Messzahlen sowie zahlenbasierten Grafiken und Kurven, die über den sozialen Zustand der Nation und die Lebensqualität ihrer Bürger*innen informierten. Sie sollten zu einer informierten öffentlichen Debatte beitragen und Regierungen befähigen, sozialpolitische Entscheidungen zu fällen und Ziele zu definieren. Ausgehend von Grossbritannien 1970 begannen zahlreiche westliche Industrieländer solche Berichte zu publizieren, wobei sie sich oft am Programm der OECD orientierten. Bis zum Ende des Jahrzehnts gehörte das *Social Reporting* bereits zur etablierten Praxis der meisten OECD-Länder.[39] Zu den bemerkenswerten Ausnahmen gehörte jedoch die Schweiz. Während die Produktion und Kommunikation von Lebensqualitätswissen international in den 1970er Jahren eine enorme Ausbreitung erfuhr, war die Schweiz in diesem Bereich von Nichtwissen geprägt: Wie es etwa um die Gesundheit der Bevölkerung stand, welcher Arbeit Schweizer*innen

36 OECD 1973.

37 Porter 1996.

38 Germann 2020: 308–309.

39 Noll 2018; Noll 2004.

nachgingen und wie zufrieden sie mit dieser waren: In kaum einem westeuropäischen Land zirkulierten dazu weniger Zahlen als in der Schweiz.[40] Auch über die soziale Ungleichheit und die Verteilung des Reichtums fehlte gesichertes Wissen, wie die Schweiz 1976 gegenüber der OECD einräumen musste.[41]

Dieses auffallende Fehlen von Zahlen war bereits Zeitgenossen bekannt. Der Soziologe Peter Heintz bezeichnete die Schweiz 1971 als «soziologische ‹black box›»: Man wisse hier «nur äusserst wenig über die zentralen Variablen», mit denen man Gesellschaften zu vergleichen pflege und deshalb sei auch der «Entscheidungsspielraum» nicht bekannt, welcher der schweizerischen Gesellschaft offenstehe.[42] Auch im medialen Diskurs wurde die schweizerische Tendenz zum numerischen Nichtwissen thematisiert. 1973 stellte ein Artikel im *Tagesanzeiger* fest, das Bonmot, mit Statistik lasse sich alles beweisen, treffe auf die Schweiz sicherlich nicht zu, denn bei jeder wichtigen Staatsaufgabe heisse es, leider fehle das «dringlich benötigte Zahlenmaterial».[43] Aber warum tat sich die Schweiz so schwer mit Zahlen, und weshalb kam die Lebensqualitätsmessung im Vergleich zu anderen westeuropäischen Ländern kaum voran? Diese Fragen werden im Folgenden adressiert, indem untersucht wird, wie drei zentrale Akteure, die Wirtschaftsverbände, die Bundesverwaltung und die Soziologie, auf das Sozialindikatorenprogramm der OECD reagierten und die Vermessung der Lebensqualität in der Schweiz förderten, mitformten oder hemmten.

Strategie des Nichtwissens: Die Wirtschaftsverbände

Am ambitionierten Sozialindikatorenprogramm der OECD arbeitete die Schweiz von Anfang an mit. Gleich zwei Bundesbehörden waren durchgehend daran beteiligt: Das dem Innendepartement unterstellte Eidgenössische Statistische Amt (ESTA), seit 1979: Bundesamt für Statistik (BfS), und das Bundesamt für Industrie, Gewerbe und Arbeit (BIGA), das dem Wirtschaftsdepartement angehörte. Das Programm der OECD und der Aufbau einer Lebensqualitätsstatistik in der Schweiz erhielten jedoch bald politischen Gegenwind. Besonders einflussreich war die Kritik der Spitzenverbände der Wirtschaft, und hier insbesondere vom Zentralverband Schweizerischer Arbeitgeber-Organisationen (ZSAO) sowie dem Schweizerischen Handels- und Industrieverein (SHIV), kurz: Vorort. Die beiden Wirtschaftsorganisationen gehörten nicht nur zu den mächtigsten politischen Akteuren in der Schweiz, sondern übten auch transnational Einfluss aus und

40 Levy 2012.

41 BIGA an Verwayen, 11.06.1976, CH-BAR#E7181B#1997/219#191*.

42 Heintz, 1972: 5.

43 Schlumpf 1973.

trugen dazu bei, den Boden für eine neoliberale Wende in Europa vorzubereiten.[44]

Die Bundesverwaltung war stets bemüht, die Wirtschaftsverbände in die Arbeit am Sozialindikatorenprogramm einzubeziehen. Dennoch spannten die beiden Verbände schon früh zusammen, um ihre grundlegende Ablehnung gegenüber diesen internationalen Bestrebungen kundzutun. Bereits 1973 hielten sie in einer Stellungnahme ohne weitere Begründung fest, Lebensqualität in Statistiken zu erfassen sei «sachlich unmöglich», «überflüssig» und «teils gefährlich».[45] Als das Sozialindikatorenprogramm dennoch weiter voranschritt, verschärfte der Arbeitgeber-Verband 1975 den Tonfall, wobei er vor allem gegen das ESTA polemisierte: «Unklar ist uns, [...] was denn den Statistikern in Bern unklar ist an der Tatsache, dass sich die Lebensqualität nicht verbindlich in tote Zahlen zwängen lässt. Offenbar haben sich die statistischen Dr. Fausts dem Zielversuch verschrieben, Qualitatives zu quantifizieren, was ungefähr so einfach ist, wie Ziegen in eine Schafsstatistik aufzunehmen.»[46] Der Arbeitgeberverband bediente sich hier typischer Argumentationsfiguren der Statistikkritik, die vom Topos der leblosen Statistik («tote Zahlen») über die Infragestellung der jeder Statistik zugrundeliegenden Äquivalenzbehauptungen («Ziegen» und «Schafe») bis zum Vorwurf einer Allianz zwischen Statistik und Macht («Dr. Fausts») reichten. Was aber waren die politischen Beweggründe für diese Statistikschelte und das offensichtliche Unbehagen gegenüber einer statistischen Erfassung der Lebensqualität?

Bemerkenswert ist, dass die Kritik nicht darauf abzielte, jenes wirtschafts- und wachstumszentrierte Denken zu verteidigen, von dem sich das *Social Indicators Movement* lösen wollte. Vielmehr stellten die Wirtschaftsverbände die angebliche Mythisierung der Sozialindikatoren in eine Kontinuität zum Erfolg des Bruttosozialprodukts: Dieses sei ebenfalls «überbewertet» und habe sich zu einem «Fetisch» entwickelt.[47] Die Statistikkritik der Wirtschaftsverbände betraf folglich auch wirtschaftsstatistische Erhebungen und diese ablehnende Haltung geht historisch weit zurück.[48] Bereits in der Zwischenkriegszeit bekämpften Unternehmerkreise mit Erfolg die Einführung einer amtlichen Produktionsstatistik und in den 1960er Jahren äusserten sich Wirtschaftsverbände ablehnend gegenüber den Bestrebungen, wirtschaftliches Wachstum zu quantifizieren und politisch zu fördern. So kritisierte die *Schweizerische Arbeitgeber-Zeitung* 1962, die «Planung des Wirtschaftswachstums» scheine «ein neuer Sport der Regierungen der westlichen Staaten und einzelner internationaler Wirtschaftsorganisationen»

44 Iberg 2023.
45 Vorort, 31.08.1973, CH-BAR#E7181B#1997/219#191*.
46 Schweizerische Arbeitgeber-Zeitung 35, 1975: 582.
47 Vorort, 31.08.1973, CH-BAR#E7181B#1997/219#191*.
48 Ronca 2021.

zu werden. Die Wachstumsprognosen der 1961 gegründeten OECD beurteilte die Zeitung als «Zahlenspielerei» und warnte, dass mit quantitativ definierten Wachstumszielen ein «Übergang zu einer vom Staate total geplanten Wirtschaft» drohe.[49] Wenig später kritisierte der Arbeitgeberverband erneut, in verschiedenen westeuropäischen Staaten – wie beispielsweise der französischen «économie concertée» – würde die Tendenz, «das Wachstum der Volkswirtschaften zu planen», immer stärker überhandnehmen.[50] Schon damals bekundete der Verband also seine Abneigung gegenüber Zahlen. Dem Vorwurf, die Schweiz verfüge nur über «rudimentär ausgebaute Statistiken», sei zu entgegnen: «Zum Glück.»[51] Diese Ablehnung von Statistiken beruhte auch auf erprobten Strategien der Verschwiegenheit, die es ermöglichten, dass zentrale Wirtschaftsbereiche wie der Transithandel sich der statistischen Durchleuchtung widersetzen und weitgehend inkognito bleiben konnten.[52]

In den 1970er Jahren schwächten die Spitzenverbände der Wirtschaft jedoch ihre Fundamentalkritik an staatlichen Wirtschaftsstatistiken allmählich ab und dies schuf massgeblich die Voraussetzungen dafür, dass die Schweiz Ende der 1970er Jahre als eines der letzten OECD-Länder doch noch eine amtliche Produktionsstatistik einführen konnte.[53] Die Statistikkritik durch die schweizerische Wirtschaftselite richtete sich nun aber mit Vehemenz gegen die Quantifizierung der Lebensqualität. Als der Arbeitgeberverband gegen Ende der 1970er Jahre eine regelrechte Kampagne gegen das Sozialindikatorenprogramm der OECD lancierte, machten seine Verlautbarungen deutlich, dass es dem Wirtschaftsverband um mehr ging, als um die Sorge, Statistiker würden Schafe und Ziegen vermischen. In einem Brief an das BIGA hielt der ZSAO 1978 fest, das OECD-Programm ziele darauf ab, dass Sozialindikatoren zur «Grundlage für die künftige Sozialpolitik» werden sollten, und genau dies wolle der Arbeitgeberverband verhindern. Namentlich das Vorhaben «die Qualität des Arbeitslebens statistisch messen zu wollen», bestärke seine ablehnende Haltung. Statt eine Wissensgrundlage für die Sozialpolitik zu schaffen, bevorzugte es der Verband, eine sozialpolitische Mythenbildung zu pflegen: Es stehe ohnehin fest, dass die Schweiz «mit an der Spitze der sozialen Wohlfahrt stehe», dafür brauche es keine Sozialindikatoren.[54]

49 Zahlenspielerei mit Wachstumsprozenten. In: Schweizerische Arbeitgeber-Zeitung, 57, 25.10.1962: 859–860.

50 Wirtschaftsprogrammierung, in: Schweizerische Arbeitgeber-Zeitung, 58, 17.01.1963: 52. Vgl. dazu auch den kritischen Beitrag von Karlheinz Kleps: Formen und Funktion staatlicher Planung in der freien Gesellschaft. In: Schweizerische Arbeitgeber-Zeitung, 62, 16.02. 1967: 133–137.

51 Überforderte Statistik. In: Schweizerische Arbeitgeber-Zeitung 57, 21.06.1962: 510.

52 Tanner 2022, 181. Zum Transithandel: Haller 2019.

53 Ronca 2021: 73–74.

54 ZSAO an BIGA, 26. April 1978, CH-BAR#E7181B#1997/219#191*.

Im selben Jahr platzierte der Arbeitgeberverband auf der Frontseite seiner Zeitung einen ausführlichen Artikel, der den sofortigen Abbruch des OECD-Programms forderte.[55] Der Autor erörterte darin die nun veränderte wirtschaftliche Situation. Im Zeichen der «Überkonjunktur» um 1970 habe man begonnen, von «Lebensqualität» und «qualitativem Wirtschaftswachstum» zu reden. Nun aber würden die Länder, die «Millionenheere von Arbeitslosen» hätten, «mit allen Mitteln» versuchen, das Wachstum wieder anzukurbeln: «Quantitatives Wirtschaftswachstum ist wieder trumpf. [...] Das Sozialindikatorenprogramm ist auch in diesem konjunkturellen Kontext obsolet geworden.»[56] Dem Verband kam dieser Kontext gelegen, um den politischen Druck zu erhöhen. Die Gründe für die Ablehnung des Programms waren aber andere. Das Sozialindikatorenprogramm führte aus seiner Sicht nicht nur zu hohen Verwaltungskosten und überflüssigen Erhebungskosten für die Privatwirtschaft. Vielmehr befürchtete der Arbeitgeberverband, dass mehr sozialstatistisches Wissen auch öffentliche Diskussionen über sozialpolitische Themen auslösen würden.[57] Dadurch würden neue Ansprüche geweckt und letztlich eine staatliche Sozialpolitik gestärkt. Die OECD stellte er als sozialdemokratisch dominierte Organisation dar und warf ihr unverblümt vor, Sozialindikatoren zu manipulieren, um «sozialpolitische Experimente» zu erzwingen. Dies widerspreche «schweizerischen Auffassungen und Traditionen», denn in der Schweiz werde die Sozialpolitik «privatgesellschaftlich gelebt», und der Staat solle «nur Vollzieher, nicht Initiant sozialpolitischer Entwicklungen» sein.[58] Im Kern wollte der Arbeitgeberverband vermeiden, dass der Staat und die demokratische Öffentlichkeit über mehr und bessere Informationen über die Gesellschaft verfügten. Er befürchtete, solches Wissen schaffe die Voraussetzungen und erhöhe die Akzeptanz von staatlichen Interventionen in Wirtschaft und Gesellschaft. Seine politische Strategie des Nichtwissens zielte darauf ab, jenen «Handlungsspielraum» gerade nicht sichtbar zu machen, den die Öffnung der «soziologischen Black Box» versprach. Diese Kritik der wirtschaftlichen Elite trug zweifellos dazu bei, die sozialstatistischen Lebensqualitätsbestrebungen in der Schweiz zu schwächen, zumal ihre ablehnende Haltung auch das Handeln der Verwaltung beeinflusste.

«Leise an Ort treten»: Die Bundesbehörden

In den Verlautbarungen des Schweizer Arbeitgeberverbandes erhält man den Eindruck, dass sich die Statistiker des Bundes dem Lebensqualitätsprogramm der OECD mit Begeisterung angeschlossen hätten. Dies ist indessen nicht der

55 Schweizerische Arbeitgeber-Zeitung, 27/28, 06.07.1978: 475–477.

56 Ebd.: 477.

57 Ebd.: 475.

58 Ebd.: 477.

Fall. Bemerkenswert ist, wie sich der Direktor des Eidgenössischen Statistischen Amtes (ESTA) zum sozialstatistischen OECD-Programm äusserte. Zwischen 1969 und 1987 war dies der Ökonom Jean-Jacques Senglet, der zuvor am Institut für Wirtschaftsforschung der ETH Zürich gearbeitet hatte.[59] Als Konjunkturforscher und Wirtschaftsstatistiker irritierten ihn die Forderungen der *Social Indicators*-Bewegung: «Es entbehrt nicht einer gewissen Tragik, wenn nun just in jenem Moment, wo ein eindrucksvolles und weltweites System makroökonomischer Daten erarbeitet ist, das wirtschaftliche Wachstum und die entsprechende quantitative Information in Misskredit geraten.»[60] Senglets Priorität galt Mitte der 1970er Jahre der Weiterentwicklung der Volkswirtschaftlichen Gesamtrechnung und dementsprechend zeigte er wenig Begeisterung für das Lebensqualitätsprogramm der OECD. Der «helvetische Statistiker» sei nicht gewillt, «allen Empfehlungen internationaler Organisationen geflissentlich Folge zu leisten». Ganz analog zur Kritik der Wirtschaftsverbände hielt der Chefstatistiker der Schweiz fest: «Glücklicherweise» gebe es Aspekte der Lebensqualität, «die sich einer Messung entziehen» würden. Statt «internationale statistische Kunstwerke» nachzuahmen, müsse man sich in «Selbstbeschränkung» üben.[61] Vor einer «Zahlenorgie»[62] gelte es sich zu hüten. International ganz abseits stehen wollte er aber doch nicht und glaubte, «dass sich ein verhältnismässig bescheidener Input doch lohnen würde, um wenigstens mit der geschilderten neuen statistischen Entwicklung in Tuchfühlung zu bleiben».[63]

Solche Äusserungen zielten einerseits darauf ab, Kritiker*innen des Programms zu beschwichtigen, andererseits sollten sie aber auch übertriebene Erwartungen dämpfen. Die Voraussetzungen waren für das ESTA nämlich nicht ideal, um konstruktiv am Sozialindikatorenprogramm mitzuarbeiten. Zum einen musste in der Schweiz ein erheblicher Rückstand im Vergleich zu anderen Mitgliedsländern konstatiert werden: So war der Bestand an sozialen Indikatoren wesentlich geringer und es fehlte an Bemühungen, die Sozialstatistiken zu verbessern.[64] Zum anderen verlief die Zusammenarbeit des ESTA mit dem BIGA alles andere als harmonisch. Zwar nahm man gemeinsam an Sitzungen am OECD-Hauptsitz in Paris teil, im Hintergrund liefen aber gehässig geführte Auseinandersetzungen um Zuständigkeits- und Koordinationsfragen, die auch politische Differenzen offenbarten. Gemäss dem Historiker Hans-Ulrich Jost hatte das BIGA bereits seit den 1930er Jahren einen dezidiert wirtschaftsfreundlichen

59 Jost 2016.

60 Senglet 1975: 246.

61 Ebd.: 252.

62 Ebd.: 253.

63 Ebd.: 251.

64 BIGA, Sozialindikatorenprogramm der OECD, Protokollnotiz der Aussprache vom 28.01.1976, CH-BAR#E7181B#1997/219#191*.

Ruf, und die Wirtschaftsverbände begrüssten es deshalb, wenn statistische Arbeiten vom BIGA übernommen wurden.[65] Dadurch ergaben sich immer wieder Konflikte mit dem ESTA. Als das Sozialindikatorenprogramm der OECD startete, entschied sich der Bundesrat, die Leitung an das BIGA zu übergeben. Dieses zeigte jedoch wenig Motivation und Engagement. Gegenüber der OECD signalisierte man zwar den Willen zur konstruktiven Mitarbeit; intern herrschte aber die Auffassung vor, auf dem Gebiet der Sozialindikatoren solle in der Schweiz «leise vor Ort» getreten werden.[66] Angesichts der Führungsrolle, die dem BIGA per Regierungsauftrag zufiel, grenzte eine solche Haltung an Arbeitsverweigerung.

Das ESTA wiederum war bestrebt, dem BIGA diese Führungsrolle streitig zu machen. Letzteres war gar nicht abgeneigt, die Hauptverantwortung abzugeben, nutzte aber seine Federführung bei den Sozialindikatoren, um seine Verhandlungsposition in den andauernden Zuständigkeitskonflikten mit dem ESTA zu stärken.[67] Im August 1976 kam es schliesslich zum Kompromiss. Die führende Rolle beim OECD-Programm übertrug der Bundesrat neu dem ESTA, dafür baute das BIGA – wie gewünscht – seine Zuständigkeit im Bereich der Wirtschaftsstatistik aus.[68] Obwohl das BIGA den Arbeitgeberverband darüber informierte, dass es diesen Wechsel begrüsse,[69] behauptete dieser in der Öffentlichkeit wider besseres Wissen, das ESTA habe das BIGA ausgebotet.[70] Solche Äusserungen zeigen, dass die Wirtschaftsverbände eine grundsätzliche Schwächung des ESTA anstrebten. Zugleich offenbarte das BIGA eine bemerkenswerte Nähe zu den Wirtschaftsverbänden. Als der Arbeitgeberverband seine Fundamentalkritik am OECD-Programm äusserte, sah sich der damalige Direktor des BIGA und spätere FDP-Nationalrat Jean Pierre Bonny nicht etwa veranlasst zu widersprechen. Vielmehr hielt er in einem Schreiben fest, er teile die Skepsis der Arbeitgeber.[71] Die Kritik der Wirtschaftsverbände floss auch inhaltlich in das Programm ein. So verkündete das BIGA, die Schweiz habe bei der OECD erreicht, dass die geplanten Lebensqualitätsstatistiken nicht zum internationalen Vergleich von Sozialpolitiken benutzt werden sollten.[72]

Das ESTA erhielt seine neue Führungsrolle während einer heiklen Phase des OECD-Programms. Während in den Phasen eins und zwei die Hauptarbeit

---

65 Jost 2016: 96–97.

66 Abteilung Sozialstatistik, Notiz, 19. Juni 1975, CH-BAR#E7181B#1997/219#191*.

67 Notiz über die Besprechung vom 7. Januar 1976, BAR#E7181B#1997/219#191*.

68 BIGA an Arbeitsgruppe für Sozialindikatoren, 24.08.1976, BAR#E7181B#1997/219#191*.

69 BIGA an ZSAO, 26.05.1978, BAR#E7181B#1997/219#191*.

70 Schweizerische Arbeitgeber-Zeitung, 27/28, 06.07.1978, 475–477, 476.

71 Bonny an Thommen, 09.08.1978, CH-BAR#E7181B#1997/219#191*.

72 Abteilung Sozialstatistik, OECD – Sozialindikatorenprogramm, 17.03.1981, CH-BAR#E7181B#1997/219#191*.

bei der OECD in Paris gelegen hatte, sah die nun gestartete dritte Phase ein verstärktes Engagement der Mitgliedsländer vor: Sie waren nun aufgefordert, Daten zur Verfügung zu stellen und eine Publikation vorzubereiten, die Statistiken auf der Basis des OECD-Programms präsentieren sollte.[73] Nicht nur stellte die zunehmende Kritik dieses Unterfangen in Frage. Vielmehr setzte auch eine Sparpolitik ein, die dem ESTA weitreichende Budgetrestriktionen aufzwang. Die Schweizer Statistiker mussten in der Folge unter geradezu prekären Bedingungen am OECD-Programm weiterarbeiten. So wurde das Budget für Auslandsreisen 1979 so stark gekürzt, dass Schweizer Delegierte ihre Teilnahme an Sitzungen in Paris absagen mussten.[74] Um doch an einer Sitzung teilnehmen zu können, war der Hauptverantwortliche für das Programm gezwungen, unbezahlten Urlaub zu nehmen und mit dem Auto nach Paris zu fahren.[75]

Nach reichlicher Verzögerung legte das ESTA, das seit 1979 Bundesamt für Statistik (BfS) hiess, anfangs der 1980er Jahre doch noch ein Werk zu Sozialindikatoren vor, das sich am Programm der OECD orientierte. Anders als in anderen Ländern war es aber nicht als Auftakt zu regelmässig erscheinenden *Social Reports* gedacht. Vielmehr handelte es sich um eine Reihe von knapp gehaltenen Einzelpublikationen, die jeweils einem Aspekt der Lebensqualität gewidmet waren. Es sei ein erster, aber «unvollkommener Versuch», soziale Indikatoren für die Lebensqualität in der Schweiz zu präsentieren, hielt die Einleitung des ersten Bandes fest.[76] Der Versuch konnte aber nicht zu Ende geführt werden. Nachdem acht von zwölf geplanten Faszikeln veröffentlicht waren, wurde das Projekt 1982 abgebrochen.[77]

Dieser Abbruch steht im Kontext von internationalen Entwicklungen. In den frühen 1980er Jahren geriet die *Social Indicators*-Bewegung in die Krise. Wichtige Zentren wurden geschlossen und prestigeträchtige Projekte beendet. Auch das OECD-Programm zur Lebensqualitätsmessung wurde 1984 abgebrochen. Ein wichtiger Grund für diese Krise war die Politik der Reagan- und Thatcher-Ära. Steuerkürzungen und Austeritätspolitik einerseits und politische Angriffe auf die Sozialwissenschaften und den Wohlfahrtsstaat andererseits verschlechterten die Bedingungen für Sozialindikatoren-Projekte in den 1980er Jahren.[78] Ab Ende der 1980er Jahre kam es jedoch zu einem erneuten Aufschwung von internationalen Lebensqualitätsprogrammen und seit den 1990er Jahren setzte sich der *Social Reporting*-Trend wieder fort. Die Schweiz blieb indessen ein Nachzügler: Erst Ende der 1990er Jahre wurde das Projekt des *Social*

73 Ebd.

74 Brüngger an Thompson, 07. 02. 1979, CH-BAR-E3321-01#1985/36#259*.

75 Brüngger an Bell, 09. 04. 1979, CH-BAR-E3321-01#1985/36#259*.

76 BfS 1981: 10.

77 Levy 2012: 172.

78 Germann 2020: 314–317.

Reporting wieder aufgegriffen und seit 2000 veröffentlicht das Bundesamt für Statistik nun alle drei Jahre einen Sozialbericht, der über die Lebensqualität der Bevölkerung informiert.[79] 2012 musste jedoch resümiert werden, dass die Schweiz punkto der Verfügbarkeit von Daten immer noch «massiv hinter ähnlich hoch entwickelten Ländern» zurückbleibe.[80] Die meisten Sozialindikatorenprojekte in der Schweiz wurden zudem nicht durch die Verwaltung durchgeführt, sondern durch die universitäre Soziologie. Bereits in den 1970er Jahren war es diese Disziplin, die sich am stärksten für ein Sozialindikatorenprogramm in der Schweiz einsetzte. Die Federführung übernahm dabei das Soziologische Institut der Universität Zürich.

Gebremste Ambitionen einer *hard science*: Die Soziologie

Die Soziologie war an Schweizer Universitäten lange Zeit schlecht institutionalisiert. Mit Ausnahme der Universität Genf begann sich die Soziologie erst seit den 1950er Jahren als eigene Fachdisziplin zu etablieren.[81] Soziologische Repräsentationen der Schweizer Bevölkerung gerieten mitunter in Konflikt mit hegemonialen politischen Bildern und Narrativen der Schweiz. Besonders deutlich zeigte sich dies an der Landesausstellung 1964, als der Bundesrat Ergebnisse einer soziologischen Umfrage zensurierte.[82] Soziologen thematisierten immer wieder den «starken Entwicklungsrückstand» der Soziologie in der Schweiz und machten dafür insbesondere politische und ideologische Vorbehalte gegenüber der Disziplin verantwortlich. Diese Darstellung entsprach aber auch dem Selbstbild einer jungen Fachdisziplin, die sich gerne als kritische und «unbequeme Wissenschaft» präsentierte.[83] Ausgeblendet blieb dabei der zwar verspätete, aber doch auffallend schnelle Aufstieg der Soziologie in der Schweiz. Seit den 1950er Jahren nahm die Nachfrage nach soziologischem Wissen in Verwaltung und Politik schnell zu und ab Mitte der 1960er Jahren erfuhr das Fach einen starken Ausbau. Besonders deutlich zeigte sich dieser an der Universität Zürich, wo sich das 1966 gegründete Institut in kurzer Zeit zum grössten soziologischen Institut in der Deutschschweiz entwickelte.[84]

Die Soziologie in Zürich war durch einen Denkstil geprägt, der in starkem Masse quantitativ ausgerichtet war. Am Ideal der Naturwissenschaften orientiert, pochte man hier auf die Robustheit und Exaktheit numerischen Wissens. Peter Heintz, der erste Lehrstuhlinhaber und Direktor des Instituts, bläute den

79 Levy 2012: 172.

80 Ebd.: 173.

81 Eberle, Reichle 2018: 352.

82 Weber 2014.

83 Zürcher 2007.

84 Eberle, Reichle 2018: 358.

Studierenden jeweils bereits in der ersten Vorlesung ein: «Meine Damen und Herren, hier machen wir hard science.»[85] Dieses Selbstverständnis wurde durch die Computerisierung begünstigt, die an der Universität Zürich bereits 1962 mit der Anschaffung des ersten Computers eingesetzt hatte: Die Soziologie gehörte schnell zu den Hauptnutzern des neu geschaffenen Rechenzentrums an der Universität Zürich.[86]

Aufmerksamkeit erfuhr die Zürcher Soziologie, indem sie nüchterne Fakten zu politisch drängenden und emotional diskutierten Themen in der Schweiz versprach. So untersuchten Projekte um 1970 die Migration[87], die Jugendfrage[88] oder die gesellschaftliche Stellung der Frauen[89]. Die Dominanz quantitativer Methoden war zudem geeignet, den gesellschaftlichen Nutzen der Soziologie in einem weiteren Bereich zu demonstrieren, der Sozialindikatorenforschung. Zur prägenden Figur auf diesem Gebiet avancierte Hans-Joachim Hoffmann-Nowotny, ein Schüler von Heintz, der 1974 auf die zweite Soziologieprofessur in Zürich berufen wurde. Wie kaum ein anderer setzte er sich dafür ein, den Rückstand der Schweiz im Bereich der Sozialindikatoren aufzuholen. Gegenüber den wachstumskritischen Ideen, welche die Anfänge der *Social Indicators*-Bewegung geprägt hatten, ging er indessen auf Distanz: Diese seien nur für die oberen Gesellschaftsschichten, nicht aber für die Unterprivilegierten attraktiv, die zur Verbesserung ihres Lebensstandards auf weiteres Wirtschaftswachstum angewiesen seien.[90] Auch das OECD-Programm, das er als Experte begleitete, beurteilte er durchaus kritisch. So bemängelte er, dass die lebensqualitätsrelevanten Gesellschaftsbereiche rein politisch und nicht gemäss wissenschaftlichen Kriterien ausgewählt worden seien. Zudem befürchtete er, das Programm würde Fragen der Macht und der strukturellen Ungleichheit zu wenig berücksichtigen. Statt sich also am Programm der OECD zu orientieren, sah es Hoffmann-Nowotny als Aufgabe der Soziologie, ein eigenes Sozialindikatorensystem für die Schweiz zu initiieren und auszuarbeiten. Dabei erkannte er die Gelegenheit, jene Lücke zu füllen, die eine politisch bedrängte, ungenügend ausgestattete und nur begrenzt motivierte Bundesverwaltung liess.

Im Oktober 1975 fand ein von der Zürcher Soziologie organisierter Kongress zu Sozialen Indikatoren statt, an dem über 400 Personen teilnahmen, darunter nicht nur Vertreter*innen der Sozialwissenschaften, sondern auch Expert*innen aus der Bundesverwaltung und potentielle Nutzer*innen einer Gesellschaftsstatis-

85 Zit. in Reichle 2022: 585–586.
86 Reichle 2022: 585.
87 Dazu: Espahangizi 2022.
88 Dazu: Bühler 2019.
89 Held, Levy 1973.
90 Hoffmann-Nowotny 1974/1975.

tik.[91] Hoffmann-Nowotny reichte zudem eine Reihe von Gesuchen beim Schweizerischen Nationalfonds ein, die darauf abzielten, Sozialindikatoren für die Schweiz zu entwickeln und ein regelmässiges *Social Reporting* anzustossen. Der Schweizerische Nationalfonds stand nun vor dem Problem, dass «Doppelspurigkeiten» bestanden, da auch die Bundesverwaltung im Rahmen des OECD-Programms an einer neuen Gesellschaftsstatistik für die Schweiz arbeitete. Er organisierte deshalb ein Gespräch zwischen den involvierten Akteuren, aus dem aber kein Konsens über eine künftige Arbeitsteilung hervorging.[92] Zudem lud er die Direktoren von ESTA und BIGA dazu ein, die Gesuche der Soziologie zu begutachten.

Die Bundesämter reagierten zurückhaltend bis ablehnend auf die Ambitionen der Soziologie, «eine Art Monopol- oder Führerstellung für die Bearbeitung der Sozialindikatoren in der Schweiz»[93] zu beanspruchen. Zwar begrüssten sie es, wenn die Soziologie Vorarbeiten für diese Gesellschaftsstatistiken leistete, indem sie etwa theoretische und methodische Probleme klärte. Klar ablehnend war die Haltung aber, als Hoffmann-Nowotny um finanzielle Unterstützung für das Projekt eines Datenhandbuchs ersuchte, das erstmals Gesellschaftsstatistiken zur Schweiz für eine breitere Öffentlichkeit aufbereiten sollte. Das BIGA ging bei seiner negativen Beurteilung so weit, dem Handbuch schlichtweg seinen wissenschaftlichen Wert abzusprechen.[94] Das ESTA wiederum pochte auf seine Zuständigkeit und vertrat «mit Nachdruck die Ansicht, dass die Aufarbeitung, Auswertung und Synthese der quantitativen Information» Aufgabe des statistischen Amtes und nicht der universitären Soziologie seien.[95]

Der Schweizerische Nationalfonds lehnte das Gesuch ab; aber auch ohne Unterstützung des SNF und der Bundesämter gelang es dem soziologischen Institut, das Handbuch unter dem Titel *Almanach der Schweiz* zu veröffentlichen.[96] Es stiess auf ein breites Echo, zumal es brisante Informationen enthielt, so etwa zur Vermögenskonzentration in der Schweiz. Während 1 Prozent der Bevölkerung in der BRD 18 Prozent und in den USA 25 Prozent des Privatvermögens besitze, seien es in der Schweiz 42 Prozent.[97] Diese Zahlen beeinflussten Debatten zur ausgeprägten Vermögensungleichheit in der Schweiz. Die Produktion und Kommunikation solcher Zahlen blieben allerdings begrenzt, weil der Schweizer Almanach sein wesentliches Ziel verfehlte, «eine umfassende und regelmässige Sozialberichterstattung über die Schweiz»[98] zu initiieren.

91 Neue Zürcher Zeitung, 05.11.1975.

92 Besprechung verschiedener Forschungsvorhaben zur Erarbeitung sozialer Indikatoren, 01.07.1975, SNF Archiv, Gesuch Nr. 1.223–0.75.

93 Gutachten: Ein System sozialer Indikatoren für die Schweiz, 13.08.1975, ebd.

94 BIGA an SNF, 17.06.1976, ebd.

95 ESTA an SNF, 26.05.1976, ebd.

96 Soziologisches Institut der Universität Zürich 1978.

97 Ebd.:144.

98 Ebd.: 8.

Die Sozialindikatorenprojekte der Zürcher Soziologie zielten darauf ab, Öffentlichkeit und Politik mit Zahlen zu versorgen, welche die gesellschaftliche Wirklichkeit möglichst präzis abbilden sollten. Diese Ambitionen wurden zum einen von aussen limitiert, namentlich von Bundesämtern, die erfolgreich auf ihre Zuständigkeit für Gesellschaftsstatistiken pochten. Herausgefordert wurde das Vorhaben zum anderen von Entwicklungen innerhalb der Sozialwissenschaften, die unterschiedliche Auffassungen vertraten, wie diese Wirklichkeit zu beschreiben war.

Lebensqualität, Standortkonkurrenz und der epistemische Ausschluss von Frauen: Die 1980er Jahre

Das *Social Indicators Movement* einte der Konsens, dass die Wirtschaftsstatistiken die gesellschaftliche Wirklichkeit nur ungenügend repräsentierten. Wie aber jene vernachlässigten Aspekte der gesellschaftlichen Wirklichkeit zu vermessen waren, die man unter den Begriff der Lebensqualität subsumierte, war umstritten.[99] Bereits zu Beginn der 1970er Jahre zirkulierten zahlreiche divergierende Vorstellungen von Lebensqualität, die untereinander konkurrierten. Die Trennlinien verliefen dabei zwischen den involvierten sozialwissenschaftlichen Disziplinen der Soziologie, Psychologie, Politologie und Ökonomie, aber auch innerhalb der Disziplinen selbst. Stark vereinfacht lassen sich zwei Pole feststellen: Auf der einen Seite waren Sozialwissenschaftler*innen, vorwiegend aus der Soziologie, die Lebensqualität anhand objektiver Indikatoren messen wollten. Als solche Indikatoren galten etwa die Lebenserwartung oder die Kriminalitätsrate, aber auch die Schadstoffkonzentration in der Luft, die durchschnittliche Dauer der Schulbildung oder der Anteil von Haushalten mit mehr als einer Person pro Raum. Der soziologische Almanach der Schweiz stand in dieser Tradition. *Hard facts* einer *hard science:* Das versprach eine solche sozialstatistische Konzeption von Lebensqualität.

Am anderen Pol der Debatte wurde demgegenüber – zunächst vorwiegend von Vertreter*innen der Sozialpsychologie – argumentiert, dass Lebensqualität immer von der *Wahrnehmung* der Lebensbedingungen und der *subjektiv* empfundenen Zufriedenheit abhänge. Aus dieser Optik sagten objektive Indikatoren wie die oben genannten nur wenig über die Lebensqualität der Bürger*innen aus. Stattdessen müssten Lebensqualitätsuntersuchungen auf Umfragen basieren, die subjektive Erfahrungen, Einstellungen, Wahrnehmungen und Empfindungen wiedergeben würden. Einen solchen sozialpsychologischen Ansatz verfolgte das Institute for Social Research an der University of Michigan, das in den 1970er Jahren eine internationale Führungsrolle in der Lebensqualitätsforschung über-

99 Vgl. dazu: Germann 2024: 66–67.

nahm.[100] Die dort entwickelten Survey-Methoden wurden auch durch eine Rhetorik der ‹Demokratisierung› des Lebensqualitätsunterfangens legitimiert. Während die objektiven Sozialstatistiken die Perspektive von oben, von Regierung und Bürokratie, repräsentieren würden, seien Umfragen geeignet, die Sicht der Bürger*innen wiederzugeben.[101] Dieses subjektive und psychologische Verständnis von Lebensqualität begann sich seit Ende der 1970er Jahre in der sozialwissenschaftlichen Forschung zunehmend durchzusetzen. Der Begriff der Lebensqualität rückte dabei in die Nähe des subjektiven Wohlbefindens.

Diese Entwicklung lässt sich auch in der Schweiz beobachten: Umfragebasierte Untersuchungen zur Lebensqualität nahmen seit Mitte der 1970er Jahre zu und erhielten teilweise eine erhebliche Aufmerksamkeit in Öffentlichkeit und Politik. Beispielhaft dafür stehen die Untersuchungen des Soziologien Emil Walter-Busch.[102] Er hatte eine Dozentur und später eine Titularprofessur für Sozialpsychologie und empirische Sozialforschung an der Hochschule St. Gallen (HSG). In Abgrenzung zu den Sozialindikatorenprojekte der Zürcher Soziologie nahmen die Untersuchungen an der HSG Lebensqualität als eine subjektive Grösse in den Blick, die es mittels Umfragemethoden zu bestimmen galt. Zu diesem Zweck nutzten Walter-Busch und seine Forschungsgruppe die jährlich stattfindenden pädagogischen Rekrutenprüfungen. Den wehrtauglichen jungen Männern wurden 1978 erstmals Fragen zur Lebensqualität an ihrem Wohnort gestellt und 1987 erfolgte eine zweite Befragung. Die vom Schweizerischen Nationalfonds finanzierten Untersuchungen mündeten in zwei Monographien, die sich an eine breite Öffentlichkeit richteten: *Der Schweizer Regionenspiegel* (1980) basierte auf der ersten Befragung und der Band *Entwicklung der Lebensqualität in der Schweiz, 1978–1987* (1988) analysierte die Veränderungen zwischen den beiden Erhebungsjahren.[103]

Bemerkenswert ist, dass die Umfragen als Studien zur Gesamtbevölkerung in der Schweiz präsentiert und rezipiert wurden, obwohl die Stichprobe nicht nur aufgrund des Alters der Befragten offensichtlich eine Minderheit repräsentierte. Ausgeschlossen waren die ausländische Bevölkerung und die Dienstuntauglichen sowie vor allem sämtliche Frauen. Innerhalb des Schweizerischen Nationalfonds war dieses Problem der Repräsentativität bei der Behandlung des ersten Gesuchs noch ein Thema.[104] Die Repräsentationsfrage rückte aber zunehmend in den Hintergrund. Die männlichen Gutachter beurteilten das Projekt positiv und erwähnten die Abwesenheit von Frauen entweder gar nicht oder nur

100 Campbell, Converse, Rodgers 1976.

101 Germann 2024: 67.

102 Zu Walter-Busch und zur Soziologie an der Hochschule St. Gallen: Reichle 2022.

103 Walter-Busch 1980; ders. 1988.

104 Protokoll der 20. Sitzung der Expertengruppe «Regionalprobleme», 24.10.1980, SNF Archiv, Projekt 4.386.0.80.05.

am Rande.[105] Dies ist insofern erstaunlich, als die 18-jährigen Männer etwa auch die Frage beantworten mussten, wie zufrieden sie mit den Spielplätzen und Kinderhorten in ihrer Region seien.[106] Frauen wurden in dieser Erhebung doppelt ausgeschlossen, sowohl als Subjekte als auch als Objekte der Forschung. An der Untersuchung beteiligt war lediglich eine Stenotypistin, welche die Daten der Rekruten zu erfassen hatte.

Für Geschlechterunterschiede interessierte sich das Projekt der St. Galler Wirtschaftshochschule offensichtlich nicht. Auch Klasse oder Migration bildeten keine Analysekategorien. Stattdessen rückte das Projekt regionale und kantonale Differenzen ins Zentrum des Interessens. So zielte die Studie auch darauf ab, die Attraktivität einer Region zu messen. Dies war vor allem relevant hinsichtlich der zunehmenden Standortkonkurrenz zwischen den Kantonen. Zum einen betraf der Strukturwandel der 1970er Jahre die Kantone sehr unterschiedlich, womit neue regionale Ungleichheiten entstanden. Zum anderen setzte nach der Krise der 1970er Jahre ein verstärkter Wettbewerb um niedrige Steuern und Firmenstandorte ein. Die Studie rückte denn auch den Wettbewerb in den Vordergrund. So hielt sie in einer Rangliste fest, wie Kantone und Regionen bezüglich der subjektiv empfundenen Lebensqualität im nationalen Vergleich abschneiden würden.

Die Auswahl der Kriterien und Fragen beruhte auf einer «well-informed arbitrariness»[107], wie der Projektleiter einräumte. Er habe sich bemüht, dass sie einem allgemeinen Konsens über die relevantesten Dimensionen der regionalen Lebensqualität entsprechen würde. Diese reichten von Bildungsmöglichkeiten und Wohnverhältnissen über Vergnügungsangebote und Einkaufsmöglichkeiten bis zur Mentalität der Bevölkerung und der Schönheit des Ortes. Im Vergleich zu den Sozialindikatorenprojekte der 1970er Jahre fällt auf, dass Themen wie Arbeitsbedingungen oder soziale Partizipation keine Berücksichtigung mehr fanden, stattdessen aber Fragen zu Konsum, privatwirtschaftlichen Angeboten und zu ästhetisch-kulturellen Kriterien an Bedeutung gewannen. Wesentlich war, dass nicht zuletzt die wirtschaftliche Attraktivität einer Region gemessen werden sollte. Zu den 21 Kriterien gehörte auch die «Höhe der Steuern» und diese Frage fiel besonders ins Gewicht, da sie in der Erhebung von 1987 die höchste kantonale Variabilität aufwies. Wenig überraschend war es denn auch der als Steueroase bekannte Kanton Zug, der im Kantonsranking am besten abschnitt. So landete er bei der Umfrage 1978 auf Platz 2 und 1987 auf Platz 1.[108]

Besonders schlechte Noten erhielt hingegen der Kanton Thurgau, der besonders stark durch die Deindustrialisierung betroffen war: Allein zwischen

105 Siehe die Gutachten in: SNF Archiv, Projekt 4.386.0.80.05.

106 Walter-Busch 1988: 369.

107 Walter-Busch 1983: 342.

108 Walter-Busch 1988: 356–357.

1965 und 1975 verlor der Kanton jeden achten Arbeitsplatz.[109] Vor diesem Hintergrund lösten die Ergebnisse ein breites Echo in der Öffentlichkeit aus. Auch die Thurgauer Kantonsregierung griff 1981 die Lebensqualitätsbefragung auf, um für ein Wirtschaftsförderungsgesetz zu werben, das darauf abzielte, Wachstum anzukurbeln und Arbeitsplätze zu schaffen.[110] Eine Allianz von antiinterventionistischen Wirtschaftsliberalen und ökologischen Wachstumskritiker*innen brachte das Gesetz jedoch zu Fall. Die schlechten Lebensqualitätsergebnisse trieben den Kanton aber weiterhin um, und die Regierung beauftragte schliesslich ein Zürcher Meinungsforschungsinstitut damit, eine repräsentative Lebensqualitätsumfrage durchzuführen. Der Kanton schnitt zwar sowohl in dieser selbst beauftragten Untersuchung als auch in der wiederholten Rekrutenbefragung von 1987 besser ab, aber nur geringfügig. Die *Neue Zürcher Zeitung* veranlasste dies zur Interpretation, dass es der Politik nur begrenzt möglich sei, die Lebensqualität der Bürger*innen zu verbessern. Vor allem in einem Punkt habe jedoch der Thurgau Fortschritte erzielt; er habe sich dank grosszügigen Steuerkürzungen sukzessive «ins günstigste Viertel aller Schweizer Kantone» vorgearbeitet.[111] Es ist bemerkenswert, wie die Steuerbelastung und weitere wirtschaftliche Standortfaktoren in den 1980er Jahren zu wichtigen Kriterien der Lebensqualität avancierten. Zugleich war dieser Wandel von einer fortdauernden «epistemic injustice»[112] begleitet, die darin bestand, dass Stimmen von Frauen und der ausländischen Bevölkerung in den Repräsentationen von Lebensqualität nur wenig oder gar kein Gewicht erhielten.

Die Untersuchungen der Hochschule St. Gallen waren Vorreiter von regional gegliederten Lebensqualitätserhebungen, die heute noch eine starke Präsenz in den Medien aufweisen, so etwa, wenn jeweils ein neues Lebensqualitätsranking zu den beliebtesten Städten publiziert wird. Solche Umfragen entwickelten sich zu einem Treiber der Standortkonkurrenz und einem Vehikel eines Standortmarketings, das darauf abzielt, private Unternehmen und gut ausgebildete Arbeitskräfte anzuziehen. Aus der Sicht von John K. Galbraith haben die Lebensqualitätsbestrebungen damit die schlimmstmögliche Wendung genommen: Statt den öffentlichen Sektor gegenüber der Privatwirtschaft zu stärken, verfolgen sie die Absicht, möglichst attraktive Bedingungen für privates Kapital zu schaffen.

109 Stellungnahme Regierungsrat, 26.05.1985, Staatsarchiv Thurgau, Grosser Rat: Allgemeine Akten, 2'30'330, 31/6.

110 Regierungsrat des Kantons Thurgau an den Grossen Rat, 08.09.1981, ebd.

111 Neue Zürcher Zeitung, 05.01.1988.

112 Fricker 2007.

Schluss

Die in den 1970er Jahren Fahrt aufnehmenden Lebensqualitätsprogramme waren Ausdruck und zugleich Treiber einer der prägenden Entwicklungen der jüngsten Zeitgeschichte: Der Quantifizierung der sozialen Welt. Immer mehr Bereiche der Gesellschaft, von der Umweltbelastung bis zum subjektiven Wohlbefinden, wurden in Zahlen übersetzt, die zwischen wissenschaftlichen Institutionen, staatlichen Administrationen, wirtschaftlichen Interessengruppen und zivilgesellschaftlichen Organisationen zirkulierten und öffentliche Diskussionen ebenso beeinflussten wie staatliches Handeln. Soziologische Zeitdiagnosen und kulturwissenschaftliche Arbeiten haben vorwiegend die Zunahme und den Bedeutungsgewinn dieser Zahlenwelt betont, die neue Formen der Macht- und Herrschaftsausübung ermöglichten. Als wesentlicher Treiber dieser Entwicklung wird neben der Digitalisierung vor allem der Neoliberalismus genannt, zumal auf Wettbewerb getrimmte Gesellschaften auf numerische Vergleiche angewiesen sind.

Die hier untersuchten Anfänge und Entwicklungen der Lebensqualitätsmessung in der Schweiz verdeutlichen aber, dass die Zeitgeschichte der Quantifizierung weniger gradlinig und widersprüchlicher verlief als es solche Deutungen nahelegen. Vor allem erhellen sie einen bislang kaum beachteten Aspekt dieser Geschichte: Seit den 1970er Jahren nahm nicht nur das numerische Wissen über die Gesellschaft rapide zu; vielmehr wuchs gleichzeitig auch das Nichtwissen stark an: Zahlen fehlten oder waren versteckt, sie wurden ignoriert oder angezweifelt, sie blieben immobil oder zirkulierten nur innerhalb limitierter institutioneller Kontexte. Die Schweiz blieb auch in den 1970er und 1980er Jahren ein erstaunlich uninformiertes Land. In kaum einem anderen westlichen Industrieland zirkulierten so wenig Zahlen zu zentralen Bereichen der Gesellschaft und der Lebensqualität. Sozialstatistische Programme und Lebensqualitätsmessungen blieben unvollständig, wiesen Leerstellen auf oder brachen ab. Die Bestrebungen, in den 1970er und 1980er Jahren ein *social reporting* einzuführen, scheiterten an den Widerständen von wirtschaftlichen Interessengruppen und dem fehlenden politischen Willen der Bundesbehörden. Es handelt sich um ein Nichtwissen, das aktiv hergestellt wurde: Es war die Folge von strategischen Entscheidungen, politischen Konflikten und strukturellen Ungleichheiten. Zum Schluss sollen drei Zusammenhänge erörtert werden, welche die Produktion dieses Nichtwissens in den historischen Kontext der Zeitgeschichte der Schweiz einordnen.

Erstens hatte dieses Nichtwissen eine ausgeprägte Geschlechterdimension. Wie die Geschichte der Lebensqualitätserhebungen zeigt, setzten sich die Ungleichheitsstrukturen nach der Einführung des Frauenstimmrechts 1971 nicht nur auf rechtlicher und politischer, sondern auch auf epistemischer Ebene fort. Die Lebensqualitätsmessungen erwiesen sich als erstaunlich geschlechterblind. So wurde Geschlechterungleichheit in den hier untersuchten Programmen nie als relevantes Lebensqualitätskriterium aufgeführt. Dies ist auch darauf zurückzuführen, dass Frauen unter den statistischen und sozialwissenschaftlichen Fachpersonen massiv untervertreten waren. Das Demokratisierungsversprechen, mit dem sich umfragebasierte Lebensqualitätserhebungen in den 1970er und 1980er Jahren profilierten, wurden für Frauen zudem kaum oder gar nicht eingelöst. Dies verdeutlicht die erstaunliche Akzeptanz von Umfragen, die Frauen von der Teilnahme ausschlossen. Dieser Ausschluss übte einen Einfluss auf die Auswahl und Gewichtung von Themen aus. Als These lässt sich festhalten, dass diese *epistemic injustice* dazu beitrug, Lebensqualitätswissen an eine wachstumsorientierte Standortpolitik und eine neoliberale Wettbewerbsförderung anschlussfähig zu machen.

Zweitens verfolgten die Wirtschaftsverbände eine gezielte Strategie des Nichtwissens. Ihre grundlegende Skepsis gegenüber Statistiken beruhte auf einer in der Schweiz eingeschliffenen Praxis der Geheimhaltung, die wesentlichen Geschäftsbereichen Verschwiegenheit und Unsichtbarkeit gewährte. In den 1970er Jahren übertrug sich diese Skepsis auch auf die Lebensqualitätsmessung. Nun ging es darum, private Wirtschaftsakteure und ihre Praktiken vor den Einmischungen einer demokratischen Wissensgesellschaft abzuschirmen. Unter Rückgriff auf ein – Geistes- und Kulturwissenschaftler*innen durchaus vertrautes – Argumentarium der Statistikkritik waren sie bestrebt, sozial- und umweltpolitisch relevante Statistiken zu verhindern oder zu begrenzen. Diese Politik des Nichtwissens war verschränkt mit einer neoliberalen Strategie, die darauf abzielte, ungleiche Eigentums- und Machtverhältnisse vor demokratischen Interventionen zu schützen. Der Neoliberalismus erwies sich hier nicht als Treiber, sondern als Hemmschuh einer weiterreichenden Quantifizierung der sozialen Welt.

Drittens waren quantitativ ausgerichtete Soziologen bemüht, dieser Strategie des Nichtwissens das Ideal von wissensbasierten öffentlichen Debatten und einer rational begründeten Politik entgegenzuhalten. Zahlenförmige Fakten versprachen ein einfach kommunizierbares Wissen, das gesellschaftliche Diskurse versachlichen und der Öffentlichkeit die Gestaltungshorizonte der Politik vor Augen führen sollte. In der Schweiz der 1970er und 1980er Jahre liessen sich jedoch nur sehr begrenzt intellektuelle, politische und finanzielle Ressourcen mobilisieren, um ein solches Vorhaben zu verwirklichen. Die insgesamt geringe Motivation der Bundesämter, die Impulse des *Social Indicators Movement* produktiv zu nutzen und die Bürger*innen regelmässig über den Zustand der Gesellschaft zu informieren, macht deutlich, dass es an politischem Willen fehlte, die Spielräume der demokratischen Gesellschaftsgestaltung zu kennen und zu nutzen. Der Mangel an Zahlen und der fehlende Konsens über geeignete Statistiken spiegelten ein Fehlen an politischen Übereinstimmungen, gemeinsamen Grundlagen und kollektiv geteilten Visionen für eine Schweiz nach dem Ende der Wachstumseuphorie. Zwar avancierte Lebensqualität zum neuen gesellschaftlichen Zielbegriff, den soziale und ökologische Bewegungen ebenso adaptierten wie das linksliberale und konservative Establishment. Das neue Zielkriterium der Lebensqualität vermochte in der Schweiz aber keine neue Konsensorientierung für die Jahrzehnte «nach dem Boom» zu stiften. Vielmehr konkurrierten unterschiedliche Vorstellungen und Repräsentationen von Lebensqualität miteinander und waren politisch umkämpft. Der Begriff der Lebensqualität erwies sich dabei als flexibel einsetzbares Vehikel, das vielfältige Bedeutungen annehmen und divergierende politische Botschaften transportieren konnte: Bezogen auf das Wachstumsparadigma reichten diese von der Forderung, ‹Lebensqualität statt Wachstum› zu fördern, über das Versprechen, ‹Lebensqualität durch Wachstum› zu erzielen, bis zur umgekehrten Intention, ‹Wachstum durch Lebensqualität› anzukurbeln. Das Konzept der Lebensqualität war nicht nur ein Instrument der Kritik, sondern ebenso der Adaption des Wachstumsdenkens an sich verändernde Erwartungshaltungen, und seit den 1980er Jahren fungierte es zunehmend auch als ein Vehikel der Standortkonkurrenz und des Steuerwettbewerbs.

Gedruckte Quellen

Bell, Daniel: The Coming of Post Industrial Society: A Venture in Social Forecasting. New York 1973.

Bundesamt für Statistik (BfS) (Hg.): Sozialindikatoren für die Schweiz. Band 1: Gesundheit. Bern 1981.

Campbell, Angus; Converse, Philip E.; Rodgers, Willard L.: The Quality of American Life. Perceptions, Evaluations, and Satisfactions. New York 1976.

Cohen, Wilbur J.: Social Indicators. Statistics for Public Policy. In: American Statistician 22/4 (1968): 14–16.

Galbraith, John Kenneth: The Affluent Society. Boston 1958.

Galbraith, John Kenneth: Economics and the Quality of Life. In: Science 145/3628 (10.07.1964): 117–123.

Glatzer, Wolfgang: International Actors in Social Indicators Research. In: Social Indicators Newsletter 16 (1981): 1–12.

Heintz, Peter: Stand und Einschätzung der Soziologie in der Schweiz. In: Revue européenne des sciences sociales 27/10 (1972): 5–11.

Held, Thomas; Levy, René: Die Stellung der Frau in Familie und Gesellschaft. Eine soziologische Analyse am Beispiel der Schweiz. Frauenfeld 1974.

Hoffmann-Nowotny, Hans-Joachim: Soziologische Bemerkungen zu den «Grenzen des Wachstums»: Eine Kritik der «Umwelt-Ideologie» 1974/1975. In: Schweizer Monatshefte 54/9 (1974/1975): 628–642.

Johnson, Lyndon B.: State of the Union, 4. Januar 1965, https://www.lbjlibrary.org/object/text/annual-message-congress-state-union-01-04-1965, abgerufen am 07.02.2025.

OECD: List of Social Concerns Common to Most OECD Countries. Paris 1973.

Schlumpf, Viktor: Gesucht: Eine Wirtschaftsstatistik. In: Tages-Anzeiger, 05.03.1973.

Senglet, Jean-Jacques: Sozialindikatoren – Bemerkungen aus schweizerischer Sicht. In: Schweizerische Zeitschrift für Volkswirtschaft und Statistik 2 (1975): 245–254.

Soziologisches Institut der Universität Zürich (Hg.): Almanach der Schweiz. Daten und Kommentare zu Bevölkerung, Gesellschaft und Politik. Bern 1978.
Walter-Busch, Emil: Entwicklung der Lebensqualität in der Schweiz 1978–1987: Ergebnisse der Rekrutenbefragungen 1987 und 1978. Frankfurt a. M. 1988.
Walter-Busch, Emil: Schweizer Regionenspiegel. Bericht über die im Rahmen der Pädagogischen Rekrutenprüfungen 1978 durchgeführte Befragung. Aarau 1980.
Walter-Busch, Emil: Subjective and Objective Indicators of Regional Quality of Life in Switzerland. In: Social indicators research 12/4 (1983): 337–391.
Zapf, Wolfgang: Social Indicators. Prospects for Social Accounting Systems. In: Social Science Information 11/3–4 (1972): 243–277.

Sekundärliteratur

Bühler, Rahel: Jugend beobachten. Debatten in Öffentlichkeit, Politik und Wissenschaft in der Schweiz, 1945–1979. Zürich 2019.
Burke, Peter: Ignorance. A Global History. New Haven, London 2023.
Desrosières, Alain: Die Politik der großen Zahlen. Eine Geschichte der statistischen Denkweise. Berlin, Heidelberg 2005.
Dilley, Roy; Kirsch, Thomas G. (Hg.): Regimes of Ignorance. Anthropological Perspectives on the Production and Reproduction of Non-Knowledge. New York 2015.
Doering-Manteuffel, Anselm; Raphael, Lutz: Nach dem Boom. Perspektiven auf die Zeitgeschichte seit 1970, 2., erg. Auflage. Göttingen 2010.
Eberle, Thomas S.; Reichle, Niklaus: Soziologie in der Schweiz seit 1945. In: Moebius, Stephan; Ploder, Andrea (Hg.): Handbuch Geschichte der deutschsprachigen Soziologie. Band 1: Geschichte der Soziologie im deutschsprachigen Raum. Wiesbaden 2018: 347–384.
Espahangizi, Kijan: Der Migration-Integration-Komplex. Wissenschaft und Politik in einem (Nicht-)Einwanderungsland, 1960–2010. Göttingen 2022.
Espeland, Wendy; Stevens, Mitchell: A Sociology of Quantification. In: European Journal of Sociology 49 (2008): 401–436.
Fricker, Miranda: Epistemic Injustice. Power and the Ethics of Knowing. Oxford 2007.
Germann, Pascal: The Quality of Life Turn. The Measurement and Politics of Wellbeing in the 1970s. In: KNOW: A Journal on the Formation of Knowledge 4/2 (2020): 295–324.
Germann, Pascal: Changing Values and Social Knowledge. The Social Indicators Movement, Quality of Life Studies, and the «Silent Revolution» in the 1970s. In: Balestracci, Fiammetta; von Hodenburg, Christina; Richter, Isabel (Hg.): An Era of Value Change. The Long 1970s in Europe. Oxford 2024: 59–82.
Gross, Matthias; McGoey, Linsey (Hg.): Routledge International Handbook of Ignorance Studies. London 2015.
Haller, Lea: Transithandel. Geld- und Warenströme im globalen Kapitalismus. Berlin 2019.
Heintz, Bettina: Welterzeugung durch Zahlen. Modelle politischer Differenzierung in internationalen Statistiken. In: Soziale Systeme 18/1–2 (2012): 7–39.
Iberg, Ludovic: Fighting for a Neoliberal Europe. Swiss Business Associations and the UNICE, 1970–1978. In: Business History 65/2 (2021): 366–381.
Jost, Hans Ulrich: Von Zahlen, Politik und Macht. Geschichte der schweizerischen Statistik. Zürich 2016.

Leimgruber, Matthieu; Schmelzer, Matthias: From the Marshall Plan to Global Governance. Historical Transformations of the OEEC/OECD, 1948 to Present. In: Dies. (Hg.): The OECD and the International Political Economy since 1948. Cham 2017: 23–58.
Lepenies, Philipp: Die Macht der einen Zahl. Eine politische Geschichte des Bruttoinlandsprodukts. Berlin 2013.
Levy, Jonathan: Ages of Capitalism. A History of the United States. New York 2021.
Levy, René: Sozialberichterstattung in der Schweiz. Ein kurvenreicher Weg. In: Jahrbuch Denknetz 2012: 170–179.
Macekura, Stephen J.: The Mismeasure of Progress. Economic Growth and Its Critics. Chicago 2020.
Macekura, Stephen: Whither Growth? International Development, Social Indicators, and the Politics of Measurement, 1920s–1970s. In: Journal of Global History 14/2 (2019): 261–79.
Maier, Charles: The Project-State and Its Rivals. A New History of the Twentieth and Twenty-First Centuries. Cambridge/MA 2023.
Mau, Steffen: Das metrische Wir. Über die Quantifizierung des Sozialen. Berlin 2017.
McGoey, Linsey: The Unknowers. London 2019.
Miller, Peter: Governing by Numbers. Why Calculative Practices Matter. In: Social Research 68/2 (2001): 379–396.
Mulsow, Martin: Prekäres Wissen. Berlin 2012.
Noll, Heinz-Herbert: Social Indicators and Quality of Life. Research. Background, Achievements and Current Trends. In: Advances in Sociological Knowledge. Wiesbaden 2004: 151–81.
Noll, Heinz-Herbert: Social Monitoring and Reporting: A Success Story in Applied Research on Social Indicators and Quality of Life. In: Social Indicators Research 135/3 (2018): 951–64.
Parker, Richard: John Kenneth Galbraith. His Life, His Politics, His Economics. New York 2005.
Porter, Theodore M.: Trust in Numbers. The Pursuit of Objectivity in Science and Public Life, Reprint. Princeton 1996.
Porter, Theodore M.: The Rise of Statistical Thinking, 1820–1900. Princeton 1986.
Proctor, Robert; Schiebinger, Londa (Hg.): Agnotology. The Making and Unmaking of Ignorance. Stanford 2008.
Reichle, Niklaus. Wege der Verstetigung. Die Institutionalisierung der Soziologie(n) in der Schweiz. Universität St. Gallen 2022.
Rodgers, Daniel T.: Age of fracture. Cambridge/MA 2011.
Ronca, Marion: Die unsichtbare Volkswirtschaft. Die Verhandlungen um eine Schweizer Produktionsstatistik 1920–1982. In: Kouli, Yaman; Pawlowsky, Peter; Hertwig, Markus (Hg.): Wissensökonomie und Digitalisierung. Geschichte und Perspektiven der wissensbasierten Wirtschaft. Berlin 2020: 53–78.
Schmelzer, Matthias: From Luddites to limits? Towards a systematization of growth critiques in historical perspective. In: Globalizations 20 (2022): 1–18.
Schmelzer, Matthias: The Hegemony of Growth. The OECD and the Making of the Economic Growth Paradigm. Cambridge 2016.
Speich Chassé, Daniel: Die Erfindung des Bruttosozialprodukts. Globale Ungleichheit in der Wissensgeschichte der Ökonomie (Kritische Studien zur Geschichtswissenschaft 212). Göttingen 2013.

Tanner, Jakob: Der Tatsachenblick auf die «reale Wirklichkeit». Zur Entwicklung der Sozial- und Konsumstatistik in der Schweiz. In: Schweizerische Zeitschrift für Geschichte 45 (1995): 94–108.

Tanner, Jakob: Krisen und Konjunkturen des Kapitalismus in der Schweiz des 20. Jahrhunderts. In: Ivanova, Mirela; Thaa, Helene; Nachtwey, Oliver (Hg.): Kapitalismus und Kapitalismuskritik. Frankfurt a. M. 2022: 169–192.

Verburgt, Lukas M.; Burke, Peter: Introduction. Histories of Ignorance. In: Journal for the History of Knowledge 2/1 (2021): 1–5.

Vitale, Tommaso; Bruno, Isabelle; Didier, Emmanuel: Statactivism: Forms of action between disclosure and affirmation. In: Partecipazione e Conflitto. Open Journal of Sociopolitical Studies 7/2 (2014): 198–220.

Weber, Koni: Umstrittene Repräsentation der Schweiz. Soziologie, Politik und Kunst bei der Landesausstellung 1964. Tübingen 2014.

Zürcher, Markus: Die Genese eines Malaise. Die Schweizerische Soziologie in der Nachkriegszeit. In: Arni, Caroline; Glauser, Andrea; Müller, Charlotte; Rychner, Marianne; Schallberger, Peter (Hg.): Der Eigensinn des Materials. Erkundungen sozialer Wirklichkeit. Festschrift für Claudia Honegger zum 60. Geburtstag. Frankfurt a. M. 2007: 243–261.

Zwierlein, Cornel (Hg.): The Dark Side of Knowledge. Histories of Ignorance, 1400 to 1800. Leiden 2016.

«Denk mit – Spar mit!»

Der Diskurs zu einer Neuorientierung der Energiepolitik in den 1970er und 1980er Jahren

Tobias Küng

Abstract

Between 1970 and 1990, energy crises and debates on the limits to growth significantly shaped Swiss energy policy. The 1973 oil crisis triggered a shift in thinking: energy conservation emerged as a strategic response to supply disruptions, economic dependencies and environmental challenges. Government campaigns promoted both efficiency improvements and consumption reduction, sparking a wide-ranging political and societal debate on balancing technological progress, economic growth and ecological responsibility. Various stakeholders – from environmental organisations to the energy industry – competed for influence. The implementation of concrete measures faced resistance, particularly against tools like energy taxes. Despite setbacks, such as the failure of efforts to include an article on energy policy in the Federal Constitution in 1983, the adoption of such an article in 1990 laid the foundation for a more sustainable energy policy. This article explores how Switzerland navigated the tension between growth and restraint during a time of global crises, setting critical precedents for its energy future.

Energie rückt in den politischen Fokus: Das schweizerische Energiekonzept von 1978

Als der Bund im November und Dezember 1973 mitten in der Ölpreiskrise drei autofreie Sonntage zum Sparen von Treibstoff verordnete, machte die Bevölkerung ein Volksfest daraus. Strassen wurden zu Rollschuhbahnen und Spazierende nutzten diejenigen Flächen, die sonst in erster Linie dem motorisierten Verkehr vorbehalten sind. Mit der Ölpreiskrise von 1973/74, die innerhalb weniger Monate zu einer massiven Erhöhung der Benzinpreise führte, rückte ein Gedanke wieder ins allgemeine Bewusstsein, der über zwei Jahrzehnte zunehmend verschwunden war: Energie ist ein knappes und teures Gut. Das Bedürfnis, Energie zu sparen, kann dabei aus verschiedenen Gründen entstehen. Preisveränderungen – wie während der Ölpreiskrise – führen zu finanziellen Sparanreizen; die Konzentration auf einzelne Energieformen oder Energielieferanten schafft Abhängigkeiten, die durch Energiesparmassnahmen gedämpft werden sollen, und der Energiekonsum verursacht Umweltverschmutzungen, die im Interesse der Nachhaltigkeit möglichst vermieden werden möchten. Doch was bedeutet Energiesparen eigentlich?

Unter *Energiesparen* kann einerseits ein Konsumverzicht, andererseits die effizientere Verwendung von Energie verstanden werden, oder wie es das Bundesamt für Umwelt 1974 formulierte: «Grundsätzlich bestehen zwei Möglichkeiten zur Reduktion des Energieverbrauchs: a) Erhöhung des Wirkungsgrades der energiekonsumierenden Prozesse, b) Reduktion der energiekonsumierenden Tätigkeiten.»[1] Ein einfaches Beispiel zeigt dies auf: Wenn bei der Beheizung eines Raums Energie gespart werden soll, kann dies entweder über eine effizientere Heizung oder eine wirkungsvollere Isolation geschehen, was der *rationellen Energieverwendung* entspricht, oder über eine tiefere Raumtemperatur, womit ein Konsumverzicht stattfindet.

Während der Energiedebatte der 1970er und 1980er Jahre kam es zu einer Gleichsetzung der Begriffe *Energiesparen* und *rationelle Energieverwendung*. So schrieb der Verband Schweizerischer Elektrizitätswerke (VSE) 1980, leider erweise sich «der Begriff ‹Energiesparen› als leeres Schlagwort oder als Anlass zu Begriffsverwirrungen»[2] und führte weiter aus, «der eigentliche Schlüssel zur Lösung des Energieproblems» sei «die rationellere Energienutzung, sozusagen ‹Sparen in veredelter Form›». Sie bedeute «keinen Konsumverzicht, sondern weniger Energieeinsatz bei gleicher Wirkung, das heisst Senkung der Verluste».[3] Die seit den 1970er Jahren breit diskutierte Strategie des qualitativen Wachstums hob in der Energiesparpolitik den Effizienzgedanken hervor, während Konsumverzicht trotz der Abkehr vom rein quantitativen Wachstum nicht so recht ins Bild passen wollte. In den Energiesparkampagnen des Bundes hingegen spielten Aufrufe zum Konsumverzicht aus Ermangelung anderer Möglichkeiten weiterhin eine zentrale Rolle.

Die Erdölpreiskrise von 1973 offenbarte in der Schweiz ein Energiesparbedürfnis, die einflussreichen Akteure begründeten dieses jedoch unterschiedlich, was das Thema auf die politische Agenda brachte. Die Geschichte des Energiesparens ab 1973 lässt sich mehrheitlich entlang eines politischen links-rechts-Schemas erzählen, eine nicht unwesentliche Rolle in dieser bis heute aktuellen Thematik spielte aber auch der Bund. Dessen Kernthemen im Energiebereich waren vor der Erdölpreiskrise von 1973 die seit Jahren geförderte Atomenergie und die Versorgungssicherheit. Das Thema Energiesparen taucht in den Jahresberichten des Bundesamts für Energiewirtschaft (BEW) vor der Ölpreiskrise nicht auf, das Amt rechnete vielmehr mit einer Verdreifachung des Energiebe-

1 Eidgenössisches Amt für Umweltschutz: Studie Umwelt und Volkswirtschaft, 02.1974: 16; Bundesarchiv Bern (BAR) E8190B-01#1987/145#54*.

2 Verband Schweizerischer Elektrizitätswerke: Strom CH 1990, 12.1980: 13; Archiv für Zeitgeschichte (AfZ) 160.2.9.2.

3 Ebd.: 14.

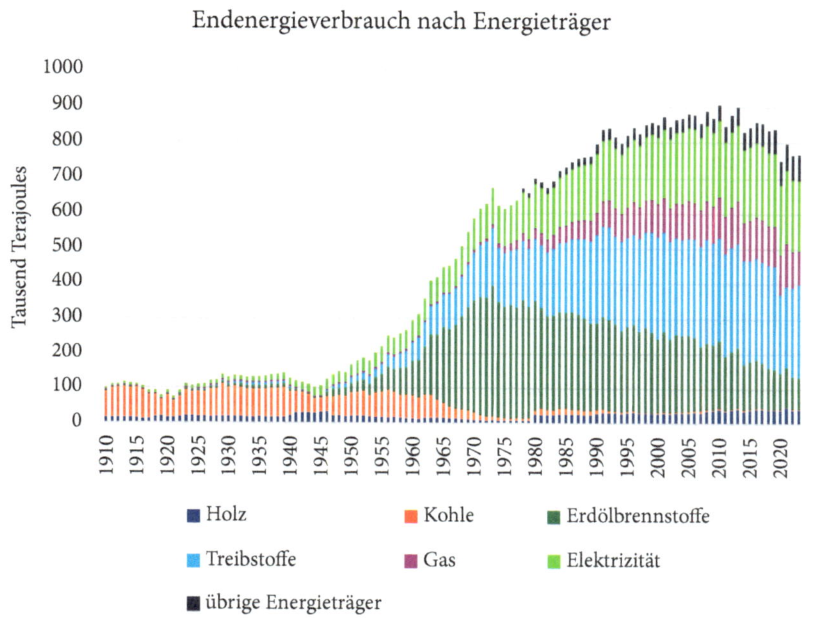

Grafik 1: Endenergieverbrauch nach Energieträger. Quelle: Bundesamt für Statistik BFE, Version vom 26.09.2024. https://bfs.admin.ch/bfs/de/home/statistiken/energie/verbrauch.assetdetail.32568219.html, 20.11.2024.

darfs bis zur Jahrtausendwende und konzentrierte seine Aktivitäten darauf, eine Energiemangellage angebotsseitig zu verhindern.[4]

Die Statistik des Endenergieverbrauchs zeigt, dass der Bund mit dieser Strategie einer Entwicklung gerecht werden wollte, die in den 1950er Jahren begonnen hatte. In der zweiten Hälfte des 20. Jahrhunderts verfünffachte sich der Gesamtenergieverbrauch, wobei in erster Linie Brenn- und Treibstoffe für diese Verbrauchsexplosion sorgten. Ein Bruch in dieser Entwicklung lässt sich erst in den 1970er Jahren feststellen: Nach zwei Jahrzenten praktisch ununterbrochen starken Wachstums ging der Energieverbrauch in den Jahren 1974 und 1975 erstmals zurück.[5] In der Folge stieg er bis 1990 mit deutlich niedrigeren Wachstumsraten wieder, stabilisierte sich dann und begann ab den 2010er Jahren leicht zu sinken.[6]

4 Vgl. Bundesamt für Energiewirtschaft: Geschäftsbericht des Bundesrates pro 1972, 1973: 1; BAR E8190B-01#1986/181#29*.

5 Vgl. Bundesamt für Energiewirtschaft BEW 1987: 51.

6 Vgl. Bundesamt für Energie BFE 2023: 17.

In Fachkreisen war Energiesparen bereits vor der ersten Ölpreiskrise Thema, doch herrschte grosse Uneinigkeit darüber, welchen Effekt Energiesparmassnahmen tatsächlich haben würden. Ernst Trümpy, Präsident des Verbands Schweizerischer Elektrizitätsunternehmen (VSE), vertrat am 5. Oktober 1973, nur Tage vor dem Beginn der Erdölpreiskrise, die Meinung, «dass der Energiebedarf eines Volkes sich proportional mit seinem Lebensstandard» verändere und sich rasche, wirksame Einsparungen nur «mit einer Reduktion der heutigen, über Jahrhunderte schwer errungenen Annehmlichkeiten»[7] erreichen liessen. Der Vorort des Schweizerischen Handels- und Industrie-Vereins schlug 1974 in dieselbe Kerbe. Ohne eine Senkung des Lebensstandards hinnehmen zu müssen, sei eine Lösung des Energieproblems nur mit technologischen Impulsen erreichbar.[8]

Die Umweltorganisationen vertraten einen konträren Standpunkt. Der Schweizerische Bund für Naturschutz (SBN) forderte 1974, die Energiepolitik in den Dienst der Wachstumslenkung zu stellen. Der SBN erkannte die Umweltzerstörung als Preis für das wirtschaftliche Wachstum und sah im steigenden Energieangebot einen Wachstumstreiber, der eingeschränkt werden sollte.[9]

Mit der Erdölpreiskrise wandelten sich die politischen Prioritäten; nun rückten die Rolle des Bundes in der Energiepolitik und das Energiesparen in den Fokus. Bereits 1972 und 1973 reichten Parlamentarier Vorstösse ein, die vom Bund die Beantwortung grundlegender energiepolitischer Fragen forderten.[10] Bundesrat Willi Ritschard übernahm 1974 das Eidgenössische Verkehrs- und Energiewirtschaftsdepartement (EVED) und setzte im gleichen Jahr die elfköpfige Eidgenössische Kommission für die Gesamtenergiekonzeption (GEK) ein.[11] Der zunehmenden Bedeutung energiepolitischer Themen, sich daraus ergebender Auseinandersetzungen und möglicher Aufgaben für den Bund wurde sich das EVED spätestens im Zuge der ersten Ölpreiskrise bewusst. Im Jahresbericht von 1976 hielt es fest, «im langfristigen Interesse des Landes» müsse der Bund

---

7 Trümpy, Ernst: Präsidialansprache anlässlich der Generalversammlung des VSE vom 5. Oktober 1973 in Montreux, 05. 10. 1973: 4; BAR E8190B-01#1986/181#509*.

8 Vgl. Vorort des Schweizerischen Handels- und Industrie-Vereins: Bericht über Handel und Industrie der Schweiz im Jahre 1973, Zürich, September 1974: 21; BAR E8190B-01#1985/117#27*.

9 21 Massnahmen zur Einsparung von Energie. In: Tages-Anzeiger, 06. 08. 1974; Schweizerisches Sozialarchiv (SSA) ZA 92.0 * 2.

10 Botschaft über Grundsatzfragen der Energiepolitik, 02. 06. 1981: 383–385; Bundesblatt (BBl) 1981 II 318–391.

11 Vgl. Eidgenössisches Verkehrs- und Energiewirtschaftsdepartement: Einleitung zum Departementsbericht, 20. 12. 1974: 1; BAR E8190B-01#1986/181#27*; Vgl. Eidgenössische Kommission für die Gesamtenergiekonzeption 1978: 7.

«die Energiepolitik an die Hand nehmen» und dürfe «das Feld nicht den Marktkräften allein überlassen».[12]

Der Bundesrat erteilte der GEK den umfangreichen Auftrag, die energiepolitischen Ziele der Schweiz zu formulieren, die zu deren Erreichung notwendigen Massnahmen aufzuzeigen, die verschiedenen Bereiche der Energiewirtschaft im Zusammenhang zu beurteilen, die Möglichkeit des Einsatzes energiesparender und umweltschonender Technologien und eines sinnvollen, haushälterischen Konsums zu untersuchen und schliesslich einen Katalog an Energiesparmassnahmen zu gestalten.[13] 1978 präsentierte die GEK ihren Bericht *Das Schweizerische Energiekonzept*[14]. Das übergeordnete Ziel bildete mit der *Wohlfahrt*, der «Mehrung der materiellen und immateriellen Werte»[15], eine volkswirtschaftliche Grösse, die sowohl quantitative als auch qualitative Merkmale zeigte. Während die darunterliegenden Begriffe *sicher*, *ausreichend* und *volkswirtschaftlich optimal* in erster Linie der Mehrung materieller Werte dienen sollten, wurde mit dem Begriff *umweltgerecht* auch auf immaterielle Werte abgezielt. Die in der Abbildung zuunterst angeordneten gelben Steuerungsinstrumente sollten den darüber ersichtlichen Postulaten Rechnung tragen. Ihre dreifarbige Hervorhebung sollte verdeutlichen, dass Energiesparen, Forschung und Energiesubstitution allen Zielen zugleich dienlich seien.

Für die tatsächliche politische Umsetzung präsentierte die Kommission in der Zusammenfassung ihres Energiekonzepts vier Szenarien für die künftige Energiepolitik. Diese basierten auf den Annahmen, das Bruttoinlandprodukt werde zukünftig jährlich um 2,5 Prozent wachsen und die Energiepreise würden sich im gleichen Verhältnis wie das allgemeine Preisniveau entwickeln.[16] Kurz: Trotz der schweren Krise der 1970er Jahre wurde von weiterem Wachstum und keiner überdurchschnittlichen Verteuerung der Energiepreise ausgegangen. Die Kommission sprach sich dafür aus, die entwickelten Forderungen unverzüglich und wesentlich verstärkt zu verfolgen.[17] Im von der Mehrheit der Kommission vorgeschlagenen Szenario 3c, das einen neuen Verfassungsartikel und neue Bundeskompetenzen vorsah, ging der Bericht bis zum Jahr 2000 von einer Reduktion des Energiebedarfs von insgesamt 22,2 Prozent aus.[18] Im von einer Minderheit bevorzugten Szenario 2, in dem die Energiepolitik unter Ausschöpfung der

12 Eidgenössisches Verkehrs- und Energiewirtschaftsdepartement: Geschäftsbericht 1976, 02.03.1977: 1; BAR E8190B-01#1986/181#24*.

13 Vgl. Eidgenössische Kommission für die Gesamtenergiekonzeption 1978: 7.

14 Vgl. Eidgenössische Kommission für die Gesamtenergiekonzeption 1978.

15 Ebd.: 60.

16 Vgl. ebd.: 20–21.

17 Vgl. ebd.: 119.

18 Vgl. ebd.: 94.

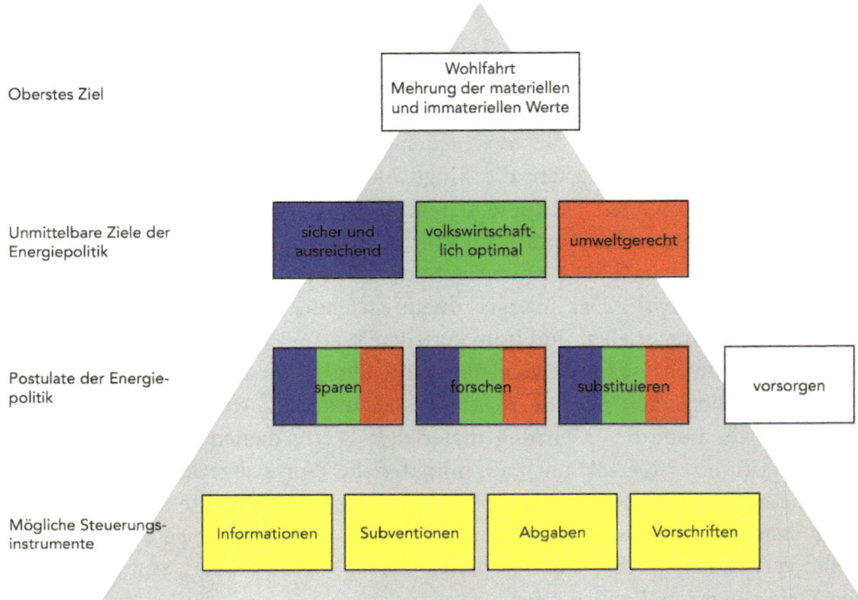

Abb. 1: Hierarchie der energiepolitischen Ziele und Massnahmen in der 1978 präsentierten Gesamtenergiekonzeption. Quelle: Eidgenössische Kommission für die Gesamtenergiekonzeption 1978: 60.

damaligen rechtlichen Möglichkeiten geführt werden sollte, ging der Bericht von einer Reduktion von 9,3 Prozent aus.

Anhand der Antwort der Kommission auf die Frage, welches Szenario die Grundlage für die künftige Energiepolitik darstellen sollte, lassen sich die Argumentationslinien und Brüche erkennen, die den Diskurs um das Energiesparen in den darauffolgenden Jahren dominieren sollten. Eine Minderheit der Kommission war der Meinung, dass mit den bestehenden Rechtsgrundlagen bereits wesentliche Spareffekte erzielt werden könnten, Steuern und Abgaben aber unnötig und Subventionen unerwünscht seien, weil sie überflüssigerweise in ein Marktgeschehen eingriffen, das sich ohnehin in Richtung vermehrtes Sparen und Diversifizieren bewege. Die Mehrheit der Kommission hielt eine gesamtschweizerische Energiepolitik jedoch für erforderlich und erachtete dafür zusätzliche verfassungsmässige Kompetenzen des Bundes als alternativlos. Für die erfolgreiche Umsetzung dieser Energiepolitik war der Bund ihrer Meinung nach auf finanzielle Mittel angewiesen. Diese sollten aus einer Energieabgabe stammen, die notwendig sei, um die strukturellen Anpassungen in Richtung der rationelleren Energieverwendung rasch zu verwirklichen. Das Statement der Mehrheit schloss mit der Feststellung, dass eine Energiepolitik, die vom Einzelnen nichts fordere, auch nicht viel bringen könne.[19] Diese vordergründig lapidare Aussage wird bei der Betrachtung der Hierarchie der energiepolitischen Ziele und Massnahmen der Gesamtenergiekonzeption nachvollziehbar. Ein Entscheid für Szenario 2 hätte die Anwendung der möglichen Steuerungsinstrumente stark eingeschränkt. Die Einführung von Abgaben wäre damit faktisch verunmöglicht, der Erlass und die Einführung von landesweit einheitlichen Vorschriften, Subventionen und Möglichkeiten zur Information erschwert worden.[20]

Die Bedeutung des Energiesparens für die Kommission zeigte sich bereits in der Frühphase ihrer Arbeit, beschloss sie doch schon 1975, eine zehnköpfige «Expertengruppe für Energiesparmassnahmen» einzusetzen.[21] Obwohl diese Expertengruppe wirtschaftsfreundlich geprägt war, formulierte sie vierzehn teilweise einschneidende Massnahmen, die «möglichst sofort eingeführt»[22] werden sollten, darunter die Erhebung einer zweckgebundenen Energieabgabe, die Einführung der individuellen Heizkostenabrechnung und die Verlagerung des Gütertransports von der Strasse auf die Schiene.[23] Unter Berücksichtigung der rechtlichen Möglichkeiten wurden diese Massnahmen in der Folge allerdings umformuliert und stark abgeschwächt. Wo vorher noch von «Abgaben», «Vorschriften» und «Subventionen» die Rede war, dominierten nun Begriffe wie «Empfehlung» und «Förderung».[24]

Energiesparen auf eine Ebene mit Substitution und Forschung zu stellen, markierte trotzdem eine entscheidende Veränderung in der Herangehensweise an energiepolitische Probleme. Zur Beantwortung der Frage, wieso Energie gespart werden sollte, nannte die Kommission vier Gründe: Energiesparen vermindere die Umweltbelastung, schone begrenzte Ressourcen, sei im wirtschaftlichen Interesse der Konsument*innen und vermindere die Auslandsabhängigkeit.[25] Das grösste Sparpotenzial verortete der Bericht in den Bereichen Raumheizung und Warmwasseraufbereitung, die grösstenteils auf Erdöl basierten.[26]

Die Annahmen der GEK über zukünftiges Wirtschaftswachstum stiessen bei den grossen Umweltverbänden auf harsche Kritik. Sie kritisierten die techno-

19 Ebd.: 119.

20 Vgl. ebd.: 60.

21 Schmid: GEK-Expertengruppe für Energiesparmassnahmen, 01.10.1975: 1; BAR E8190B-01#1987/145#46*.

22 Expertengruppe für Energiesparmassnahmen: Vorschläge für Energiesparmassnahmen des Bundes, welche aufgrund eines Bundesbeschlusses eingeführt werden könnten, 17.01.1977: 1; BAR E8190B-01#1987/145#45*.

23 Vgl. ebd.: 1–2.

24 Expertengruppe für Energiesparmassnahmen: Vorschläge der Expertengruppe für Energiesparmassnahmen, welche sich aufgrund bestehender Bundeskompetenzen sofort verwirklichen lassen., 17.01.1977: 1–3; BAR E8190B-01#1987/145#45*.

25 Vgl. Eidgenössische Kommission für die Gesamtenergiekonzeption 1978: 62.

26 Vgl. ebd.

kratische Eindimensionalität und die ausschliessliche Orientierung am Bruttosozialprodukt, die den «wirklichen Bedürfnissen des Menschen und seiner natürlichen Umwelt nicht gerecht»[27] würde, und sahen sich deshalb «verpflichtet, in die Energiediskussion einzugreifen»[28]. Die Umweltverbände verfassten parallel zum Energiekonzept der GEK von 1978 ihr eigenes Konzept *Jenseits der Sachzwänge*[29], in dem sie das Verhältnis der Menschen zur Umwelt ins Zentrum energiepolitischer Überlegungen rückten. Mit ihrer Forderung standen sie nicht allein da. Die bereits 1972 gegründete interdisziplinäre Arbeitsgruppe Neue Analysen für Wachstum und Umwelt (NAWU), die mit der Autorenschaft der Umweltverbände eng verflochten war[30], machte es sich zur Aufgabe, Strategien und konkrete Vorschläge auszuarbeiten, «welche die Wirtschaft über die Umweltpolitik in engerem Sinn hinaus zu einem ökonomisch-ökologischen Gleichgewicht führen» sollten.[31] Die Ergebnisse ihrer Analysen publizierte die Gruppe ebenfalls 1978 unter dem Titel *Der NAWU-Report: Wege aus der Wohlstandsfalle. Strategien gegen Arbeitslosigkeit und Umweltkrise.* Eine Lösung des Interessenkonflikts zwischen Wirtschaftswachstum und Umweltschutz war für die Arbeitsgruppe nur denkbar, wenn man den Mut habe, «die Grundlagen unseres wirtschaftlich-gesellschaftlichen Systems zu überprüfen und verändern»[32].

Um eine Vergleichbarkeit mit dem Bericht der GEK sicherzustellen, stützte sich das Konzept der Umweltorganisationen auch auf den Auftrag, den der Bundesrat der GEK zur Erstellung ihres Konzeptes gegeben hatte. Die Voraussetzungen, von denen die GEK ausging, wurden zwar kritisiert, aber trotzdem übernommen.[33] Aus dem Auftrag des Bundesrates leiteten die Umweltverbände in

27 Schweizerischer Bund für Naturschutz; Schweizerische Energiestiftung; Schweizerische Gesellschaft für Umweltschutz u. a.: Jenseits der Sachzwänge. Ein Beitrag der Umweltorganisationen zur schweizerischen Gesamtenergiekonzeption, Basel 1978: 1.

28 Schweizerischer Bund für Naturschutz u. a. 1978: 1.

29 Am Konzept beteiligt waren der Schweizerische Bund für Naturschutz (SBN), die Schweizerische Energiestiftung (SES), die Schweizerische Gesellschaft für Umweltschutz (SGU), die Schweizerische Vereinigung für Sonnenenergie (SSES), die Schweizerische Vereinigung für Volksgesundheit (SVV) und der World Wildlife Fund Schweiz (WWF).

30 Zwischen dem NAWU-Report und «Jenseits der Sachzwänge» zeigen sich grosse personelle Überschneidungen. Die Sachbearbeitungsgruppe für das Konzept der Umweltverbände bestand aus acht Mitgliedern, Projektleiter war Samuel Mauch. Der NAWU-Report wurde von Hans Christoph Binswanger, Werner Geissberger und Theo Ginsburg herausgegeben, am Projekt arbeiteten insgesamt 23 Personen. Vier der acht Sachbearbeiter*innen von «Jenseits der Sachzwänge» waren auch Teil des NAWU-Projekts. Ginsburg und Geissberger waren Herausgeber des NAWU-Reports und parallel Sachbearbeiter für das Energiekonzept der Umweltorganisationen, Samuel Mauch und Elmar Ledergerber arbeiteten ebenfalls in beiden Gruppen mit.

31 Binswanger, Geissberger, Ginsburg 1978: 21.

32 Ebd.

33 Vgl. Schweizerischer Bund für Naturschutz u. a. 1978: 2.

ihrem Konzept sechs energiepolitische Ziele ab: Energie sollte effizienter genutzt werden, die Energieversorgung sollte sicher und zuverlässig sein, der Mensch und seine natürliche Umwelt sollten geschützt und die natürlichen Ressourcen geschont werden, Energie sollte volkswirtschaftlich günstig sein, und schliesslich sollte die Energiepolitik in den Rahmen von wirtschaftlichen und gesellschaftspolitischen Zielen gestellt werden.[34]

Die zwei gewichtigsten Unterschiede zum GEK-Bericht betrafen die Substitution von Erdöl durch andere Energieformen: Erstens sollte die Entwicklung der Energieinfrastruktur so ausgerichtet werden, dass sie auch bei einem Übergang von Erdöl und Erdgas zu anderen Energieformen genutzt werden konnte, um die «Sackgasse Erdöl und Erdgas [zu] vermeiden». Zweitens sollte der «Sachzwang Kernenergie» verhindert werden. Dies untermauerte das Konzept mit folgender Klarstellung: «Wenn wir weiterhin die Kernenergie als die der Grössenordnung nach einzige Alternative betrachten, dann wird sie künftig schon allein deshalb die einzige bleiben, weil keine Alternativen nachhaltig verfolgt worden sind.»[35]

Die vorgeschlagenen Massnahmen unterschieden sich von denjenigen der GEK in der Retrospektive nicht markant. Als wichtigstes Instrument zur Erreichung der Ziele schlug das Konzept der Umweltverbände analog zur GEK die Einführung eines Energieartikels mit einer Energiesteuer mit je nach Energieträger unterschiedlich hohem Belastungsfaktor vor. Weitere vorgeschlagene Instrumente waren Vorschriften und Subventionen, welche die Verwendung von Energie, institutionelle Rahmenbedingungen für die Energiewirtschaft, Umweltschutzanforderungen sowie die Forschung, Ausbildung, Aufklärung und Information betrafen.[36] Im Konzept der Umweltorganisationen bildete das Energiesparen zusammen mit der Nutzung einheimischer, erneuerbarer Energiequellen die Grundlage der anzustrebenden Energiepolitik.[37] Wie die GEK machten auch die Umweltorganisationen den grössten Sparhebel im Bereich der Wärmeerzeugung aus.[38] Sie hielten aber auch fest, der Bund habe die bestehenden Kompetenzen im Rahmen des *Verfassungsartikels über den Umweltschutz* in der Vergangenheit nicht ausgeschöpft.[39] So sei es dem Bund auch ohne einen neuen Verfassungsartikel möglich, ein Energiesparprogramm einzuführen und die Forschung neu auszurichten. Trotzdem oder gerade weil die bestehenden Möglichkeiten nicht ausgeschöpft worden seien, sprachen sich die Umweltorganisationen aber dafür aus, «einen Verfassungsartikel zu formulieren, welcher die dem

34 Vgl. ebd.: 29.
35 Ebd.: 94.
36 Vgl. ebd.: 125–135.
37 Vgl. ebd.: 7.
38 Vgl. ebd.: 29.
39 Vgl. ebd.: 137.

Bund gestellten Aufgaben in der Energiepolitik möglichst präzis» umschreiben sollte.[40]

Nebst der Konzeption der energiepolitischen Zukunft beinhaltete *Jenseits der Sachzwänge* an diversen Stellen auch System- und Wachstumskritik. Die Autor*innen sahen es als gegeben an, dass die grossen Energiewerke ein Oligopol bildeten und durch ihre Marktmacht das reibungslose Funktionieren des Marktes aktiv verhinderten. Dies führe unter anderem zu Stromtarifen, die Verschwendung belohnten und Sparen bestraften. Den offiziellen Expert*innen im Energiebereich, damit meinten sie die Energiewirtschaft und die GEK, warfen sie Befangenheit vor,[41] einzelne Vertreter*innen der Energie-Lobby bezeichneten sie als «Terrible Simplificateur»[42]. Die Umweltorganisationen äusserten die Hoffnung, die Bevölkerung möge sich bei der zukünftigen Ausrichtung der Energiepolitik aufgrund überzeugender Ideen und Vorschläge entscheiden, und nicht «kraft des Gleichgewichts oder Ungleichgewichts der Propagandabudgets» und der Macht einzelner Akteure «über die Medien».[43]

Vergebliche Bemühungen um einen Energieartikel

Die Vernehmlassung zum GEK-Bericht machte die Fronten in der Energiepolitik deutlich. Der Vorort erfasste in seiner Stellungnahme die für die kommenden Jahre dominierende Problematik klar: «Nun steht aber im Mittelpunkt der GEK, auf einen einfachen Nenner gebracht, die Frage, ob und inwieweit die schweizerische Energiepolitik zusätzlicher zentralstaatlicher Eingriffe bedarf, um einen rationelleren Energieeinsatz herbeizuführen, Energie zu sparen und die Substitution des Erdöls durch andere Energien zu beschleunigen.»[44] Über den bestehenden Handlungsbedarf im Energiebereich waren alle Beteiligten grundsätzlich einig, bei zwei Fragen gingen die Meinungen aber stark auseinander: Braucht die Schweiz einen Energieartikel in der Bundesverfassung; und wenn ja, soll dieser eine Energieabgabe vorsehen?

Die Umweltorganisationen und die Mehrheit der GEK hatten ihre Zustimmung zu diesen beiden Fragen in ihren jeweiligen Konzepten 1978 deutlich zum Ausdruck gebracht. Wirtschaftsliberale Kräfte wehrten sich mit dem Kostenargument, verstrickten sich in ihren Argumentationen gegen eine Energiesteuer aber gleich mehrfach in Widersprüche. So konstatierte die Gesellschaft zur Förderung der schweizerischen Wirtschaft (Wirtschaftsförderung) in der Bevölke-

40 Ebd.: 139.

41 Vgl. ebd.: 17–27.

42 Ebd.: 19.

43 Ebd.: 13.

44 Schweizerischer Handels- und Industrie-Verein: Gesamtenergiekonzeption (GEK), 18.12.1979: 6; AfZ 160.3.2.1.

rung zwar eine «Weigerung zum Konsumverzicht»[45], behauptete aber gleichzeitig, «der von Staatseingriffen ungestörte, frei spielende Marktmechanismus [habe] in Sachen Energiesparen schon bisher mehr erreicht, als es eine Energiesteuer je zu tun vermöchte»[46]. Der von den Wirtschaftsverbänden gelobte freiwillige Einsatz zum Energiesparen wurde 1982 von einer Untersuchung bei 1000 Unternehmen konterkariert. Gemäss dieser war der Energieverbrauch Anfang der 1980er Jahre kein prioritäres Thema in der Privatwirtschaft. Die wirtschaftsliberale Autorenschaft hielt fest: «Die Tatsache, dass zwei Drittel aller Unternehmen bis heute nie eine systematische Untersuchung des Energieflusses durchführten [...], stimmt doch etwas nachdenklich.»[47] Die FDP hatte bereits 1979 gefordert, der Staat müsse «auf dem Wege der Gesetzgebung ein umweltgerechtes Verhalten erzwing[en]», begrüsste zusätzliche rechtliche Leitplanken aber «nur, wo die Initiative der Bürger, die Kreativität von Wissenschaft und Technik, die Marktkräfte und das konsequente Ausschöpfen bestehender (kantonaler) Gesetze nicht genügen»[48] würden. Energie zu sparen war für die Wirtschaft in erster Linie eine Frage der Rentabilität. Den Zusammenhang zwischen Energieverbrauch und Umweltverschmutzung spielte der Vorort mit der Begründung herunter, der Umweltschutz gehöre nicht in den Themenkreis der Energieversorgung, sondern in denjenigen der Ökologie. Die Energieversorgung sei ein «Existenzproblem erster Ordnung»[49], die Ökologie hingegen eine Frage der Lebensqualität.

Unterstützt wurde aber die Substitution von Erdöl durch andere Energieformen. Als die Heizölpreise Ende der 1970er Jahre überproportional stark anstiegen und sich der Umstieg auf andere Energieformen und das Energiesparen finanziell zu lohnen begannen, zeigten die Substitutionsbestrebungen im Bereich der Erdölbrennstoffe grosse Wirkung. Insbesondere die Elektrizitätsbranche erkannte in den Substitutionsbestrebungen ein enormes Marktpotenzial und setzte sich deshalb tatkräftig dafür ein, Erdöl durch (Atom-)Strom zu ersetzen. In ihrer Argumentation bedeutete Energiesparen in erster Linie, Erdöl zu sparen. Hanspeter von Schulthess, der Präsident des VSE, hielt 1979 fest: «Sparen bei der Energie muss [...] keineswegs Verzicht auf Komfort und liebgewordene Gewohnheiten oder gar Askese heissen», was ihn zur Schlussfolgerung veranlasste,

45 Vgl. Gesellschaft zur Förderung der schweizerischen Wirtschaft: Energietatsachen und Illusionen, 14.04.1980: 1; AfZ 160.2.9.2.

46 Wild, Kurt: Wir brauchen keine Energiesteuer. In: Schweizerische Arbeitgeber-Zeitung, 31.01.1980: 82; AfZ 160.2.8.2.

47 Energieforum Schweiz: Wie steht es um das Energiebewusstsein in der Schweizer Wirtschaft? März 1982: 20–21, AfZ 160.3.1.2.

48 Freisinnig-Demokratische Partei der Schweiz: Zielsetzungen 79/83, 1979: 40; SSA QS 38.2.

49 Vgl. Vorort des Schweizerischen Handels- und Industrie-Vereins: Gesamtenergiekonzeption (GEK), 18.12.1979: 24; AfZ 160.3.2.1.

«zum Energiesparen brauch[e] es zusätzlichen Strom».[50] Die Wirtschaftsförderung warnte angesichts der Prognosen der Elektrizitätswerke über den Elektrizitätskonsum im April 1980 vor einer drohenden Versorgungslücke,[51] sah die Lösung dafür aber nicht in Energiesparmassnahmen, sondern in einer Erweiterung des Angebots.

Die Umweltorganisationen setzten das Energieproblem demgegenüber in einen grösseren wirtschafts- und gesellschaftspolitischen Zusammenhang und kritisierten, dem GEK-Bericht lägen «herkömmliche Vorstellungen über die wirtschaftspolitische und technologische Entwicklung zugrunde»[52]. Es werde versucht, das Energieproblem durch technokratische Massnahmen zu lösen, was nicht mehr als Symptombekämpfung sei. Pierre Fornallaz, Präsident der 1976 gegründeten Schweizerischen Energie-Stiftung (SES), erkannte einen sich aufdrängenden Sachzwang: «Man kann aus den [GEK-]Szenarien auswählen, was man will, das Ergebnis ist immer dasselbe: Kernkraftwerke bauen!»[53] Der WWF Schweiz hielt fest, anhand der von der GEK ausgearbeiteten Szenarien lasse sich ablesen, «dass sie die Ziele nicht im Interesse einer möglichst grossen Lebensqualität, sondern eher im Interesse der Erhaltung bisheriger wirtschaftlich-technologischer Trends»[54] gewichtet habe.

Eduard Kiener, Vorsteher des BEW, äusserte sich diesbezüglich 1981 gespalten. Er hielt fest, der Markt sei offensichtlich nicht in der Lage, allen Anforderungen der Energiepolitik gerecht zu werden. Er führe kurzfristig zu einer «billigen, aber nicht zu einer sicheren, volkswirtschaftlich optimalen und umweltgerechten Energieversorgung».[55] Diese Fehlallokationen hätten zur bestehenden Situation geführt. Trotzdem war Kiener der Meinung, dieser unvollkommene Markt sei einer staatlichen Bewirtschaftung der Energie vorzuziehen. Insgesamt wurde aus der Vernehmlassung des GEK-Berichts klar, dass sich der Bund und die Umweltschutzorganisationen parallel für einen Energieartikel einsetzen würden. Unter welchem Druck der Bundesrat, das EVED und das BEW dabei standen, zeigt die Aussage Kieners, die Vorschläge des Bundes für eine neue Energiepolitik würden bereits heftig kritisiert, obwohl der Bundesrat die Botschaft noch gar nicht verfasst habe. Er kritisierte das «Sperrfeuer», das so-

50 von Schulthess, Hanspeter: Präsidialansprache anlässlich der Generalversammlung des VSE vom 31. August 1979 in Zofingen, 31.08.1979: 10; BAR E8190B-01#1986/181#507*.

51 Vgl. Gesellschaft zur Förderung der schweizerischen Wirtschaft: Energietatsachen und Illusionen, 14.04.1980: 2; AfZ 160.2.9.2.

52 Schweizerische Energie-Stiftung u.a.: Grundsätzliche Stellungnahme zum Schlussbericht der Eidgenössischen Kommission für die Gesamtenergiekonzeption (GEK), 30.11.1979: 1; SSA Ar W 68.32.3.

53 Fornallaz, Pierre André: GEK-Kritik, 18.01.1979: 1; SSA Ar W 68.32.3.

54 World Wildlife Fund Schweiz: Beantwortung des GEK Fragenkatalogs, August 1979: 1–2; SSA Ar W 68.32.7.

55 Energieforum Schweiz: Energiepolitik im Betrieb, Februar 1981: 14; AfZ 160.3.1.1.

wohl von Kreisen der Wirtschaft als auch von Umweltorganisationen geschossen werde und beschwichtigte alle Beteiligten mit dem Hinweis darauf, die politischen Behörden seien «jedem gesetzgeberischen Übermut abhold, und im Hintergrund droh[e] ja immer noch das Referendum».[56]

Am 25. März 1981 unterbreitete der Bundesrat dem National- und Ständerat in der *Botschaft über Grundsatzfragen der Energiepolitik*[57] schliesslich seinen Entwurf für einen Energieartikel, der auf den Erkenntnissen der GEK beruhte. Der Bundesrat betonte, dass die Energieversorgung zunehmend einen preislichen und mengenmässigen Engpass für die wirtschaftliche und gesellschaftliche Entwicklung darstelle, die Abhängigkeit von Erdölimporten erhebliche Risiken mit sich bringe und die energiepolitischen Aktivitäten auf kantonaler und kommunaler Ebene sehr unterschiedlich ausgeprägt seien. Der vorgeschlagene Verfassungsartikel sollte daher die Grundlage für eine umfassende, langfristig orientierte und flexible Energiepolitik schaffen.[58] Im Artikel wurde dies mit einer *kann*-Formulierung umgesetzt, ein Zwang, Massnahmen zu ergreifen, leitete sich daraus nicht ab.[59] Zu den vorgeschlagenen Massnahmen gehörten Rahmenvorschriften für die Kantone zur Wärmedämmung und für Heizanlagen, Vorschriften über Typenprüfungen und die Etikettierung von Geräten sowie die Förderung von Forschung und Entwicklung. Der wichtigste Unterschied zu den Empfehlungen der GEK war aber, dass der bundesrätliche Vorschlag keine Energieabgabe enthielt.

National- und Ständerat stimmten in der Herbstsession 1982 von links bis recht dem Bedürfnis nach einem Verfassungsartikel zu; über dessen Gestaltung waren sich die Parteien allerdings uneinig. Linke Kreise forderten die Vermeidung der *kann*-Formulierung und die Aufnahme einer Energieabgabe in den Text, scheiterten jedoch mit diesen Anliegen.[60] Franz Jaeger vom Landesring der Unabhängigen (LdU) und Professor für Wirtschaftspolitik an der HSG bezeichnete den von der bürgerlichen Parlamentsmehrheit schliesslich angenommenen Vorschlag mit *kann*-Formulierung und ohne Energieabgabe als ein «Zahnrad ohne Zähne», der keine Anreize für neue umweltschonende Energienutzungsformen und Energiespartechniken setze.[61]

Der vom Bundesrat vorgeschlagene Kompromiss führte im Abstimmungskampf zu einer «unheilige[n] Allianz»[62] zwischen Wirtschaftsverbänden und

56 Ebd.: 17.

57 Vgl. Botschaft über Grundsatzfragen der Energiepolitik, 02.06.1981; BBl 1981 II 318–391.

58 Vgl. ebd.: 320; 322–323.

59 Vgl. ebd.: 374.

60 Vgl. Verhandlungsheft Energieartikel, 29.12.1982: 87; BAR, Online-Amtsdruckschriften, 81.014.

61 Vgl. ebd.: 101.

62 Kiener 2003: 9.

Umweltschutzorganisationen. Während die Umweltverbände und Teile der Linken den Artikel ablehnten, weil er nicht weit genug gehe, lehnten die Wirtschaftsverbände ihn ab, weil er eine zusätzliche Belastung für die durch die Rezession gefährdete internationale Wettbewerbsfähigkeit der Schweizer Wirtschaft darstelle.[63] Die Befürworter*innen, darunter die bürgerlichen Parteien und der Bundesrat, argumentierten mit den Energiebedarfsprognosen und der hängigen Atom- und Energie-Initiativen der Umweltverbände. Um diesen zuvorzukommen, sei dem Vorschlag zuzustimmen;[64] die Vorlage scheiterte am 27. Februar 1983 aber denkbar knapp. Obwohl 50,9 Prozent der Stimmbevölkerung dem *Energieartikel* zustimmten, scheiterte er am Ständemehr, unterstützten doch nur elf Stände die Vorlage.[65]

Im Jahr darauf kamen die beiden 1980 von verschiedenen Umweltverbänden unter Federführung der SES lancierten Volksinitiativen zur Abstimmung. Die *Atom-Initiative* und die *Energie-Initiative* waren als «Zwillinge» konzipiert: «Wo die erste sagt, wie es nicht weitergehen darf, zeigt [die zweite], wie es weitergehen soll.»[66] Die Atom-Initiative forderte ein Verbot für den Bau weiterer und den Ersatz bestehender Atomkraftwerke.[67] Die dadurch entstehende Energielücke sollte die Energie-Initiative abdecken. Das Komitee erachtete es als seine Pflicht, vor dem Hintergrund des Widerstands gegen die Atomkraft aufzuzeigen, wie eine menschen- und umweltgerechte Energieversorgung aussehen könnte. Nur gegen Atomkraftwerke zu kämpfen, reiche nicht aus, es müssten «Wege zu einer echten Neuorientierung»[68] aufgezeigt werden. Das Mittel der Volksinitiative sei gewählt worden, weil die Umweltorganisationen ihre Vorstellungen immer wieder dargestellt und diese in der Bevölkerung ein grosses Echo gefunden hätten, die Entscheidungsträger die Vorschläge aber fast immer abgelehnt hätten. Der ausgearbeitete Verfassungsartikel zu den Initiativen basierte auf dem 1978 publizierten Konzept *Jenseits der Sachzwänge.*[69] Die Initiant*innen kritisierten die damalige Praxis, unter allen Umständen den Energiebedarf decken zu wol-

---

63 Vgl. Schweizerischer Energie-Konsumenten-Verband von Industrie und Wirtschaft: Grundlagen für die Beurteilung energiepolitischer Massnahmen im Bereiche der Industrie, 07.01.1983: 2–3; BAR E8190B-01#2006/24#8*.

64 Vgl. Menzi 2010b: 411.

65 Vgl. Bundeskanzlei Vorlage Nr. 313 Übersicht. https://www.bk.admin.ch/ch/d/pore/va/19830227/det313.html, abgerufen am 10.06.2024.

66 Initiativkomitee für eine Atom- und Energie-Initiative: Pressekonferenz vom Donnerstag, 8. Mai 1980 in Bern, 08.05.1980: 2; BAR E8190B-01#1987/145#123*.

67 Vgl. Bundesbeschluss über die Volksinitiative «für eine Zukunft ohne weitere Atomkraftwerke», 04.05.1984: 1365; BBl 1984 I 1365–1366.

68 Initiativkomitee für eine Atom- und Energie-Initiative: Pressekonferenz vom Donnerstag, 8. Mai 1980 in Bern, 08.05.1980: 1; BAR E8190B-01#1987/145#123*.

69 Vgl. Initiativkomitee für eine Atom- und Energie-Initiative: Internes Mitteilungsblatt No. 2, September 1983: 4; SSA Ar 510.10.1.

len, und forderten stattdessen eine Reduzierung des Energiekonsums. Ihrer Meinung nach führte die ständige Bedarfsdeckung trotz aller Spar- und Effizienzmassnahmen zur Verschwendung von Energie, während eine Verknappung des Angebots den Verbrauch effektiver senken würde.

Zentrale Ziele der Initianten waren die Förderung der Lebensqualität bei möglichst geringem Energieeinsatz, die Sicherheit von Mensch und Umwelt, die Erhaltung der natürlichen Lebensgrundlagen für zukünftige Generationen und die Gewährleistung der Energieversorgung für wichtige Grundbedürfnisse. Diese sollten durch die Vermeidung einseitiger Abhängigkeiten von nicht erneuerbaren, importierten Energieträgern und grosstechnologischen Anlagen sowie die vorrangige Nutzung landeseigener, erneuerbarer Energiequellen unter Schonung der Landschaft und der Dezentralisierung der Energieerzeugung erreicht werden. Der Initiativtext schlug eine zweckgebundene Abgabe auf fossile Brennstoffe, nukleare Elektrizität und Wasserkraft vor. Die Einnahmen sollten neben finanziellen Anreizen für Energiesparmassnahmen auch zur Bereitstellung zusätzlicher Mittel für die Verbesserung der Energieeffizienz von Maschinen und Fahrzeugen, für verbesserte Nutzungstechniken sowie für die Erforschung, Entwicklung und Nutzung einheimischer, erneuerbarer Energiequellen verwendet werden.

Die Debatte im Parlament am 3. und 4. Mai 1984, bei der die beiden Initiativen gemeinsam diskutiert wurden, spiegelte im Wesentlichen die Argumentationslinien bei der Auseinandersetzung um den Energieartikel zwei Jahre zuvor, wurde aber auf grundsätzliche Einstellungen zu Wachstum, Wirtschaft und Gesellschaft ausgeweitet. Arnold Müller erklärte, Wirtschaftswachstum und Energieverbrauch hätten bereits die Grenzen des Verantwortbaren überschritten und der Kollaps der Lebensform und der Wirtschaft stünde umso schneller bevor, je mehr Menschen an dieser Verschleisswirtschaft teilnähmen. Zugleich wies er darauf hin, dass es sowohl verlockend als auch falsch wäre, den bisherigen Weg der dynamischen und aggressiven Wirtschaftsförderung fortzusetzen. Jede Form der Energieerzeugung bringe Belastungen mit sich, die verhängnisvoll würden, wenn sie ein Übermass erreichten. Die einzige Chance für Natur, Wirtschaft und Lebensqualität bestünde in einer grundlegend neuen Einstellung zur Energieerzeugung und zum Energieverbrauch. Müller wies auf die enormen Möglichkeiten des Energiesparens hin und kritisierte die einseitige Fokussierung auf die Atomenergie. Investitionen in Energiesparmassnahmen waren für ihn wesentlich effizienter und kostengünstiger als der Bau neuer Atomkraftwerke.[70]

Alexander Euler, SP-Nationalrat sowie Mitbegründer und Präsident des Nordwestschweizerischen Aktionskomitees gegen Atomkraftwerke (NWA), brachte zwei weitere Argumente in die Diskussion ein. Er hob erstens das wirt-

70 Vgl. Verhandlungsheft Zukunft ohne weitere Atomkraftwerke, 04.05.1984: 53; BAR, Online-Amtsdruckschriften, 83.002/83.055.

schaftliche Potenzial energiesparenden Bauens, das einer Studie zufolge elf Milliarden Schweizer Franken betrug, hervor und betonte zweitens das in den 1980er Jahre aufkommende dringende Problem des Waldsterbens[71], das in direktem Zusammenhang zur Energieverschwendung stehe. Euler fügte an, die Ablehnung der Energie-Initiative durch den Bundesrat und die bürgerlichen Fraktionen zeige, dass diese «an einer wirklichen und ins Gewicht fallenden Eindämmung der Energieverschwendung und an griffigen Massnahmen gegen das Waldsterben nicht besonders interessiert»[72] seien.

Im Sommer 1984 entbrannte schliesslich ein intensiver Abstimmungskampf. Das Nein-Komitee, dem mehr als 120 Parlamentarier*innen angehörten, ging mit dem Slogan «Ohne Strom kein Lohn», also mit dem Arbeitsplatzargument, an die Öffentlichkeit. Es befürchtete bei einer Annahme der Initiativen «irreversible Folgen»[73] für Wirtschaft und Gesellschaft und war deshalb bereit, eine aufwändige Kampagne zu führen. Eine Annahme der Initiativen hatte aus Sicht des Nein-Komitees Auswirkungen auf den Alltag der ganzen Bevölkerung; allenfalls sei sogar mit einer Rationierung der Energie und mit Netzabschaltungen zu rechnen, was dazu führen würde, dass Unternehmen ins Ausland abwandern würden.[74]

Das Initiativ-Komitee argumentierte demgegenüber mit den allgemeinen Zielsetzungen *Lebensqualität*, *Sicherheit* und *Erhaltung der Lebensgrundlagen*. Es stellte in seiner Abstimmungsbroschüre die Frage «Was soll denn überhaupt noch wachsen?» und rückte damit den Begriff des *qualitativen Wachstums* ins Zentrum seiner Argumentation. Das Komitee führte aus, der Bundesrat sei beim Bedarfsnachweis für das Atomkraftwerk Kaiseraugst von einem Wachstum des Bruttoinlandprodukts von 2,8 Prozent für die 1980er Jahre ausgegangen. Diese quantitative Messgrösse sei aber längst überholt und schliesse zunehmende Kos-

---

71 Zu Beginn der 1980er Jahre geriet mit dem Waldsterben ein äusserst öffentlichkeitswirksames Umweltproblem in den Fokus der Energiepolitik. In seinem Jahresbericht hielt das Eidgenössische Departement des Innern (EDI) 1984 fest, der Wald in allen Gegenden der Schweiz sei in einem schlechten Zustand. Da das Waldsterben, so das EDI, alle Baumarten, alle Bodentypen und alle Standorte betreffe, fielen klimatische oder waldbauliche Faktoren ausser Betracht. Als Primärursache bestimmte das EDI deshalb die «chronische Vergiftung der Bäume durch die stetig zunehmende Schadstoffbelastung der Luft». Quelle: Schweizerischer Bundesrat: Berichte über die Geschäftsführung des Bundesrates, des Bundesgerichts und des Eidgenössischen Versicherungsgerichts im Jahre 1984, 1985: 43; BAR, Online-Amtsdruckschriften, 85.021.

72 Verhandlungsheft Zukunft ohne weitere Atomkraftwerke, 04.05.1984: 40; BAR, Online-Amtsdruckschriften, 83.002/83.055.

73 Informationsstelle für Elekritzitätsanwendungen: Pressespiegel, 22.08.1984: 1; SSA Ar 510.10.3.

74 Vgl. Schweizerisches Aktionskomitee gegen die masslosen Atom- und Energieinitiativen 1984: 1.

Abb. 2 und 3: Plakate aus der Abstimmungskampagne zu den Volksabstimmungen vom 23. September 1984 «für eine Zukunft ohne weitere Atomkraftwerke» und «für eine sichere, sparsame und umweltgerechte Energieversorgung». Quellen: Schweizerisches Sozialarchiv, F 5068-Pe-101 sowie F Pe-0411.

ten im Gesundheitswesen, im Gewässerschutz oder in der Atommüll-Lagerung ein, die das Bruttoinlandprodukt zwar ansteigen liessen, eigentlich aber der «‹Reparatur› einer überbordenden Konsumgesellschaft» dienen würden.[75] Das Komitee sprach sich deshalb dafür aus, die Lebensqualität (wozu es unter anderem die Gesundheit, Mitbestimmungsrechte und die Umweltqualität zählte) als Massstab für das Wohlbefinden zu wählen. Die Plakate des Initiativkomitees zeigten dieser Argumentation entsprechend einerseits einen Baum, beziehungsweise eine aus einem Ja hervorgehende intakte Natur, und andererseits Kinder, die sich – in die energiepolitische Zukunft versetzt – gegen Atomstrom und für Umweltschutz einsetzten.[76]

Die SPS nahm in ihrer Monatszeitschrift *Rote Revue* unter dem Titel *Ein schwarzer September?* zu den Abstimmungen Stellung. Die Autor*innen übten sowohl an den bürgerlichen Politiker*innen als auch an Vertreter*innen aus den eigenen Reihen scharfe Kritik. Sie warfen diesen vor, aus finanziellem Eigenin-

75 Initiativkomitee für eine Atom- und Energie-Initiative: Für eine sichere, sparsame und umweltgerechte Energieversorgung! 1984: 6; SSA Ar 510.10.1.

76 Plakate der Datenbank Bild + Ton. SSA F 5068-Pe-101; SSA F Pe-0411.

teresse die Elektrizitätswirtschaft zu unterstützen, dabei «schamlose Propaganda» zu betreiben und damit auf die erpressbaren Arbeiter*innen und Mieter*innen Druck auszuüben. Die SPS machte sich über den Ausgang der Initiativen keine Illusionen, betonte aber, bei einer nächsten oder übernächsten Abstimmung werde die Erpressung über das Arbeitsplatzargument nicht mehr funktionieren, das sei «so sicher wie das Amen in der Kirche».[77] Wie von der SPS prognostiziert, lehnten Stimmvolk und Stände die Atom- und die Energie-Initiative beim Urnengang am 23. September 1984 ab.

Vom Scherbenhaufen zum Energieartikel in der Bundesverfassung 1990

Das Scheitern der Initiativen erachtete der Bundesrat als Zeichen der Bestätigung seiner im Jahr zuvor festgelegten Politik der verstärkten Nutzung bestehender rechtlicher Möglichkeiten.[78] Ein eidgenössischer Verfassungsartikel zur Energie rückte angesichts der Abstimmungsergebnisse von 1983 und 1984 in weite Ferne. Da die Kompetenzen auf eidgenössischer Ebene noch immer beschränkt waren, lag die Verantwortung für das Erreichen der energiepolitischen Ziele bei den Kantonen. Der Bund konzentrierte sich begleitend auf die Beratung und die Koordination der Anstrengungen in den Kantonen.[79]

Auf kantonaler Ebene hatte sich seit Beginn der 1980er Jahre einiges getan. Inzwischen hatten fünf Kantone ein Energiegesetz eingeführt, allerdings hatten vergleichbare Bestrebungen in drei anderen Kantonen Schiffbruch erlitten. Bei der Umsetzung von Einzelmassnahmen zeigte sich ein aus bundesrätlicher Sicht erfreulicheres Bild. Alle Kantone hatten bis Mai 1984 eine Energiefachstelle eingeführt oder diese Massnahme zumindest teilweise umgesetzt. Im Gebäudebereich, in dem die Kantone die grössten rechtlichen Möglichkeiten hatten, veränderte sich am meisten: Die Sanierung kantonaler Bauten, die Einführung von Isolationsvorschriften und steuerlichen Erleichterungen waren weit vorangeschritten. In einigen Kantonen kam es aber, wie schon auf Bundesebene, zu einer politischen Blockade, weshalb das Gesamtbild der kantonalen Bestrebungen sehr heterogen blieb.[80] Das 1985 von Bund und Kantonen genehmigte *Energiepolitische Programm* sah eine klare Aufgabenteilung zwischen Bund und Kantonen sowie die konsequente Nutzung der bestehenden Rechtsgrundlagen vor, war

77 Sozialdemokratische Partei der Schweiz 1984: 1–2.

78 Vgl. Schweizerischer Bundesrat: Berichte über die Geschäftsführung des Bundesrates, des Bundesgerichts und des Eidgenössischen Versicherungsgerichts im Jahre 1984, 1985: 302; BAR, Online-Amtsdruckschriften, 85.021.

79 Vgl. Hophan, Franz: Energiesparen ist wirksamer Umweltschutz. In: Berner Zeitung, Bern 04.07.1984; SSA ZA 92.0 * 2.

80 Vgl. ebd.

aber wenig erfolgreich. Bereits im Jahr darauf stellte die Konferenz der kantonalen Energiedirektor*innen fest, dass die Energiepolitik in vielen Kantonen noch immer «Lücken und Mängel»[81] aufweise. Die Kantone empfahlen dem Bundesrat deshalb, einen neuen Anlauf zur Schaffung eines Energieartikels in der Bundesverfassung zu nehmen.[82]

Die SES war mit der eidgenössischen Energiepolitik nach wie vor unzufrieden. Thomas Flüeler rechnete in deren Zeitschrift *Energie und Umwelt* im Herbst 1986 mit den verantwortlichen Institutionen und Personen ab. Das «zusammengeschusterte ‹Energiepolitische (Minimal)-Programm›»[83] habe nur wenig gefruchtet, da die Kantone kein Interesse daran hätten, der wachstumsorientierten Energiewirtschaft einschneidende Energiesparmassnahmen aufzubürden, weil sie als Mitbesitzer an deren Gewinnen partizipieren würden.[84] Zeitgleich jagte die Atomkatastrophe von Tschernobyl vom 26. April 1986 energiepolitische Schockwellen um den gesamten Globus und prägte auch die Politik in der Schweiz. Parlamentarier*innen richteten eine regelrechte Flut an Vorstössen mit der Aufforderung zur Aufklärung und Stellungnahme an den Bundesrat, angesichts derer sich die eidgenössischen Räte im Oktober 1986 zu einer ausserordentlichen Session trafen. Das Parlament beauftragte den Bundesrat in der Folge, einen neuen Vorschlag für einen Energieartikel in der Bundesverfassung vorzubereiten.[85]

Linke und Umweltorganisationen sahen sich durch die Katastrophe von Tschernobyl in ihrer antinuklearen Haltung bestätigt. Die SPS forderte die Stilllegung aller Atomkraftwerke und mittel- bis langfristig die Bereitstellung eines Grossteils der Energie durch Sonne und Wind.[86] Conrad Brunner, der 1987 das Präsidium der SES übernahm, verkündete, «das postnukleare Zeitalter» habe begonnen, «die tragende Devise der Zukunft» seien Energiesparmassnahmen. Zugleich setzte er das Energie- und Ressourcenproblem in den globalen Zusammenhang: «Nur die neuen Energien und der sparsame Umgang mit den alten Rohstoffen können unsere Zukunft für unsere Nachkommen im dritten Jahrtausend sichern und nicht nur den wohlhabenden Ländern, sondern auch allen an-

81 Schweizerischer Bundesrat: Berichte über die Geschäftsführung des Bundesrates, des Bundesgerichts und des Eidgenössischen Versicherungsgerichts im Jahre 1986, 1987: 356; BAR, Online-Amtsdruckschriften, 87.021.

82 Vgl. ebd.: 355–356.

83 Flüeler, Thomas: Wo zum Strom bleibt die Schweizer Energiepolitik? In: Energie & Umwelt : das Magazin der Schweizerischen Energie-Stiftung SES (3): 8.

84 Vgl. ebd.: 9.

85 Vgl. Schweizerischer Bundesrat: Berichte über die Geschäftsführung des Bundesrates, des Bundesgerichts und des Eidgenössischen Versicherungsgerichts im Jahre 1986, 1987: 355; BAR, Online-Amtsdruckschriften, 87.021.

86 Vgl. Gesellschaft zur Förderung der schweizerischen Wirtschaft: Eidgenössische Wahlen 1987. Parteiprogramme Energiepolitik, 1987; SSA QS 38.0.

deren Mitbewohnern dieses Planeten einen Wohlstand ermöglichen, den wir für uns schon zu lange als unverzichtbar deklariert haben.»[87] Brunner forderte dafür unter anderem einen neuen Verfassungsartikel, eine Lenkungsabgabe auf Energie und die Umlagerung des Forschungsbudgets von der Atomenergie auf die rationelle Energieverwendung und auf die erneuerbaren Energien Photovoltaik und Windkraft.

Die laufenden Atomkraftwerkprojekte in der Schweiz gerieten durch die Katastrophe in der Sowjetunion stark unter Druck. Die Bundesversammlung hatte dem Atomkraftwerk Kaiseraugst 1985 zwar eine Rahmenbewilligung erteilt,[88] nach diversen parlamentarischen Vorstössen[89] zur Nichtrealisierung des Atomkraftwerks bestätigte die Bundesversammlung am 17. März 1989 aber die am 7. November 1988 unterzeichnete Vereinbarung zur Aufgabe des Projekts.[90] Bereits ein Jahr früher war der Bundesrat den Forderungen nach einer Neuauflage eines Energieartikels nachgekommen und hatte dem Parlament in der *Botschaft über einen Energieartikel in der Bundesverfassung*[91] am 7. Dezember 1987 seinen Vorschlag unterbreitet. Der Entwurf brachte im Vergleich zum Energieartikel von 1983 entscheidende Neuerungen: Die *kann*-Formulierung verschwand, der Bund erhielt die Kompetenz, sowohl für die Abgabe als auch für die Verwendung von Energie Vorschriften zu erlassen, und längerfristig sollte eine Energiesteuer eingeführt werden.[92]

Eine sofortige Entscheidung über den zentralen Zankapfel der Abstimmung von 1983, die Einführung einer Energiesteuer, umschiffte der Bundesrat, indem er festhielt, er sehe davon ab, eine solche vorzuschlagen, weil es zweckmässiger erscheine, «eine solche Abgabe im Zusammenhang mit der Revision der Finanzordnung des Bundes während der Legislaturperiode bis 1991 zur parlamentarischen Behandlung zu bringen»[93]. Die Verhandlungen über den bundesrätlichen Entwurf gestalteten sich den Parteipositionen entsprechend schwierig und langwierig, was sich in einer grossen Zahl von Anträgen äusserte.[94] Bereits am ersten Tag der Debatte fasste SP-Nationalrat Elmar Ledergerber, der in den 1970er Jah-

87 Schweizerische Energie-Stiftung 1988: 8–9.

88 Vgl. Bundesbeschluss über die Genehmigung der Rahmenbewilligung des Bundesrates für die Kernkraftwerk Kaiseraugst AG, 02.04.1985; BBl 1985 I 873.

89 Vgl. Bundeskanzlei: Motionen und Postulate der gesetzgebenden Räte 1988, 1989: 68–70; BAR, Online-Amtsdruckschriften, 89.021.

90 Vgl. Bundesbeschluss über eine Vereinbarung betreffend Nichtrealisierung des Kernkraftwerks Kaiseraugst, 28.03.1989: 1035; BBl 1989 I 1035.

91 Vgl. Botschaft über einen Energieartikel in der Bundesverfassung, 23.02.1988; BBl 1988 I 337–394.

92 Vgl. ebd.: 394.

93 Ebd.: 340.

94 Vgl. Verhandlungsheft Energieartikel, Juni 1990: 7–8; BAR, Online-Amtsdruckschriften, 87.075.

ren bereits an der Ausarbeitung des Konzepts *Jenseits der Sachzwänge* und am *NAWU-Report* beteiligt gewesen war, die energiepolitische Pattsituation im Parlament treffend zusammen: «Weder können die ‹Nuklearen› ihr Programm durchziehen, noch können die Aussteiger aussteigen, noch können die Sparer tatsächlich sparen oder jene, die die Nutzung verbessern wollen, diese wirklich verbessern. Wir blockieren uns alle gegenseitig.»[95]

Grundsätzlich fand die Aufnahme eines Energieartikels in die Verfassung im Parlament jedoch breite Zustimmung. Sichtbare Umweltschäden wie das in den 1980er Jahren breit diskutierte «Waldsterben» und der Reaktorunfall in Tschernobyl hatten bei vielen Parlamentarier*innen zu einer Einstellungsveränderung geführt. Nachhaltigkeitsgedanken fanden nun auch in liberalen Kreisen Anklang. Titus Giger etwa, Nationalrat der Freisinnig-Demokratischen Partei (FDP), betonte, Staatseingriffe lägen zwar nicht im Trend, «die Natur und die Ansprüche künftiger Generationen»[96] liessen aber keine andere Wahl, als in der Energiepolitik verstärkt aktiv zu werden. Zur Wachstumsfrage hingegen vertraten die politischen Lager in grossen Teilen nach wie vor grundsätzlich verschiedene Ansichten. LdU-Nationalrat Max Dünki hielt fest, der Slogan «Strom ist Leben»[97] der Energiewirtschaft sei zwar zutreffend, es würde sich aber lohnen, diese Lebensform zu hinterfragen. Dünki vertrat die Ansicht, die Steigerung des materiellen Wohlstandes habe die Menschen nicht glücklicher gemacht und sprach sich dafür aus, die Entscheidungen in der Energiepolitik auf Basis der Frage nach der Lebensqualität zu treffen. Auch SP-Nationalrätin Menga Danuser betonte, Wachstum dürfe nicht länger «der einzige Motor des wirtschaftlichen und menschlichen Tuns»[98] sein.

Über die Erhebung einer Energieabgabe gingen die Meinungen auch deshalb stark auseinander. Die für die Vorlage zuständige Kommission des Nationalrats hatte sich schon im Vorfeld nicht an diesen heiklen Punkt herangewagt. Kurt Schüle, FDP-Nationalrat und Berichterstatter der Kommission, begründete den Verzicht mit dem schlagenden Argument, dieser biete Gewähr, dass der Verfassungsartikel nicht aufgrund der Energieabgabe scheitere.[99] Die Linken erneuerten in der Debatte im Parlament ihre Forderung nach einer zweckgebundenen Energieabgabe und begründeten diese mit der Notwendigkeit der Internalisierung von externen Kosten.[100] Die bürgerliche Mehrheit lehnte diese Forde-

95 Ebd.: 21–22.

96 Ebd.: 38.

97 Vgl. Verband Schweizerischer Elektrizitätswerke: Strom ist Leben. In: Bote der Urschweiz, 08.03.1982; SSA ZA 92.0 * 2.

98 Verhandlungsheft Energieartikel, Juni 1990: 92; BAR, Online-Amtsdruckschriften, 87.075.

99 Vgl. ebd.: 14.

100 Vgl. ebd.: 19.

rung mit dem Argument der Behinderung der internationalen Konkurrenzfähigkeit der Wirtschaft aber ab.[101]

In einer denkwürdigen Rede begründete Christoph Blocher, Nationalrat der Schweizerischen Volkspartei (SVP), seine Ablehnung der Vorlage. Den Willen der Bevölkerung Sparmassnahmen umzusetzen zweifelte er stark an: «Wenn alle sparen würden, die sagen, man sollte sparen, bräuchte niemand mehr zu sparen, weil schon alle sparen.» Blocher leitete aus dieser Aussage aber nicht eine Aufgabe für den Bund ab, sondern sah die Lösung des Problems in der Bedürfnisbefriedigung. Den seiner Meinung nach unnötigen Energieartikel bezeichnete er als «die verfassungsmässige Grundlage für staatlich verordnete Sparmassnahmen im Energiebereich». Wirtschaftlich habe die Energie auch im internationalen Kontext eine Bedeutung, die solche Eingriffe nicht rechtfertigen würden. In Anbetracht der Ereignisse in Tschernobyl sprach sich Blocher überraschenderweise für die Nutzung der Sonnenenergie aus: «Haben wir denn eigentlich vergessen, dass es auf der Erde grundsätzlich und für alle Zeiten genügend Energie gibt? Wir haben es vergessen. Die Sonne allein führt ständig etwa zehntausendmal mehr Energie zu, als wir verbrauchen.»[102]

Für die Gegenseite war Blochers Aussage ein gefundenes Fressen. Franz Jaeger, Gründungsmitglied der SES und LdU-Nationalrat, lud Blocher ein, sich an der Förderung der Sonnenenergie, welche die Umweltorganisationen seit Jahren forderten, zu beteiligen. Ein erster Schritt dazu sei die Annahme der Vorlage. Weiter führte er aus, die Gegner eines Energieartikels hätten jahrelang mit einer drohenden Versorgungslücke argumentiert, Blocher kehre das Argument nun aber um und behaupte, die rationelle Energieverwendung sei gar nicht nötig, weil genügend Energie vorhanden sei.[103]

Die von linker Seite geforderte Aufnahme einer Energieabgabe in den Verfassungsartikel blieb erfolglos. National- und Ständerat nahmen die Vorlage in der Herbstsession 1989 mit grosser Mehrheit an. Der Abstimmungskampf zum Energieartikel, über den am 23. September 1990 abgestimmt werden sollte, gestaltete sich intensiv, obwohl SPS, CVP und FDP sowie die Gewerkschaften die Ja-Parole ausgaben und die SVP Stimmfreigabe beschloss; denn zeitgleich zum Energieartikel kamen zwei Initiativen zur Atomenergie zur Abstimmung. Die von der SPS lancierte Initiative *Für den Ausstieg aus der Atomenergie* forderte die schrittweise Stilllegung bestehender Atomkraftwerke sowie ein Verbot für die Inbetriebnahme neuer Anlagen. Die zweite Initiative, *Stopp dem Atomkraftwerkbau*, initiiert vom NWA und unterstützt von etwa 200 atomkritischen Organisationen, verlangte ein zehnjähriges Moratorium für den Bau neuer Atomkraftwerke.

101 Vgl. ebd.: 45.
102 Ebd.: 16–17.
103 Vgl. ebd.: 19.

Die Uneinigkeit im liberal-bürgerlichen Lager führte zur Bildung zweier Abstimmungskomitees. Das bürgerliche Ja-Komitee wählte als Hauptargument überraschenderweise das Energiesparen und liess gar verlauten: «Das Zauberwort der Energiepolitik heisst Energiesparen.»[104] Es sah im Energieartikel das langersehnte, ausgewogene energiepolitische Gesamtpaket. Auch Nachhaltigkeitsgedanken fanden Eingang in die Argumentation, hielt FDP-Pressechefin Anna-Maria Kappeler doch fest, der Energieartikel schaffe die Grundlage für eine Energiepolitik, die der Endlichkeit von Ressourcen und der Verantwortung gegenüber zukünftigen Generationen Rechenschaft trage. Dass die Atomenergie davon ausgeklammert blieb, machte Franz Josef Harder, Vizepräsident des VSE, klar, der sich unter anderem deshalb für den Energieartikel aussprach, weil dieser die Möglichkeit für den Ausbau der Atomenergie aufrechterhalte.[105] Noch klarer wurde Heinz Werner Frech, Generaldirektor des Industriekonzerns Von Roll, der festhielt, er befürworte den Energieartikel, da dieser nicht nur «die Kompetenzen, sondern auch die Nicht-Kompetenzen des Bundes im Energiebereich» klarstelle. Die Energieversorgung und die Festlegung von Preisen und Tarifen, so Frech, bleibe weiterhin Sache der Privatwirtschaft. Die beiden Volksinitiativen zur Atomenergie lehnte Frech jedoch mit der Begründung ab, diese seien vordergründig zwar gegen die Atomenergie, «in der Konsequenz aber gegen die Industrie, und damit gegen die Arbeitsplätze und gegen den Wohlstand in der Schweiz gerichtet».[106]

Das bürgerliche Nein-Komitee sah im Energieartikel eine unnötige Bevormundung durch den Staat und warnte vor der sich aufblähenden Bürokratie und den zu erwartenden negativen Folgen für die Wirtschaft.[107] Die Entwicklung des Energieverbrauchs gehe bereits mit den freiwilligen Energiesparmassnahmen in die richtige Richtung, im Vergleich mit anderen Ländern sei der Energieverbrauch tief und «das Sparpotential [...] somit in der Schweiz bereits stark ausgeschöpft».[108] Da die SPS neben dem Energieartikel auch die beiden Atomenergie-Vorlagen zur Annahme empfahl, führte sie eine eigene Abstimmungskampagne. Sie stellte dabei die Aussicht auf eine atomenergiefreie Zukunft in den Mittelpunkt ihrer Argumentation.[109]

Am 23. September 1990 nahm das Stimmvolk den Energieartikel schliesslich mit einer deutlichen Mehrheit von 71,1 Prozent Ja-Stimmen an. Die Nachbefragungsanalyse zeigte, dass die Akzeptanz für Energiesparmassnahmen seit

---

104 Schweizerisches Aktionskomitee für den Energieartikel 1990c: 3–5.

105 Vgl. Schweizerisches Aktionskomitee für den Energieartikel 1990c: 3.

106 Schweizerisches Aktionskomitee für den Energieartikel 1990a: 5–6.

107 Vgl. Schweizerisches Aktionskomitee gegen den Energieartikel 1990: 7–11.

108 Ebd.: 8.

109 Vgl. swissvotes: Energieartikel, https://swissvotes.ch/vote/367.00, abgerufen am 12.6.2024.

der Abstimmung von 1983 deutlich zugenommen hatte, dass in erster Linie aber Massnahmen befürwortet wurden, die den Einzelnen nicht einschränkten und vorzugsweise technischer Natur waren. Verbote und finanzielle Belastungen stiessen hingegen nach wie vor auf wenig Zustimmung.[110] Die Analysten zogen mit Ausblick auf die Ausarbeitung des kommenden Gesetzes den Schluss, «einschneidende Verbote und Steuern zum Zweck des Energiesparens dürften auf Widerstand stossen», sodass «nur ‹weiche› Massnahmen eine Chance»[111] hätten.

Der Abstimmungskampf zu den beiden Atom-Initiativen gestaltete sich unübersichtlich. Von den grossen Parteien unterstützte nur die SPS beide Initiativen, allerdings wichen bei CVP, FDP und SVP einzelne Kantonalsektionen vom ablehnenden Kurs ihrer Parteien ab. Die grossen Gewerkschaften unterstützten die Initiativen ebenfalls. Die Befürworter*innen konzentrierten sich im Abstimmungskampf auf die Risiken der nuklearen Energiegewinnung und die Lagerungs- und Entsorgungsproblematik. Das Komitee der Initiative *Für den Ausstieg aus der Atomenergie* schlug in seiner Argumentation auch den Bogen zu übergeordneten energiepolitischen Fragen. So prognostizierte es, bis ins Jahr 2030 könne der gesamte Atomstrom durch effizientere Energienutzung, erneuerbare Energien, das Verbot von Elektrospeicherheizungen und die Reduktion der Stromexporte ersetzt werden.

Die Initiativgegner*innen führten ihre Kampagne entlang von vier Hauptargumentationslinien: Erstens dem Umweltschutz, indem sie die Atomenergie als saubere Energiequelle anpriesen, zweitens der Auslandsabhängigkeit, die durch landeseigene Atomkraftwerke kleiner sei, drittens der Wirtschaftlichkeit der Atomkraftwerke und viertens der Schwierigkeit der Substitution von Elektrizität.[112] Der Bundesrat lehnte beide Volksinitiativen ab und folgte in seiner Argumentation den Initiativgegner*innen. Die Annahmen der Initiant*innen zum Ersatz der Atomkraftwerke bezeichnete der Bundesrat in seiner Stellungnahme im Abstimmungsbüchlein als «gefährliche Illusion»[113]. Am 23. September 1990 nahm das Schweizer Stimmvolk die Moratoriums-Initiative entgegen der bundesrätlichen Empfehlung mit 54,5 Prozent Ja-Stimmen an, während es die Ausstiegs-Initiative ablehnte.[114] Die Befürworter*innen nannten als Motiv für ihre Entscheidung neben den Risiken der Atomenergie in erster Linie den Wunsch

110 Vgl. GfS-Forschungsinstitut 1991: 41–42.

111 Ebd.: 43.

112 Vgl. Menzi 2010c: 471–472.

113 Schweizerischer Bundesrat 1990: 7.

114 Vgl. swissvotes: Initiative «Stopp dem Atomkraftwerkbau (Moratorium)», https://swissvotes.ch/vote/366.00; swissvotes: Initiative für einen Ausstieg aus der Atomenergie, https://swissvotes.ch/vote/365.00, beide abgerufen am 12. 6. 2024.

nach einer zehnjährigen Denkpause.[115] Der Abstimmungssieg markierte einen grossen Erfolg der Atomenergiekritiker*innen auf dem nationalen politischen Parkett.

Mit der Annahme des Energieartikels und der Moratoriums-Initiative setzte das Stimmvolk 1990 die Weichen für die zukünftige Energiepolitik. Der Bundesrat konstatierte, «ein Fortschreiben der bisherigen Entwicklung [sei] aus verschiedenen Gründen unannehmbar»[116]. Den vermehrten Import fossiler Energie und von Elektrizität zur Deckung der nach wie vor zunehmenden Nachfrage nach Energie erachtete er aus versorgungspolitischen Gründen für bedenklich, den Ausbau der Atomenergie verunmöglichte die Annahme der Moratoriums-Initiative, und ein Ausweichen auf fossil-thermische Kraftwerke lehnte der Bundesrat aus ökologischen Gründen ab. Als einzigen gangbaren Weg erachtete er die verstärkte Energiesparpolitik.

Unter dem Namen *Energie 2000* lancierte der Bund als Sofortmassnahme noch 1990 ein Aktionsprogramm, dessen Ziel es war, «den Verbrauch fossiler Energien und der Elektrizität möglichst rasch zu stabilisieren und den Beitrag der erneuerbaren Energien deutlich zu steigern». Dafür plante der Bund ein umfassendes Massnahmenpaket für die rationelle Verwendung aller Energieträger. Als Voraussetzung für das Gelingen dieses Programms propagierte der Bundesrat einen «Energiefrieden»[117], womit er die konstruktive Zusammenarbeit von Energiewirtschaft, Umweltorganisationen, Gemeinden, Kantonen und dem Bund meinte. Noch während die parlamentarische Debatte zum Energieartikel im Gange war, hatte der Bundesrat im Dezember 1988 die Botschaft zum *Bundesbeschluss über eine sparsame und effiziente Energienutzung*[118] präsentiert. Der Energienutzungsbeschluss wurde als Übergangslösung konzipiert, die spätestens bis zum 31. Dezember 1998 durch ein umfassenderes Energiegesetz ersetzt werden sollte. Der Energienutzungsbeschluss wurde Mitte Dezember 1990 vom Parlament verabschiedet und trat nach der erfolgreichen Abstimmung über den Energieartikel unmittelbar in Kraft.

Der Beschluss brachte erstmals verbindliche Energiesparmassnahmen auf nationaler Ebene sowie Förderprogramme für erneuerbare Energien. So wurden beispielsweise die verbrauchsabhängige Heiz- und Warmwasserabrechnung oder eine Abnahme- und Vergütungspflicht für dezentral erzeugten Strom einge-

115 Menzi 2010a: 473.

116 Schweizerischer Bundesrat: Berichte über die Geschäftsführung des Bundesrates, des Bundesgerichts und des Eidgenössischen Versicherungsgerichts im Jahre 1990, 1991: 399; BAR, Online-Amtsdruckschriften, 91.018.

117 Ebd.: 400.

118 Bundesbeschluss für eine sparsame und rationelle Energienutzung, in: BBl 1990 III 1789, 28.12.1990.

führt.[119] Mit dem Energieartikel und dem Energienutzungsbeschluss wurden 17 Jahre nach der Ölpreiskrise von 1973 bedeutende Meilensteine in der schweizerischen Energiepolitik erreicht. Eine Klausel im Energienutzungsbeschluss, die seine Gültigkeit bis Ende 1998 begrenzte, machte jedoch eine zügige Weiterentwicklung zu einem umfassenden Energiegesetz erforderlich. Da sich die ideologischen Gräben bei der Ausarbeitung dieses Gesetzes in den 1990er Jahren erneut auftaten und mit der verstärkten internationalen Zusammenarbeit im Energiesektor neue Konfliktlinien entstanden, kam erst 1999 ein schlankes Gesetz zustande, das dem Bund zwar Kompetenzen zur sparsamen und rationellen Energienutzung gab, aber weiterhin keine Energiesteuer beinhaltete.[120]

«Wir *müssen* freiwillig mehr tun!» – Die Energiesparkampagnen des Bundes seit den 1970er Jahren

Bereits nach der schweren Wirtschaftskrise der 1970er Jahre hatten der Bund und diverse private Organisationen landesweite Energiesparkampagnen lanciert. Der Bund erklärte die Jahre 1977 und 1978 zu Energiesparjahren und lancierte im Oktober 1977 basierend auf dem GEK-Zwischenbericht die erste grosse Energiesparkampagne *Denk mit, spar mit!*[121] Die Kampagne richtete sich in erster Linie an Privatpersonen und beinhaltete Informationen über Energieträger, Sparmöglichkeiten im Alltag und Sparappelle. Ziel der Kampagne war es, das Energiesparen zum nationalen Thema zu machen. Dafür nutzte der Bund eigens erstellte Informationsbroschüren, Plakate, Kleber, Wettbewerbe und einen Telefondienst, aber auch Inserate in Zeitungen, eine Sonderbriefmarke und Auftritte in Radio- und Fernsehsendungen.

Im Frühling 1978 gaben knapp 50 Prozent der Befragten in einer Umfrage an, den Slogan der Kampagne zu kennen. Karl Heinz Troxler, der Beauftragte für die Kampagne, äusserte sich in einem Rückblick zwar zufrieden mit diesem ersten Ergebnis, wies aber auch darauf hin, dass mit der Bekanntheit der Kampagne noch keine Energie gespart sei und es letztlich darauf ankomme, «die geweckten Erwartungen zu erfüllen». Troxler erkannte dabei eine Verkettung mehrerer Probleme, löste diese in seiner Argumentation aber nicht auf. So schrieb er einerseits: «Der Schweizer ist staatlicher Propaganda gegenüber skeptisch eingestellt. Er will Anstösse, aber keine Bevormundung. Das ist richtig so und ent-

119 Ebd.: 1789–1791.

120 Energiegesetz, in: BBl 1998 IV 3583, 07.07.1998.

121 Troxler, Karl-Heinz: Nationale Energiesparkampagne. In: Neue Zürcher Zeitung, 17.07.1978; SSA ZA 92.0 * 2.

Abb. 4: Plakat aus der Energiesparkampagne des Bundes von 1979. Über den Helligkeitsverlauf in der Schrift wird deutlich, dass ohne Energiesparmassnahmen nicht nur der aufgedruckte Satz, sondern die ganze Schweiz bald in Dunkelheit enden könnte. Quelle: Museum für Gestaltung Zürich, Plakatsammlung, Zürcher Hochschule der Künste (ZHdK), 32–0453.

spricht unserer Tradition.»[122] Andererseits konstatierte er, dass die Motivation zum Energiesparen und für Investitionen in energiesparende Technologien wenig ausgeprägt sei, der Bund aber keine Kompetenzen und finanziellen Mittel für Vorschriften und Anreize hätte. Die Umsetzung der Energiesparmassnahmen übertrug der Bund – der damaligen Gesetzeslage entsprechend – den Kantonen, die unter den Schlagworten *Heizen und isolieren* einen Durchbruch erzielen sollten.

Die SES übte harsche Kritik an der Energiesparkampagne des Bundes. Sie bemängelte, das Plakat wirke «düster, drohend, verunsichernd und anklagend»[123], der ganzen Kampagne fehle es, abgesehen von «banalen Tips», an brauchbaren Anleitungen zum Energiesparen und es bleibe bei den erwähnten Massnahmen unklar, welchen Effekt diese tatsächlich hätten, wodurch die Bevölkerung zum Sündenbock gemacht werde. Stattdessen müsste eine Energiesparkampagne die «Zusammenhänge zwischen Energieverbrauch, gesellschaftlichen Zuständen, Macht- und Interessenverhältnissen aufdecken und zur Debatte stellen», um die Bevölkerung zu «handlungsfähigen und mündigen Subjekten in Sachen ‹Energie›»[124] zu machen.

Da der Bund nur über begrenzte rechtliche Möglichkeiten verfügte, wandte er sich am 17. Mai 1977 mit dem Hinweis an die Kantone, kantonale Energiefachstellen zu schaffen, um einerseits die Zusammenarbeit mit der eidgenössischen Energiefachstelle zu gewährleisten und andererseits innerhalb der Kantone die Ausgestaltung der energiepolitischen Vorstellungen des Bundes voranzutreiben.[125] Die 1977 angelaufene Energiespar-Informationskampagne verfolgte der Bund in der ersten Hälfte der 1980er Jahre weiter. Das BEW versuchte mit Publikationen wie den regelmässig erscheinenden *Energie-Spar-Nachrichten*[126], dem ab 1983 veröffentlichten *Energiesparbüchlein*[127], der Broschüre *Energiesparen im Mehrfamilienhaus* oder einer *Benzinsparkarte*[128] das Bewusstsein der Bevölkerung für den sparsamen Verbrauch von Energie zu schärfen und gleichzeitig Bedenken abzubauen, Energiesparen sei mit Komforteinbussen oder gar dem

122 Troxler, Karl-Heinz: Nationale Energiesparkampagne. In: Neue Zürcher Zeitung, 17.07.1978; SSA ZA 92.0 * 2.

123 Schweizerische Energie-Stiftung 1979: 2.

124 Ebd.: 2–3.

125 Vgl. Konferenz der kantonalen und eidgenössischen Energiefachstellen: Energiesparmassnahmen in öffentlichen Gebäuden, 01.03.1979: 10; BAR E8190B-01#1987/145#90*.

126 Vgl. Kiener, Eduard: Die öffentliche Energieberatung. Ein Element der nationalen Energiepolitik, Basel 08.02.1985: 1; BAR E8191-01#2005/162#4*.

127 Vgl. Schweizerischer Bundesrat: Berichte über die Geschäftsführung des Bundesrates, des Bundesgerichts und des Eidgenössischen Versicherungsgerichts im Jahre 1983, 1984: 362; BAR, Online-Amtsdruckschriften, 84.021; Bundesamt für Energiewirtschaft 1989.

128 Vgl. Kiener: Die öffentliche Energieberatung. Ein Element der nationalen Energiepolitik, 08.02.1985: 1; BAR E8191-01#2005/162#4*.

Abbau des Lebensstandards verbunden. Das EVED erstellte 1980 ein kantonales Musterenergiegesetz und Mustervorschriften für die Wärmedämmung von Gebäuden.[129] Ebenfalls 1980 rief der Bund den Informationsdienst Energiesparen Schweiz (IES) ins Leben, der die Kantone und Gemeinden beim Aufbau von lokalen Energieberatungsstellen unterstützte, deren Zahl bis Ende 1983 bereits 49 betrug.[130]

Zur Bekämpfung der Luftverschmutzung, die als Ursache für das Waldsterben eruiert wurde und unter der gemäss dem EDI auch die Menschen zunehmend litten, verfügte der Bund eine Reihe von Massnahmen, die teilweise auch zu einem tieferen Verbrauch von Energie führten. Dazu gehörten die Herabsetzung der Höchstgeschwindigkeit auf Hauptstrassen und Autobahnen auf 80 respektive 120 Stundenkilometer, die verstärkte Förderung des öffentlichen Verkehrs und der Erlass von Vorschriften zur Gebäudeisolation, die sich auf den Umweltschutzartikel von 1971 stützten.[131]

Innerhalb der Bundesverwaltung wurden im Bereich der Gebäude erste Energiesparmassnahmen umgesetzt. Der Bund schulte Personal, führte unter Anwendung modernster digitaler Auswertungsmethoden eine detaillierte Energieverbrauchsstatistik und berechnete die Wirtschaftlichkeit seiner im Gebäudebereich durchgeführten Sanierungsmassnahmen. Für die 1981 durchgeführten Arbeiten ergab die Auswertung eine Amortisationszeit von sechs bis sieben Jahren, womit deren Durchführung als gerechtfertigt beurteilt wurde.[132] Auch die Armee war nun von Energiesparmassnahmen betroffen. Die militärischen Betriebe ernannten Energiespar-Verantwortliche, die Beratungen zur Umsetzung von Sparmassnahmen erhielten. Daneben wurden technische Anpassungen für die Regulierung der Raumtemperatur und der Beleuchtung vorgenommen und die Motorfahrzeuge mit Höchstgeschwindigkeitsbezeichnungen ausgerüstet. Die Ergebnisse beurteilte der Bericht des Bundesrats für das Jahr 1981 als vielversprechend, er hielt aber auch fest, klimatische Bedingungen hätten einen stärkeren Einfluss auf die Statistiken als die eingeführten Sparmassnahmen.[133]

---

129 Vgl. Schweizerischer Bundesrat: Bericht des Bundesrates über seine Geschäftsführung im Jahre 1980, 1981: 301; BAR, Online-Amtsdruckschriften, 81.021.

130 Vgl. Schweizerischer Bundesrat: Berichte über die Geschäftsführung des Bundesrates, des Bundesgerichts und des Eidgenössischen Versicherungsgerichts im Jahre 1983, 1984: 362; BAR, Online-Amtsdruckschriften, 84.021.

131 Vgl. Schweizerischer Bundesrat: Berichte über die Geschäftsführung des Bundesrates, des Bundesgerichts und des Eidgenössischen Versicherungsgerichts im Jahre 1984, 1985: 43–44; BAR, Online-Amtsdruckschriften, 85.021.

132 Vgl. Schweizerischer Bundesrat: Berichte über die Geschäftsführung des Bundesrates, des Bundesgerichts und des Eidgenössischen Versicherungsgerichts im Jahre 1981, 1982: 66–67; BAR, Online-Amtsdruckschriften, 82.021.

133 Vgl. ebd.: 169.

Auch in der zweiten Hälfte der 1980er Jahre konzentrierte der Bund seine Anstrengungen zum Energiesparen auf die Kantone und Gemeinden. Im Bericht über seine Geschäftsführung hielt das EVED 1987 fest, «das Schwergewicht der Energiesparkampagne» liege weiterhin in der technischen Unterstützung der inzwischen «über 60 lokalen und regionalen Informationsberatungsstellen».[134] Die Nachfrage aus der Bevölkerung nach Informationsmaterial, so das EVED, sei weiterhin gross. Zur Förderung der Information der Bevölkerung lancierte das BEW 1988 die Energiesparkampagne *Bravo!* Bundesrat Adolf Ogi, der das EVED 1988 übernommen hatte, war von der Kampagne, die analog zu ihrer Vorgängerin *Denk mit – Spar mit!* in erster Linie Energiespartipps und den Appell zum Energiesparen an die Bevölkerung beinhaltete, überzeugt.[135] In einem Interview mit dem Schweizer Fernsehen gestand er zwar ein, die grossen Energieprobleme liessen sich mit der Kampagne nicht lösen, betonte aber, sie lege den Grundstein zu wichtigen Verhaltensänderungen. Die Schweiz, so Ogi, gehe mit der Energie um, «als hätten wir noch für einige Jahrhundert genügend» davon. In welcher Problemlage sich eine Kampagne bewegte, die auf Sparappellen beruhte, zeigt die Aussage Ogis «wir *müssen* freiwillig mehr tun». Der Bund konnte oder wollte zwar keine Vorschriften machen, Ogi nahm die Bevölkerung aber in die Pflicht, indem er ergänzte: «Jetzt soll das Volk zeigen, dass es nicht nur bereit ist zu reden, sondern zu handeln.»[136] Die Kampagne wurde bald erweitert und umfasste 1990 die Bereiche *Energie am Arbeitsplatz*, *Bauen und Energie* sowie *Freizeit und Energie*, wobei die ersten beiden in Zusammenarbeit mit der Wirtschaft entwickelt und umgesetzt wurden. Eine Erfolgsbilanz lässt sich aus dem vorhandenen Quellenmaterial schwerlich ziehen. In seinem Geschäftsbericht des Jahres 1990 hielt das EVED einige Daten zur Kampagne fest. Vom Kampagnenstart am 24. Oktober 1988 bis Ende 1990 wurden gemäss EVED 350'000 sogenannte *Energiesparräder* an die Bevölkerung abgegeben, die einer Parkscheibe ähnelten, und 500 Personen hatten Kurse zum Thema der verbrauchsanhängigen Heizkostenabrechnung besucht.[137]

134 Schweizerischer Bundesrat: Berichte über die Geschäftsführung des Bundesrates, des Bundesgerichts und des Eidgenössischen Versicherungsgerichts im Jahre 1987, 1988: 403; BAR, Online-Amtsdruckschriften, 88.021.

135 Play SRF: Energiesparkampagne «Bravo», Rundschau, 25. 10. 1988, https://www.srf.ch/play/tv/rundschau/video/rundschau-vom-25-10-1988?urn=urn:srf:video:01d243d4-fc1a-4154-b832-e2b62937fc0b, abgerufen am 04. 05. 2024.

136 Play SRF: Interview Bundesrat, Rundschau vom 25. 10. 1988, https://www.srf.ch/play/tv/rundschau/video/rundschau-vom-25-10-1988?urn=urn:srf:video:01d243d4-fc1a-4154-b832-e2b62937fc0b, abgerufen am 04. 05. 2024.

137 Vgl. Schweizerischer Bundesrat: Berichte über die Geschäftsführung des Bundesrates, des Bundesgerichts und des Eidgenössischen Versicherungsgerichts im Jahre 1990: 444–445.

Fazit

Die Schweizer Energiepolitik stand seit der Ölpreiskrise von 1973 in einem Spannungsfeld zwischen ökologischen, ökonomischen und gesellschaftspolitischen Interessen. Zentral für die energiepolitische Diskussion war nicht nur die Frage nach konkreten Massnahmen zur Reduktion des Energieverbrauchs, sondern auch die eng damit verknüpfte Wachstumsfrage. Während technologische Effizienzgewinne und eine rationellere Energienutzung als notwendige Massnahmen weitgehend akzeptiert wurden, führten eine allfällige Konsumreduktion oder grundlegende Systemveränderungen – insbesondere die Infragestellung eines ungebremsten Wirtschaftswachstums – wiederholt zum Streit zwischen den beteiligten Akteuren.

Die Ölkpreiskrise von 1973 hatte die Abhängigkeit von fossilen Energieträgern und die damit verbundenen wirtschaftlichen und ökologischen Risiken zwar in den Vordergrund gerückt und zu einer stärkeren politischen Fokussierung auf Energiefragen geführt, die Lösungsansätze blieben aber stark ideologisch geprägt. Wirtschaftsliberale Kräfte sahen die Lösung vor allem in der technologischen Optimierung und einer Stärkung des Marktmechanismus, um den erreichten Lebensstandard nicht zu gefährden. Demgegenüber forderten die Umweltorganisationen eine Abkehr vom Wachstumsparadigma, da sie im steigenden Energieverbrauch einen zentralen Treiber der fortschreitenden Umweltzerstörung und der zunehmenden Ressourcenausbeutung sahen.

Die Einführung des Energieartikels 1990, der erstmals verbindliche nationale Ziele für Energieeffizienz und die Förderung erneuerbarer Energien festlegte, markierte einen bedeutenden Meilenstein. Die seit den 1970er Jahren von Linken und Umweltorganisationen geforderte Abkehr von Öl, Gas und Atomenergie und die Hinwendung zu vermehrtem Energiesparen und dem Einsatz erneuerbarer Energien fand im Verlauf der 1980er Jahre immer grösseren Anklang. Angesichts offensichtlich werdender Umweltprobleme und der Katastrophe in Tschernobyl schlug sich dies bei den Abstimmungen von 1990 auch in realpolitischen Erfolgen nieder. Die langwierigen politischen Umsetzungsprozesse zeigen aber, wie gross der wirtschaftsliberale Einfluss und die ideologischen Gräben blieben. Während technologische Massnahmen breite Unterstützung fanden, stiessen restriktivere Massnahmen wie eine Energiesteuer oder schlichter Konsumverzicht auf erheblichen Widerstand. Insbesondere die Diskussion um die Wachstumsfrage offenbarte tiefgreifende Meinungsverschiedenheiten: Sollte die Energiepolitik lediglich die Effizienz steigern, um weiteres Wirtschaftswachstum zu ermöglichen, oder war ein grundlegendes Umdenken notwendig, um Nachhaltigkeit und Lebensqualität stärker zu fördern? Die Herausforderungen in der Energiepolitik gingen über technische Fragen hinaus und waren eng mit gesellschaftlichen und wirtschaftlichen Grundsatzentscheidungen verknüpft. Der Konflikt zwischen einer nachhaltigen Energieversorgung und dem Wunsch nach ökonomischem Wachstum blieb ungelöst. Während Umweltorganisationen und wachstumskritische Stimmen auf die Begrenztheit natürlicher Ressourcen und die Risiken für zukünftige Generationen hinwiesen, hielten liberale und konservative Kreise mit dem Argument an der Wachstumsideologie fest, dass nur eine prosperierende Wirtschaft langfristig auch den Umweltschutz fördern könne.

Gedruckte Quellen

Binswanger, Hans Christoph; Geissberger, Werner; Ginsburg, Theo (Hg.): Der NAWU-Report. Wege aus der Wohlstandsfalle. Strategien gegen Arbeitslosigkeit und Umweltkrise. Frankfurt a. M. 1978.

Bundesamt für Energiewirtschaft: Energiesparbüchlein. 5. Auflage. Bern 1989.

Bundesamt für Energiewirtschaft: Energiestatistik der Schweiz 1910–1985. Bern 1987.

Eidgenössische Kommission für die Gesamtenergiekonzeption: Das schweizerische Energiekonzept. Zusammenfassung. Bern 1978.

Flüeler, Thomas: Wo zum Strom bleibt die Schweizer Energiepolitik?. In: Energie & Umwelt: das Magazin der Schweizerischen Energie-Stiftung SES 3 (1986): 8–9, 22.

GfS-Forschungsinstitut: Analyse der eidgenössischen Abstimmung vom 23. September 1990, https://swissvotes.ch/attachments/cba652dd82a957d4b767f60ebd39a836e61bea5756a6389f19240bd752d0e3c4, abgerufen am 05. 05. 2024.

Kiener, Eduard: Schweizerische Energiepolitik 1980–2000. Bern 2003.

Schweizerische Energie-Stiftung (Hg.): SES Notizen 1/2 (1979): 1–8.

Schweizerischer Bund für Naturschutz; Schweizerische Energiestiftung; Schweizerische Gesellschaft für Umweltschutz; Schweizerische Vereinigung für Sonnenenergie; Schweizerische Vereinigung für Volksgesundheit; World Wildlife Fund Schweiz: Jenseits der Sachzwänge. Ein Beitrag der Umweltorganisationen zur schweizerischen Gesamtenergiekonzeption. Basel 1978.

Schweizerischer Bundesrat: Abstimmungsbüchlein zur Volksabstimmung vom 23. September 1990, https://swissvotes.ch/attachments/1f2bccea5532b1feea6648a309e430087e0f1c98e9c41d935c9e18d4968e04b2, abgerufen am 10. 05. 2024.

Schweizerisches Aktionskomitee für den Energieartikel: Achter Pressedienst, https://swissvotes.ch/attachments/74f3d6174ca07fceb72242e5f78fe8e6b9947c35119afe1e525f69427c6b833f, abgerufen am 27. 04. 2024. (= Schweizerisches Aktionskomitee für den Energieartikel 1990a)

Schweizerisches Aktionskomitee für den Energieartikel: Vierter Pressedienst, https://swissvotes.ch/attachments/ea874358176bb613d2f04c1a91500949b35b5949fd577a053155f9f67a014415, abgerufen am 27. 04. 2024. (= Schweizerisches Aktionskomitee für den Energieartikel 1990b)

Schweizerisches Aktionskomitee für den Energieartikel: Zweiter Pressedienst, https://swissvotes.ch/attachments/4f15285b3ae02eff32f81645c8b67db53ecc7e10c0577bfc96accca773bafaf0, abgerufen am 27. 04. 2024 (= Schweizerisches Aktionskomitee für den Energieartikel 1990c)

Schweizerisches Aktionskomitee gegen den Energieartikel: Argumentarium gegen die Aufnahme eines Energieartikels in der Bundesverfassung, https://swissvotes.ch/attachments/

dd89c39cb06221bece3033ad96cc886656b74859763e154bd57cead9e9fc847c, abgerufen am 08.04.2024.
Schweizerisches Aktionskomitee gegen die masslosen Atom- und Energieinitiativen: Zwölfter Pressedienst, https://swissvotes.ch/attachments/119bc23ca9b280be57db435de6d5493c5b5c7873134921d76768ddaa43597fe0, abgerufen am 06.03.2024.
Sozialdemokratische Partei der Schweiz (Hg.): Ein schwarzer September? Zur Abstimmung über die Atom- und Energieinitiativen. In: Rote Revue 63/9 (1984): 1–2, 25.

Sekundärliteratur

Bundesamt für Energie BFE (Hg.): Schweizerische Gesamtenergiestatistik 2022. Bern 2023.
Halbeisen, Patrick; Müller, Margrit; Veyrassat, Béatrice (Hg.): Wirtschaftsgeschichte der Schweiz im 20. Jahrhundert. Basel 2012.
Kiener, Eduard: Schweizerische Energiepolitik 1980–2000. Bern 2003.
Kupper, Patrick; Pallua, Irene: Energieregime in der Schweiz seit 1800. Bern 2016.
Kupper, Patrick: Abschied von Wachstum und Fortschritt. Die Umweltbewegung und die zivile Nutzung der Atomenergie in der Schweiz (1960–1975). Zürich 1998. DOI: 10.3929/ethz-a-004254140.
Majoleth, Marco: Go and Stop. Solarstrom und Energiepolitik in der Schweiz 1973–2000. Nordhausen 2009.
Menzi, Brigitte: Denkpause statt Sofortausstieg: Ja zum Moratorium beim Atomkraftwerkbau. In: Linder, Wolf; Bolliger, Christian; Rielle, Yvan (Hg.): Handbuch der eidgenössischen Volksabstimmungen 1848–2007. Bern 2010: 472–473. (= Menzi 2010a)
Menzi, Brigitte: Stolperstein Ständemehr. Die Deutschschweiz kippt den Energieartikel. In: Linder, Wolf; Bolliger, Christian; Rielle, Yvan (Hg.): Handbuch der eidgenössischen Volksabstimmungen 1848–2007. Bern 2010: 410–411. (= Menzi 2010b)
Menzi, Brigitte: Trotz der Katastrophe von Tschernobyl. Der sofortige Atomausstieg findet keine Mehrheit. In: Linder, Wolf; Bolliger, Christian; Rielle, Yvan (Hg.): Handbuch der eidgenössischen Volksabstimmungen 1848–2007. Bern 2010: 471–472. (= Menzi 2010c)
Pfister, Christian (Hg.): Das 1950er Syndrom. Der Weg in die Konsumgesellschaft. Bern 1995.
Rieder, Stefan: Die Bewältigung von wirtschaftlichen und ökologischen Herausforderungen im Energiebereich durch die Politik. Eine vergleichende Analyse der Energiepolitik von Dänemark, Schleswig-Holstein und der Schweiz. Bern, Stuttgart, Wien 1998.
Zünd, Marianne: 20 Jahre schweizerisches Energiegesetz. Bern 2019. 20.05.2019, URL: https://energeiaplus.com/wp-content/uploads/2019/05/2019.05.20-20-Jahre-Energiegesetz.pdf, abgerufen am 30.01.2025.

«Mehr Freiheit, weniger Staat»

Krisenbewältigung und angebotsorientierte Wachstumspolitik in der Stagnation der 1990er Jahre

Dario Domenig, Samuel Schildknecht

Abstract

In the 1990s, Switzerland underwent profound economic and political changes, triggered by the collapse of the Eastern Bloc and advancing globalisation. Economic stagnation and increasing European integration forced Switzerland to rethink its economic policy. Although a trend toward more liberal economic frameworks had already taken hold internationally in the 1970s and 1980s, Switzerland was initially reluctant to adjust its own policies accordingly. However, the concept of competition gained increasing significance in the 1980s, laying the groundwork for reforms in the following decade. During the stagnation phase of the 1990s, measures such as market liberalisation, deregulation and stronger alignment with international standards were at the heart of the debate. The introduction of liberal concepts, driven by the growing importance of shareholder value, shaped economic policy discussions, which were intense and contentious. This article analyses the different perspectives of various economic, political and administrative actors on this reform process, focusing on the role of the Swiss Federation of Commerce and Industry (SHIV), or «Vorort», and the trade unions.

Diskussionen über die wirtschaftspolitischen Rahmenbedingungen in der Schweiz sind kein ausschliessliches Phänomen der 1990er Jahre. Bereits während der Ölpreiskrise der 1970er Jahre wurden von Ökonom*innen liberale Ansätze zur Krisenbewältigung vorgeschlagen,[1] und auch politische Akteure wie die Freisinnig-Demokratische Partei (FDP) übernahmen zunehmend wirtschaftspolitische Konzepte, die mehr Freiheit und weniger Staat sowie eine Senkung der Staatsausgaben forderten.[2] Diese Ideen standen im Einklang mit den angloamerikanischen Strömungen des Thatcherismus und der Reaganomics;[3] doch in den 1990er Jahren gewann die Debatte in der Schweiz eine neue Dynamik. Bis Ende der 1980er Jahre hatte die Schweiz in gewisser Weise einen Sonderweg innerhalb Europas verfolgt, erkennbar an ihrer Nichtmitgliedschaft in der Europäischen Gemeinschaft (EG), den Vereinten Nationen (UNO) oder dem Internationalen Währungsfonds (IWF). Der Zusammenbruch des Ostblocks und die voranschreitende Globalisierung führten in den 1990er Jahren jedoch zu einer Neuordnung der globalen Wirtschaftsarchitektur, was bei vielen Akteuren in der Schweiz Besorgnis auslöste.[4] Verstärkt wurde diese Entwicklung durch die Re-

1 Vgl. Jost 2007.

2 Vgl. Kergomard 2018.

3 Vgl. Tanner 2015: 420–421.

4 Vgl. Borner, Brunetti, Straubhaar 1990: 15–18.

zession in den frühen 1990er Jahren, die in der Schweiz vergleichsweise schwerwiegende soziale und wirtschaftliche Probleme verursachte. Immer mehr Stimmen, insbesondere aus ökonomischen Kreisen, forderten daher eine Anpassung der wirtschaftspolitischen Rahmenbedingungen. Schlagworte wie Deregulierung, Liberalisierung, und Privatisierung sowie eine Reduktion staatlicher Eingriffe prägten fortan den wirtschaftspolitischen Diskurs.

Der vorliegende Beitrag beschreibt, wie der «Vorort» des Schweizerischen Handels- und Industrievereins (SHIV) als zentrale Stimme der Schweizer Industrie in den 1990er Jahren weitreichende Liberalisierungs- und Deregulierungsmassnahmen vorantrieb, während die Gewerkschaften insgesamt eine defensive Haltung einnahmen und versuchten, die bestehenden sozialen Errungenschaften zu bewahren. In einem ersten Teil wird der internationale Kontext und die wirtschaftliche und politische Ausgangslage der Schweiz zu Beginn der 1990er Jahre skizziert, in der das Land zunehmend unter Druck geriet, sich den globalen wirtschaftlichen Entwicklungen anzupassen. Im Mittelpunkt stehen dabei die wirtschaftspolitischen Ideen, mit denen auf die stagnierende Wirtschaft und den zunehmenden internationalen Wettbewerb reagiert werden sollte. Der zweite Teil widmet sich anschliessend dem Vorort und seiner Rolle in diesem Reformprozess. Der Fokus liegt dabei auf den Forderungen nach Deregulierung, Marktöffnung und steuerlichen Anpassungen sowie den politischen Strategien, die der Vorort zur Durchsetzung dieser Reformen verfolgte. Im abschliessenden dritten Teil wird auf die Gewerkschaften und ihre Reaktionen auf die Liberalisierungs- und Deregulierungsvorschläge von rechts eingegangen. Die Reformen und der wirtschaftliche Strukturwandel stellten die Gewerkschaften vor erhebliche Herausforderungen. Sie sahen sich in den 1990er Jahren gezwungen, sich organisatorisch neu auszurichten und ihre Mobilisierungsfähigkeit zu stärken, um den veränderten Bedingungen begegnen und gleichzeitig ihre eigene Interpretation der Krise sowie alternative Lösungsansätze entwickeln zu können.

Holprige wirtschaftspolitische Empfehlungen und die Etablierung des Wettbewerbsgedankens in den 1990er Jahren

In der Nachkriegszeit erlebte die Schweizer Wirtschaft eine lange Wachstumsperiode mit nur geringen Geld- und Vermögensentwertungen und stabiler Beschäftigungslage.[5] Selbst die Wirtschaftskrise der 1970er Jahre führte zu keinen tiefgreifenden Veränderungen im Schweizer Wirtschaftssystem, sondern festigte die bestehenden Strukturen weiter. Die restriktive Migrationspolitik trug dazu bei, die Auswirkungen der Krise abzumildern, wodurch ein wirtschaftspoliti-

5 Vgl. Halbeisen u. a. 2012: 85.

scher Kurswechsel in der Schweiz weniger dringend erschien als in anderen Ländern.[6] Dennoch wurde 1977 auf Initiative der Schweizer Nationalbank (SNB) eine Expertengruppe «Wirtschaftslage» ins Leben gerufen, die aus drei Volkswirtschaftsprofessoren bestand und frei von interessengebundenen Einflüssen wirtschaftspolitische Empfehlungen abgeben sollte.[7] Die Expertengruppe verfasste drei Berichte, die sich stark an der internationalen Entwicklung der Wirtschaftspolitik der 1980er Jahre im angelsächsischen Raum orientierten. Das Fazit war dezidiert: Die Schweizer Wirtschaft sei zwar noch nicht akut unter Druck, aber um längerfristig eine wachstumsorientierte Wirtschaftspolitik zu gewährleisten, müsse man der «Wirksamkeit des marktwirtschaftlichen Preismechanismus»[8] mehr Vertrauen entgegenbringen. Zusätzlich wurden Vorschläge für mehr binnenwirtschaftlichen Wettbewerb, eine effizientere öffentliche Verwaltung, Steuersenkungen und – ohne konkrete Handlungsanweisungen – eine besondere Überwachung der steigenden Sozialausgaben gemacht.[9] Die Vorschläge befanden sich somit auf der Linie der zu jener Zeit im angelsächsischen Raum dominierenden Vorstellung, die Volkswirtschaft könne durch Steuersenkungen, Marktliberalisierungs-, Deregulierungs- und Privatisierungspolitik stimuliert werden.[10] Die Empfehlungen fanden politisch aber wenig Gehör: Während die Gewerkschaften und die linken Parteien sich über die kritische Haltung gegenüber den Sozialeinrichtungen echauffierten, kam für die bürgerlichen Parteien eine Öffnung des Binnenmarktes nicht in Frage.[11] Auch die binnenwirtschaftliche Elite war nicht gewillt, eine hoch kartellierte Wirtschaftsordnung aufzugeben.[12] Somit setzte der Bundesrat die Expertengruppe 1980 wieder ab. Während sich international ein Trend hin zu liberaleren wirtschaftspolitischen Rahmenbedingungen abzeichnete, schien man in der Schweiz noch nicht für umfassende, aber auch umstrittene wirtschaftspolitische Veränderungen bereit zu sein.

Im Verlauf der 1980er Jahre änderten sich die internationalen Rahmenbedingungen jedoch erheblich. Der Trend zu einer stärker globalisierten Weltwirtschaft setzte sich fort, was den Schweizer «Sonderweg» verstärkt in Frage stellte.[13] Ebenso fand die Managementlehre des Shareholder-Value, welche die

---

6 Vgl. Mach 1990: 11–50.

7 Mitglieder der Expertengruppe waren: Gottfried Bombach (Universität Basel), Henner Kleinewerfers (Universität Freiburg) und Luc Weber (Universität Genf). Vgl. Lipp 2012: 28.

8 Bombach, Kleinewefers, Weber 1977: 355.

9 Ebd.

10 Vgl. Lipp 2012: 29.

11 Die Schweizer Wirtschaftspolitik war lange geprägt durch einen Interessengegensatz zwischen der Export- und Binnenindustrie. Während die Binnenwirtschaft geschützt wurde – etwa durch das Tolerieren von Kartellen –, wurde die Exportwirtschaft gefördert. Vgl. Müller 2012: 368.

12 Vgl. Tanner 2015: 446.

13 Ebd. 436–444.

Interessen der Aktionäre in den Vordergrund stellte, zunehmend Einzug in die Unternehmensführungen. Dies veränderte die internationalen wirtschaftlichen Rahmenbedingungen nachhaltig und führte zu einer neuen Ära mit einer stärker globalen wirtschaftlichen Verflechtung.[14] Auch ging 1990 die langjährige Hochkonjunktur der Schweizer Wirtschaft zu Ende, auf die eine sechsjährige Schwächephase folgte. Der konjunkturelle Umschwung führte dazu, dass in den Jahren 1991 bis 1993 eine schwache Rezession mit einem leichten Rückgang des Bruttoinlandsprodukts (BIP) einsetzte. Nach einer kurzen Erholung 1994 folgte bis 1997 eine Stagnation mit positiven, aber niedrigen Wachstumsraten des BIP.[15] Verglichen mit anderen europäischen Ländern stand die Wirtschaftsentwicklung der Schweiz im Abseits: Während sich in diesen Staaten, gemessen am BIP, bereits ab 1993 wieder Aufschwungstendenzen zeigten, nahm die Schweizer Wertschöpfung kaum zu.[16] Dazu kam der wirtschaftliche Aufstieg von Schwellenländern wie den Tigerstaaten Südkorea, Taiwan oder Singapur. Diese vergleichsweise schwache Entwicklung der Schweizer Wirtschaft führte dazu, dass die strukturellen Rahmenbedingungen zunehmend in Frage gestellt wurden. In der Folge erschien eine Vielzahl von Veröffentlichungen, die vermehrt liberale wirtschaftspolitische Konzepte propagierten.

Eines dieser Bücher war im Sommer 1990 im Rahmen des Nationalen Forschungsprogramms 28 vom Basler Wirtschaftsprofessor Silvio Borner und seinen Mitarbeitern Aymo Brunetti und Thomas Staubhaar veröffentlicht worden. Unter dem Titel *Schweiz AG. Vom Sonderfall zum Sanierungsfall?* schlug das Werk ein neues wirtschaftspolitisches Konzept zur Bewältigung der zukünftigen Herausforderungen vor.[17] Um im globalen Standortwettbewerb bestehen zu können und die «relative Standortattraktivität» zu erhöhen, sollte die Schweizer Volkswirtschaft mit Liberalisierungs- und Wettbewerbsreformen revitalisiert werden. Mit provokantem Ton empfahlen die Basler Ökonomen die Öffnung der Märkte, eine wirksame Wettbewerbspolitik, eine Neukonzipierung der Einwanderungspolitik und eine Verbesserung der Bildungspolitik.[18] Zwar löste die Publikation keine akuten Reformprozesse im eigentlichen Sinne aus, doch das Denkmuster, dass die relative Attraktivität eines Standorts mit ordnungspoliti-

14 Vgl. David, Mach 2012: 867.

15 Vgl. Müller, Woitek 212: 157.

16 Ebd.: 114.

17 Im Rahmen des Nationalen Forschungsprogrammes Nr. 28 mit dem Titel «Die Schweiz in einer sich ändernden Welt: Aussenwirtschaftliche und entwicklungspolitische Herausforderungen» vergab der Bundesrat dem Basler Professor Silvio Borner den Auftrag, die aussenwirtschaftlichen Beziehungen und die Positionierung der Schweiz als Standort im sich verändernden globalen Kontext zu untersuchen. Vgl. Lipp 2012: 52.

18 Vgl. Borner, Brunetti, Straubhaar 1990: 15.

schen Reformen gestärkt werden könne, rückte nun vermehrt in das politische und wirtschaftliche Bewusstsein.[19]

Das Thema der internationalen Wettbewerbsfähigkeit gewann damit zu Beginn der 1990er Jahre zunehmend an Relevanz im politischen Diskurs. Ein weiterer bedeutender Anstoss war das im Sommer 1991 publizierte (erste) «Weissbuch» *Schweizer Wirtschaftspolitik im internationalen Wettbewerb*, das von verschiedenen Vertretern aus Wirtschaft und Wissenschaft verfasst und veröffentlicht wurde. Das durch die wirtschaftsnahe Max Schmidheiny-Stiftung finanzierte Buch war bewusst in einer provokanten Art verfasst und enthielt ein wirtschaftspolitisches Aktionsprogramm, welches das explizite Ziel verfolgte, «dieses Land wieder zu einem Hort des Liberalismus zu machen».[20] Der Text zeichnete ein düsteres Bild der aktuellen Schweizer Wirtschaft, die durch den internationalen Zusammenbruch der Planwirtschaftssysteme und die damit einhergehende Öffnung der Märkte gegenüber den ordnungspolitisch zunehmend reformierten westlichen Industriestaaten eine Chance verpasst und an internationaler Wettbewerbsfähigkeit eingebüsst habe. Eng an die Ideen der Reformliteratur anknüpfend, stellte es ein eigenes ordnungspolitisches Programm vor, welches sich in fünf zentrale Forderungen zusammenfassen lässt: (1.) eine vollständige Öffnung der Grenzen für Produkte sowie Dienstleistungen und Arbeitskräfte, (2.) das Aufbrechen von staatlichen Monopolen, (3.) ein stärkerer Standortwettbewerb zwischen den Kantonen, (4.) die Begrenzung staatlicher Kompetenzen sowie (5.) eine Begrenzung der Staatsausgaben.[21] Der Schweizerische Handels- und Industrieverein (SHIV, genannt «Vorort») zog noch im selben Jahr mit einem eigenen wirtschaftspolitischen Leitbild nach, das sich unter dem Titel *Für eine wettbewerbsfähige Schweiz von morgen* – wie das Weissbuch – für eine freiheitlichere Rahmenordnung und eine Öffnung der Grenzen aussprach.[22] Auch innerhalb des Bundes – und vor allem im Bundesamt für Aussenwirtschaft (BAWI) – fand nun ein Umdenken hin zu einer liberaleren Wirtschaftspolitik statt. Zunehmend begann das BAWI zu hinterfragen, ob die Schweiz im internationalen Standortwettbewerb noch mithalten könne. David de Pury als einer der damals führenden Mitarbeiter im BAWI regte noch vor seinem Übertritt in die ABB 1990 an, eine Arbeitsgruppe «Ordnungspolitik» zu etablieren, welche die Thesen des «Weissbuches» auf deren Machbarkeit hin überprüfen sollte. Am 15. Januar 1992 erschien schliesslich der *Bericht zur Aussenwirtschaftspolitik 91/1+2* des BAWI, dem am 22. Januar der Bericht der Arbeitsgruppe «de Pury» folgte.[23] Die beiden Berichte waren in ihren Analysen und Empfehlungen weitgehend deckungsgleich. Die Grundtendenz des Berichts zur Aussenwirtschaftspolitik war eine

19 Vgl. Lipp 2012: 59.

20 Leutwiler u. a. 1991: 9.

21 Ebd.: 31.

22 Vgl. Vorort des Schweizerischen Handels- und Industrievereins 1991.

23 Vgl. Lipp 2012: 113.

Kritik am nur bedingt liberalisierten Binnenmarkt: «Wettbewerbsfähigkeit nach aussen durch mehr Wettbewerb im Inneren – so muss, auf eine Kurzformel gebracht, die Lösung für die schweizerische Wirtschaftspolitik lauten.»[24] Der Ordnungsbericht der Arbeitsgruppe de Pury fügte zu dieser Analyse konkrete wirtschaftspolitische Forderungen hinzu, von denen man sich erhoffte, dass der Bundesrat den Willen aufbringen werde, sich für einen entschiedenen Liberalisierungsschub auszusprechen.[25] Die gemachten Vorschläge lassen sich grundsätzlich in vier grosse Themenbereiche unterteilen: (1.) eine Deregulierung des Arbeitsmarktes, (2.) eine Privatisierung beziehungsweise Teilprivatisierung öffentlicher Unternehmen, (3.) Steuersenkungen und eine Regulierung des Staatshaushaltes sowie (4.) eine Binnenmarktliberalisierung. Doch auch ausserhalb der Verwaltung befassten sich die politischen Akteure zunehmend mit diesem Thema. Während die Reformliteratur klare Handlungsempfehlungen und wirtschaftspolitische Ziele formulierte, spielte ein anderer zentraler Akteur eine entscheidende Rolle bei ihrer politischen Durchsetzung: der Vorort.

Revitalisierung des Wirtschaftsstandorts Schweiz: Die Rolle des Vororts in den Reformen der 1990er Jahre

Als zentrale Vertretung der Schweizer Handels- und Industrieinteressen, stand der Vorort im Mittelpunkt der Debatte um notwendige wirtschaftspolitische Anpassungen. Verteilt auf alle OECD-Staaten nahm das reale Bruttosozialprodukt 1989 um etwa 3,6 Prozent zu.[26] Damit konnte die Steigerung des Vorjahres zwar nicht ganz erreicht werden, aber die Wirtschaftslage war mehr als zufriedenstellend. Besonders dynamisch entwickelten sich die Investitionen. In vielen Ländern erreichte die Investitionsquote das höchste Niveau seit den frühen 1970er Jahren. Die gute Konjunkturlage wirkte sich positiv auf die Beschäftigung aus und führte in fast allen OECD-Ländern zu einem Rückgang der Arbeitslosenquote.[27] Auch in der Schweiz setzte sich das Wirtschaftswachstum 1989 fort und lag mit einer Zunahme von 3,1 Prozent des realen Bruttosozialprodukts nur knapp hinter dem OECD-Durchschnitt. Ein ähnliches Bild ergab sich bei der Beschäftigung, die im Jahresmittel um 1,2 Prozent gesteigert werden konnte, während die Arbeitslosenquote unter 1 Prozent lag.[28]

In diesem wirtschaftlichen Kontext berief Niklaus Blattner, Professor für Nationalökonomie an der Universität Basel, am 1. September 1989 eine Gruppe

24 Bericht zur Aussenwirtschaftspolitik 91/1+2 und Botschaften zu Wirtschaftsvereinbarungen vom 15. Januar 1992. In: Bundesblatt 1993 I: 1028.

25 Vgl. Lipp 2012: 115.

26 Vgl. Schweizerische Nationalbank, Geschäftsbericht 1989: 5–7.

27 Ebd.

28 Ebd.: 24.

von Experten ein, um sich mit der Wettbewerbspolitik der Schweiz zu befassen. Ziel der Gruppe war es, eine umfassende Auslegeordnung zu erstellen, um die Notwendigkeit von Innovationen und Effizienzverbesserungen angesichts mangelnder staatlicher Initiativen zur Verbesserung der Rahmenbedingungen und der kartellpolitischen Praxis in der Schweiz aufzuzeigen. Sorgen bereite weniger die wirtschaftliche Situation als vielmehr die Entstehung einer ökonomisch stärker integrierten Europäischen Gemeinschaft ohne Beteiligung der Schweiz.[29] Befürchtet wurde insbesondere, dass grosse multinationale Unternehmen den Markt dominieren könnten, was kleinere lokale Akteure benachteiligen und den Wettbewerb verzerren würde.[30] Diese Sorge spiegelte die Angst vor einem «wirtschaftlichen Gigantismus» wider, der durch unregulierte Fusionen und Übernahmen entstehen könnte. Die Gruppe betonte die Notwendigkeit einer Reform des Schweizer Kartellgesetzes, um den Anforderungen eines integrierten europäischen Binnenmarktes gerecht werden und die vier Grundfreiheiten – Personen-, Waren-, Kapital- und Dienstleistungsverkehr – im Europäischen Wirtschaftsraum verwirklichen zu können. Die Anpassung des Schweizer Rechts an das EG-Recht schien dabei unerlässlich, um die Handels- und Investitionsbarrieren zu minimieren. Diese rechtliche und politische Annäherung an die EG wurde als wesentlich erachtet, um die Schweizer Wirtschaft nicht an den Rand der europäischen Entwicklungen zu drängen. Die Arbeitsgruppe empfahl daher dringende Massnahmen zur Öffnung der Märkte und zur Sicherstellung der wirtschaftlichen Effizienz durch Wettbewerb.[31]

Während sich das Schweizer System zunehmend unbeweglich zeigte, floss der Handel zwischen den Mitgliedstaaten der Europäischen Gemeinschaft immer freier. Mit der Inkraftsetzung der Einheitlichen Europäischen Akte im Jahr 1987 wurden die Unterschiede in den nationalen Rechtsvorschriften nach und nach beseitigt, um einen gemeinsamen Binnenmarkt zu schaffen. Ende 1989 leitete der EG-Ministerrat schliesslich die Explorationsphase zur Integration der Schweiz in die Europäische Gemeinschaft ein und forderte nicht mehr nur äquivalente, sondern auch einheitliche Wettbewerbsregeln für den gesamten Europäischen Wirtschaftsraum (EWR). Durch den Grundsatz des Kartellverbots (anstelle der Missbrauchsverhütung) geriet die Schweiz unter Druck, denn die EG bestand nun darauf, dass der «Kartellbunker Schweiz» gesprengt werden sollte. Die zunehmende Verlagerung der Debatte hin zur Europatauglichkeit des Schweizer Wettbewerbsrechts spiegelte die Dringlichkeit wider, die Schweizer Wirtschaft besser an die europäischen Marktbedingungen anzupassen, um Wett-

29 Aktuelle Fragen zur Schweizerischen Wettbewerbspolitik vom 1. September 1989; IB Vorort-Archiv, 50.8.1.

30 Wirtschaftswissenschaftliche Grundlagen der Wettbewerbspolitik vom 4. Januar 1990; IB Vorort-Archiv, 50.8.1.

31 Ebd.

bewerbsnachteile zu vermeiden und den Zugang zu den grösseren und profitableren Märkten der EG zu sichern.[32] Angesichts der Herausforderung eines zunehmend integrierten Europas ohne Schweizer Beteiligung entschied sich der Vorort nun für einen umfassenden Reformansatz.

Die politische Zurückhaltung und das bisherige Abwarten wurden vom Vorort als nicht mehr tragbar eingeschätzt. Die Arbeitsgruppe «Ordnungspolitik» unter der Leitung von Bundesrat Delamuraz setzte mit ihrem Bericht vom 22. Januar 1992 einen wichtigen Startpunkt für intensivere Diskussionen über Deregulierungsmassnahmen. Da ein Beitritt der Schweiz zum EWR viele dieser Massnahmen effizient und ohne nationale Alleingänge ermöglicht hätte, setzten viele Mitglieder der Arbeitsgruppe grosse Hoffnungen in die EWR-Abstimmungskampagne.[33] Der EWR wurde als pragmatischer Weg betrachtet, um die dringend notwendigen Reformen auf europäischer Ebene umzusetzen. Dennoch hätte selbst ein erfolgreicher Ausgang der Abstimmung eigenständige Schritte in Richtung Liberalisierung und Deregulierung erfordert, um die Wettbewerbsfähigkeit der Schweiz langfristig sicherzustellen. Für den Vorort galt es deshalb, bereits vor der EWR-Abstimmung ein umfangreiches Reformprogramm zu lancieren. Weil sich dieses Programm aber nicht in eine Volksinitiative verpacken liess und das Scheitern einer Initiative kontraproduktiv und blamabel gewesen wäre, entschied man sich für einen Ansatz auf institutioneller Ebene.[34] Die Vertreter sollten sowohl aus der Politik und der Wirtschaft als auch der Wissenschaft stammen; und die Herangehensweise für den Vorstoss war klar strukturiert und sorgfältig geplant. Die ersten Schritte zur Revitalisierung sollten im kleinen Kreis erfolgen. Eine Gruppe von sechs Personen aus verschiedenen bürgerlichen Parteien, darunter Kurt Moser, Direktor des Vorortes, und der Zuger CVP-Ständerat Markus Kündig sollten an der Spitze der Reformbewegung stehen und die Aufgabe verfolgen, die Rahmenbedingungen, Standortattraktivität und Wettbewerbsfähigkeit der Schweizer Wirtschaft zu verbessern.[35] Am 4. März 1992 traf sich die zum Zweck einer Liberalisierung und Erneuerung der marktwirtschaftlichen Prinzipien formierte Gruppe erstmals zu einer Besprechung. Kurt Moser betonte die Vertraulichkeit und Notwendigkeit eines richtigen Startschusses.[36] Die Grundlage der Besprechung bildeten das wirtschaftspolitische Leitbild des Vorortes und der Bericht der Arbeitsgruppe «Ord-

32 Aktennotiz über die Besprechung vom 23. März 1990; IB Vorort-Archiv, 50.8.1.

33 Bericht der Arbeitsgruppe «Ordnungspolitik» vom 22.01.1992; IB Vorort-Archiv, 51.7.1.

34 Ebd.

35 Ebd.

36 Schreiben von Dr. Kurt Moser an Ständerat M. Kündig vom 17. Januar 1992; IB Vorort-Archiv, 51.7.1 Revitalisierungsprogramm Wirtschaftsstandort Schweiz.

nungspolitik» vom 22. Januar 1992.[37] Um das umfassende Reformprogramm durchsetzen zu können, wurde auf vier Themenkreise fokussiert. Jede der vier bürgerlichen Parteien sollte einen Themenbereich ausarbeiten und in der Juni-Session 1992 der Öffentlichkeit präsentieren.[38]

Die Vorschläge zur Steuerpolitik sollten von der FDP vorangetrieben werden und beinhalteten eine Befristung neuer Subventionen, die Umstellung der Umsatzsteuer auf eine Mehrwertsteuer sowie die Abschaffung der direkten Bundessteuer und der Stempelabgaben. Diese Massnahmen zielten darauf ab, das Steuersystem Europa-kompatibel zu gestalten und die Staatsquote nicht weiter ansteigen zu lassen.[39] Damit dies gelingen konnte, war eine Umlagerung von direkten zu indirekten Steuern und eine Verflachung der Progression notwendig. Für die Beschaffung der finanziellen Mittel wurde eine Privatisierung von staatlichen Unternehmen, wie der PTT, der SRG oder der SBB vorgeschlagen.[40]

Der SVP wurde der Bereich Arbeitsmarkt zugeteilt, in dem der Abbau von Mindestlohnvorschriften und Kündigungsschutz gefordert wurde, um das Anpassungsvermögen der Volkswirtschaft zu verbessern. Das wichtigste Postulat war jedoch die Liberalisierung der Fremdarbeiterpolitik, verbunden mit einer klaren Trennung zwischen der humanitären Asylpolitik und der arbeitsmarktpolitisch orientierten Ausländerpolitik.[41] Die langjährige Politik, Saisonniers mit befristeten Aufenthaltsbewilligungen anzuwerben, hatte zu einem Zustrom von relativ unqualifizierten Arbeitskräften geführt. Nun sollte durch produktivitätsorientierte Massnahmen eine Verschiebung hin zu hochqualifizierten Arbeitskräften aus dem Ausland erreicht werden. Unabhängig von der institutionellen Form der Integration in Europa sollte eine Freizügigkeitsregelung umgesetzt werden, die Bürger*innen der EG- und EFTA-Staaten freien Zugang zum Schweizer Arbeitsmarkt gewährte. Autonome Schutzmassnahmen sollten zudem sicherstellen, dass der Ausländerbestand nicht auf ein politisch und sozial nicht verkraftbares Niveau ansteigen würde.[42]

Den Bereich Aus- und Weiterbildung übernahm die CVP. Die Vorschläge umfassten hier eine Reform der Berufsausbildung, den Ausbau der Höheren Technischen Lehranstalten (HTL) und der Höheren Wirtschafts- und Verwaltungsschulen (HWV) sowie die Aufwertung dieser Institutionen zu Fachhochschulen. Die beruflichen Aus-, Fortbildungs- und Umschulungsmassnahmen

---

37 Bericht der Arbeitsgruppe «Ordnungspolitik» vom 22.01.1992; IB Vorort-Archiv, 51.7.1 Revitalisierungsprogramm Wirtschaftsstandort Schweiz.

38 Besprechung zur Revitalisierung des Wirtschaftsstandortes Schweiz vom 4. März; IB Vorort-Archiv, 51.7.1.

39 Ebd.

40 Ebd.

41 Vorort Motion der SVP vom 4. März 1992; IB Vorort-Archiv, 51.7.1.

42 Die 4 Motionen vom Mai 1992; IB Vorort-Archiv, 51.7.1 Revitalisierungsprogramm Wirtschaftsstandort Schweiz.

sollten zukünftig stärker an der Arbeitsnachfrage ausgerichtet werden. Zudem wurde die Integration der Schweizer Hochschulen in das weltweite Wissenschaftssystem als existenznotwendig angesehen. Auch im Bereich der Bildung galt es, eine aussenpolitische Integrationsstrategie umzusetzen, die den grenzüberschreitenden Austausch von Wissen und den freien Zugang zu internationalen Märkten sicherstellen konnte.[43]

Die vierte Motion befasste sich schliesslich mit dem Thema des Marktzutritts und sollte von den Liberalen vorgestellt werden. Dabei wurde die Revision von Normen gefordert, die den Wettbewerb einschränkten, sowie eine Marktöffnung für öffentliche Unternehmen vorgeschlagen.[44] Gesetze und Verordnungen, die den freien Marktzugang behinderten oder unangemessenen Einfluss auf die Preisgestaltung ausübten, sollten aufgehoben werden. Ziel war es, faire Wettbewerbsbedingungen zwischen öffentlichen und privaten Unternehmen zu schaffen. Wettbewerbsabsprachen sollten nur noch zulässig sein, wenn sie höherwertigen Allgemeininteressen dienten. Auch Unternehmensfusionen und Mehrheitsbeteiligungen zwecks Marktbeherrschung sollten nun einer Kontrolle unterstellt werden, da sie den freien Wettbewerb ähnlich stark einschränkten wie Kartelle. Zudem sollten die Verfahrensordnung und die Kompetenzaufteilung zwischen der Verwaltung und den Gerichten neu geregelt und die entsprechenden Strafandrohungen verschärft werden. Der Vorort sah keinen grossen Unterschied zwischen dem Kartellverbot mit Erlaubnisvorbehalt der EG und dem in der Schweiz praktizierten Prinzip der Missbrauchsbekämpfung.[45] Da ein damals noch als wahrscheinlich empfundener EWR-Beitritt die Übernahme des EG-Kartellrechts zur Folge gehabt hätte, galt es für den Vorort, rasch zu handeln. Es wurde jedoch keine umfassende Revision des Kartellgesetzes, sondern lediglich eine Erhöhung der Effizienz der Kartellkommission gefordert.[46]

Die ersten Entwürfe zu allen vier Motionen wurden vom Vorort erarbeitet, obwohl der Vorort grossen Wert darauf legte, sich bewusst im Hintergrund zu halten und nicht im Mittelpunkt der öffentlichen Diskussionen zu stehen.[47] Diese Zurückhaltung ermöglichte es ihm, eine direkte Einbindung in potenziell kontroverse Debatten zu vermeiden, die den Reformprozess hätten gefährden können. Indem man im Verborgenen agierte, schuf der Vorort bessere Voraussetzungen, um die geplanten Reformen erfolgreich und ohne grössere

43 Vorort Motion der CVP vom 4. März 1992; IB Vorort-Archiv, 51.7.1.

44 Vorort Motion Liberale vom 4. März 1992; IB Vorort-Archiv, 51.7.1.

45 Die 4 Motionen vom Mai 1992; IB Vorort-Archiv, 51.7.1 Revitalisierungsprogramm Wirtschaftsstandort Schweiz.

46 Vorort Motion Liberale vom 4. März 1992; IB Vorort-Archiv, 51.7.1 Revitalisierungsprogramm Wirtschaftsstandort Schweiz.

47 Besprechung zur Revitalisierung des Wirtschaftsstandortes Schweiz vom 4. März; IB Vorort-Archiv, 51.7.1 Revitalisierungsprogramm Wirtschaftsstandort Schweiz.

Widerstände durchzusetzen. Die Ausarbeitung der vier Motionen zeigt deutlich die strategisch abgestimmte politische Agenda des Vororts. Die Analyse und Identifizierung zentraler Schwerpunkte begann bereits Jahre vor der Veröffentlichung der Motionen und basierte auf den Berichten der Arbeitsgruppe «Ordnungspolitik» sowie dem ersten Weissbuch. Die Inhalte und Ziele der vier Motionen wurden dabei aufeinander abgestimmt und so gestaltet, dass sie grösstmöglichen politischen Spielraum eröffneten und auf breite Zustimmung stossen sollten. Der entscheidende Faktor war aber die gezielte Zusammenarbeit mit politischen Entscheidungsträgern aus allen bürgerlichen Lagern, sodass die überarbeiteten Versionen der Parteien nur geringfügig von den ursprünglichen Entwürfen des Vororts abwichen. Auch die Kommunikationsstrategie wurde sorgfältig durchdacht und breit aufgestellt. Inhaltlich gab es nur minimale Abweichungen zu den bereits im ersten Weissbuch geforderten Massnahmen. Der Vorort achtete jedoch darauf, den Fehler eines zu breit gefassten, nicht umsetzbaren und zu wenig konkreten Reformprogramms zu vermeiden. Im Juni 1992 wurden die vier Motionen schliesslich der Öffentlichkeit vorgestellt und stiessen insbesondere von Seiten des Finanzdepartements und des Innenministeriums auf erheblichen Widerstand.[48] Die Sozialdemokratische Partei (SPS) kritisierte die Vorschläge als unsoziale Umverteilung und Steuerentlastung für Besserverdienende, aber auch die Forderungen im Bildungsbereich wurden stark angegriffen. Die Reaktion des Bundesrates auf die vorgeschlagenen Reformen fiel ebenfalls verhalten aus. Zur steuerpolitischen Motion der FDP sah er kaum Handlungsbedarf, lediglich der Vorschlag, den Quellensteuersatz für Dividenden auf null zu setzen, fand Zustimmung.[49] Obwohl der Bundesrat selbst von Deregulierung und Liberalisierung sprach, unterschied sich die politische Praxis stark von den liberalen Reformaufrufen, und gewisse Bereiche der Sozial- und Umweltpolitik wurden sogar noch weiter reguliert. Vom Vorort wurde diese Zurückhaltung gegenüber seinen Reformvorschlägen als unzureichend betrachtet.

Am 6. Dezember 1992 kam es schliesslich zur wohl wichtigsten wirtschaftspolitischen Abstimmung in der jüngeren Schweizer Geschichte: dem Referendum über die Ratifizierung des EWR-Abkommens. Mit einer knappen Mehrheit von 50,3 Prozent Neinstimmen entschied sich das Schweizer Volk gegen das Abkommen. Dieses Ergebnis war für viele Mitglieder des Vororts ein schwerer Schlag. In einer öffentlichen Stellungnahme schrieb man: «Der Schweizerische Handels- und Industrie-Verein (Vorort) bedauert das Nein des Souveräns zum Vertrag über den Europäischen Wirtschaftsraum (EWR). Damit kommt die erhoffte Verbesserung des Zugangs zum europäischen Binnenmarkt leider nicht zustande. [...] Im Inland gilt es, unverzüglich die Rahmenbedingungen für die

48 NZZ: Die Revitalisierung auf die lange Bank geschoben. In: NZZ, 04.06.1992: 35.

49 Bemerkungen zur Antwort des Bundesrates auf die Motion der FDP vom 26. November 1992; IB Vorort-Archiv, 51.7.2.

unter starkem internationalen Konkurrenzdruck stehende Wirtschaft umfassend zu verbessern, damit schweizerische Unternehmungen gegenüber dem Ausland nicht ins Hintertreffen geraten und weiterhin ab dem Standort Schweiz produzieren und exportieren können. Der Bundesrat kann sich dieser ordnungspolitischen Führungsaufgabe nicht mehr länger entziehen. Ansonsten wird sich der Druck auf Standortverlagerungen ins Ausland verstärken.»[50] Intern wurden die Bedenken noch wesentlich deutlicher geäussert. Nach dem Abstimmungsergebnis galt ein weiterer zeitlicher Aufschub der Reformmassnahmen als nicht mehr tragbar; und die im Rahmen der vier Motionen vorgeschlagenen Massnahmen sollten aus Sicht des Vororts nun so schnell wie möglich umgesetzt werden.[51] Auch aus Sicht des Zentralverbandes Schweizerischer Arbeitgeber-Organisationen (ZSAO) hatte die Volksabstimmung nicht den gewünschten Ausgang genommen. In einem Brief vom 21. Dezember 1992 wendete sich die Arbeitgeber-Organisation an Bundesrat Jean-Pascal Delamuraz und rief ihn dazu auf, das vom Vorort schon vor Jahresfrist vorgelegte Revitalisierungsprogramm zu unterstützen.[52]

Die mehrspurige Integrationsstrategie des Bundesrates – und die Reaktion des Vororts

Dem Bundesrat war bewusst, dass er seine aussen- und wirtschaftspolitische Strategie neu ausrichten musste. Am 13. Januar 1993 präsentierte Bundespräsident Adolf Ogi eine umfassende Strategie, die sowohl die europäische Integration als auch die innere wirtschaftliche Stärkung der Schweiz adressierte. Diese «mehrspurige Integrationsstrategie» umfasste das Festhalten an einer potenziellen EG-Mitgliedschaft sowie die Fortführung von Verhandlungen für eine mögliche EWR-Mitgliedschaft zu einem späteren Zeitpunkt. Gleichzeitig wurden bilaterale sektorielle Verhandlungen mit der EG vorangetrieben, um die Isolation der Schweiz zu durchbrechen und ihre wirtschaftlichen Chancen zu sichern.[53] Der innenpolitische Fokus lag darauf, die Wettbewerbsfähigkeit der Schweiz durch Reformen der wirtschaftlichen Rahmenbedingungen zu verbessern. Dazu wurde ein umfangreiches Programm zur marktwirtschaftlichen Erneuerung ent-

50 Pressemitteilung zum EWR-Abstimmungsergebnis vom 6. Dezember 1992; IB Vorort-Archiv, 274.4.5.1.1.

51 Vorstandssitzung zum Sofortprogramm für 1993 vom 18. Dezember 1992; IB Vorort-Archiv, 274.4.5.1.1.

52 Schreiben vom Zentralverband Schweizerischer Arbeitgeber-Organisationen an den Bundesrat vom 21. Dezember 1992; IB Vorort-Archiv, 274.4.5.1.1 Folgeprogramm nach dem EWR-Nein.

53 Pressemitteilung Integrationspolitik von Bundespräsident A. Ogi vom 13. Januar 1993; IB Vorort-Archiv, 274.4.5.1.

worfen, für dessen Umsetzung der Bundesrat nun auf die interdepartementale Arbeitsgruppe «Revitalisierung» zurückgreifen konnte, die unter der Leitung von Hans Sieber, dem Direktor des Bundesamtes für Konjunkturfragen, im April 1992 damit beauftragt worden war, die wirtschaftspolitischen Einschätzungen des BAWI auf ihre Machbarkeit zu überprüfen.[54]

Die Reformen zielten darauf ab, durch Deregulierung und Liberalisierung einen attraktiveren und Europa-kompatiblen Binnenmarkt zu schaffen. Am 24. Februar 1993 stellte der Bundesrat sein Reformprogramm unter dem Titel *Programm zur Revitalisierung der Schweizer Wirtschaft* der Öffentlichkeit vor.[55] Die Kernziele beinhalteten eine Stärkung des Binnenmarktes durch den Abbau von Marktzutrittsschranken und eine generelle Erhöhung der wirtschaftlichen Effizienz. Spezifische Massnahmen umfassten die Überarbeitung des Kartellgesetzes, eine Neuregelung des Arbeitsmarktes durch die Abschaffung des Saisonnierstatuts sowie die Aufwertung von Bildungseinrichtungen und die Anpassung von Forschungskapazitäten. Die strategische Ausrichtung erforderte umfangreiche Gesetzesrevisionen und Anpassungen in verschiedenen Bereichen. Dazu gehörten die Einführung eines Kartellverbots und einer präventiven Fusionskontrolle sowie Änderungen im Bildungsbereich, wie die Gründung von Fachhochschulen. Zusätzlich wurde die Raumplanungsgesetzgebung überarbeitet, um die Verfahren zu beschleunigen und zu vereinfachen.[56]

Der Vorort reagierte skeptisch auf das von der Bundesregierung vorgestellte Massnahmenpaket. Die Vorschläge des Bundesrates wurden ein weiteres Mal als unzureichend betrachtet. Besonders kritisch sah man die Notwendigkeit eines schnellen Übergangs zur Mehrwertsteuer, um die investitionshemmende «Taxe Occulte» zu beseitigen und ein international konkurrenzfähiges Steuersystem zu etablieren.[57] Im Februar 1993 entwickelte der Vorort in Reaktion auf die Bundesstrategie und in Zusammenarbeit mit über 120 Mitgliedsorganisationen eine eigene, umfassende wirtschaftspolitische Strategie. Diese zielte darauf ab, die Standortfaktoren signifikant zu verbessern, um die Attraktivität der Schweiz als Produktionsstandort zu stärken. Kritisiert wurde insbesondere, dass die zaghaften Reformschritte des Bundes stets sozial, ökologisch und regional ausgeglichen würden. Zugleich betonte man die Wichtigkeit, Kapital und andere mobile Produktionsfaktoren im Land zu halten, und setzte dabei klare Prioritäten, die sich vom bundesrätlichen Programm unterschieden.[58] Die Umsetzungsphase der

54 Vgl. Lipp 2012: 119–120.

55 Vgl. Botschaft des Bundesrates 1993: 809–911.

56 Ebd.

57 Stellungnahme des Vororts zum bundesrätlichen Revitalisierungspaket vom 20. Januar 1993; IB Vorort-Archiv, 274.4.5.1.1.

58 Wirtschaftspolitische Strategie zur Stärkung des Wirtschaftsstandortes Schweiz vom 22. Februar 1993; IB Vorort-Archiv, 274.4.5.1.1.

Strategie des Bundes begann 1993 mit verschiedenen Massnahmen wie der Liberalisierung des öffentlichen Beschaffungswesens, der Revision des Gesetzes über den unlauteren Wettbewerb, steuerlichen Erleichterungen für Investitionen und beschleunigten Verfahren im Planungs- und Baugenehmigungswesen.[59] Dennoch standen zentrale Forderungen wie die Einführung der Mehrwertsteuer und die Totalrevision des Kartellgesetzes noch aus, was den Fortschritt in wichtigen Bereichen verzögerte.

Von der Stagnation zur Reform und dem zweiten Weissbuch *Mut zum Aufbruch*

Trotz dieser Massnahmen erlebte die Schweiz 1994 einen signifikanten Rückgang ausländischer Direktinvestitionen. Dies wurde aber vor allem auf erhebliche Mängel im schweizerischen Steuersystem zurückgeführt und weniger auf die Effekte des Ausschlusses vom europäischen Binnenmarkt.[60] Nichtsdestotrotz wurde die zeitliche Dringlichkeit von Problemlösungen weiterhin als akut empfunden, zumal vermutet wurde, dass sich die Probleme im Fall eines EWR-Beitrittes von Österreich und den nordischen Staaten noch weiter verschärfen würden. Ausländische Unternehmen beklagten sich zwar über ähnliche Punkte wie die Schweizer Firmen, jedoch bestanden in der EG die institutionellen Voraussetzungen, diese Missstände in absehbarer Zeit abzubauen.[61] Viele Mitgliedsorganisationen des SHIV räumten der Realisierung von weiteren Deregulierungs- und Revitalisierungsforderungen in einer Umfrage des Vororts deshalb gleich grosse Bedeutung ein wie der Beseitigung externer Hindernisse.[62] Der Vorort erkannte, dass sowohl interne Reformen als auch die Anpassung an internationale Standards entscheidend waren, um die Attraktivität der Schweiz als Investitionsstandort zu sichern und zu verbessern. Die Hauptprobleme sah er in den Bereichen des freien Personenverkehrs, der technischen Handelshemmnisse, des öffentlichen Beschaffungswesens und der Forschungsprogramme.[63] Obwohl die Rekrutierung von ausländischen Arbeitskräften in der Schweiz 1993 kein nennenswertes Problem darstellte, gab es Schwierigkeiten für Schweizer Arbeitnehmer*innen, Arbeitsbewilligungen im Ausland zu erhalten. Eng damit verbunden war auch die Frage der gegenseitigen Anerkennung von Diplomen.[64] Beim öf-

---

59 Vgl. Botschaft des Bundesrates über das Folgeprogramm nach der Ablehnung des EWR-Abkommens 1993: 809–811.

60 Zweite Zwischenbeurteilung der Umfrage; IB Vorort-Archiv, 274.4.5.1.5.

61 Auswertung der Vorortsumfrage vom 31. Oktober 1994; IB Vorort-Archiv, 274.4.5.1.5.

62 Ebd.

63 Die Situation der Schweizer Unternehmen auf dem europäischen Binnenmarkt vom Dezember 1994; IB Vorort-Archiv, 274.4.5.1.5.

64 Ebd.

fentlichen Beschaffungswesen wurden Benachteiligungen aufgrund der «Drei-Prozent-Klausel»[65] moniert. Das GATT-Abkommen, das am 1. Januar 1995 in die WTO überführt wurde, sollte hier eine Teillösung bringen.

Das zweite Weissbuch mit dem Titel *Mut zum Aufbruch* von 1995, in dem 15 Autoren aus Wirtschaft und Wissenschaft unter der Federführung von ABB-Kopräsident David de Pury eine «wirtschaftspolitische Agenda für die Schweiz» formulierten, markiert einen wichtigen Schlüsselmoment in der wirtschaftspolitischen Diskussion in der Schweiz.[66] Das Buch folgte auf bedeutende legislative Veränderungen, darunter die Totalrevision des Kartellgesetzes und die Einführung der Mehrwertsteuer. Beide Massnahmen waren Kernforderungen des Schweizerischen Handels- und Industrievereins gewesen. Zudem fiel der Beitritt der Schweiz zur Welthandelsorganisation (WTO) am 1. Juli 1995 zeitlich mit der Veröffentlichung des Weissbuches zusammen, was die aussenpolitische Dimension der Reformbemühungen unterstrich. Trotz der erfolgten Reformen kritisierte das Weissbuch aber mehrere Aspekte der bisherigen Bemühungen.[67] Es bemängelte, dass die Reformen zu viele Kompromisse enthielten und in Schlüsselbereichen wie der Finanz- und Steuerpolitik sowie der Sozialpolitik nicht weit genug gingen. Besonders besorgniserregend war für die Autoren die hohe Belastung des Risikokapitals sowie das Fehlen entscheidender Fortschritte in der Regelung der Arbeitsmigration. Auch die Reformen im sozialpolitischen Bereich wurden als unzureichend angesehen, was zu heftigen Debatten führte. Die Autoren argumentierten, dass die Schweiz aufgrund ihrer rohstoffarmen Wirtschaft und der hohen Löhne eine führende Rolle in der Implementierung liberaler Politik übernehmen müsse.[68] Sie betonten die Notwendigkeit eines leistungsfähigen und wachstumsfördernden Steuer- und Bildungssystems sowie einer flexiblen Arbeitsmarktpolitik, um die internationale Wettbewerbsfähigkeit des Landes zu stärken. Das Weissbuch plädierte für eine weitere umfassende Reformbewegung, die dazu beitragen sollte, die Schweiz als attraktiven Standort für Innovation und wirtschaftliche Aktivitäten zu positionieren und die Produktionsfaktoren noch effizienter zu nutzen.

65 Die «Drei-Prozent-Klausel» bezieht sich auf eine Regel innerhalb der EG, die besagt, dass bei öffentlichen Ausschreibungen Anbieter aus Nicht-EG-Ländern benachteiligt werden dürfen, indem ihre Angebote um bis zu 3 Prozent höher gewichtet werden als die Angebote aus EG-Ländern.

66 Vgl. De Pury u. a. 1995.

67 Ebd.: 37–45.

68 Ebd.: 45–47.

Die Gewerkschaften unter Druck: die Abwehrkämpfe in den 1990er Jahren

Die Verlagerung hin zu einer liberaleren Wirtschaftspolitik im Sinne einer höheren internationalen Wettbewerbsfähigkeit des Standortes Schweiz stellte die politischen Kräfte der Linken und die Gewerkschaften vor grosse Herausforderungen. Die Vorschläge zu verschiedenen Deregulierungs- und Revitalisierungsmassnahmen tangierten mit der Arbeitsmarkt- und Sozialpolitik einige der Kernbereiche des gewerkschaftlichen Wirkens und veränderten die Rahmenbedingungen auch für die Gewerkschaften grundlegend. Ein Problem, das die Wirtschaftskrise der 1990er Jahre zum Vorschein brachte, waren institutionelle organisatorische Schwächen der Gewerkschaften, die in der vorangehenden guten Konjunkturlage verdrängt worden waren. Die Verbandsstrukturen waren seit dem Ersten Weltkrieg bemerkenswert stabil geblieben, sodass sie Anfang der 1990er Jahre weitgehend mit denen übereinstimmten, die sich seit dem Ersten Weltkrieg entwickelt hatten.[69] Demgegenüber fand schweizweit spätestens seit den 1970er Jahren ein Strukturwandel hin zu mehr Beschäftigten im Dienstleistungssektor statt, bei dem es den Gewerkschaften schwer fiel, diese Arbeitnehmer*innen zu organisieren.[70] Zwar erkannte der Schweizerische Gewerkschaftsbund (SGB) das Problem schon 1972 und setzte eine Arbeitsgruppe ein, die ein Konzept für Strukturreformen entwickelte; bis Anfang der 1990er Jahre wurden aber keine weitgehenden Reformen umgesetzt.[71] Eine strukturelle Reform der Gewerkschaften wurde deshalb zunehmend unumgänglich. So bemerkte der SGB in einem Positionspapier 1994: «Die Verbände und der Gewerkschaftsbund stellen fest, dass die historisch gewachsenen Strukturen in vielen Bereichen des SGB und seiner Verbände den sich wandelnden Anforderungen der Zeit und den veränderten Wirtschaftsstrukturen nicht mehr genügen.»[72]

Ein weiterer Bereich, der zunehmend unter Druck geriet, waren die sozialpartnerschaftlichen Beziehungen zwischen den Arbeitgeberverbänden und den Gewerkschaften. Vor allem das Instrument der Gesamtarbeitsverträge (GAV) als kollektive Vereinbarung, das die Arbeitsbedingungen für die Beschäftigten in einer bestimmten Branche oder einem Sektor regelte, wurde in Frage gestellt. Die GAV waren im späten 19. und frühen 20. Jahrhundert aus der Notwendigkeit heraus entstanden, die Arbeitsbedingungen in einer sich rasch industrialisierenden Gesellschaft zu regeln, und führten zu weitgehend stabilen Arbeits-

69 Vgl. Fluder u.a. 1991: 39–54.

70 Ebd.: 53–54.

71 Vgl. Oesch 2008: 25.

72 Positionspapier *Die Modernisierung des Schweizerischen Gewerkschaftsbundes* vom 49. ordentlichen Kongress des Schweizerischen Gewerkschaftsbundes vom 3. bis 5. November 1994 in Montreux; Schweizerisches Sozialarchiv Ar SGB G 471/9: 49, Kongressordner (1994).

verhältnissen, mit denen Arbeitskonflikte vermieden werden konnten.[73] Nach dem Zweiten Weltkrieg erlebten sie in der Schweiz aufgrund des wirtschaftlichen Wachstums und des sozialen Fortschritts einen deutlichen Aufschwung und wurden zu einem der wichtigsten Pfeiler der Schweizer Wirtschaftspolitik.[74] Verbunden mit der Forderung nach flexibleren Arbeitsmärkten und den entsprechenden Deregulierungen des Arbeitsmarktes wurde das System der Gesamtarbeitsverträge während der Stagnation der 1990er Jahre aber vermehrt als ein ineffizientes System betrachtet, das es zu überwinden galt.[75] So hielt der ehemalige Direktor des Bundesamts für Industrie, Gewerbe und Arbeit, Klaus Hug, 1993 fest: «Die massgeblichen schweizerischen Gesamtarbeitsverträge charakterisieren sich durch eine relativ hohe Regelungs- und Normendichte, welche den Freiraum der Unternehmen stark einschränken. [...] Bei aller Anerkennung ihrer sozialpolitischen Ordnungsfunktion ist doch für eine Entschlackung der Verträge zu plädieren, für eine Abkehr von der Mentalität, im Kollektivvertrag alles und jedes und auch den letztmöglich denkbaren Fall regeln zu wollen.»[76] Dazu kam, dass in den Unternehmensführungen vermehrt ein altersbedingter Wechsel stattfand, bei dem eine neue Generation von Führungskräften mit einem neuen Führungsstil die Unternehmensleitungen übernahm. Dieser war nicht mehr durch den vorherrschenden Patronagengedanken und die Arbeitsfriedenpolitik der Nachkriegsjahre geprägt, sondern war ausgehend von neuen angelsächsischen Managementlehren bedeutend konfliktfreudiger.[77]

Die Rezession sowie die Implementierung neuer wirtschaftspolitischer Konzepte und die konsequente Anwendung des Shareholder-Value-Denkens auf Betriebsebene stellten die Gewerkschaften im Verlauf der 1990er Jahre vor neue Herausforderungen. Zugleich führten die sinkenden Mitgliederzahlen und die zunehmende Ablehnung der GAV zu institutionellen Schwächen und finanziellen Schwierigkeiten, welche die Gewerkschaften dazu zwangen, ihre Strategien zu überdenken, um sich an die veränderten wirtschaftlichen und politischen Rahmenbedingungen anzupassen. So war für den SGB etwa klar, dass sich Deregulierungen durch die Arbeitgeber*innen – etwa in den GAV-Verhandlungen – nicht kampflos verhindern liessen. Als zentrale Komponente im Kampf gegen diese Herausforderungen stärkte der SGB die Mobilisierungskraft der einzelnen Gewerkschaften und reduzierte die Anzahl der Mitgliederverbände zwischen 1990 und 2005 mit Hilfe von Fusionen von 16 auf 9. Durch die Öffnungspolitik des neuen SGB-Präsidenten Paul Rechsteiner ab 1998 traten dem SGB ausser-

73 Vgl. Degen 2006: 288.

74 Vgl. Degen 1991: 265.

75 Für eine Übersicht der theoretischen Argumentationslinien der Vertreter der Deregulierungsmassnahmen Vgl. Mach 2006: 279.

76 Hug, Klaus: Für Entschlackung der Gesamtarbeitsverträge. In: NZZ, 23.03.1993: 23.

77 Vgl. Pedrina, Schäppi 2021: 117.

dem sieben neue Verbände bei.[78] Die Überwindung der vorherrschenden Differenzen innerhalb der Gewerkschaften war nicht zuletzt auch eine Folge davon, dass eine neue Generation von gewerkschaftlichen Führungskräften in leitende Positionen kam, die einen akademischen Hintergrund aufwiesen und die Auffassung teilten, dass die Gewerkschaften besser strukturiert sein müssten, um die neuen Herausforderungen meistern zu können.[79] Durch die Anpassung an den Strukturwandel auf dem Arbeitsmarkt, die Erzielung von Skaleneffekten und Synergien, die Lösung finanzieller Probleme und die Reduktion der Konkurrenz zwischen den Gewerkschaften[80] erhoffte man sich, besser auf die neuen Herausforderungen eingestellt zu sein. So meinte der langjährige Co-Präsident der Gewerkschaft Bau und Industrie (GBI), Vasco Pedrina, rückblickend: «Ab Mitte der Achtziger Jahre hiess das organisationspolitische Ziel: Von den Gewerkschaften der Hochkonjunktur zu den Gewerkschaften für raue Zeiten.»[81]

Eine weitere Massnahme war die vermehrte Bereitschaft zum Streiken, um bei Arbeits- und Verteilkonflikten die eigenen Ziele besser durchsetzen zu können. War diese Form des kollektiven Widerstandes während den ausgeprägten Wachstumsphasen der Nachkriegszeit in den Hintergrund geraten, so gab es innerhalb der Gewerkschaftsbewegung nun Bestrebungen diese wiederzubeleben.[82] Allgemein sollten Streiks und Kampfmassnahmen zukünftig nicht mehr als Notmittel betrachtet, sondern als integraler Bestandteil der Gewerkschaftsarbeit verstanden werden. So betonte SGB-Präsident Walter Renschler zu Beginn des Jahres 1992: «Das heisst konkret, dass in den Verbänden des SGB ‹gewerkschaftlichen Kampfmassnahmen› als Sachgebiet ein permanenter Stellenwert eingeräumt werden muss wie ‹Vertragsverhandlungen›, ‹Rechtsschutz› oder ‹Mitgliederdienste›. Es braucht Fachleute, die den jeweiligen Bedürfnissen entsprechende Szenarien von Kampfmassnahmen ausarbeiten.»[83] Am ausserordentlichen SGB-Kongress von 1992 bekannte sich der SGB angesichts bürgerlicher Sozialabbaubestrebungen und Deregulierungsversuche in einer Resolution schliesslich dazu, das Mittel des Streiks konsequent zu nutzen, falls dies nötig sei.[84]

---

78 Der SGB entschied im Jahre 1998 sich gegenüber Angestelltenverbänden und Berufsorganisationen zu öffnen, was etwa zum Beitritt des Schweizerischen Bankenpersonalverbands (SBPV) führte. Vgl. Oesch 2007: 337.

79 Degen 2006: 322.

80 Vgl. Oesch 2007: 337–339.

81 Pedrina, Schäppi 2021: 43.

82 Zur Historie des Streiks in der Nachkriegszeit vgl. Schäppi 1998.

83 Renschler 1992: 4.

84 Resolution zur aktuellen Vertrags- und Lohnpolitik in der SGB-Dokumentation Nr. 8: «Resolutionen des ausserordentlichen Kongresses vom 9. und 10. Juni 1992»; Schweizerisches Sozialarchiv Ar SGB D 476/1: SGB-Dokumentationen 1–25 (1992–1994).

Zugleich veränderten sich in den 1990er Jahren auch die Einflussmöglichkeiten der Gewerkschaften auf das politische System deutlich. Einerseits hatte das Gewicht in politischen Entscheidungsprozessen, das sich vorwiegend in der Einbindung in ausserparlamentarischen Kommissionen und vorparlamentarischen Entscheidungsprozessen manifestierte, bereits seit den 1970er Jahren abgenommen.[85] Andererseits veränderte sich auch die Parteienbindung, die in personellen Verflechtungen und in der Unterstützung der thematischen Ziele von Parteien zum Vorschein kam, denn die politische Partnerschaft mit der Sozialdemokratischen Partei (SPS) erodierte zunehmend. Dies war vorwiegend darauf zurückzuführen, dass die traditionelle Verankerung der Arbeiterschaft in der SPS zugunsten der neu erstarkten Schweizerischen Volkspartei (SVP) abnahm.[86] So betonte Karl Aeschbacher, Sekretär des SGB, in einem Referat am 30. November 1990: «Wenn man der ständigen Erosion der Stimmbeteiligung entgegenwirken will, dass immer grössere Teile der Bevölkerung die politischen Entscheidungen nicht mehr als eine sie betreffende Sache wahrnehmen, dann ist dies ein staatspolitisches Gefahrensignal, wenn grosse Teile der Arbeiterschaft sich nicht mehr politisch repräsentiert fühlen. Hier wird eine Limite der Sozialdemokraten sichtbar, die bei aller Anpassung an neue Erfordernisse und dem Kampf um neue Wählerschichten ihre treuesten Wähler nicht übergehen darf.»[87] Diese Entwicklung führte dazu, dass die politische Eigenständigkeit der Gewerkschaften in den Vordergrund rückte und die Gewerkschaften sich zunehmend auf eine andere politische Einflussmöglichkeit fokussierten: die Nutzung der Volksrechte.[88] Die Gewerkschaften richteten ihren Fokus nun verstärkt auf die Mobilisierung der Öffentlichkeit und die Fähigkeit, Referenden und Volksinitiativen nicht nur zu initiieren, sondern auch zu gewinnen.[89] So wurde am SGB-Kongress von 1994 in einem Positionspapier betont: «Konkrete Massnahmen sollen dazu beitragen, dass die Kampagnen, Abstimmungskämpfe und Mobilisierung erfolgreicher durchgeführt werden können. Gleichzeitig wurde das Informationsangebot des SGB stärker an die aktuellen Bedürfnisse der Medien angepasst (z. B. mit der Einführung der SGB-Dokumentationen).»[90]

85 Vgl. Degen 2006: 305.

86 Referat «Zum politischen Einfluss der Gewerkschaften in der Schweiz» von Karl Aeschbacher vom 30. November 1990 für die Hochschule St. Gallen im Rahmen der Kurswoche für das Nachdiplom in Unternehmensführung; Schweizerisches Sozialarchiv Ar 174.10.3: Aeschbach, Karl (*1935), Vorlass. Reden, Artikel: 1989–1996.

87 Ebd.

88 Vgl. Degen 2006: 305.

89 Vgl. Pedrina, Schäppi 2021: 135–137.

90 Positionspapier «Kongressbeschluss zur Mobilisierung» des 49. ordentliche Kongress des Schweizerischen Gewerkschaftsbundes vom 3. bis 5. November 1994 in Montreux; Schweizerisches Sozialarchiv Ar SGB G 471/9: 49. ordentliche Kongress des Schweizerischen Gewerkschaftsbundes vom 3. bis 5. November 94 in Montreux: Kongressordner (1994).

Die Gewerkschaften als «Bremse» der wirtschaftspolitischen Umbrüche?

Aufgrund der beschriebenen Probleme und den damit einhergehenden Schwächungen waren die Gewerkschaften in den 1990er Jahren vorwiegend darauf fokussiert, die bestehenden sozialen Errungenschaften und Arbeitnehmerrechte zu verteidigen. Dem ordnungspolitischen Programm der marktwirtschaftlichen Erneuerung konnten die Gewerkschaften oft nur mit abwehrenden Massnahmen begegnen. So meinte etwa der Gewerkschaftspräsident des SGB, Walter Renschler, im Mai 1992 in einem Interview: «Wir können häufig nur noch bremsen».[91] Doch ein eigenes Liberalisierungsprogramm war auch gar nicht gewollt: «Einem unsinnigen Offensivverhalten müssen wir ja nicht ebenso unsinniges überoffensives Verhalten entgegensetzen. [...] Wir dürfen uns nicht um solche Themen kümmern, wenn in der Zwischenzeit unsere Errungenschaften abgebaut werden. [...] Es nützt uns nichts, wenn wir ein wunderbares ordnungspolitisches Programm haben und dafür den automatischen Teuerungsausgleich verlieren.»[92] Von den Befürworter*innen einer ordnungspolitischen Neuausrichtung wurden die Gewerkschaften hingegen als «Bremse» wahrgenommen, weil sie durch die insistente Verteidigung des bestehenden Systems die dringend nötige Verbesserung der Anpassungsfähigkeit der Schweizer Wirtschaft behindern würden.[93]

Dies zeigte sich auch in der Reaktion der Gewerkschaften auf die veröffentlichte Reformliteratur. So mahnte Hans Schäppi, Präsident der Gewerkschaft Textil, Chemie, Papier (GTCP), in einer Stellungnahme zum ersten «Weissbuch» von 1991, dass die umfassenden Forderungen nach Deregulierung und das Zurückdrängen von staatlichen Regulierungen darauf abziele, die sozialen Steuerungsmechanismen des Staates zu überwinden und sie allein den Marktmechanismen zu überlassen.[94] Diese Forderungen würden davon ausgehen, dass staatliche Regulierungen zu Wohlstandseinbussen und der Beschneidung der persönlichen Freiheit führen würden, während ein System selbstregulierender Marktkräfte Freiheit und soziale Gerechtigkeit verwirklichen könne.[95] Die Vorstellung, dass mittels Deregulierungs- und Liberalisierungspolitik ein Marktmechanismus zustande komme, der die optimalen Rahmenbedingungen für eine wettbewerbsfähige Wirtschaft biete, sei aber eine Illusion. Dementsprechend äusserte sich 1990 auch Serge Gaillard, Chefökonom des SGB: «Wir wissen natürlich, dass ihre ‹Utopie› einer ‹ungehinderten› Marktwirtschaft nie existieren

91 Schittenhelm, Hugo; Tuor, Mario: Interview mit dem Gewerkschaftspräsidenten Walter Renschler über Krise, Deregulierung und Europa. In: Der Bund, 15.05.1992: 13.

92 Ebd.

93 S.X.: Ein Land in hektischer Stagnation. In: NZZ, 31.12.1996: 11.

94 Vgl. Schäppi 1991: 148.

95 Ebd.: 149.

wird und kaum funktionieren würde.»[96] Ebenso sei die empirische Fundierung dieser Theorien nicht gegeben, weil niemand sagen könne, welchen Einfluss die Implementierung dieser neuartigen Konzepte auf die wirtschaftliche Entwicklung in Krisen hätte. Im Gegenteil würden die Beispiele der USA und Grossbritanniens, die diese Umstrukturierungen bereits vorgenommen hätten, bestätigen, dass diese nicht zu mehr Wettbewerbsfähigkeit und Wohlstand führen, sondern soziale Probleme begünstigen würden.[97] Wenig überraschend wurden deshalb auch die Ideen, die im Zuge des Berichtes «Ordnungspolitik» der Arbeitsgruppe de Pury aufgestellt worden waren, grösstenteils abgelehnt. In Zusammenarbeit mit der Gewerkschaft des Verkehrspersonals (SEV) und der Gewerkschaft der Post-, Telephon- und Telegraphenangestellten (PTT-U) stellte der SGB 1992 klar, dass die Forderungen zu radikal seien: «Ordnungspolitik meint hier das freie Spiel der Marktkräfte, die blind sind für alle sozialen Folgen.»[98]

Trotz dieser grundsätzlich ablehnenden Haltung war der SGB für eine teilweise Liberalisierung offen und unterstützte Bestrebungen, die aus seiner Sicht wünschenswert waren. So plädierte er für die Einführung der Mehrwertsteuer als Ersatz für die Warenumsatzsteuer.[99] Auch trugen die Gewerkschaften nach dem EWR-Nein weite Teile des vom Bundesrat vorgeschlagenen Revitalisierungspakets und zählten gerade bei den Kernbereichen der Kartell- und Binnenmarktgesetzgebung zu den forcierenden Kräften. Für den SGB stand dabei aber vorwiegend die Sicherung des Sozialstaates im Vordergrund, befürchtete man doch, dass die Prinzipien des Sozialstaates zugunsten des Fürsorgeprinzips ersetzt werden könnten.[100] Diese Haltung zeigte sich auch an der Reaktion auf die Veröffentlichung des zweiten «Weissbuches» Ende 1995. Für den SGB war die Schrift nichts anderes als ein «neoliberales Pamphlet», das einen Frontalangriff auf die sozialen und politischen Errungenschaften darstelle.[101] Die neuen Forderungen gingen dem SGB eindeutig zu weit und wurden als Radikalkur bezeichnet, die

96 Vortrag «Die Krise des laisser faire von Serge Gaillard im Rahmen der FEW-HSG-Tagung Wege zu einem nachhaltigen Wirtschaftswachstum» vom 30. August 1996 in St. Gallen. Abgedruckt in SGB-Dossier Nr. 40: Dauerkrise oder fehlende Konjunkturpolitik? Oktober 1996: 5; Schweizerisches Sozialarchiv Ar SGB D 476/2: SGB-Dokumentationen 25–50 (1994–1998).

97 Ebd.

98 SGB-Dossier Nr. 6: Die Antwort des SGB zum Bericht «Ordnungspolitik» der Arbeitsgruppe de Pury u.a. vom 22. Januar 1992. September 1992: 3; Schweizerisches Sozialarchiv Ar SGB D 476/1: SGB-Dokumentationen 1–25 (1992–1994).

99 SGB-Dossier Nr. 17: Mehrwertsteuer (MWSt): Ein notwendiger Systemwechsel. Oktober 1993; Schweizerisches Sozialarchiv Ar SGB D 476/1: SGB-Dokumentationen 1–25 (1992–1994).

100 SGB-Dossier Nr. 23: Den Sozialstaat stärken. Juli 1994: 2; Schweizerisches Sozialarchiv Ar SGB D 476/1: SGB-Dokumentationen 1–25 (1992–1994).

101 SGB: Wirtschaftsbosse treiben ein gefährliches Spiel. In: SMUV-Zeitung, 20.12.1995.

von einer «unerträglichen Arroganz einiger Wirtschaftskapitäne und Professoren» geprägt sei.[102] Der Wille, gegen Bestrebungen zur Deregulierung und Liberalisierung vorzugehen zeigte sich schliesslich auch in der verstärkten Nutzung der Volksrechte. So ergriff der SGB 1993 das Referendum gegen den Bundesbeschluss über Massnahmen in der Arbeitslosenversicherung und 1995 gegen die 10. Revision der Alters- und Hinterbliebenenversicherung (AHV), scheiterte jedoch in beiden Fällen in den Volksabstimmungen.[103]

Je nachdem wie die Ursachen der wirtschaftlichen Stagnation der 1990er Jahre in der Schweiz interpretiert wurden, unterschieden sich auch die daraus abgeleiteten Lösungsansätze. Während sich die wirtschaftsliberalen Reformvorschläge weitgehend auf die – aus ihrer Sicht – verlorene Wettbewerbsfähigkeit der Schweizer Wirtschaft bezogen, führten die Gewerkschaften eine alternative Interpretation der Ursachen an. Sie betrachteten die Ursachen der Krise vorwiegend als konjunkturell und insbesondere durch eine schwache Güternachfrage bedingt. Aus ihrer Sicht waren eine Deregulierung und Restrukturierung der wirtschaftspolitischen Rahmenbedingungen daher nicht die zentralen Massnahmen zur Überwindung der Krise. Für den SGB war klar, dass die Rezession in der Schweiz die Folge einer konjunkturellen Überhitzung sei, die in den späten 1980er Jahren zu einer erheblichen Zahl neuer Arbeitsplätze und einer starken Einwanderung geführt habe. Mit dem Rückgang des weltwirtschaftlichen Wachstums gegen Ende der 1980er Jahre und einer zunehmend restriktiven Geldpolitik habe anschliessend ein wirtschaftlicher Einbruch eingesetzt.[104] Diese Abschwächung sei hauptsächlich durch eine Nachfrageschwäche gekennzeichnet, während angebotsseitige Spannungen weitgehend ausgeblieben seien: «Unsere gravierenden wirtschaftspolitischen Probleme, insbesondere die hartnäckig hohe Arbeitslosigkeit, beruhen jedenfalls nicht auf einer zu geringen internationalen Wettbewerbsfähigkeit. Sie sind hausgemacht und müssen wirtschaftspolitisch intern bekämpft werden.»[105] Die Gewerkschaften stützten sich damit auf einen keynesianischen Ansatz und hoben vor allem die Bedeutung der Gesamtnachfrage für die Bestimmung der gesamtwirtschaftlichen Produktion und Beschäftigung hervor.[106] Die Hauptkritik richtete sich auf eine zunehmend monetaristisch ausgerichtete Geldpolitik, die zu stark auf die Devisenpolitik fixiert sei

102 Ebd.

103 Vgl. Degen 2006: 305.

104 SGB-Dossier Nr. 18: Deregulierung ist keine Antwort auf Arbeitslosigkeit. 10 Thesen zur aktuellen Arbeitsmarktlage. Januar 1994; Schweizerisches Sozialarchiv Ar SGB D 476/1: SGB-Dokumentationen 1–25 (1992–1994).

105 Zitat nach Prof. E. Kantzenbach in der SGB-Dokumentation Nr. 39: Die Schweiz kann sich ein besseres Arbeitsgesetz leisten. Oktober 1996; Schweizerisches Sozialarchiv Ar SGB D 476/2: SGB-Dokumentationen 25–50 (1994–1998).

106 SGB-Dossier Nr. 32: Vorschläge zur Verbesserung der Wirtschaftslage. Dezember 1995; Schweizerisches Sozialarchiv Ar SGB D 476/2: SGB-Dokumentationen 25–50 (1994–1998).

und konjunkturpolitischen Zielen zu wenig Beachtung schenke. Ebenso betonten sie die Notwendigkeit staatlicher Investitionsprogramme, um die Gesamtnachfrage anzukurbeln und die Arbeitslosigkeit zu bekämpfen.[107]

Doch der SGB verfolgte nicht von Beginn weg eine keynesianische Wirtschaftspolitik. Als die Gewerkschaft Bau und Holz (GBH) im Sommer 1991 einen ersten Versuch unternahm, den SGB von der Unterstützung eines staatlichen Konjunkturprogramms zu überzeugen, scheiterte dies am Widerstand des damaligen SGB-Chefökonomen Beat Kappeler.[108] Erst als weitere Gewerkschaften unter zunehmendem wirtschaftlichem Druck die Forderung unterstützten, gewann die Idee auch innerhalb des SGB an Sympathie.[109] Öffentlich bezog der SGB nun Stellung und betonte die Wirksamkeit einer aktiven keynesianischen Politik und deren Instrumente. Intern wurde von der damaligen Sekretärin des SGB, Margrit Meier, an der Delegiertenversammlung vom 12. Oktober 1992 nochmals auf die Beweggründe verwiesen, eine keynesianische Interventionspolitik einzufordern: «Der SGB fordert den Bundesrat auf – und ich hoffe, ihr trägt das mit – das Steuer in die Hand zu nehmen und eine aktive Beschäftigungspolitik zu betreiben. Die Zeit der unsichtbaren Hand oder des ‹laisser faire› sollte vorbei sein. Man wirft uns vor, unsere Beschäftigungspolitik sei nicht umwerfend modern. Umgekehrt sagen wir, dass die anderen bei Adam Smith in der Steinzeit der Industrialisierung stehen geblieben sind.»[110] Im März 1993 legte der SGB dann ein Krisenprogramm vor, welches sowohl kurzfristige als auch mittelfristige Massnahmen zur Bekämpfung der Rezession und die Rückkehr zu einer aktiven staatlichen Wirtschaftspolitik – mit allen dazugehörigen Implikationen – vorsah.[111] Zu den kurzfristigen Forderungen gehörten eine Lockerung der Geldpolitik und aktive staatliche Interventionen. Mittelfristig forderte man gezielte öffentliche Investitionen zur Stabilisierung der Baubranche sowie Weiterbildungsmöglichkeiten für die von Strukturwandel betroffenen Arbeitnehmer*innen.[112]

---

107 Ebd.

108 So war Kappeler überzeugt, dass es sich bei der wirtschaftlichen Schwäche nur um ein kurzfristiges Ereignis handle, welches aus diesem Grund auch keine aktive Gegenmassnahme erfordere. Vgl. Pedrina, Schäppi 2021: 117.

109 Vgl. Pedrina 1993: 11.

110 Protokoll der 247. Delegiertenversammlung des SGB vom 12.10.1992; Schweizerisches Sozialarchiv Ar SGB PE 439 A: Protokolle DV (1990–1993).

111 SGB-Dossier Nr. 12: Arbeit, Bildung, Sicherheit – für alle. SGB-Programm zur Bekämpfung der Arbeitslosigkeit. März 1993; Schweizerisches Sozialarchiv Ar SGB D 476/1: SGB-Dokumentationen 1–25 (1992–1994).

112 SGB-Dossier Nr. 16: Für eine aktive Arbeitsmarktpolitik. Ein Sofort-Konzept des SGB. September 1993; Schweizerisches Sozialarchiv Ar SGB D 476/1: SGB-Dokumentationen 1–25 (1992–1994).

Von liberalen und bürgerlichen Kritikern wurden diese Lösungsansätze als veraltete wirtschaftspolitische Konzepte betrachtet;[113] aber auch innerhalb der Gewerkschaften und der politischen Linken gab es kritische Stimmen. Feministische Kritik richtete sich gegen die Einseitigkeit von Beschäftigungsprogrammen im Bauwesen, die vor allem männlichen Berufstätigen zugutekamen. Es wurde aber auch bemängelt, dass die im Rahmen einer aktiven Krisenpolitik vorgeschlagenen Investitionsprogramme des Bundes zu stark auf das Baugewerbe fokussiert seien.[114] Die Grünen hoben Umweltbedenken gegen Wachstum und staatliche Investitionen hervor, die auch von den Gewerkschaften geteilt wurden.[115] So antwortete Serge Gaillard auf die Frage, ob das nötige Wirtschaftswachstum zur Erreichung der Vollbeschäftigung ökologisch verträglich sei: «‹Ökologisch verantwortbar› ist ein weiter Begriff. Auch die Schäden, die an der Umwelt, insbesondere an Tier- und Pflanzenwelt, angerichtet worden sind, können im Sinne von Reparaturarbeiten zwar nicht ganz rückgängig gemacht, aber doch vermindert werden. Eine Rechtfertigung des Wirtschaftswachstums kann sein, dass es in Reparaturleistungen für die Umwelt umgelenkt wird, also dieser selber zugute kommt. Der Verzicht auf jegliches Wachstum hätte Umverteilungsmassnahmen zur Folge, die kaum sozialverträglich wären.»[116] Die Konzeption des qualitativen Wachstums, die in der Gewerkschaftsbewegung Anfang der 1990er Jahre zunehmend an Bedeutung gewann, geriet somit zunehmend in den Hintergrund.[117]

Fazit und Ausblick

War in den 1980er Jahren der internationale Trend hin zu einer liberaleren wirtschaftspolitischen Rahmenordnung in der Schweiz noch auf Skepsis gestossen, änderte sich dies in den 1990er Jahren. Die zunehmende Globalisierung und die wirtschaftliche Stagnationsphase in der Schweiz schufen den Raum für eine neue Art von Debatte über den zukünftigen wirtschaftspolitischen Kurs. Unterschiedliche Akteure – Ökonom*innen, der Vorort, die Gewerkschaften und die Bundesverwaltung – prägten die Diskussion und brachten ihre eigenen Interessen, Ansätze und Netzwerke in die Verhandlungen ein. Die Ökonom*innen orien-

113 G.S.: Beschäftigungspolitische Irrlichter. In: NZZ, 20.03.1993: 33.

114 Vgl. Pedrina 1993: 11.

115 Vgl. Heilmann 1993: 100.

116 Sitzung der SGB-Wirtschaftskommission vom 30. Juni 1993. Traktandum I: Allgemeine Konjunkturlage 1993/94 und Wirtschaftspolitik; Schweizerisches Sozialarchiv Ar SGB G 619/2: Fachkommission Wirtschaftspolitik und Koordinationsgruppe Vertragsfragen: Kommissionsunterlagen, Berichte 1989–1998.

117 Zur Etablierung des Konzeptes des «qualitativen Wachstums» innerhalb der Gewerkschaftsbewegung Vgl. Baumann, Schäppi, Tanner 1987.

tierten sich stark an neoliberalen angelsächsischen Theorien und forderten eine vollständige Öffnung der Märkte, einen stärkeren Standortwettbewerb und eine Begrenzung staatlicher Aktivitäten. Mit ihren provokanten Forderungen, die damit begründet wurden, sie seien notwendig, um die Wettbewerbsfähigkeit der Schweizer Wirtschaft zu sichern, leisteten sie insbesondere in der ersten Hälfte der 1990er Jahre einen entscheidenden Beitrag, um die Reformdebatte anzustossen. Der Vorort, als Interessensvertretung der Schweizer Industrie und Exportwirtschaft, griff diese Ideen auf und entwickelte konkrete Reformvorschläge, die sich auf die Steuer- und Finanzpolitik, den Arbeitsmarkt, das Bildungssystem sowie den Marktzugang konzentrierten. Die Massnahmen stimmten in weiten Teilen mit den Empfehlungen der beiden Weissbücher überein, die von der Linken zu jener Zeit als neoliberale Provokation empfunden wurden. Trotz anfänglicher Widerstände und Misserfolge bei einzelnen Reformvorschlägen konnten in den 1990er Jahren insgesamt bedeutende Reformen umgesetzt werden. Das zweite, öffentlich stark beachtete Weissbuch, das 1995 erschien, markierte dabei nicht den Beginn, sondern vielmehr das Ende der Reformdebatte. Viele zentrale Forderungen, wie eine effizientere Verwaltung oder die partielle Anpassung an EG-Standards, waren damals bereits in der Umsetzung oder weitgehend abgeschlossen. In einer Zwischenbilanz von 1995 stellte das Bundesamt für Konjunkturfragen fest, dass von den insgesamt 44 Vorschlägen der Arbeitsgruppe «Ordnungspolitik» von 1992 rund zwei Dittel entweder realisiert oder auf dem Weg zur Umsetzung waren.[118] Um den Druck auf die Regierung zu erhöhen und die Reformen voranzutreiben, setzte der Vorort auf einen institutionellen Ansatz, der in enger Zusammenarbeit mit allen bürgerlichen Parteien die notwendige Dynamik schaffen sollte, um die wirtschaftspolitischen Veränderungen in der Schweiz zu beschleunigen und nachhaltig zu verankern.

Diese Entwicklungen stellten die Gewerkschaften vor grosse Herausforderungen, die sich zu Beginn der 1990er Jahre in einer geschwächten Position befanden. Aufgrund struktureller und organisatorischer Schwächen verloren sie zunehmend an Konfliktfähigkeit, die sie durch eine Reorganisation und Professionalisierung ihrer Strukturen wiederherzustellen versuchten. In der Stagnationsphase der 1990er Jahre konzentrierten sie sich hauptsächlich auf die Abwehr radikaler Reformvorschläge oder versuchten diese sozialverträglich zu gestalten. Ein eigenes ordnungspolitisches Programm als Alternative wurde hingegen nicht entwickelt. Ihre Argumentation zielte darauf ab, die liberalen Interpretationen der Krise, und hier insbesondere die Behauptung einer ungenügenden Wettbewerbsfähigkeit des Landes, in Frage zu stellen. Anstelle von Deregulierungs- und Restrukturierungsreformen plädierte der SGB für eine aktive keynesianische Wirtschaftspolitik, die er spätestens seit dem Krisenprogramm von März 1993 öffentlich vertrat.

118 Vgl. Hirter u. a. 2002: 57.

Die Bundesverwaltung und der Bundesrat befanden sich schliesslich in der schwierigen Position, zwischen den gegensätzlichen Interessen vermitteln zu müssen. Während sie viele der neoliberalen und vom Vorort vorgebrachten Reformideen aufnahmen, versuchten sie gleichzeitig, einen politischen Kurs zu finden, der mehrheitsfähig und umsetzbar war. Insgesamt zeigt die wirtschaftspolitische Debatte der 1990er Jahre in der Schweiz, wie komplex das Zusammenspiel verschiedener Akteure in Zeiten wirtschaftlicher Krisen ist. Während die Ökonomen die theoretische Grundlage für Reformen vorantrieben und der Vorort als treibende Kraft der Liberalisierung agierte, versuchten die Gewerkschaften, die sozialen Folgen abzumildern und alternative (nachfrageorientierte) Lösungsansätze anzubieten. Bemerkenswert ist dabei nicht nur die Hektik der Auseinandersetzung, sondern auch die provokative und aggressive Semantik in welcher die Reformvorschläge jeweils vorgebracht oder abgelehnt wurden.

Die Arbeitsmarktsituation blieb allerdings angespannt; und trotz den hitzigen Debatten und verschiedenen Reformen in der ersten Hälfte der 1990er Jahre verschlechterte sich die Konjunkturlage zunächst weiter. Erst 1997 erhöhte sich das wirtschaftliche Wachstum wieder, begünstigt durch eine Abschwächung des Frankenkurses und eine allgemeine Konjunkturbelebung im Ausland, obwohl die Arbeitslosenquote auf 5,2 Prozent anstieg. In den Jahren 1998 und 1999 setzte sich das Wachstum des Bruttoinlandsprodukts (BIP) fort, und der Arbeitsmarkt erholte sich deutlich, was auf eine steigende Binnenmarktnachfrage zurückzuführen war.[119] Der Bericht des Bundesrates über die Legislaturplanung für 1995–1999 spiegelte die anhaltenden Sorgen um die wirtschaftspolitische Wettbewerbsfähigkeit der Schweiz wider. Zentrale Ziele waren die Stärkung des nationalen Zusammenhalts, der staatlichen Handlungsfähigkeit und der Wohlfahrt. In der Finanzpolitik sollte die Sanierung des Bundeshaushalts bis 2001 mit Hilfe von Massnahmen zur Begrenzung der Ausgaben und durch strukturelle Reformen erfolgen.[120] Die tatsächlich umgesetzten Massnahmen beruhten weitgehend auf den Forderungen des Weissbuches von 1995. Während die Forderung nach flexibleren Arbeitszeiten in einer Volksabstimmung 1996 abgelehnt wurde, konnten andere Reformen wie das Fusionsgesetz und die Unternehmenssteuerreform I erfolgreich umgesetzt werden. Auch die Unterstützung für kleine und mittlere Unternehmen (KMU) wurde durch eine Verbesserung der Rahmenbedingungen verstärkt.[121] Die Forderungen des Weissbuches im Bereich der Bildungsreform wurden weitgehend umgesetzt, indem die höheren technischen Lehranstalten (HTL) sowie Handels- und Verwaltungsschulen (HWV) zu Fachhochschulen aufgewertet wurden.[122] Weitere Privatisierungen wurden hingegen

119 Vgl. Schweizerische Nationalbank, Geschäftsbericht 1997: 8.

120 Vgl. Schweizerische Bundeskanzlei Informationsdienst 1996.

121 Vgl. Bulletin officiel de l'Assemblée fédérale 1998: 524–525.

122 Vgl. Hagenbüchle 2011.

nur in einem begrenzten Rahmen realisiert. So wurde die staatliche Telekommunikationsgesellschaft Swisscom 1998 teilprivatisiert, und die Schweizerischen Bundesbahnen (SBB) wurden 1999 im Rahmen der Bahnreform 1 in eine Aktiengesellschaft umgewandelt.[123] Im Energiesektor wurden ebenfalls Liberalisierungen angestrebt, auch wenn tiefgreifende Privatisierungen ausblieben. Aussenpolitisch war der Abschluss der Bilateralen I zur Jahrtausendwende von grosser Bedeutung. Diese Vereinbarungen setzten zentrale Forderungen des Weissbuches zur Marktöffnung um und stellten einen weiteren Schritt zur Integration der Schweiz in die europäische Wirtschaftslandschaft dar.

Gedruckte Quellen

Baumann, Hans; Schäppi, Hans; Tanner, Jakob: 50 Jahre Friedensabkommen: Alte Rezepte neue Herausforderungen? Neue gewerkschaftliche Alternativen zum «Wachstumspaket» sind nötig. In: Gewerkschaftliche Rundschau: Vierteljahresschrift des Schweizerischen Gewerkschaftsbundes 79/1 (1987): 139–151.

Baumann, Hans: Gegensteuer – Gewerkschaften machen mobil. Die Bausteine des SGB-Programms zur Bekämpfung der Arbeitslosigkeit. In: Widerspruch: Beiträge zu sozialistischer Politik 13/25 (1993): 75–85.

Baumann, Hans: Sozialabbau, Sozialdumping und Verteilungspolitik: Der Angriff auf den Sozialstaat in der EU und in der Schweiz. In: Widerspruch: Beiträge zu sozialistischer Politik 14/27 (1994): 79–87.

Bericht zur Aussenwirtschaftspolitik 91/1+2 und Botschaften zu Wirtschaftsvereinbarungen vom 15. Januar 1992. In: Bundesblatt 1993 I: 1016–1257.

Botschaft über das Folgeprogramm nach der Ablehnung des EWR-Abkommens vom 24. Februar 1993. In: Bundesblatt 1993 I: 805–994.

Botschaft des Bundesrates über das Folgeprogramm nach der Ablehnung des EWR-Abkommens vom 24.02.1993. In: Bundesblatt 1993 805, 93.100. https://www.fedlex.admin.ch/eli/fga/1993/1_805_757_609/de, abgerufen am 30.01.25.

Bulletin officiel de l'Assemblée fédérale, Interpellation Eymann betriebswirtschaftliche Beratung von KMU, 09.12.1998, 98.6556.

Heilmann, Tobias: Gerät die Ökologie ins Abseits? Einige Eckpunkte grüner Wirtschaftspolitik. In: Widerspruch: Beiträge zu sozialistischer Politik 13/25 (1993): 99–108.

Pedrina, Vasco: Paket gegen die Krise. In: Diskussion: Magazin für aktuelle Gewerkschaftspolitik 21 (1993): 11–13.

Renschler, Walter: Kampfbereitschaft erstellen. In: Gewerkschaftliche Rundschau: Vierteljahresschrift des Schweizerischen Gewerkschaftsbundes 84/1 (1992): 4–5.

Schäppi, Hans: Der Angriff der neoliberalen Ordnungspolitik: Bemerkungen zu neuen Programmschriften für die schweizerische Wirtschaftspolitik von Leutwiler, Schmidheiny, Borner et al. In: Widerspruch: Beiträge zu sozialistischer Politik 11/22 (1991): 147–154.

123 Vgl. Alptransit Portal 1999.

Schweizerische Bundeskanzlei Informationsdienst, Bericht über die Legislaturplanung 1995–1999, 25.03.1996. https://www.admin.ch/cp/d/1996Mar25.151746.5509@idz.bfi.admin.ch.html, abgerufen am 31.01.2025.
Schweizerische Nationalbank, 82. Geschäftsbericht 1989.
Schweizerische Nationalbank, 90. Geschäftsbericht 1997.
Vorort des Schweizerischen Handels- und Industrievereins: Für eine wettbewerbsfähige Schweiz von morgen: ein wirtschaftspolitisches Leitbild. Zürich 1991.

Sekundärliteratur

Alptransit Portal: Die SBB als Aktiengesellschaft. Version vom: 01.01.1999. https://www.alptransit-portal.ch/de/uebersicht/planung/ereignisse/ereignis/die-sbb-als-aktiengesellschaft/true, abgerufen am 30.01.2025.
Bombach, Gottfried; Kleinewerfers, Henner; Weber, Luc: Lage und Probleme der Schweizer Wirtschaft 1977/78. Bern 1977.
Borner, Silvio; Brunetti, Aymo; Straubhaar, Thomas: Schweiz AG. Vom Sonderfall zum Sanierungsfall? Zürich 1990.
David, Thomas; Mach, André: Corporate Governance. In: Halbeisen, Patrick; Müller, Margrit; Veyrassat, Béatrice (Hg.): Wirtschaftsgeschichte der Schweiz im 20. Jahrhundert. Basel 2012: 831–873.
Degen, Bernard: Neue Krisen, neue Wege. In: Boillat, Valerie; Degen, Bernard; Joris, Elisabeth; Keller, Stefan; Tanner, Albert; Zimmermann, Rolf (Hg.): Vom Wert der Arbeit. Schweizer Gewerkschaften – Geschichte und Geschichten. Zürich 2006: 285–332.
Degen, Bernard: Von «Ausbeutern» und «Scharfmachern» zu «Sozialpartnern». Beziehungen zwischen Gewerkschaften und Unternehmern im Wandel. In: Schweizer Sozialarchiv (Hg.): Bilder und Leitbilder im sozialen Wandel. Zürich 1991.
De Pury, David; Hauser, Heinz; Schmid, Beat: Mut zum Aufbruch. Eine wirtschaftspolitische Agenda für die Schweiz. Zürich 1995.
Fluder, Robert; Ruf, Heinz; Schöni, Walter; Wicki, Martin: Gewerkschaften und Angestelltenverbände in der schweizerischen Privatwirtschaft. Entstehung, Mitgliedschaft, Organisation und Politik seit 1940. Zürich 1991.
Hagenbüchle, Walter: Fachhochschulen. In: Historisches Lexikon der Schweiz (e-HLS), Version vom: 23.11.2011, https://hls-dhs-dss.ch/de/articles/046285/2011-11-23/, abgerufen am 30.01.2025.
Hirter, Hans; Benteli, Marianne; Bernath, Magdalena; Ehrensperger, Elisabeth: Schweizerische Politik 1990 bis 2001. Ein Überblick über die wichtigsten Ereignisse und Entscheidungen. Synthese auf Basis des Jahrbuchs «Schweizerische Politik-Année politique Suisse» im Auftrag der Schweizerischen Bundeskanzlei. Universität Bern. Institut für Politikwissenschaft 2002.
Jost, Hans Ulrich: Sozialwissenschaften als Staatswissenschaften? In: Burren, Susanne; Honegger, Claudia; Jost, Hans-Ulrich u. a. (Hg.): Konkurrierende Deutungen des Sozialen. Geschichts-, Sozial- und Wirtschaftswissenschaften im Spannungsfeld von Politik und Wissenschaft. Zürich 2007: 127–154.
Kergomard, Zoé: «Mehr Freiheit, weniger Staat». Zum Neoliberalismus als Patentrezept gegen die Krise der Schweizer Parteien um 1980. In: Ludi, Regula; Ruoss, Thomas; Schmitter,

Lena (Hg.): Zwang zur Freiheit: Krise und Neoliberalismus in der Schweiz. Zürich 2018: 111–136.

Leutwiler, Fritz; Baltensperger, Ernst; Bernasconi, Paolo; Hauser, Heinz; Hayek, Nicolas; Holzach, Robert; de Kalbermatten, Bruno; Krauer, Alexander; Letsch, Hans; Linder, Willy; Maucher, Helmut; Moser, Peter; Schindler, Dietrich; Schmidheiny, Stephan; Schürer, Wolfgang; Schwarz, Gerhard; Vallender, Klaus: Schweizer Wirtschaftspolitik im internationalen Wettbewerb. Ein Ordnungspolitisches Programm. Zürich 1991.

Lipp, Silvan: Standort Schweiz im Umbruch. Etappen der Wirtschaftspolitik im Zeichen der Wettbewerbsfähigkeit. Zürich 2012.

Mach, André: La Suisse entre internationalisation et changements politiques internes. La législation sur les cartels et les relations industrielles dans les années 1990. Zürich 2006.

Müller, Margrit: Die Schweiz in der internationalen Arbeitsteilung. In: Halbeisen, Patrick; Müller, Margrit; Veyrassat, Béatrice (Hg.): Wirtschaftsgeschichte der Schweiz im 20. Jahrhundert. Basel 2012: 339–467.

Müller, Margrit; Woitek Ulrich: Wohlstand, Wachstum und Konjunktur. In: Halbeisen, Patrick; Müller, Margrit; Veyrassat, Béatrice (Hg.): Wirtschaftsgeschichte der Schweiz im 20. Jahrhundert. Basel 2012: 91–224.

Oesch, Daniel: Organisation im Umbruch: Die Gewerkschaften in der Schweiz von 1990 bis 2006. In: Rieger, Andreas; Ambrosetti, Renzo; Beck, Renatus (Hg.): Gewerkschaften im Umbruch. Zürich, Chur 2008.

Oesch, Daniel: Weniger Koordination, mehr Markt? Kollektive Arbeitsbeziehungen und Neokorporatismus in der Schweiz seit 1990. In: Swiss Political Science Review 13/3 (2007): 337–368.

Pedrina, Vasco; Schäppi, Hans: Die grosse Wende in der Gewerkschaftsbewegung. Gewerkschaft Bau & Industrie und die Neuausrichtung der Gewerkschaften in den Neunzigerjahren. Zürich 2021.

Porter, Micheal Eugene: The competitive Advantage of Nations. New York 1990.

Schäppi, Hans: Gewerkschaftliche Lohnpolitik. In: Input 3 (1998): 6–8.

Tanner, Jakob: Geschichte der Schweiz im 20. Jahrhundert. München 2015.

Dank

Die Arbeit an diesem Buch geht auf eine langjährige Freundschaft und ein Ausstellungsprojekt zurück, das bis heute leider nicht realisiert worden ist. 2010 habe ich gemeinsam mit Roger Fayet, dem heutigen Direktor des Schweizerischen Instituts für Kunstwissenschaft (SIK), eine Lehrveranstaltung am Historischen Seminar der Universität Zürich mit dem Titel «Wachstum: Wirtschafts- und Kulturgeschichte eines Schlüsselbegriffs der Moderne» durchgeführt. Damals wurde in den Geschichtswissenschaften noch wenig zu diesem Thema geforscht; die Veranstaltung und die globale Finanzkrise von 2008/2009 bildeten aber den Anlass, mich in den folgenden Jahren intensiver mit der Wachstumsfrage – und der nun sichtbarer werdenden Postwachstums-Debatte – zu beschäftigen. Es folgten verschiedene Lehrveranstaltungen zur Geschichte des Wirtschaftswachstums und der Wachstumskritik an den Universitäten Fribourg, Bern und St. Gallen; und 2022 habe ich gemeinsam mit Thomas Hammer vom Centre for Development and Environment (CDE) sowie Christian Rohr vom Historischen Institut der Universität Bern auch eine interdisziplinäre Ringvorlesung zum Thema organisiert, deren Referate inzwischen online als Podcasts zur Verfügung stehen. Für die Finanzierung dieser Ringvorlesung mit einem Beitrag zur «Förderung Interdisziplinärer Veranstaltungen» (FIV) danke ich der Universität Bern herzlich. Christian Rohr danke ich ausserdem für seine Bereitschaft, in den letzten beiden Jahren – gemeinsam mit mir – verschiedene Bachelor- und Masterarbeiten zur Wachstumsfrage betreut zu haben, sowie für die Aufnahme des vorliegenden Bandes in die von ihm herausgegebene Reihe «Wirtschafts-, Sozial- und Umweltgeschichte» des Schwabe Verlages. Der Schweizerischen Akademie für Geistes- und Sozialwissenschaften (SAGW) und hier insbesondere Sara Elmer und Markus Zürcher danke ich für die Übernahme der Druckkosten und die Finanzierung von zwei Arbeitstagungen vom 3.–4. November 2023 sowie 7.–8. Juni 2024 im Schweizerischen Sozialarchiv in Zürich. In den Jahren 2022 und 2023 wurde die Arbeit an diesem Buch ausserdem durch einen Beitrag aus dem Fonds Forschung Ellen Rifkin Hill des Schweizerischen Sozialarchivs unterstützt. Christian Koller und dem Schweizerischen Sozialarchiv sei herzlich für diese Unterstützung sowie die Gastfreundschaft während unseren Arbeitstagungen gedankt. Bei Fabrice Flückiger und Teresa Keller vom Schwabe Verlag möchte ich mich schliesslich für die gute Zusammenarbeit, die hilfsbereite Unterstützung und die sorgfältige Publikation des Bandes bedanken.

Vor allem aber danke ich allen Autor*innen für ihre Offenheit, ihre Zeit und ihre intellektuelle Neugier an diesem Band mitzuarbeiten. Ihre Bereitschaft mit grossem Engagement viel Arbeit in ihre Texte zu investieren, hat mich sehr beeindruckt. Ohne sie wäre die Veröffentlichung dieses Bandes nicht möglich gewesen.

Zürich, im Dezember 2024, Roman Rossfeld

Autor*innen

Juri Auderset, Dr. phil., ist Historiker und Assistenzdozent für die Geschichte des 19. und 20. Jahrhunderts am Historischen Institut der Universität Bern und Co-Leiter des Bereichs Forschung im Archiv für Agrargeschichte in Bern. Er lehrt und forscht zur Agrar- und Umweltgeschichte, zur Geschichte der Arbeit, zur Geschichte des Kapitalismus, zur Geschichte der Mensch-Tier-Beziehungen, zur Geschichte der Rausch- und Genussmittel sowie zur Begriffs- und Wissensgeschichte.

Dario Domenig, BA, studiert im Master Programm Business Administration mit Schwerpunkt Accounting and Finance an der Universität Bern. Zuvor schloss er einen Bachelor mit Major in Geschichte (Schwerpunkt auf der Zeit nach 1800) und Minor in Betriebswirtschaft ab. Seine Bachelorarbeit hat er zum Thema «Zwischen Stagnation und Aufbruch: Die Schweizer Wirtschaftspolitik 1990–1995» verfasst.

Fabian Furter, Dr. sc., ist Historiker, freiberuflicher Autor, Gutachter und Dokumentarfilmer sowie Mitbegründer und Partner des Büros *imRaum* für Ausstellungs- und Museumsplanungen. Die Architektur- und Städtebaugeschichte der Nachkriegszeit ist ein Schwerpunkt seiner Arbeit. www.imraumch.

Pascal Germann, Dr. phil., ist Historiker und arbeitet als Dozent am Institut für Medizingeschichte der Universität Bern. Er forscht mit wissens- und globalhistorischen Ansätzen zur Geschichte der öffentlichen Gesundheit, der Lebensqualität, der Eugenik, der Genetik und der Anthropologie sowie zu den politischen und epistemischen Umbrüchen seit den 1970er Jahren.

Monika Gisler, Dr. phil., ist Historikerin, lehrt an der ETH Zürich und forscht mit eigenem Büro (www.unternehmengeschichte.ch) zu Umwelt- und Energiethemen. Aktuelle Publikationen: Erzählte Physik. Paul Scherrer und die Anfänge der Kernforschung. 2. Auflage. Zürich 2024; Energie (Schriftenreihe der Vontobel-Stiftung, Nr. 2390). Zürich 2021; Wie die Umwelt an die ETH kam. Eine Sozialgeschichte der Umweltnaturwissenschaften. Zürich 2020.

Ueli Haefeli, Prof. Dr. phil., ist Historiker und Mitinhaber von *Interface Politikstudien Forschung Beratung* in Luzern und Titularprofessor für Nachhaltige Mobilität an der Universität Bern. Seine Arbeits- und Forschungsschwerpunkte liegen aus einer historischen, gegenwarts- und zukunftsbezogenen Perspektive bei der Evaluation von Verkehrsprojekten, bei der Analyse von Verkehrstrends und Mobilitätsverhalten sowie bei Fragen der Nachhaltigkeit.

Jonathan Hoppler, MA, ist Historiker und hat an der Universität Freiburg i.Ü. Zeitgeschichte mit den Schwerpunkten Rechtspopulismus und Neue Soziale Bewegungen studiert. Im Nebenstudiengang an der Universität Bern beschäftigte ihn insbesondere die Anthropologie des Transnationalismus. Seit dem Studienabschluss hat er sich auf das Fachgebiet Information und Dokumentation spezialisiert. Zur Zeit arbeitet er im Lichtspiel / Kinemathek Bern im Bereich der Bibliothek und des Filmarchives.

Christian Koller, Prof. Dr. phil., ist Direktor des Schweizerischen Sozialarchivs, Titularprofessor für Geschichte der Neuzeit an der Universität Zürich und Lehrbeauftragter für Sozialgeschichte an der FernUni Schweiz. Er publiziert zu diversen Themen der europäischen und kolonialen Geschichte des 19. bis 21. Jahrhunderts, unter anderem zur Gewerkschaftsgeschichte und zu industriellen Beziehungen.

Tobias Küng, MA, ist Historiker und hat an der Universität Bern Geschichte mit den Schwerpunkten Wirtschafts-, Sozial- und Umweltgeschichte, Neuere Schweizer Geschichte sowie Digital Humanities studiert. Zuvor schloss er einen Bachelor in Geschichte (mit Schwerpunkt auf der Zeit nach 1800) sowie Kommunikationswissenschaft und Medienforschung an den Universitäten Bern und Fribourg ab. Seine Masterarbeit hat er zum Thema «Vom Erdölpreisschock zum Energieartikel: Die Debatte zum Energiesparen in der Schweiz 1970–1990» verfasst.

Florian Müller, Dr. phil., ist Wirtschafts- und Urbanisierungshistoriker. Er ist Wissenschaftlicher Mitarbeiter beim Bundesamt für Kultur (BAK) und Wissenschaftlicher Assistent an der FernUni Schweiz in Brig. Seine thematischen Arbeits- und Forschungsschwerpunkte sind die Wirtschafts- und Sozialgeschichte, die Geschichte der Wohnungsmärkte und -politik sowie soziale Ungleichheit, Sozialpolitik und Baukultur.

Anja Peter, MA, ist Historikerin und hat in Zürich und Bern Geschichte und Staatsrecht studiert. Sie ist Mitbegründerin des Büros für Feminismus und forscht, lehrt und publiziert zu Fragen unbezahlter und bezahlter personenbezogener Arbeit und zu feministischen Perspektiven auf Wirtschaft. Unter anderem:

Herrigel, Johanna; Peter, Anja: Degrowth aus der Perspektive der feministischen Ökonomie. In: Franzini, Luzian u. a. (Hg.): Postwachstum? Aktuelle Auseinandersetzungen um einen grundlegenden gesellschaftlichen Wandel (Denknetz Jahrbuch 2021). Zürich 2021: 47–59.

Marion Ronca, Dr. phil., ist Historikerin und hat an der Universität Zürich Geschichte und Politikwissenschaft studiert. Ihre Dissertation hat sie zur Entstehung der Konjunkturbeobachtung in der Schweiz als Streitpraxis zwischen Wissenschaft und Politik verfasst. In ihrem neuen Forschungsprojekt untersucht sie das Aufkommen von *New-Age*-Wissen im Kontext der sozialen, politischen und wirtschaftlichen Umbrüche nach 1970. Derzeit organisiert sie die Schweizerischen Geschichtstage 2025 und ist Lehrbeauftragte an den Universitäten Luzern und St. Gallen.

Roman Rossfeld, Dr. phil., ist Wirtschaftshistoriker, Wissenschaftlicher Mitarbeiter an der School of Humanities and Social Sciences (SHSS-HSG) der Universität St. Gallen sowie assoziierter Forscher und Lehrbeauftragter an der Abteilung für Wirtschafts-, Sozial- und Umweltgeschichte (WSU) des Historischen Institutes der Universität Bern. Er publiziert zur Ernährungs- und Genussmittelgeschichte, zur Sozial- und Wirtschaftsgeschichte des Ersten Weltkrieges sowie zur Geschichte des Wirtschaftswachstums und der Wirtschaftskrisen.

Samuel Schildknecht, BA, studiert im Masterstudium Applied Economic Analysis an der Universität Bern. Sein Interesse gilt sowohl wirtschaftshistorischen als auch allgemeinen wirtschaftlichen Fragestellungen. Nach einer Grundausbildung als Zeichner EFZ Ingenieurbau hat er sein Geschichtsstudium an der Universität im zweiten Bildungsweg absolviert. In seiner Bachelorarbeit hat er die Rolle der Schweizer Gewerkschaften während der Stagnation der 1990er Jahre untersucht.

Das Signet des Schwabe Verlags
ist die Druckermarke der 1488 in
Basel gegründeten Offizin Petri,
des Ursprungs des heutigen Verlags-
hauses. Das Signet verweist auf
die Anfänge des Buchdrucks und
stammt aus dem Umkreis von
Hans Holbein. Es illustriert die
Bibelstelle Jeremia 23,29:
«Ist mein Wort nicht wie Feuer,
spricht der Herr, und wie ein
Hammer, der Felsen zerschmeisst?»